Die Kompetenz der Europäischen Gemeinschaft für die Harmonisierung
des Urheberrechts im Zeitalter der Informationsgesellschaft

Europäische Hochschulschriften
Publications Universitaires Européennes
European University Studies

Reihe II
Rechtswissenschaft

Série II Series II
Droit
Law

Bd./Vol. 3797

PETER LANG
Frankfurt am Main · Berlin · Bern · Bruxelles · New York · Oxford · Wien

Klaus Schieble

Die Kompetenz der Europäischen Gemeinschaft für die Harmonisierung des Urheberrechts im Zeitalter der Informationsgesellschaft

PETER LANG
Europäischer Verlag der Wissenschaften

Bibliografische Information Der Deutschen Bibliothek
Die Deutsche Bibliothek verzeichnet diese Publikation in der
Deutschen Nationalbibliografie; detaillierte bibliografische
Daten sind im Internet über <http://dnb.ddb.de> abrufbar.

Zugl.: Regensburg, Univ., Diss., 2001

Gedruckt auf alterungsbeständigem,
säurefreiem Papier.

D 355
ISSN 0531-7312
ISBN 3-631-51719-X
© Peter Lang GmbH
Europäischer Verlag der Wissenschaften
Frankfurt am Main 2003
Alle Rechte vorbehalten.

Das Werk einschließlich aller seiner Teile ist urheberrechtlich
geschützt. Jede Verwertung außerhalb der engen Grenzen des
Urheberrechtsgesetzes ist ohne Zustimmung des Verlages
unzulässig und strafbar. Das gilt insbesondere für
Vervielfältigungen, Übersetzungen, Mikroverfilmungen und die
Einspeicherung und Verarbeitung in elektronischen Systemen.

Printed in Germany 1 2 3 4 5 7

www.peterlang.de

meiner Familie

Vorwort

Die vorliegende Arbeit entstand im Rahmen einer von Herrn Professor Dr. Rainer Arnold, Jean-Monnet-Lehrstuhl für Europarecht, an der Universität Regensburg betreuten Dissertation. Zweitgutachter war Herr Professor Dr. Ulrich Becker. Die erste Projektphase wurde von Oktober 1995 bis September 1996 vom Graduiertenkolleg „Internationalisierung des Privatrechts" an der Albert-Ludwigs-Universität Freiburg gefördert. In der Zeit vom Oktober 1997 bis Februar 1998 konnte ich im Rahmen des Rechtsreferendariats ein Praktikum bei der Europäischen Kommission im Urheberrechtsreferat der Generaldirektion Binnenmarkt absolvieren und dabei die „heiße Phase" der Veröffentlichung des Vorschlags der Richtlinie zum Urheberrecht in der Informationsgesellschaft miterleben.

Das Rigorosum fand am 20.11.2001 in Regensburg statt. Im Zuge des Erlasses der Richtlinie 2001/29/EG zur Harmonisierung bestimmter Aspekte des Urheberrechts und der verwandten Schutzrechte in der Informationsgesellschaft waren umfangreiche Aktualisierungen notwendig, die unter Berücksichtigung der bis 31.12.2002 erschienen Literatur abgeschlossen werden konnten.

Mein Dank gebührt meinem Doktorvater Herrn Professor Dr. Arnold für die kompetente Unterstützung bei der Erstellung der Arbeit. Seine fachliche Förderung trug maßgeblich zu deren Gelingen bei. Ein Dank richtet sich auch an die Juristische Fakultät der Universität Regensburg für die unbürokratische und flexible Durchführung des Promotionsverfahrens. Die Fördermittel und der wissenschaftliche Austausch im Rahmen des nun leider eingestellten Graduiertenkollegs „Internationalisierung des Privatrechts" an der Albert-Ludwigs-Universität Freiburg leisteten einen wertvollen Beitrag für die Ausrichtung der Untersuchung.

Ohne den großen und liebevollen Rückhalt meiner Familie wäre die Bewältigung des Dissertationsprojekts nicht möglich gewesen. Meinen Eltern möchte ich dafür danken, dass sie mir meine Ausbildung vorbehaltlos ermöglichten und mich dabei auch in meinem Promotionsvorhaben bestätigten. Ebenso sei meinen Brüdern Michael und Christoph, die mir in vielerlei Hinsicht als geschätzte Diskussionspartner dienten, für ihre Unterstützung gedankt. Mein ganz besonderer Dank richtet sich an meine Frau Susanne, die mich auch in schwierigen Phasen immer wieder bestärkte und mir allzeit großes Verständnis entgegen brachte. Sie und die Fröhlichkeit unseres kleinen Sohnes Johannes Nikolaus gaben mir bis zuletzt die große Motivation, die Arbeit in der vorliegenden Form fertig zu stellen.

Burgdorf, im Frühjahr 2003   Klaus Schieble

Inhaltsverzeichnis

EINLEITUNG UND WEITERE VORGEHENSWEISE   17

1. TEIL: DIE HERAUSFORDERUNGEN DER INFORMATIONS-GESELLSCHAFT   21

1. Kapitel   : Darstellung der Informationsgesellschaft und der Herausforderungen an das Recht   21
- A. Digitalisierung   22
  - I. Darstellung   22
  - II. Die Herausforderungen an das Recht   23
    1. Dematerialisierung   23
    2. Unterschiedliche Behandlung von analogen und digitalen Werken?   24
       - a. Schutzfähigkeit   24
       - b. Schutzweite   25
    3. Das Multimediawerk als neue Werkart?   26
       - a. Definition und Abgrenzung des Multimediawerks   26
       - b. Schutzmöglichkeiten für ein Multimediawerk   27
    4. Digitalisierung als neue Form der Bearbeitung?   29
    5. Digitalisierung als Vervielfältigung?   29
    6. Mit der Digitalisierung verbundene Gefahren für das Urheberrecht   30
- B. Leistungsstarke Computersysteme   32
- C. Weltweite Vernetzung von Computern   32
  - I. Darstellung   32
  - II. Die Herausforderungen an das Recht   35
- D. Interaktivität   36
- E. Droht ein Ende des Urheberrechts?   37
- F. Zusammenfassung   40

2. Kapitel   : Die Rolle des Rechts bei der Entwicklung der Informationsgesellschaft   40
- A. Regelungsaktivitäten auf Ebene der Europäischen Gemeinschaft   41
  - I. Genereller Rechtsrahmen   42
    1. Allgemeines   42
    2. Elektronischer Geschäftsverkehr   43
    3. Globalisierung   44
    4. Konvergenz   44
  - II. Urheberrecht   46

B.	Regelungsaktivitäten in den Mitgliedstaaten, in Drittstaaten und auf Ebene von internationalen Organisationen			50
	I.	Genereller Rechtsrahmen		50
		1.	Die ersten allgemeinen Initiativen	50
		2.	Elektronischer Geschäftsverkehr	53
	II.	Urheberrecht		54

2. TEIL: DIE URHEBERRECHTSSYSTEME IN DEN MITGLIEDSTAATEN 59

1. Kapitel	: Einleitung			59
2. Kapitel	: Gegenüberstellung von kontinental-europäischem droit d'auteur und angelsächsischem Copyright			62
A.	Entwicklung und philosophischer Hintergrund			62
	I.	Droit d'auteur		62
	II.	Copyright		64
	III.	Zusammenfassung		66
B.	Die wesentlichen Aspekte des Schutzes des Urheberrechts im Vergleich			66
	I.	Einleitung		66
	II.	Person des Urhebers		67
	III.	Urheberpersönlichkeitsrecht		69
		1.	Allgemeines	69
		2.	Arten des Urheberpersönlichkeitsrechts	70
			a. Recht auf Anerkennung der Urheberschaft	70
			b. Recht auf Schutz vor Entstellungen	72
			c. Sonstige Rechte	74
		3.	Verzichtbarkeit und Übertragbarkeit des Urheberpersönlichkeitsrechts	75
		4.	Bewertung des Urheberpersönlichkeitsrechts	77
		5.	Zusammenfassung	78
	IV.	Übertragbarkeit		79
	V.	Trennung von Urheberrecht und verwandten bzw. sonstigen Schutzrechten		80
	VI.	Schöpfungshöhe		83
	VII.	Schranken und Abgabensysteme für Leermedien und Abspielgeräte		90
	VIII.	Folgerecht		93
	IX.	Sonstige Bereiche		96
		1.	Regelungsdichte	96
		2.	Formalitäten	96
C.	Zusammenfassung			96

3. Kapitel		: Die ersten Angleichungen durch fünf EG-Richtlinien	97
A.		Einleitung	97
B.		Die ersten fünf Richtlinien	97
	I.	Computerprogramm-Richtlinie vom 14.5.1991	98
	II.	Vermiet- und Verleihrecht-Richtlinie vom 19.11.1992	99
	III.	Satellit- und Kabel-Richtlinie vom 27.9.1993	101
	IV.	Schutzdauer-Richtlinie vom 29.10.1993	102
	V.	Datenbank-Richtlinie vom 11.3.1996	103
C.		Grundsätze im gemeinschaftlichen Besitzstand	106
4. Kapitel		: Bisherige Angleichung durch internationale Konventionen	108
A.		Einleitung	108
B.		Revidierte Berner Übereinkunft	108
C.		Rom-Abkommen	109
D.		TRIPs-Abkommen	109
E.		Die Verträge im Rahmen der WIPO vom 20.12.1996	110
	I.	WIPO Urheberrechtsvertrag	111
	II.	WIPO Vertrag über Darbietungen und Tonträger	112
	III.	Die beiden nicht angenommenen Vertragsentwürfe sowie weitere Bereiche	113
F.		Verhandlungen über ein multilaterales Investitionsabkommen	114

3. TEIL: DIE KOMPETENZ DER EUROPÄISCHEN GEMEINSCHAFT BEI DER RECHTSANGLEICHUNG IM BEREICH DES URHEBERRECHTS 115

1. Kapitel	: Einleitung	115
2. Kapitel	: Die anfängliche gemeinschaftliche Angleichungsphase und der damalige Streit über das Bestehen der gemeinschaftlichen Kompetenz im Bereich des Urheberrechts	118
A.	Die ersten Initiativen von EG-Kommission und Europäischem Parlament und die Entscheidungen des Europäischen Gerichtshofes	118
B.	Kritische Stimmen	119
3. Kapitel	: Die weitere Entwicklung der gemeinschaftsweiten Urheberrechtsangleichung	
A.	Einleitung	123
B.	Die Harmonisierungsmaßnahmen	123

C.	Die kurzzeitige Diskussion über die Kompetenz im Rahmen der Richtlinie „Fernsehen ohne Grenzen"	125
D.	Droht eine neue Debatte um die gemeinschaftliche Kompetenz im Zusammenhang mit der Richtlinie zum Urheberrecht in der Informationsgesellschaft?	126

4. Kapitel : Die Zuweisung von Kompetenzen im Bereich des Urheberrechts zugunsten der Europäischen Gemeinschaft 126

A.	Einleitung	126
B.	Das Prinzip der begrenzten Einzelermächtigung (Art. 5 Abs. 1 EGV) als Ausgangspunkt	126
C.	Fehlen einer ausdrücklichen Sachbereichskompetenz	128
D.	Die möglichen Kompetenzausschlussnormen	129
	I. Art. 295 EGV	130
	II. Art. 307 EGV	132
	III. Kulturkompetenz der Mitgliedstaaten und Gebot der Achtung der nationalen Identitäten der Mitgliedstaaten (Art. 6 Abs. 1 EUV)	132
	IV. Bewertung	134
E.	Die möglichen Kompetenznormen	134
	I. Art. 133 EGV	135
	II. Art. 151 EGV	135
	III. Art. 154 EGV	137
	IV. Der Binnenmarkt	137
	1. Warenverkehrsfreiheit	140
	2. Niederlassungsfreiheit	140
	3. Dienstleistungsfreiheit	141
	4. Art. 95 EGV	141
	V. Art. 308 EGV	147
	VI. Soziale Kompetenz	148
	VII. Kompetenz aufgrund des gemeinschaftlichen Besitzstandes?	148
	VIII. Art. 10 EGV	149
	IX. Die Rolle des Nichtdiskriminierungsgebots (Art. 12 Abs. 1 EGV)	149
	X. Die Rolle von Subsidiaritätsprinzip und Verhältnismäßigkeitsgrundsatz auf der Ebene der Kompetenzzuweisung	151
	1. Die Rolle des Subsidiaritätsprinzips auf der Ebene der Kompetenzzuweisung	151
	2. Die Rolle der Verhältnismäßigkeit auf der Ebene der Kompetenzzuweisung	153
F.	Folgerungen aus dem Fehlen einer ausdrücklichen Sachbereichskompetenz und aus dem Vorliegen einer Querschnittskompetenz	154
G.	Exkurs: Die politische Komponente als zusätzliches Hindernis	158
H.	Zusammenfassung	159

5. Kapitel	**: Der Umfang der gemeinschaftlichen Kompetenzen im Bereich des Urheberrechts**	**160**
A.	Einleitung	160
B.	Das Subsidiaritätsprinzip	161
I.	Einleitung	161
II.	Umfang und Natur des Subsidiaritätsprinzip	161
1.	Geschichte des Subsidiaritätsprinzips	161
2.	Die Ausformung des Prinzips im EG-Vertrag	163
a.	Anwendung nur im Bereich der konkurrierenden Zuständigkeit	164
b.	Textinterpretation	168
aa.	Das „nicht ausreichend"-Kriterium	169
bb.	Das „besser"-Kriterium	170
cc.	Das Verhältnis der beiden Satzteile zueinander	170
c.	Folgerungen für die Anwendung des Subsidiaritätsprinzips auf Ebene der Europäischen Gemeinschaft im Bereich der Verwirklichung des Binnenmarktes	172
C.	Der Verhältnismäßigkeitsgrundsatz	174
I.	Einleitung	174
II.	Umfang und Natur des Verhältnismäßigkeitsgrundsatzes	174
1.	Geschichte des Verhältnismäßigkeitsgrundsatzes	174
2.	Die Ausformung des Prinzips im EG-Vertrag	175
a.	Entwicklung	175
b.	Anwendbarkeit und Natur	176
c.	Folgerungen für die Anwendung des Verhältnismäßigkeitsgrundsatzes auf Ebene der Europäischen Gemeinschaft im Bereich der Verwirklichung des Binnenmarktes	179
aa.	Die generelle Wirkung: Vermutung der einschränkenden Auslegung	179
bb.	Geeignetheit der Maßnahme zur Sicherung des ordnungsgemäßen Funktionierens des Binnenmarktes	182
cc.	Spürbarkeit der Beeinträchtigung und Notwendigkeit der Maßnahme in Form des geringstmöglichen Eingriffs	183
i.	Allgemeines	183
ii.	Beurteilung des Handlungsbedarfs anhand der Spürbarkeit der Beeinträchtigung auf den Binnenmarkt	183
(1)	Einheitliches Schutzniveau aufgrund schon vorhandener einheitlicher Regelungen	186
(2)	Vergleichbares Schutzniveau aufgrund in den Mitgliedstaaten schon vorhandener, unterschiedlicher Konzeptionen	187
(3)	Vergleichbares Schutzniveau aufgrund außerrechtlicher Gegebenheiten: Die Rolle der Privatautonomie	194

		iii.	Beurteilung des Handlungsbedarfs am Maßstab des geringstmöglichen Eingriffs	202

iii. Beurteilung des Handlungsbedarfs am Maßstab des
　　　geringstmöglichen Eingriffs 202
　　　(1) Beschränkung auf die Schaffung eines gleichwertigen
　　　　　Schutzniveaus 202
　　　(2) Die gegenseitige Anerkennung als Modellfall des gleichwertigen
　　　　　Schutzniveaus 206
　　　(3) Folgerungen für die Praxis und Kritik an der bisherigen
　　　　　Harmonisierung 212
　　dd. Angemessenheit der Maßnahme 217
　　ee. Zusammenfassung 218
D. Die Anwendung des Subsidiaritätsprinzips und des
　　Verhältnismäßigkeitsgrundsatzes auf der Ebene der Europäischen Gemeinschaft
　　aus Sicht der EG-Kommission und Stellungnahme 219
E. Schlussfolgerung und Zusammenfassung 226

4. TEIL: KRITISCHE WÜRDIGUNG DER RICHTLINIE ZUM URHEBERRECHT IN DER INFORMATIONS- GESELLSCHAFT UND WEITERER BEABSICHTIGTER REGELUNGEN 229

1. Kapitel　: Richtlinie zum Urheberrecht in der Informationsgesellschaft 229
　A. Einleitung 229
　B. Die einzelnen Regelungen 230
　　I. Allgemeines zum Aufbau 230
　　II. Art. 1: Anwendungsbereich 230
　　III. Art. 2: Vervielfältigungsrecht 231
　　IV. Art. 3: Recht der öffentlichen Wiedergabe von Werken und Recht der
　　　　öffentlichen Zugänglichmachung sonstiger Schutzgegenstände 232
　　V. Art. 4: Verbreitungsrecht 236
　　VI. Art. 5: Ausnahmen und Beschränkungen 238
　　　1. Allgemeines 238
　　　2. Art. 5 Abs. 1 240
　　　3. Art. 5 Abs. 2 (Ausnahmen und Beschränkungen des Vervielfältigungsrechts)
　　　　und Art. 5 Abs. 3 (Ausnahmen und Beschränkungen des Vervielfältigungs-
　　　　und Wiedergaberechts) 243
　　　　a. Schwächen von beiden Absätzen 243
　　　　　aa. Ausgestaltung als fakultative Schranken 243
　　　　　bb. Detailliertheit der Schranken 245
　　　　　cc. Abschließende Aufzählung der zulässigen Schranken 246
　　　　b. Art. 5 Abs. 2: Schranken des Vervielfältigungsrechts 247
　　　　　aa. Reprographie 247

			bb. Privatgebrauch	248
			cc. Sonstige Schranken in Art. 5 Abs. 2	252
		c.	Art. 5 Abs. 3: Schranken des Vervielfältigungs- und des Wiedergaberechts	253
			aa. Allgemeines	253
			bb. Behinderte Menschen	253
			cc. Verwendung von Auszügen in Verbindung mit der Berichterstattung über Tagesereignisse	253
			dd. Namensnennungsrecht	253
	4.	Art. 5 Abs. 5		254
	5.	Nicht geregelte Bereiche		255
		a.	Vertragliche Abbedingung der Schranken	255
		b.	Recht auf Informationsfreiheit	256
		c.	Zwangslizenzen	258
		d.	Geräte- und Leermedienabgaben	261
VII.	Art. 6: Pflichten in Bezug auf technische Maßnahmen			263
VIII.	Art. 7: Pflichten in Bezug auf Informationen für die Rechtewahrnehmung			272
IX.	Art. 8: Sanktionen und Rechtsbehelfe			275
X.	Art. 9: Weitere Anwendung anderer Rechtsvorschriften			275
XI.	Art. 10: Zeitliche Anwendbarkeit			276
XII.	Art. 11: Technische Anpassungen			276
XIII.	Art. 12: Schlussbestimmungen			277
XIV.	Art. 13: Umsetzung			277
XV.	Art. 14: Inkrafttreten und Art. 15: Adressaten			277
XVI.	Zusammenfassung			278

2. Kapitel			: Auswirkungen auf die von der Richtlinie zum Urheberrecht in der Informationsgesellschaft nicht geregelten Bereiche	279
A.	Einleitung			279
B.	Verantwortlichkeit			280
	I.	Allgemeines		280
		1.	Einführung	280
		2.	Mögliche Verantwortliche	281
		3.	Die Haftung für Hyperlinks	291
		4.	Beseitigung und Verhinderung rechtswidriger Zustände, die von Dritten verursacht werden	294
	II.	Verantwortlichkeit im Bereich des Urheberrechts und die Regelung in der Richtlinie zum Urheberrecht in der Informationsgesellschaft		295
	III.	Richtlinie über den elektronischen Geschäftsverkehr		299

C.		Die in den Initiativen zum Grünbuch über Urheberrecht in der Informationsgesellschaft zusätzlich behandelten möglichen Harmonisierungsbereiche	301
	I.	Der digitale Rundfunk	301
	II.	Anwendbares Recht und Gerichtszuständigkeit	302
		1. Anwendbares Recht	302
		2. Gerichtszuständigkeit	309
	III.	Kollektive Verwaltung	311
	IV.	Urheberpersönlichkeitsrecht	315
	V.	Folgerecht	320
D.		Weitere mögliche Harmonisierungsbereiche	326
	I.	Person des Urhebers und Rechtsinhaberschaft	326
	II.	Zusammenführung von Urheberrechten und Leistungsschutzrechten	329
	III.	Werkbegriff und Schöpfungshöhe/Originalität	330
	IV.	Überblick über weitere Probleme	334
		1. Begriff der Erstveröffentlichung	334
		2. Urhebervertragsrecht	335
		3. Urheberrechtsschutz für Werke der öffentlichen Hand („Crown Copyright")	337

5. TEIL: ERGEBNISSE 339

LITERATURVERZEICHNIS 343

ABKÜRZUNGSVERZEICHNIS 405

STICHWORTVERZEICHNIS 413

Einleitung und weitere Vorgehensweise

Unsere Gesellschaft befindet sich in einer Umbruchphase. Sie erlebt gerade den Übergang vom Wissenszeitalter, in dem die persönliche Erlangung eines möglichst umfassenden Kenntnisstands im Vordergrund stand, zum Informationszeitalter, in dem aufgrund der einfachen und permanenten Verfügbarkeit schier unbegrenzter Informationsressourcen die situationsgebundene und problemorientierte Recherche eine immer wichtigere Rolle spielt. Das Bonmot, dass nur derjenige klug sei, der „weiß, wo es steht", erweist sich zunehmend als treffende Beschreibung für diese Entwicklung. Die öffentliche Diskussion der letzten Jahre ist geprägt durch Schlagworte wie „Internet", „online", „Multimedia", „Globalisierung" und „elektronischer Geschäftsverkehr (E-Commerce)".

Die Entwicklung hin zum Zeitalter der Information und der damit verbundene Wandel stellen die Gesellschaft vor mannigfaltige Herausforderungen. Die neuen Möglichkeiten und Gefahren geben Anlass zu der Frage, inwieweit die geltenden rechtlichen Regeln in der Lage sind, die neuen Situationen zufrieden stellend zu bewältigen. Aufgrund der durch die Digitalisierung und Vernetzung in Sekundenbruchteilen möglichen massenweisen Vervielfältigung von durch das Recht des geistigen Eigentums geschützten Gegenständen und Weitergabe der mit einem Original völlig identischen Kopien hat der Bereich des Urheberrechts, der verwandten und sonstigen[1] Schutzrechte, für den im Folgenden mangels einer bisher vorhandenen einheitlichen Terminologie[2] nur der Begriff des „Urheberrechts"[3] verwendet wird, schon von Beginn an eine zentrale Rolle bei der Behandlung dieser Frage gespielt.

Auch die Europäische Gemeinschaft hat sich schon sehr früh dieser Problematik angenommen. Dabei bildete das Grünbuch „Urheberrecht und die technologische Herausforderung - Urheberrechtsfragen, die sofortiges Handeln erfordern" (im

---

[1] Der Begriff „sonstige Schutzrechte" bezieht sich in Anlehnung an die im Anhang der Richtlinie über den elektronischen Geschäftsverkehr (vgl. unten S. 43) getroffene Unterscheidung auf das sui-generis-Recht für Datenbankhersteller sowie auf die Rechte an den Topographien von Halbleitererzeugnissen, über deren dogmatische Einordnung keine Einigkeit besteht (vgl. für das sui-generis-Recht an Datenbanken die Ausführungen unten auf S. 104).

[2] Es böte sich an, in Abgrenzung zum gewerblichen Eigentum („industrial property"; darunter fallen vor allem die Patente, Marken, Geschmacks- und Gebrauchsmuster) den Begriff des „geistigen Eigentums" („intellectual property") zu verwenden. Dieser wird aber zumeist als Synonym des Oberbegriffs der „Immaterialgüterrechte" verwendet, unter den beide Bereiche fallen, vgl. *Reinbothe*, ZEuP 2000, S. 5-28 (5).

[3] Wenn die verwandten und sonstigen Schutzrechte nicht Gegenstand der Untersuchung sind, wird vom „klassischen Urheberrecht" gesprochen.

Folgenden „Technologie-Grünbuch" genannt) vom 23.8.1988[4] den Anfang der Aktivitäten der Europäischen Gemeinschaft in diesem Bereich, die nach dem Inkrafttreten von insgesamt fünf urheberrechtlichen Richtlinien mit eher punktuellem Regelungsansatz (vgl. im einzelnen dazu unten Seite 97 ff.) ihren vorläufigen Höhepunkt im Erlass der Richtlinie zur Harmonisierung bestimmter Aspekte des Urheberrechts und der verwandten Schutzrechte in der Informationsgesellschaft vom 22.05.2001[5] (im Folgenden „Richtlinie zum Urheberrecht in der Informationsgesellschaft") fand. Ergänzt wurde die Rechtssetzung im urheberrechtlichen Bereich durch die Richtlinie über das Folgerecht des Urhebers des Originals eines Kunstwerks vom 27.9.2001 (im Folgenden: „Folgerecht-Richtlinie").[6]

Obwohl die vertragliche Grundlage sich durch die am 1.7.1987 in Kraft getretene Einheitliche Europäische Akte vom 28.2.1986[7], sowie durch den am 1.11.1993 in Kraft getretenen Vertrag von Maastricht vom 7.2.1992[8], den am 1.5.1999 in Kraft getretenen Vertrag von Amsterdam vom 2.10.1997[9] sowie den am 1.2.2003 in

---

[4] Grünbuch „Urheberrecht und die technologische Herausforderung - Urheberrechtsfragen, die sofortiges Handeln erfordern", KOM (88) 172 endg. vom 23.8.1988.

[5] „Richtlinie 2001/29/EG des Europäischen Parlaments und des Rates vom 22. Mai 2001 zur Harmonisierung bestimmter Aspekte des Urheberrechts und der verwandten Schutzrechte in der Informationsgesellschaft", ABl. EG Nr. L 167 vom 22.6.2001, S. 10.
Vorausgegangen waren folgende Entwürfe:
„Vorschlag für eine Richtlinie des Europäischen Parlaments und des Rates zur Harmonisierung bestimmter Aspekte des Urheberrechts und der verwandten Schutzrechte in der Informationsgesellschaft", KOM (97) 628 endg. vom 10.12.1997.
„Geänderter Vorschlag für eine Richtlinie des Europäischen Parlaments und des Rates zur Harmonisierung bestimmter Aspekte des Urheberrechts und der verwandten Schutzrechte in der Informationsgesellschaft", KOM (1999) 250 endg. vom 21.5.1999.
„Gemeinsamer Standpunkt des Rates im Hinblick auf den Erlass der Richtlinie des Europäischen Parlaments und des Rates zur Harmonisierung bestimmter Aspekte des Urheberrechts und der verwandten Schutzrechte in der Informationsgesellschaft", ABl. EG Nr. C 344 vom 1.12.2000, S. 1ff., vgl. dazu die in allen Punkten zustimmende Kommissionsmitteilung an das Europäische Parlament betreffend den vom Rat angenommenen gemeinsamen Standpunkt im Hinblick auf den Erlass der Richtlinie des Europäischen Parlaments und des Rates zur Harmonisierung bestimmter Aspekte des Urheberrechts und der verwandten Schutzrechte in der Informationsgesellschaft, SEK (2000) 1734 endg. vom 20.10.2000.

[6] „Richtlinie 2001/84/EG des Europäischen Parlaments und des Rates vom 27. September 2001 über das Folgerecht des Urhebers des Originals eines Kunstwerks", ABl. EG Nr. L 272 vom 13.10.2001, S. 32.

[7] ABl. EG Nr. L 169 vom 29.6.1987, S. 29ff.

[8] ABl. EG Nr. C 181 vom 29.7.1992, S. 1ff.

[9] ABl. EG Nr. C 340 vom 10.11.1997, S. 1ff.
Vgl. dazu *Streinz*, EuZW 1998, S. 137-147 (137ff.); *Hilf/Pache*, NJW 1998, S. 705-713 (705ff.).

Kraft getretenen Vertrag von Nizza vom 26.2.2001[10] grundlegend geändert hat, wurde die Anfang der siebziger Jahre geführte Debatte über die Frage der Regelungskompetenz der Europäischen Gemeinschaft im Bereich des Urheberrechts nie wieder richtig aufgenommen. Gerade im Hinblick auf die durch den Maastricht-Vertrag in den EG-Vertrag explizit aufgenommenen Grundsätze der Subsidiarität und der Verhältnismäßigkeit überrascht diese Tatsache.

Die vorliegende Arbeit hat sich zum Ziel gesetzt, die Frage der Kompetenz der Europäischen Gemeinschaft bezüglich der Rechtsangleichung im Bereich des Urheberrechts eingehend zu durchleuchten. Dabei soll verdeutlicht werden, dass diese Frage nicht so unproblematisch ist, wie dies die EG-Kommission oftmals äußert. Analysen der Behandlung dieser Problematik auf der EG-Ebene sollen zeigen, dass es den Institutionen der Europäischen Gemeinschaft an einem schlüssigen Konzept zur Beantwortung der Kompetenzfrage mangelt.

Die Arbeit folgt dabei in ihrer Vorgehensweise den bisherigen Harmonisierungsbestrebungen der EG-Kommission und geht demgemäß insbesondere auf die Problematik der Informationsgesellschaft ein, die für die EG-Kommission den Beginn ihrer weit reichenden Aktivitäten bildete. Gleichwohl sollen dabei nicht die grundsätzlichen Fragestellungen der Kompetenzzuweisung und der Kompetenzweite im Bereich des Urheberrechts aus den Augen verloren werden.

Im ersten Teil (S. 21 ff.) sollen zum besseren Verständnis zuerst die allgemeinen sowie die auf das geltende Urheberrecht bezogenen Herausforderungen der Informationsgesellschaft dargestellt werden. Danach soll in einem Überblick beschrieben werden, wie die Europäische Gemeinschaft bisher auf diese Herausforderungen reagiert hat. Zum Schluss dieses Teils werden die parallel dazu laufenden Regelungsaktivitäten in einzelnen Mitgliedstaaten, in wichtigen Drittstaaten wie auch auf der Ebene von internationalen Organisationen skizziert.

Nachfolgend werden im zweiten Teil (S. 59 ff.) die derzeit in den Mitgliedstaaten bestehenden Systeme des Urheberrechts und ihre Konzeptionen auf Unterschiede und Gemeinsamkeiten untersucht. Dabei werden auch die bisherigen Harmonisierungsmaßnahmen auf gemeinschaftlicher und internationaler Ebene dargestellt.

Nach diesen Vorbetrachtungen soll im Hauptteil der Arbeit (S. 115 ff.) die Frage der Kompetenz der Europäischen Gemeinschaft im Bereich des Urheberrechts untersucht werden. Sofern dies für die zu untersuchende Problematik von Belang ist, werden auch allgemeine Fragen der Kompetenzverteilung zwischen Europäi-

---

[10] ABl. EG Nr. C 80 vom 10.3.2001, S. 1ff.

scher Gemeinschaft und den Mitgliedstaaten angesprochen. Dabei wird die Kompetenzweite, insbesondere unter Berücksichtigung der Grundsätze der Subsidiarität und der Verhältnismäßigkeit, als das zentrale Problem herausgearbeitet. Außerdem wird untersucht, inwieweit sich die Europäische Gemeinschaft bei den bisherigen Harmonisierungsvorhaben an diese sich aus dem EG-Vertrag ergebenden Anforderungen gehalten hat.

Anschließend wird im vierten Teil (S. 229 ff.) untersucht, in welchem Umfang die Richtlinie zum Urheberrecht in der Informationsgesellschaft und deren einzelne Regelungen den kompetenzrechtlichen Vorgaben gerecht werden. Außerdem wird noch auf andere derzeit kontrovers diskutierte Probleme eingegangen. Dabei wird versucht, den Umfang zukünftiger Harmonisierungsbestrebungen aufzuzeigen.

Den Abschluss der Arbeit bildet die Zusammenfassung der wichtigsten Ergebnisse (S. 339 ff.).

1. Teil: Die Herausforderungen der Informationsgesellschaft

1. Kapitel : Darstellung der Informationsgesellschaft und der Herausforderungen an das Recht

Der Begriff der Informationsgesellschaft bezeichnet eine hoch technologisierte Ordnung, in der das Lernziel für den Einzelnen nicht mehr der Erwerb von (Bedeutungs-)Wissen, sondern die technische Versiertheit und Bedienungskunst zur Erlangung von Informationen sind.[11] Dabei wird „Information" in einem weiten Sinne verstanden: darunter fallen sämtliche Daten, die von einem Computer verarbeitet werden können, wie z.B. Texte, Bilder und Töne sowie Bild- und Tonfolgen. Mit Hilfe immer ausgefeilterer Computertechnik soll eine globale Vernetzung es den Bürgern ermöglichen, nach ihrer Wahl in Echtzeit über sämtliche erreichbare Informationen in einem einheitlichen, digitalen Datenformat zu verfügen. Damit sind auch die wesentlichen kennzeichnenden Elemente der Informationsgesellschaft genannt: die Digitalisierung, immer leistungsstärkere Computersysteme, die weltweite Vernetzung von Computern und die Interaktivität.[12]

Der Übergang zur Informationsgesellschaft wird von einigen als eine Revolution angesehen, die völlig neue Konzeptionen der rechtlichen Behandlung, insbesondere im Bereich des Urheberrechts, erfordert.[13] Es stellt sich aber die Frage, ob in vielen Fällen das geltende Recht den neuen Herausforderungen nicht doch gewachsen ist.[14] Dies soll im Folgenden anhand der einzelnen kennzeichnenden Elemente der Informationsgesellschaft untersucht werden.

---

[11] Vgl. *Wächter*, Rezension, DuD 1995, S. 126.
[12] Vgl. dazu *Nitsch*, NJW-CoR 1995, S. 102-110 (102ff.).
[13] In diesem Sinne antwortete das *European Committee for Interoperable Systems* auf den Fragebogen der Generaldirektion Binnenmarkt der EG-Kommission über Urheberrecht und verwandte Schutzrechte in der Informationsgesellschaft vom 2.6.1994, vgl. die Kommissionsveröffentlichung „Antworten der Betroffenen Kreise zu 'Urheberrecht und Leistungsschutzrechte in der Informationsgesellschaft'. Anhörung 7.-8.7.1994."- Luxemburg: Amt für amtliche Veröffentlichungen der Europäischen Gemeinschaften, 1995, S. 131-135 (131); auch der italienische Computerhersteller *Olivetti* sprach bei der Fragebogenaktion von einem „radical change in the organization of the office work", vgl. ebenda, S. 347-350 (347); die englische Version des Fragebogens ist abgedruckt ebenda, S. 477-479 (477ff.).
[14] Zu diesem Ergebnis kamen die meisten Betroffenen Kreise bei der Anhörung in Brüssel vom 7.-8.7.1994; abgedruckt in der Kommissionsveröffentlichung, siehe oben Fn. 13.
Einige Teilnehmer der Anhörung äußerten sich dahingehend differenzierend, dass der Wandel sowohl revolutionäre als auch evolutionäre Züge mit sich trüge, vgl. beispielhaft die Stellung-

A. Digitalisierung

I. Darstellung

Digitalisierung ist die Umwandlung und Speicherung von analogen Daten in ein einheitliches Datenformat. Dieses digitale Datenformat besteht aus lediglich zwei verschiedenen Grundinformationen, nämlich der Beschreibung des Zustands eines Stromschalters („an" oder „aus", was im Computer als binäre Ziffern „1" oder „0" dargestellt wird), durch deren Aneinanderreihung als Abfolge von elektrischen, elektromagnetischen oder visuellen Impulsen[15] sich jede noch so komplexe Information darstellen lässt. Aufgrund dieser Aufspaltung in nur zwei Grundzustände lässt sich jeder Inhalt ohne irgendeinen Qualitätsverlust in beliebiger Anzahl vervielfältigen.[16] Das einfache Datenformat führt dazu, dass jedermann mit Hilfe eines Computers und der passenden Ausstattung ohne großen Aufwand Informationen beliebig so manipulieren kann, dass sich die Tatsache der Veränderung grundsätzlich nicht erkennen lässt.[17] Außerdem lassen sich verschiedenartige Informationen gleichartig und unabhängig von einem bestimmten Datenträger speichern.

Die Einfachheit der digitalen Datenstruktur erleichtert den Einsatz leistungsfähiger Speichermedien[18]. Die Tendenz geht zu immer größeren und wieder beschreibbaren Medien. Eine einzige CD-ROM, kann das 500fache der Daten der bisher gängigen 3,5-Zoll-Diskette speichern. Nach anfänglichen Startschwierigkeiten hat sich nun auch immer mehr die DVD („Digital Versatile Disc") durchgesetzt, die gegenüber der CD-ROM die bis zu 25fache Datenmenge aufnehmen kann.[19] Auch diese gibt es mittlerweile als vom Endanwender beschreibbare Version.

---

nahmen des *European Publishers Council*, ebenda, S. 152-160 (153) und des Softwareherstellers *Oracle*, ebenda, S. 352-363 (352).

[15] Dazu genauer *Freed*, 11 CS&LR 1995, S. 234-243 (242).

[16] Nicht zu Unrecht wird dafür oftmals der Begriff des „Klonens" benutzt. Der Autor und Regisseur *Edgar Reitz* stellte in diesem Zusammenhang beim Symposion „Auf der Medienautobahn - Urheber im Zeitalter der digitalen Reproduzierbarkeit" fest, dass bei der digitalen Kunstproduktion alles aus Daten bestehe, die unsterblich und ohne Bindung an Ort, Raum und Zeit seien. Dadurch werde es das eigentliche „Original" in Zukunft überhaupt nicht mehr geben (Nachweis bei *Kasten*, Neue Züricher Zeitung Nr. 126 vom 2.6.1995, S. 39).

[17] *Kasten*, Neue Züricher Zeitung Nr. 126 vom 2.6.1995, S. 39.

[18] Eine allgemeine Beschreibung der Speichermedien findet sich bei *Kreile/Becker*, GRUR Int. 1996, S. 677-692 (679).

[19] Zur DVD vgl. Frankfurter Allgemeine Zeitung Nr. 206 vom 4.9.1996, S. 22; *Fehr*, Frankfurter Allgemeine Zeitung Nr. 13 vom 16.1.1996, S. T5.

Mittels leistungsstarker Berechnungstechniken („Algorithmen") ermöglicht die Digitalisierung auch die Speicherplatz sparende Komprimierung von Dateien. Je nach Dateiart sind damit Einsparungen von über 90% ohne wahrnehmbare Qualitätseinbußen möglich. Dadurch können der vorhandene Speicherplatz noch effektiver genutzt und der Datentransfer merklich beschleunigt werden.

Aktuelle Bedeutung erlangt die Möglichkeit der Komprimierung durch das MP3-Format, das derzeit die Komprimierung von Musikstücken in CD-Qualität ohne vom Normalhörer bemerkbaren Qualitätsverlust mit dem Faktor 12 erlaubt.[20] Dadurch können Musikstücke über einen DSL-Anschluss in einer Zeit, die gerade einmal einem Fünftel der Abspieldauer entspricht, übertragen werden.

Das einheitliche Datenformat führt auch dazu, dass digitale Daten in beliebig kleine Pakete zerlegt werden können, die separat und über getrennte Wege übermittelt werden können und die erst vom empfangenden Computer wieder in die Ursprungsform zusammengesetzt werden. *Bullinger* hat dafür den treffenden Begriff des „Containerverkehrs" verwendet.[21] Diese Funktionalität erlangt durch die Vernetzung in der Informationsgesellschaft eine besondere Bedeutung.

II. Die Herausforderungen an das Recht

1. Dematerialisierung

Hoeren sieht darin, dass die Informationen aufgrund der Digitalisierung unabhängig von einem bestimmten Träger sind, die Dematerialisierung als neuen „Topos" der Informationsgesellschaft.[22] Für den Bereich des Urheberrechts sollte die Bedeutung der Dematerialisierung aber in Anbetracht der Tatsache, dass mit dem Recht der öffentlichen Wiedergabe (§ 15 Abs. 2 UrhG) schon seit langem die immaterielle Werkverwertung bekannt ist, nicht überbewertet werden.[23] Mit Hinweis

---

[20] Zum MP3-Format vgl. *Wickel*, Rheinischer Merkur Nr. 19 vom 7.5.1999, S. 10.
[21] *Bullinger*, Kommunikationsfreiheit, S. 27.
[22] *Hoeren*, NJW 1998, S. 2849-2854 (2849).
Ähnlich schon der Chef der Informations- und Verlagsabteilung im Präsidium des italienischen Ministerrates („Information and Publishing Department, Presidency of the Italian Council of Ministers") *Mauro Masi* anlässlich der Eröffnung der Konferenz der Generaldirektion Binnenmarkt der Europäischen Kommission „Urheberrecht und verwandte Schutzrechte an der Schwelle zum 21. Jahrhundert" in Florenz (2.-4.6.96), Protokoll, S. 23-29 (26): „It [Dematerialization] now takes a central position whereas up until now its position was entirely complimentary."
[23] So auch *Lucas*, Konferenz der Generaldirektion XV der Europäischen Kommission „Urheberrecht und verwandte Schutzrechte an der Schwelle zum 21. Jahrhundert" in Florenz (2.-

auf die Dematerialisierung kann demnach nicht eine gänzliche Neuausrichtung des Urheberrechts gefordert werden.

2. Unterschiedliche Behandlung von analogen und digitalen Werken?

Losgelöst von der Dematerialisierung stellt sich aber die Frage, ob das einheitliche Datenformat für verschiedenartige Informationen eine unterschiedliche Behandlung von analogen und digitalen Werken rechtfertigt. Insbesondere besteht Anlass zur Prüfung, ob die Aufzählung der Schutzgegenstände in einem Werkkatalog, wie er sich in § 2 Abs. 1 UrhG findet, für digitale Werke nicht obsolet ist.

Auf eine entsprechende Frage zur Behandlung von digitalen und analogen Werken im Fragebogen der EG-Kommission[24] antworteten fast alle Beteiligten[25], dass eine Differenzierung nicht erforderlich sei.

a. Schutzfähigkeit

Im Hinblick auf die Beschreibungen im Werkkatalog ist diese Ansicht auch zu befürworten, da zur Einordnung allein die menschliche Wahrnehmbarkeit durch die entsprechenden Sinnesorgane zählt.[26] Dies entspricht auch der Stellungnahme der EG-Kommission im Konvergenz-Grünbuch.[27] Schwierigkeiten der Subsum-

---

4.6.96), Protokoll, S. 30-39 (33), der bemerkt, dass dieses Recht in Frankreich seit über zwei Jahrhunderten besteht und dass deshalb die Dematerialisierung keine Revolution sei: „The right of representation or communication to the public was conceived in France over two centuries ago, even before the right of reproduction. Therefore dematerialization is not a revolution."

[24] Frage 2b, vgl. Nachweis oben bei Fn. 13.

[25] Eine andere Ansicht ist bei *Bull*, Kommissionsveröffentlichung (vgl. Nachweis oben Fn. 13), S. 84-86 (84) und bei der *UK Periodical Publishers Association*, ebenda, S. 376-378 (377), angedeutet.

[26] *Dreier*, Perspektiven, S. 123-153 (125); ähnlich *Christie*, 17 EIPR 1995, S. 522-530 (525). Originell begründet dies *Ficsor*, WIPO Worldwide Symposium on the Future of Copyright and Neighboring Rights, Paris, 1.-3.6.94, S. 209-220 (214): „do we think of the Arc de Triomphe, the trees and flowers of the Bois de Boulogne, the Mona Lisa or the people walking along the Champs-Elysées as mere combinations of protons, neutrons or top and bottom quarks? [...] Now it would be equally absurd to think of works, fixed performances and phonograms in digital format as mere series of zeros and ones."

[27] „Grünbuch zur Konvergenz der Branchen Telekommunikation, Medien und Informationstechnologie und ihren ordnungspolitischen Auswirkungen. Ein Schritt in Richtung Informationsgesellschaft", KOM (97) 623 endg. vom 3.12.1997, S. 23: „Obwohl also ein Film, ein Lied, ein Zugfahrplan oder ein Telefongespräch in digitaler Form übertragen werden können, bedeutet das nicht, dass der Benutzer diese unterschiedlichen Dienste/Aktivitäten als auswechselbar ansieht. In gleichem Maße werden rechtliche Maßnahmen bei diesen Diensten auf

tion unter bestehende gesetzliche Werkkategorien kann in Deutschland schon durch den Hinweis begegnet werden, dass der Katalog in § 2 Abs. 1 UrhG nicht abschließend ist.[28] In Ländern, in denen dies nicht der Fall ist,[29] kann dieses Problem durch Erweiterung des Werkkatalogs - gegebenenfalls im Wege der Analogie - gelöst werden. Grundlegende Eingriffe in die Rechtsordnungen sind dafür nicht erforderlich.

Die Werkarten werden unabhängig von ihrer Festlegung entweder nach Ausdrucksmittel oder nach Art des Schaffens definiert.[30] Selbst wenn es in Zukunft zu immer mehr Kombinationen verschiedener Werktypen kommen wird, werden die einzelnen Werkkategorien nicht gänzlich verschwinden.[31] Trotz der vom Grundprinzip her für jede Dateiart gleichartigen digitalen Speicherung ist eine Graphikdatei anders aufgebaut als eine Textdatei.[32]

Eine unterschiedliche Behandlung digitaler Werke in Bezug auf die Schutzfähigkeit kann somit nicht gerechtfertigt werden.

b. Schutzweite

Die Frage der Schranken des Urheberrechts und damit der Schutzweite ist aufgrund der neuen Gegebenheiten der Informationsgesellschaft möglicherweise anders zu beurteilen[33]. Auf der einen Seite besteht für den einzelnen die Möglichkeit

---

[28] deren unterschiedliche, spezifische Wesensmerkmale zugeschnitten bleiben, auch wenn diese Dienste grundsätzlich auf denselben technischen (Übertragungs-)Prinzipien aufgebaut sind." So *Schwarz*, Recht im Internet, Kapitel 4G-1.5.11.

[29] Vereinigtes Königreich, Sec. 1 Abs. 1 CDPA, vgl. *Strowel*, Droit d'auteur et copyright, S. 461.

[30] Grünbuch „Urheberrecht und verwandte Schutzrechte in der Informationsgesellschaft", KOM (95) 382 endg. vom 19.7.1995, S. 27; *Loewenheim*, Festschrift für *Piper*, S. 709-724 (713); ders., GRUR 1996, S. 830-836 (832).
A.A.: *Geller*, 25 IIC 1994, S. 54-69 (57) und *Gendreau*, Ent. L. Rev. 1995, S. 214-220 (215), für die die Klassifikation nach Werkarten unbedeutend wird, da diese von ihrem Trägermedium abhängen sollen.

[31] Genau das deutet aber der amerikanische *Lehman*-Report „Intellectual Property and the National Information Infrastructure" vom September 1995, S. 45 (siehe unten Fn. 182) an; ebenso die für *Industry Canada* durchgeführte „Study On New Media And Copyright" vom Juni 1994, S. 14.

[32] Das kann schon an den unterschiedlichen dreibuchstabigen Dateinamenserweiterungen (z.B. „.doc" für ein Textdokument im *Microsoft* Word-Format) gesehen werden; *Koch*, GRUR 1995, S. 459-469 (460) beschreibt diese Unterschiede als „rechnerintern einheitliche digitale Darstellung von Informationen".

[33] Dazu näher unten S. 238 ff.

der Herstellung unendlich vieler perfekter Kopien, die vom Original nicht zu unterscheiden sind. Demnach verliert bei der digitalen Kopie der im analogen Zeitalter auch rechtlich wichtige Umstand, dass so mancher lieber ein qualitativ höherwertiges Original besitzt, an Bedeutung. Auf der anderen Seite können mit Hilfe von technischen Schutz- und Verwaltungsmaßnahmen nunmehr potentiell sämtliche Nutzungen auch im Privatbereich überprüft werden, so dass ein wesentliches Argument für die Urheberrechtsfreiheit der Privatkopie, nämlich die mangelnde Kontrollierbarkeit, im digitalen Zeitalter entfallen ist.

3. Das Multimediawerk als neue Werkart?

Durch die einheitliche Speicherung können die unterschiedlichsten Werktypen beliebig zu neuen Werken kombiniert werden. Als Schlagwort für die damit verbundenen Möglichkeiten hat sich der Begriff „Multimedia" herausgebildet.

a. Definition und Abgrenzung des Multimediawerks

Für „Multimedia" gibt es in der Literatur viele Definitionen,[34] wobei die meisten darauf abstellen, dass mehrere unterschiedliche Bestandteile (Ton, Bild, Text oder Software) in einem einzigen Medium zusammengefasst werden. Teilweise wird auch die Verschmelzung der Empfangsgeräte betont.[35] Eine gute, wenn auch in ihrem Abstellen auf einzelne Elemente zu weit geratene Definition, geben *Strowel* und *Triaille*. Für sie ist Multimedia ein Produkt, das auf demselben Träger ein oder mehrere zuvor digitalisierte Elemente (Text, Ton, Bild, Bildfolge, Computerprogramm) beinhaltet und dessen Struktur und Zugänglichmachung durch einen die Interaktivität ermöglichenden Computer geregelt werden.[36] Sie setzen „Multimedia" und „digitales Werk" also gleich.

---

[34] *Heath*, GRUR Int. 1995, S. 843-852 (851) unter Berufung auf den Japaner *Yamanaka*: „interaktive Zusammenstellung verschiedener Werkarten im digitalen Bereich"; *Loewenheim* zitiert von *Heath/Stögmüller*, GRUR Int. 1995, S. 962-965 (963): „Kombination von Werken, die traditionellerweise in verschiedene Werkkategorien kategorisiert werden"; *Kreile/Westphal*, GRUR 1996, S. 254-259 (254 Fn. 1); zur Diskussion in Frankreich vgl. *Edelman*, Recueil Dalloz Sirey 1995, chronique, S. 109-115 (109f.).
Oftmals wird betont, dass in Bezug auf die Verschmelzung zutreffender von „Unimedium" oder „Monomedium" zu sprechen sei, vgl. z.B. *Ginsburg/Sirinelli*, JCP 1996, doctrine, S. 65-70 (65).

[35] *Gersdorf*, AfP 1995, S. 565-576 (566): „Verschmelzung von Personalcomputer und Fernsehen zu einem einheitlichen Empfangsgerät".

[36] *Strowel/Triaille*, Droit d'auteur, S. 335: „produit incorporant sur un même support un ou plusieurs des éléments, préalablement numérisés, suivants: textes, son, images fixes, images

Die Zusammenfassung unterschiedlicher Werktypen auf einem Träger ist aber an sich nichts Neues.[37] Auch in der analogen Welt gibt es solche Kombinationen, wie beim Kinofilm besonders deutlich wird. Deshalb kann auch nicht von „scheinbar unumstößlichen Grenzen zwischen Text, Bild und Ton", gesprochen werden, die nun „zugunsten eines digitalen Gesamtkunstwerkes fallen".[38] Die Digitalisierung allein kann nicht zu einer besonderen Beurteilung der Schutzfähigkeit führen (vgl. oben S. 24).

b. Schutzmöglichkeiten für ein Multimediawerk

Über die genaue Einordnung des Multimediawerks bestehen unterschiedliche Ansichten. Die grundsätzliche Schutzfähigkeit nach der Revidierten Berner Übereinkunft (RBÜ) ergibt sich aus dem offenen Werkbegriff und dem weiten Schutz für Sammelwerke in Art. 2 Abs. 1 und 5.[39] Auch der offene Katalog von § 2 Abs. 1 UrhG garantiert im deutschen Recht die Möglichkeit des Schutzes dieser Werke.

In der Literatur gibt es unterschiedliche Ansichten zur Qualifikation eines Multimediawerks. So findet sich die Einordnung als Sammelwerk (§ 4 UrhG)[40],

---

[37] animées, programmes informatiques et dont la structure et l'accès sont régis par un logiciel permettant l'interactivité".
Lucas, Festschrift *Françon*, S. 325-335 (325); *Leutheusser-Schnarrenberger*, ZUM 1996, S. 631-636 (633); *Wiebe/Funkat*, MMR 1998, S. 69-75 (75).
Besonders deutlich sagte dies *W. Nordemann* in der öffentlichen Anhörung „Schutz von Urheberrecht und Copyright" der Enquete-Kommission des 13. Deutschen Bundestages „Zukunft der Medien in Wirtschaft und Gesellschaft - Deutschlands Weg in die Informationsgesellschaft" am 27.1.1997 (Protokoll Nr. 20): „Alles, was ich bisher aus dem Internet habe kommen sehen, hat sich in meinen Augen immer noch in die bestehenden Werkkategorien einordnen lassen. Ich habe noch kein einziges multimediales Werk gesehen."

[38] So aber *Hoeren*, Herausforderung für das Urheber- und Wettbewerbsrecht, S. 17-58 (57); *ders.*, Schutz vorbestehender Werke, in: Cyberlaw, S 81-94 (92); ähnlich *ders.*, CR 1994, S. 390-395 (390); *ders.* schon ganz zu Anfang seiner für die Generaldirektion XIII durchgeführten Studie „Long term solutions for copyright and multimedia products"; *Hoeren* setzt jedes Mal „Multimedia" mit „Multilegia" gleich.

[39] *Ficsor*, Konferenz der Generaldirektion XV der Europäischen Kommission „Urheberrecht und verwandte Schutzrechte an der Schwelle zum 21. Jahrhundert" in Florenz (2.-4.6.96), Protokoll, S. 47-62 (52).

[40] So vor allem der Endbericht des *Canadian Information Highway Advisory Council* vom September 1995, S. 122, vgl. unten Fn. 169: „Multimedia works have sufficient protection under the existing category of works entitled „Compilations".; *Dreier*, Festgabe für *Schricker*,

als Film oder filmähnliches Werk[41], als Computerprogramm[42] oder als Datenbank[43]. Hierbei ist aber zu bedenken, dass es aufgrund der vielfältigen Kombinationsmöglichkeiten ein einheitliches Multimediawerk gar nicht gibt. So wird mit einer kurzen Musiksequenz untermaltes Foto für den Betrachter in erster Linie ein Foto bleiben. Demnach muss der Schutz eines Multimediawerks im Einzelfall nach seiner Wirkung auf den Konsumenten bestimmt werden. Es ist also der Schwerpunktcharakter des Werkes ausschlaggebend[44], wobei abtrennbare Teile gegebenenfalls nach eigenen Regeln behandelt werden können.

Im Falle der echten und untrennbaren Verschmelzung der einzelnen Werkteile bietet sich zur Klarstellung an, die traditionelle Filmkategorie durch den erweiterten Begriff des „audiovisuellen Werkes" zu ersetzen,[45] wie er sich schon im

---

[41] S. 193-224 (219); a.A. *Koch*, GRUR 1995, S. 459-469 (463), da sonst nur die inhaltliche Auswahl, nicht aber die Programmoberfläche geschützt werden könne.
Vor allem *Hoeren* CR 1994, S. 390-395 (391ff.): filmähnliches Werk; ders. im Vortrag „Multimedia und die Zukunft" im Rahmen der Münchener Tagung „Multimedia und Recht" vom 4./5.5.1995, in dem er diesen Schutz als Mindestschutz ansieht [zitiert bei *Wachter*, GRUR Int. 1995, S. 860-874 (873)]; *Kreile/Westphal*, GRUR 1996, S. 254-259 (255); a.A.: *Koch*, GRUR 1995, S. 459-469 (463), da sonst nur die Anwendungsoberfläche, nicht aber die darunter liegende, typische Struktur geschützt würde.
Der Grund für die Klassifizierung als zumindest filmähnliches Werk im deutschen Recht liegt darin, dass dann die eine leichte Verwertung sichernden Sonderregelungen von §§ 88, 89 UrhG herangezogen werden können [bezüglich der vereinfachten Lizenzübertragung will dies z.B. *Loewenheim*, Festschrift für *Piper*, S. 709-724 (715)]. Unter Hinweis auf den Charakter einer Ausnahmevorschrift und die neuen technischen Verwertungsmöglichkeiten wenden sich aber *Schricker*, in: *Schricker*, Urheberrecht auf dem Weg zur Informationsgesellschaft, S. 78 und 218 sowie *Dreier*, Festgabe für *Schricker*, S. 193-224 (219) entschieden gegen eine Anwendung von §§ 88, 89 UrhG auf Multimediawerke.

[42] *Davies*, 10 CL&P 1994, S. 6-8 (6); der Vorteil eines solches Vorgehens liegt im Schutz sowohl der Gestalt (§ 69a Abs. 1 UrhG) als auch der Ausdrucksform (§ 69 Abs. 2 UrhG), vgl. *Koch*, GRUR 1995, S. 459-469 (465).
Dagegen aber *Sirinelli*, WIPO Symposium, Paris, 1.-3.6.94, S. 31-47 (40).

[43] *Sirinelli*, WIPO Symposium, Paris, 1.-3.6.94, S. 31-47 (41) hält dies für die meisten Fälle für zutreffend; *Loewenheim*, GRUR 1996, S. 830-836 (832) sieht dies wohl als eine Art Mindestschutz an.

[44] So auch *von Lewinski* bei der Münchener Tagung „Multimedia und Recht" vom 4./5.5.1995 [zitiert von *Wachter*, GRUR Int. 1995, S. 860-874 (865)]; *Leutheusser-Schnarrenberger*, ZUM 1996, S. 631-636 (633); *Strowel/Triaille*, Droit d'auteur, S. 373; vgl. auch *Thorne*, 49 Copyright World 1995, S. 18-23 (19ff.).
In Frankreich und den USA wird im Einzelfall der Schutz als Computerprogramm oder aber als audiovisuelles Werk angenommen (vgl. *Strowel/Triaille*, Droit d'auteur, S. 347f.).

[45] Vgl. *Schricker*, in: *Schricker*, Urheberrecht auf dem Weg zur Informationsgesellschaft, S. 49: „Die Multimediawerke sollten deshalb im Werkskatalog des § 2 Abs. 1 UrhG entweder neben dem Filmwerk in Nr. 6 oder zusammen mit diesem unter dem Titel der audiovisuellen Werke

US Copyright Act[46] findet. Sofern gesetzlich ein offener Werkkatalog vorgesehen ist, erscheint dies aber nicht unbedingt erforderlich. Die darüber hinausgehende Einführung einer neuen Kategorie „Multimediawerk" ist nicht geboten.[47]

4. Digitalisierung als neue Form der Bearbeitung?

In der bloßen automatisierten Umwandlung von analoger zu digitaler Form ist keine Bearbeitung oder sonstige Umgestaltung zu sehen,[48] da das Werk weder in seinem Charakter noch in seiner Wirkungsweise verändert wird. Ob aufgrund des damit verbundenen Aufwands trotzdem ein verwandtes Schutzrecht gewährt werden kann,[49] muss der Gesetzgeber entscheiden.

5. Digitalisierung als Vervielfältigung?

Vielfach wird schon die Tatsache der Digitalisierung als urheberrechtlich möglicherweise relevante Vervielfältigung angesehen.[50] Diese Ansicht verkennt jedoch

---

oder in einer eigenen Nummer ausdrücklich aufgeführt werden oder es sollte in Zusammenhang mit dem Werkskatalog klargestellt werden, dass ein Werk auch aus der Verschmelzung von Elementen bestehen kann, die verschiedenen Werkskategorien angehören"; sollte eine solche Zusammenfassung in Deutschland stattfinden, müsste über das weitere Schicksal der §§ 88, 89 UrhG entschieden werden (vgl. dazu oben Fn. 41).

[46] Sec. 101 UAbs. 4 des USCA lautet: „'Audiovisual works' are works that consist of a series of related images which are intrinsically intended to be shown by the use of machines, or devices such as projectors, viewers, or electronic equipment, together with accompanying sounds, if any, regardless of the nature of the material objects, such as films or tapes, in which the works are embodied."

[47] *Pollaud-Dulian*, GRUR Int. 1995, S. 361-373 (373); *Nordemann/Goddar/Tönhardt/Czychowski*, CR 1996, S. 645-657 (647). Ähnlich argumentierten auch etliche Betroffene Kreise bei der Anhörung vom 7./8.7.1994 (Nachweis oben Fn. 13), vgl. nur die Stellungnahmen von *EACEM*, S. 123; *IFPI*, S. 279 und *Sony*, S. 423.
Das Grünbuch „Urheberrecht und verwandte Schutzrechte in der Informationsgesellschaft", KOM (95) 382 endg. vom 19.7.1995 scheint aber zu einer eigenständigen Werkkategorie zu tendieren, wenn es auf S. 28 das Verschwimmen der Grenze zwischen den unterschiedlichen Werkkategorien diagnostiziert; *Loewenheim*, Festschrift für *Piper*, S. 709-724 (714) fordert die ausdrückliche Festschreibung einer entsprechenden Kategorie in Deutschland, falls Europa Sonderregelungen für „Multimediawerke" einführen sollte; für eigenständigen neuen Werktyp: *Hoeren*, CR 1994, S. 390-395 (395); *de Werra*, SMI 1995, S. 237-247 (243).

[48] *Schwarz*, Markenartikel 1996, S. 215-219 (215); *Nordemann/Goddar/Tönhardt/Czychowski*, CR 1996, S. 645-657 (647).

[49] Das wird von *Schricker*, in: *Schricker*, Urheberrecht auf dem Weg zur Informationsgesellschaft, S. 49 angesprochen. Schricker sieht aber richtigerweise dafür derzeit keinen Handlungsbedarf.

[50] Grünbuch „Urheberrecht und verwandte Schutzrechte in der Informationsgesellschaft", KOM (95) 382 endg. vom 19.7.1995, S. 52; *Koch*, GRUR 1995, S. 459-469 (468); *Norde-*

die zumindest theoretische Trennung der digitalen Umwandlung von der Festlegung der digitalen Daten auf einem Speichermedium und ist aus Gründen der terminologischen Klarheit abzulehnen, selbst wenn in den meisten Fällen der Digitalisierung die Speicherung unmittelbar folgen wird.[51]

6. Mit der Digitalisierung verbundene Gefahren für das Urheberrecht

Durch die einfache Kopierbarkeit und Manipulierbarkeit digitaler Daten droht die massenhafte Piraterie zu einem Hauptproblem der Informationsgesellschaft zu werden. Raubkopien im Bereich von Computerprogrammen und Dateien verursachen schon jetzt einen enormen wirtschaftlichen Schaden. Nach der jährlich für die *Business Software Alliance* durch die unabhängige *International Planning and Research Corporation (IPR)* durchgeführten Piraterie-Studie beliefen sich die Schäden im Jahre 2001 bei einem Rückgang von 6,7% gegenüber dem Vorjahr auf 10,97 Mrd. US Dollar weltweit, 2,55 Mrd. US in der Europäischen Gemeinschaft und 681,6 Mio. US Dollar in Deutschland. Die Quote von Raubkopien lag weltweit bei etwa 40%, in Deutschland bei 34%.[52] Nach einer von der *Business Software Alliance* in Auftrag gegebenen Studie des Marktforschungsinstituts *IDC* zu den weltweiten gesamtwirtschaftlichen Folgen der Software-Piraterie würde eine Senkung dieser Quote um zehn Prozentpunkte bis 2006 zu weltweit 1,5 Mio. neuen Arbeitsplätzen (davon 40.000 in Deutschland), 64 Mrd. US Dollar zusätzlichen Steuereinnahmen (in Deutschland: 4,135 Mrd. Euro) und 400 Mrd. US Dollar zusätzlichem Wirtschaftswachstum (in Deutschland: 18,861 Mrd. Euro) führen.[53] Schon im Jahre 1996 entstand durch Raubkopien in China der US-Software-Industrie ein Schaden von 2,3 Mrd. US Dollar[54], was bei-

---

mann/Goddar/Tönhardt/Czychowski, CR 1996, S. 645-657 (647); *Bercovitz*, GRUR Int. 1996, S. 1010-1017 (1013); *Parant*, 14/2 Entertainment and Sports Lawyer 1996, S. 3-8 (8 Fn. 28); *Schwarz*, Recht im Internet, Kap. 4G-3.3.2.1; *Lehmann*, Digitalisierung und Urhebervertragsrecht, in: Cyberlaw, S. 57-65 (65).

[51] *Eberle*, GRUR 1995, S. 790-798 (797); *Loewenheim*, Festschrift für *Piper*, S. 709-724 (719). Die Stellungnahme von *Schricker*, in: *Schricker*, Urheberrecht auf dem Weg zur Informationsgesellschaft, S. 110 verdeutlicht die Unsicherheit im Umgang mit diesem Thema: „Eine Vervielfältigung i.S.v. § 16 Abs. 1 UrhG stellt zunächst die Digitalisierung geschützter Werke in analoger Form dar. Das gilt zumindest dann, wenn die Digitalisierung zu einer dauerhaften Festlegung führt."

[52] „Seventh Annual BSA Global Software Piracy Study", Juni 2002, S. 7f. Dabei hat sich die weltweite Quote von 43% (in Deutschland: 36%) im Jahr 1996 auf 36% (in Deutschland: 27%) im Jahr 1999 gesenkt, um danach im Gegensatz zur absoluten Schadenshöhe wieder deutlich anzusteigen.

[53] „Expanding Global Economies: The Benefits of Reducing Software Piracy, April 2, 2003", S. 2 sowie die zugehörige Pressemitteilung der *Business Software Alliance*.

[54] Frankfurter Allgemeine Zeitung Nr. 144 vom 24.6.1996, S. 20.

nahe zu einem Handelskrieg zwischen den beiden Staaten führte,[55] der in letzter Minute abgewendet werden konnte.[56]

Auch im Bereich des Tonträgermarktes sind die Verluste durch Raubkopien beträchtlich. Der weltweite Markt für kommerzielle Piraterieprodukte von Tonträgern hatte im Jahr 2001 einen Wert von 4,3 Mrd. US Dollar bei einer Pirateriequote von 28%.[57] Im Jahr 2002 verzeichnete der deutsche Tonträgermarkt vor allem in Folge der massenweisen Produktion von Raubkopien einen Umsatzrückgang von 11,3%.[58] Es wird davon ausgegangen, dass 99% der schätzungsweise 500 Mio. im Mai 2002 im Internet verfügbaren Musikdateien nicht lizenziert waren.[59]

Ein wesentliches Problem der Piraterie ist die Tatsache, dass bei vielen Nutzern ein entsprechendes Unrechtsbewusstsein nicht vorhanden ist. Deshalb wird verstärkt auf Aufklärungskampagnen wie die breit angelegte Medienkampagne von *Microsoft* vom März und April 1999 gesetzt.[60] Am 1.10.1998 riefen Inhaltsanbieter den weltweiten Greyday aus, an dem viele Webseiten unter Hinweis auf das Pirateriproblem nur einen grauen Hintergrund anzeigten. Die *Business Software Alliance* führt immer wieder regional begrenzte Aktionen durch, bei denen sich Unternehmen registrieren können und dann eine Schonfrist von 30 Tagen gewährt bekommen, innerhalb der sie ohne das Risiko einer rechtlichen Belangung die ordnungsgemäße Lizenzierung der eingesetzten Software bewirken können.

Wegen der Gefahr von Urheberrechtsverletzungen wird immer wieder die Befürchtung geäußert, dass die Urheber nichts mehr online publizieren werden.[61] In der Tat sind die Rechtsinhaber darauf angewiesen, dass ihnen ein effektiver rechtlicher Schutz ihrer Werke ermöglicht wird, der auch von ihnen wirksam vollstreckt werden kann.

---

[55] Frankfurter Allgemeine Zeitung Nr. 109 vom 10.5.1996, S. 17.
[56] Trotzdem lag die Pirateriequote in China noch im Jahr 2001 bei 92%, vgl. die Angaben in der Studie der BSA, oben Fn. 52, S. 8.
[57] Vgl. den von *ifpi* veröffentlichten „Music Piracy Report 2002", S. 2.
[58] Pressemitteilung des *Bundesverbandes der Phonographischen Wirtschaft* vom 26.2.2003.
[59] Vgl. den von *ifpi* veröffentlichten „Music Piracy Report 2002", S. 9.
[60] Vgl. USA Weißbuch (Nachweis unten Fn. 182), S. 201-210; *Hardy*, Project Looking Forward, S. 266f.
[61] So *Hamilton*, 29 Vand. J. Transnat'l L. 1996, S. 613-634 (627); USA Weißbuch (Nachweis unten Fn. 182), S. 10.
Der Begriff „online" bezeichnet die Anbindung eines Computers an ein Netzwerk (dazu sogleich).

B. Leistungsstarke Computersysteme

Die Informationsgesellschaft wird durch starke Leistungszunahmen im Bereich der Computertechnik geprägt. Mikroprozessoren erreichen immer höhere Taktraten und können somit Rechenoperationen in kürzerer Zeit bewältigen, wodurch umfangreiche Vervielfältigungsaktionen zunehmend einfacher werden. Speichermedien werden immer geräumiger und schneller, was die dauerhafte Speicherung von Daten im Computer des Endanwenders bei permanenter Verfügbarkeit verstärkt begünstigt. Die Anbindung an das Internet erfolgt immer weniger über klassische Telefonleitungen. Über ISDN („Integrated Services Digital Network") kann im Wege der Kanalbündelung der Inhalt einer normalen Diskette in gerade einmal 90 Sekunden übertragen werden. Immer mehr wird der Internetzugang über DSL Standard, der je nach Ausstattung über 100mal leistungsfähiger als einfaches ISDN sein kann. Die Grundausstattung eines PC wird bei gleich bleibendem Preis immer üppiger und leistungsstärker. Ein drei Jahre altes System gilt heutzutage als völlig überaltert. Durch die ständig verbesserte Technik werden massenhafte Vervielfältigungen und Urheberrechtsverletzungen immer einfacher.

Die moderne Computertechnik bietet den Rechtsinhabern aber auch wirkungsvolle technische Schutz- und Verwaltungssysteme. Dadurch wird ihnen eine effiziente Verwaltung ihrer Werke ermöglicht. Durch die leistungsstarken Computersysteme wird ihnen zudem der Transfer ihrer Werke und damit deren kommerzielle Nutzung erleichtert.

C. Weltweite Vernetzung von Computern

I. Darstellung

Ein drittes Wesensmerkmal der Informationsgesellschaft ist die Tatsache, dass Computer aufgrund von einheitlichen Software-Protokollen entweder über Leitungen oder auch leitungsungebunden (Funk, Infrarot, etc.) miteinander kommunizieren können und sich so zu Netzwerken zusammenschließen lassen. Diese Netzwerkfähigkeit findet sich sowohl beim Heimanwender, der sein mobiles Laptop zwecks Datenaustausch über ein normales Parallelkabel oder Infrarot mit seinem PC verbindet, als auch in firmeninternen, geschlossenen Datennetzen („Intranets") und im weltweiten Netzwerk, dem Internet, in das sich jedermann über eine normale Telefonleitung[62] einwählen kann. Immer häufiger findet die Einwahl per Mobiltelefon („WAP-Handy") statt. Sollte sich dabei der UMTS-

---

[62] Es ist sogar technisch möglich, den Datentransfer über eine normale Stromleitung abzuwickeln, obwohl sich diese Technik bisher nicht durchgesetzt hat.

Standard durchsetzen, werden Übertragungen mit 30-facher Geschwindigkeit gegenüber normalem ISDN möglich sein.

Das Internet[63] entwickelte sich aus dem 1969 in den USA gegründeten ARPAnet (Projekt der *Advanced Research Project Agency*), das vor allem von militärischen Stellen genutzt wurde. Die Netzwerkarchitektur wurde bewusst gewählt, damit im Fall des Ausfalls eines Netzknotens der Datentransfer weiterhin über die verbliebenen Netzknoten abgewickelt werden konnte. Nach und nach nahm die militärische Nutzung ab, und die amerikanischen Universitäten wurden an das Netz angeschlossen. Ab Anfang der neunziger Jahre stieg die Zahl der gewerblichen und später auch der privaten Nutzer sprunghaft an. Zum Jahresende 2002 nutzten nach Schätzungen über 655 Mio. Menschen weltweit das Internet,[64] Mitte 2002 dürften es auf dem Gebiet der Europäischen Gemeinschaft etwa 150 Mio. Personen gewesen sein und im Februar 2003 gab es allein in Deutschland 32,45 Mio. Nutzer[65].

Mit dem Begriff des Internets wird eine Vielzahl von Einzeldiensten bezeichnet, die innerhalb des weltweiten Computerverbundes möglich sind. Bekanntestes und oftmals als Synonym des Internets gebrauchtes Beispiel ist das World Wide Web, bei dem durch Eingabe einer bestimmten Internetadresse (z.B. „www.NAME.de") auf einzelne Seiten mit den verschiedensten Inhalten individuell zugegriffen werden kann. Aufgrund der im World Wide Web gängigen Programmiersprache Hypertext ist es für einen Inhaltsanbieter möglich, auf seinen Seiten Querverweise („Links") auf andere, oftmals weiterführende Angebote anderer Anbieter zu setzen, die vom Nutzer mittels eines einfachen Tastenklicks aufgerufen werden können. Auf diese Art erspart er dem Nutzer das Herausfinden und die etwas umständliche Eingabe der vollständigen Internetadresse. Mit Hilfe leistungsstarker Suchprogramme („Suchmaschinen") im Internet kann jedermann nach beliebigen Inhalten gezielt forschen und diese nach Abschluss der Suche aufrufen. Hauptinhalte des World Wide Web sind die Darstellungen von Texten und stehenden Bildern, aber auch sämtliche anderen digitalen Inhalte wie Video, Animationen, Ton und Software können über das World Wide Web auf den Computer des Nutzers übertragen werden.

---

[63] Allgemein zum Internet: *Back-Hock/Wagner*, DSWR 1996, S. 78-81 (78ff.); *Poulin*, GazPal 255-256/1996, S. 19-29 (19ff.); *Hardy*, Project Looking Forward, S. 33ff. Zur Geschichte des Internets und zu seinem Aufbau: *Morschheuser/Raufer*, DSWR 1995, S. 328-329 (328f.).

[64] Vgl. die Executive Summary des Berichts „E-Commerce and Development Report, 2002" der *United Nations Conference on Trade and Development (UNCTAD)*, S. 1.

[65] Vgl. die Umfrage „@facts monthly / Februar 2003" des Meinungsforschungsinstituts *forsa.* im Auftrag der *SevenOne Interactive*, erhältlich unter www.atfacts.de.

Sehr verbreitet ist auch der Versand von elektronischen Briefen („e-Mails"). Ein Nutzer hat dabei auf einem mit dem Internet verbundenen Computer ein Postfach und eine individuelle e-Mail-Adresse der Form „Nutzername@NAME.de", mittels der das Postfach erreicht werden kann. Wenn der Nutzer sich ins Internet einwählt, kann er die im Postfach gespeicherten Nachrichten auf seinen Computer abrufen und eigene Nachrichten an andere Nutzer verschicken. Aufgrund der einfachen Multiplizierbarkeit digitaler Daten kann eine Nachricht ohne großen Aufwand an beliebig viele Adressaten geschickt werden. Mittels e-Mail können neben Text auch sämtliche andere Formen von digitalisierten Dateien versandt werden.

Eine e-Mail dient nicht nur der Individualkommunikation, sondern kann auch an eine große Anzahl von Nutzern gerichtet sein. Bei den sog. Mailing-Listen kann eine Nachricht an einen Zentralcomputer gesendet werden, der davon eine Kopie an alle beim Computer registrierten Nutzer automatisch oder nach persönlicher Auswahl durch den Listenbetreiber („Moderator") weitersendet. So haben sich e-Mail-Diskussionsforen zu den unterschiedlichsten Themen gebildet.

Eine andere Art der Diskussionsforen sind die Nachrichtengruppen („News Groups"), von denen es mittlerweile mehrere Zehntausend zu einer weiten Bandbreite von Themen gibt. Hierbei können die Nutzer an die jeweilige Nachrichtengruppe gerichtete Nachrichten verschicken, die auf zentralen Computern für eine gewisse Zeit gespeichert werden und wie bei einem Nachrichtenbrett von jedem Interessierten individuell abgerufen werden können. Gegenüber den Mailing-Listen besteht der Unterschied, dass es sich bei jenen um eine geschlossene Gruppe von angemeldeten Nutzern handelt, welche die Diskussionsbeiträge individuell per e-Mail in ihr Postfach erhalten, wogegen bei den Nachrichtengruppen jeder Nutzer die Beiträge eigenständig abrufen muss.

Von großer Bedeutung ist auch das File Transfer Protocol („FTP"), das allein dem schnellen Austausch von Dateien dient. Auf zentralen Computern können Dateien hinterlegt werden, die dann von anderen Nutzern auf ihre eigenen Computer kopiert werden können.

Der einfache und theoretisch unbegrenzt mögliche Datenversand über das Internet führt zu potentiell marginalen Transaktionskosten. Der Nutzer muss lediglich die Kosten für den Zugang zum Internet bezahlen. Insbesondere in den USA können diese im Falle kostenloser Ortsgespräche und einem Pauschalpreis für die Internetnutzung minimal sein. Es ist wahrscheinlich nur noch eine Frage der Zeit, bis solche Modelle auch im liberalisierten Markt für Telekommunikationsdienstleistungen auf dem Gebiet der Europäischen Gemeinschaft erhältlich sein werden.

Erste Anzeichen dafür sind in Deutschland die „Internet by call"-Angebote, bei denen Telefongesellschaften den Kunden ohne das Erfordernis einer vorherigen Registrierung Internetzugänge zu Minuten- oder sogar Sekundenpreisen anbieten. Auch Pauschalpreise für unbegrenzte Internetnutzung („Flatrates") werden im Privatbereich immer üblicher.

Das Netz ist mittlerweile für viele Unternehmen zu einem effektiven Vertriebsweg geworden. Der elektronische Geschäftsverkehr spielt eine immer bedeutendere Rolle in der Weltwirtschaft. Genaue Angaben zu seinem Umfang sind aufgrund der schwierigen Datenerfassung nur begrenzt zu machen. Nach Angaben des *Instituts für Demoskopie Allensbach* haben im Jahr 2002 über 15 Mio. Deutsche im Internet Einkäufe getätigt oder andere kostenpflichtige Angebote genutzt.[66] Gingen Ökonomen der Welthandelsorganisation (World Trade Organisation, „WTO") in einem im Frühjahr 1998 veröffentlichten Bericht davon aus, dass die Internetgeschäfte im Jahr 2000 ein weltweites Volumen von 300 Mrd. US Dollar erreichen würden, wobei ein Fünftel auf grenzüberschreitende Geschäfte fallen würde,[67] sagen aktuelle Schätzungen von *Forrester Research* Volumina von 3,87 Billionen US Dollar für 2003 und 12,84 Billionen US Dollar für 2006 vorher[68].

Die Geschäfte können durch Transferierung von sicherem elektronischem Geld („e-cash") abgewickelt werden. Aufgrund der niedrigen Transaktionskosten ist nun auch die Bezahlung von Minimalbeträgen („Micropayments") wirtschaftlich und könnte in der Zukunft üblich werden.

II. Die Herausforderungen an das Recht

Bei den Gefahren durch die Vernetzung lassen sich zwei gegenläufige Tendenzen beobachten: zum einen gibt es viel mehr potentielle, oftmals unwissende Urheberrechtsverletzer, zum anderen ist Piraterie im großen Stil aufgrund des hohen Entdeckungsrisikos kaum möglich, zumal der immense Datentransfer von Piraterieseiten aufgrund der begrenzten Bandweite und der damit einhergehenden Überlastung häufig dazu führen wird, dass der Betreiber, der den Speicherplatz zur Verfügung stellt, die entsprechende Seite sofort vom Netz nehmen wird.

---

[66] allensbacher berichte Nr. 25/2002, *Institut für Demoskopie Allensbach* 2002.
[67] Vgl. Frankfurter Allgemeine Zeitung Nr. 67 vom 20.3.1998, S. 22.
Nach Erhebungen des Marktforschungsinstituts *IDC* wurden in 2000 dann letztlich weltweite Umsätze von 355 Mrd. US Dollar erzielt, Nachweis in der Executive Summary zum Bericht der UNCTAD, s. oben Fn. 64, S, 1.
[68] Vgl. den Nachweis in der Executive Summary zum Bericht der UNCTAD, s. oben Fn. 64, S. 1.

Die niedrigen Transaktionskosten erleichtern zwar einerseits den Austausch von Raubkopien, andererseits können sie aber auch dazu führen, dass Nutzer aufgrund der Einfachheit eher zum Kauf urheberrechtlich geschützter Inhalte geneigt ist, so dass sich der Diebstahl des Urheberrechts für ihn subjektiv gar nicht lohnt.

Probleme aus der globalen Vernetzung ergeben sich insbesondere aufgrund der Frage der internationalen Zuständigkeit und des anwendbaren Rechts. Dies trifft auf das Urheberrecht genauso wie auf andere Rechtsgebiete zu. So wurden in diesem Zusammenhang die nationalen Rechte schon als „Anachronismus" bezeichnet.[69] Zudem sei eine nationale Repression oftmals gar nicht mehr möglich.[70]

Auch hat sich in der Praxis aufgrund der Netzwerkarchitektur die Sperrung von bestimmten Internetadressen als nur begrenzt wirkungsvoll erwiesen.[71] Oftmals sind diese Adressen über andere Netzknoten noch zu erreichen. Außerdem werden Internetseiten häufig auch auf anderen Servern abgelegt („gespiegelt"), so dass ebenso jeweils der dortige Zugriff gesperrt werden müsste. Gerade bei den großen MP3-Tauschbörsen hat sich gezeigt, dass Versuche seitens der Musikindustrie, einzelne Foren abzuschalten, dazu geführt haben, dass sich an anderer Stelle neue Tauschbörsen entwickelten.

D. Interaktivität

Das vierte kennzeichnende Element der Informationsgesellschaft ist die Interaktivität. Darunter wird die Tatsache verstanden, dass der Nutzer wie bei einem Telefonat mit den mit ihm verbundenen Computern kommunizieren und somit Übermittlungsvorgänge aktiv steuern kann. So wird es dem Endanwender möglich, individuell auf bestimmte Dateien im Netzwerk zuzugreifen und diese auf seinen Computer „herunterzuladen". Der einzelne Nutzer hat demnach schier unerschöpfliche Auswahlmöglichkeiten, im Internet angebotene Leistungen ohne Verzögerung und allein auf seine Bedürfnisse zugeschnitten abzurufen. Ein Beispiel für einen solchen Vorgang ist die Übertragung eines Videos auf Abruf („on demand"), welches der Anbieter aufgrund einer bestimmten, individuellen Anfrage des Nutzers in einem automatisierten Verfahren nur an diesen übermittelt.[72]

---

[69] Diesen Begriff benutzte der *Deutsche Industrie- und Handelstag* (*DIHT*) im Rahmen der Diskussion um den Rundfunkbegriff, vgl. den Bericht in CR 1995, S. 638.
[70] *Wenning*, jur-pc 1995, S. 3321-3330 (3324); *Kuner*, NJW-CoR 1995, S. 413-420 (418).
[71] Vgl. *Hoeren*, NJW 1998, S. 2849-2854 (2850).
[72] Das schließt natürlich nicht aus, dass mehrere Nutzer praktisch zeitgleich dieses Angebot wahrnehmen. Trotzdem darf nicht verkannt werden, dass im Gegensatz zu einer Rundfunk-

Die Interaktivität erlaubt es dem einzelnen Nutzer, gezielt auch auf illegale Angebote im Internet zuzugreifen. Dabei kann er über anonymisierende Netzwerkcomputer seine Identität verbergen. Außerdem ist es ihm möglich, verschlüsselte Daten über das Netz zu verschicken und sich so vor Entdeckung zu schützen.

Die Interaktivität ermöglicht es aber auch den Rechtsinhabern, Geschäfte über das Netz abzuwickeln und deren ordnungsgemäßen Ablauf dann genau zu kontrollieren. Gegen Urheberrechtsverletzungen helfen ihnen technische Schutzmaßnahmen, die zudem beim automatisierten Aufspüren von Raubkopien im Netz hilfreich sein können.

E. Droht ein Ende des Urheberrechts?

Die oben angesprochenen Neuerungen durch die Informationsgesellschaft haben mehrere Kritiker veranlasst, das Ende des Urheberrechts nahen zu sehen. Es hat sich geradezu eine Bewegung von Skeptikern gegründet, die unter Hinweis darauf, dass Informationen frei sein wollen („Information wants to be free"),[73] die Abschaffung jedes urheberrechtlichen Schutzes fordern.[74] So sieht *Negroponte* das Urheberrecht als derart überaltert an, dass es wohl noch vor einer Revision zusammenbrechen wird.[75] Die mangelnde Anpassungsfähigkeit des Urheberrechts an die dematerialisierten Gegebenheiten der Informationsgesellschaft stellt auch *Barlow* fest.[76]

    übertragung jedem einzelnen aufgrund seiner individuellen Anfrage der Genuss des Videos in einer zielgerichteten, separaten Übermittlung ermöglicht wird.

[73] So *Barlow*, Wired 2.03, März 1994, S. 85 unter Hinweis auf *Stewart Brand*.

[74] Wortführer dieser Bewegung sind *Nicholas Negroponte*, der ehemalige Texter der Popgruppe *Grateful Dead* und Mitbegründer der Internet-Bürgerrechtsorganisation *Electronic Frontier Foundation John Perry Barlow* sowie die Vorsitzende der *Electronic Frontier Foundation Esther Dyson*; vgl. dazu *Schlachter*, 12 Berkeley Technology Law Journal 1997, S. 15-52 (15ff.).

[75] *Negroponte*, Being Digital, S. 58: „Copyright law is totally out of date. It is a Gutenberg artifact. Since it is a reactive process, it will probably have to break down completely before it is corrected."

[76] *Barlow*, WIRED 2-03, März 1994, S. 85: „Intellectual property law cannot be patched, retrofitted, or expanded to contain digitized expression any more than real estate law might be revised to cover the allocation of broadcasting spectrum."
In einer überarbeiteten Version des Aufsatzes („Selling Wine Without Bottles. The Economy of Mind on the Global Net", im Internet erhältlich unter http://www.eff.org/pub/Publications/John_Perry_Barlow/HTML/idea_economy_article.html) vergleicht *Barlow* den Schutz durch das Urheberrecht, bei dem nur die Form und nicht die zugrunde liegende Information als deren Inhalt geschützt wird, mit einer Weinflasche, bei der nur die Flasche,

Häufiger wird in der Literatur der Fortbestand des Urheberrechts in der Informationsgesellschaft nur unter der Voraussetzung radikaler Änderungen als möglich angesehen.[77]

Diese Ansichten vermögen aber nicht zu überzeugen. Die bisherigen Betrachtungen haben gezeigt, dass die Informationsgesellschaft in Bezug auf die Grundlagen des Schutzes des Urheberrechts keine grundsätzlich neuen Probleme bietet, sondern lediglich wegen gradueller Unterschiede Anpassungen in Einzelbereichen erforderlich machen könnte. Es mag durchaus sein, dass das Urheberrecht wegen der Möglichkeiten der automatisierten Rechteverwaltung und der technischen Schutzmaßnahmen einen gewissen Bedeutungsverlust erleidet, an seiner grundsätzlichen Notwendigkeit und an seinen Konzeptionen können die Gegebenheiten in der Informationsgesellschaft aber nichts ändern. Folgerichtig äußern sich die meisten Stellungnahmen in diesem Sinne.[78]

---

[77] nicht aber der Wein geschützt würde. In der digitalen Umgebung würde die bloße Information ohne ihre „Verpackung" übertragen, so dass für den Urheberrechtsschutz kein Platz mehr sei. *Geller*, 25 IIC 1994, S. 54-69 (54 und 69); *Christie*, 17 EIPR 1995, S. 522-530 (527ff.); vgl. *Elkin-Koren*, 13 Cardozo Arts & Ent. L.J. 1994/95, S. 345-411 (410): „digitization challenges the fundamental copyright principles"; bezüglich der Urheberschaft an einem Werk auch *Lange*, 55.2 L & Contemp. Probs. 1992, S. 139-147 (147); zu diesem Schluss kam schon der Bericht des *Office of Technology Assessment* des US-amerikanischen Kongresses „Intellectual Property Rights in an Age of Electronics and Information" vom April 1986 [OTA-CIT-302; Nachweis bei *Halbert*, The Public-Access Computer Systems Review 2, no. 1/1991, S. 164-170 (165)].

[78] So die Feststellungen und Empfehlungen des *Rates für Forschung, Technologie und Innovation, Bundesministerium für Bildung, Wissenschaft, Forschung und Technologie* zu „Informationsgesellschaft. Chancen, Innovationen und Herausforderungen" vom Dezember 1995, Kap. 2.4; USA Weißbuch (Nachweis unten Fn. 182), S. 211f.
Auf europäischer Ebene: Grünbuch „Urheberrecht und verwandte Schutzrechte in der Informationsgesellschaft", KOM (95) 382 endg. vom 19.7.1995, S. 24ff., insbesondere S. 28; dto. Mitteilung der Kommission „Initiativen zum Urheberrecht und den verwandten Schutzrechten in der Informationsgesellschaft" KOM (96) 568 endg. vom 20.11.1996, S. 2; so letztlich auch Erwägungsgrund 5 der Richtlinie zum Urheberrecht in der Informationsgesellschaft: „Wenn auch kein Bedarf an neuen Konzepten für den Schutz des geistigen Eigentums besteht, so muss das bestehende Recht im Bereich des Urheberrechts und der verwandten Schutzrechte doch angepasst und ergänzt werden, um den wirtschaftlichen Gegebenheiten, z. B. den neuen Formen der Verwertung, in angemessener Weise Rechnung zu tragen."
Vgl. auch *Schricker*, SGRUM Bd. 15, S. 216-227 (223); *Heker*, ZUM 1993, S. 400-407 (407); *Risher*, Copyright Bull. 3/1993, S. 4-12 (12); *Leutheusser-Schnarrenberger*, ZUM 1995, S. 115-117 (116); *Becker*, ZUM 1995, S. 231-249 (241ff.); *Jaeger*, NJW 1995, S. 3273-3278 (3277); *Henry*, Ent. L. Rev. 1995, S. 79-82 (79); *Ginsburg*, 95 Colum. L. Rev. 1995, S. 1466-1499 (1468); *Freitag*, Markenartikel 1995, S. 514-517 (514); *Hoeren* meint zwar noch in GRUR 1997, S. 866-875 (867f.), dass eine „umfas-

Manche Befürworter von geändertem Recht scheinen nicht von gegenwärtigen technischen Problemen, sondern von erwarteten zukünftigen auszugehen.[79] Aufgrund der Tatsache, dass im elektronischen Geschäftsverkehr der Handel mit urheberrechtlich geschützten Gegenständen eine wichtige Rolle spielt, kann es beim Urheberrecht zu einer „Akzentverschiebung" vom Kulturrecht zum Industrierecht („Paradigmenwechsel") kommen.[80] Diese Entwicklung ist aber schon seit Beginn der Industrialisierung und der Einräumung verschiedener auf das Urheberrecht gestützter Schutzrechte zu beobachten. Auch wird sie zumindest den klassischen Kernbereich der künstlerisch-schöpferischen Tätigkeit unberührt lassen.

Hingewiesen sei in diesem Zusammenhang auf die Tatsache, dass es neben diesen auf das Ende des Urheberrechts wegen der Informationsgesellschaft abstellenden Ansichten auch Stimmen in der Literatur gibt, die sich ganz generell gegen die Idee des Schutzes des geistigen Eigentums wenden. So fordert *Turkewitz* dessen Abschaffung, da nach seiner Ansicht der Schutz des Urheberrechts die Interessen der Gesamtgesellschaft, die nicht in der Kreation eines Werkes, sondern in dessen Weitergabe an die Öffentlichkeit lägen, nicht berücksichtige und daher „amoral" und „asozial" sei.[81] In einem rein ökonomischen Ansatz stellt er allein auf den Wert für die Gesellschaft ab.[82]

Vaver identifiziert für den amerikanischen Raum drei Mythen, die den Schutz des Urheberrechts in Frage stellten.[83] So stünde der angebliche Schutz der Urheber im Widerspruch zur geschichtlichen Entwicklung und zur Tatsache, dass auf die Urheberpersönlichkeitsrechte in den USA verzichtet werden könne.[84] Auch stimme es nicht, dass durch den Schutz des Urheberrechts die Kunst- und Litera-

---

sende Revision des Urheberrechts" notwendig sei, sieht aber später in NJW 1998, S. 2849-2854 (2849) bezüglich der Informationsgesellschaft „keine neuen Rechtsprobleme".

[79] *Vinje*, 18 EIPR 1996, S. 431-440 (439).
[80] *Dreier*, in: *Schricker*, Urheberrecht auf dem Weg zur Informationsgesellschaft, S. 142; *Hoeren*, GRUR 1997, S. 866-875 (867).
[81] *Turkewitz*, 38 J. Copyright Soc'y U.S.A. 1990/91, S. 41-45 (41).
[82] *Turkewitz*, 38 J. Copyright Soc'y U.S.A. 1990/91, S. 41-45 (42).
[83] *Vaver*, 6 I.P.J. 1990/91, S. 125-153 (129ff.).
[84] *Vaver*, 6 I.P.J. 1990/91, S. 125-153 (129-132), zur Verzichtbarkeit in Europa siehe unten S. 75ff.

turproduktion angekurbelt werde.[85] Schließlich würde die Verbreitung von Werken nur solange wirklich gefördert, bis der Autor das Veröffentlichen einstellt.[86]

Diese Ansichten verkennen aber, dass das Urheberrecht sich über einen langen Zeitraum entwickelt hat, um die berechtigten Interessen der Urheber, Werkmittler und der Öffentlichkeit in ein Gleichgewicht zu bringen. Versuche, dieses Gleichgewicht völlig zugunsten der Öffentlichkeit aufzuheben, müssen zwangsläufig negative Auswirkungen auf das generelle Klima der Werkproduktion haben, womit im Endeffekt auch der Öffentlichkeit mehr geschadet als genutzt würde. Drastische Eingriffe in diese gewachsene Rechtsordnung werden deshalb auch weithin abgelehnt.

F. Zusammenfassung

Digitalisierung, Computertechnik, Vernetzung und Interaktivität konfrontieren das Recht im Allgemeinen und das Urheberrecht im Speziellen aufgrund der damit verbundenen Einfachheit und weltweiten Verfügbarkeit mit vielen Problemen. Die meisten dieser Schwierigkeiten entstammen aber Entwicklungen, die schon lange vor dem Eintritt in die Informationsgesellschaft ihren Anfang nahmen, so dass das digitale Zeitalter diese, wenn auch vielleicht in einem beschleunigten Maße, nur weiterführt. Eine grundlegende Neukonzeption des Rechts ist nicht erforderlich, wobei aber bestimmte Bereiche durchaus an die neue Situation angepasst werden sollten, um auf die Herausforderungen der Informationsgesellschaft wirkungsvoll zu reagieren und diese in Zukunft zu gestalten.

Den Gefahren stehen aber auch vielerlei Möglichkeiten gegenüber, welche die Informationsgesellschaft den Rechtsinhabern bietet. Wer diese Chancen aufgrund effizienter Rechteverwertung und technischer Schutzmaßnahmen nutzt, wird von der neuen Situation eher profitieren als unter deren Gefahren leiden zu müssen.

2. Kapitel : Die Rolle des Rechts bei der Entwicklung der Informationsgesellschaft

Die Entwicklung der Informationsgesellschaft bedarf eines sicheren, transparenten und kohärenten Rechtsrahmens, damit alle Beteiligten durch Investitionen und Nutzung zum Erfolg der Informationsgesellschaft beitragen können.

---

[85] *Vaver*, 6 I.P.J. 1990/91, S. 125-153 (133).
[86] *Vaver*, 6 I.P.J. 1990/91, S. 125-153 (136).

Insbesondere das Urheberrecht spielt hierbei eine wichtige Rolle, da viele Rechtsinhaber nur im Falle einer eindeutigen Rechtslage bereit sein dürften, ihre Inhalte in der Informationsgesellschaft der Öffentlichkeit zugänglich zu machen. Außerdem bekommt das Urheberrecht gegenüber der von der Idee der Warenproduktion geprägten Industriegesellschaft aufgrund der Schlüsselstellung der unkörperlichen Information in der modernen Informationsgesellschaft eine ganz besondere Bedeutung.[87] So haben die Minister auf der Brüsseler G7-Konferenz zur Informationsgesellschaft vom 25./26.2.1995 laut der Schlussfolgerung des Vorsitzes[88] den Schutz der Urheberrechte als „Grundprinzip der Globalen Informationsgesellschaft" angesehen. Es wurde ausgeführt, dass ein „hoher rechtlicher und technischer Schutz der Informationsinhalte eine der wesentlichen Voraussetzungen sein [wird], von denen das Investitionsklima für den Aufbau der Informationsgesellschaft abhängt. Daher ist ein international anerkannter Rechtsschutz für Urheber und Anbieter von Inhalten erforderlich, die über die Globale Informationsstruktur verbreitet werden."[89]

Auf Ebene der Europäischen Gemeinschaft wie auch auf Ebene der Mitgliedstaaten, von Drittstaaten und von internationalen Organisationen hat es mannigfaltige Anstrengungen gegeben, einen geeigneten allgemein- und urheberrechtlichen Rahmen für die Informationsgesellschaft zu entwerfen. Einige dieser Regelungsaktivitäten sollen nun im Folgenden vorgestellt werden.

A. Regelungsaktivitäten auf Ebene der Europäischen Gemeinschaft

Die Schaffung der Informationsgesellschaft ist ein europa- und weltweiter Schwerpunkt des Handelns der Europäischen Union.[90] Dementsprechend hat die Europäische Gemeinschaft in vielen mit der Informationsgesellschaft in Verbindung stehenden Bereichen erste Initiativen zur Schaffung eines transparenten, sicheren und Investitionen fördernden Rechtsrahmens ergriffen.[91]

---

[87] Ähnlich *Hoeren*, GRUR 1997, S. 866-875 (867).
[88] Vgl. *Schmittmann/de Vries*, AfP 1995, S. 470-478 (472 Fn. 5).
Im Vorfeld der Konferenz veröffentlichte das Europäische Parlament eine Entschließung vom 16.2.1995 (ABl. EG Nr. C 56 vom 6.3.1995), auszugsweise abgedruckt in RDV 1995, S. 129.
[89] G7-Konferenz zur Informationsgesellschaft vom 25./26.2.1995, Schlussfolgerung des Vorsitzes, Nachweis in *Bundesministerium für Wirtschaft* (Hrsg.): Info 2000: Deutschlands Weg in die Informationsgesellschaft. - Bonn, Februar 1996, Kap. IV.8.2.
[90] So das Arbeitsprogramm der Kommission 1995, ABl. EG Nr. C 225 vom 30.8.1995, S. 20.
[91] Dazu *Tettenborn*, MMR 1998, S. 18-23 (18ff.).

I. Genereller Rechtsrahmen

1. Allgemeines

Schon im Weißbuch der Kommission „Wachstum, Wettbewerbsfähigkeit, Beschäftigung - Herausforderungen der Gegenwart und Wege in das 21. Jahrhundert" vom 5.12.1993[92] wurde das Phänomen der Informationsgesellschaft besprochen. Die erste gemeinschaftsweite Initiative, die ausdrücklich auf diese neue Entwicklung ausgerichtet war, war der Bericht „Europa und die globale Informationsgesellschaft", der von einer Expertengruppe um den EG-Kommissar *Bangemann* verfasst wurde.[93] Leitgedanke dieses „*Bangemann*-Berichts" war die Betonung der besonderen Rolle des Zusammenspiels der Marktkräfte bei der Entwicklung der Informationsgesellschaft sowie die Hervorhebung der Wichtigkeit von Normung und gegenseitiger Anerkennung in technischen Fragen. Staatliche Regulierung sollte nur zur Schaffung des grundsätzlichen Rahmens oder dort vorgenommen werden, wo private Initiativen zu keinen befriedigenden Ergebnissen führten. Auf der Basis des *Bangemann*-Berichts wurde schließlich der in das Spezielle Programm über Informationstechnologien des Vierten Rahmenprogramms eingebundene Aktionsplan „Europas Weg in die Informationsgesellschaft" vom 19.7.1994[94] erstellt, der im Bereich des geistigen Eigentums grundsätzlich Bedarf für die Anpassung an die geänderten Verhältnisse in der Informationsgesellschaft sah.

In Weiterführung des Aktionsplans veröffentlichten die Kommissionsmitglieder *Monti*, *Bangemann* und *Oreja* am 17.3.1995 eine Mitteilung über die „Dienste in der Informationsgesellschaft: Aufbau eines ordnungspolitischen Rahmens".[95]

Seit 1999 hat es mit dem Hintergrund der Ermöglichung des Zugangs zur Informationsgesellschaft für alle Bürger mehrere Gemeinschaftsinitiativen mit dem Namen „eEurope" gegeben. Am 28.5.2002 wurde von der Kommission der Aktionsplan „eEurope 2005: Eine Informationsgesellschaft für alle" vorgelegt, der die

---

[92] Weißbuch „Wachstum, Wettbewerbsfähigkeit, Beschäftigung - Herausforderungen der Gegenwart und Wege in das 21. Jahrhundert", KOM (93) 700 endg. vom 5.12.1993.

[93] „Europa und die globale Informationsgesellschaft - Empfehlungen an den Europäischen Rat" vom 26.5.1994, Bulletin der Europäischen Union, Beilage 2/94; vgl. *Günther*, CR 1995, S. 253-254 (253).

[94] „Europas Weg in die Informationsgesellschaft: ein Aktionsplan", KOM (94) 347 endg. vom 19.7.1994.

[95] „Mitteilung über die Dienste in der Informationsgesellschaft: Aufbau eines ordnungspolitischen Rahmens", SEK (95) 444 vom 17.3.1995.

Förderung sicherer Dienste, Anwendungen und Inhalte auf der Grundlage einer weithin zugänglichen Breitband-Infrastruktur zum Ziel hat.[96]

2. Elektronischer Geschäftsverkehr

Im Bereich des elektronischen Geschäftsverkehrs veröffentlichte die EG-Kommission die „Europäische Initiative für den elektronischen Geschäftsverkehr"[97], die nach Billigung durch die beteiligten Institutionen[98] in die Richtlinie über bestimmte rechtliche Aspekte der Aspekte der Informationsgesellschaft, insbesondere des elektronischen Geschäftsverkehrs im Binnenmarkt (Richtlinie über den elektronischen Geschäftsverkehr)[99] gipfelte. Die Richtlinie regelt folgende fünf Bereiche: Niederlassung von Anbietern von Diensten der Informationsgesellschaft, Kommerzielle Kommunikation, Online-Abschluss von Verträgen, Verantwortlichkeit der Vermittler und Rechtsdurchsetzung. Aufgrund des horizontalen Regelungsansatzes der Richtlinie gelten die Regeln zur Verantwortlichkeit der Vermittler auch im Bereich des Urheberrechts.[100] Das in Art. 3 Abs. 1 statuierte

---

[96] „Mitteilung der Kommission an das Europäische Parlament, den Rat, den Wirtschafts- und Sozialausschuss und den Ausschuss der Regionen - eEurope 2005: Eine Informationsgesellschaft für alle - Aktionsplan zur Vorlage im Hinblick auf den Europäischen Rat von Sevilla am 21./22. Juni 2002", KOM (2002) 263 endg. vom 28.5.2002.

[97] „Mitteilung an das Europäische Parlament, den Rat, den Wirtschafts- und Sozialausschuss und den Ausschuss der Regionen: Europäische Initiative für den elektronischen Geschäftsverkehr", KOM (97) 157 endg. vom 14.4.1997.

[98] Stellungnahme CES 1191/97 des Wirtschafts- und Sozialausschusses vom 29.10.1997; Schlussfolgerungen des Rates vom 13.11.1997, C/97/336, S. 14; Stellungnahme 98/C 180/03 des Ausschusses der Regionen vom 13.3.1998; Entschließung A4-0173/98 des Europäischen Parlaments vom 14.5.1998.

[99] „Richtlinie 2000/31/EG des Europäischen Rates und des Parlaments vom 8. Juni 2000 über bestimmte rechtliche Aspekte der Informationsgesellschaft, insbesondere des elektronischen Geschäftsverkehrs im Binnenmarkt (Richtlinie über den elektronischen Geschäftsverkehr)", ABl. EG Nr. L 178 vom 17.7.2000, S. 1.
Dazu: *Spindler*, MMR-Beilage 7/2000, S. 4-21 (4ff.).
Vorausgegangen war der „Vorschlag für eine Richtlinie des Europäischen Parlaments und des Rates über bestimmte rechtliche Aspekte des elektronischen Geschäftsverkehrs im Binnenmarkt", KOM (98) 586 endg. vom 18.11.1998 in der Geänderten Fassung, KOM (1999) 427 endg. vom 1.9.1999; Gemeinsamer Standpunkt des Rates, Ratsdokument 14263/1/99 vom 28.2.2000.
Zum ersten Vorschlag: *Waldenberger*, EuZW 1999, S. 296-303 (296ff.); *Brisch*, CR 1999, S. 235-244 (235ff.); *Lehmann*, ZUM 1999, S. 180-184 (180ff.); *Maennel*, MMR 1999, S. 187-192 (187ff.); *Hoeren*, MMR 1999, S. 192-199 (192ff.); *Tettenborn*, K&R 1999, S. 252-258 (252ff.).
Zum Geänderten Vorschlag: *Tettenborn*, K&R 1999, S. 442-444 (442ff.); *Spindler*, ZUM 1999, S. 775-794 (775ff.); *Landfermann*, ZUM 1999 S. 795-814 (795ff.).

[100] Die damit verbundenen Fragen werden unten auf S. 280ff. behandelt.

Herkunftslandprinzip für Diensteanbieter gilt aber gemäß Art. 22 Abs. 2 i.V.m. dem Anhang nicht für das Urheberrecht sowie die verwandten und sonstigen Schutzrechte.[101]

3. Globalisierung

Das Problem der globalen Vernetzung, bei der nationale Grenzen sehr viel von ihrer Bedeutung verlieren, wurde als Thema einer konzertierten Aktion auf Gemeinschaftsebene erstmals von EG-Kommissar *Bangemann* auf einer Rede bei einer Konferenz der *Internationalen Fernmelde-Union* am 8.9.1997 angesprochen.[102] Aus der Idee, dass es keinem einzelnen Land erlaubt sein dürfe, das wesensmäßig globale Massenkommunikationsmedium Internet seinen eigenen nationalen Rechtsregeln zu unterwerfen, entwickelte *Bangemann* die Forderung nach übereinstimmenden internationalen Regeln für den globalen elektronischen Markt im Rahmen einer verbesserten internationalen Zusammenarbeit.[103] Ergebnis dieser Initiative war die horizontale „Global Charter" der Europäischen Gemeinschaft vom 6.3.1998[104]

In dieser Mitteilung wird das Urheberrecht unter Hinweis auf den damaligen Richtlinienvorschlag zum Urheberrecht in der Informationsgesellschaft nur kurz erwähnt.[105]

4. Konvergenz

Ein weiterer Schwerpunkt der gemeinschaftlichen Tätigkeiten ist mit dem Phänomen der Konvergenz verbunden. Darunter versteht die EG-Kommission die „zunehmende Verwendung derselben Technologien in den verschiedenen Branchen, insbesondere in den Branchen Telekommunikation, Medien und Informa-

---

[101] Diese Ausnahme kritisiert *Hoeren*, MMR 1999, S. 192-199 (196) angesichts des Ausmaßes der EU-weiten Harmonisierung in diesem Bereich. Zur Problematik siehe unten S. 302.

[102] „Eine neue Weltordnung für globale Kommunikation - Die Notwendigkeit einer internationalen Charta -", Rede bei der Konferenz „Telecom Inter@ctive '97" der *Internationalen Fernmelde-Union*, Genf, 8.9.1997.

[103] Vgl. *Bartosch*, NJW-CoR 1998, S. 252.

[104] „Mitteilung: Globalisierung und Informationsgesellschaft. Die Notwendigkeit einer stärkeren internationalen Koordinierung", KOM (98) 50 endg. vom 6.3.1998.

[105] Vgl. Mitteilung (oben Fn. 104), S. 7: „Die digitale Technik erlaubt es relativ einfach, geistiges Eigentum zu kopieren und weltweit zu übertragen. Daher werden die in verschiedenen Ländern jeweils unterschiedlichen Niveaus des rechtlichen Schutzes für Inhaber von Urheberrechten und für Benutzer wichtiger."

tionstechnologie"[106], die durch die „Fähigkeit verschiedener Netzplattformen, ähnliche Arten von Diensten zu übermitteln" bzw. „die Verschmelzung von Endgeräten wie Telefon, Fernseher und PC"[107] gekennzeichnet ist.

Am 3.12.1997 veröffentlichte die EG-Kommission das Grünbuch zur „Konvergenz der Branchen Telekommunikation, Medien und Informationstechnologien und ihren ordnungspolitischen Auswirkungen".[108] Darin wird das geistige Eigentum wegen der dort weit fortgeschrittenen Harmonisierung zwar nicht eigens behandelt,[109] dessen „unzulänglicher Schutz" wird aber als „bestehende Schranke" ausführlich besprochen.[110] Als schutzbedürftige Inhaltsanbieter werden in diesem Zusammenhang nicht etwa die Urheber, sondern nur Verleger und Netzbetreiber angesprochen, was eine bedauernswerte Einseitigkeit im Umgang mit dieser Frage offenbart.

Die EG-Kommission erreichten als Reaktion auf das Grünbuch 3000 Seiten mit Stellungnahmen von 270 Organisationen, die sie in einer Mitteilung an die beteiligten EU-Institutionen vom 10.3.1999[111] zusammenfasste. Als potentielles Haupthindernis für die Konvergenz wird u.a. der Schutz des geistigen Eigentums herausgestellt.[112] Die Mitteilung bildete die Grundlage zur Ausarbeitung von fünf

---

[106] Vgl. das Konvergenz-Grünbuch (unten Fn. 108), Einleitung, S. vii.
[107] Konvergenz-Grünbuch (unten Fn. 108), S. 1.
[108] „Grünbuch zur Konvergenz der Branchen Telekommunikation, Medien und Informationstechnologie und ihren ordnungspolitischen Auswirkungen. Ein Schritt in Richtung Informationsgesellschaft", KOM (97) 623 endg. vom 3.12.1997.
Dazu *Bartosch*, ZUM 1998, S. 209-220 (209ff.); *Köster/Nitschke*, MMR 1998, S. 400-403 (400ff.); *Knothe*, K&R 1998, S. 95-99 (95ff.), der die Handlungskompetenz der Europäischen Gemeinschaft in diesem Bereich infragestellt (S. 99); *Ulbrich*, K&R 1998, S. 100-105 (100ff.); *Tettenborn*, K&R 1998, S. 296-300 (296ff.).
[109] Konvergenz-Grünbuch (oben Fn. 108), S. 1.
[110] Konvergenz-Grünbuch (oben Fn. 108), S. 19.
[111] „Mitteilung an das Europäische Parlament, den Rat, den Wirtschafts- und Sozialausschuss und den Ausschuss der Regionen: Die Konvergenz der Branchen Telekommunikation, Medien und Informationstechnologie und ihre ordnungspolitischen Auswirkungen. Ergebnisse der öffentlichen Konsultation zum Grünbuch [KOM (97) 623]", KOM (1999) 108 endg. vom 10.3.1999.
Dazu *BDI*, NvWR 1999, S. 6-7 (6f.); zu den Reaktionen vgl. auch Frankfurter Allgemeine Zeitung Nr. 187 vom 14.8.1998, S. 26.
[112] Frankfurter Allgemeine Zeitung Nr. 187 vom 14.8.1998, S. 26; *BDI*, NvWR 1999, S. 7.

Richtlinien, die im Jahr 2002 größtenteils zeitgleich erlassen wurden, jedoch keine Regelungen mit wesentlichem Bezug zum geistigen Eigentum enthalten.[113]

II. Urheberrecht

Zwar befassten sich das Technologie-Grünbuch von 1988[114], das nachfolgende Arbeitsprogramm „Initiativen zum Grünbuch" der Kommission vom 17.1.1991[115] und die fünf nachfolgenden Richtlinien[116] mit Gegenständen, die in der Informationsgesellschaft eine wesentliche Rolle spielen[117], die ersten Gemeinschaftsinitiativen speziell zu diesem Thema waren allerdings erst das Grünbuch „Urheberrecht und verwandte Schutzrechte in der Informationsgesellschaft" vom 19.7.1995[118] (im folgenden Grünbuch über Urheberrecht in der Informationsgesellschaft genannt) und die ihm folgende Mitteilung der Kommission „Initiativen zum Grünbuch über Urheberrecht und verwandte Schutzrechte in der Informationsgesell-

---

[113] „Richtlinie 2002/21/EG des Europäischen Parlaments und des Rates vom 7.3.2002 über einen gemeinsamen Rechtsrahmen für elektronische Kommunikationsnetze und –dienste", ABl. EG Nr. L 108 vom 24.4.2002, S. 33ff.; „Richtlinie 2002/19/EG des Europäischen Parlaments und des Rates vom 7.3.2002 über den Zugang zu elektronischen Kommunikationsnetzen und zugehörigen Einrichtungen sowie deren Zusammenschaltung", ABl. EG Nr. L 108 vom 24.4.2002, S. 7ff.; „Richtlinie 2002/20/EG des Europäischen Parlaments und des Rates vom 7.3.2002 über die Genehmigung elektronischer Kommunikationsnetze und -dienste", ABl. EG Nr. L 108 vom 24.4.2002, S. 21ff.; „Richtlinie 2002/22/EG des Europäischen Parlaments und des Rates vom 7.3.2002 über den Universaldienst und Nutzerrechte bei elektronischen Kommunikationsnetzen und -diensten", ABl. EG Nr. L 108 vom 24.4.2002, S. 51ff.; „Richtlinie 2002/58/EG des Europäischen Parlaments und des Rates vom 12.7.2002 über die Verarbeitung personenbezogener Daten und den Schutz der Privatsphäre in der elektronischen Kommunikation", ABl. EG Nr. L 201 vom 31.7.2002, S. 27ff.
Dazu: *Schütz/Attendorn*, MMR Beilage 4/2002, 1-54 (1ff.).
[114] KOM (88) 172 endg. vom 23.8.1988 (siehe oben Fn. 4).
[115] KOM (90) 584 endg. vom 17.1.1991 (siehe unten Fn. 585).
[116] Dazu im einzelnen unten S. 97ff.
[117] Für die Richtlinien bemerken dies ausdrücklich die Initiativen zum Grünbuch über Urheberrecht in der Informationsgesellschaft, KOM (96) 568 endg. vom 20.11.1996, S. 8.
[118] Grünbuch „Urheberrecht und verwandte Schutzrechte in der Informationsgesellschaft", KOM (95) 382 endg. vom 19.7.1995.
Allgemeine Besprechungen bei *Schwab*, EuZW 1995, S. 685; *Gaster*, ZUM 1995, S. 740-752 (740ff.); *Kretschmer*, GRUR 1995, S. 661-662 (661f.); *von Lewinski*, GRUR Int. 1995, S. 831-837 (831ff.); *Hoeren*, 17 EIPR 1995, S. 511-514 (511ff.); *Thorne*, 54 Copyright World 1995, S. 14-23 (14ff.); *Croella*, RMUE 2/1996, S. 181-208 (181ff.); *EC Legal Advisory Board* (GD XIII), 12 CS&LR 1996, S. 143-149 (143ff.); *Pullen*, Ent.L. Rev. 1996, S. 80-82 (80ff.); *Benabou*, Droit d'auteur, S. 406ff.

schaft" vom 20.11.1996[119] (im Folgenden Initiativen zum Grünbuch über Urheberrecht in der Informationsgesellschaft genannt).

Das Grünbuch über Urheberrecht in der Informationsgesellschaft behandelte als „horizontale Fragen"[120] das anwendbare Recht[121] und die Erschöpfung des Verbreitungsrechts[122]. Als „Fragen zu bestimmten spezifischen Rechten"[123] sprach es das Vervielfältigungsrecht[124], das Konzept der Öffentlichkeit[125], das Recht der digitalen Übertragungen[126], das Recht der digitalen Rundfunkübertragung[127] und das Urheberpersönlichkeitsrecht[128] an. Unter dem Punkt „Verwertung der Rechte"[129] wurden die Rechteverwaltung[130] und die technischen Identifizierungs- und Schutzmechanismen[131] dargestellt. Auf dieses Grünbuch erhielt die EG-Kommission über 350 Meinungsäußerungen[132]. Das Europäische Parlament veröffentlichte seine Stellungnahme nach Annahme des Berichts des Abgeordneten *Barzanti*[133] am 19.9.1996[134].

Die Initiativen zum Grünbuch über Urheberrecht in der Informationsgesellschaft beschränkten sich auf die Behandlung von nur noch vier Problemen, und zwar des

---

[119] Mitteilung der Kommission „Initiativen zum Urheberrecht und den verwandten Schutzrechten in der Informationsgesellschaft", KOM (96) 568 endg. vom 20.11.1996.
Allgemeine Besprechung bei *Kretschmer*, GRUR 1997, S. 199f.
Das Europäische Parlament veröffentlichte am 2.10.1997 den Bericht A4-0297/97 des Abgeordneten *Barzanti* über die Mitteilung der Kommission „Initiativen zum Grünbuch über Urheberrechte und verwandte Schutzrechte in der Informationsgesellschaft" (KOM(96)0568 - C4-0090/97).
[120] Kap. 2, Teil 1, S. 38ff.
[121] Kap. 2, Abschn. I, S. 38ff.
[122] Kap. 2, Abschn. II, S. 44ff.
[123] Kap. 2, Teil 2, S. 49ff.
[124] Kap. 2, Abschn. III, S. 49ff.
[125] Kap. 2, Abschn. IV, S. 53ff.
[126] Kap. 2, Abschn. V, S. 56ff.
[127] Kap. 2, Abschn. VI, S. 61ff.
[128] Kap. 2, Abschn. VII, S. 65ff.
[129] Kap. 2, Teil 3, S. 69ff.
[130] Kap. 2, Abschn. VIII, S. 69ff.
[131] Kap. 2, Abschn. IX, S. 79ff.
[132] Initiativen zum Grünbuch über Urheberrecht in der Informationsgesellschaft, KOM (96) 568 endg. vom 20.11.1996, S. 5; *Kreile*, ZUM 1996, S. 564-573 (564) spricht immerhin noch von 250 Antworten seitens der Interessierten Kreise.
[133] Bericht A4-0255/96 über das von der Kommission vorgelegte Grünbuch „Urheberrecht und verwandte Schutzrechte in der Informationsgesellschaft" (KOM(95)0382 - C4-0354/95) vom 24.7.1996.
[134] Parlamentsprotokoll vom 19.9.1996.

Vervielfältigungsrechts mitsamt der einschlägigen Schranken und Ausnahmen[135], des Rechts der öffentlichen Wiedergabe sowie seiner Schranken und Ausnahmen[136], des Rechtsschutzes für die Integrität technischer Identifikations- und Schutzsysteme[137] und des Verbreitungsrechts einschließlich des Erschöpfungsgrundsatzes[138]. Des weiteren wurden vier Themen identifiziert, die weitere Beurteilung erforderten[139], da sie entweder keine erkennbare Binnenmarktrelevanz hatten und damit die Europäische Kommission kein Mandat hatte, eine Initiative vorzulegen, oder, weil es erst einmal dem freien Spiel der Marktkräfte überlassen werden sollte, bestimmte Dinge zu entwickeln, oder weil der Erklärungsbedarf größer war als der Harmonisierungsbedarf[140]. Diese vier Themen waren das Recht der Rundfunkübertragung[141], die Frage des anwendbaren Rechts und der Rechtsdurchsetzung[142], die Wahrnehmung der Rechte[143] und das Urheberpersönlichkeitsrecht[144]. Abschließend wurden die internationalen Aspekte der Informationsgesellschaft besprochen.[145]

Am 8. und 9.1.1996 veranstaltete die EG-Kommission eine Anhörung Interessierter Kreise über technische Identifizierungs- und Schutzsysteme sowie Erwerb und Verwaltung von Rechten in Brüssel. Insbesondere auf der Konferenz über Urheberrecht und verwandte Schutzrechte in Florenz vom 2.-4.6.1996[146], aber auch auf der Konferenz „Kreativität & Geistige Eigentumsrechte: Szenarien und Perspektiven in der Entwicklung" in Wien vom 12.-14.7.1998 wurden Fragen der Informationsgesellschaft besprochen.

Noch 1997 sah die EG-Kommission das Urheberrecht zwar als einen Bereich an, in dem Regelungsinitiativen in der Informationsgesellschaft nötig sind, im An-

---

[135] Kap. 2, Ziff. 1, S. 9ff.
[136] Kap. 2, Ziff. 2, S. 12ff.
[137] Kap. 2, Ziff. 3, S. 15ff.
[138] Kap. 2, Ziff. 4, S. 17ff.
[139] Kap. 3, S. 20ff.
[140] Vgl. *Reinbothe* in der öffentlichen Anhörung zum „Schutz von Urheberrecht und Copyright" der Enquete-Kommission des 13. Deutschen Bundestages „Zukunft der Medien in Wirtschaft und Gesellschaft - Deutschlands Weg in die Informationsgesellschaft" am 27.1.1997 (Protokoll Nr. 20).
[141] Kap. 3, Ziff. 1, S. 20ff.
[142] Kap. 3, Ziff. 2, S. 22ff.
[143] Kap. 3, Ziff. 3, S. 24ff.
[144] Kap. 3, Ziff. 4, S. 27f.
[145] Kap. 4, S. 29ff.
[146] Vgl. European Commission (DG XV) in cooperation with the Italian Authorities: Copyright and Related Rights on the Threshold of the 21st Century. International Conference. Proceedings; Firenze, Italy - June 2, 3, 4, 1996.

nex I des „Aktionsplans für den Binnenmarkt" vom 4. Juni 1997[147] wurden das „Urheberrecht und verbundene Schutzrechte"[148] aber nur in der schwächsten Priorität 3 („Größtmögliche Einigung über die verbleibenden Maßnahmen bis 1. Januar 1999") angeführt. Vor dem Hintergrund der schon vorhandenen Harmonisierungsinitiativen liegt die Deutung nahe, dass diese Kategorisierung nur mit Blick auf die politische Brisanz in diesem Bereich so zögerlich ausgefallen war.

Am 10.12.1997 veröffentlichte die EG-Kommission den Vorschlag für eine Richtlinie zum Urheberrecht in der Informationsgesellschaft[149], der nach Berücksichtigung von 44 der 58[150] Änderungsanträge des Europäischen Parlaments[151] am 21.5.1999 als Geänderter Vorschlag der Öffentlichkeit vorgestellt wurde.[152] Nach weiteren intensiven Diskussionen wurde die Richtlinie zum Urheberrecht und

---

[147] „Aktionsplan für den Binnenmarkt", CSE (97) 1 endg. vom 4.6.1997, S. 19.

[148] Beim Wort „verbunden" handelt es sich offensichtlich um eine misslungene Übersetzung des englischen „related".

[149] KOM (97) 628 endg. vom 10.12.1997.

[150] Geänderter Richtlinienvorschlag zum Urheberrecht in der Informationsgesellschaft, KOM (1999) 250 endg. vom 21.5.1999, S. 3.

[151] Federführend war der Ausschuss für Recht und Bürgerrechte unter dem Berichterstatter *Barzanti*, der ursprünglich über 221 Änderungsanträge (vgl. *BDI*, NvWR 1998, S. 126) abzustimmen hatte. Im Rahmen des *Hughes*-Verfahrens waren die Ausschüsse für Kultur, Jugend, Bildung und Medien (Berichterstatterin: *Günther*), für Umweltfragen, Volksgesundheit und Verbraucherschutz (Berichterstatter: *Whitehead*) und für Wirtschaft, Währung und Industriepolitik (Berichterstatter: *Cassidy*) durch Stellungnahmen mitberatend beteiligt. Der Bericht A4-0026/99 „über den Vorschlag für eine Richtlinie des Europäischen Parlaments und des Rates zur Harmonisierung bestimmter Aspekte des Urheberrechts und der verwandten Schutzrechte in der Informationsgesellschaft" wurde am 10.2.1999 angenommen und zeichnet sich durch eine eher Rechtsinhaber-freundliche Ausrichtung aus (vgl. *BDI*, NvWR 1999, S. 32), was vom Abgeordneten *Cassidy* in der Parlamentsaussprache vom 9.2.1999 bemängelt wurde (vgl. Parlamentsprotokoll vom 9.2.1999, S. 48). Außerdem wurden die öffentlichen Interessen und die kulturellen Aspekte betont (Änderungsantrag 6 spricht gar von „Kunstschaffenden" anstelle von „Urhebern"; zudem sollte die Folklore als Recht der „eingeborenen Gemeinschaften und Völker" in einem neuen Erwägungsgrund 29b behandelt werden; beides wurde von der EG-Kommission zu Recht nicht übernommen).
Zu den Parlamentsberatungen vgl. *Fink-Hooijer*, Festschrift für *Nordemann*, S. 37-50 (46ff.).
Der Wirtschafts- und Sozialausschuss hatte seine überwiegend positive Stellungnahme schon am 10.9.1998 vorgelegt (ABl. EG Nr. C 407 vom 28.12.1998, S. 30).

[152] KOM (1999) 250 endg. vom 21.5.1999.
Die nicht unerheblichen Änderungen umfassen elf neue, einen in zwei Teile aufgespalteten und zehn teilweise substantiell geänderte Erwägungsgründe sowie acht neue und 14 geänderte Artikelabsätze und –unterabsätze. Insbesondere fallen die neuen Referenzen zur Kultur (vgl. Erwägungsgründe 9a, 10b, 14a und 28) und den öffentlichen Interessen („Meinungsfreiheit", „Gemeinwohl", „Lernen"; vgl. Erwägungsgründe 2a und 10a) auf.

verwandte Schutzrechte in der Informationsgesellschaft dann am 22.5.2001 erlassen.[153]

B. Regelungsaktivitäten in den Mitgliedstaaten, in Drittstaaten und auf Ebene von internationalen Organisationen

Auch auf Ebene der EG-Mitgliedstaaten, von Drittstaaten und internationalen Organisationen hat es schon jetzt viele allgemeine und urheberrechtsspezifische Initiativen, die sich mit der Informationsgesellschaft befassen, gegeben.[154]

I. Genereller Rechtsrahmen

1. Die ersten allgemeinen Initiativen

In Deutschland sind mehrere Expertengruppen mit der Untersuchung der Auswirkungen der Informationsgesellschaft betraut worden. Im Dezember 1995 wurden die Feststellungen und Empfehlungen des aus Vertretern von Wissenschaft, Wirtschaft und Politik besetzten *Rates für Forschung, Technologie und Innovation* beim Bundeskanzler unter dem Titel „Informationsgesellschaft - Chancen, Innovationen und Herausforderungen" veröffentlicht[155]. Eine der drei Arbeitsgruppen hatte die rechtlichen Rahmenbedingungen untersucht. Die Empfehlungen befassten sich u.a. mit der Aufrechterhaltung und dem möglichen Ausbau des Schutzes des geistigen Eigentums,[156] der fallweisen Lizenzierbarkeit von Urheberpersönlichkeitsrechten[157], der Notwendigkeit eines erweiterten Öffentlichkeitsbegriffs in § 15 Abs. 3 UrhG[158], der Frage der Zulässigkeit der digitalen Nutzung in schon bestehenden Lizenzverträgen,[159] der Feststellung des Überprüfungsbedarfs der Schrankenregelungen[160] und der Betonung der Notwendigkeit internationaler

---

[153] „Richtlinie 2001/29/EG des Europäischen Parlaments und des Rates vom 22. Mai 2001 zur Harmonisierung bestimmter Aspekte des Urheberrechts und der verwandten Schutzrechte in der Informationsgesellschaft", ABl. EG Nr. L 167 vom 22.6.2001, S. 10.

[154] Eine Aufstellung der frühen Maßnahmen findet sich in CR 1996, S. 323.

[155] *Bundesministerium für Bildung, Wissenschaft, Forschung und Technologie* (Hrsg.): Der Rat für Forschung, Technologie und Innovation: Informationsgesellschaft - Chancen, Innovationen und Herausforderungen, Feststellungen und Empfehlungen. - 1. Auflage - Bonn, Dezember 1995.

[156] Siehe oben Fn. 155, Empfehlung 16.

[157] Siehe oben Fn. 155, Empfehlung 17; zum Problem siehe auch unten S. 75ff.

[158] Siehe oben Fn. 155, Empfehlung 18; in diesem Bereich scheint sich international das Recht auf Zugänglichmachung durchzusetzen (vgl. im einzelnen unten S. 232ff.).

[159] Siehe oben Fn. 155, Empfehlung 19.

[160] Siehe oben Fn. 155, Empfehlung 20.

Lösungsansätze[161]. Auf diese Empfehlungen bezieht sich explizit der im Februar 1996 vom Bundeskabinett als Aktionsplan der Bundesregierung beschlossene Bericht „Info 2000: Deutschlands Weg in die Informationsgesellschaft" des Bundeswirtschaftsministeriums.[162] Flankierend dazu wurde im Oktober 1996 ein „Forum Info 2000: Gesellschaftliche und kulturelle Herausforderungen der Informationsgesellschaft" gegründet,[163] das Anstöße geben, Leitmodelle entwickeln und eine Plattform schaffen sollte für eine Diskussion über Chancen und Gefahren der Informationsgesellschaft.

Am 31.1.1996 wurde in Deutschland die Enquete-Kommission des Deutschen Bundestages „Zukunft der Medien in Wirtschaft und Gesellschaft - Deutschlands Weg in die Informationsgesellschaft" einberufen, die aus zwölf Mitgliedern des Bundestages und elf Sachverständigen bestand. Die Kommission sollte politische Konsequenzen der Informationsgesellschaft darstellen und Vorschläge für parlamentarische Initiativen machen. Ein Zwischenbericht über „Neue Medien und Urheberrecht" wurde am 23.6.1997 präsentiert.[164] Der Abschlussbericht wurde am 22.6.1998 veröffentlicht.[165]

In Frankreich wurde Ende 1994 der *Théry*-Bericht über die Datenautobahnen veröffentlicht.[166] Die Regierung *Jospin* legte Anfang 1999 den Bericht „La France dans la société de l'information" vor und begann am 5.10.1999 die Konsultation über den Entwurf eines breit angelegten Gesetzes „Société de l'information", welches im Juni 2001 den Ministerrat passierte. Das Gesetz wurde dann aber im Zusammenhang der Ereignisse des 11.9.2001 aufgeteilt, die sicherheitsrechtlichen Regelungen wurden im Eilverfahren erlassen, wohingegen die urheberrechtlich relevanten Bestimmungen keine Gesetzesform erlangten. In der Schweiz wurde am 30.5.1996 ein „Bericht einer interdepartementalen Arbeitsgruppe zu strafrechtlichen, datenschutzrechtlichen und urheberrechtlichen Fragen rund ums In-

---

[161] Siehe oben Fn. 155, Empfehlung 21.
[162] *Bundesministerium für Wirtschaft* (Hrsg.): Info 2000: Deutschlands Weg in die Informationsgesellschaft. - Bonn, Februar 1996; dazu Frankfurter Allgemeine Zeitung Nr. 33 vom 8.2.1996, S. 5.
[163] Vgl. Frankfurter Allgemeine Zeitung Nr. 249 vom 25.10.1996, S. 22.
[164] *Deutscher Bundestag* (Hrsg.): Enquete-Kommission „Zukunft der Medien in Wirtschaft und Gesellschaft – Deutschlands Weg in die Informationsgesellschaft", Zwischenbericht „Neue Medien und Urheberrecht" vom 23.6.1997. - Bonn 1997; auch abgedruckt in BT-Drucks. 13/8110 vom 30.6.1997 und 135 UFITA 1997, S. 271-298.
[165] *Deutscher Bundestag* (Hrsg.): Enquete-Kommission „Zukunft der Medien in Wirtschaft und Gesellschaft – Deutschlands Weg in die Informationsgesellschaft", Schlussbericht, abgedruckt in BT-Drucks. 13/11004 vom 22.6.1998.
[166] *Gérard Théry*: Les autoroutes de l'information. - Paris: La Documentation Française, 1994.

ternet" veröffentlicht, der sich allein mit der Verantwortlichkeit von Zugangsanbietern befasste.[167]

Die Idee der Entwicklung einer „National Information Infrastructure", die später auf eine „Global Information Infrastructure" ausgeweitet wurde, spielte in den USA schon früh eine bedeutende Rolle. So veröffentlichte die Regierung am 15.9.1993 die „*Agenda for Action*", welche von der aus Regierungsvertretern zusammengesetzten *Information Infrastructure Task Force („IITF")* entworfen wurde. Darin wurde als einer von neun Grundsätzen der Schutz des geistigen Eigentums aufgeführt, welcher von einer Arbeitsgruppe der *IITF* untersucht wurde. Außerdem wurde Ende 1993 von Präsident *Clinton* der *National Information Infrastructure Advisory Council* initiiert, der sich aus Vertretern des Privatsektors zusammensetzte und im Februar 1996 seinen Endbericht veröffentlichte. Untersucht wurden fünf wichtige Bereiche, darunter auch das geistige Eigentum.

In Kanada wurden schon im April 1994 der Aktionsplan „The Canadian Information Highway - Building Canada's Information and Communications Infrastructure"[168] und im September 1995 der Endbericht des *Canadian Information Highway Advisory Council*[169] vorgestellt. Im Bericht des *Advisory Council* vom September 1997 wird im Bereich des Urheberrechts nur noch die Anpassung des kanadischen Rechts an die WIPO-Verträge (dazu unten S. 110ff.) gefordert.[170]

Der Europarat befasste sich auf der 5. Ministerkonferenz über die Politik der Massenkommunikationen vom 11./12.12.1997 in Thessaloniki mit den Herausforderungen der Informationsgesellschaft, wobei aber vorerst nur die Entwicklungen

---

[167] „Internet - Neues Medium - neue Fragen ans Recht: Bericht einer interdepartementalen Arbeitsgruppe zu strafrechtlichen, datenschutzrechtlichen und urheberrechtlichen Fragen rund ums Internet", *Bundesamt für Justiz*, Bern, 30. Mai 1996.

[168] *Industry Canada* (Spectrum, Information Technologies and Telecommunications Sector): The Canadian Information Highway - Building Canada's Information and Communications Infrastructure. - Ottawa: Supply and Services Canada, April 1994.

[169] Connection - Community - Content. The Challenge of the Information Highway. Final Report of the *Information Highway Advisory Council*. - Ottawa: Supply and Services Canada, September 1995.

[170] Preparing Canada for a Digital World. Final Report of the *Information Highway Advisory Council*. - Ottawa: Supply and Services Canada, September 1997, Empfehlung 5.13 im Kap. 5 („Canadian Content: Creating An Information Highway For Canadians").

beobachtet werden sollten. Die G7-Konferenz vom 25./26.2.1995 in Brüssel konzentrierte sich allein auf Fragen der Informationsgesellschaft.[171]

2. Elektronischer Geschäftsverkehr

Auf bilateraler Ebene zwischen der Europäischen Union und der USA befasste sich der Trans Atlantic Business Dialogue beim Treffen in Rom am 6.-7.11.1997 mit dem elektronischen Geschäftsverkehr.[172] Außerdem gab es auf dem Gipfel in Washington am 5.12.1997 eine Gemeinsame Erklärung über den elektronischen Geschäftsverkehr, derzufolge die Regierungen zwar im Wege der Regulierung auch für geistiges Eigentum Rahmenregelungen schaffen müssten, darüber hinausgehend sollte aber private Selbstregulierung wichtig sein. Zudem wurde gefordert, dass die beiden WIPO-Verträge so schnell wie möglich ratifiziert und umgesetzt werden. In der Folgezeit wurden immer wieder Einzelaspekte des elektronischen Geschäftsverkehrs diskutiert.

Am 14.1.1999 gründeten Unternehmensführer aus den weltweiten Internet-, Medien- und Telekommunikationsbranchen den Global Business Dialogue on e-commerce, der in neun Arbeitsgebieten Regeln für einen vertrauenswürdigen Online-Handel ausarbeiten soll.[173] Für die Konferenz am 13.9.1999 in Paris erstellte die Arbeitsgruppe „Geistige Eigentumsrechte" ein Thesenpapier, in dem unter anderem ein starker Urheberrechtsschutz, die zügige Umsetzung der Verpflichtungen aus den WIPO-Verträgen, die Nichtbehinderung der technologischen Entwicklung, angemessene Haftungsregelungen und die weltweite Harmonisierung des Schutzes des geistigen Eigentums gefordert werden. Diese Anregungen wurden in die Schlusserklärung der Konferenz aufgenommen. In den folgenden drei Jahren befasste sich die Arbeitsgruppe mit Themen wie dem Verfahren zur Beseitigung illegaler Inhalte durch Netzwerkbetreiber („notice and take down") und technische Schutzmaßnahmen.

Von der United Nations Commission on International Trade Law („UNCITRAL") wurde im Juni 1996 ein Modellgesetz über den elektronischen Geschäftsverkehr vorgestellt.[174]

---

[171] Zu den Schlussfolgerungen des Rates vgl. oben Fn. 89.
[172] Vgl. das als Abschlusserklärung veröffentlichte „Rome Communiqué" vom 7.11.1997.
[173] Vgl. *Kleinwächter*, MMR 11/1999, S. IXff.
[174] UNCITRAL Model Law On Electronic Commerce, General Assembly Resolution 51/162 vom 16.12.1996.

II. Urheberrecht

In Deutschland wurde im Juli 1998 vom Justizministerium ein Diskussionsentwurf eines Fünften Gesetzes zur Änderung des Urheberrechtsgesetzes vorgestellt, welches die Vorgaben der beiden WIPO-Verträge und die aufgrund des Vorschlags vom 10.12.1997[175] erwarteten Hauptregelungen der EG-Richtlinie zum Urheberrecht in der Informationsgesellschaft umsetzen sollte. Als wesentliche Neuerung wurden als Teil des Rechts der öffentlichen Wiedergabe in Bezug auf Online-Übertragungen ein den allgemeinen Schrankenregelungen unterliegendes „Recht der Zugänglichmachung" und mit diesem eine entsprechende Anpassung des Öffentlichkeitsbegriffs[176] vorgeschlagen. Außerdem waren eine Neudefinition des Senderechts in Abgrenzung zum neuen Übertragungsrecht am Kriterium des gestalteten Programms sowie Regelungen zum Schutz technischer Maßnahmen[177] und von Informationen über die Rechtewahrnehmung[178] vorgesehen. Die Diskussion über den Entwurf war auch zum Umsetzungszeitpunkt der Richtlinie zum Urheberrecht in der Informationsgesellschaft am 22.12.2002 noch nicht abgeschlossen.

In Frankreich veröffentlichte der Rechtsprofessor *Pierre Sirinelli* im Auftrag der französischen Regierung einen Bericht „Industries culturelles et nouvelles technologies" vom September 1994[179] sowie einen Bericht „Le régime juridique et la gestion des oeuvres multimédias"[180]. Der Anfang 1999 vorgelegte Bericht „La France dans la société de l'information" behandelt das Urheberrecht nur am Rande, die urheberrechtlichen Bestimmungen im Entwurf des Gesetzes „Société de l'information" wurden nicht als Gesetz erlassen (siehe oben S. 51).

In den USA wurde im Juli 1994 das Grünbuch der Arbeitsgruppe zu den geistigen Eigentumsrechten der *IITF* im Rahmen der „National Information Infrastructure"-

---

[175] Vgl. den Imprimatur-Bericht „Formation And Validity Of On-line Contracts", erstellt durch das Institute for Information Law, Amsterdam, Juni 1998, S. 32ff.
[176] Siehe oben Fn. 5.
[177] Zum Problem vgl. unten S. 232ff.
[178] Zum Problem vgl. unten S. 263ff.
[179] Zum Problem vgl. unten S. 272ff.
[179] *Pierre Sirinelli*: Industries culturelles et nouvelles technologies. - Paris: La Documentation Française, 1994.
Allgemein dazu *Rozenfeld*, Expertises No. 175 (Sept. 1994), S. 292; *Dreier*, GRUR Int. 1995, S. 840-843 (840ff.).
[180] *Pierre Sirinelli*: Le régime juridique et la gestion des oeuvres multimédias; Nachweis bei *Genton*, GRUR Int. 1996, S. 693-697 (693 Fn. 2), dort auch allgemeine Besprechung.

Initiative der amerikanischen Regierung vorgestellt.[181] Im wesentlichen wurden neben der Beibehaltung des vorhandenen Urheberrechts ein digitales Übertragungsrecht, die Nichtanwendung des Erschöpfungsgrundsatzes bei digital übermittelten Werken und ein weit gehender Schutz technischer Maßnahmen auch gegen Vorbereitungshandlungen mit dem Ziel ihrer Umgehung vorgeschlagen. Darauf aufbauend wurde am 5.9.1995 das Weißbuch „Intellectual Property and the National Information Infrastructure"[182] vorgestellt, das in den Schlussfolgerungen weit gehend dem Grünbuch entspricht. Auch der Endbericht des *National Information Infrastructure Advisory Council* kam unter Betonung eines hohen Schutzniveaus grundsätzlich zu dem Ergebnis, dass das geltende Urheberrecht auf die Informationsgesellschaft Anwendung finden könnte. Mittlerweile wurden im Digital Millenium Copyright Act von 1998[183] („DMCA") erste gesetzliche Anpassungen vorgenommen. Aufgrund der Anforderungen der WIPO-Verträge wird der Schutz der technischen Maßnahmen und der Informationen über die Rechtewahrnehmung geregelt. Außerdem befasst sich das Gesetz mit der Haftung für Urheberrechtsverletzungen, mit einer Ausnahme vom Vervielfältigungsrecht bei Computerprogrammen im Falle der Wartung und Reparatur eines Computers, mit Schranken im Bereich der ephemeren Aufnahmen, des Fernunterrichts und des Bibliotheks- und Archivwesens sowie mit Rechtsübertragungsvermutungen im Zusammenhang mit Filmen. In einem neuen 13. Abschnitt des US Copyright Acts („USCA") wird nun auch der Designschutz für angewandte Kunst festgelegt.

In Kanada wurde im Dezember 1994 der vorläufige Bericht des *Subcommittee on Copyright*[184] vorgestellt. Der Endbericht folgte im März 1995.[185] Am 25.4.1997

---

[181] *Information Infrastructure Task Force*: Intellectual Property and the National Information Infrastructure - A Preliminary Draft of the Report of the Working Group on Intellectual Property Rights, Juli 1994.
Allgemein dazu *Litman*, 13 Cardozo Arts & Ent. L.J. 1994/95, S. 29-54 (29ff.); *Becker*, ZUM 1995, S. 231-249 (246); *Stögmüller*, GRUR Int. 1995, S. 855-858 (855ff.); *Freed*, 11 CS&LR 1995, S. 234-243 (234ff.).

[182] *Information Infrastructure Task Force*: Intellectual Property and the National Information Infrastructure - The Report of the Working Group on Intellectual Property Rights, September 1995.
Allgemein dazu *von Lewinski*, GRUR Int. 1995, S. 858-860 (858ff.); *Schanda*, ecolex 1996, S. 104-109 (104ff); *Kurtz*, 18 EIPR 1996, S. 120-126 (120ff.); *Smirnoff*, 44 Clev. St. L. Rev. 1996, S. 197-230 (197ff.).

[183] Pub. L. 105-304 (H.R. 2281) vom 28.10.1998.
Allgemein dazu *Band*, 21 EIPR 1999, S. 92-94 (92ff.).

[184] Vgl. *von Lewinski*, GRUR Int. 1995, S. 851-854 (851).

[185] *Advisory Council on the Information Highway*: Copyright and the Information Highway - Final Report of the Subcommittee on Copyright, März 1995.
Allgemein dazu *von Lewinski*, GRUR Int. 1995, S. 851-854 (851ff.).

wurden mit dem Gesetz C-32[186] zwar umfangreiche Änderungen des kanadischen Urheberrechtsgesetzes in Kraft gesetzt, auf die Informationsgesellschaft speziell zugeschnittene Regeln wurden aber nicht mit aufgenommen. Am 3.10.2002 wurde unter der Ägide des Industrieministers ein Bericht veröffentlicht, der die aktuellen Reformerfordernisse im Bereich des Urheberrechts darstellt.[187]

In Australien machte die *Copyright Convergence Group* in ihrem Bericht „Highways to change - Copyright in the New Communications Environment"[188] vom August 1994 insgesamt 16 Empfehlungen. So sollte ein neues Übertragungsrecht eingeführt werden, das aber gerade nicht für interaktive Dienste gelten sollte.[189] Die kommerzielle Punkt-zu-Punkt Übertragung wurde jedoch zumindest als urheberrechtlich relevant angesehen.[190] Im Juli 1997 ist ein Diskussionspapier des *Commonwealth of Australia (Attorney General)* vorgestellt worden.[191] Darin wurden ein jeweils technologieneutrales neues Übertragungsrecht und Recht der Zugänglichmachung gegenüber der Öffentlichkeit vorgeschlagen, wobei der Begriff der Öffentlichkeit aber nicht definiert wurde.[192] Außerdem wurde ein weit reichender Schutz von technischen Maßnahmen[193] und gegen die absichtliche Entfernung oder Änderung von Informationen über die Rechteverwaltung[194] in Aussicht gestellt. Vorübergehende Kopien im Verlauf eines technischen Prozesses sollten vom Rechtsschutz freigestellt werden.[195] Außerdem wurde vorgesehen, dass Unternehmen der Telekommunikation als bloße Vermittler von jeglicher Haftung freigestellt werden, wobei allerdings aufgrund des allgemeinen Rechts die Verpflichtung zur Vornahme zumutbarer Schutzmaßnahmen gegeben sein sollte.[196] Als Reaktion auf diesen Bericht wurde der Gesetzentwurf „Copyright Amendment (Digital Agenda) Bill" vom 26.2.1999 vorgestellt, der die Empfeh-

---

[186] Bill C-32, angenommen am 25.4.1997.
Dazu *Gendreau*, GRUR Int. 1998, S. 643-647 (643ff.).
[187] *Government of Canada*: Supporting Culture and Innovation: Report on the Provisions and Operation of the Copyright Act, Oktober 2002.
[188] *Copyright Convergence Group*: Highways to Change - Copyright in the New Communications Environment. Canberra, August 1994.
Dazu *Dreier*, GRUR Int. 1995, S. 837-839 (837ff.).
[189] Vgl. oben Fn. 188, Empfehlung 1.
[190] Vgl. oben Fn. 188, Empfehlung 3.
[191] *Commonwealth of Australia (Attorney General)*: Copyright Reform and the Digital Agenda - Proposed Transmission Right, Right of Making Available and Enforcement Measures, Juli 1997.
[192] Vgl. oben Fn. 191, Ziff. 4.37-4.53.
[193] Vgl. oben Fn. 191, Ziff. 5.5-5.15.
[194] Vgl. oben Fn. 191, Ziff. 5.16-5.19.
[195] Vgl. oben Fn. 191, Ziff. 4.54-4.58.
[196] Vgl. oben Fn. 191, Ziff. 4.69-4.83.

lungen weitestgehend übernahm, am 2.9.1999 ins Repräsentantenhaus eingebracht wurde und am 17.8.2000 verabschiedet worden ist. Er ist als „Copyright Amendment (Digital Agenda) Act 2000" am 4.3.2001 in Kraft treten. Durch den „Copyright Amendment (Moral Rights) Act 2000" sind umfangreiche Regelungen zum Urheberpersönlichkeitsrecht in den Copyright Act aufgenommen worden

Im Rahmen der Weltorganisation für Geistiges Eigentum (World Intellectual Property Organization, „WIPO") fand nach eingehenden Vorbereitungen im Dezember 1996 eine internationale Konferenz in Genf statt, an deren Ende der WIPO Urheberrechtsvertrag und der WIPO Vertrag über Darbietungen und Tonträger ausgehandelt wurden. Die Vertragsentwürfe zum Schutz von Datenbanken und zum Schutz audiovisueller Werke wurden nach kontroversen Debatten nicht angenommen und werden derzeit weiterverhandelt. Außerdem findet aktuell eine Debatte zu den Rechten der Rundfunkanstalten statt. Die Arbeiten im Rahmen der WIPO werden unten S. 110ff. eingehender besprochen.

Im Rahmen des Europarates wurde am 5.5.1989 die Europäische Konvention bezüglich grenzüberschreitendem Fernsehen geschlossen.[197] Am 11.5.1994 folgte das Europäische Übereinkommen über Fragen des Urheberrechts und verwandter Schutzrechte im Bereich des grenzüberschreitenden Satellitenrundfunks[198], in dem die Sendelandtheorie[199] vereinbart wurde. Die Empfehlung Nr. R (95) 1 befasst sich mit der audiovisuellen und der Tonträgerpiraterie.

---

[197] Vgl. die Vorschläge der EG-Kommission „für Beschlüsse des Rates zur Unterzeichnung und Genehmigung namens der Europäischen Gemeinschaft der Europäischen Konvention über urheber- und leistungsschutzrechtliche Fragen im Bereich des grenzüberschreitenden Satellitenrundfunks", KOM (96) 6 endg. vom 31.1.1996, S. 1.
[198] Abgedruckt in ABl. EG Nr. C 164 vom 7.6.1996, S. 11ff.
[199] Art. 3 Abs. 1; zur Sendelandtheorie siehe unten S. 306ff.

2. Teil: Die Urheberrechtssysteme in den Mitgliedstaaten

1. Kapitel : *Einleitung*

In allen westlichen Rechtsordnungen findet sich die Vorstellung, dass als Anreiz für die im Interesse der Allgemeinheit stehende Produktion von schöpferischen Werken das Ergebnis des geistigen Schaffens des besonderen Schutzes des Rechts bedarf. Wenn auch die genaue Grenzziehung der Schutzfähigkeit und damit die dogmatische Einordnung der Schutzgegenstände unterschiedlich vorgenommen wird (dazu unten S. 80ff.), so wird doch überall davon ausgegangen, dass das Urheberrecht in seinem Kernbereich Rechte des Schöpfers eines künstlerischen, literarischen oder musikalischen Werkes schützt. Auch bei den über diesen Kernbereich hinausgehenden anderen Aspekten des Urheberrechts steht die Schutzfähigkeit einer meist künstlerischen Leistung im Vordergrund. Die Urheberschaft kann als das „verbindende Element" zwischen den Rechtsordnungen bezeichnet werden.[200] Das Urheberrecht ist zu allererst der Domäne der Kunst zugeordnet und damit eng verbunden mit der Kultur eines jeden Rechtsraumes.[201] Aufgrund dieser besonderen Ausrichtung nimmt es eine Sonderstellung im Bereich der Immaterialgüterrechte ein. Neben der wirtschaftlichen Komponente, die auch den gewerblichen Schutzrechten[202] eigen ist und die sich schon im gemeinsamen Oberbegriff des „geistigen Eigentums" äußert[203], wird dieses Recht vor allem in seinem Kernbereich auch durch die besondere Rolle des kreativen Schaffens, der Identifikation mit dem Urheber, geprägt.[204] Somit kann dem Urheberrecht neben der kulturellen und wirtschaftlichen auch eine soziale Komponente zugesprochen werden.[205]

---

[200] *Goldstein*, GRUR Int. 1991, S. 767-774 (767).
[201] *Benabou*, Droit d'auteur, S. 6 spricht insoweit vom Urheberrecht als „le gardien d'une forme d'identité culturelle".
[202] Zum Begriff vgl. oben Fn. 2.
[203] Vgl. *Benabou*, Droit d'auteur, S. 40.
[204] Vgl. *Fechner* in *von der Groeben/Thiesing/Ehlermann*, EU-/EG-Vertrag, Rdz. 7 vor Art. 128 EGV: „Kultur und Wirtschaft lassen sich nicht trennen."
[205] So *Benabou*, Droit d'auteur, S. 20 unter Berufung auf *Frank Gotzen*: Le devenir de la propriété intellectuelle en Europe: les droits d'auteur et les droits voisins. In: L'avenir de la propriété intellectuelle, compte-rendu du colloque de l'IRPI, S. 75-88 (76). Das nicht veröffentlichte Arbeitspapier der Generaldirektion für Studien des Europäischen Parlaments („direction générale des études du Parlement européen") „Das Urheberrecht in der Europäischen Gemeinschaft - Bestandsaufnahme und Perspektiven" („Le droit d'auteur dans la Communauté européenne - inventaire et perspectives") von 1992 sieht auf S. 6 als viertes Prinzip das der „natürlichen Gerechtigkeit" („équité naturelle") (Nachweis bei *Benabou*, Droit d'auteur, S. 7 Fn. 4); dto. *Dittrich*, ÖSGRUM 7, S. 214-237 (214f.).

Wegen der kulturellen Dimension des Urheberrechts haben sich auf dem Gebiet der Europäischen Gemeinschaft unterschiedliche Systeme herausgebildet. Diese werden allgemein in zwei Hauptsysteme eingeteilt: das kontinental-europäische droit d'auteur-System (author's right, Urheberrecht) und das angelsächsische Copyright-System.[206]

Nach *Sterling* steht beim Copyright-System aufgrund des eher wirtschaftlichen Ansatzes der einheitliche Gedanke der wie auch immer gearteten Produktion von Kulturgütern im Vordergrund[207], wogegen beim droit d'auteur zwischen der originären Werkschöpfung (Urheberrecht) und den damit verbundenen, nicht notwendigerweise kreativen Produktionen (verwandte und sonstige Schutzrechte)[208] differenziert wird.

Eine genauere Betrachtung der Urheberrechtsgesetze der EG-Mitgliedstaaten ergibt jedoch, dass nirgendwo eines der beiden Systeme in Reinform vertreten ist, sondern dass auch Elemente des jeweils anderen Systems vorhanden sind.[209] Insbesondere A. *Strowel* hat in seiner umfangreichen Untersuchung der beiden Systeme nachgewiesen, dass trotz so mancher starken konzeptionellen Unterschiede der Umfang des Schutzes des Urheberrechts im Ergebnis oftmals sehr ähnlich ist, auch wenn in manchen Bereichen noch Divergenzen bleiben.[210] Von einer „tiefen Kluft", „zwei fast unversöhnlichen Lagern" oder gar „Welten", die

---

[206] Schon diese traditionelle Einteilung ist nicht unproblematisch. So werden in der im Uniform Law Review 1/1996, S. 25 veröffentlichten Aufstellung acht verschiedene Hauptsysteme aufgeführt, wobei sich die einzelnen EG-Mitgliedstaaten auf vier Gruppen verteilen.

[207] *Sterling*, 11 EIPR 1989, S. 14-18 (18): „a right to protect productions such as literary, dramatic, musical or artistic works, sound recordings, films, transmissions and editions, originality being a condition of protection in respect of some or all categories of production".

[208] *Sterling*, 11 EIPR 1989, S. 14-18 (18) zum klassischen Urheberrecht: „a right granted to protect the authors of works, creative contribution being a condition of protection in all cases".
Sterling, 11 EIPR 1989, S. 14-18 (18) zu den verwandten und sonstigen Schutzrechten: „rights adjoining author's right, being rights granted to protect productions such as performances, recordings and transmissions, creative contribution not being a condition of protection".

[209] *Uchtenhagen*, ÖSGRUM 7, S. 29-42 (42); *Françon*, Le droit d'auteur, S. 113f.; *ders.*, 149 RIDA 1991, S. 3-33 (17); *Strowel*, Droit d'auteur et copyright, S. 9; *Ginsburg*, 147 RIDA 1991, S. 125-289 (131+201); für die Niederlande räumt dies der Kommissionsmitarbeiter *Gaster*, Harmonisation of Copyright, S. 203-218 (205) ein.

[210] *Strowel*, Droit d'auteur et copyright, S. 655ff.
Zur Konvergenz der beiden Systeme vgl. *Dittrich*, ÖSGRUM 7, S. 214-237 (218); *Rehbinder*, Rezension, 115 UFITA 1991, S. 286; Diskussionsbeitrag von *Loewenheim*, zitiert von *Thum*, GRUR Int. 1997, S. 332.

„zwischen dem britischen Copyright und dem deutschen Urheberrecht liegen"[211], kann nicht gesprochen werden. Die oftmals beschworene „Copyright/droit d'auteur-Dichotomie"[212] erweist sich gerade im Zusammenhang mit der internationalen Rechtsangleichung trotz unbestreitbar bestehender Unterschiede als nicht so ein großes Hindernis zwischen den Rechtsordnungen, wie dies vielfach[213] geäußert wird. Dies gilt insbesondere vor dem Hintergrund der Tatsache, dass sämtliche Mitgliedstaaten im Bereich des klassischen Urheberrechts der RBÜ und im Bereich der Rechte von ausübenden Künstlern, Tonträgerherstellern und Rundfunkunternehmen der Konvention von Rom beigetreten sind[214]. Eine Koexistenz und Interoperabilität ist nicht von vornherein unmöglich.[215]

Im Folgenden werden die beiden Systeme gegenübergestellt und auf Gemeinsamkeiten und Unterschiede untersucht. Abschließend werden die schon vorhandenen Angleichungen innerhalb der Europäischen Gemeinschaft (unten S. 97ff.) und auf internationaler Ebene (unten S. 108ff.) besprochen.

---

[211] Diese Begriffe benutzt *Ellins*, Copyright Law und Urheberrecht, S. 231, 235 und 357; *Dietz*, GRUR Int. 1978, S. 101-109 (104) spricht von „tiefgreifenden Divergenzen in der inhaltlichen Gestaltung des Urheberrechts".
Auf der anderen Seite gesteht aber auch *Dietz*, 7 EIPR 1985, S. 215-217 (216) zu, dass die unterschiedliche Terminologie kein Hindernis für einen vergleichbaren Schutz sein muss.

[212] Vgl. *Möller*, ZUM 1990, S. 65-70 (65); *Schricker*, Tagungseröffnung, zitiert von *Peifer*, 8. Ringberg-Symposium, S. 87-123 (87); *Ellins*, Copyright Law und Urheberrecht, S. 33.

[213] *Morley*, 24 Copyright World 1992, S. 10-17 (12); vgl. auch *Sterling*, 10 Copyright Reporter 1992, S. 5-23 (5ff.), der im Bereich des Originalitätserfordernisses die unterschiedliche Terminologie als absolutes Harmonisierungshindernis ansieht; *Schack*, Rezension, 128 UFITA 1995, S. 293-296 (296), allerdings unter besonderer Betonung der Unterschiede zum US-amerikanischen Copyright.
Ellins, Copyright Law und Urheberrecht, S. 33 sieht wegen der Unterschiede die „Harmonisierungsbestrebungen der Europäischen Gemeinschaft vor immense Herausforderungen" gestellt.

[214] Dies betont auch *Gaster*, Harmonisation of Copyright, S. 203-218 (206).

[215] So auch *Lucas*, Konferenz der Generaldirektion XV der Europäischen Kommission „Urheberrecht und verwandte Schutzrechte an der Schwelle zum 21. Jahrhundert" in Florenz (2.-4.6.96), Protokoll, S. 30-39 (39), der trotz unterschiedlicher Denkansätze Koexistenz und Interoperabilität der Systeme für möglich hält.
Ähnlich warnt *Davies*, 3 EIPR 1981, S. 67-72 (69) davor, die Angleichung des Schutzniveaus nur aufgrund rein doktrinärer Unterschiede zurückzustellen.

2. Kapitel : Gegenüberstellung von kontinental-europäischem *droit d'auteur* und angelsächsischem *Copyright*

A. Entwicklung und philosophischer Hintergrund

I. Droit d'auteur

Die deutsche Urheberrechtskonzeption[216] entwickelte sich zu Beginn der Neuzeit aus dem das Druckereiwesen schützenden Privilegienwesen[217] und erst in der späteren theoretischen Aufarbeitung aus dem Naturrecht[218]. Unter anderem war es *Ehlers*, der im 18. Jahrhundert herausarbeitete, dass das Werk als das Ergebnis des geistigen Schaffens des Urhebers die Persönlichkeit des Schöpfers widerspiegelt.[219] Das Eigentum am Werk wurde als Verlängerung dieser Persönlichkeit angesehen. *Kant* differenzierte zwischen dem Sacheigentum als dinglichem Recht und der Lehre vom Urheberrecht als persönlichem Recht[220]. Aus dieser Betonung des persönlichen Einschlags des Urheberrechts entwickelte sich in Deutschland die Lehre vom Urheberpersönlichkeitsrecht[221]. Daneben wurde vor allem durch

---

[216] Allgemein dazu *Ulmer*, Urheber- und Verlagsrecht, § 9.

[217] *Ulmer*, Urheber- und Verlagsrecht, § 9 II; *Ellins*, Copyright Law und Urheberrecht, S. 58ff.

[218] *Davies*, 26 IIC 1995, S. 964-989 (968); *Ellins*, Copyright Law und Urheberrecht, S. 62ff.

[219] *Ehlers*, Ueber die Unzulässigkeit des Büchernachdrucks nach dem natürlichen Zwangsrecht, 1784.
Vgl. *Ellins*, Copyright Law und Urheberrecht, S. 69.

[220] *Kant*, Von der Unrechtmäßigkeit des Büchernachdrucks, 1785 (abgedruckt in UFITA 106 (1987), S. 137ff.).
Ulmer, Urheber- und Verlagsrecht, § 9 III 3; *Ellins*, Copyright Law und Urheberrecht, S. 69.
Ebenso *Johann Gottlieb Fichte* in seinem Aufsatz „Beweis der Unrechtmäßigkeit des Büchernachdrucks. Ein Räsonnement und eine Parabel" in: Berlinische Monatsschrift. Herausgegeben von *J.E. Biester*. May 1793. Im Verlag der Haude- und Spenerschen Buchhandlung, S. 443-483 (447ff.), der zwischen Sach- und geistigem Eigentum differenziert und letzteres sogar schon in nicht geschützten Inhalt und schützenswerte Form unterteilt. Die Form soll ausschließendes Eigentum des Verfassers bleiben (S. 451), der durch eine Abschrift „beleidigt" würde (S. 452). Dies gelte unabhängig vom Vorliegen eines wirtschaftlichen Schadens (S. 460f.). Fichte weist ausdrücklich darauf hin, dass der Begriff des Plagiats in seiner Grundbedeutung den „Diebstahl an Menschen" kennzeichne (S. 461). Der Büchernachdruck wird der Nachahmung technischer Erfindungen (S. 463ff.) gegenübergestellt, bei deren Schutz es um die zeitlich begrenzte Entschädigung des Erfinders für die Aufwendung von „Fleiß, Mühe und Kosten" ginge. Warum *Ulmer*, Urheber- und Verlagsrecht, § 9 III 3 Fichte trotzdem als einen Hauptvertreter der vermögensrechtlichen Lehre ansieht, ist vor diesem Hintergrund nicht einleuchtend.

[221] *Ulmer*, Urheber- und Verlagsrecht, § 9 III 3 und § 17 I; *Ellins,* Copyright Law und Urheberrecht, S. 69.

Hegel und *Schopenhauer* die Idee vom geistigen Eigentum geprägt, die das Recht des Urhebers überwiegend als reines Vermögensrecht ansah.[222]

Um die Jahrhundertwende entwickelte sich in Deutschland eine Diskussion über die Rechtfertigung des Urheberrechts. Auf der einen Seite betonte *Gierke* das Schöpferprinzip und damit das Urheberrecht als Persönlichkeitsrecht[223]. Auf der anderen Seite entwickelte *Kohler* seine auf *Hegel* und *Schopenhauer*[224] gestützte Lehre vom Urheberrecht als Immaterialgüterrecht, die das Urheberrecht nach der Veröffentlichung nur noch als Vermögensrecht ansah[225].

Auch in Frankreich findet die Lehre vom geistigen Eigentum ihre Wurzeln im Naturrecht und wurde insbesondere von *d'Héricourt*, *Diderot* und *Voltaire* im 18. Jahrhundert entwickelt.[226] Auch wenn schon früh die Bedeutung der persönlichkeitsrechtlichen Komponente betont wurde, darf jedoch nicht verkannt werden, dass gerade zu Anfang der eigentumsrechtliche Aspekt im Vordergrund stand. So wurde schon im ersten französischen Urheberrechtsgesetz, dem Décret-loi du 24 juillet 1793, von „propriété littéraire et artistique" gesprochen.[227] Die französische Rechtsprechung beurteilte zur Mitte des 19. Jahrhunderts die Übertragung von geistigem und normalem Eigentum grundsätzlich nach gleichen Maßstäben, ohne dem Urheberrecht eine persönlichkeitsrechtliche Komponente beizumessen.[228] Im französischen Raum dauerte es bis zur 1. Hälfte des 19. Jahrhunderts, bis *A.-C. Renouard* erstmals vom „droit d'auteur" sprach, um den Begriff „propriété" zu ersetzen.[229] In Frankreich führte das Gesetz von 1866

---

[222] *Ulmer*, Urheber- und Verlagsrecht, § 9 III 3; *Ellins*, Copyright Law und Urheberrecht, S. 69 nennt als deren Hauptvertreter *Hegel*, *Mandry* und *Klostermann*.

[223] In Deutsches Privatrecht, Teil I, Berlin 1895.
Vgl. dazu *Wandtke*, GRUR 1995, S. 385-392 (385); *Ellins*, Copyright Law und Urheberrecht, S. 69f. sieht darin die „Vollendung" der „persönlichkeitsrechtlichen Lehre".

[224] So *Ellins*, Copyright Law und Urheberrecht, S. 70 Fn. 221.

[225] *Kohler*, Urheberrecht an Schriftwerken und Verlagsrecht, Stuttgart 1907; vgl. *Wandtke*, GRUR 1995, S. 385-392 (385).

[226] *Ulmer*, Urheber- und Verlagsrecht, § 9 III 2.

[227] *Strowel*, Droit d'auteur et copyright, S. 18.
Berühmt wurde der Ausspruch über das Urheberrecht von *Le Chapelier* aus dem Jahre 1791: „la plus sacrée, la plus inattaquable et, si je puis parler ainsi, la plus personnelle de toutes les propriétés est l'ouvrage, fruit de la pensée d'un écrivain", Nachweis bei *Strowel*, Droit d'auteur et copyright, S. 90.

[228] *Edelman*, Recueil Dalloz Sirey 1990, chronique, S. 295-300 (296); *Strowel*, Droit d'auteur et copyright, S. 94.

[229] *Strowel*, Droit d'auteur et copyright, S. 18 unter Berufung auf *Pierre Recht*: Le Droit d'Auteur, une nouvelle forme de propriété. Paris: L.G.D.J.; Gembloux: Duculot, 1969; S. 51 Fn. 13.

den Begriff des „Urheberrechts" ein.[230] Interessant ist, dass in Frankreich das Gesetz von 1957 („propriété littéraire et artistique") und der „Code de la propriété intellectuelle" vom 1.7.1992[231] wieder eine vermögensrechtliche Terminologie verwenden.[232]

Letztlich setzte sich auch in den übrigen kontinental-europäischen Staaten eine Konzeption durch, die im Urheberrecht sowohl die vermögensrechtliche als auch die persönlichkeitsrechtliche Komponente verankert sieht. In Deutschland werden diese beiden Bestandteile zumeist als untrennbar miteinander verbunden angesehen („Monismus")[233], während in Frankreich eher die Neigung besteht, von zwei unabhängigen Elementen mit getrenntem Schicksal auszugehen („Dualismus").[234]

II. Copyright

Auch das Copyright-System[235] basierte zu Anfang auf dem Privilegienwesen. Der Zusammenschluss der Verleger, die *Stationers Company*[236] war alleiniger Inhaber der königlichen printing patents für Bücher, nach denen die Nachfrage groß war.[237] Der Sinn dieser Privilegien war zuallererst die staatliche Zensur.[238] Als der *Stationers Company* aufgrund eines Beschlusses des House of Commons im Jahre 1694 dieses Privileg faktisch für die Zukunft entzogen wurde[239] und zudem aufgrund der Vereinigung von England mit dem liberalen Schottland im Jahre 1707 von dort billige Parallelimporte drohten[240], forderten die Verleger nun ein Schutz-

---

[230] *Strowel*, Droit d'auteur et copyright, S. 18.
In Deutschland geschah dies schon durch das bayerische Gesetz von 1865.
[231] Gesetz no 92-597 (J.O. vom 3.7.1992, S. 8801).
[232] *Strowel*, Droit d'auteur et copyright, S. 36; *Ulmer*, Urheber- und Verlagsrecht, § 9 III 2 sieht darin nur die Rückkehr zur Tradition von 1793.
[233] Der von *Kohler* in Deutschland begründete Dualismus konnte sich hierzulande nicht durchsetzen, vgl. *Ellins*, Copyright Law und Urheberrecht, S. 70.
[234] Dazu *Strömholm*, Comparison of Laws. In: International Encyclopedia of Comparative Law, Vol. XIV, S. 42ff.
[235] Dazu *Ulmer*, Urheber- und Verlagsrecht, § 9; *Ellins*, Copyright Law und Urheberrecht, S. 36ff; *Kellerhals*, GRUR Int. 2001, S. 438-446 (439).
[236] Dazu *Ulmer*, Urheber- und Verlagsrecht, § 9 III 1; *Strowel*, Droit d'auteur et copyright, S. 112; *Ellins*, Copyright Law und Urheberrecht, S. 37ff.
[237] *Ellins*, Copyright Law und Urheberrecht, S. 36.
[238] *Ellins*, Copyright Law und Urheberrecht, S. 36.
[239] *Ellins*, Copyright Law und Urheberrecht, S. 40.
[240] *Prescott*, 11 EIPR 1989, S. 453-455 (454).

recht für die Autoren ein.[241] Ein auf 14 Jahre[242] beschränkter gesetzlicher Schutz wurde im Jahre 1710 durch das Statute of Anne[243] eingeführt.

Wie im droit d'auteur-System wurde nachfolgend versucht, den Schutz naturrechtlich zu rechtfertigen.[244] Unter Einfluss von *Locke* wurde das Eigentum als Ergebnis der Anwendung von Arbeitskraft auf Gegenstände abgeleitet.[245] Durch die Verbindung mit Naturprodukten entstand Eigentum.[246] Aus dieser Konzeption leitete *Warburton* im Jahre 1747 das geistige Eigentum daraus ab („literary property").[247] Diese naturrechtliche Lehre wurde von der Kings Bench unter Vorsitz von *Lord Mansfield* im Jahre 1769 in *Millar vs. Taylor* anerkannt.[248] Neben dem zeitlich befristeten gesetzlichen Schutz wurde ein unbefristeter aus dem Common Law gewährt.

Die entscheidende Kehrtwende trat im Jahre 1774 ein, als das Oberhaus dieses Judikat in *Donaldson vs. Beckett* aufhob.[249] Der unbefristete Schutz aus dem Common Law wurde zwar weiterhin gewährt, er sollte jetzt aber mit der Veröffentlichung, die als Verzicht auf dieses Recht gewertet wurde, erlöschen; danach gab es nur noch das zeitlich beschränkte gesetzliche Recht. Mit dieser Entscheidung wurde gleichzeitig die naturrechtliche Begründung des Copyright-Konzepts verworfen.[250]

---

[241] Dies war nur ein Vorwand, um indirekt selbst den Schutz zu genießen; vgl. *Cornish*, 58 Mod. L. Rev. 1995, S. 1-16 (3); *Ellins*, Copyright Law und Urheberrecht, S. 42 sieht die Urheber als „Strohpuppen" der Verleger.
[242] Einmalige Verlängerung um weitere 14 Jahre war möglich, vgl. *Ulmer*, Urheber- und Verlagsrecht, § 9 III 1; *Strowel*, Droit d'auteur et copyright, S. 113; *Ellins*, Copyright Law und Urheberrecht, S. 41.
[243] „An Act for the encouraging of learning, by vesting the copies of printed books in the authors, or purchasers, of such copies, during the times therein mentioned"
[244] *Ulmer*, Urheber- und Verlagsrecht, § 9 III.
[245] *Locke*, Two Treatises of Government, II., Chapter 5, Of Property, Nr. 25ff.
Vgl. *Ulmer*, Urheber- und Verlagsrecht, § 9 III 1; *Ellins*, Copyright Law und Urheberrecht, S. 45 Fn. 54; *Donati*, 137 UFITA 1998, S. 65-75 (65ff.); *Kellerhals*, GRUR Int. 2001, S. 438-446 (439).
[246] *King*, 9 Cardozo Arts & Ent. L.J. 1990/91, S. 267-301 (284).
[247] *Ulmer*, Urheber- und Verlagsrecht, § 9 III 1; *Ellins*, Copyright Law und Urheberrecht, S. 45 Fn. 55.
[248] 4 Burr. 2303 (1769); dazu *Ulmer*, Urheber- und Verlagsrecht, § 9 III 1; *Ellins*, Copyright Law und Urheberrecht, S. 47f.; *Strowel*, Droit d'auteur et copyright, S. 114f.
[249] 4 Burr. 2408 (1774); dazu *Ulmer*, Urheber- und Verlagsrecht, § 9 III 1; *Ellins*, Copyright Law und Urheberrecht, S. 48f.; *Strowel*, Droit d'auteur et copyright, S. 115.
[250] *Ellins*, Copyright Law und Urheberrecht, S. 76.

Die erste einheitliche Kodifikation war der Copyright Act von 1911[251], mittlerweile wird das Copyright im Copyright, Designs and Patents Act („CDPA") von 1988[252] geregelt.

III. Zusammenfassung

Die Betrachtungen der geschichtlichen Entwicklung der beiden Systeme des Urheberrechts haben gezeigt, dass die gemeinsame theoretische Grundlage im Naturrecht liegt.[253] Während im Bereich der droit d'auteur-Staaten vor allem in Frankreich anfangs wirtschaftliche und rechtliche Überlegungen für den Schutz des Urheberrechts im Vordergrund standen, gab es in England ein Common Law-Urheberrecht, das dem eigentlichen Schöpfer des Werkes ohne zeitliche Beschränkung zustand.

Das Auseinanderdriften der beiden Systeme geschah zum einen mit der Entscheidung des englischen Oberhauses in der Rechtssache *Donaldson vs. Beckett* aus dem Jahre 1774, in der das Erlöschen des unbeschränkten Common Law-Copyright mit der Veröffentlichung des Werks bestimmt wurde. Zum anderen wurde ab Mitte des 19. Jahrhunderts in den kontinental-europäischen Staaten die persönlichkeitsrechtliche Komponente des Urheberrechts immer stärker in den Vordergrund gerückt.

Bis zu welchem Grade sich die beiden Systeme voneinander entfernt haben, soll die nachfolgende Untersuchung einzelner Aspekte des Urheberrechts verdeutlichen helfen.

B. Die wesentlichen Aspekte des Schutzes des Urheberrechts im Vergleich

I. Einleitung

Der Unterschied von droit d'auteur- und Copyright-System wird meistens an folgenden Aspekten festgemacht: an der Person des Urhebers, am Urheberpersönlichkeitsrecht, an der Übertragbarkeit der wirtschaftlichen Rechte, an der Trennung von klassischem Urheberrecht und verwandten bzw. sonstigen Schutzrechten, an der Schöpfungshöhe sowie an den Schrankenregelungen. Diese Themen werden im Folgenden untersucht.

---

[251] *Strowel*, Droit d'auteur et copyright, S. 43; *Ellins*, Copyright Law und Urheberrecht, S. 50ff.
[252] *Strowel*, Droit d'auteur et copyright, S. 43; *Ellins*, Copyright Law und Urheberrecht, S. 57ff.
[253] *Ulmer*, Urheber- und Verlagsrecht, § 9 III; *Davies*, 26 IIC 1995, S. 964-989 (966ff.); *Ellins*, Copyright Law und Urheberrecht, S. 75ff.

II. Person des Urhebers

Aufgrund des persönlichkeitsrechtlichen Einschlags des droit d'auteur-Systems kann als Urheber grundsätzlich nur eine natürliche Person in Frage kommen. So bestimmt § 11 UrhG: „Das Urheberrecht schützt den Urheber in seinen geistigen und persönlichen Beziehungen zum Werk und in der Nutzung des Werkes." Die Rechtsinhaberschaft des den Schöpfungsakt möglicherweise anleitenden und koordinierenden Arbeitgebers muss gegebenenfalls über Übertragungsfiktionen hergestellt werden.

Demgegenüber bildet beim Copyright der Werkbegriff den zentralen Punkt.[254] So lautet die erste Bestimmung des britischen CDPA: „Copyright [...] subsists [...] in the [...] work". Nicht übersehen werden darf jedoch, dass der Schöpfergrundsatz in Sec. 9 (1) CDPA ausdrücklich festgelegt ist. *Strowel* meint sogar, dass auch das Copyright-System grundsätzlich von der Urheberschaft der natürlichen Person ausgeht.[255] In der Tat sieht Sec. 11 (2) CDPA im Bereich der Erstellung von Schutzgegenständen im Rahmen von Dienst- und Arbeitsverhältnissen, bei der die Annahme der Urheberschaft des organisatorisch verantwortlichen Arbeitgebers eigentlich sehr nahe läge, die Urheberschaft des Arbeitnehmers vor. Dem Arbeitgeber soll nur die erste Rechtsinhaberschaft zustehen. Diese Vermutung der originären Rechtsinhaberschaft des Arbeitgebers („work-made-for-hire") ist zudem noch im Gegensatz zur Regelung in Nordamerika[256] widerleglich. Aus der genauen Differenzierung von Urheberschaft und Rechtsinhaberschaft im Bereich der Arbeitsverhältnisse lässt sich schließen, dass der britische Gesetzgeber wirklich die Urheberschaft der natürlichen Person als Modellfall im Auge hatte. Die Rechtsausübung durch den Arbeitgeber hat den Vorteil niedrigerer Transaktionskosten, besserer Verwertungsmöglichkeiten und einer effizienteren Förderung der Entwicklung neuer Technologien.[257]

Aufgrund dieser Erwägungen überrascht es nicht, dass in diesem Bereich auch in den droit d'auteur-Staaten derartige Übertragungsvermutungen nicht unbekannt sind. So gibt es in den Niederlanden sogar die Figur des work-made-for-hire nach

---

[254] *Ellins*, Copyright Law und Urheberrecht, S. 76.
[255] *Strowel*, Droit d'auteur et copyright, S. 382, im Bereich der Urheberpersönlichkeitsrechte werden in Secs. 77 Abs. 1, 80 Abs. 1 und 84 Abs. 1 CDPA dann auch nur die klassischen Urheber und der Filmregisseur als Rechtsinhaber erwähnt, vgl. *Ellins*, Copyright Law und Urheberrecht, S. 197.
[256] Zur Rechtslage in Kanada vgl. *Handa/Buchan*, 26 IIC 1995, S. 48-75 und S. 527-534 (53 Fn. 16).
[257] *Rosenzweig*, 143 U. Pa. L. Rev. 1995, S. 899-932 (920).

britischem Vorbild (Art. 7 niederlUrhG).[258] In Deutschland wird in diesen Fällen zur Erreichung eines befriedigenden Ergebnisses in Rechtsprechung und Literatur oft von konkludenten Lizenzgewährungen ausgegangen.[259]

In Frankreich kennt die pragmatisch ausgerichtete Rechtsprechung trotz der personalistischen Ausrichtung die „oeuvres collectives", bei denen die Rechtsinhaberschaft originär bei juristischen Personen entstehen kann.[260]

Im Bereich der Software gibt es nun EG-weit aufgrund Art. 2 Abs. 3 der Computerprogramm-Richtlinie grundsätzlich Übertragungsvermutungen zugunsten des Arbeitgebers, so zum Beispiel in Deutschland (§ 69b UrhG), in Frankreich[261] und in Belgien[262].

Im Ergebnis scheinen im Bereich der Rechtsinhaberschaft im Arbeitsverhältnis die Unterschiede eher gradueller Art und nur von dogmatischer Relevanz zu sein. Insbesondere ist zu bedenken, dass beim britischen work-made-for-hire im Gegensatz zum amerikanischen Modell der Arbeitgeber nicht als Urheber, sondern nur als erster Rechtsinhaber angesehen wird.[263] Ob diese Inhaberschaft nun originär oder im Wege des derivativen Erwerbs beim Arbeitgeber ist, ändert nichts an der Tatsache, dass die praktischen wirtschaftlichen Konsequenzen der Rechtssysteme sehr ähnlich sind.[264]

---

[258] *Strowel*, Droit d'auteur et copyright, S. 351f.
[259] *Strowel*, Droit d'auteur et copyright, S. 660; *Ellins*, Copyright Law und Urheberrecht, S. 140ff.: sofern eine entsprechende Verbindung zur Tätigkeit besteht, wird eine „weit reichende Nutzungseinräumung" zu Gunsten des Arbeitgebers angenommen.
[260] *Strowel*, Droit d'auteur et copyright, S. 337 spricht von einer „anomalie"; *Pollaud-Dulian*, GRUR Int. 1995, S. 361-373 (364) sieht eine „bedauerliche Ausnahme"; in Deutschland wurde die Einführung eines solchen „Gruppenwerks" als im Widerspruch zu den Grundprinzipien des Urheberrechts stehend abgelehnt, *Strömholm*, Comparison of Laws. In: International Encyclopedia of Comparative Law, Vol. XIV, S. 36 Fn. 190; die französischen Gerichte legen diese Ausnahme eng aus, vgl. *Dreier*, 26 IIC 1995, S. 989-999 (990).
[261] *Del Corral*, SGRUM 15, S. 195-215 (197).
[262] Art. 3 des Gesetzes vom 30.6.1994 über die Computerprogramme, abgedruckt in GRUR Int. 1995, S. 389ff.
Dazu *Strowel*, GRUR Int. 1995, S. 374-382 (378); vgl. *Wachter*, 96 ZVglRWiss 1997, S. 32-73 (38).
[263] *Strowel*, Droit d'auteur et copyright, S. 384.
[264] *Strömholm*, Comparison of Laws. In: International Encyclopedia of Comparative Law, Vol. XIV, S. 37; *Strowel*, Droit d'auteur et copyright, S. 384.

III. Urheberpersönlichkeitsrecht

1. Allgemeines

Das Urheberpersönlichkeitsrecht schützt nach kontinental-europäischem Verständnis die Persönlichkeit des Autors im Werk[265], und zwar in Form der Beziehung des Autors zum Werk[266]. Aufgrund dieses Werkbezugs wird es oftmals als Sonderfall des allgemeinen Persönlichkeitsrechts angesehen[267].

Wegen des Monismus ist in Deutschland die Schutzdauer des Urheberpersönlichkeitsrechts auf 70 Jahre nach dem Tod des Urhebers beschränkt, wogegen dualistische Staaten wie Frankreich und Spanien ein ewiges Urheberpersönlichkeitsrecht vorsehen.[268]

Auch das Copyright-System kennt zumindest in Ansätzen einen Schutz für das Urheberpersönlichkeitsrecht.[269] In England wurden 1956 zwei und 1988 sogar vier Rechte in den CDPA ausdrücklich aufgenommen.[270] Diese Rechte sind aber kein Bestandteil des Copyright[271], so dass keine Verfolgung wegen einer Verletzung des Copyright, sondern nur im Weg der „breach of statutory duty" möglich ist.[272] Außerdem stellen sie nicht so sehr auf die Beziehung des Urhebers zum Werk als vielmehr auf die Beziehung des Urhebers zum Rest der Gesellschaft hinsichtlich des Werkes ab.[273] Schutzdauer im Vereinigten Königreich sind grundsätzlich 70 Jahre nach dem Tod des Urhebers. Insgesamt ist in den gesetzlich verankerten Persönlichkeitsrechten des Urhebers kein schlüssiges Konzept zu sehen. *Ellins* kann nur zugestimmt werden wenn sie ausführt, dass „[...] man zugeben [muss], dass das Droit moral aus einem spezifischen rechtlichen und kulturellen Umfeld

---

[265] *Dreier*, 26 IIC 1995, S. 989-999 (990).
[266] *Strowel*, Droit d'auteur et copyright, S. 527.
[267] *Dieselhorst*, Urheberpersönlichkeitsrecht, S. 108; ähnlich *Uchtenhagen*, ÖSGRUM 7, S. 29-42 (31) spricht von „Surrogaten eines allgemeinen Persönlichkeits-Schutzes, die sich als Einsprengsel dorthin verirrt haben"; ebenso schlägt der Bericht der japanischen *Agentur für kulturelle Angelegenheiten* vom Februar 1995 für ausübende Künstler eher einen Schutz über das allgemeine Persönlichkeitsrecht vor, 130 UFITA 1996, S. 223-281 (247).
Zu den kritischen Stimmen dazu vgl. aber unten S. 78.
[268] *Altenburg*, Entwicklung des Urheberpersönlichkeitsrechts, S. 200.
[269] Dazu für das Common Law: *Ginsburg*, GRUR Int. 1991, S. 593-605 (593ff.).
[270] Dazu *Cornish*, 11 EIPR 1989, S. 449-452 (449ff.); ders., GRUR Int. 1990, S. 500-505 (500ff.); *Ginsburg*, GRUR Int. 1991, S. 593-605 (602ff); *Strowel*, Droit d'auteur et copyright, S. 576ff.; *Ellins*, Copyright Law und Urheberrecht, S. 196ff.
[271] *Cornish*, 11 EIPR 1989, S. 449-452 (449); ders., GRUR Int. 1990, S. 500-505 (500).
[272] *Cornish*, 11 EIPR 1989, S. 449-452 (449); *Ellins*, Copyright Law und Urheberrecht, S. 190.
[273] *Geller*, Rezension, GRUR Int. 1992, S. 77-79 (79).

heraus erwachsen ist und dass es daher nicht ohne weiteres in ein Rechtssystem ohne urheberpersönlichkeitsrechtliche Tradition eingepflanzt werden kann."[274] Vor diesem Hintergrund kann die Tatsache des formalen Zugeständnisses der gesetzlichen Aufnahme dieser Rechte kaum befriedigen;[275] vielmehr stellt sich die Frage, ob damit nicht sogar den Urhebern letztlich eher geschadet worden ist.[276]

Diese konzeptionellen Schwächen führen aber noch nicht dazu, dass im Vereinigten Königreich der Schutz der Aspekte, die im kontinental-europäischen Raum als Bestandteil des Urheberpersönlichkeitsrechts geregelt werden, nicht in ausreichendem Maße sichergestellt ist. Die Qualität des dortigen Schutzes durch andere Rechtsinstitute wird nachfolgend für jede Ausprägung des Urheberpersönlichkeitsrechts einzeln geprüft.

2. Arten des Urheberpersönlichkeitsrechts

Das Urheberpersönlichkeitsrecht hat mehrere Ausprägungen. Als Mindestschutz („minimum rights") werden in Art. 6bis RBÜ das Recht auf Anerkennung der Urheberschaft („droit de paternité") und das Recht auf Schutz vor das Ansehen schädigenden Entstellungen („droit au respect") genannt.[277] Außerdem kennen einige Rechtsordnungen noch ein Veröffentlichungsrecht („droit de divulgation"), ein Rückrufsrecht („droit de repentir") und ein Zugangsrecht („droit d'accès").

a. Recht auf Anerkennung der Urheberschaft

Das Recht auf Anerkennung der Urheberschaft und die damit verbundene Namensnennung ermöglichen dem Urheber, dass sein Werk in der Öffentlichkeit mit ihm identifiziert wird. Wirtschaftlich betrachtet drückt es dem Werk den für die Verwertung nötigen Identitätsstempel auf.[278]

---

[274] *Ellins*, Copyright Law und Urheberrecht, S. 228.
[275] Das meint aber *Ellins*, Copyright Law und Urheberrecht, S. 228f.
[276] *Ginsburg*, GRUR Int. 1991, S. 593-605 (602+604) und 4 Ent. L. Rev. 1990, S. 121-130 (129); die in beiden Aufsätzen geäußerte Einschätzung, dass viele Regelungen „zynisch oder zumindest halbherzig erscheinen", ist allerdings zu hart.
[277] Dazu *Strauss*, 4 Am. J. Comp. L. 1955, S. 506-538 (507ff.).
Dieser Mindestschutz wurde nun durch Art. 5 WPPT auch auf die ausübenden Künstler ausgeweitet.
Die Mindestrechte werden in Europa überall gewährleistet, vgl. *Schardt*, ZUM 1993, S. 318-324 (320), was das Fehlen einer Art. 5 WPPT umsetzenden Regelung in der Richtlinie zum Urheberrecht in der Informationsgesellschaft erklärt.
[278] *Thomann*, Rezension, SMI 1996, S. 387-390 (389), der *Alder* wiedergibt.

Dieses Recht findet sich als right to be identified auch in Sec. 77 (1) und (7) im CDPA.[279] Es muss aber vorher durch schriftliche Erklärung gesichert werden (Sec. 78 (1) und (2); „asserted"). Geschieht dies durch Erklärung in einem Dokument anlässlich der Übertragung wird vermutet, dass der Anspruchsgegner von der „Assertion" Kenntnis hat. Bei Erklärung in einem separaten Schriftstück kommt es auf die tatsächliche Kenntnis an [Sec. 78 (2) und (4)].[280] Aufgrund dieser strengen und impraktikablen Voraussetzungen kann von einem wirksamen Schutz des Paternitätsinteresses des Urhebers durch den CDPA nicht gesprochen werden. In diesen Vorschriften manifestiert sich in der Zuordnung eines Werkes zu einem bestimmten Urheber höchstens der Gedanke des Verbraucherschutzes.[281] Außerdem gibt es Ausnahmen beim work-made-for-hire,[282] so dass dann zum Schutz des angestellten Urhebers lediglich die „inequality of bargaining power" Platz greifen kann.[283]

Daraus ergibt sich, dass der Schutz des Rechts auf Anerkennung der Urheberschaft im Vereinigten Königreich durch den CDPA dem Schutz in den Urheberrechtsgesetzen der kontinental-europäischen Länder hinterherhinkt. Daraus folgt aber nicht, dass dieses Recht im Vereinigten Königreich ohne nennenswerten Schutz bliebe. Vielmehr wird es aufgrund des in der britischen Rechtsphilosophie stark ausgeprägten Prinzips der individuellen Selbstverantwortung[284] vor allem durch Lizenzverträge gesichert.[285] Dagegen lässt sich zwar einwenden, dass der Urheber oftmals nicht in der Verhandlungsposition sein dürfte, sich dieses Recht im Vertragsweg sichern zu können. Vor demselben Dilemma steht allerdings auch der Urheber in Deutschland, der aufgrund dieser mangelnden Verhandlungsmacht regelmäßig gezwungen ist, auf den Schutz vertraglich zu verzichten.[286] Das Problem, dass die vertraglichen Verpflichtungen nur den Vertragspartner binden („privity of contract"), lässt sich in der Praxis unter angemessener Berücksichtigung des allgemeinen Wettbewerbsrechts durch die Verpflichtung der Weitergabe der Klauseln in Folgeverträgen mit Dritten aus dem Weg räumen.[287]

---

[279] Dazu *Cornish*, 11 EIPR 1989, S. 449-452 (449).
[280] Vgl. *Ginsburg*, GRUR Int. 1991, S. 593-605 (603), die darin einen Verstoß gegen das Förmlichkeitenverbot von Art. 5 Abs. 2 RBÜ sieht.
[281] Vgl. zu diesem Argument *Ginsburg*, GRUR Int. 1991, S. 593-605 (594).
[282] *Ginsburg*, 4 Ent. L. Rev. 1990, S. 121-130 (128).
[283] *Ellins*, Copyright Law und Urheberrecht, S. 221.
[284] Dazu *Ellins*, Copyright Law und Urheberrecht, S. 82.
[285] *Dieselhorst*, Urheberpersönlichkeitsrecht, S. 193; zum Schutz durch Verträge vgl. auch *Damich*, 12 Cardozo Arts & Ent. L.J. 1993/94, S. 387-407 (394).
[286] *Dieselhorst*, Urheberpersönlichkeitsrecht, S. 193.
[287] Zu solchen indemnity contracts vgl. *Ellins*, Copyright Law und Urheberrecht, S. 203.

Eine weitere sehr effiziente Klagemöglichkeit im Vereinigten Königreich bietet das sog. passing off.[288] Die Klage ist bei der Gefahr der Herkunftstäuschung und der damit verbundenen Rufschädigung aussichtsreich.[289] Sie hilft aber insoweit nicht bei industriellen Produkten, als das nachgeahmte Merkmal nicht funktional sein darf.[290] Außerdem ist sie derzeit nur auf den kommerziellen Sektor beschränkt.[291] Sollte diese Beschränkung aber aufgegeben werden, ist sie durchaus ein taugliches Mittel zum Schutz gegen Verletzungen des Anerkennungsrechts.

Einige Rechtsordnungen kennen dieses Recht auch in einer negativen Form als Recht, mit einem bestimmten Werk nicht in fälschliche Verbindung gebracht zu werden. Da dieses Recht aber nicht die Beziehung eines Urhebers zu seinem Werk regelt, kann es nicht als Bestandteil des Urheberrechts angesehen werden.[292] Dieses negative Recht findet sich als right against false attribution in Sec. 84 (1) bzw. Sec. 88 (4) und (5) im CDPA.[293] Es besteht schon seit 1862.[294] Schutzdauer sind 20 Jahre nach dem Tod des Urhebers [Sec. 86 (2)].

Insgesamt lässt sich feststellen, dass der Schutzumfang des Rechts auf Anerkennung der Urheberschaft aufgrund der Möglichkeit des Schutzes durch Lizenzverträge in Großbritannien auf der einen Seite und der Möglichkeit des vertraglichen Verzichts in den droit d'auteur-Staaten auf der anderen Seite in der Realität gar nicht so weit auseinander liegt, wie es die unterschiedlichen gesetzlichen Regelungen an sich erwarten lassen.

b. Recht auf Schutz vor Entstellungen

Das Recht auf Schutz vor Entstellungen regelt im droit d'auteur-System mehr als nur die Frage von „Ansehen und Ruf" und hat dadurch einen Mehrwert gegenüber dem allgemeinen Persönlichkeitsrecht.[295] So muss z.B. in Frankreich, Belgien und Griechenland eine Beeinträchtigung nicht nachgewiesen werden.[296]

---

[288] Allgemein dazu *Spence*, 112 L.Q.R. 1996, S. 472-498 (472ff.); *Ellins*, Copyright Law und Urheberrecht, S. 98.
[289] *Wiebe*, RIW 1998, S. 849-854 (852) zur Rechtslage in den USA.
[290] *Wiebe*, RIW 1998, S. 849-854 (852) zur Rechtslage in den USA.
[291] *Doutrelepont*, GRUR Int. 1997, S. 293-304 (296).
[292] *Doutrelepont*, GRUR Int. 1997, S. 293-304 (298f.).
[293] Dazu *Cornish*, 11 EIPR 1989, S. 449-452 (451).
[294] *Ellins*, Copyright Law und Urheberrecht, S. 222.
[295] *Damich*, 23 Ga. L. Rev. 1988, S. 1-96 (34).
[296] *Doutrelepont*, GRUR Int. 1997, S. 293-304 (299).

Im CDPA gibt es das „right to object to derogatory treatment of the work" in Sec. 80 (1) und (2)[297], das jedoch nur gegen Ehr- und Ansehensverletzungen und zudem nicht beim work-made-for-hire[298] schützt. Ein weitergehender Schutz ist aber auch hier durch entsprechende vertragliche Abmachungen möglich.[299] Außerdem kann dieses Recht auch indirekt durch das exklusive Recht auf Schaffung eines abgeleiteten Werks („derivative work") sowie durch eine passing-off-Klage geschützt werden.[300]

Das Integritätsrecht des Urhebers wird im Vereinigten Königreich auch durch die defamation-Klage geschützt.[301] Diese Klage betrifft nicht das Urheberpersönlichkeitsrecht, sondern das allgemeine Persönlichkeitsrecht in der Form von Ehre und Ruf des einzelnen.[302] Der Schutzanspruch gilt derzeit zu Lebzeiten.[303] Trotz der hohen Verfahrenskosten[304] ist die Klage sehr wirksam. Dass der Richter eine ästhetische Wertung vornehmen muss[305], liegt in der Natur der Sache und ist in den droit d'auteur-Staaten ebenso der Fall.

Auch in den droit d'auteur-Staaten wird dieses Recht - genauso wie die anderen Rechte -[306] nicht ohne Schranken gewährt. In Frankreich findet es seine Grenze im „abus de droit"[307], in Deutschland im Grundsatz von Treu und Glauben im Wege einer Interessenabwägung (§ 14 UrhG)[308]. Bei § 93 UrhG können die Rechtsinha-

---

[297] Dazu *Cornish*, 11 EIPR 1989, S. 449-452 (450).
[298] *Ginsburg*, GRUR Int. 1991, S. 593-605 (604).
[299] *Dieselhorst*, Urheberpersönlichkeitsrecht, S. 193.
[300] Für die USA: *Peifer*, ZUM 1993, S. 318-352 (331f.); *Netanel*, 12 Cardozo Arts & Ent. L.J. 1993/94, S. 1-78 (42) sowie der Artikel „Visual Artists' Rights in a Digital Age", ohne Autorenangabe in: 107 Harv. L. Rev. 1994, S. 1977-1994 (1983 Fn. 40); in der Praxis des Schutzes der Werkintegrität hat dieses Recht bisher keine große Rolle gespielt.
[301] *Peifer*, ZUM 1993, S. 325-352 (334f.); *Pitta*, 12/4 Entertainment and Sports Lawyer 1995, S. 3-8/19-23 (5); *Doutrelepont*, GRUR Int. 1997, S. 293-304 (296).
[302] *Peifer*, ZUM 1993, S. 325-352 (335); ähnlich *Pitta*, 12/4 Entertainment and Sports Lawyer 1995, S. 3-8/19-23 (5).
[303] *Strowel*, Droit d'auteur et copyright, S. 509.
[304] *Doutrelepont*, GRUR Int. 1997, S. 293-304 (296).
[305] Das kritisiert *Peifer*, ZUM 1993, S. 325-352 (334); dagegen aber *Doutrelepont*, GRUR Int. 1997, S. 293-304 (296), die von einer gegenüber dem droit d'auteur „objektiveren Beurteilung des Angriffs" spricht.
[306] *Pollaud-Dulian*, Recueil Dalloz Sirey 1993, chronique, S. 97-102 (97ff.); vgl. *Lucas*, Festschrift für *Françon*, S. 325-335 (332); so schon *Elster*, 15 UFITA 1942, S. 21-36 (29).
[307] *Netanel*, 12 Cardozo Arts & Ent. L.J. 1993/94, S. 1-78 (55); *Lucas-Schloetter*, Festschrift für *Dietz*, S. 127-142 (132f.).
[308] *Netanel*, 12 Cardozo Arts & Ent. L.J. 1993/94, S. 1-78 (56); *Ellins*, Copyright Law und Urheberrecht, S. 212.

ber bei der Herstellung und Verwertung von Filmwerken sich zudem nur gegen gröbliche Entstellungen wehren. Lediglich Schutz gegen Rufschädigung gibt das Recht des ausübenden Künstlers nach § 83 Abs. 1 UrhG. Dabei drängt immer mehr die Schranke der Meinungsfreiheit in den Vordergrund, die ihrerseits bei der Herstellung praktischer Konkordanz zwischen den betroffenen Rechtsgütern ihre Grenze im Ehrenschutz findet. Im Bereich des Arbeitsverhältnisses führen die umfangreichen Möglichkeiten des Verzichts, welche die Jurisprudenz oftmals als konkludent erfolgt ansieht, in der Praxis dazu, dass das Recht auf Schutz vor Entstellungen ohne große praktische Relevanz ist. In den droit d'auteur-Staaten schützt das Recht bei verhandlungsschwachen Rechtsinhabern oftmals ebenfalls nur Ehre und Ansehen. Auch insoweit wirken sich die unterschiedlichen Konzeptionen tatsächlich nicht erheblich aus.

c. Sonstige Rechte

Das teilweise in den droit d'auteur-Staaten vorhandene Veröffentlichungsrecht gestattet dem Urheber, über die Modalitäten der Veröffentlichung zu befinden. In Deutschland ist es in § 12 UrhG verankert. Im Vereinigten Königreich gibt es dieses Recht zwar nicht als Urheberpersönlichkeitsrecht, wohl aber als Teil des Common Law. Dem Rechtsinhaber wird die Veröffentlichungsbefugnis zugestanden, sofern er die Rechte am Werk noch nicht übertragen hat,[309] wobei ein Verstoß gegen dieses Recht als Urheberrechtsverletzung („copyright infringement") oder als Vertrauensbruch („breach of confidence") verfolgt werden muss.[310] Ein Schutzdefizit gegenüber den kontinental-europäischen Rechtsordnungen besteht insoweit zumindest nicht.

Das Rückrufsrecht ist in manchen droit d'auteur-Staaten in unterschiedlicher Ausformung vorhanden. In Deutschland ermöglicht es dem Urheber unter engen Voraussetzungen, ein Nutzungsrecht wegen Nichtausübung (§ 41 UrhG) oder gewandelter Überzeugung (§ 42 UrhG) zurückzurufen. In Belgien wurde dieses in einem Gesetzentwurf enthaltene Recht nicht ins Gesetz übernommen, so dass es auch unter Berufung auf die Meinungsfreiheit wohl nicht mehr gewährt werden kann.[311] Sinn und Zweck dieses Rechts sind äußerst umstritten, da der Rechtsinhaber aufgrund eines subjektiv allein ihn betreffenden, kaum nachweisbaren Motivs längst

---

[309] *Ellins*, Copyright Law und Urheberrecht, S. 220f.
[310] *Ellins*, Copyright Law und Urheberrecht, S. 221.
[311] *Wachter*, 96 ZVglRWiss 1997, S. 32-73 (45f.+48).

vollzogene Transaktionen rückgängig machen kann.[312] Deshalb ist es in der Praxis ohne Bedeutung geblieben. In Großbritannien ist dieses Recht nicht bekannt.

In Deutschland (§ 25 Abs. 1 UrhG), Frankreich[313] und jetzt auch in Belgien[314] hat der Urheber ein Zugangsrecht. Dadurch kann er unter bestimmten Voraussetzungen sein Werk besichtigen. Dieses sehr spezielle, wirtschaftlich eher bedeutungslose Recht ist aber auch in vielen droit d'auteur-Staaten nicht bekannt.

Das Vereinigte Königreich nennt in Sec. 85 Abs. 1 CDPA ausdrücklich das „right to privacy of films and photographs for private and domestic purposes" als Teil des Urheberpersönlichkeitsrechts. Hierbei handelt es sich jedoch nicht um ein Recht, das dem eigentlichen Urheber, sondern dem Auftraggeber zugeordnet wird, dessen Privatsphäre durch das den „privaten und häuslichen Bereich" betreffende Werk berührt wird, so dass es nicht zum Bereich des Urheberpersönlichkeitsrechts gerechnet werden sollte.

Insgesamt bestehen gerade im Bereich der sonstigen Aspekte des Urheberpersönlichkeitsrechts keine praktisch relevanten Unterschiede zwischen den Systemen.

3. Verzichtbarkeit und Übertragbarkeit des Urheberpersönlichkeitsrechts

In der philosophischen Begründung im droit d'auteur ist das Urheberpersönlichkeitsrecht mit der Person des Urhebers untrennbar verbunden und kann deshalb weder übertragen werden noch kann auf es verzichtet werden. Aufgrund dieser Beziehung sehen einige droit d'auteur-Staaten sogar einen ewigen Schutz des Urheberpersönlichkeitsrechts vor.

Von diesem philosophischen Leitbild haben sich die droit d'auteur-Staaten aufgrund praktischer Zwänge und Erwägungen entfernt. Ein zu starkes, ständig beim Urheber verbleibendes Urheberpersönlichkeitsrecht stellt einen nicht zu überschauenden Risikofaktor auch nach der Übertragung oder Lizenzierung der wirtschaftlichen Rechte dar und steht deshalb oftmals auch den Interessen des Urhebers bei der wirtschaftlichen Verwertung seines Werks im Wege. Deshalb ermöglichen die droit d'auteur-Staaten in unterschiedlichem Maße einen mit dem Urheberpersönlichkeitsrecht verbundenen Verzicht. Einige Staaten erlauben im Einzel-

---

[312] Kritisch *Strowel*, Droit d'auteur et copyright, S. 506 Fn. 106; *McGue*, 2 Software L.J. 1988, S. 339-371 (370).
[313] *Strowel*, Droit d'auteur et copyright, S. 496.
[314] Art. 3 § 1 UAbs. 3 S. 2 Hs. 2 belgUrhG; vgl. *Wachter*, 96 ZVglRWiss 1997, S. 32-73 (43).

fall den Verzicht auf das Urheberpersönlichkeitsrecht[315], wohingegen in Deutschland aufgrund der statuierten Unveräußerlichkeit der Urheberrechte nur ein punktueller Verzicht auf die Ausübung des Rechts möglich ist[316], was im praktischen Ergebnis aber zu keinen Unterschieden führt. Nach der überwiegenden Meinung in Deutschland ist die Überlassung der Befugnisse auch im eigenen Namen zulässig, sofern nur die Substanz des Persönlichkeitsrechts beim Urheber verbleibt.[317] In der Realität gibt es Notwendigkeiten, wie sie sich gerade beim Ghost-Writing zeigen, die eine Verzichtbarkeit und eine Übertragbarkeit zumindest von Teilbereichen des Urheberpersönlichkeitsrechts erfordern. Deshalb kann die Nichtübertragbarkeit im droit d'auteur in der Praxis durchaus als nur eine „Fiktion" bezeichnet werden.[318]

Zwar kann weder von einer generellen Verzichtbarkeit noch von einer grundsätzlichen Übertragbarkeit des Urheberpersönlichkeitsrechts im droit d'auteur gesprochen werden, zumindest auf die Ausübung bestimmter Aspekte kann aber auch im Voraus punktuell verzichtet werden. Je nach Verhandlungsposition und Vertragsgestaltung kann dieser Verzicht sehr umfangreich sein. Grenzen bestehen im Einzelfall nur aufgrund des Rechts der allgemeinen Geschäftsbedingungen, der Regeln der Lauterkeit sowie wegen auf den Bereich des Urheberrechts abgestimmter allgemeiner wettbewerbsrechtlicher Überlegungen.

---

[315] Belgien: Art. 1 § 2 UAbs. 2 belgUrhG besagt, dass ein genereller Verzicht für die Zukunft unzulässig ist, nicht aber ein teilweiser Verzicht im konkreten Einzelfall, vgl. auch *Strowel/Triaille*, Droit d'auteur, S. 88, die die Ähnlichkeit mit der kanadischen Rechtslage betonen.

[316] *Netanel*, 12 Cardozo Arts & Ent. L.J. 1993/94, S. 1-78 (51); *Schilcher*, Schutz des Urhebers gegen Werkänderungen, S. 161.
Beim Rückrufsrecht wegen Nichtausübung erschwert das Gesetz in Deutschland die Möglichkeit eines Verzichts (§ 41 Abs. 4 UrhG), beim Rückruf wegen gewandelter Überzeugung kann sogar noch nicht mal auf die Ausübung wirksam verzichtet werden (§ 42 Abs. 2 S. 2 UrhG); die Bedeutung dieser beiden Vorschriften ist aber marginal.

[317] *Eggersberger*, Übertragbarkeit des Urheberrechts, S. 151 m.w.N.; ob dies nun als Ermächtigung (so *Hertin*, in: Fromm/Nordemann, Urheberrecht, § 29 Rdz. 5), als Verfügung [so als Möglichkeit angesprochen von *Rehbinder*, Urheberrecht, § 42 II; Diskussionsbeitrag von *Forkel*, zitiert von *Lausen*, ZUM 1993, S. 359-362 (360)] oder möglicherweise gar als Verfügung mit absoluter Wirkung zu qualifizieren ist, ist für das praktische Ergebnis von untergeordneter Bedeutung.

[318] *Wandtke*, GRUR 1995, S. 385-392 (391).
So wurde dann auch ein entsprechender französischer Antrag auf Festschreibung der Unveräußerlichkeit der Urheberpersönlichkeitsrechte in der RBÜ bei den Vertragsverhandlungen abgelehnt, vgl. *Strowel*, Droit d'auteur et copyright, S. 512.
Umfassend zur Übertragbarkeit im deutschen und französischen Recht: *Metzger*, Rechtsgeschäfte über das Droit Moral, insb. S. 161ff.

Nach Sec. 87 CDPA besteht beim Urheberpersönlichkeitsrecht im Vereinigten Königreich die generelle Möglichkeit des formlosen Vorausverzichts.[319] Hierin sieht *Cornish*[320] den bedauerlichen Hauptunterschied zum droit d'auteur.[321] Gerade bei Filmproduktionen hat sich der Verzicht in allgemeinen Geschäftsbedingungen zum Standard entwickelt.[322] Gleichwohl kann aber auch im Vereinigten Königreich das Urheberpersönlichkeitsrecht als solches nicht übertragen werden.[323] Zudem besteht dort die Grenze der „inequality of bargaining power",[324] deren Funktion in Deutschland das Recht der allgemeinen Geschäftsbedingungen übernimmt.

Im Vergleich lässt sich feststellen, dass die beiden Urheberrechtssysteme auch bezüglich der Verzichtbarkeit und der Übertragbarkeit des Urheberpersönlichkeitsrechts in der Praxis nicht zu grob widersprüchlichen Ergebnissen kommen. Die Anforderungen des Markts prägen auch im kontinental-europäischen Raum die Gegebenheiten. Je schwächer die Verhandlungsposition eines Rechtsinhabers ist, desto eher wird er sich im konkreten Fall auf einen Verzicht auf das Urheberpersönlichkeitsrecht oder auf dessen Ausübung einlassen müssen. Mechanismen zum Schutz des schwächeren Vertragspartners aufgrund von Gerechtigkeitserwägungen sehen beide Rechtsordnungen vor. Auch im Bereich der industriellen Produkte kommt die Rechtspraxis zu vergleichbaren Ergebnissen. Ein verhandlungsstarker Rechtsinhaber hingegen steht auch in Großbritannien nicht vor dem Zwang des Rechtsverzichts. Mithin liegen die beiden Rechtsordnungen in den wirtschaftlich bedeutsamen Bereichen nicht wesentlich auseinander.

4. Bewertung des Urheberpersönlichkeitsrechts

Auch wenn *Becker* das Urheberpersönlichkeitsrecht in Deutschland als „bewährte und treffsichere Waffe" ansieht,[325] darf doch nicht verkannt werden, dass es in der Praxis selten angeführt wird.[326] Das trifft insbesondere auf die gerichtliche, aber auch auf die vertragliche Anwendung zu. Das Recht wird auch nicht absolut, son-

---

[319] *Ginsburg*, 4 Ent. L. Rev. 1990, S. 121-130 (128).
[320] *Cornish*, GRUR Int. 1990, S. 501-505 (505).
[321] Ähnlich *Strowel*, Droit d'auteur et copyright, S. 581.
[322] Für die USA vgl. *Collie*, Ent. L. Rev. 1996, S. 76-79 (77).
[323] *Cornish*, 11 EIPR 1989, S. 449-452 (452).
[324] *Ellins*, Copyright Law und Urheberrecht, S. 221.
[325] *Becker*, ZUM 1995, S. 231-249 (242).
[326] *Schricker*, 26 IIC 1995, S. 41-48 (47).

dern abgestuft nach der jeweiligen Werkart[327] und unter Abwägung der Interessen im Einzelfall gewährt.

Mittlerweile mehren sich die Stimmen, welche die Sonderbehandlung des Urheberpersönlichkeitsrechts in Frage stellen und dessen Einbettung in das allgemeine Persönlichkeitsrecht fordern.[328] Aus europäischer Sicht hätte diese dogmatische Vorgehensweise sicherlich den Vorteil, dass sich dann vordergründig die sehr strittige Frage der Harmonisierungsbedürftigkeit des Urheberpersönlichkeitsrechts im Rahmen der Angleichungsbemühungen im Bereich des Urheberrechts nicht mehr stellte. Mögliche Probleme für das ordnungsgemäße Funktionieren des Binnenmarktes bestünden aber natürlich auch nach dieser Umwidmung fort.

In letzter Zeit ist zudem in den droit d'auteur-Staaten eine Tendenz zu entdecken, die wirtschaftliche Bedeutung des Persönlichkeitsrechts stärker hervorzuheben.[329] Dabei wird für Deutschland darauf verwiesen, dass bei der Entwicklung der Rechtsprechung zum allgemeinen Persönlichkeitsrecht durch den Bundesgerichtshof[330] ideelle Elemente zunächst nicht im Vordergrund standen.[331] Aufgrund der vergleichbaren Situation lässt sich diese Erwägung auch auf das Urheberpersönlichkeitsrecht übertragen.

5. Zusammenfassung

Die beiden Urheberrechtssysteme weichen nach alledem zwar in ihren Konzeptionen und den gesetzlichen Regelungen des Urheberpersönlichkeitsrechts voneinander ab. Aufgrund der praktischen Notwendigkeiten des Marktes haben sich aber auch in den droit d'auteur-Staaten gerade in wirtschaftlich relevanten Bereichen Techniken durchgesetzt, die gewährleisten, dass das Urheberpersönlichkeitsrecht im Endergebnis die freie Handelbarkeit von urheberrechtlich geschützten Waren und Dienstleistungen nicht übermäßig behindert.

---

[327] Vgl. *Dreier*, 26 IIC 1995, S. 989-999 (991), der insbesondere auf § 93 UrhG verweist.
[328] So sollte nach *Strömholm*, GRUR Int. 1996, S. 529-533 (533) das Urheberpersönlichkeitsrecht dem zu harmonisierenden Urheberrecht ausgegliedert und dem allgemeinen Persönlichkeitsrecht angegliedert werden.
[329] Vgl. für das allgemeine Persönlichkeitsrecht *Götting*: Persönlichkeitsrechte als Vermögensrechte, 1995; *Helle*, 60 RabelsZ 1996, S. 448-474 (448ff.) sowie *Ullmann*, AfP 1999, S. 209-214 (209ff.).
[330] Leserbrief-Urteil vom 25.5.1954, BGHZ 13, S. 334-341.
[331] *Helle*, 60 RabelsZ 1996, S. 448-474 (454).

IV. Übertragbarkeit

In den droit d'auteur-Staaten wird die Frage der Übertragbarkeit des Urheberrechts aufgrund differierender theoretischer Konzeptionen dogmatisch unterschiedlich beurteilt. Aufgrund der Untrennbarkeit von wirtschaftlicher und persönlichkeitsrechtlicher Komponente und der Nichtablösbarkeit des Urheberpersönlichkeitsrechts vom Urheber kann in monistischen Staaten wie Deutschland und Österreich das Urheberrecht nur mortis causa übertragen werden.[332] In dualistischen Staaten kann das Vermögensrecht dagegen ohne weiteres übertragen werden. Durch die Einräumung ausschließlicher Lizenzen wird aber auch in monistischen Staaten wirtschaftlich ein identisches Ergebnis erreicht.

In der neueren französischen Rechtsprechung besteht die Tendenz das Wort „Cession" (Übertragung) des wirtschaftlichen Rechts als „Concession" (Lizenz) zu interpretieren, was eine wesentliche Annäherung an das monistische System und ein „wichtiger Schritt in Richtung unveräußerliches Urhebereigentum" ist.[333]

Dagegen hat das Europäische Parlament in seinem Änderungsantrag 56 zum Richtlinienvorschlag zum Urheberrecht in der Informationsgesellschaft, der nicht angenommen wurde, die unterschiedlichen Wege der Rechtseinräumung in Dualismus und Monismus nicht berücksichtigt. Der Antrag beginnt wie folgt: „Wenn ein Urheber sein ausschließliches Recht auf Vervielfältigung, Zugänglichmachung oder Verbreitung auf eine andere Person überträgt oder an diese abtritt, [...]".[334] Auf die Harmonisierungsbemühungen der Europäischen Gemeinschaft wirft eine solche Unkenntnis der Rechtseinräumung auf dem Lizenzweg in Deutschland und Österreich kein gutes Licht.

Aufgrund der Betonung der wirtschaftlichen Aspekte wird das Urheberrecht im Copyright-System als Handelsware angesehen, die grundsätzlich frei übertragbar ist. In den im wachsenden Welthandel immer mehr verflochtenen Gesellschaften setzt sich zunehmend das Bewusstsein vom Urheberrecht als Wirtschaftsgut durch.[335] So findet auch in den droit d'auteur-Staaten die Theorie der Property

---

[332] Vgl. *Ulmer*, Urheber- und Verlagsrecht, § 12 I 1.
[333] *Boytha*, Festschrift für *Kreile*, S. 109-126 (122).
[334] *Barzanti*-Bericht A4-0026/99 (siehe oben Fn. 151).
[335] Dazu *Dreier*, CR 2000, S. 45-49 (45ff.).
Die Zahlenangaben über die wirtschaftliche Bedeutung der Urheberrechtsindustrien schwanken: *Cohen Jehoram*, 20 IIC 1989, S. 485-497 (485ff.) nennt das Ergebnis von elf nationalen Studien, die zu einem Anteil zwischen 2% und 6,6% am Bruttosozialprodukt kommen, ist aber trotzdem kritisch in Bezug auf die Betonung des wirtschaftlichen Charakters des Urhe-

Rights im Bereich des Urheberrechts immer mehr Anhänger.[336] Nach dieser Theorie wird durch die Gewährung von Eigentumsrechten dem einzelnen ein Anreiz gegeben, seine Arbeitskraft einzusetzen, um auch für die Gesamtwirtschaft günstige Güter zu schaffen. Die Property Rights sind demnach auf niedriger Ebene ein Anreiz für die Produktion auf höherer Ebene. Im Bereich des Urheberrechts findet dadurch eine Verknappung auf der Produktionsebene statt, um auf der Innovationsebene den Wettbewerb anzukurbeln.[337] Durch die Zuweisung individueller Rechte und die dadurch bedingte künstliche Verknappung soll der Marktunvollkommenheit aufgrund des möglichen nicht rivalisierenden Konsums öffentlicher Güter, der kontraproduktiv wirkt, entgegengesteuert werden.[338] Das Urheberrecht wird so in die Nähe des gewerblichen Schutzrechts gerückt.[339]

V. *Trennung von Urheberrecht und verwandten bzw. sonstigen Schutzrechten*

Im Gegensatz zum einheitlichen Copyright-System wird im droit d'auteur-System ausdrücklich zwischen Werkschöpfung und Werkmittlung unterschieden. Nur der eigentliche Schöpfungsakt ist dem klassischen Urheberrechtsschutz zugänglich, die Werkmittlung wird durch verwandte und sonstige Schutzrechte geschützt. Bei den verwandten und sonstigen Schutzrechten handelt es sich um ein „Sammelsurium an schutzwürdigen, doch vom Urheberrecht abzugrenzenden Leistungen, die der kulturellen oder unternehmerischen Verarbeitung von geistigen Schöpfungen und

---

berrechts, da er eine Stärkung des Copyright-Systems zulasten des droit d'auteur-Systems befürchtet (S. 497); diese Zahlen finden sich auch bei *Hummel*, UNESCO Copyright Bull. 3/1990, S. 14-22 (14ff.).
Die Initiativen zum Grünbuch über Urheberrecht in der Informationsgesellschaft, KOM (96) 568 endg. vom 20.11.1996, S. 6 sehen einen Anteil des Markts für Waren und Dienstleistungen, deren Inhalt urheberrechtlichen Schutz genießen, am Bruttoinlandsprodukt von 5-7%; eine Zusammenstellung von Daten zur wirtschaftlichen Bedeutung findet sich auch im Richtlinienvorschlag zum Urheberrecht in der Informationsgesellschaft, KOM (97) 628 endg. vom 10.12.1997, S. 4 Fn. 10.

[336] Dazu *Lehmann*, 16 IIC 1985, S. 525-540 (525ff.); *ders.*, 20 IIC 1989, S. 1-15 (1ff.); *ders.*, 2 Int'l J of L+InfoTech 1994, S. 86-97 (86ff.); *Schmidtchen*, Property Rights 1998; *Ganea*, Festschrift für *Dietz*, S. 43-56 (43ff.); selbst *Dietz*, 138 RIDA 1988, S. 23-75 (27) verwendet diesen Begriff im Zusammenhang mit dem Urheberrecht.
Interessanterweise wird in Erwägungsgrund 3 der Richtlinie zum Urheberrecht in der Informationsgesellschaft das „geistige Eigentum" ausdrücklich als Teil des Eigentums angesprochen, obwohl diese im Entwurf vom 2.12.1997 (Nachweis unten Fn. 758) in Erwägungsgrund 7 ebenfalls enthaltene Bezugnahme im Laufe der weiteren Diskussion entfallen war und im ersten veröffentlichten Vorschlag, KOM (97) 628 endg. vom 10.12.1997 fehlt.

[337] Vgl. zum ganzen *Lehmann*, 16 IIC 1985, S. 525-540 (538); *ders.*, 20 IIC 1989, S. 1-15 (12).
[338] *Wiebe*, GRUR 1994, S. 233-246 (242).
[339] *Weber-Steinhaus*, Computerprogramme im deutschen Urheberrechtssystem, S. 38ff.; vgl. zur damit verbundenen Problematik der Schöpfungshöhe unten S. 83ff.

deren Mitteilung an eine breite Öffentlichkeit dienen."[340] Erstmals erfuhren die verwandten Schutzrechte im Jahr 1936 im Urheberrechtsgesetz in Österreich eine gesetzliche Regelung.[341] In Deutschland erfolgte die gesetzliche Trennung der beiden Kategorien erst im Urheberrechtsgesetz von 1965[342], in Frankreich gar erst im Jahre 1985[343].

Diese strikte Unterscheidung ist für den Bereich der ausübenden Künstler nicht zwingend. So steht zwar bei vielen verwandten und sonstigen Schutzrechten die Idee des Investitionsschutzes im Vordergrund[344], dieser Gedanke trifft aber nicht auf die ausübenden Künstler zu, die eben gerade künstlerisch tätig sind und somit mit den Urhebern mehr gemeinsam haben als beispielsweise mit einem Tonträgerhersteller.[345] Sehr treffend spricht dies *Vivant* bezüglich des Schutzes der ausübenden Künstler aus: „A right that is (only) neighboring because creation is not recognized."[346]

Die Leistungen der ausübenden Künstler wurden in Deutschland vor Umsetzung der Schutzdauer-Richtlinie ähnlich dem Urheberrecht für 50 Jahre geschützt (§ 82 UrhG a.F.), wogegen die Produzenten nur einen 25 Jahre dauernden Schutz beanspruchen konnten (§§ 85 Abs. 2, 87 Abs. 2, 94 Abs. 3 UrhG a.F.). Vor Inkrafttreten des Urheberrechtsgesetzes gab es sogar in der Gleichsetzung von Wiedergabe und Werkbearbeitung ein „fiktives Bearbeiterurheberrecht" für ausübende Künstler, was aber von der überwiegenden Meinung als rechtssystematisch verfehlt angesehen wurde.[347] So wundert es nicht, dass *Hirsch Ballin* für ein echtes Urheberrecht bei ausübenden Künstlern plädierte.[348]

---

[340] *Ellins*, Copyright Law und Urheberrecht, S. 120f.
[341] *Dietz*, ZUM 1990, S. 54-58 (55 Fn. 13).
[342] *Strowel*, Droit d'auteur et copyright, S. 38; *Ellins*, Copyright Law und Urheberrecht, S. 110
[343] *Strowel*, Droit d'auteur et copyright, S. 33.
[344] *Cornish*, 58 Mod. L. Rev. 1995, S. 1-16 (5).
[345] Vgl. die Ansätze von Gleichstellung von Urhebern und ausübenden Künstlern im Erwägungsgrund 11 der Richtlinie zum Urheberrecht in der Informationsgesellschaft: „um [...] die Unabhängigkeit und Würde der Urheber und ausübenden Künstler zu wahren"; siehe aber auch den neuen Art. 11 Abs. 3: „Der Schutz der verwandten Schutzrechte im Sinne dieser Richtlinie beeinträchtigt in keiner Weise den Schutz des Urheberrechts."
[346] *Vivant*, WIPO-Symposium, Paris, 1.-3.6.94, S. 69-79 (77); dagegen gibt es für Produzenten und Sendeunternehmen nur ein verwandtes Schutzrecht, da dort eine Schöpfung überhaupt nicht stattfindet (ebenda, S. 76).
[347] *Ellins*, Copyright Law und Urheberrecht, S. 119.
[348] *Hirsch Ballin*, 18 UFITA 1954, S. 310-328 (323).

Auch das Vereinigte Königreich kannte noch im Copyright Act von 1956 eine ausdrückliche Differenzierung zwischen zwei verschiedenen Abstufungen des Copyright, und zwar nach der systematischen Stellung als Part I- und Part II-Copyright.[349] Das Part I-Copyright („Copyright in Original Works") war mit dem klassischen kontinental-europäischen Urheberrecht vergleichbar, während das Part II-Copyright („Copyright in Sound recordings, cinematographic films, broadcasts, etc.") den verwandten Schutzrechten ähnlich war. Der Urheber hieß „Author", der im Produzentenbereich Tätige „Maker".[350]

Diese Trennung wurde im Copyright, Designs and Patents Act 1988 formal aufgehoben.[351] Die Terminologie wurde nun einheitlich in „works" und „author" geändert.[352] Eine völlige Gleichbehandlung der unterschiedlichen Kategorien wurde aber nicht vollzogen. So brachte der CDPA von 1988 bezüglich der Rechte des Verlegers inhaltlich keine nennenswerte Änderung.[353] Auch sonst hat sich der Inhalt im Wesentlichen nicht verändert. Folgerichtig trennt der CDPA in Sec. 1 immer noch zwischen dem eigentlichen Urheberrecht (Sec. 1 Abs. 1 lit. a) und den verwandten und sonstigen Schutzrechten (Art. 1 Abs. 1 lit. b+c).[354] Der britische Schöpfergrundsatz gilt nicht für nicht-originale Werke.[355] Der einheitliche Copyright-Begriff besteht auch insoweit nicht, als Darbietungen aus historischen Gründen zwar vom CDPA in einem separaten Teil (Sec. 181-184), nicht aber durch Copyright geschützt werden.[356]

Insgesamt erscheint es somit zu weit gehend, wenn *Ellins* in der formalen Aufhebung der Trennung zwischen altem Part I- und Part II-Copyright die „eindeutige

---

[349] *Strowel*, Droit d'auteur et copyright, S. 25; nach *Ellins*, Copyright Law und Urheberrecht, S. 113f. hatte diese Trennung ihren Grund im damals bevorstehenden Rom-Abkommen, das auch von dieser Trennung ausging. Britische Tonträgerhersteller und Sendeunternehmen hatten Angst vor Entwertung ihrer Rechte und forderten deshalb, dass die „wahre Natur" der Rechte nur auf nationaler Ebene bestimmt werden könne. Der Gebrauch des Begriffs der neighbouring rights geschah demnach nur „aus Zweckmäßigkeitsgründen im Sinne der Ermöglichung sprachlicher Verständigung".

[350] *Strowel*, Droit d'auteur et copyright, S. 377.

[351] Dazu *Dietz*, ZUM 1990, S. 54-58 (56); *Ellins*, Copyright Law und Urheberrecht, S. 57ff. Interessanterweise findet sich in der europäischen Datenbank-Richtlinie die Differenzierung zwischen „author" (Urheberrecht) und „maker" (sui-generis-Recht) wieder.

[352] *Ellins*, Copyright Law und Urheberrecht, S. 57; vgl. auch *Davies,* 26 IIC 1995, S. 964-989 (973).

[353] *Dietz*, ZUM 1990, S. 54-58 (56 Fn. 20); *Schack*, ZUM 1990, S. 59-62 (59).

[354] *Strowel*, Droit d'auteur et copyright, S. 395; dazu auch *Sterling*, 11 EIPR 1989, S. 14-18 (16).

[355] *Strowel*, Droit d'auteur et copyright, S. 376; vgl. auch *Ellins*, Copyright Law und Urheberrecht, S. 110f.

[356] *Ellins*, Copyright Law und Urheberrecht, S. 121.

Absage an die andernorts unerlässliche Differenzierung zwischen 'klassischen' Urheberrechten und verwandten Schutzrechten" sieht, was „gründliche Betrachtung in rechtspolitischer und systematischer Hinsicht" verdiene.[357] Vielmehr scheinen die bestehenden Unterschiede eher von terminologischer[358] sowie philosophischer[359] als von praktischer Bedeutung zu sein. So hatten die britischen Staaten auch nie Schwierigkeiten mit der Umsetzung von EG-Richtlinien im Bereich des Urheberrechts, nur weil dort dem copyright die „rights related to copyright" an die Seite gestellt wurden.

VI. Schöpfungshöhe

Eng mit dem Problem der Trennung von Urheberrecht und verwandten Schutzrechten ist die Frage der Schöpfungshöhe verbunden. Um im droit d'auteur-System für den Schutz durch das Urheberrecht geeignet zu sein, muss ein Werk bestimmte Anforderungen an seine Schöpfungshöhe erfüllen. Nur der Ausdruck und nicht der Inhalt als solcher ist schutzwürdig.[360]

Das deutsche Recht verlangt generell eine „persönliche geistige Schöpfung" (§ 2 Abs. 2 UrhG), lediglich im Bereich der Photographien, Computerprogramme und Datenbanken reicht aufgrund der Harmonisierung in der Europäischen Gemeinschaft die „eigene geistige Schöpfung". Im Bereich der verwandten und sonstigen Schutzrechte gibt es hingegen kein Erfordernis einer bestimmten Schöpfungshöhe.

In Großbritannien wird im Bereich der Literatur, Zeichnungen, musikalischen und künstlerischen Werke das Erfordernis von Originalität („originality") verlangt.[361] Dieser Begriff wird gewöhnlich mit „skill, labour and efforts"[362] bzw. „skill, labour and judgement"[363] gleichgesetzt. Der Standard ist niedriger als der der Schöpfungshöhe, was damit erklärt wird, dass in Großbritannien durch den weit gefassten Originalitätsbegriff oftmals auch Funktionen des nur schwach ausgebil-

---

[357] *Ellins*, Copyright Law und Urheberrecht, S. 57.
[358] Vgl. *Davies*, 26 IIC 1995, S. 964-989 (981), der auf eine entsprechende Formulierung der WIPO bei den Verhandlungen über ein Modellgesetz des Urheberrechts in den Jahren 1989/1990 verweist.
[359] *Davies*, 26 IIC 1995, S. 964-989 (985+988).
[360] So bekräftigen die Erwägungsgründe 13 + 14 sowie Art. 1 Abs. 2 der Computerprogramm-Richtlinie ausdrücklich die Schutzfreiheit von bloßen Ideen.
[361] *Sterling*, 11 EIPR 1989, S. 14-18 (16).
[362] *Kapnopoulou*, jur-pc 1995, S. 3223-3234 (3228).
[363] *Davies*, 26 IIC 1995, S. 964-989 (969).

deten Rechts des unlauteren Wettbewerbs übernommen werden.[364] Durch den Begriff „skill", der auf bestimmte persönliche Fähigkeiten im weitesten Sinne abstellt, erhält der Originalitätsbegriff aber eine zusätzliche Bedeutung jenseits der reinen Investitionsleistung.[365] Ein höherer Originalitätsstandard findet sich bei Werken der Architektur und ihren Modellen und Werken des Kunsthandwerks, bei denen eine künstlerische Qualität („artistic quality") verlangt wird (Sec. 4 CDPA).[366]

Zur Beurteilung der Frage der Schöpfungshöhe auf der einen Seite und der Originalität auf der anderen Seite wird keine ästhetische Wertung vorgenommen.[367] Dies lässt sich treffend damit begründen, dass keinem Geschmack einer Generation überlassen werden darf, welche Werke der nächsten zur Verfügung stehen.[368] Außerdem lassen sich für eine solche Wertung im Gegensatz zum patentrechtlichen Begriff der „Neuheit"[369] gar keine objektiven Kriterien finden, die einen einheitlichen Schutz ermöglichen könnten.[370] Auch ein „Kriterium des Ausdrucks und der künstlerischen Aussage" lässt sich letztlich nur an subjektiven Maßstäben messen und ist deshalb bei der Beurteilung der Schutzfähigkeit wenig hilfreich.[371] Die durch den offenen Kunstbegriff hervorgerufenen Abgrenzungsschwierigkeiten schlagen so auch auf den Bereich des Urheberrechts durch. Bei der angewandten Kunst[372] muss eine solche Bewertung aufgrund ihres grundsätzlich industriellen und dem gewerblichen Rechtsschutz[373] zugänglichen Charakters stattfinden, um bei Gebrauchsgegenständen den die bloße Funktionalität übersteigenden künstlerischen Gehalt festzustellen.

---

[364] *Strowel*, Droit d'auteur et copyright, S. 463; *Ellins*, Copyright Law und Urheberrecht, S. 93, 97ff.

[365] *Ellins*, Copyright Law und Urheberrecht, S. 90 stellt jedoch auf diese Investitionsleistung als nach britischem Recht allein schützenswerte Tätigkeit ab und spricht auf S. 111 gar vom „Investitionsschutzprinzip".

[366] *Ellins*, Copyright Law und Urheberrecht, S. 92.

[367] Dieser Gedanke findet sich in folgenden EG-Richtlinien: Computerprogramm-Richtlinie (Erwägungsgrund 8 und Art. 1 Abs. 3 S. 2), Schutzdauer-Richtlinie (Erwägungsgrund 17 und Art. 6 S. 2), Datenbank-Richtlinie (Erwägungsgrund 16 und Art. 3 Abs. 1 S. 2).

[368] So *Justice Holmes* in *Bleistein* vs. *Donaldson Lithographing Co.* [188 U.S. 239 (1903)], Nachweis bei *Goldstein*, GRUR Int. 1991, S. 767-774 (770); ähnlich auch Diskussionsbeitrag von *Meuschel*, zitiert von *Mauhs*, ZUM 1990, S. 62-64 (63).

[369] Zur Abgrenzung der beiden Begriffe vgl. *Haas*, GRUR Int. 1996, S. 20-31 (23).

[370] *Strömholm*, GRUR Int. 1996, S. 529-533 (531).

[371] *Haberstumpf*, GRUR-Festschrift, S. 1125-1174 (1167ff.) sieht dies aber als objektives Kriterium an.

[372] Dazu *Schricker*, 26 IIC 1995, S. 41-48 (42); *Strowel*, Droit d'auteur et copyright, S. 415ff.

[373] Vor allem im Wege des Geschmacksmuster- bzw. Markenschutzes, vgl. *Ellins*, Copyright Law und Urheberrecht, S. 95.

Letztlich ist aber auch sonst eine wertende Betrachtung nötig,[374] doch hat die grundsätzliche Ablehnung jeder ästhetischen Wertung in den droit d'auteur-Staaten dazu geführt, dass der Schutzumfang gerade des klassischen Urheberrechts im Laufe der Zeit immer weiter über den traditionellen Bereich der „Literatur, Wissenschaft und Kunst" ausgedehnt wurde.[375]

In den droit d'auteur-Staaten hat im Laufe der Jahre durch Abmilderung des Maßstabes an die Schöpfungshöhe für bestimmte Werkarten eine Schutzausweitung stattgefunden, die dazu geführt hat, dass nun auch stark industriell geprägte Produkte einem zumindest abgestuften Urheberrechtsschutz zugänglich sind. Dadurch ist es zur Aufweichung der strikten Trennung von Urheberrecht sowie verwandten und sonstigen Schutzrechten[376] und zur Annäherung an das Copyright-System ge-

---

[374] *Dietz*, ZUM 1993, S. 309-318 (315); vgl. auch *Dieselhorst*, Urheberpersönlichkeitsrecht, S. 189, demzufolge ein Richter zur Beurteilung der Schutzfähigkeit den Grad der schöpferischen Eigentümlichkeit („künstlerischer Rang") feststellen muss.

[375] *Strömholm*, Comparison of Laws. In: International Encyclopedia of Comparative Law, Vol. XIV, S. 11.
So mahnt *Schack*, ZUM 1990, S. 59-62 (62), dass das Urheberrecht kein „Schwamm" sei, „der jedes noch so geringwertige Produkt geistigen Schaffens aufnehmen könnte, ohne selbst Schaden zu nehmen".
Dietz, Festgabe für *Beier*, S. 355-364 (363) sieht zwar einerseits arte povera, minimal art, land art, Konzeptkunst und Videokunst als urheberrechtlich schützbar an, verlangt aber andererseits, dass dem „kultursoziologischen Sachverhalt" des Oberbegriffs „Werke der Literatur, Wissenschaft und Kunst" bei der Beurteilung der Schutzfähigkeit wieder mehr Bedeutung beigemessen wird.

[376] Gegen diese Entwicklung gibt es eine Vielzahl kritischer Stimmen, vgl. nur *Becker*, ZUM 1995, S. 231-249 (236), der die Gefahr der Abkehr von der geistigen Schöpfung und der Zuwendung zur bloßen „Handelsware" sieht; *Strömholm*, Comparison of Laws. In: International Encyclopedia of Comparative Law, Vol. XIV, S. 11 spricht von der „egalitarian tendency in copyright law" und in GRUR Int. 1996, S. 529-533 (531) in Bezug auf den urheberrechtlichen Schutz von Computerprogrammen von der „verlorenen Schlacht", während *Vivant/Le Stanc*, JCP Ed. E 1996, S. 217-224 (217) diesen Schutz als „fortement défiguré" bezeichnen; *Mallet-Poujol*, Droit de l'informatique et des télécoms 1996/1, S. 6-16 (10) fürchtet wegen des Sonderschutzes für Datenbanken eine „absorption" des klassischen Urheberrechts; *Vivant*, L'incidence de l'harmonisation, S. 18 spricht von der „dèsacrilisation de l'oeuvre"; *Françon*, 132 RIDA 1987, S. 3-27 (13) nennt dies „une caricature du droit d'auteur"; siehe auch *Ginsburg*, WIPO Symposium, Paris, 1.-3.6.94, S. 221ff.; *du Bois*, UNESCO Copyright Bull. 2/92, S. 3-6 (6); *Franzosi/de Sanctis*, 17 EIPR 1995, S. 63-66 (64); *Weber-Steinhaus*, Computerprogramme im deutschen Urheberrechtssystem, S. 42f. sowie die Nachweise unten in Fn. 395.
Auf europäischer Ebene unterstreicht der Entschließungsantrag 10 des *Barzanti*-Berichts zu den Initiativen zum Grünbuch über Urheberrecht in der Informationsgesellschaft (Nachweis oben Fn. 119) „den grundlegenden Unterschied zwischen einem schöpferischen Werk und der

kommen. Es ist eine zunehmende Abkehr von der „romantischen Konzeption" der künstlerisch-schöpferischen Urheberschaft zu beobachten.[377] Es wird nun verstärkt Urheberrechtsschutz für Gegenstände, bei denen der Investitionsschutz eine wesentliche Rolle spielt, gewährt. Dies wird in Deutschland besonders deutlich beim Schutz der sog. kleinen Münze sowie der damit verbundenen Problematik des Schutzes von Computerprogrammen.

Bei der vom Bundesgerichtshof anerkannten kleinen Münze[378] handelt es sich im Rahmen eines Auffangtatbestands um den Schutz von Gegenständen von geringer schöpferischer Leistung, die trotzdem als schutzwürdig angesehen werden. Diese Schutzart wurde aufgrund der Tatsache, dass bei Ersetzung durch ein Leistungsschutzrecht der Schutz durch internationale Konventionen fehlte, entwickelt.[379] Außerdem spielen Billigkeitserwägungen eine wichtige Rolle, da es ein dem Musterschutz vergleichbares Auffanggesetz im Bereich des Urheberrechts nicht gibt.[380] Gerade hierin zeigt sich eine deutliche Annäherung an den Investitionsschutzgedanken des Copyright-Systems.

In der Stadtplanwerk-Entscheidung[381] des Bundesgerichtshofes werden die Aufweichungen des Grundsatzes der Schöpfungshöhe im Bereich der kleinen Münze[382] deutlich. Danach kann die Schutzfähigkeit eines auf Grund einer vorbe-

---

Information als solcher, und betont, dass dies nicht zu einer Konfusion führen darf, bei der notwendige Unterschiede verwischt werden".

[377] *Jaszi*, WIPO-Symposium, Paris, 1.-3.6.94, S. 61-68 (68); *Strömholm*, GRUR Int. 1996, S. 529-533 (532).

[378] Der Ausdruck stammt von *Alexander Elster*: Gewerblicher Rechtsschutz, 1921, S. 40 (Nachweis bei. *Rehbinder*, Urheberrecht, § 6 I 1.b).
Dazu *Thoms*, Kleine Münze, S. 1ff.; *Schulze*, GRUR 1987, S. 769-778 (769ff.); *ders.*, Kleine Münze, S 1ff.; *Paschke/Kerfack*, ZUM 1996, S. 498-502 (498ff.) in Bezug auf die Computerprogramm-Richtlinie; *Schwenzer*, ZUM 1996, S. 584-590 (584ff.) zur kleinen Münze in der Popmusik.

[379] *Schricker*, 26 IIC 1995, S. 41-47 (47); vgl. auch *Geller*, 25 IIC 1994, S. 54-69 (67); *Hansen*, 29 Vand. J. Transnat'l L. 1996, S. 579-593 (585 Fn. 12).
Dietz, Festgabe für *Schricker*, S. 1-50 (16) spricht im Zusammenhang mit dem Schutz von Computerprogrammen von einem „verallgemeinerten Leistungsschutz unter dem Dach des Urheberrechts, der insbesondere wegen seiner internationalen Verfügbarkeit und leichten Zugänglichkeit im Sinne eines gewerblichen Schutzrechts neuen Typs äußerst attraktiv erscheint".

[380] *Ellins*, Copyright Law und Urheberrecht, S. 96.

[381] BGH vom 28.5.1998, I ZR 81/96, Besprechung von *Schricker*, EWiR § 2 UrhG 2/98, S. 801-802 (801f.).

[382] Obwohl der BGH diesen Begriff vermeidet; vgl. Besprechung von *Schricker*, EWiR § 2 UrhG 2/98, S. 801-802 (802).

kannten gestalterischen Konzeption erstellten Kartenblatts gegeben sein, wenn bei ihrer Erarbeitung gleichwohl ein genügend großer Spielraum für individuelle Form gebende kartographische Leistungen bestanden hat. Auf das Erfordernis der „persönlichen geistigen Schöpfung" wird zwar nicht ganz verzichtet,[383] dem in einem solchen Fall geringeren Grad der Eigentümlichkeit des Werkes entspricht aber ein engerer Schutzumfang, und zwar gerade im Bereich des Urheberpersönlichkeitsrechts.[384] Durch die Bezugnahme auf das „Vorbekannte" wird auf den patentrechtlichen objektiven Neuheitsbegriff abgestellt, so dass die Gefahr besteht, dass nur noch der „flash of genius" und nicht auch durchschnittliches Schaffen geschützt wird.[385]

Im Vereinigten Königreich ist interessanterweise eine gegenläufige Entwicklung zu beobachten. So wurde im CDPA von 1988 ein neues „design right" mit einer zehnjährigen Schutzdauer für den Schutz von Mustern eingeführt, das, wie schon der Name des Gesetzes sagt, als eigenes Recht neben dem Copyright besteht. Die Schutzvoraussetzung, dass das Design nicht „commonplace" sein dürfe,[386] erinnert stark an den patentrechtlichen Neuheitsbegriff. Das neue Recht bietet eine Entlastungsmöglichkeit des Urheberrechts.[387]

International haben sich weitere der kleinen Münze vergleichbare urheberrechtliche Sonderregelungen herausgebildet. Das nordische Katalogrecht[388] schützt Kataloge, Tabellen und ähnliche Zusammenstellungen für einen Zeitraum von zehn Jahren nach deren Veröffentlichung gegen Vervielfältigung bei gleichen Schrankenregelungen wie beim Urheberrecht. In den Niederlanden werden veröffentlichte, nicht-originelle Schriften gegen Vervielfältigung geschützt.[389]

Nach der Umsetzung der Computerprogramm-Richtlinie in Deutschland sind Computerprogramme in Abkehr zur Inkassoprogramm-Entscheidung des Bundesgerichtshofes[390] und als Ausnahme zu § 2 Abs. 2 UrhG schon bei Vorliegen einer

---

[383] *Delp*, Recht des geistigen Schaffens, S. 294 Rdz. 9.
[384] *Dietz*, ZUM 1993, S. 309-317 (315); allgemein zur Notwendigkeit der Differenzierung nach Werktyp: *Strowel*, Droit d'auteur et copyright, S. 585.
[385] Besprechung der Stadtplanwerk-Entscheidung (oben Fn. 381) von *Schricker*, EwiR § 2 UrhG 2/98, S. 801-802 (802); vgl. auch *Strowel*, Droit d'auteur et copyright, S. 422.
[386] *Justice Laddie*, 18 EIPR 1996, S. 253-260 (255).
[387] Ausführlich dazu *Dietz*, Festgabe für *Beier*, S. 355-364 (355ff.).
[388] Dazu *Strowel/Triaille*, Droit d'auteur, S. 253.
[389] Dazu *Strowel/Triaille*, Droit d'auteur, S. 253.
[390] BGHZ 94, 276, 287 vom 12.3.1987 („*Inkasso-Programm*"), wonach die schöpferischen Eigenheiten des Programms in der Gestaltungstätigkeit deutlich über das Schaffen eines Durchschnittsprogrammierers hinausgehen müssen.

„eigenen geistigen Schöpfung" dem vollen urheberrechtlichen Schutz im klassischen Sinn zugänglich (§ 69a Abs. 3 S. 2 UrhG). Trotz ihres häufig sehr technischen Charakters werden Computerprogramme also grundsätzlich als Werke der Literatur, Wissenschaft und Kunst geschützt. *Günther* sieht darin erste Anzeichen einer „transatlantischen Konvergenz" zwischen Copyright und droit d'auteur.[391] Mit Art. 4 WCT wird dieser Ansatz nun weltweit verfolgt.

Die besondere Stellung der Software im urheberrechtlichen System wird dadurch deutlich, dass in letzter Zeit aufgrund ihrer Technizität, der dahinter liegenden Ideen und der Unvollkommenheit des urheberrechtlichen Schutzes[392] wieder verstärkt ein ergänzender patentrechtlicher Schutz gefordert wird.[393] Diese Haltung findet sich nun bei der EG-Kommission, die Computerprogramme aus dem Katalog in Art. 52 Abs. 2 des Europäischen Patentübereinkommens („EPÜ") von 1973, der unter Buchstabe c den formellen Ausschluss der Programme für Datenverarbeitungsanlagen als solche aus dem Kreis der patentierbaren Erfindungen ausspricht, herausnehmen und stattdessen die Regelung von Art. 27 Abs. 1 TRIPs, wonach Patente für Erfindungen auf allen Gebieten der Technik erhältlich sein sollen, übernehmen will.[394]

Die Schutzausweitungen des klassischen Urheberrechtsschutzes im droit d'auteur-System waren und sind heftig umstritten. Besonders wird kritisiert, dass durch den Schutz das klassische Urheberrecht verwässert wird.[395] Deshalb wird eine eigene

---

[391] *Günther*, CR 1995, S. 641-645 (645).
[392] Vgl. *Pierson*, Schutz der Programme für die Datenverarbeitung, S. 295.
[393] So z.B. *Vidon*, CR 1996, S. 512-514 (513); vgl. auch *Tellier-Loniewski*, GazPal 213-214/1996, S. 12-15 (12ff.); zur Diskussion in Israel: *Ophir*, GRUR Int. 1996, S. 357-366 (357ff.).
[394] So im Vorschlag für eine Richtlinie des Europäischen Parlaments und des Rates über die Patentierbarkeit computerimplementierter Erfindungen, KOM (2002) 92 endg. vom 20.02.2002, S. 7f.
Erstmals ausdrücklich in der Mitteilung der Kommission an den Rat, das Europäische Parlament und den Wirtschafts- und Sozialausschuss „Förderung der Innovation durch Patente - Folgemaßnahmen zum Grünbuch über das Gemeinschaftspatent und das Patentschutzsystem in Europa", KOM (1999) 42 endg. vom 5.2.1999, S. 15, nachdem im Grünbuch, KOM (97) 314 endg. vom 24.6.1997, S. 19ff. ein entsprechender Überprüfungsbedarf angesprochen wurde.
[395] *Schack* ZUM 1990, S. 59-62 (61); *Corbet*, 148 RIDA 1991, S. 59-101 (95); *Goldstein*, 121 UFITA 1993, S. 5-13 (11+13); *Françon*, Le droit d'auteur, S. 108; *Rehbinder*, Rezension, NJW 1995, S. 3301-3302 (3301); *Cornish*, 58 Mod. L. Rev. 1995, S. 1-16 (7); *Justice Laddie*, 18 EIPR 1996, S. 253-260 (256); *Dietz*, ÖSGRUM 7, S. 200-213 (208); *ders.*, 110 UFITA 1989, S. 57-77 (77) wendet sich gegen den Schutz von Software durch das klassische Urheberrecht; vgl. auch die Nachweise oben in Fn. 376.

Kategorie der Werke mit niederer Schöpfungshöhe („low-authorship works") im Rahmen der verwandten Schutzrechte gefordert,[396] teilweise sogar auf wettbewerbsrechtlicher Grundlage.[397] *Loewenheim* ist zwar gegen die Herausnahme der kleinen Münze aus dem klassischen Urheberrechtsschutz, gesteht aber zu, dass diese Ansicht nicht zwingend ist.[398] Gegen die Einordnung außerhalb des klassischen Urheberrechts wird hervorgebracht, dass dadurch die Schutzgegenstände von der europäischen und globalen Harmonisierung ausgeschlossen würden.[399] Diesem dogmatisch ohnehin sehr bedenklichen Argument kann mit dem Hinweis auf die international bestehenden Harmonisierungsbemühungen im Bereich der verwandten und sonstigen Schutzrechte begegnet werden. Nach Ansicht von *Pollaud-Dulian* sind Computerprogramme in Wahrheit „lediglich Gegenstände eines nachbarrechtlichen Schutzes, selbst wenn der Gesetzgeber dies nicht zuzugeben gewagt hat".[400] *Marly* sieht darin sogar den „Abschied vom überkommenen Urheberrechtsverständnis".[401]

Auf der anderen Seite ist *Katzenberger* bei Software für den klassischen Urheberrechtsschutz ohne Beschränkung durch die Regeln der kleinen Münze.[402] *Dreier*

---

[396] So *Dietz*, 10 Copyright Reporter (Australien) 1992, S. 11-19 (14), der eine völlige Trennung von „high authorship works" (klassisches Urheberrecht) und Werken sui generis (gewerbliche Eigentumsrechte) propagiert; ähnlich schon *ders.*, Urheberrecht in der EG, S. 67. Einen Ersatz durch ein Leistungsschutzrecht in einem allgemeinen, nicht-wettbewerbsrechtlichen Gesetz fordern *Thoms*, Kleine Münze, S. 349 und wenigstens „als Fernziel" *Schulze*, ZUM 1989, S. 53-64 (60) sowie *ders.*, ZUM 1994, S. 15- 24 (22).

[397] So *Schulze*, GRUR 1987, S. 769-778 (779), der für Computerprogramme in Anlehnung an Art. 5c schweizUWG vom 19.12.1986 dann einen Schutz vor Verwertung fremder Leistung fordert, wenn ein marktreifes Arbeitsergebnis ohne Aufwand übernommen wird; vgl. auch die Nachweise bei *Ellins*, Copyright Law und Urheberrecht, S. 103 Fn. 82.
Entschieden dagegen aber *Hodik*, ZUM 1989, S. 65, der ein allgemeines Leistungsschutzrecht als Auffangtatbestand für alle „marktfertigen, wirtschaftlich werthaltigen Leistungen" ablehnt und streng zwischen Werkmittlung und gewerblicher Leistung trennen will.

[398] *Loewenheim*, GRUR 1987, S. 761-769 (769).

[399] *Schwenzer*, ZUM 1996, S. 584-590 (590).

[400] *Pollaud-Dulian*, GRUR Int. 1995, S. 361-373 (361); in diese Richtung auch *Bradley*, SGRUM 15, S. 159-161 (159), der für das Vereinigte Königreich für eine Einordnung als Part II-Copyright spricht.

[401] *Marly*, Urheberrechtsschutz für Computersoftware in der EU, S. 1ff.
Dagegen wenden sich *Rehbinder*, Rezension, NJW 1995, S. 3301-3302 (3301); *Wiebe*, Rezension, CR 1996, S. 503-505 (504) und *Haberstumpf*, Rezension, NJW-CoR 1996, S. 196-198 (198).

[402] *Katzenberger*, GRUR 1990, S. 94-100 (100).

sieht den Schutz als geringeres Übel gegenüber den Bedrohungen der neuen Technik an.[403]

Auch bezüglich der Frage, welche der im Schutzkatalog aufgezählten Werke und Leistungen sich im konkreten Einzelfall für den Schutz durch das Urheberrecht eignen, sind in der Rechtswirklichkeit beider Systeme die Ergebnisse ähnlich. Auffallend sind die in beiden Ordnungen enthaltenen Abstufungen in Bezug auf die Schöpfungshöhe. Die Tendenz in beiden Rechtsordnungen geht dahin, für industriell geprägte Werke niedrigere schöpferische Anforderungen zu stellen. Ob sich in der Informationsgesellschaft der Unterschied zwischen urheberrechtlichem und gewerblichem Eigentum aufheben wird,[404] scheint aber im Hinblick auf den Kernbereich des klassischen Urheberrechts eher unwahrscheinlich.

VII. Schranken und Abgabensysteme für Leermedien und Abspielgeräte

In beiden Rechtssystemen gilt der Schutz der Urheberrechte nicht unbegrenzt, sondern unterliegt bestimmten, unterschiedlich motivierten Schrankenregelungen, die zwischen den Interessen der Rechtsinhaber und anderen Rechtsgütern abwägen.[405]

In den droit d'auteur-Staaten werden die Schranken einzeln aufgeführt (vgl. die §§ 45ff. UrhG). Sie lassen sich in zwei große Gruppen einteilen: auf der einen Seite gibt es Schranken, bei denen der Rechtsgüterschutz im öffentlichen Interesse[406] im Vordergrund steht, auf der anderen Schranken, bei denen wegen der mangelnden Kontrollierbarkeit bestimmter Nutzungen rein praktische Erwägungen eine wesentliche Rolle spielen[407].

---

[403] *Dreier*, Perspektiven, S. 123-153 (141).
[404] So aber Diskussionsbeitrag von *Hoeren*, zitiert von *Wachter*, GRUR Int. 1995, S. 860-874 (873).
[405] Vgl. dazu den Bericht des *Commonwealth of Australia (Copyright Law Review Committee):* Simplification of the Copyright Act 1968 - Part 1 - Exceptions to the Exclusive Rights of Copyright Owners, September 1998 mit einem umfangreichen Überblick über die nationalen und internationalen Regelungen (vor allem in Anhang C) sowie über die Verpflichtungen, die sich aus den internationalen Konventionen ergeben (Anhang B).
[406] So z.B. Rechtspflege und öffentliche Sicherheit (§ 45 UrhG), Kultur- und Bildungswesen (§§ 46f. UrhG), Informationsinteresse der Öffentlichkeit (§§ 48ff. UrhG).
[407] Der Bereich des privaten und sonstigen eigenen Gebrauchs (§ 53ff. UrhG), bei dem an die Rechtsinhaber zum Ausgleich der mangelnden Kontrollierbarkeit grundsätzlich eine angemessene Vergütung im Wege der Leermedien- und Geräteabgabe entrichtet werden muss; im

Im Vereinigten Königreich findet sich im Kapitel III des CDPA eine Fülle von sehr detailliert ausgeformten Schrankenregelungen. Im Bereich der aufgrund des öffentlichen Interesses statuierten Schranken gibt es viele Regelungsbereiche, die auch in den droit d'auteur-Staaten gesetzlich verankert sind. Unterschiede liegen hier im Einzelfall nur in einer anderen Schwerpunktsetzung. Auch wenn der CDPA den Begriff der „anständigen Gepflogenheiten" („fair dealing") ausdrücklich im Bereich der Forschung und der privaten Studien („research and private study", Sec. 29)[408] und der Kritik, Besprechungen und Nachrichten („criticism, review and news reporting", Sec. 30) nennt, existiert im britischen Copyright-System keine dem amerikanischen Recht vergleichbare offene fair use-Klausel (Sec. 107 USCA). Bei der Frage, ob „fair dealing" vorliegt, sind die Umstände des Einzelfalles unter Abwägung der Interessen der beteiligten Parteien zu berücksichtigen. Dabei stellt die Rechtsprechung teilweise darauf ab, ob das Werk veröffentlicht wurde,[409] ob das Werk unrechtmäßig erhalten wurde[410] oder welche wirtschaftliche Bedeutung die Nutzung des Werkes hat.[411]

Eine derartige vom Gesetz vorgegebene und vom Richter vorgenommene Gewichtung der betroffenen Interessen findet auch im droit d'auteur statt. Symptomatisch dafür sind die Regelungen des deutschen Urheberrechtsgesetzes, das im Bereich der Schrankenregelungen oftmals auf den durch den Zweck gebotenen Umfang abstellt[412]. Bei der Abwägung spielen ähnliche Kriterien wie in Großbritannien eine Rolle.

Im Unterschied zu vielen droit d'auteur-Staaten[413] gibt es in Großbritannien keine angemessene Vergütung für die Rechtsinhaber im Wege der Leermedien- und Geräteabgabe. Dabei ist aber zu bedenken, dass der CDPA im Bereich der Kopie für den privaten Gebrauch, in dem ein Ausgleich für die Urheber aufgrund der dort

---

droit d'auteur-System besteht bezüglich des Vorhandenseins solcher Abgaben jedoch ein divergentes Bild, vgl. *Ellins*, Copyright Law und Urheberrecht, S. 323 Fn. 348f.

[408] Wenn auch nicht für die Nutzung von Filmen, Tonaufnahmen, Rundfunksendungen und Kabelprogrammen, vgl. Anhang C.18 des Berichts des australischen *Copyright Law Review Committee* (siehe oben Fn. 405).

[409] *Beloff v Pressdram* [1973] 1 All ER 243.; Nachweis im Anhang C.16 Fn. 196 des Berichts des australischen *Copyright Law Review Committee* (siehe oben Fn. 405).

[410] *Beloff v Pressdram* [1973] 1 All ER 243.; Nachweis im Anhang C.16 Fn. 197 des Berichts des australischen *Copyright Law Review Committee* (siehe oben Fn. 405).

[411] *Sillitoe v McGraw-Hill Book Co (UK) Ltd* [1983] F.S.R. 545.; Nachweis im Anhang C.16 Fn. 198 des Berichts des australischen *Copyright Law Review Committee* (siehe oben Fn. 405).

[412] Vgl. nur § 50, § 51 und insbesondere § 53 UrhG.

[413] Wenn auch in sehr uneinheitlichem Ausmaß, vgl. oben Fn. 407.

nicht hereinspielenden öffentlichen Interessen am einfachsten zu begründen ist, nur die allgemein als zulässig anerkannte Aufnahme einer Rundfunk- oder Kabelsendung zum alleinigen Zwecke der nachfolgenden Konsumption zu einem günstigeren Zeitpunkt („time-shifting"; Sec. 70) sowie das Photographieren eines Fernsehbildes (Sec. 71) erlaubt. Alle anderen Arten des reinen Privatgebrauchs sind ohne Zustimmung des Rechtsinhabers auch nicht unter dem Gesichtspunkt des Fair Dealing zulässig,[414] so dass hier dem Rechtsinhaber die Möglichkeit gegeben wird, die Frage der Zulässigkeit des privaten Gebrauchs und die Höhe der Vergütung im Einzelfall selbständig vertraglich zu regeln. Der britische Gesetzgeber hat anscheinend im Bereich der Privatkopie eine günstigere Prognose bezüglich der Kontrollierbarkeit der Nutzungen getroffen und flankiert diese Freiheit des Rechtsinhabers durch die Schutzregelungen für Kopierschutzmechanismen in Sec. 296 CDPA.

Zusammenfassend lässt sich sagen, dass die beiden Systeme in ihrer Konzeption der Schranken des Urheberrechts aus Erwägungen des öffentlichen Interesses sehr ähnlich sind und beim Abwägungsvorgang zwischen den beteiligten Interessen vergleichbare Kriterien zugrunde legen. Aufgrund unterschiedlicher nationaler Rechtskulturen kommt es dabei im Einzelfall zu graduell unterschiedlichen Ergebnissen. Die Frage der Zulässigkeit der Privatkopie, bei der Gründe des Gemeinwohls nicht im Vordergrund stehen, wird aufgrund der differierenden Einschätzung der Kontrollierbarkeit der Nutzungen in diesem Bereich zwar unterschiedlich beurteilt. Dem Rechtsinhaber stehen damit in Großbritannien aber nicht per se weniger Verdienstchancen zu, vielmehr kann er sich durch geeignete Schutzmechanismen selbst wirksam schützen. Dies führt gerade in einer Zeit, wo die qualitativ hochwertige Digitalkopie auch im Privatbereich die vom Verbraucher bevorzugte Form von Werkstücken ist, im Ergebnis gerade nicht zur viel beschworenen Schlechterstellung der britischen Urheber.[415] Im digitalen Umfeld ist deshalb vielmehr eine Annäherung der Systeme zu erwarten.

In den Bereichen außerhalb der Privatkopie, in denen in Deutschland eine Leermedien- und Geräteabgabe vorgesehen ist, besteht in den Mitgliedstaaten ein uneinheitliches Bild, das sich nicht entlang der Grenzen zwischen den beiden Systemen festmachen lässt. Die Mitgliedstaaten gewichten hierbei die Interessen der Rechtsinhaber und der Öffentlichkeit unterschiedlich. Mit der Dichotomie von droit d'auteur- und Copyright-System hat dies aber nichts zu tun.

---

[414] *Ellins*, Copyright Law und Urheberrecht, S. 329.
[415] So aber *Ellins*, Copyright Law und Urheberrecht, S. 329.

VIII. Folgerecht

Bis auf die Niederlande und Österreich[416] kennen alle droit d'auteur-Staaten in der Europäischen Gemeinschaft unterschiedliche Formen des Folgerechts („droit de suite", „resale right") des bildenden Künstlers, wobei es allerdings nur in acht Staaten in der Praxis auch angewendet wird.[417] Dabei handelt es sich grundsätzlich um eine Beteiligung des Künstlers am Weiterverkauf seines Werkes oder eines in limitierter Auflage erstellten Vervielfältigungsstückes. Insoweit hat es eine ähnliche, wenn auch deutlich abgeschwächte Wirkung wie das ausschließliche Verbreitungsrecht.[418] In seiner wirtschaftlichen Bedeutung ähnelt es einer Umsatzsteuer, deren Ertrag an den bildenden Künstler abzuführen ist.[419] Internationalvertraglich wird es in Art. 14ter der RBÜ zwar geregelt, die genaue Ausgestaltung wird aber den Vertragsstaaten überlassen, so dass es oftmals in der Praxis keine Rolle spielt.[420]

Die Details der Ausformung des Folgerechts in den droit d'auteur-Staaten sind von erheblichen Unterschieden geprägt.[421] So sind die Vergütungssätze und -grenzen unterschiedlich hoch, auch bei den eine Vergütungspflicht auslösenden Tatbeständen und den einbezogenen Werkarten gibt es keine einheitliche Linie. In Italien, wo das Folgerecht in der Praxis gar keine Rolle spielt, soll nach der gesetzlichen Regelung die Vergütung nur anhand der Differenz von An- und Verkaufspreis berechnet werden, während andernorts zumindest der Nettoverkaufspreis zugrunde gelegt wird. Von „dem" Folgerecht kann in den droit d'auteur-Staaten also eigentlich nicht gesprochen werden.

---

[416] Vorschlag für eine Richtlinie des Europäischen Parlaments und des Rates über das Folgerecht des Urhebers des Originals eines Kunstwerkes, KOM (96) 97 endg. vom 25.4.1996, S. 11; in der Frankfurter Allgemeinen Zeitung Nr. 47 vom 25.2.1999, S. 18 wird neben der Niederlande auch Luxemburg genannt, wo das Folgerecht aber gesetzlich geregelt ist und nur die zur praktischen Anwendung notwendige Durchführungsverordnung bisher noch nicht erlassen worden ist.

[417] KOM (96) 97 endg. vom 25.4.1996, S. 3.

[418] *Dietz*, UNESCO Copyright Bull. 4/1990, S. 13-24 (19).

[419] *Schmidtchen/Koboldt/Kirstein*, Festschrift für *Fikentscher*, S. 774-799 (778); interessanterweise sieht der Richtlinienvorschlag über das Folgerecht, KOM (96) 97 endg. vom 25.4.1996 dieses in Erwägungsgrund 6 als „parafiskalische Abgabe".

[420] Deshalb betont der neu eingefügte Erwägungsgrund 5a des Geänderten Richtlinienvorschlags über das Folgerecht, KOM (98) 78 endg. vom 12.3.1998, dass die Verbandsländer diesen Artikel als verbindliche Bestimmung gestalten sollten.

[421] Dazu KOM (96) 97 endg. vom 25.4.1996, S. 7ff.

Auch wenn das Folgerecht in der philosophischen Begründung hin und wieder als unverzichtbarer Teil des Urheberrechts angesehen wird, darf doch nicht verkannt werden, dass es relativ spät, nämlich erstmals in Frankreich im Jahre 1920, gesetzlich geregelt wurde.[422] Zu den klassischen Rechten der Urheber kann es demnach kaum gerechnet werden.[423] Seine philosophische Grundlage findet das Folgerecht in der Ansicht, dass der bildende Künstler an der Wertsteigerung seiner Kunstwerke, die im Wesentlichen auf den erst im Laufe seines Künstlerlebens geschaffenen Ruf zurückzuführen ist, partizipieren muss. Er soll am „wahren" Wert seiner Kunstwerke teilhaben. Dieses Argument kann aber nicht erklären, warum der Künstler in vielen Staaten am Verkaufspreis und nicht lediglich am Gewinn (oder sogar am Verlust) beteiligt wird. Weiterhin wird angeführt, dass die Weiterveräußerung einem neuem Kreis die Nutzungsmöglichkeit eröffnet.[424] Zu letzterem Argument ist allerdings zu sagen, dass dies auch bei der Weiterveräußerung eines nicht dem Folgerecht unterfallenden Vervielfältigungsstückes gilt und dass außerdem durch die Möglichkeit der öffentlichen Ausstellung eines schon veröffentlichten Werkes[425] der Nutzerkreis ohnehin sehr groß sein kann, ohne dass der Urheber einen Vergütungsanspruch erhält.

Für die Berechtigung des Folgerechts werden drei Theorien genannt.[426] Die „Theorie der ungerechten Bereicherung" gesteht dem Urheber das Recht zu, an Wertsteigerungen seiner bereits verkauften Werke zu partizipieren. Die „Theorie der veränderten Umstände" meint, dass der Künstler beim Erstverkauf noch nicht den „richtigen" Preis erhält. Nach der dritten Theorie soll letztlich die künstlerische Produktion stimuliert werden. Nach *Schmidtchen*, *Koboldt* und *Kirstein*[427] lassen sich alle diese Theorien auf die Theorie des Marktversagens zurückführen.

Es ist zweifelhaft, ob der Zweck der Partizipation des Künstlers an der Wertsteigerung wegen seines gestiegenen Ruhmes durch das Folgerecht erreicht werden kann. So profitieren nach amerikanischen ökonomischen Untersuchungen vom Folgerecht in erster Linie nur die Angehörigen des Künstlers, die es aber wegen des Persönlichkeitsbezugs des Folgerechts nicht zu schützen gilt.[428] Außerdem

---

[422] *Katzenberger*, GRUR Int. 1997, S. 309-315 (309).
[423] *Katzenberger*, GRUR Int. 1997, S. 309-315 (309).
[424] *Katzenberger*, GRUR Int. 1997, S. 309-315 (310).
[425] § 18 UrhG gewährt nur ein Ausstellungsrecht an noch unveröffentlichten Werken der bildenden Kunst.
[426] Vgl. *Hummel*, Folgerecht, S. 30f.
[427] *Schmidtchen/Koboldt/Kirstein*, Festschrift für *Fikentscher*, S. 774-799 (778).
[428] Diskussionsbeitrag von *Dietz*, zitiert von *Thum*, GRUR Int. 1997, S. 330-334 (333f.).

partizipiert der Künstler zu Lebzeiten schon durch seinen gesteigerten Ruhm[429], den er durch die Schaffung weiterer Werke amortisieren kann.

Oftmals wird auch angeführt, dass 90% der auf europäischen Auktionen angebotenen modernen Kunst in folgerechtsfreien Staaten versteigert wird. Dabei ist aber nicht zu verkennen, dass einen Löwenanteil daran die beiden britischen Auktionshäuser *Sotheby's* und *Christie's* haben, die auch bei den Meisterwerken früherer Epochen einen großen Marktanteil haben. Den Erfolg dieser beiden Häuser und des Londoner Kunstmarkts auf das Fehlen einer folgerechtlichen Regelung in Großbritannien zu reduzieren, greift zu kurz.[430]

Aufgrund dieser Schwächen des Folgerechts wird in den Copyright-Staaten die Einführung eines solchen Rechts strikt abgelehnt. Stattdessen wird dort mittlerweile vereinzelt die Einführung eines Ausstellungsrechts gefordert, so dass der Künstler an der eigentlichen Werknutzung partizipieren soll.[431] Ein solches Ausstellungsrecht wurde in Österreich für die bildende Kunst zumindest in Form eines Vergütungsanspruchs durch die Novelle von 1996 in § 16b österrUrhG eingefügt.[432] Auch die *IG Medien* hat das Problem erkannt und fordert nun Ausstellungshonorare.[433] Zwar ist zuzugestehen, dass das Ausstellungsrecht bei Werken in nicht öffentlichen Privatsammlungen dem Künstler wenig Ertrag brächte und dass zudem aufgrund des anderen Anknüpfungspunktes Folgerecht und Ausstellungsrecht durchaus nebeneinander bestehen könnten, das Ausstellungsrecht dürfte aber die gestiegene Wertschätzung des Künstlers gerade in den Bereichen, die über die für das Folgerecht erhebliche Minimalgrenze hinausgehen, viel unmittelbarer nachzeichnen.

Wegen der völlig uneinheitlichen Regelungen des Folgerechts in den droit d'auteur-Staaten kann auch die Beurteilung der Frage der Gewährung eines entsprechenden Anspruchs nicht durch die Eigenarten von Copyright und droit d'auteur erklärt werden. Auch hier wirkt sich eine Dichotomie der Systeme nicht ursächlich aus.

---

[429] Diskussionsbeitrag von *Dietz*, zitiert von *Thum*, GRUR Int. 1997, S. 330-334 (333f.).
[430] *Hummel*, Folgerecht, S. 20ff.; *Tritton*, Intellectual Property in Europe, Rdz. 4-128.
[431] Vgl. *Carleton*, 76 Cornell L. Rev. 1991, S. 510-548 (510ff.); ein derartiges Ausstellungsrecht gibt es in Grundzügen in den USA schon in § 106 (5) USCA.
[432] Vgl. *Dillenz*, ecolex 1996, S. 275-278 (275); ders., GRUR Int. 1996, S. 799-805 (799).
[433] Vgl. Frankfurter Allgemeine Zeitung Nr. 31 vom 6.2.1998, S. 38.

IX. Sonstige Bereiche

1. Regelungsdichte

Die Gesetze der droit d'auteur-Staaten sind durch eine gewisse Regelungsoffenheit[434] gekennzeichnet, wohingegen sich im Copyright eine Vielzahl von Detailregelungen finden. Dies wird aber dadurch wieder etwas ausgeglichen, als der britische Richter über weite Kompetenzen bei seiner Entscheidung verfügt.[435]

2. Formalitäten

Das droit d'auteur kannte schon sehr früh nicht mehr das Erfordernis der Einhaltung gewisser Formalitäten, um sich für einen Schutz zu qualifizieren. In Großbritannien bestanden anfangs solche Formalitäten, was sich auf die Ursprünge, die das Copyright in den staatlich verliehenen „printing patents" hatte, zurückführen lässt. Im Einklang mit dem Formalitätenverbot der RBÜ wurden diese aber abgeschafft.[436] So gibt es schon seit 1911 keinen Registrierungszwang für neue Werke mehr.[437]

C. Zusammenfassung

Die vorliegenden Betrachtungen haben gezeigt, dass es zwischen den beiden großen Urheberrechtssystemen oftmals trotz unterschiedlicher Konzeptionen sehr ähnliche Lösungen gibt. In den Rechtsordnungen aller Mitgliedstaaten der Europäischen Gemeinschaft finden sich in unterschiedlichem Maße Elemente sowohl des Copyright- als auch des droit d'auteur-Systems, so dass sich die theoretisch begründeten Systeme in ihrer Reinform gar nicht nachweisen lassen. Die starke Betonung des Urheberrechtsschutzes im Bereich der Informationstechnologien hat die Konvergenz zwischen den Systemen verstärkt. Die Unterschiede erweisen sich

---

[434] *Strowel*, Droit d'auteur et copyright, S. 144ff.; für Belgien vgl. *Wachter*, CR 1995, S. 133-142 (142).

[435] *Basedow*, ZEuP 1996, S. 379-381 (380) spricht insoweit vom „englischen Richterkönig" gegenüber dem „kontinentalen Justizfunktionär".

[436] Zum Fehlen solcher Formalitäten vgl. *Strowel*, Droit d'auteur et copyright, S. 299ff.; *Davies*, 26 IIC 1995, S. 964-989 (965).

[437] *Strowel*, Droit d'auteur et copyright, S. 28.
Hingegen wurde in den USA das Formalitätenverbot erst mit dem Beitritt zur RBÜ im Jahre 1989 gesetzlich verankert. Die staatliche Registrierung spielt bei Werken US-amerikanischer Herkunft hinsichtlich der Frage der Höhe von Schadensersatz und ersetzbaren Rechtsverfolgungskosten immer noch eine Rolle, vgl. *Strowel*, Droit d'auteur et copyright, S. 305.

gerade in der Praxis der Informationsgesellschaft als nicht so unversöhnlich, wie das vor allem in der kontinental-europäischen Urheberrechtslehre theoretisch zu begründen versucht wird. Unterschiedliche Regelungen in den Mitgliedstaaten finden sich zudem nicht selten außerhalb der Copyright - droit d'auteur-Dichotomie, sondern haben ihren Entstehensgrund in regional-kulturellen Besonderheiten. Je wirtschaftlich bedeutsamer ein Bereich ist, desto ähnlicher sind sich die beiden Systeme im praktischen Ergebnis. In einigen Punkten, in denen Unterschiede gesehen werden, bestehen diese nicht etwa zwischen den droit d'auteur- und den Copyright-Systemen, sondern zwischen den EG-Mitgliedstaaten und den USA.

3. Kapitel : Die ersten Angleichungen durch fünf EG-Richtlinien

A. Einleitung

Auf dem Gebiet der Europäischen Gemeinschaft gab es aufgrund von fünf Richtlinien schon eine erste Rechtsangleichung im Bereich des Urheberrechts, wodurch gerade nach Ansicht der EG-Kommission ein gemeinschaftlicher Besitzstand („acquis communautaire") geschaffen wurde.[438] Die Kommission betonte im Rahmen der Ausarbeitung der Richtlinie zum Urheberrecht in der Informationsgesellschaft häufig, dass dieser acquis communautaire die weitere Harmonisierung im Sinne eines Gesamtkonzepts vorzeichnet.[439] Im folgenden sollen deshalb die wesentlichen Regelungen der ersten fünf Richtlinien vorgestellt werden und teilweise auf Besonderheiten der schon erfolgten Umsetzung in das innerstaatliche Recht der Mitgliedstaaten hingewiesen werden, bevor untersucht wird, inwieweit sich aus der bisherigen Harmonisierung Grundsätze ableiten lassen, welche die Ansicht der Kommission stützen und bei der Ausarbeitung der Richtlinie zum Urheberrecht in der Informationsgesellschaft nutzbar gemacht werden konnten.

B. Die ersten fünf Richtlinien

In fünf Richtlinien hat die Europäische Gemeinschaft Teilbereiche des Urheberrechts harmonisiert. Mit ihnen verfolgte sie zum ersten Mal im Bereich des Urhe-

---

[438] Zur bisherigen Harmonisierung vgl. *Reinbothe*, Festschrift für *Thurow*, S. 13-26 (13ff.); *ders.*, ZUM 2002, 43-51 (44).
[439] *Reinbothe*, ZUM 1999, S. 429-437 (430f.); *ders.*, in: *Prütting*, Entwicklung des Urheberrechts, S. 1-11 (4) merkt an, dass die Regelungen der beiden WIPO Verträge nicht direkt in den Richtlinienvorschlag zum Urheberrecht in der Informationsgesellschaft übernommen werden konnten, sondern im Lichte des acquis zu interpretieren waren; *ders.*; Festschrift für *Dietz*; S. 517-531 (520) spricht nun nach Erlass der Richtlinie von einem „beachtlichen gemeinschaftsrechtlichen acquis communautaire".

berrechts einen „globalen Ansatz"[440] und startete in eine „Aktionsphase.[441] Interessant ist die Tatsache, dass außer bei der Computerprogramm-Richtlinie Anstoß zur Rechtsangleichung jeweils eine Entscheidung des Europäischen Gerichtshofes war, welcher mangels gemeinschaftsweit harmonisierter Regeln das Territorialitätsprinzip als dem Binnenmarktprinzip vorrangig wertete.[442]

I. Computerprogramm-Richtlinie vom 14.5.1991

Die Computerprogramm-Richtlinie vom 14.5.1991[443] sieht den Schutz von Computerprogrammen in jeder Ausdrucksform (Art. 1 Abs. 2) „als" Werke der Literatur vor (Art. 1 Abs. 1). Als Schutzvoraussetzung wird das Kriterium der „eigenen geistigen Schöpfung" verlangt (Art. 1 Abs. 3). Dadurch wurde nach langen Diskussionen eine Kompromissformel zwischen dem deutschen Begriff der Schöpfungshöhe und dem britischen der Originalität gefunden.[444] Ein eigenständiges Recht auf öffentliche Zugänglichmachung ist nicht vorgesehen. Dem technischen Charakter wird in einer besonderen Schrankenregelung über das Re-Engineering und die Dekompilierung zur Herstellung kompatibler Produkte entsprochen (Art. 6), was nach deutscher Rechtssystematik eine Zwangslizenz ist.[445]

Die wirtschaftlichen Rechte werden in Ermangelung einer anderen Vereinbarung durch den Arbeitgeber ausgeübt (Art. 2 Abs. 3). Diese Regelung wird vom Grünbuch über Urheberrecht in der Informationsgesellschaft als Ausnahmevorschrift angesehen.[446] Sie zwingt die Mitgliedstaaten aber nicht, einen unmittelbaren

---

[440] *Schneider-Brodtmann*, Folgerecht, S. 256ff.
[441] *Ellins*, Copyright Law und Urheberrecht, S. 244ff.
[442] Vgl. im einzelnen *Wachter*, CR 1995, S. 133-142 (133) und *Ellins*, Copyright Law und Urheberrecht, S. 245 Fn. 40.
[443] „Richtlinie des Rates vom 14. Mai 1991 über den Rechtsschutz von Computerprogrammen (91/250/EWG)", ABl. EG Nr. L 122 vom 17.5.1991, S. 42.
Allgemein dazu: *Blocher/Walter*, Europäisches Urheberrecht, Software-RL m.w.N. Zur Umsetzung vgl. den Kommissionsbericht über die Umsetzung und die Auswirkungen der Richtlinie 91/250/EWG über den Rechtsschutz von Computerprogrammen, KOM (2000) 199 endg. vom 10.4.2000.
[444] *Kapnopoulou*, jur-pc 1995, S. 3223-3234 (3227); Walter; Europäisches Urheberrecht, Software-RL, Rdz. 13ff. zu Art. 1, der der Ansicht ist, dass der Begriff eher der britischen Auffassung zuneigt; kritisch zum Begriff *Dietz*, Festgabe für *Schricker*, S. 1-50 (15).
[445] *Mestmäcker*, Festschrift für *Kreile*, S. 419-428 (428).
[446] Grünbuch über Urheberrecht in der Informationsgesellschaft, KOM (95) 382 endg. vom 19.7.1995, S. 74.

Rechteübergang anzunehmen, wie dies z.b. Griechenland in Ermangelung einer entgegenstehenden Absprache macht.[447]

Belgien[448] und Italien[449] haben die Richtlinie nicht im allgemeinen Urheberrechtsgesetz, sondern in einem eigenen Softwareschutzgesetz umgesetzt. Schon durch diese Sonderstellung haben die beiden Mitgliedstaaten zu erkennen gegeben, dass sie für Software nur ein „Urheberrecht sui generis" schaffen wollten.[450] In Belgien wird dies besonders deutlich, da Art. 1 des Umsetzungsgesetzes nur von einer Gleichstellung der Software mit literarischen Werken spricht („assimilés" anstelle von „tant que"),[451] was *Strowel* als gegen die Richtlinie gerichtete „Weigerung, eine vollständige Identifizierung zu akzeptieren", ansieht.[452]

II. Vermiet- und Verleihrecht-Richtlinie vom 19.11.1992

Die Vermiet- und Verleihrecht-Richtlinie[453] führte als Reaktion auf die Entscheidung des Europäischen Gerichtshofes in der Rechtssache *„Warner Brothers"*[454] durch Art. 2 Abs. 1 die ausschließlichen allgemeinen Rechte der Vermietung und des öffentlichen Verleihs für Urheber und Inhaber verwandter Schutzrechte ein,

---

[447] Art. 40 des griechischen Gesetzes Nr. 2121 vom 4.3.1993 über Immaterialgüterschutz, verwandte Rechte und kulturelle Themen, abgedruckt in jur-pc 1995, S. 3231f.
[448] Gesetz zur Umsetzung der europäischen Richtlinie vom 14. Mai 1991 über den Rechtsschutz von Computerprogrammen in das belgische Recht, abgedruckt in GRUR Int. 1995, S. 389ff. Dazu *Wachter*, CR 1995, S. 133-142 (136); *ders.*, 96 ZVglRWiss 1997, S. 32-73 (67); *Strowel*, GRUR Int. 1995, S. 374-382 (374ff.).
[449] Vgl. *Gendreau*, 17 EIPR 1995, S. 488-496 (494).
[450] So *Strowel*, GRUR Int. 1995, S. 374-382 (374).
[451] *Wachter*, 96 ZVglRWiss 1997, S. 32-73 (68).
[452] *Strowel*, GRUR Int. 1995, S. 374-382 (375).
[453] „Richtlinie 92/100/EWG des Rates vom 19. November 1992 zum Vermietrecht und Verleihrecht sowie zu bestimmten dem Urheberrecht verwandten Schutzrechten im Bereich des geistigen Eigentums", ABl. EG Nr. L 346 vom 27.11.1992, S. 61.
Allgemein: *von Lewinski*, Europäisches Urheberrecht, Vermiet- und Verleih-RL m.w.N.; *Jacobs*, GRUR 1998, S. 246-251 (246ff.); zur Umsetzung ins deutsche Recht: *von Lewinski*, ZUM 1995, S. 442-450 (442ff.); allgemein zur Umsetzung in den Mitgliedstaaten: „Bericht der Kommission an den Rat, das Europäische Parlament und den Wirtschafts- und Sozialausschuss zum Verleihrecht in der Europäischen Union", KOM (2002) 502 endg. vom 12.9.2002.
[454] EuGH vom 17.5.1988, Rs. 158/86 („*Warner Brothers Inc. und Metronome Video Aps. / Erik Viuff Christiansen*"), Slg. 1988, S. 2605-2631.

wobei das Recht des öffentlichen Verleihs aber auch als unverzichtbares Vergütungsrecht ausgestaltet werden kann.[455]

Art. 6 Abs. 1 und 2 der Richtlinie sehen ein ausschließliches Aufzeichnungsrecht des ausübenden Künstlers und für Sendeunternehmen vor. Gemäß Art. 7 haben ausübende Künstler, Tonträgerhersteller, Filmhersteller und Sendeunternehmen ein ausschließliches Vervielfältigungsrecht. Art. 8 Abs. 1 und 3 sehen als Mindestschutz[456] ein beschränktes ausschließliches Recht der öffentlichen Wiedergabe für ausübende Künstler und Sendeunternehmen vor. Gemäß Art. 9 Abs. 1 haben ausübende Künstler, Tonträgerhersteller, Filmhersteller und Sendeunternehmen ein Verbreitungsrecht. Nach Art. 10 können für die vorgenannten Rechte Schranken zugunsten des Privatgebrauchs, kurzer Berichtsauszüge über Tagesereignisse, ephemerer Aufzeichnungen, Wissenschaft und Unterricht sowie aus den für das klassische Urheberrecht zulässigen Gründen eingeführt werden.

In Art. 2 Abs. 2 wird festgelegt, dass für „die Zwecke dieser Richtlinie" zumindest der Hauptregisseur eines Films Urheber ist.[457] Dadurch hat eine Abkehr vom Copyright-System stattgefunden, bei dem der Produzent als derjenige, der die für die Herstellung des Films erforderlichen Vorkehrungen trifft, gemäß Secs. 9 Abs. 1 i.V.m. Abs. 2 lit. a CDPA „author" sein soll.[458]

Mit dieser Richtlinie wurde erstmals eine horizontale Regelung des Urheberrechts angestrebt. So hat der Kommissionsbedienstete *Maier* geäußert, dass die Richtlinie die gemeinschaftsrechtliche Anerkennung der Trennung von Urheberrecht und verwandten Schutzrechten enthält.[459] Die bloße Erwähnung von „Urheberrecht"

---

[455] Von dieser Möglichkeit hat Deutschland im Gegensatz zu Belgien [vgl. *Wachter*, CR 1995, S. 133-142 (139)] nicht zuletzt aufgrund einer Selbstverpflichtungserklärung der Bibliothekenverbände bezüglich Software vom 9.5.1994 Gebrauch gemacht, vgl. *von Lewinski*, ZUM 1995, S. 442-450 (447f.).

[456] Dies wird von Art. 6 Abs. 1 der Satellit- und Kabel-Richtlinie so bestimmt, obwohl die EG-Kommission sich bewusst ist, dass es dann zu Verlagerungen in Niedrigschutzländer kommen könne, vgl. Initiativen zum Grünbuch über Urheberrecht in der Informationsgesellschaft, KOM (96) 568 endg. vom 20.11.1996, S. 21.

[457] Vgl. dazu den am 9.12.2002 vorgelegten Bericht der Kommission an den Rat, das Europäische Parlament und den Wirtschafts- und Sozialausschuss über die Frage der Urheberschaft von Filmwerken oder audiovisuellen Werken in der Gemeinschaft" (noch ohne Dokumentennummer).

[458] *Dworkin*, 15 EIPR 1993, S. 151-155 (155); *Strowel*, Droit d'auteur et copyright, S. 57 und 388.

[459] *Maier*, Droit d'auteur, 1997, S. 22; er gesteht aber zu, dass damit nicht das Ende des Copyright besiegelt ist.

auf der einen Seite und „verwandten Schutzrechten" auf der anderen lässt aber nicht den Schluss zu, dass die Europäische Gemeinschaft die dogmatische Trennung beider Rechtsgruppen als verbindlich ansieht. Aufgrund der neutralen Formulierung der „verwandten Schutzrechte" gegenüber den dogmatisch viel bestimmteren Begriffen der „Leistungsschutzrechte" oder der „Nachbarschutzrechte" hat die Europäische Gemeinschaft vielmehr Großbritannien die Möglichkeit belassen, die Regelung ohne Schutzabstriche in die dortige einheitliche Terminologie zu übersetzen.

Im Geänderten Vorschlag vom 30.4.1992[460] sollte durch Art. 4bis mit dem Veränderungs-, Kürzungs- und Ergänzungsverbot ein Teilaspekt des Urheberpersönlichkeitsrechts harmonisiert werden, was aber gescheitert ist.[461]

Die Umsetzung der Richtlinie ins deutsche Recht erfolgte durch das Dritte Gesetz zur Änderung des UrhG.[462]

III. Satellit- und Kabel-Richtlinie vom 27.9.1993

Die Satellit- und Kabel-Richtlinie[463] wurde als Reaktion auf die beiden „*Coditel*"-Urteile des Europäischen Gerichtshofes[464] und als urheberrechtliche Komplementärregelung der „Fernsehen ohne Grenzen"-Richtlinie vom 3.10.1989[465] erlassen.

---

[460] „Geänderter Vorschlag für eine Richtlinie des Rates zum Vermietrecht und Verleihrecht sowie zu bestimmten dem Urheberrecht verwandten Schutzrechten im Bereich des geistigen Eigentums", KOM (92) 159 endg. vom 30.4.1992.

[461] Dazu *von Lewinski*, Europäisches Urheberrecht, Vermiet- und Verleih-RL, Rdz. 8 vor Art. 1.

[462] BGBl. 1995 I 842, abgedruckt in 129 UFITA 1995, S. 103.

[463] „Richtlinie 93/98/EWG des Rates vom 27. September 1993 zur Koordinierung bestimmter urheber- und leistungsschutzrechtlicher Vorschriften betreffend Satellitenrundfunk und Kabelweiterverbreitung", ABl. EG Nr. L 248 vom 6.10.1993, S. 15.
Allgemein und zur Vorgeschichte: *Dreier*, Europäisches Urheberrecht, Satelliten- und Kabel-RL m.w.N.; *Castendyk/von Albrecht*, GRUR Int. 1992, S. 734-739 (724ff.); *Prebut*, 4 Seton Hall J. Sport L. 1994, S. 701-719 (701ff.); zur geplanten und erfolgten Umsetzung ins deutsche Recht: *Dreier*, ZUM 1995, S. 458-463 (458ff.); *Schwarz*, ZUM 1995, S. 687-693 (687ff.); *Pfennig*, ZUM 1996, S. 134-137 (134ff.).

[464] EuGH vom 18.3.1980, Rs. 62/79 („*Coditel SA / Ciné Vog Films*"; „*Coditel I*"), Slg. 1980, S. 881-905.
EuGH vom 6.10.1982, Rs. 262/81 („*Coditel SA / Ciné Vog Films*"; „*Coditel II*"), Slg. 1982, S. 3381-3413.

[465] „Richtlinie 89/552/EWG des Rates zur Koordinierung bestimmter Rechts- und Verwaltungsvorschriften der Mitgliedstaaten über die Ausübung der Fernsehtätigkeit" vom 3.10.1989, ABl. EG Nr. L 298 vom 17.10.1989, S. 23; geändert durch die Richtlinie 97/36/EG des Europäischen Parlaments und des Rates vom 30.6.1997, ABl. EG Nr. L 202 vom 30.7.1997.
Vgl. Erwägungsgrund 12 der Satellit- und Kabel-Richtlinie.

Wesentliche Neuerung ist die Zuerkennung eines ausschließlichen Senderechts für Urheber (Art. 2), die Anwendung von Art. 6, 7, 8 und 10 der Vermiet- und Verleihrecht-Richtlinie zugunsten bestimmter Leistungsschutzberechtigter[466] für die Zwecke der öffentlichen Wiedergabe über Satellit (Art. 4) und die Festschreibung der Sendelandtheorie für die öffentliche Wiedergabe über Satellit in Art. 1 Abs. 2b, wobei sich die Vergütung aber nach dem potentiellen Zuschauerkreis richten soll (Erwägungsgrund 17)[467].

Art. 1 Abs. 5 statuiert wortgleich mit Art. 2 Abs. 2 der Vermiet- und Verleihrecht-Richtlinie die Urhebervermutung beim Film und audiovisuellen Werk „für die Zwecke dieser Richtlinie". Art. 8 Abs. 1 sieht ein Kabelweitersendungsrecht für Urheber und sonstige Schutzrechtsinhaber vor, welches aber gemäß Art. 9 grundsätzlich verwertungsgesellschaftspflichtig ist.

In Deutschland wurde die Richtlinie durch das Vierte Gesetz zur Änderung des UrhG vom 8.5.1998[468] umgesetzt.

IV. Schutzdauer-Richtlinie vom 29.10.1993

Die Schutzdauer-Richtlinie[469] gleicht als Reaktion auf das Urteil des Europäischen Gerichtshofes vom 24.1.1989[470] die Regelungen der Mitgliedstaaten in Bezug auf

---

[466] Nicht jedoch der Hersteller der ersten Aufzeichnung eines Films, die auch nicht von der Regelung der öffentlichen Wiedergabe in Art. 8 der Vermiet- und Verleihrecht-Richtlinie umfasst werden.

[467] *Dreier*, Festgabe für *Schricker*, S. 193-224 (201) bemerkt dazu kritisch, dass dadurch in der Praxis aber nicht die Summe der einzelnen Ländervergütungen zu erreichen ist.

[468] BGBl. 1998 I 902, mit Materialien abgedruckt in 137 UFITA 1998, S. 229ff.
Dazu *Hillig*, 138 UFITA 1999, S. 5-28 (5ff.); *Lutz*, ZUM 1998, S. 622-627 (622ff.).

[469] „Richtlinie 93/98/EWG des Rates vom 29. Oktober 1993 zur Harmonisierung der Schutzdauer des Urheberrechts und bestimmter verwandter Schutzrechte", ABl. EG Nr. L 290 vom 24.11.1993, S. 9.
Allgemein: *Walter*, Europäisches Urheberrecht, Schutzdauer-RL m.w.N.; *Dietz*, 8. Ringberg-Symposium, S. 64-78 (64ff.); zur Umsetzung ins deutsche Recht: *Vogel*, ZUM 1995, S. 451-458 (451ff.).
Sehr kritisch *Tritton*, Intellectual Property in Europe, 4-087, der die Schutzdauerregelungen für künstlich hält, zumal sie aufgrund des posthumen Charakters nicht geeignet sein dürften, die Produktion urheberrechtlich geschützter Werk zu stimulieren.

[470] EuGH vom 24.1.1989, Rs. 341/87 („*EMI Electrola GmbH / Patricia Im- und Export Verwaltungsgesellschaft mbH*"), Slg. 1989, S. 79-98 (96), wonach die unterschiedlichen Schutzdauern zwar den freien Warenverkehr behindern können, doch „beim gegenwärtigen Stand des Gemeinschaftsrechts" es Sache des nationalen Gesetzgebers ist, die Voraussetzungen und die Modalitäten des Schutzes des Eigentums an literarischen und künstlerischen Werken und damit auch dessen Dauer festzulegen.

die Schutzdauer an. Das klassische Urheberrecht wird für 70 Jahre nach dem Tod des Urhebers (Art. 1), die verwandten Schutzrechte für 50 Jahre nach Erbringung der Leistung (Art. 3) geschützt. Ein neu verlegtes gemeinfreies Werk wird unter bestimmten Voraussetzungen für 25 Jahre nach der ersten Veröffentlichung geschützt (Art. 4). Die Mitgliedstaaten haben zudem die Möglichkeit, kritische und wissenschaftliche Ausgaben gemeinfreier Werke für 30 Jahre nach der Veröffentlichung zu schützen (Art. 5).

Außerdem wird als Schutzvoraussetzung für einen 25jährigen Schutz bei Photographien wie bei Computerprogrammen das Vorliegen einer „eigenen geistigen Schöpfung" verlangt (Art. 6 S. 1), höherwertige Photographien können die Mitgliedstaaten nach ihrem Ermessen schützen (Art. 6 S. 2).

Der Beginn der Schutzfrist wurde zwar trotz der Betonung der Wichtigkeit in Erwägungsgrund 3 nicht ausdrücklich harmonisiert,[471] aus den Grundsätzen des internationalen Urheberrechtsschutzes sowie aus Art. 3 ergibt sich aber, dass das Urheberrecht automatisch mit Entstehen des Werks, die Rechte des ausübenden Künstlers mit der Darbietung, die Rechte des Tonträgerherstellers und des ersten Filmaufzeichners mit der Aufzeichnung und die Rechte der Sendeunternehmen mit der Erstsendung geschützt werden. Insoweit gelten in den Mitgliedstaaten ohnehin schon identische Regeln.

In Deutschland erfolgte die Umsetzung durch das Dritte Gesetz zur Änderung des UrhG vom 23.6.1995.[472]

V. Datenbank-Richtlinie vom 11.3.1996

Wesentliche Besonderheit der Datenbank-Richtlinie[473] ist ein zweigliedriger Schutz für sämtliche Arten von Datenbanken sowohl in elektronischer als auch in

---

[471] Dazu *Dietz*, 8. Ringberg-Symposium, S. 64-78 (64).
[472] Das betont *Spoendlin*, Rezension, 128 UFITA 1995, S. 290-293 (291).
BGBl. 1995 I 842, abgedruckt in 129 UFITA 1995, S. 103.
[473] „Richtlinie 96/9/EG des Europäischen Parlaments und des Rates vom 11. März 1996 über den rechtlichen Schutz von Datenbanken", ABl. EG Nr. L 77 vom 27.3.1996, S. 20.
Zur Vorgeschichte vgl. *von Gamm*, GRUR 1993, S. 203-205 (203ff.); *Groves*, Stud. L. Rev. 1996, S. 43-45 (43ff.); *Gaster*, WBl 1996, S. 51-56 (51ff.); *Wiebe*, CR 1996, S. 198-204 (198ff.).
Allgemein: *von Lewinski*, Europäisches Urheberrecht, Datenbank-RL m.w.N.; *Gaster*, Rechtsschutz von Datenbanken, S. 1ff. Rdz. 1ff.; *Doutrelepont* (Hrsg.), Transposition de la directive, S. 1ff.; *Wuermeling*, NJW-CoR 1996, S. 183-185 (183ff.); *Lehmann*, NJW-CoR 1996, S. 249-251 (249ff.); *Gallot Le Lorier*, GazPal 168-170/1996, S. 2-6 (2ff.);

nichtelektronischer[474] Form. Bei Vorliegen einer „eigenen persönlichen Schöpfung" ist die Datenbank dem klassischen Urheberrechtsschutz zugänglich (Art. 3 Abs. 1 S. 1). Durch die Nichtnennung der Begriffe „als Werke" und „individuell", die in Art. 1 der Computerprogramm-Richtlinie in diesem Zusammenhang erwähnt wurden, wird aber kein erläuternder Bezug mehr auf Elemente der Originalität genommen.[475] Das Recht wird zwingend durch die Berechtigung zur normalen Nutzung beschränkt (Art. 6 Abs. 1). Nur für nichtelektronische Datenbanken sieht Art. 6 Abs. 2 die Möglichkeit bestimmter Schrankenregelungen vor.

Zudem wird für wesentliche Investitionen dem Hersteller ein 15jähriges Schutzrecht sui generis gewährt (Art. 7). Dieses zweigleisige System soll sowohl dem droit d'auteur als auch dem Copyright gerecht werden.[476] Der Schutz kann bei einer wesentlicher Neuinvestition jeweils um weitere 15 Jahre verlängert werden (Art. 10 Abs. 3). Was eine wesentliche Neuinvestition darstellt, sagt die Richtlinie nicht und lässt damit eine erhebliche Rechtsunsicherheit bestehen.

Für das sui-generis-Recht finden sich umfassendere Schranken als beim Urheberrecht. Nach Art. 8 Abs. 1 ist die Entnahme unwesentlicher Teile zulässig. Hier stellt sich die Frage, was „unwesentlich" heißt. Art. 9 ermöglicht Ausnahmen bei der Entnahme eines wesentlichen Teiles einer der Öffentlichkeit zur Verfügung gestellten Datenbank in den Bereichen Unterricht oder wissenschaftliche Forschung, öffentliche Sicherheit, Verwaltung und Gerichtswesen sowie bei nichtelektronischen Datenbanken auch im Bereich des Privatgebrauchs.

Die Natur des sui-generis-Rechts ist umstritten. Vereinzelt wird die eher wettbewerbsrechtliche Natur des Rechts betont.[477] Nach anderer Ansicht steht vor allem der Charakter als dem Leistungsschutz ähnliches Sonderschutzrecht im Vordergrund.[478] Eine genaue Betrachtung zeigt, dass das sui-generis-Recht von beiden

---

Pollaud-Dulian, Dalloz Aff. 1996, S. 539-546 (539ff.); *Heinz*, GRUR 1996, S. 455-460 (455ff.); *Bergé*, Révue mensuelle 7/96, S. 1-4 (1ff.); *Delaval*, GazPal 299-300/1996, S. 5-10 (5ff.); *Hugenholtz*, computerrecht 1996, S. 131-138 (131ff.); *Cook*, 61 Copyright World 1996, S. 24-30 (24ff.); *Berger*, GRUR 1997, S. 169-179 (169ff.).
[474] Kritisch dazu *Vivant*, Recueil Dalloz Sirey 1995, chronique, S. 197-200 (197).
[475] *Hugenholtz*, computerrecht 1996, S. 131-138 (132).
[476] *Loewenheim*, GRUR Int. 1997, S. 285-292 (287).
[477] *Wiebe*, GRUR 1994, S. 233-246 (245), der aber von „sich abzeichnenden Tendenzen in Richtung auf einen Sonderschutz" spricht; *ders.*, CR 1996, S. 198-204 (202).
[478] *Pollaud-Dulian*, Dalloz Aff. 1996, S. 539-546 (545); *Weber*, 132 UFITA 1997, S. 5-30 (9+30); *Leistner*, GRUR Int. 1999, S. 819-839 (825) erkennt ein „unternehmensbezogenes verwandtes Schutzrecht"; das französische Umsetzungsgesetz, Projet de Loi No. 383 vom

Arten Elemente besitzt.[479] Mit dem geistigen Eigentum hat es den Charakter des übertragbaren ausschließlichen Eigentumsrechts gemeinsam, während es wie das Wettbewerbsrecht in der Praxis funktionell vor allem gegen das wirtschaftliche Parasitentum gerichtet ist.[480] Der Gedanke des Property Right steht dabei aber deutlich im Vordergrund, da es auch in Nichtwettbewerbssituationen für eine bestimmte Schutzdauer schon a priori Schutz gewährt[481]. Nach Erwägungsgrund 45 ist das sui-generis-Recht keine Verlängerung des Urheberrechts. Insgesamt liegt demnach die Bezeichnung als neues, dem internationalvertraglichen Schutz nicht unterfallendes[482] Property Right nahe.[483]

Nach Erwägungsgrund 29 können die Mitgliedstaaten bestimmen, ob der Arbeitgeber mangels anders lautender Vereinbarungen als erster Rechtsinhaber gilt. Die entsprechende Vermutung von Art. 2 Abs. 3 der Computerprogramm-Richtlinie wurde nicht übernommen.[484]

Die EG-Kommission sieht die Datenbank-Richtlinie als Grundlage für sämtliche zukünftigen ergänzenden Maßnahmen im Bereich des Urheberrechts[485] und als „Grundpfeiler des Schutzes von geistigem Eigentum unter den Bedingungen der neuen Technologien" an.[486] Aufgrund der Tatsache, dass das sui-generis-Recht ausdrücklich nur einen Sonderfall regelt und dass sich durch die Digitalisierung der eigentliche Werkcharakter nicht ändert, kann diese Aussage nicht absolut gelten.

---

[479] 22.10.1997 enthält folgende Definition: „un droit nouveau, juridiquement distinct de la concurrence déloyale et des agissements parasitaires".
Berger, GRUR 1997, S.169-179 (172) bezeichnet das Recht deshalb als ein „aus dem Wettbewerbsrecht entwachsenes" Leistungsschutzrecht; vgl. auch *Wuermeling*, NJW-CoR 1996, S. 183-185 (184); *Pollaud-Dulian*, Dalloz Aff. 1996, S. 539-546 (541); *Wiebe*, Rezension, CR 1996, S. 503-505 (504).
[480] *Strowel/Triaille*, Droit d'auteur, S. 293f.
[481] Diese Eigenschaften führt *Gaster*, 20 Fordham Int'l L.J. 1997, S. 1129-1150 (1142f.) an.
[482] So *Cook*, 61 Copyright World 1996, S. 24-30 (28) in Bezug auf das TRIPs-Abkommen.
[483] *Heinrich*, WRP 1997, S. 275-283 (282) plädiert trotz „starker wettbewerbsrechtlicher Züge" für die Einordnung als ein neues Recht.
[484] *Cook*, 61 Copyright World 1996, S. 24-30 (26).
[485] Grünbuch über Urheberrecht in der Informationsgesellschaft, KOM (95) 382 endg. vom 19.7.1995; S. 32.
[486] Initiativen zum Grünbuch über Urheberrecht in der Informationsgesellschaft, KOM (96) 568 endg. vom 20.11.1996, S. 8.

Die Richtlinie wurde in Deutschland durch das Informations- und Kommunikationsdienste-Gesetz vom 22.7.1997[487] umgesetzt.

C. Grundsätze im gemeinschaftlichen Besitzstand

Die EG-Kommission ist der Ansicht, dass sich durch die fünf ersten Richtlinien ein gemeinschaftlicher Besitzstand herausgebildet hat, der Leitbild für die zukünftigen Harmonisierungsinitiativen sein soll. Nach Ansicht des stellvertretenden Generaldirektors in der für das Urheberrecht federführenden Generaldirektion Binnenmarkt folgt der acquis communautaire folgendem klaren Konzept:

> „Der Acquis hat das Prinzip der verwandten Schutzrechte anerkannt. Der Acquis gibt dem Urheber und dem Inhaber der verwandten Schutzrechte ein klares Ausschließlichkeitsrecht. Der Kreativitätsgrad, der für den Urheberschutz verlangt wird, wurde so harmonisiert, dass er sich auf einem mittleren, praxisorientierten Level eingependelt hat. Die Richtlinien gehen davon aus, dass der Urheber im Prinzip eine natürliche Person ist, lassen aber auch die Urheberschaft juristischer Personen zu. Die kollektive Verwertung wurde in verschiedenen Richtlinien ausdrücklich anerkannt."[488]

Diese Stellungnahme bedarf der Erläuterung. Es ist zwar richtig, dass die Europäische Gemeinschaft in den Richtlinien durch die ausdrückliche Nennung anerkennt, dass die Leistungen bestimmter Personen durch verwandte Schutzrechte geschützt werden können, sie hat sich aber mit Rücksicht auf Großbritannien darauf nicht als einzige Möglichkeit festgelegt (vgl. oben S. 83). Das einheitliche Copyright-Schutzsystem hat die Europäische Gemeinschaft nie in Frage gestellt. Dem Urheber und dem Inhaber der verwandten Schutzrechte wird zwar zumeist ein klares Ausschließlichkeitsrecht zugestanden, im Fall des öffentlichen Verleihs ist nach Art. 5 der Vermiet- und Verleihrecht-Richtlinie aber auch ein bloßer Vergütungsanspruch möglich. Der genannte mittlere, praxisorientierte Level der „eigenen geistigen Schöpfung" wurde bisher nur im Bereich industriell geprägter Produkte (Software, Datenbanken) und bei Photographien, die im Urheberrecht sowieso eine Sonderstellung einnehmen, gewährt. Irgendwelche Schlussfolgerungen auf die Originalitätsanforderung der Werke des traditionellen künstleri-

---

[487] „Gesetz zur Regelung der Rahmenbedingungen für Informations- und Kommunikationsdienste (IuKDG)" vom 22.7.1997, BGBl. 1997 I 1870; mit Materialien abgedruckt in 134 UFITA 1997, S. 5ff.
Zur Umsetzung des sui-generis-Rechts: *Raue/Bensinger*, MMR 1998, S. 507-512 (507ff.).

[488] *Heinz Zourek*: „Die digitale Informationsgesellschaft: Rechtssetzung und Rechtsrahmen", Einleitungsvortrag am 7.9.1998 zu Panel A des 41. *CISAC*-Kongresses, Berlin, 6.-9.9.1998.

schen Bereiches können daraus nicht gezogen werden.[489] Die Betonung des Regelfalls der Urheberschaft der natürlichen Person bei Zulassung der Urheberschaft von juristischen Personen entspricht genau der Rechtslage in Großbritannien (vgl. oben S. 68). Dadurch werden den Mitgliedstaaten faktisch sämtliche Gestaltungsmöglichkeiten zugestanden, so dass der gemeinschaftliche Besitzstand insoweit kaum Vorgaben für eine weitere Rechtsangleichung setzen kann. Ebenso wenig führt die Anerkennung der Möglichkeit der kollektiven Verwertung dazu, dass sie als einzige Verwertungsmöglichkeit vorgeschrieben wird. Dies ist nur in der bisherigen Ausnahmeregelung von Art. 9 der Satellit- und Kabel-Richtlinie passiert.

Benabou sieht folgende gemeinschaftsrechtlichen Grundsätze, die Bezugspunkte für die weitere Harmonisierung sein sollen: einheitliche zollrechtliche Regelungen gegen die Produktpiraterie, die auch bei urheberrechtlich geschützten Waren einschlägig sind, die Zuerkennung des Ausübungsrechts zugunsten des Arbeitgebers mangels abweichender Vereinbarungen, die Anerkennung der Wichtigkeit der kollektiven Verwertung, die Anerkennung der Stellung des Filmregisseurs als Urheber, die Regelungen zur Schutzdauer, die zum ersten Mal eine horizontale Regelung mit sich gebracht haben sollen, und der Begriff der „eigenen geistigen Schöpfung" als Kompromissformel[490] im Bereich der Originalität.[491]

Die einheitlichen zollrechtlichen Bestimmungen sagen über den materiellen Urheberrechtsschutz aber nichts konstitutiv aus, sondern regeln vielmehr die Rechtsdurchsetzung. Die Zuerkennung des Ausübungsrechts zugunsten des Arbeitgebers mangels abweichender Vereinbarungen wird von der Datenbank-Richtlinie zwar angesprochen, ihre Einführung wird aber dem Ermessen der Mitgliedstaaten überlassen. Die Anerkennung der Wichtigkeit der kollektiven Verwertung ist bisher ohne Konturen geblieben. Zudem ist nicht ersichtlich, wie die bloße Tatsache der Regelung eines horizontalen Aspekts des Urheberrechts in der Schutzdauer-Richtlinie für weitere horizontale Aspekte von Präzedenzwirkung sein soll.

Der gemeinschaftsrechtliche Besitzstand hat demnach aufgrund des bisherigen vorwiegend punktuellen Ansatzes nur wenige konkrete Vorgaben für weitere Harmonisierungsmaßnahmen mit sich gebracht. Aus den bisherigen Regelungen lässt sich in erster Linie ein grundsätzlich hohes Schutzniveau für Urheber und

---

[489] *Ellins*, Copyright Law und Urheberrecht, S. 261 sieht aber diesbezüglich in der Informationsgesellschaft eine allgemeine Tendenz als möglich an.
[490] *Benabou*, Droit d'auteur, S. 488 sieht darin für den Fall einer Verallgemeinerung das „erste Element einer generellen Theorie des Gemeinschaftsurheberrechts".
[491] *Benabou*, Droit d'auteur, S. 487f.

Inhaber verwandter und sonstiger Schutzrechte ableiten, wobei die genaue Ausgestaltung oftmals nicht deutlich ist und den Mitgliedstaaten überlassen wird. Auch die Schutzdauer unterliegt einer harmonisierten Regelung. Im Bereich technisch-industrieller Schutzgegenstände zeichnet sich zudem das Schutzerfordernis der „eigenen geistigen Schöpfung" ab. Zudem wird der Hauptregisseur eines Films als Urheber angesehen. Der Kreis der durch die verwandten Schutzrechte Berechtigten wird festgelegt, wobei der Hersteller der ersten Aufzeichnung eines Films einer Sonderbehandlung unterliegt.[492]

Sonst hat sich die bisherige Harmonisierung in den auch für die zukünftige Rechtsangleichung wichtigen Bereichen nicht festgelegt, sondern lässt diese bewusst offen. Vorgeblich innovative Konzepte haben teilweise ausdrücklich nur den Status von Ausnahmeregelungen. Anerkannt, aber grundsätzlich nicht festgeschrieben wird die Trennung in Urheberrecht und verwandte Schutzrechte, verschiedene Schrankenregelungen für bestimmte Rechtsgüter, die Möglichkeit der kollektiven Verwertung und neben der Urheberschaft grundsätzlich auch die erste Inhaberschaft der natürlichen Person.

4. Kapitel : Bisherige Angleichung durch internationale Konventionen

A. Einleitung

Auf internationaler Ebene gibt es mehrere Verträge im Bereich des Urheberrechts, an welche die Mitgliedstaaten der Europäischen Gemeinschaft gebunden sind und die schon zu einer Angleichung von Teilaspekten der Rechtsordnungen geführt haben. Außerdem hat es in der jüngeren Vergangenheit weitere internationale Angleichungsbemühungen gegeben, die aber vorerst gescheitert sind. Sie sollen im Folgenden kurz angesprochen werden.

B. Revidierte Berner Übereinkunft

Sämtliche Mitgliedstaaten der Europäischen Gemeinschaft sind durch die unverbindliche[493] Ratsresolution vom 14.5.1992[494] zum Beitritt zur Revidierten Berner Übereinkunft zum Schutz von Werken der Literatur und Kunst vom 9.9.1886 in

---

[492] Vgl. oben Fn. 466.
[493] Die EG-Kommission wollte ursprünglich eine verbindliche Entscheidung, scheiterte damit aber im Rat, vgl. *Vinje*, 13 J.L. & Com. 1994, S. 301-326 (322f.).
[494] „Ratsresolution vom 14.5.1992 über die Verstärkung von Urheberrechten und verwandten Schutzrechten", ABl. EG Nr. C 138 vom 28.5.1992, S. 1.

der Pariser Fassung von 1971[495] bis 1.1.1995 aufgefordert worden. Eine entsprechende Verpflichtung ergab sich aber erst aus Art. 5 des EWR-Protokolls, welches als gemischtes Abkommen geschlossen wurde.[496] Die Konvention regelt das klassische Urheberrecht. In Art. 2 geht sie von einem weiten Schutzumfang aus, der gemäß Absatz 5 auch Werksammlungen, die eine geistige Schöpfung darstellen, umfasst. Durch Art. 6bis wird das von den wirtschaftlichen Bestandteilen unabhängige Urheberpersönlichkeitsrecht in Form des Rechts auf Anerkennung der Urheberschaft und das Rechts auf Werkintegrität geschützt. In Art. 9 Abs. 2 wird die Zulässigkeit von Schrankenregelungen in bestimmten Sonderfällen statuiert, sofern durch diese nicht die normale Verwertung des Werkes beeinträchtigt wird und sofern die berechtigten Interessen der Urheber nicht unzumutbar verletzt werden („Drei-Stufen-Test", „three-steps-test").

Neben der RBÜ gibt es auch das Welturheberrechtsabkommen („Universal Copyright Convention") vom 6.9.1952 in der Pariser Fassung vom 24.7.1971[497], das aber gegenüber der RBÜ keine weitergehenden Regelungen beinhaltet und durch den Beitritt der USA zur RBÜ im Jahre 1989 stark an Bedeutung verloren hat.

C. Rom-Abkommen

Das am 18.5.1964 in Kraft getretene „Internationale Abkommen über den Schutz der ausübenden Künstler, der Hersteller von Tonträgern und der Sendeunternehmen" vom 26.10.1961[498] regelt den Bereich der verwandten Schutzrechte. Die Ratsresolution vom 14.5.1992[499] forderte die Mitgliedstaaten auch zum Beitritt zu diesem auf, was aber genauso erst durch Art. 5 des EWR-Protokolls[500] verpflichtend wurde.

D. TRIPs-Abkommen

Das Übereinkommen über handelsbezogene Aspekte des geistigen Eigentums (Agreement on Trade Related Aspects of Intellectual Property Rights, Including

---

[495] RGBl. 1897, S. 759, Pariser Fassung: BGBl. 1973 II 1071, geändert durch Beschluss vom 2.10.1979, BGBl. 1985 II 81.
[496] *Vinje*, 13 J.L. & Com. 1994, S. 301-326 (323); *Frost*, EWS 1996, S. 86-92 (90 Fn. 24); *Wachter*, 96 ZVglRWiss 1997, S. 32-73 (35); *Kreile/Becker*, ZUM 1992, S. 581-594 (591) nannten dies eine Problemlösung „quasi durch die Hintertür".
[497] BGBl. 1955 II 102, geänd. Fassung: BGBl. 1973 II 1111.
[498] BGBl. 1965 II 1245.
[499] Vgl. oben Fn. 494.
[500] Vgl. oben Fn. 496.

Trade in Counterfeit Goods, „TRIPs") vom 15.4.1994[501] regelt im Rahmen der Errichtung der Welthandelsorganisation bestimmte den Handel betreffende Aspekte des Rechts des geistigen Eigentums,[502] nachdem im Rahmen von GATT noch keine urheberrechtlichen Regelungen vereinbart worden waren.[503] Es wurde aufgrund des Gutachtens 1/94 des Europäischen Gerichtshofes vom 15.11.1994[504] gemeinsam von der Europäischen Gemeinschaft und ihren Mitgliedstaaten abgeschlossen. Zum einen wurde die Verpflichtung vereinbart, die Regelungen von Art. 1-21 RBÜ mit Ausnahme der Regelungen zum Urheberpersönlichkeitsrechts zu beachten (Art. 9 Abs. 1). Darüber hinausgehend wurde aber auch festgelegt, dass Computerprogramme als literarische Werke zu schützen sind (Art. 10 Abs. 1 S. 1), dass Datensammlungen, die eine geistige Schöpfung darstellen, urheberrechtlich geschützt werden (Art. 10 Abs. 1 S. 2), dass Urheber von Computerprogrammen und Filmwerken ein Vermietrecht haben (Art. 11), dass alle Werke außer Photographien und Werke der angewandten Kunst für mindestens 50 Jahre nach dem Tod des Urhebers zu schützen sind (Art. 12) und dass insoweit auch der Drei-Stufen-Test gilt (Art. 13).[505] Auf das Rom-Abkommen wird zwar kein Bezug genommen, doch werden in Art. 14 bestimmte Mindestrechte aus dem Bereich der verwandten Schutzrechte aufgeführt.[506]

E. Die Verträge im Rahmen der WIPO vom 20.12.1996

Im Dezember 1996 wurde auf einer internationalen Vertragskonferenz im Rahmen der Weltorganisation für Geistiges Eigentum in Genf über drei Vertragsentwürfe zum klassischen Urheberrecht, den verwandten Schutzrechten einschließlich dem

---

[501] BGBl. 1994 II 1730.
Allgemein dazu *Duggal*, TRIPs-Übereinkommen und internationales Urheberrecht, S. 64ff.; *O'Regan*, LIEI 1995, S. 1-50 (1ff.); *Katzenberger*, GRUR Int. 1995, S. 447-468 (447ff); *Abbott*, 29 Vand. J. Transnat'l L. 1996, S. 471-479 (471ff.); *Smith*, 29 Vand. J. Transnat'l L. 1996, S. 559-578 (559ff.); *Hamilton*, 29 Vand. J. Transnat'l L. 1996, S. 613-634 (613ff.); *Dreier*, GRUR Int. 1996, S. 205-218 (205ff.).
[502] *Smith*, 29 Vand. J. Transnat'l L. 1996, S. 559-578 (560) spricht von einer „Ehe zwischen Handel und geistigem Eigentum".
[503] Siehe insbesondere die Ausschlussklausel in Art. XX (d) GATT 1947, vgl. *von Lewinski*, GRUR Int. 1996, S. 630-641 (631).
[504] Gutachten 1/94 „Zuständigkeit der Gemeinschaft für den Abschluss völkerrechtlicher Abkommen auf dem Gebiet der Dienstleistungen und des Schutzes des geistigen Eigentums - Verfahren des Artikels 228 [jetzt Art. 300] Absatz 6 EG-Vertrag" vom 15.11.1994, Slg. 1994, I-5267.
[505] *Katzenberger*, GRUR Int. 1995, S. 447-468 (456f.).
[506] Vgl. dazu *Braun*, GRUR Int. 1997, S. 427-432 (427ff.).

Schutz in Bezug auf audiovisuelle Werke und dem Datenbankschutz verhandelt.[507] Am Ende wurden nur zwei Verträge, und zwar zum klassischen Urheberrecht und zu den verwandten Schutzrechten, jedoch ohne den Schutz in Bezug auf audiovisuelle Werke, unterzeichnet.[508] Die Europäische Gemeinschaft verhandelte und unterzeichnete neben den Mitgliedstaaten die Verträge. Die Umsetzung der Verpflichtungen aus den beiden Verträgen war ein Motiv für den Erlass der Richtlinie zum Urheberrecht in der Informationsgesellschaft.

I. WIPO Urheberrechtsvertrag

Der WIPO Urheberrechtsvertrag (WIPO Copyright Treaty, „WCT")[509] schützt in Art. 4 Computerprogramme als literarische Werke in jeder Ausdrucksform. Datenbanken werden nach Art. 5 geschützt, sofern sie geistige Schöpfungen sind. Art. 6 gibt dem Urheber ein Verbreitungsrecht, wobei die Vertragsparteien Regeln über die Erschöpfung dieses Rechts aufstellen können. Aus der dem Vertragstext angehängten Gemeinsamen Erklärung betreffend Art. 6 und 7 lässt sich schließen, dass bei Online-Übertragungen keine Erschöpfung eintritt. Art. 7 gibt ein kommerzielles Vermietrecht für Computerprogramme, Filme und Werke auf Tonträgern. Im ursprünglichen Vorschlag war noch ein Vermietrecht für alle Werkarten vorgesehen. Art. 8 regelt das Recht der öffentlichen Wiedergabe, unter das auch die on-demand-Übertragung fällt. Photographische Werke werden jetzt für 50 Jahre nach dem Tod des Urhebers geschützt (Art. 9). Der Drei-Stufen-Test findet sich in Art. 10. Art. 11 regelt den Schutz gegen Umgehung effektiver technischer Schutzmaßnahmen, Art. 12 gewährt Schutz gegen die mindestens grob fahrlässige Manipulation von Informationen für die Wahrnehmung der Rechte bzw. die körperliche oder unkörperliche Verbreitung entsprechend manipulierter Werke in Kenntnis der Veränderung.

Über die Frage, wann im digitalen Kontext eine urheberrechtsrelevante Vervielfältigung vorliegt, sagt die WCT nichts. Dafür stellt der nicht im Konsens-Verfahren angenommene[510] zweite Satz der Gemeinsamen Erklärung betreffend Art. 1 Abs. 4 fest, dass die Speicherung in digitaler Form in einem elektronischen

---

[507] Allgemein zur Konferenz: *Groves*, Stud. L. Rev. 1997, S. 39-43 (39ff.); *Hahn*, Berliner Morgenpost vom 3.12.1996, S. 25.
Zur Umsetzung der Verträge: *Reinbothe/von Lewinski*, 24 EIPR 2002, S. 199-208 (199ff.).
[508] Allgemein zu den Ergebnissen: *von Lewinski*, 28 IIC 1997, S. 203-208 (203ff.); *Reinbothe/Martin-Prat/von Lewinski*, 19 EIPR 1997, S. 171-184 (171ff.); *von Lewinski/ Gaster*, ZUM 1997, S. 607-625 (607ff.).
[509] Englischer Text: WIPO Publication No. 226(E), Genf, 1997; 19 EIPR 1997, S. 176.
[510] Protokoll der Diplomatischen Konferenz, WIPO Dok. CRNR/DC/102 vom 26.8.1997, Ziff. 1151.

Medium eine Vervielfältigung darstellt. Der Begriff der Speicherung wird aber nicht definiert, so dass die Gemeinsame Erklärung den Rechtsinhabern wegen der unterschiedlichen Auslegungsmöglichkeiten auf nationaler Ebene nicht viel weiterhilft.[511]

II. WIPO Vertrag über Darbietungen und Tonträger

Der WIPO Vertrag über Darbietungen und Tonträger (WIPO Performances and Phonograms Treaty, „WPPT")[512] regelt entgegen den ursprünglichen Absichten nicht die audiovisuellen Werke. In Art. 5 werden erstmals für ausübende Künstler das Recht auf Namensnennung und das Recht auf Integrität der Darbietung gewährt. Das im Entwurf vorgesehene Änderungsrecht für ausübende Künstler und Tonträgerhersteller, das als wirtschaftliches Recht mit persönlichkeitsrechtlichem Einschlag ausgestaltet war, um den Gefahren der Manipulierbarkeit im digitalen Umfeld vorzubeugen, wurde aber nicht angenommen. Insoweit muss nun durch das Vervielfältigungsrecht Abhilfe geschaffen werden. Art. 6 regelt das Recht der Festlegung, Erstsendung und Erstwiedergabe der nicht festgelegten Darbietungen zugunsten des ausübenden Künstlers. Art. 7 und 11 geben den ausübenden Künstler und den Tonträgerherstellern ein Vervielfältigungsrecht, über dessen Dauer im Gegensatz zur ursprünglichen Formulierung „whether permanent or temporary" im Entwurf nichts gesagt wird. Dafür stellt der ebenfalls nicht im Konsens-Verfahren angenommene[513] zweite Satz der Gemeinsamen Erklärung betreffend Art. 7, 11 und 16 wie in der Gemeinsamen Erklärung zu Art. 1 Abs. 4 WCT fest, dass die Speicherung in digitaler Form in einem elektronischen Medium eine Vervielfältigung darstellt. Dagegen bestehen dieselben Bedenken wie bei der identischen Regelung der WCT. Art. 8 und 12 geben den ausübenden Künstlern und den Tonträgerherstellern ein dem Art. 6 WCT vergleichbares Verbreitungsrecht. Art. 9 und 13 regeln wie Art. 7 WCT das kommerzielle Vermietrecht für ausübende Künstler und Tonträgerhersteller. Art. 10 und 15 regeln für die beiden Schutzberechtigten das Recht der öffentlichen Wiedergabe wie Art. 8 WCT. Art. 15 gibt dem Tonträgerhersteller und den ausübenden Künstlern einen Vergütungsanspruch für die Sendung und öffentliche Wiedergabe von zu kommerziellen Zwecken veröffentlichten Tonträgern, und zwar auch im Rahmen

---

[511] In diesem Sinne äußerte sich der stellvertretende WIPO-Generaldirektors *Ficsor* während der Diplomatischen Konferenz, Protokoll der Diplomatischen Konferenz, WIPO Dok. CRNR/DC/102 vom 26.8.1997, Ziff. 1086.
[512] Englischer Text: WIPO Publication No. 227(E), Genf, 1997; 19 EIPR 1997, S. 179.
[513] Protokoll der Diplomatischen Konferenz, WIPO Dok. CRNR/DC/102 vom 26.8.1997, Ziff. 1151.

einer digitalen Übertragung[514]. Art. 16 regelt die Schranken wie beim Urheberrecht. Als Schutzdauer setzt Art. 17 eine Zeitspanne von mindestens 50 Jahren fest, und zwar für Darbietungen ab der Festlegung und für Tonträgerhersteller ab der Veröffentlichung, hilfsweise ab der Festlegung. Art. 18 und 19 regeln wie Art. 11 und 12 WCT den Schutz gegen Umgehung effektiver technischer Schutzmaßnahmen sowie den Schutz bezüglich der Informationen für die Wahrnehmung der Rechte. Art. 20 statuiert nun ein Formalitätenverbot.

III. Die beiden nicht angenommenen Vertragsentwürfe sowie weitere Bereiche

Der Entwurf für einen Vertrag über den Schutz von Datenbanken („Database Treaty")[515] sah in Art. 1 einen nichturheberrechtlichen Schutz für die Investition bei jeder Art von Datenbank vor. Gegen den Widerstand der Amerikaner war der Vertrag nicht durchzusetzen. Aufgrund einer gemeinsamen Empfehlung am Ende der Konferenz[516] wird die Arbeit am Vertragstext aber weiterverfolgt.

Ebenso wenig wurde der Entwurf für einen Vertrag über den Schutz der audiovisuellen Werke[517] angenommen. Auch hier wird die Arbeit weiter vorangetrieben, wobei die beiden Hauptprobleme in der Frage der Verzichtbarkeit der Rechte und dem Umfang der Inländerbehandlung liegen. Eine weitere Diplomatische Konferenz der WIPO, die sich in der Zeit vom 7. - 20.12.2000 speziell mit dem Schutz der audiovisuellen Darbietungen befasste, war nur teilweise erfolgreich.[518] Es wurde lediglich ein provisorisches Abkommen geschlossen, wobei gerade die Frage der Übertragung der Rechte nicht konsensfähig war.

Aktuell findet im Rahmen der WIPO auch eine Debatte zum Schutz der Rundfunkanstalten statt.[519] Am 28.9.2001 hat die Europäische Gemeinschaft den Entwurf eines neuen WIPO Vertrags über den Schutz der Rundfunkanstalten bei der

---

[514] Das insoweit in Art. 20a bis des zur Abstimmung vorgelegten Entwurfs vorgesehene ausschließliche Recht wurde nicht angenommen, vgl. Protokoll der Diplomatischen Konferenz, WIPO Dok. CRNR/DC/102 vom 26.8.1997, Ziff. 934-936.
[515] WIPO Dok. CRNR/DC/6 vom 30.8.1996.
[516] Abgedruckt in 19 EIPR 1997, S.184.
[517] Die audiovisuellen Werke waren in der Alternative B des WPPT-Entwurfs, WIPO Dok. CRNR/DC/5 vom 30.8.1996, enthalten, vgl. *Reinbothe/Martin-Prat/von Lewinski,* 19 EIPR 1997, S. 171-184 (175).
[518] Dazu *von Lewinski*, GRUR Int. 2001, S. 529-541 (529); *Morgan*, 33 IIC 2002, S. 810-827 (810ff.).
[519] Vgl. das WIPO Hintergrundpapier „Protection of Broadcasting Organizations",SCCR/7/8, vom 4.4.2002.

WIPO eingereicht. Es ist noch offen, ob sich die Mitglieder der WIPO auf einen Vertragstext einigen können.

F. Verhandlungen über ein multilaterales Investitionsabkommen

Im Rahmen der Organisation für Wirtschaft und Zusammenarbeit in Europa („OECD") wurde seit Mai 1995 über ein multilaterales Investitionsabkommen (Multilateral Agreement on Investment; „MAI") verhandelt.[520] Dabei versuchten die USA, im Rahmen der Verhandlungen alle gegenwärtigen oder künftigen geistigen Eigentumsrechte als Investitionen einer umfassenden und bedingungslosen Verpflichtung zur Gewährung von Inländerbehandlung sowie Meistbegünstigung zu unterwerfen.[521] Die USA wollten für ihre Copyright-Inhaber den hohen Schutz des deutschen und europäischen Urheberrechts, ohne das gleiche Schutzniveau deutschen oder anderen Urhebern in den USA zu gewähren. Dies hätte dem Urheberrecht noch stärker den Charakter einer Handelsware übergestülpt. Die Verhandlungen scheiterten am 14.10.1997 letztlich am Widerstand Frankreichs, das auf eine Ausnahme der Vereinbarung für den kulturellen Bereich bestand.[522]

---

[520] Vgl. dazu *Haedicke*, GRUR Int. 98, S. 631-636 (631ff.).
[521] *Gaster*, Rechtsschutz von Datenbanken, S. 170 Rdz. 705.
[522] Pressemitteilung der französischen *Société des Auteurs et Compositeurs Dramatiques (SACD)* vom 4.12.1998.

3. Teil: Die Kompetenz der Europäischen Gemeinschaft bei der Rechtsangleichung im Bereich des Urheberrechts

1. Kapitel : Einleitung

Die gemeinschaftliche Kompetenz zur Rechtsangleichung im Bereich des Urheberrechts war zu keiner Zeit Gegenstand einer nennenswerten Debatte.[523] Aufgrund der fehlenden ausdrücklichen Regelung im EWG-Vertrag gab es nur Anfang der siebziger Jahre im Zuge der ersten Harmonisierungsinitiativen auf gemeinschaftlicher Ebene vereinzelt kritische Stimmen (dazu unten S. 119ff.). Die Diskussion flaute in den Folgejahren aber ab, so dass bei den späteren Rechtsangleichungsmaßnahmen (dazu oben S. 97ff. sowie unten S. 123ff.) die Kompetenz sowohl nach Art als auch nach Umfang kaum[524] noch in Frage gestellt worden ist. Zwischenzeitlich hat der EG-Vertrag aber mit der Einheitlichen Europäischen Akte sowie den Verträgen von Maastricht, Amsterdam und Nizza vier grundsätzliche Revisionen erfahren, die auch die Kompetenzfrage im Bereich des Urheberrechts nicht unberührt ließen. Die durch den Vertrag von Maastricht in den EG-Vertrag ausdrücklich festgeschriebenen Prinzipien der Subsidiarität und der Verhältnismäßigkeit zwingen zumindest heute dazu, sämtliche Handlungskompetenzen der Europäischen Gemeinschaft getrennt nach ihrem Bestand (dazu unten S. 126ff.) und ihrem Umfang (dazu unten S. 160ff.) zu untersuchen.[525]

Die Weite der gemeinschaftlichen Rechtsangleichungskompetenz im Bereich des Urheberrechts erhält eine zusätzliche Wichtigkeit, da sie aufgrund der Rechtsprechung des Europäischen Gerichtshofes Bewertungsmaßstab für die Kompetenz der Gemeinschaft zum Abschluss völkerrechtlicher Vereinbarungen mit Drittstaaten in diesem Bereich ist. Der Europäische Gerichtshof hat in seinem Gutachten 1/94 vom 15.11.1994[526] über die Aufteilung der Zuständigkeiten zwischen der Gemeinschaft und den Mitgliedstaaten für den Abschluss des WTO-Abkommens und seiner Anhänge seine „AETR"-Rechtsprechung aus dem Jahre 1971[527] bestätigt. In der „AETR"-Entscheidung befand der Gerichtshof, dass sich die Zuständigkeit der

---

[523] *Kreile/Becker*, GRUR Int. 1994, S. 901-911 (901); so auch *Frost*, EWS 1996, S. 86-92 (87), die dies als überraschend ansieht.
[524] *Kreile/Becker*, ZUM 1992, S. 581-594 (590) machten lediglich eine „unfruchtbare Diskussion" im Rahmen der Beratungen über die Richtlinie „Fernsehen ohne Grenzen" aus, vgl. unten S. 125.
[525] Vgl. zu dieser Trennung *Lenaerts/Ypersele*, Cah. Dr. Eur. 1994, 3-83 (5ff.); *Forester*, ÖJZ 1996, S. 281-291 (284).
[526] Gutachten 1/94 vom 15.11.1994, Nachweis oben Fn. 504.
[527] EuGH vom 31.3.1971, Rs. 22/70 („*Kommission / Rat*"), Slg. 1971, S. 263-295.

Gemeinschaft zum Abschluss internationaler Abkommen nicht nur aus einer ausdrücklichen Erteilung durch den Vertrag ergibt, sondern auch aus anderen Vertragsbestimmungen und aus in ihrem Rahmen ergangenen Rechtsakten der Gemeinschaftsorgane fließt. In dem Maße, wie die Gemeinschaftsrechtssetzung fortschreitet, kann nur die Gemeinschaft mit Wirkung für den gesamten Geltungsbereich der Gemeinschaftsrechtsordnung vertragliche Verpflichtungen gegenüber dritten Staaten übernehmen und erfüllen. Daher kann beim Vollzug der Vorschriften dieses Vertrages die für innergemeinschaftliche Maßnahmen geltende Regelung nicht von der für die Außenbeziehungen geltenden getrennt werden.[528] Es herrscht also grundsätzlich ein Gleichklang der Kompetenzen in diesen beiden Bereichen.

Gerade im Bereich des Urheberrechts ist diese Rechtsprechung wegen der zunehmenden Bedeutung der Arbeiten innerhalb der WTO und der WIPO sehr wichtig. Im Zuge der Unterzeichnung und Ratifizierung der beiden WIPO-Verträge vom Dezember 1996 (dazu oben S. 110) ist dabei eine neue Entwicklung auf Gemeinschaftsebene zu beobachten. Dort wurden nämlich auch von der Gemeinschaft, die zudem die Aktivitäten der Mitgliedstaaten koordinierte, Regelungen ausgehandelt und mitunterzeichnet, die zu den bisher noch nicht harmonisierten Bereichen in der Europäischen Gemeinschaft gehörten.[529] Diese Verpflichtungen sollen nun durch die Richtlinie zum Urheberrecht in der Informationsgesellschaft auf Ebene der Mitgliedstaaten umgesetzt werden. Dabei ist auffallend, wie die Europäische Gemeinschaft Kritikpunkte in diesem Bereich ohne inhaltliche Auseinandersetzung unter Hinweis auf die Notwendigkeit der vertraglichen Verpflichtungen zurückweist.[530] Dadurch wird die Gefahr deutlich, dass durch die Schaffung vollendeter Tatsachen in internationalen Verträgen der Rechtsangleichungsprozess schon von vornherein festgelegt werden soll. Damit wird der Abschluss völker-

---

[528] Vgl. Vorschläge der EG-Kommission „für Beschlüsse des Rates zur Unterzeichnung und Genehmigung namens der Europäischen Gemeinschaft der Europäischen Konvention über urheber- und leistungsschutzrechtliche Fragen im Bereich des grenzüberschreitenden Satellitenrundfunks", KOM (96) 6 endg. vom 31.1.1996, S. 6.
[529] Vor dem Hintergrund der neuen Regelungen des Rechts auf Zugänglichmachung, des Rechtsschutzes von technischen Maßnahmen und von Informationen für die Wahrnehmung der Rechte kann der Feststellung der Kommission im Erwägungsgrund 3 des „Vorschlags für einen Beschluss des Rates über die Zustimmung im Namen der Europäischen Gemeinschaft zum WIPO-Urheberrechtsvertrag und zum WIPO-Vertrag über Darbietungen und Tonträger", KOM (98) 249 endg. vom 27.4.1998, wonach der überwiegende Teil der Regelungen in den Anwendungsbereich der einschlägigen Richtlinien falle, nicht zugestimmt werden.
[530] Bzgl. des neuen Rechts auf Zugänglichmachung (unten S. 232ff.) vgl. KOM (1999) 250 endg. vom 21.5.1999, S. 21; *Reinbothe*, ZUM 1999, S. 429-437 (434); *ders.*, in der Diskussion in *Prütting,* Entwicklung des Urheberrechts, S. 13.

rechtlicher Vereinbarungen zum Motor der Integration. Auch wenn zuzugeben ist, dass die Verträge gleichberechtigt von den Mitgliedstaaten unterzeichnet wurden und diese rein rechtlich die Mitkontrolle über die geregelten Bereiche behielten, ist dieses Vorgehen nicht unbedenklich. So können im Vergleich zum Rechtsangleichungsverfahren auf Gemeinschaftsebene in einer anders geregelten Prozedur verschiedene Instanzen mit möglicherweise anderen Rechten beteiligt werden. Dieses Problem hat der Europäische Gerichtshof auch in seinem TRIPs-Gutachten 1/94 ausdrücklich angesprochen.[531] Die Europäische Gemeinschaft hatte bei den WIPO-Verhandlungen die Möglichkeit, die besonderen Umstände einer internationalen Konferenz, nämlich politische und zeitliche Zwänge sowie eine andere personelle Zusammensetzung der Mitgliedstaaten, zu nutzen, um gegenüber den Mitgliedstaaten in Bezug auf den weiteren gemeinschaftlichen Harmonisierungsverlauf vollendete Tatsachen zu schaffen, obwohl eine derartige dogmatische Festlegung möglicherweise gar nicht erforderlich war. Ob sich die Gemeinschaft dieser Möglichkeit bewusst bedient hat, lässt sich mangels geeigneter Quellen nicht sagen. Es ist jedenfalls Sache der Mitgliedstaaten, darauf zu achten, dass die Europäische Gemeinschaft aufgrund ihrer immer stärkeren Präsenz auf internationaler Ebene die Mitgliedstaaten nicht faktisch in Verträge mit Drittstaaten zwingt, die den späteren Harmonisierungsrahmen schon ganz genau vorzeichnen, ohne dass eine vertiefte Diskussion überhaupt noch möglich ist. Auch vor diesem Hintergrund ist der Abbruch der Verhandlungen zum MAI (siehe oben S. 114) seitens Frankreich zu sehen, das die Umdeutung von stark kulturell geprägten Gütern in bloße Investitionsgegenstände nicht akzeptieren wollte. Es ist bezeichnend, dass die Europäische Gemeinschaft sich trotz der ständigen Betonung der kulturellen Aspekte, wie sie gerade im Geänderten Richtlinienvorschlag zum Urheberrecht in der Informationsgesellschaft deutlich wurde, zu diesem Schritt nicht entschließen konnte. Die Einwirkungen, die der Abschluss eines MAI, das urheberrechtlich geschützte Gegenstände als Investitionsgüter deklariert hätte, gewissermaßen „durch die Hintertür" auf die weitere Harmonisierung des Urheberrechts auf Gemeinschaftsebene gehabt hätte, hätten die persönlichkeitsrechtlich geprägten Rechtsordnungen vor schwerwiegende dogmatische Probleme gestellt. Gerade wegen der oftmals als gegeben dargestellten Präjudizien für den Rechtsangleichungsprozess ist zumindest auf eine strikte Einhaltung der gemeinschaftlichen Kompetenzen zu achten.

---

[531] S. oben Fn. 504, S. I-5273.

2. Kapitel : Die anfängliche gemeinschaftliche Angleichungsphase und der damalige Streit über das Bestehen der gemeinschaftlichen Kompetenz im Bereich des Urheberrechts

A. Die ersten Initiativen von EG-Kommission und Europäischem Parlament und die Entscheidungen des Europäischen Gerichtshofes

War die Europäische Wirtschaftsgemeinschaft in den ersten Jahren ihres Bestehens vor allem mit handels- und industriepolitischen Fragestellungen beschäftigt, so fanden kulturpolitische Aspekte zu Beginn der siebziger Jahre immer mehr Beachtung. *Schneider-Brodtmann* bemerkt mit Blick auf das auf Gemeinschaftsebene entstehende Interesse für das Urheberrecht den Übertritt zu einer „kultur- und sozialpolitischen Phase"[532], während *Ellins* von einer „Planungsphase" mit „kulturpolitischem Ausgangspunkt" spricht.[533]

Das Urheberrecht rückte erstmals im Zusammenhang mit dem Wettbewerbsrecht in den Blickpunkt der Gemeinschaft. Seit 1971 erließ die Kommission immer wieder Entscheidungen vor allem gegen urheberrechtliche Verwertungsgesellschaften, bei denen der Gedanke der Wettbewerbsverzerrung im Vordergrund stand.[534] Die Verwertungsgesellschaften stützten sich bei der Verteidigung ihrer Handlungen regelmäßig auf die Unterschiede und den territorialen Charakter der nationalen Urheberrechtsordnungen. Die EG-Kommission akzeptierte zwar die Besonderheiten der nationalen Urheberrechte, wehrte sich aber gegen den Einsatz dieser Rechte allein zum Zwecke des Missbrauchs.[535] Zahlreiche Fälle mussten vom Europäischen Gerichtshof entschieden werden.

---

[532] *Schneider-Brodtmann*, Folgerecht, S. 251.
[533] *Ellins*, Copyright Law und Urheberrecht, S. 242.
[534] Z.B. Entscheidung der Kommission 71/224/EWG vom 2. Juni 1971 betreffend ein Verfahren nach Artikel 86 [jetzt Art. 82] des Vertrages (IV/26.760 - „*GEMA I*"), ABl. EG Nr. L 134 vom 20.6.1971, S. 15.
Zuletzt (jedoch ohne Beteiligung einer Verwertungsgesellschaft): Entscheidung der Kommission 89/205/EWG vom 21. Dezember 1988 über ein Verfahren nach Artikel 86 EWG-Vertrag (IV/31.85 - *Magill TV Guide / ITP, BBC und RTE*), ABl. EG Nr. L 78 vom 21.3.1989, S. 43ff.
Dazu *Ehlermann*, Konferenz der Generaldirektion XV der Europäischen Kommission „Urheberrecht und verwandte Schutzrechte an der Schwelle zum 21. Jahrhundert" in Florenz (2.-4.6.96), Protokoll, S. 100-110 (103).
[535] Ganz deutlich kommt dies in der *Magill*-Entscheidung (oben Fn. 534), Ziff. 23 zum Ausdruck: „Im Gegenteil, die Kommission ist der Auffassung, dass *ITP*, *BBC* und *RTE* im ge-

Die Frage der Rechtsangleichung im Bereich des Urheberrechts stellte erstmals das Europäische Parlament in einer kulturpolitisch geprägten Resolution zum Schutz des europäischen Kulturgutes vom 13.5.1974.[536] Dort wurde der EG-Kommission der einstimmige Auftrag erteilt, Vorschläge für die Angleichung der nationalen Regelungen zum Kulturgüterschutz und zum Urheberrecht auszuarbeiten. In der Folgezeit veröffentlichte die EG-Kommission eine Reihe von Dokumenten zum Thema „Gemeinschaftsaktion im kulturellen Bereich"[537], die sich mit dem Urheberrecht befassten. Außerdem wurden von der EG-Kommission mehrere wissenschaftliche Studien in diesem Bereich in Auftrag gegeben.[538] Einen zentralen Platz nahm dabei die rechtsvergleichende Studie von *Dietz* über das Urheberrecht in den Mitgliedstaaten[539] ein, die *Dietz* mit sehr weit reichenden Forderungen in Richtung Rechtsvereinheitlichung versah.[540] Die Studie ist insoweit symptomatisch für das zu dieser Zeit auf der Ebene der Europäischen Wirtschaftsgemeinschaft langfristig angestrebte Ziel der kompletten Rechtsvereinheitlichung.[541] Aufgrund des kulturellen Ausgangspunkts dieser ersten Bemühungen überrascht es nicht, dass anfangs innerhalb der EG-Kommission die für Kultur zuständige Generaldirektion federführend war.[542]

B. Kritische Stimmen

Vereinzelt wurde den ersten Initiativen der EG-Kommission im Bereich des Urheberrechts entgegengehalten, dass der EWG-Vertrag für die Europäische Wirtschaftsgemeinschaft keine Kompetenz für Harmonisierungsmaßnahmen vorsehe. In der Tat wurde das Urheberrecht bis auf eine Ausnahme nirgendwo ausdrücklich

---

genwärtigen Fall das Urheberrecht als Mittel des Missbrauchs einsetzen, in einer Art, die nicht vom spezifischen Schutzgegenstand des Rechts am geistigen Eigentum erfasst wird."

[536] ABl. EG Nr. C 62 vom 30.5.1974, S. 5, vgl. *Dietz*, GRUR Int. 1978, S. 101-109 (105) und *Ellins*, Copyright Law und Urheberrecht, S. 242 Fn. 25.

[537] Entsprechende Nachweise bei *Dietz*, GRUR Int. 1978, S. 101-109 (105) und *Ellins*, Copyright Law und Urheberrecht, S. 243 Fn. 26.

[538] Vgl. *Ulmer*, General Questions. In: International Encyclopedia of Comparative Law, Vol. XIV, S. 9; Nachweise der Studien bei *Ellins*, Copyright Law und Urheberrecht, S. 243 Fn. 27.

[539] *Dietz*: Das Urheberrecht in der Europäischen Gemeinschaft: Studie im Auftrag der Generaldirektion „Forschung, Wissenschaft und Bildung" der Kommission der Europäischen Gemeinschaften, 1978.

[540] Das brachte *Dietz* durch *Davies/von Rauscher auf Weeg*, Recht der Hersteller von Tonträgern, S. 10 den Vorwurf ein, dass er sich mit seinen weit reichenden Vorschlägen teilweise „völlig außerhalb des Urheberrechts" bewegte.

[541] *Ulmer*, General Questions. In: International Encyclopedia of Comparative Law, Vol. XIV, S. 9.

[542] *Ellins*, Copyright Law und Urheberrecht, S. 243.

genannt. Lediglich in der Liste der unsichtbaren Transaktionen im Sinne der mittlerweile aufgehobenen Ziffer 3 von Art. 106 EWGV[543] (Anhang 3 des EWG-Vertrags) fand sich neben der Nennung von Zeitungen, Zeitschriften, Büchern, musikalischen Verlagswerken, Schallplatten und Filmen auch eine Bezugnahme zu den Erträgnissen aus dem Urheberrecht, was teilweise als Einbeziehung der Materie in den EWG-Vertrag gewertet wurde.[544] Diese Ansicht wurde aber zu Recht abgelehnt.[545] Auch die Kultur war anfangs kein Vertragsbestandteil.[546] Im Bereich der Regelungen des freien Warenverkehrs (Art. 30ff. EWGV)[547] sah die Ausnahmeregelung des Art. 36[548] aber vor, dass die Mitgliedstaaten Beschränkungen des freien Warenverkehrs unter anderem zum Schutz des gewerblichen oder kommerziellen Eigentums rechtfertigen könnten. Um den genauen Regelungsgehalt dieser Vorschrift entbrannte die Diskussion.

Es war vor allem *Gotzen*, der aus Art. 36 EWGV über einen Rückschluss auf die Grundnorm des freien Warenverkehrs (Art. 30 EWGV) ableitete, dass zumindest das klassische Urheberrecht und das Recht des ausübenden Künstlers nicht unter den EWG-Vertrag fielen.[549] Er begründete dies damit, dass Art. 36 EWGV nach seinem ausdrücklichen Wortlaut nur das „gewerbliche und kommerzielle Eigentum" und damit eben gerade nicht das künstlerische Eigentum regelte. Wenn der Vertragstext das gewerbliche und kommerzielle Eigentum unter bestimmten Voraussetzungen ausdrücklich aus dem Anwendungsbereich der Regeln des freien Warenverkehrs herausnahm und gleichsam das Urheberrecht, für das dies noch viel eher gelten musste, überhaupt nicht erwähnte, könnte aus der Nichterwähnung nur gefolgert werden, dass die Vertragsparteien das Urheberrecht gar nicht als mögliche Begrenzung des freien Warenverkehrs angesehen hatten. Es könnte der Verwirklichung des Gemeinsamen Marktes nicht im Wege stehen, so dass für die

---

[543] Art. 106 EWGV stand unter dem Titel „Wirtschaftspolitik" im Kapitel zur Zahlungsbilanz.
[544] So sagt *Benabou*, Droit d'auteur, S. 40, dass demnach bei der Aushandlung des Vertrags der Bereich des Urheberrechts nicht von vornherein hatte ausgeschlossen werden sollen; vgl. *Dietz*, Urheberrecht in der EG, S. 43; vgl. *Françon*, Le droit d'auteur, S. 66; vgl. *Herter*, Geistiges Eigentum und gesetzliche Lizenz, S. 172.
[545] *Françon*, Le droit d'auteur, S. 66; *Sieger*, FuR 1977, S. 283-290 (283), der betonte, dass Anhang 3 nur die Vergütungen für die Verwertung urheberrechtlicher Nutzungsrechte und nicht den vorausgehenden Akt der Entstehung des Urheberrechts sowie dessen Inhalt und Umfang umfasste; *Herter*, Geistiges Eigentum und gesetzliche Lizenz, S. 173; auch *Dietz*, Urheberrecht in der EG, S. 43 war zurückhaltend und sah die Anwendbarkeit nur für den Bereich der rechtsgeschäftlichen Verwertung und nicht für die Vergabe von Rechten.
[546] Vgl. *Benabou*, Droit d'auteur, S. 37.
[547] Jetzt Art. 28ff. EGV.
[548] Jetzt Art. 30 EGV.
[549] In der Dissertation „Artistieke eigendom en mededingsregels van de Europese Economische Gemeenschap", 1971, sowie in: Het bestemmingsrecht van de auteur, 1975.

Europäische Wirtschaftsgemeinschaft keine Handlungsbefugnis bestünde.[550] *Gotzen* sah das wettbewerbsrechtlich geprägte „industrielle Eigentum" als ungeeignet für die Lösung von Problemen vom die Existenz der Autoren sichernden „künstlerischen Eigentum" an,[551] was auch die Möglichkeit einer Analogie ausschlösse[552]. Diese Unvereinbarkeit bemerkte er zum einen schon in der Terminologie, bei der er dem industriellen Eigentum das intellektuelle gegenüberstellte.[553] Außerdem sah er aufgrund der künstlerisch-kulturellen Komponente, wie sie sich besonders im Urheberpersönlichkeitsrecht äußert, einen Wesensunterschied zum wirtschaftlich geprägten industriellen Eigentum,[554] welches erst nach einer amtlichen Registrierung verliehen wird.[555] Die Kultur entzöge sich aber der Kompetenz der Europäischen Wirtschaftsgemeinschaft, da sich diese nur mit rein wirtschaftlichen Fragestellungen und nicht mit der kulturellen Domäne befassen dürfe.[556]

Die Ansicht von *Gotzen* konnte sich nicht durchsetzen. Die komplette Herausnahme urheberrechtlich geschützter Güter aus dem Bereich des freien Warenverkehrs galt aufgrund der nicht unerheblichen wirtschaftlichen Bedeutung der Urheberrechtsindustrien als wirklichkeitsfremd. *Françon* sah deshalb sogar die Gefahr, dass sich für die Nichtanwendbarkeit der Ausnahmeregelung des Art. 36 EWGV entschieden würde und dadurch das Urheberrecht sowohl der allgemeinen Regel des Art. 30 EWGV als auch den Wettbewerbsregeln von Art. 85f. EWGV[557] unterworfen würde. Damit würden die Rechtsinhaber sogar schlechter gestellt werden.[558] Außerdem wurde argumentiert, dass Art. 36 EWGV lediglich die Funktion hatte, zugunsten des Handlungsspielraumes der Mitgliedstaaten bestimmte Rechtsbereiche aus dem Anwendungsbereich von Art. 30 EWGV herauszunehmen und somit die Vermutung, dass alle warenbezogenen Materien unter das Recht des freien Warenverkehrs fielen, für bestimmte Bereiche aufzuheben.[559]

---

[550] *Gotzen*, Bestemmingsrecht, S. 382.
[551] *Gotzen*, Artistieke eigendom, S. 47 ff.; ders., Bestemmingsrecht, S. 382.
[552] *Gotzen*, Artistieke eigendom, S. 65; *Sieger*, FuR 1977, S. 283-290 (283).
[553] *Gotzen*, Artistieke eigendom, S. 47f.
[554] *Gotzen*, Artistieke eigendom, S. 50ff.
[555] Mit diesem Argument versucht *Maier*, Droit d'auteur, 1997, S. 8 diese Ansicht zu erklären, ohne sich diese zu Eigen zu machen.
[556] *Gotzen*, Artistieke eigendom, S. 55; in Deutschland wurde diese Ansicht von *Sieger*, FuR 1977, S. 283-290 (283ff.) und ZUM 1988, S. 483-488 (483ff.) vertreten. Dieses Argument hat auch der deutsche Bundesrat im Laufe des Streits um die „Fernsehen ohne Grenzen"-Richtlinie (vgl. unten S. 125) wieder hervorgebracht (entsprechende Nachweise bei *Rosenthal*, Kompetenz der EG, S. 55 Fn. 148).
[557] Jetzt Art. 81f. EGV.
[558] *Françon*, 100 RIDA 1979, S. 129-197 (145); *Benabou*, Droit d'auteur, S. 39.
[559] Vgl. *Françon*, 100 RIDA 1979, S. 129-197 (145).

Allgemein wurde deshalb die Anwendbarkeit von Art. 36 EWGV und damit im Rückschluss auch der Regeln des freien Warenverkehrs auf das Urheberrecht zumindest im Wege der Analogie bejaht.[560] Deshalb könnten unterschiedliche einzelstaatliche Vorschriften in diesem Bereich eine Harmonisierung erfordern.[561]

Letztlich wurde dieser Streit in mehreren Urteilen des Europäischen Gerichtshofes zugunsten der punktuellen Einbeziehung des Urheberrechts unter den EWG-Vertrag entschieden.[562] Dabei ist dem Europäischen Gerichtshof aber vorgeworfen worden, dass er mit seiner Auslegung zu weit gegangen sei, indem er bei Art. 30 EWGV entgegen des englischen Wortlauts „having effect" vom Begriff „being capable" und damit nur von einer potentiellen Wirkung ausgegangen sei.[563]

Diese Rechtsprechung bedeutet aber nicht, dass der zumindest analog auf das Urheberrecht anwendbare neue Art. 30 EGV das Urheberrecht in die ausschließliche Domäne der Mitgliedstaaten verweist.[564] Vielmehr hat der Europäische Gerichtshof in diesem Zusammenhang die ständige Rechtsprechung zum „spezifischen Gegenstand" des Urheberrechts entwickelt. Der Begriff wurde bisher noch nicht genau definiert[565], umfasst aber aus Sicht des Europäischen Gerichtshofes einen Kernbereich des Schutzes der persönlichen und wirtschaftlichen Rechte der Rechtsinhaber. Nur dieser „spezifische Gegenstand" des Schutzrechts unterfällt der Regelung des Art. 30 EGV.

---

[560] So *Johannes,* Gewerblicher Rechtsschutz und Urheberrecht, S. 55f., der *Gotzen* maßlose Übertreibung vorwirft; *Dietz,* Urheberrecht in der EG, S. 42; *Ferid,* Mitarbeiterfestschrift für *Ulmer,* S. 75-82 (80); vgl. auch *Schneider-Brodtmann,* Folgerecht, S. 234f. m.w.N. Das Technologie-Grünbuch, KOM (88) 172 endg. vom 23.8.1988, S. 10 hielt die Unterschiede zum gewerblichen Eigentum in Bezug auf den Gemeinsamen Markt nicht für relevant.

[561] So das Technologie-Grünbuch, KOM (88) 172 endg. vom 23.8.1988, S. 10.

[562] EuGH vom 8.6.1971, Rs. 78/70 („*Deutsche Grammophon / METRO*"), Slg. 1971, S. 487-514 (499f.); EuGH vom 20.1.1981, verb. Rs. 55/80 und 57/80 („*Musik-Vertrieb membran und K-Tel International / GEMA*"; „Gebührendifferenz-Urteil"), Slg. 1981, S. 147-180 (160ff.). Dazu *Schneider-Brodtmann,* Folgerecht, S. 235ff.; *Verstrynge,* 4 Fordham Intellectual Property, Media & Entertainment Law Journal 1993/94, S. 5-17 (6); *Reischl, Reischl*-Kolloquium, S. 45-55 (46+48).

[563] *Macfarlane/Wardle/Wilkinson,* 16 EIPR 1994, S. 525-530 (530).

[564] EuGH vom 4.10.1991, Rs. C-367/89 („*Strafverfahren gegen Aimé Richardt und 'Les Accessoires Sciéntifiques' SNC*"), Slg. 1991, S. I 4621-4654 (4651); so auch EuGH vom 13.7.1995, Rs. C-350/92 („*Spanien / Rat*"), Slg. 1995, S. I 1985-2017 (2011).

[565] *Smith,* EWS 1996, S. 120-126 (122).

Art. 30 EGV ist auch deshalb von großer Wichtigkeit, da er als allgemeiner Rechtsgrundsatz des EG-Vertrags im Wege der Rechtsanalogie auch auf Art. 46[566] und Art. 55[567] angewendet wird und somit umfassend gilt.

3. Kapitel : Die weitere Entwicklung der gemeinschaftsweiten Urheberrechtsangleichung

A. Einleitung

In den achtziger Jahren folgte der „kulturpolitischen" die „industrie- und technologiepolitische" Phase.[568] Mit der Einheitlichen Europäische Akte von 1986 bekamen die Angleichungsbemühungen im Urheberrecht neuen Schwung, da nun bis zum Jahre 1992 der Binnenmarkt verwirklicht werden musste. Aufgrund der Natur des Binnenmarktes als Raum ohne Binnengrenzen, in dem der freie Verkehr von Waren, Personen, Dienstleistungen und Kapital gewährleistet ist, stand die Betonung wirtschaftlicher Erwägungen verstärkt im Vordergrund. Durch die Herausforderung der neuen Technologien gewannen die Harmonisierungsinitiativen an zusätzlicher Dynamik. Zum Ansatz einer kompetenzrechtlichen Diskussion kam es dabei nur im Zuge der Verhandlungen über die Richtlinie „Fernsehen ohne Grenzen"[569].

B. Die Harmonisierungsmaßnahmen

Im Weißbuch „Vollendung des Binnenmarktes" vom 14.6.1985[570] wurde die Rechtsangleichung im Bereich des Urheberrechts als von ausschlaggebender Bedeutung für die Vollendung des Binnenmarktes angesehen[571] und unter Ziffer 145 in die Prioritätenliste aufgenommen. Die Betonung lag auf der Frage, ob die Ausübung der Rechte innerhalb der Gemeinschaft zu Handelshemmnissen führen konnte. Die Aktivitäten bewegten sich also innerhalb der Zielsetzungen der Wirtschaftsgemeinschaft.[572] Das Weißbuch wurde erstmals von der für den Binnen-

---

[566] EuGH vom 6.10.1982, Rs. 262/81 („*Coditel SA / Ciné Vog Films*"; „*Coditel II*"), Slg. 1982, S. 3381-3413 (3401).
Reinert, Grenzüberschreitender Rundfunk, S. 222; *Niehof*, Grundsatz der gegenseitigen Anerkennung, S. 112; *Stewing*, Subsidiarität und Föderalismus in der EU, S. 87.
[567] *Reinert*, Grenzüberschreitender Rundfunk, S. 222.
[568] So *Schneider-Brodtmann*, Folgerecht, S. 254.
[569] Dazu unten S. 125.
[570] „Vollendung des Binnenmarktes - Weißbuch der Kommission an den Europäischen Rat", KOM (85) 310 endg. vom 14.6.1985.
[571] Weißbuch „Vollendung des Binnenmarktes", KOM (85) 310 endg. vom 14.6.1985, S. 38ff.
[572] Vgl. auch *Peifer*, 8. Ringberg-Symposium, S. 87-123 (102).

markt zuständigen Generaldirektion ausgearbeitet, bei der bis heute die Federführung für urheberrechtliche Initiativen geblieben ist.

Das Technologie-Grünbuch vom 23.8.1988[573] befasste sich mit den Herausforderungen der Technologie. Es behandelte Fragen der Piraterie[574], der audiovisuellen Vervielfältigungen für private Zwecke[575], des Verbreitungsrechts einschließlich seiner Erschöpfung[576], des Schutzes von Computerprogrammen[577] und Datenbanken[578] sowie schließlich der Rolle der Gemeinschaft in multilateralen und bilateralen auswärtigen Beziehungen[579]. Dem Grünbuch wurde in der Folgezeit herbe Kritik entgegengebracht, da es vor dem Hintergrund der Verwirklichung des Binnenmarktes als „Wirtschaftsgemeinschaft ohne kulturelle Kompetenz"[580] viel zu einseitig auf die wirtschaftlichen Aspekte des Urheberrechts abstellte. Gerügt wurde die Verwerterfreundlichkeit[581], durch welche das „alte Privilegiensystem" wieder durchschimmerte.[582] Befürchtet wurde gar ein „Urheberrecht ohne Urheber".[583] Aufgrund der starken Kritik ging in der öffentlichen Diskussion die Tatsache unter, dass neben der Betonung der wirtschaftlichen Seite der Wert der schöpferischen Leistung der Kulturschaffenden durchaus angesprochen wurde.[584]

Die EG-Kommission jedenfalls zeigte sich durch die Stimmen aus Urheberkreisen beeindruckt und vollzog in ihrem Arbeitsprogramm „Initiativen zum Grünbuch" vom 17.1.1991[585] eine deutliche Kehrtwendung.[586] Im Kapitel 8 wurde nun auch

---

[573] Grünbuch „Urheberrecht und die technologische Herausforderung - Urheberrechtsfragen, die sofortiges Handeln erfordern", KOM (88) 172 endg. vom 23.8.1988.
Dazu *Schricker*, 20 IIC 1989, S. 466-484 (473ff.).
[574] Technologie-Grünbuch, KOM (88) 172 endg. vom 23.8.1988, Kapitel 2, S. 19ff.
[575] Technologie-Grünbuch, KOM (88) 172 endg. vom 23.8.1988, Kapitel 3, S. 99ff.
[576] Technologie-Grünbuch, KOM (88) 172 endg. vom 23.8.1988, Kapitel 4, S. 146ff.
[577] Technologie-Grünbuch, KOM (88) 172 endg. vom 23.8.1988, Kapitel 5, S. 170ff.
[578] Technologie-Grünbuch, KOM (88) 172 endg. vom 23.8.1988, Kapitel 6, S. 205ff.
[579] Technologie-Grünbuch, KOM (88) 172 endg. vom 23.8.1988, Kapitel 7, S. 218ff.
[580] So *Möller*, ZUM 1990, S. 65-70 (66).
[581] *Dietz*, Reischl-Kolloquium, S. 57-67 (64) spricht insoweit vom „doppelten Reduktionismus", bei dem nur die wirtschaftlichen Aspekte und die Verwerterinteressen betont würden.
[582] So *Möller*, ZUM 1990, S. 65-70 (66).
[583] *Schricker*, 20 IIC 1989, S. 466-484 (475); *Cohen Jehoram*, 144 RIDA 1990, S. 81-133 (125).
[584] Technologie-Grünbuch, KOM (88) 172 endg. vom 23.8.1988, S. 6 (Ziffer 1.4.4.).
[585] „Initiativen zum Grünbuch - Arbeitsprogramm der Kommission auf dem Gebiet des Urheberrechts und der verwandten Schutzrechte", KOM (90) 584 endg. vom 17.1.1991.
Dazu *Dreier/von Lewinski*, 39 J.Cop.Soc. USA 1991, S. 96-120 (99); *Kreile/Becker*, GRUR Int. 1994, S. 901-911 (902f.); *Schmittmann/de Vries*, AfP 1995, S. 470-478 (474f.).
[586] Symptomatisch dafür ist die Passage auf S. 2f. (Punkt 1.3): „Das Urheberrecht ist ein Eckpfeiler des geistigen Schöpfungsprozesses. Das Urheberrecht schützen heißt die Gegenwart

auf die Schutzdauer, das Urheberpersönlichkeitsrecht, die Reprographie und das Folgerecht eingegangen.[587] Kulturelle Aspekte wurden oft in einem Zusammenhang mit den wirtschaftlichen erwähnt[588], was sich auch in den neueren Harmonisierungsinitiativen oftmals findet[589]. Von nun an wurde das Ziel der Harmonisierung auf hohem Niveau immer wieder betont.[590]

C. Die kurzzeitige Diskussion über die Kompetenz im Rahmen der Richtlinie „Fernsehen ohne Grenzen"

Die Harmonisierungsmaßnahmen der Europäischen Gemeinschaft wurden nach der anfänglichen Diskussion aus kompetenzrechtlichen Erwägungen nicht mehr in Zweifel gezogen. Lediglich im Zuge der Verhandlung über die Richtlinie „Fernsehen ohne Grenzen"[591] bemängelten vereinzelte Stimmen in der Literatur sowie der deutsche Bundesrat[592] die mangelnde Kompetenz der Europäischen Gemeinschaft aus kulturellen Erwägungen. So war es vor allem *Edelman*, welcher der im Kern persönlichkeitsrechtlichen Natur die im Wesentlichen wirtschaftliche Ausrichtung der Europäischen Gemeinschaft gegenüberstellte[593] und deshalb deren Regelungskompetenz im Bereich des Urheberrechts in Frage stellte.[594] *O'Connell*[595] wollte zwar grundsätzlich aufgrund des Binnenmarktgebots eine Harmonisierung dann zulassen, wenn kulturelle Aspekte auch nebenbei betroffen waren, sah im Rahmen der Richtlinie „Fernsehen ohne Grenzen" aber einen „Eingriff der Europäischen Union in die Kultur" („Intrusion by the European Union into culture"), da der wirtschaftliche Aspekt nur im Hintergrund stand. Das im vorbereitenden Grün-

---

und die Zukunft der schöpferischen Tätigkeit im Interesse der Urheber, der Unternehmen des Kultursektors, der Verbraucher und letztlich der ganzen Gesellschaft sichern. Die verwandten Schutzrechte ergänzen diese Ziele in verschiedener Hinsicht, indem sie beispielsweise den ausübenden Künstlern und den Personen, die in kulturelle Erzeugnisse und Dienstleistungen investieren, eine angemessene Vergütung verbürgen."

[587] KOM (90) 584 endg. vom 17.1.1991, S. 31ff.
[588] Z.B. S. 3 (Punkt 1.5): „ [...] da andernfalls nicht nur wirtschaftliche, sondern auch kulturelle Wertschöpfungsquellen der Mitgliedstaaten der Gemeinschaft zu versiegen drohen".
[589] Vgl. z.B. Erwägungsgrund 5 der Vermiet- und Verleihrecht-Richtlinie, Erwägungsgrund 3 der Satellit- und Kabel-Richtlinie, Erwägungsgrund 11 der Schutzdauer-Richtlinie und Erwägungsgrund 4 der Richtlinie zum Urheberrecht in der Informationsgesellschaft.
[590] So Erwägungsgrund 9 der Richtlinie zum Urheberrecht in der Informationsgesellschaft; vgl. auch *Schmittmann/de Vries*, AfP 1995, S. 470-478 (474); so auch *Leutheusser-Schnarrenberger*, ZUM 1995, S. 115-117 (115).
[591] Nachweis oben Fn. 465.
[592] S. oben Fn. 556.
[593] *Edelman*, La propriété littéraire et artistique, S. 111.
[594] *Edelman*, Le Monde diplomatique 7/1990, S. 32.
[595] *O'Connell*, 28 Case W. Res. J. Int'l L. 1996, S. 501-530 (514ff.).

buch genannte Urheberrecht wurde schließlich in der Richtlinie nicht mehr erwähnt.[596]

D. Droht eine neue Debatte um die gemeinschaftliche Kompetenz im Zusammenhang mit der Richtlinie zum Urheberrecht in der Informationsgesellschaft?

In Anbetracht der vielen strittigen Regelungen der Richtlinie zum Urheberrecht in der Informationsgesellschaft (dazu unten S. 229ff.) wird wieder die Frage aufgeworfen, inwieweit die Gemeinschaft über die Rechtsangleichungskompetenz für urheberrechtliche Fragen verfügt.[597] Dies soll im Folgenden näher betrachtet werden.

4. Kapitel : Die Zuweisung von Kompetenzen im Bereich des Urheberrechts zugunsten der Europäischen Gemeinschaft

A. Einleitung

Die Frage der Kompetenzzuweisung regelt, ob die Europäische Gemeinschaft überhaupt eine Harmonisierungsmaßnahme vornehmen darf. Die Wahl der richtigen Kompetenznorm ist gerade in der Europäischen Gemeinschaft wichtig, da je nach Kompetenznorm unterschiedliche Rechtssetzungsverfahren mit unterschiedlichen Beteiligungsrechten der Organe der Europäischen Gemeinschaft und unterschiedlichen Mehrheitserfordernissen im Rat der Europäischen Union einschlägig sein können.[598]

B. Das Prinzip der begrenzten Einzelermächtigung (Art. 5 Abs. 1 EGV) als Ausgangspunkt

Das Prinzip der begrenzten Einzelermächtigung (Art. 5 Abs. 1 EGV) ist eines der wesentlichen Strukturprinzipien des EG-Vertrags. Es besagt, dass die Gemeinschaft nur in den Bereichen tätig werden darf, in denen ihr vom EG-Vertrag eine entsprechende Kompetenz zugewiesen wird. Dieses Prinzip wurde zwar erst mit dem Vertrag von Maastricht im EG-Vertrag ausdrücklich verankert, es ergab sich aber schon zuvor aus der Formulierung „nach Maßgabe dieses Vertrages" in

---

[596] *Françon*, Le droit d'auteur, S. 64.
[597] So *Hugenholtz*, 22 EIPR 2000, S. 499-505 (502), der allen Mitgliedstaaten seine Dienste anbietet, um die Richtlinie vor dem Europäischen Gerichtshof zu Fall zu bringen.
[598] *Röttinger*, zitiert von *Lausen*, ZUM 1993, S. 359-362 (360).

Art. 189 Abs. 1 EWGV. Dadurch hat die Gemeinschaft auch in Ansehung des Art. 308 EGV (dazu unten S. 147) keine Kompetenzkompetenz[599], kann also sich nicht etwa selbständig Handlungsermächtigungen zuweisen. *Scholz* und *Hofmann* sehen sie als Tatbestandsvoraussetzung für den Vorrang des Gemeinschaftsrechts, denn nur innerhalb der Kompetenzen kann der Vorrang überhaupt relevant werden, da nach dem Maastricht-Urteil des Bundesverfassungsgerichts vom 12.10.1993[600] eine über die Grenzen der Verträge hinausgehende Rechtssetzung innerstaatlich keine Bindungswirkung entfalten kann.[601]

Das Prinzip der begrenzten Einzelermächtigung streitet auch gegen die Annahme einer Handlungskompetenz allein aufgrund eines ungeschriebenen Grundsatzes der Förderung der Integrationsziele. So vertrat *Ipsen* zwar ursprünglich die Ansicht, dass schon eine aus dem Demokratieprinzip resultierende integrationspolitische Zielsetzung ausreichend sei[602], gab diese später aber auf[603]. Nur weil die europäische Handlungsebene sinnvoll wäre, kann eine Kompetenz jedoch nicht begründet werden. Eine „gute Idee" auf europäischer Ebene kann für die Kompetenzzuweisung nicht genügen.[604]

---

[599] O. *Dörr*, EuZW 1996, S. 39-43 (40); *Forester*, ÖJZ 1996, S. 281-291 (282) m.w.N.; *Scholz/Hofmann*, ZRP 1998, S. 295-302 (301).
[600] BVerfGE 89, S. 155-213 (210).
[601] *Scholz/Hofmann*, ZRP 1998, S. 295-302 (301).
Ob dem Urteil in seinen Schlussfolgerungen zugestimmt werden kann, ist heftig umstritten, doch ist die deutsche öffentliche Gewalt an seine Aussagen gebunden; die Behauptung von *Rosenthal*, Kompetenz der EG, S. 115, die Gerichtsbarkeit des Bundesverfassungsgerichts sei durch das Zustimmungsgesetz zum EWG-Vertrag bis zur Grenze des Art. 79 Abs. 3 GG auf den Europäischen Gerichtshof auch hinsichtlich der Bestimmung der gemeinschaftlichen Kompetenzen übergegangen, begegnet Bedenken. Zwar bestimmt Art. 220 EGV, dass der Europäische Gerichtshof die Wahrung des Rechts bei der Auslegung und Anwendung des Vertrags sichert; dies kann aber nicht für die Gegenstände gelten, die außerhalb des Anwendungsbereichs des Vertrags liegen, weil es dann eben gerade nicht mehr um die Auslegung oder Anwendung des Vertrags, sondern vielmehr um die vorgelagerte Frage der Anwendbarkeit ginge. Dadurch wäre letztlich das richterliche Pendant zur Kompetenzkompetenz auf die Gemeinschaft übergegangen. Davon kann aber auch bei einem Kompetenzverband mangels eindeutiger Willensäußerung der Mitgliedstaaten als „Herren der Verträge" nicht ausgegangen werden. Hier drohen in der Zukunft möglicherweise heftige Auseinandersetzungen.
[602] *Ipsen*, EuR 1982, S. 205-212 (209ff.).
[603] Vgl. die in der Gedächtnisschrift für *Geck*, S. 339-354 (345) geäußerte Meinung, wonach „rechtliche Handlungsermächtigungen über Form und Ausmaß [...] zulässiger Rechtshandlungen aber erst das (übrige) primäre und sekundäre Einzelrecht" lieferten.
[604] *Ellins*, Copyright Law und Urheberrecht, S. 239 trifft diese Feststellung im Rahmen der Subsidiarität.

Aufgrund der Zielgerichtetheit[605] vieler Kompetenznormen des EG-Vertrags, insbesondere des Binnenmarktgebots, ist das Prinzip der begrenzten Einzelermächtigung in der Praxis jedoch nur beschränkt zur Eingrenzung der gemeinschaftlichen Kompetenz tauglich. Selbst bei an sich rein innerstaatlichen Angelegenheiten lässt sich ein Binnenmarktbezug herstellen, wenn sich aus diesen Angelegenheiten auch Auswirkungen auf den grenzüberschreitenden Handel ergeben könnten.[606] Deshalb ist es nicht überraschend, dass der deutsche Bundesrat in der Entschließung „Forderungen der Länder zur Regierungskonferenz 1996" das Prinzip der begrenzten Einzelermächtigungen dahingehend begrenzen wollte, dass die Gemeinschaft nicht aufgrund bloßer Zielsetzungen, sondern nur bei eindeutig definierten Zuständigkeiten tätig wird.[607]

C. Fehlen einer ausdrücklichen Sachbereichskompetenz

Aufgrund des Integrationsprozesses innerhalb der Europäischen Gemeinschaft und der starken Ausrichtung auf das Binnenmarktgebot sind die Regelungen zur Kompetenzverteilung strukturell anders aufgebaut als in den meisten Bundesstaaten. Während Bundesstaaten grundsätzlich detaillierte Kompetenzkataloge enthalten, in denen vor allem möglichst eingegrenzte Sachbereiche den einzelnen Regelungsebenen zugewiesen werden, wird der EG-Vertrag traditionell größtenteils von sachbereichsübergreifenden, zielgerichteten Querschnittskompetenzen geprägt. Zwar wurden mit der zunehmenden Vertiefung der Integration verstärkt auch Sachbereichskompetenzen in den EG-Vertrag aufgenommen, das auf die Verwirklichung der Grundfreiheiten zugeschnittene Binnenmarktgebot bildet aber noch immer den zentralen Bereich im gemeinschaftlichen Aktionskreis.

---

[605] Diese Zielgerichtetheit hat das Bundesverfassungsgericht im Maastricht-Urteil [BVerfGE 89, S. 155-213 (192+209)] in eingrenzender Auslegung zu der Feststellung veranlasst, dass es einer verfassungsrechtlichen Anforderung entspreche, dass sich Handlungsbefugnisse nicht aus reinen Zielvorgaben ableiten lassen dürfen; sehr kritisch auch *O. Dörr*, EuZW 1996, S. 39-43 (40).

[606] Dazu *Bermann*, 94 Colum. L. Rev. 1994, S. 331-456 (356).
Als Beispiel für die Regelung eines an sich innerstaatlichen Sachverhalts wird oft das Urteil des EuGH vom 24.11.1993 in der verb. Rs. C-267/91 und 268/91(*„Strafverfahren gegen Bernard Keck und Daniel Mithouard"*), Slg. 1993, S. I 6097-6132 angeführt, das sich mit dem Verbot des Verkaufs unter Einstandspreis in Belgien befasste, wobei sämtliche Beteiligte auch in Belgien ansässig waren, so dass eine Grenzüberschreitung eigentlich gar nicht in Frage stand, vgl. *Rohe*, 61 RabelsZ 1997, S. 1-85 (13).

[607] BR-Drucks. 667/95: „Die Gemeinschaft wird nur innerhalb der ihr in diesem Vertrag ausdrücklich zugewiesenen Befugnisse tätig."

So enthält der EG-Vertrag auch keine ausdrückliche Kompetenzzuweisung im Bereich des Urheberrechts zugunsten der Europäischen Gemeinschaft. Damit unterscheidet sich der EG-Vertrag von den in mehreren föderalen Staaten vorhandenen Verfassungsregelungen. Zum Beispiel wird im deutschen Grundgesetz (Art. 73 Nr. 9) die ausschließliche Regelungsbefugnis in diesem Bereich ausdrücklich dem Zentralstaat zugewiesen, wobei die Kompetenz in Kultursachen bei den Bundesländern verbleibt. In der recht kurzen US-amerikanischen Verfassung (Art. I § 8 S. 8) findet sich eine ähnliche Regelung, die aber von konkurrierender Konkurrenz[608] ausgeht. Auch in Belgien gibt es vergleichbare Vorschriften.[609]

Gerade unter Berücksichtigung der Tatsache, dass die Europäische Gemeinschaft kein Bundesstaat ist, überrascht das Ausbleiben einer solchen an sich nahe liegenden Regelung. Wenn schon Bundesstaaten bei der Zuweisung der Kompetenz im Bereich des Urheberrechts nicht auf die allgemeine Wirtschaftsklausel (Art. 74 Abs. 1 Nr. 11: „Recht der Wirtschaft"; Art. 1 § 8 S. 3 US-Verfassung: „Interstate Commerce") abstellen, ist fraglich, warum dies dann im loseren Staatenverbund der Europäischen Gemeinschaft nicht auch geschehen ist. Der Grund dürfte darin liegen, dass die Europäische Gemeinschaft im Gegensatz zu Deutschland im Bereich des Urheberrechts höchstens eine konkurrierende Zuständigkeit beanspruchen will, und zwar auch nur insoweit, als andere, ihr kompetenzrechtlich ausdrücklich zugewiesene Materien betroffen sind. Auf diese Weise kann sie sich als Wirtschaftsgemeinschaft auf die binnenmarktrelevanten Aspekte des Urheberrechts beschränken.

D. Die möglichen Kompetenzausschlussnormen

Manchmal werden mit Art. 295 EGV, Art. 307 EGV sowie der mitgliedstaatlichen Kulturkompetenz und dem Gebot der Achtung der nationalen Identitäten der Mitgliedstaaten Normen angeführt, die möglicherweise als absolute Kompetenzsperren für die Europäische Gemeinschaft wirken.

---

[608] So der Oberste Gerichtshof in der Entscheidung *Goldstein v. California*, 412 U.S. 546, 560f. (1973).
Der Spielraum für die Einzelstaaten ist aber sehr eng, da der USCA die Frage des Urheberrechtsschutzes sehr detailliert regelt, vgl. auch die Preemption-Regelung von 1982 in § 301 USCA, wonach die Einzelstaaten nur insoweit regelnd tätig werden dürfen, als der Zentralstaat noch keine Regelungen getroffen hat, wobei exemplarisch nur diejenigen Werke genannt werden, die nicht auf einem materiellen Träger festgelegt sind („not fixed in a tangible medium").

[609] *Wachter*, 96 ZVglRWiss 1997, S. 32-73 (33).

I. Art. 295 EGV

Gemäß Art. 295 EGV lässt der EG-Vertrag die Eigentumsordnungen der Mitgliedstaaten unberührt. Fraglich ist, ob die Europäische Gemeinschaft mit Blick auf diese Vorschrift im Bereich des geistigen Eigentums überhaupt regelnd tätig werden darf.

Der Europäische Gerichtshof leitet aus Art. 295 EGV in ständiger Rechtsprechung die auch von der Kommission vorgenommene Trennung zwischen Bestand und Ausübung des Urheberrechts ab.[610] Den Mitgliedstaaten soll es überlassen bleiben, die Zuerkennung von Eigentumsrechten zu regeln. Die Ausübung dieser Rechte sei aber kein Bestandteil der mitgliedstaatlichen Eigentumsordnungen mehr, so dass bei einem entsprechenden Gemeinschaftsbezug die Europäische Gemeinschaft eine Zuständigkeit beanspruchen könne.[611] Von der theoretischen Begründung ist dies plausibel, da wohl jede Regelung im Bereich der Grundfreiheiten irgendwie auf die Eigentumsordnungen der Mitgliedstaaten zurückwirkt und somit andernfalls die Europäische Gemeinschaft überhaupt nicht tätig werden dürfte.

---

[610] Diese Doktrin wurde aufgestellt im Bereich des Warenzeichenrechts in der Entscheidung vom 13.7.1966, verb. Rs. 56/64 und 58/64 („*Consten und Grundig / Kommission*"), Slg. 1966, S. 321-400 (394), vgl. dazu *Vinje*, 14 EIPR 1992, S. 397-402 (398); *Corbet*, 13 J.L. & Com. 1994, S. 327-369 (335); *Ruping*, 11 Temp. Int'l & Comp. L.J. 1997, S. 1-30 (7f.).
Im Urheberrecht stellte der Europäische Gerichtshof schon in der Entscheidung vom 8.6.1971 in der Rs. 78/70 („*Deutsche Grammophon / METRO*"), Slg. 1971, S. 487-514 (501) fest, dass ein Tonträgerhersteller nicht allein wegen seines ausschließlichen Rechts eine dominierende Wettbewerbsposition innehat; auf S. 499f. differenzierte er ausdrücklich zwischen Bestand und Ausübung.
Allgemein *Schmittmann/de Vries*, AfP 1995, 470-478 (474).
Verstrynge, Geist und Recht, 1992, S. 83-94 (86) benutzt in der urheberrechtlichen Terminologie die Begriffe „Inhalt" und „Werknutzung".

[611] Entgegen der Ansicht von *Vinje*, 17 EIPR 1995, S. 297-303 (297) und *Edelman*, Rec. Dalloz 1996, chronique, S. 119-125 (123) wurde diese Differenzierung auch nicht im *Magill*-Urteil vom Europäischen Gerichtshof vom 6.4.1995 (verb. Rs. C-241/91 und C-242/91 („*RTE und ITP / Kommission*"), Slg. 1995, I 743-838) aufgegeben. Der Europäische Gerichtshof nimmt vielmehr auf S. 823f. den Urheberrechtsschutz für Auflistungen von Fernsehprogrammen widerspruchslos hin und urteilt nur über die missbräuchliche Ausübung dieser Rechte aufgrund von außergewöhnlichen Umständen. Daraus kann nicht abgeleitet werden, dass der Europäische Gerichtshof über den Umweg der „außergewöhnlichen Umstände" auch über den Bestand des Urheberrechts urteilen will, vgl. *Maier*, Droit d'auteur, 1997, S. 15; *Ehlermann*, Konferenz der Generaldirektion XV der Europäischen Kommission „Urheberrecht und verwandte Schutzrechte an der Schwelle zum 21. Jahrhundert" in Florenz (2.-4.6.96), Protokoll, S. 100-110 (102); *Cohen Jehoram/Mortelmans*, GRUR Int. 1997, S. 11-15 (15).

Probleme ergeben sich aber daraus, dass Bestand und Ausübung eines Rechts nicht beziehungslos nebeneinander stehen. Je stärker diese Wechselwirkung ist, desto mehr Schwierigkeiten ergeben sich. Dies wurde besonders im *Patricia*-Verfahren vor dem Europäischen Gerichtshof deutlich, bei dem der Gerichtshof feststellte, dass die Frage der Schutzdauer untrennbar mit der Existenz der exklusiven Rechte verbunden sei.[612] Aber auch in sonstigen Regelungsbereichen des Urheberrechts besteht eine enge Wechselbeziehung zwischen Bestand und Ausübung der Rechte.[613] Urheberrechtsschranken können zwar dogmatisch als Beschränkung der Rechtsausübung angesehen werden, faktisch begrenzen sie aber die Weite des Urheberrechtsschutzes. Auch die Einräumung neuer Rechte innerhalb des Urheberrechts berührt vor allem den Bereich des Bestandes, wird aber vom Europäischen Gerichtshof wegen der gemeinschaftsweiten Auswirkung oftmals als zulässig angesehen.[614] Demnach kann die vom Europäischen Gerichtshof getroffene Differenzierung nicht die urheberrechtlichen Einzelrechte, sondern nur die Eigentumsordnung als ganzes betreffen, wodurch die Bedeutung des Art. 295 EGV viel geringer ist, als dies oft angenommen wird.[615]

Im deutschen Schrifttum wird die Funktion des Art. 295 EGV weithin auch nur in der Gewährleistung von verfassungsrechtlichen Garantien[616] im Sinne einer Institutsgarantie gesehen. *Müller-Graff* will ihm sogar nur ein Sozialisierungsverbot entnehmen, Einschränkungen und Ausgestaltungen des Eigentums seien im Rahmen der Grundfreiheiten durchaus möglich.[617] Letztlich darf die Europäische Gemeinschaft nur den Kernbereich der nationalen Urheberrechtsordnungen wegen Art. 295 EGV nicht regeln.

Daraus folgt, dass eine auf Art. 295 EGV gestützte Herausnahme des Urheberrechts insgesamt aus dem Anwendungsbereich des EG-Vertrags nicht möglich

---

[612] EuGH vom 24.1.1989, Rs. 341/87 („*EMI Electrola GmbH / Patricia Im- und Export Verwaltungsgesellschaft mbH*"), Slg. 1989, S. 79-98 (96). Weiter geht das Technologie-Grünbuch, KOM (88) 172 endg. vom 23.8.1988, S. 15: „Der Inhalt der Eigentumsrechte, die Tragweite des ihnen gewährten Schutzes und die Grenzen der Wahrnehmung können jedoch insoweit von der Gemeinschaft geregelt werden, als deren Ziele und insbesondere das einwandfreie Funktionieren des Gemeinsamen Marktes dies erfordern."
[613] *Tritton*, 16 EIPR 1994, S. 422-428 (423); *Ruping*, 11 Temp. Int'l & Comp. L.J. 1997, S. 1-30 (8).
[614] Vgl. *Gaster*, CR 1997, S. 669-676 (670), der in diesem Zusammenhang Stimmen anspricht, die die Einführung neuer Rechte als Verstoß gegen Art. 295 EGV ansehen.
[615] *Dietz*, zitiert von *Lausen*, ZUM 1993, S. 359-362 (362).
[616] *Herter*, Geistiges Eigentum und gesetzliche Lizenz, S. 173.
[617] *Müller-Graff*, Festschrift für *Börner*, S. 303-343 (317).

ist.⁶¹⁸ Aus der Vorschrift ergibt sich aber auch, dass, nur weil die Ausübung der Rechte in bestimmten Fällen gegen Europarecht verstoßen mag, dadurch noch nicht das ganze Rechtsgebiet des Urheberrechts als solches unter den EG-Vertrag fällt.⁶¹⁹

II. Art. 307 EGV

Art. 307 EGV bestimmt, dass der EG-Vertrag vorbestehende völkerrechtliche Vereinbarungen der Mitgliedstaaten unberührt lässt. Eine solche vorbestehende Vereinbarung ist die RBÜ.⁶²⁰ Daraus könnte folgen, dass zumindest die dort ausdrücklich geregelten urheberrechtlichen Fragestellungen sich der Kompetenz der Europäischen Gemeinschaft entziehen. Es hat sich aber mittlerweile die Ansicht durchgesetzt, dass Art. 307 EGV im Verhältnis der Mitgliedstaaten zueinander nicht gilt.⁶²¹ Die entgegengesetzte Ansicht, die Frankreich im „Gebührendifferenz"-Verfahren⁶²² vor dem Europäischen Gerichtshof vortrug und die Generalanwalt *Warner* bestritt, hat der Europäische Gerichtshof in seinem Urteil nicht einmal behandelt.⁶²³

III. Kulturkompetenz der Mitgliedstaaten und Gebot der Achtung der nationalen Identitäten der Mitgliedstaaten (Art. 6 Abs. 1 EUV)

Im Gegensatz zu den gewerblichen Schutzrechten hat das Urheberrecht als Recht des geistigen und künstlerischen Schaffens einen engen Bezug zur Kultur der Mitgliedstaaten. Die Kompetenz im Kulturbereich ist auch nach Einführung von Art. 151 EGV durch den Vertrag von Maastricht bei den Mitgliedstaaten verblieben. Gemäß Art. 151 Abs. 5 verfügt die Europäische Gemeinschaft nun über eine bloße Förderkompetenz, die sie nicht zu Harmonisierungsmaßnahmen befugt (vgl. unten S. 135).

Vereinzelt ist deshalb die Kompetenz der Europäischen Gemeinschaft im Bereich des Urheberrechts aus kulturellen Erwägungen verneint worden.⁶²⁴ Diese Ansicht

---

⁶¹⁸ EuGH vom 13.7.1995, Rs. C-350/92 („*Spanien / Rat*"), Slg. 1995, S. I 1985-2017 (2011); *Dietz*, Urheberrecht in der EG, S. 40.
⁶¹⁹ *Nirk/Hülsmann*, Festschrift für *Piper*, S. 725-746 (735).
⁶²⁰ *Benabou*, Droit d'auteur, S. 37f.
⁶²¹ So schon *Gotzen*, Artistieke eigendom, S. 27.
⁶²² S. oben Fn. 562.
⁶²³ Vgl. *Benabou*, Droit d'auteur, S. 45.
⁶²⁴ Vgl. Nachweise oben bei Fn. 556; *Kreile/Becker*, GRUR Int. 1994, S. 901-911 (901) gehen aber davon aus, dass die Regelungskompetenz der Europäischen Gemeinschaft aus kulturellen Erwägungen noch nie ernsthaft verneint worden ist.

lässt sich aber nur in einem ganz engen Kernbereich der Kultur aufrechterhalten. Aufgrund der oftmals vorhandenen wirtschaftlichen Auswirkungen des Urheberrechts ist die Kulturwirtschaft im Rahmen des Binnenmarktgebots regelbar.[625] Auch der durch den Maastrichter Unionsvertrag eingeführte Art. 6 Abs. 3 EUV[626], der die Europäische Gemeinschaft zur Achtung der nationalen Identitäten der Mitgliedstaaten verpflichtet und damit ein ausdrückliches Pendant zur mitgliedstaatlichen Pflicht der Gemeinschaftstreue in Art. 10 EGV darstellt, bildet trotz seiner kulturellen Komponente keinen totalen Ausschlussgrund für Regelungen im Bereich des Urheberrechts. In der nach Art. 46 EUV einer gerichtlichen Kontrolle entzogenen Klausel sieht *Bleckmann* eine „Wesensgehaltsgarantie für die Nationalstaaten und in Verbindung mit dem Prinzip der kulturellen Verschiedenheit zugleich die Garantie für eine multikulturelle Gesellschaft in Europa".[627] Die Regelung wird noch dadurch verstärkt, dass gleichzeitig die ursprüngliche Präambel gestrichen wurde, wonach wesentliches Ziel der allmähliche Zusammenschluss der Völker der Mitgliedstaaten war.[628] Art. 6 Abs. 1 EUV ist ein prägendes Grundprinzip der Europäischen Union, das die entsprechende Gemeinschaftsverpflichtung nun ausdrücklich festschreibt und die Vielfalt in den Regionen und Mitgliedstaaten sichert, ohne dem Nationalstaat zu einer Renaissance zu verhelfen.[629] Ziel ist nun eher ein „geduldiges Zusammenwachsen der nationalen Identitäten"[630]. Durch Art. 6 Abs. 3 EUV wird bestätigt, dass die Gemeinschaft über keine Kompetenzkompetenzen verfügt.[631] Zumindest punktuelle Regelungen im Bereich des Urheberrechts berühren das Wesen der nationalen Identitäten der Mitgliedstaaten nicht. So wendet sich auch der Kommissionsbedienstete *Verstrynge* entschieden gegen die Vorstellung, dass die Gemeinschaft mit der Behandlung des Urheberrechts nationale und regionale Identitäten preisgeben will.[632] Wenn er im Zusammenhang mit den nationalen Identitäten der Mitgliedstaaten dann aber gar eine Handlungsbefugnis der Europäischen Gemeinschaft in diesem Bereich gerade wegen des Schutzes einer europäischen Identität sowie des europäisches Erbes an-

---

[625] *Schricker*, Verlagsrecht, Einl., Rdz. 61; *Herter*, Geistiges Eigentum und gesetzliche Lizenz, S. 167; *Ferid*, Mitarbeiterfestschrift für *Ulmer*, S. 75-82 (80); *Posner*, *Reischl*-Kolloquium, S. 131-135 (134).
[626] Vor Inkrafttreten des Vertrags von Amsterdam: Art. F Abs. 1 EUV.
[627] *Bleckmann*, JZ 1997, S. 265-269 (265ff.).
[628] *Bleckmann*, JZ 1997, S. 265-269 (268).
[629] Vgl. *Hilf*, Gedächtnisschrift für *Grabitz*, S. 157-170 (163ff.).
[630] *Rupp*, ZRP 1993, S. 211-213 (211) in Bezug auf Ziel und Weg der europäischen Integration.
[631] *Bleckmann*, JZ 1997, S. 265-269 (267).
[632] *Verstrynge*, Geist und Recht, 1992, S. 83-94 (85).

nehmen will,⁶³³ bewegt er sich in einem bedenklichen Maße außerhalb des bestehenden Kompetenzgefüges.

IV. Bewertung

Auch wenn diese Regelungen keine Kompetenzausschlussgründe darstellen, sind sie von großer Wichtigkeit, da sie bei der Auflösung des Spannungsverhältnisses zwischen dem gemeinschaftlichen Binnenmarktgebot und den in den Mitgliedstaaten gewachsenen Rechtsordnungen im Rahmen des Verhältnismäßigkeitsgrundsatzes berücksichtigt werden müssen und gerade in urheberrechtlichen Fragen für eine äußerste Zurückhaltung bei der Bejahung gemeinschaftlichen Handlungsbedarfs streiten.⁶³⁴

E. Die möglichen Kompetenznormen

Als Folge der fehlenden ausdrücklichen Kompetenzzuweisung im Bereich des Urheberrechts ergibt sich eine zielgerichtete Querschnittskompetenz, die dazu geführt hat, dass die Europäische Gemeinschaft mit den ersten fünf urheberrechtlichen Richtlinien keine Gesamtharmonisierung, sondern nur eine punktuelle Angleichung unter bewusster Ausklammerung grundsätzlicher Fragestellungen vorgenommen hat.⁶³⁵ Der Gemeinschaft sind Integrationsziele gesetzt, die nicht sektoral begrenzt sind.⁶³⁶ *Scholz* und *Hofmann* beschreiben dieses Phänomen dahinge-

---

[633] *Verstrynge*, Rev. Aff. Eur. 3/1991, S. 66-72 (67); zur Kompetenzbegründung aufgrund des „gemeinsamen kulturellen Erbes" vgl. unten Fn. 643.

[634] Dazu unten S. 179.

[635] *Loewenheim*, NJW 1994, S. 1046-1048 (1048) fürchtet einen „auf Systembrüchen basierenden Flickenteppich"; für *Beseler*, ZUM 1995, S. 437-441 (441) ist die „Zeit noch nicht reif" für ein Urhebergemeinschaftsrecht.
Diese Tendenz bedauert *Schack*, zitiert von *Thum*, GRUR Int. 1997, S. 330-334 (331), der eine „Atomisierung" des Urheberrechts beklagt; eine einzige Richtlinie zur Harmonisierung urheberrechtlicher Grundfragen befürworteten einige Teilnehmer beim 8. Ringberg-Symposium, vgl. *Peifer*, 8. Ringberg-Symposium, S. 87-123 (123); ebenso *Dietz*, zitiert von *Thum*, GRUR Int. 1997, S. 330-334 (332) sowie *Blaise* beim Rigorosum von *Benabou*, Droit d'auteur, Rapport S. II, der einen einzigen „code communautaire de la propriété intellectuelle" fordert.
Vgl. auch *Dietz*, 2 EIPR 1980, S. 189-193 (191); *Metaxas-Marangidis*, 11 Copyright World 1990, S. 15-20 (18); *Dreier/von Lewinski*, 39 J.Cop.Soc. USA 1991, S. 96-120 (102); *Kreile*, Festschrift für *Deringer*, S. 536-565 (542); ders., Harmonisierung des Urheberrechts in der EU, S. 87-99 (89); *Dreier*, 8. Ringberg-Symposium, S. 17-25 (17); ders., GRUR Int. 1996, S. 205-218 (206); *Peifer*, 8. Ringberg-Symposium, S. 87-123 (98); *Wachter*, CR 1995, S. 133-142 (133); *Cornish*, 26 IIC 1995, S. 801-812 (810); *Benabou*, Droit d'auteur, S. 489f.

[636] *Rosenthal*, Kompetenz der EG, S. 52 m.w.N.

hend, dass die „Rechtsangleichung in der EU kein allgemeinpolitischer Auftrag zur Herstellung von Rechtseinheit [ist], sondern durch die Erreichung des jeweiligen Etappenziels auf dem 'Weg zu einer immer engeren Union der Völker Europas' definiert und beschränkt" ist.[637]

Die Europäische Gemeinschaft ist deshalb oft gezwungen, Harmonisierungsmaßnahmen auf mehrere Kompetenznormen zu stützen und somit erst aus der Gesamtschau der Vorschriften ihre Maßnahmen zu rechtfertigen. Im Folgenden sollen die Kompetenznormen, die bei der Rechtsangleichung im Bereich des Urheberrechts in Betracht kommen, genauer untersucht werden.

I. Art. 133 EGV

Zwar wird hin und wieder die Gemeinsame Handelspolitik als mögliche Kompetenznorm im Bereich des Urheberrechts genannt, nach dem Gutachten 1/94 des Europäischen Gerichtshofes[638] ist das Urheberrecht aber kein Bestandteil der gemeinsamen Handelspolitik.

II. Art. 151 EGV

Durch den Vertrag von Maastricht wurde eine Kompetenz in Kultursachen (Art. 151 EGV) in den EG-Vertrag aufgenommen. Gerade in den neueren Harmonisierungsinitiativen auf Ebene der Europäischen Gemeinschaft wird die besondere Bedeutung des kulturellen Aspekts verstärkt hervorgehoben.[639] An der expli-

---

[637] *Scholz/Hofmann*, ZRP 1998, S. 295-302 (295).
[638] Siehe oben Fn. 504.
[639] So Erwägungsgrund 5 der Vermiet- und Verleihrecht-Richtlinie, der von der „wirtschaftlichen und kulturellen Entwicklung der Gemeinschaft" spricht.
Erwägungsgrund 11 der Schutzdauer-Richtlinie, nach dem ein „rechtliches Umfeld zu schaffen [ist], das die harmonische Entwicklung der literarischen und künstlerischen Kreativität in der Gemeinschaft fördert".
Erwägungsgrund 5 der Folgerecht-Richtlinie: „Die Gemeinschaft ist nach Artikel 151 Absatz 4 des Vertrages gehalten, bei ihrer Tätigkeit aufgrund anderer Bestimmungen des Vertrages den kulturellen Aspekten Rechnung zu tragen."
Schwächer Erwägungsgrund 3 der Satellit- und Kabel-Richtlinie, der die „Ziele der Gemeinschaft, die zugleich politischer, wirtschaftlicher, sozialer, kultureller und rechtlicher Art sind", betont.
Erwägungsgrund 12 der Richtlinie zum Urheberrecht in der Informationsgesellschaft: „Ein angemessener Schutz von urheberrechtlich geschützten Werken und sonstigen Schutzgegenständen ist auch kulturell gesehen von großer Bedeutung."
Vgl. auch Ziffer 5 der Entschließung des Europäischen Parlaments zum Grünbuch über Urheberrecht in der Informationsgesellschaft, Parlamentsprotokoll vom 19.9.1996: „[Das Europäi-

ziten Aufnahme dieses Bereiches in den EG-Vertrag lässt sich der hohe Stellenwert erkennen, der kulturellen Angelegenheiten in der Gemeinschaft beigemessen wird. Dabei liegt Art. 151 EGV ein weites Kulturverständnis zugrunde.[640]

Die Forderung nach gemeinschaftlicher Rechtsangleichung im Bereich des Urheberrechts aus kulturellen Erwägungen wurde immer wieder erhoben. Schon *Dietz* propagierte die ungehinderte Entfaltung einer „europäischen Dimension der Kultur" in Bezug auf die Harmonisierung des Urheberrechts.[641] *Vogel* sah im Rahmen der Harmonisierung des Rechts der Verwertungsgesellschaften auch aus kulturpolitischen Gründen die Notwendigkeit der Gewährleistung eines einheitlichen audiovisuellen Raumes.[642] Teilweise wird ein gemeinsames kulturelles Erbe sogar als Kompetenz begründend angesehen.[643]

Die dagegen laut gewordenen Stimmen haben durch die Regelung der Kompetenz im kulturellen Bereich durch den Vertrag von Maastricht Unterstützung erhalten. Nach Art. 151 Abs. 5 EGV hat die Europäische Gemeinschaft explizit keine Kompetenz zur Rechtsangleichung, sondern nur eine „subsidiäre Förderkompetenz"[644]. Dadurch wird eine Harmonisierung für diesen Bereich ausgeschlossen und den Mitgliedstaaten die Zuständigkeit belassen.[645]

Zum derzeitigen Zeitpunkt zeichnet sich nicht ab, dass eine über den europäischen Mehrwert hinausgehende Kulturpolitik auf EG-Ebene ein Handeln der Europäi-

---

sche Parlament] unterstreicht, dass auf europäischer Ebene unbedingt eine weitreichende und optimale Harmonisierung - unter Einhaltung des Subsidiaritätsprinzips - erreicht werden und dass dabei den kulturellen Aspekten der Informationsgesellschaft unter Beachtung der Vorschriften von Artikel 128 [jetzt Art. 151] Absatz 4 des EG-Vertrags der gebührende Stellenwert eingeräumt werden muss."

[640] Nach *D. Dörr*, K&R 1999, S. 97-103 (99) werden lediglich nicht die Bereiche der allgemeinen und beruflichen Bildung (Art. 149f. EGV) sowie der Forschung und technologischen Entwicklung (Art. 163ff.) umfasst.
[641] *Dietz*, Urheberrecht in der EG, S. 306.
[642] *Vogel*, GRUR 1993, S. 513-531 (531).
[643] So *Verstrynge*, Rev. Aff. Eur. 3/1991, S. 66-72 (67); vgl. auch *Coleman*, 15 Colum.-VLA J.L. & the Arts 1990/91, S. 117-133 (125). Tendenziell auch Grünbuch über Urheberrecht in der Informationsgesellschaft, KOM (95) 382 endg. vom 19.7.1995, S. 11; und der nicht angenommene Erwägungsgrund 10 des Datenbank-Richtlinienvorschlags, KOM (92) 24 endg. vom 13.5.1992.
[644] So *Pieper*, ZUM 1995, S. 552-558 (553); vgl. auch *Blanke*, Kulturgemeinschaft, S. 101ff.; *Schneider-Brodtmann*, Folgerecht, S. 263, der von einer „bloß komplementären Zuständigkeit" spricht.
[645] *Blanke*, Kulturgemeinschaft, S. 101; vgl. den Bericht „Der Grundsatz der Subsidiarität", DRiZ 1996, S. 160-161 (160).

schen Gemeinschaft selbst in Zukunft wünschenswert erscheinen lässt.[646] Es ist zudem fraglich, inwieweit die Gemeinschaft das geeignete Forum für solche Maßnahmen wäre. So wird eine gesamteuropäische Regelung im Rahmen des Europarates vorgeschlagen.[647]

III. Art. 154 EGV

Gemäß Art. 154 Abs. 1 EGV trägt die Gemeinschaft zum Auf- und Ausbau transeuropäischer Netze in den Bereichen der Verkehrs-, Telekommunikations- und Energieinfrastruktur bei. In diesem Bereich hat die Europäische Gemeinschaft aber nur die Kompetenz zur Erstellung von Leitlinien (Art. 155 EGV), so dass Harmonisierungsmaßnahmen auf diese Vorschrift nicht gestützt werden können.[648] Deshalb bedarf die Ansicht von *Strowel* und *Triaille* der Ergänzung, wonach in der Informationsgesellschaft auf europäischer Ebene kompetenzrechtlich zwei widerstreitende Gegensätze vorliegen, und zwar zum einen das Audiovisuelle, das in die mitgliedstaatliche Kompetenz fallen soll, und zum anderen die Infrastruktur, bei der die europäische Kompetenz weithin akzeptiert und gerechtfertigt ist.[649] Einzelaspekte der Infrastruktur fallen nämlich nur im Rahmen und in den Grenzen des Binnenmarktgebots in den Zuständigkeitsbereich der Europäischen Gemeinschaft.

IV. Der Binnenmarkt

Nach Art. 3 lit. c EGV fällt der Binnenmarkt, der „durch die Beseitigung der Hindernisse für den freien Waren-, Personen-, Dienstleistungs- und Kapitalverkehr zwischen den Mitgliedstaaten gekennzeichnet" ist, in das Tätigkeitsfeld der Europäischen Gemeinschaft.[650] Art. 14 EGV bestimmt, dass die Europäische Gemeinschaft bis zum 31.12.1992 die erforderlichen Maßnahmen zu dessen schrittweiser Verwirklichung zu treffen hatte. Diese Frist drückt lediglich die damalige politische Zielsetzung aus und gilt nicht absolut.[651] Auch nach ihrem Ablauf stellt Art. 14 EGV weiterhin die Grundnorm für Maßnahmen zur Verwirklichung des Binnenmarktes dar. Solange der Binnenmarkt noch nicht vollständig erreicht ist,

---

[646] *Blanke*, Kulturgemeinschaft, S. 101.
[647] *Pichler*, Copyright Problems of Satellite and Cable Television, S. 154.
[648] *Rosenthal*, Kompetenz der EG, S. 51.
[649] *Strowel/Triaille*, Droit d'auteur, S. 343.
[650] Der Binnenmarkt ist nach Art. 14 Abs. 2 EGV ein Raum ohne Binnengrenzen, in dem der freie Verkehr von Waren, Personen, Dienstleistungen und Kapital gemäß den Bestimmungen des EG-Vertrags gewährleistet ist.
[651] *Happe*, Festschrift für *Bleckmann*, S. 119-139 (119); *Bardenhewer/Pipkorn*, in: von der Groeben/Thiesing/Ehlermann, EU-/EG-Vertrag, Rdz. 6 zu Art. 100a EGV (alt).

behält Art. 14 EGV seine Bedeutung. Dadurch, dass die Klausel nicht nur auf Vorschriften wie Art. 47 Abs. 2, Art. 49 und Art. 95 EGV, sondern auch auf sich selbst verweist, enthält sie im Wege einer umfassenden Generalklausel eine Regelungsbefugnis der Europäischen Gemeinschaft. Darüber hinaus ist sie durch den Verweis auf die anderen Vorschriften verbindlicher Maßstab für diese. Dies ist deshalb wichtig, da Art. 14 EGV nach seinem Wortlaut schon eine Beschränkung auf die „erforderlichen Maßnahmen" enthält.[652]

Daraus kann aber nicht gefolgert werden, dass die Erforderlichkeit einer Maßnahme Voraussetzung für die Kompetenzzuweisung bei der Rechtsangleichung im Binnenmarkt zugunsten der Europäischen Gemeinschaft sein muss,[653] da sonst im Verhältnis der Gemeinschaft zu ihren Mitgliedstaaten kaum lösbare Probleme drohten.

Dies bedeutete nämlich, dass die Gemeinschaft sich bei nicht erforderlichen Maßnahmen von vornherein außerhalb ihrer durch den EG-Vertrag zugewiesenen Kompetenzen bewegte. Völkerrechtlich wäre sie demnach in einem bei den Mitgliedstaaten verbliebenen, nicht vergemeinschafteten Bereich tätig. In einem solchen Fall stellte sich die Frage, welche gerichtliche Instanz diesen Kompetenzverstoß verbindlich feststellen könnte. Zwar hat der Europäische Gerichtshof nach Art. 220 EGV die umfassende Aufgabe, die Wahrung des Rechts bei der Auslegung und Anwendung des Vertrags zu sichern. Wenn der Kompetenzbereich der Europäischen Gemeinschaft aber von vornherein gar nicht eröffnet ist, geht es nicht um die Frage der Anwendung des EG-Vertrags, sondern um die vorgeschaltete Frage nach dessen Anwendbarkeit. Wenn die Mitgliedstaaten auch in diesem Bereich die Rechtsprechungshoheit auf die Gemeinschaft übertragen hätten, hätte der Europäische Gerichtshof eine richterliche Kompetenzkompetenz und könnte letztlich jeden Bereich unter Berufung auf den EG-Vertrag an sich ziehen.[654] Für die Annahme einer so weit reichenden Kompetenzeinräumung fehlt es trotz der

---

[652] Aufgrund der ausdrücklichen Nennung des Erforderlichkeitskriteriums in gerade dieser Vorschrift muss die allgemeine Regelung der Zuständigkeiten im Gemeinsamen Markt (Art. 3 lit. h EGV), die im Gegensatz zur Binnenmarktregelung in Art. 3 lit. c EGV ein solches Kriterium enthält, nicht analog angewendet werden (so aber *Schneider-Brodtmann*, Folgerecht, S. 267; *Behrens*, in: *Dauses*, Handbuch des EU-Wirtschaftsrechts, E.III., Rdz. 6 sowie *Calliess*, Subsidiaritäts- und Solidaritätsprinzip, S. 130, der unter Hinweis auf die Rechtsprechung des Europäischen Gerichtshofes in den siebziger Jahren gar von einer bindenden „Kompetenznorm" auch im Bereich des Binnenmarktes spricht).

[653] So aber wohl *Armbrüster*, 60 RabelsZ 1996, S. 72-90 (82).
Zur grundsätzlichen Problematik vgl. die Diskussion zur Entscheidung des EuGH in Bezug auf die Richtlinie zum Tabakwerbeverbot, unten S. 156.

[654] Vgl. dazu auch oben Fn. 601.

integrativen Zielsetzung der Gemeinschaft an einer eindeutigen Willensäußerung der Mitgliedstaaten als den „Herren des Vertrages". Die bei den Mitgliedstaaten verbliebenen Rechtsbereiche müssen auch weiterhin ihrer Gerichtshoheit unterfallen. Diese Überlegung würde zu dem überraschenden Ergebnis führen, dass die nationalen Gerichte bei Berufung seitens der Gemeinschaft auf den Binnenmarkt über die Erforderlichkeit einer Maßnahme urteilen könnten. Dies kann von den Mitgliedstaaten aber nicht gewollt worden sein, wie die bisherige Praxis zeigt. Schon deshalb kann die Frage der Erforderlichkeit wie auch im deutschen Recht nicht auf Ebene der Kompetenzzuweisung, sondern nur auf Ebene der Kompetenzweite beurteilt werden. Zudem kann die Frage der Erforderlichkeit nur vor dem Hintergrund einer schon vorhandenen Kompetenzzuweisung umfassend beantwortet werden.

Teilweise wird versucht, die Kompetenzeröffnung der Gemeinschaft von einem Spürbarkeitskriterium abhängig zu machen.[655] Maßnahmen sollen nur dann der Kompetenz der Europäischen Gemeinschaft unterfallen, wenn dadurch sich spürbar auf das Funktionieren des Binnenmarktes auswirkende Hindernisse beseitigt würden. Auch der Europäische Gerichtshof hat ein solches Spürbarkeitserfordernis wiederholt vorausgesetzt.[656] Worin der Mehrwert dieses ungeschriebenen Kriteriums spätestens nach Inkrafttreten des Vertrags von Maastricht noch liegen soll, ist aber nicht ersichtlich. Bei der Beantwortung der Frage, ob eine Maßnahme spürbar im Sinne dieses Erfordernisses ist, müssen nämlich gerade die Kriterien angelegt werden, die auch beim Verhältnismäßigkeitsgrundsatz eine Rolle spielen. Die Maßnahme ist dann nicht erforderlich, wenn sie keine spürbaren Auswirkungen auf den Binnenmarkt hat.[657] Daraus ergibt sich, dass die Gemeinschaft im Binnenmarkt aufgrund Art. 3 lit. c EGV eine umfangreiche Grundzuständigkeit

---

[655] *Müller-Graff*, in: *Dauses*, Handbuch des EU-Wirtschaftsrechts, A.I., Rdz. 134 spricht insoweit von der Förderung der Marktintegration, die er aber in EuR 1998, S. 107-151 (128) wegen eines „weiten, nur in eindeutigen Fällen begrenzten Spielraum[s] der integrationspolitischen Identifizierung" generell als gegeben ansieht.

[656] EuGH vom 11.6.1991, Rs. C-300/89 („*Kommission / Rat*"; „*Titandioxid-Richtlinie*"), Slg. 1991, S. I 2867-2902 (2900); für Wettbewerbsverzerrungen im Binnenmarkt: EuGH vom 5.10.2000, Rs. C-376/98 („*Deutschland/Europäisches Parlament u. Rat*"), Rdz. 106; im Bereich des Gemeinsamen Markts: EuGH vom 18.3.1980, Rs. 91/79 („*Kommission / Italien*"; „*Detergentien*"), Slg. 1980, S. 1099-1107 (1106).

[657] *Von Borries*, Festschrift für *Deringer*, S. 22-39 (36).
Sehr deutlich findet sich dieser Gedanke in Erwägungsgrund 32 der Satellit- und Kabel-Richtlinie: „Dagegen erscheint eine gemeinschaftliche Regelung für all diejenigen Sachverhalte nicht erforderlich, deren Auswirkungen, mit Ausnahme allenfalls eines wirtschaftlich nicht ins Gewicht fallenden Teils, lediglich innerhalb der Grenzen eines Mitgliedstaates spürbar werden."

innehat, deren Weite im konkreten Einzelfall erst auf Ebene der Kompetenzausübung durch ein Erforderlichkeitskriterium eingeschränkt wird.

Nach Art. 95 EGV erlässt der Rat gemäß dem Verfahren des Art. 251 EGV und nach Anhörung des Wirtschafts- und Sozialausschusses die Maßnahmen zur Angleichung der Rechts- und Verwaltungsvorschriften der Mitgliedstaaten, welche die Errichtung und das Funktionieren des Binnenmarktes zum Gegenstand haben. Diese Vorschrift präzisiert demnach Art. 14 EGV für den Bereich der allgemeinen Rechtsangleichung. Sie ist subsidiär gegenüber den Regelungen der Rechtsangleichung in besonderen Politikfeldern. Der Bereich des Urheberrechts berührt aber auch die spezielleren Politiken der Warenverkehrs-, Niederlassungs- und Dienstleistungsfreiheit, in denen der Europäischen Gemeinschaft teilweise weitere eigenständige Handlungsbefugnisse zugewiesen werden. Diese drei Grundfreiheiten sollen deshalb im Folgenden zuerst untersucht werden.

1. Warenverkehrsfreiheit

Der Bereich des Urheberrechts berührt den innergemeinschaftlichen Austausch von Waren.[658] Oftmals sind Waren oder Teile davon urheberrechtlich geschützt, so dass unterschiedliche Regelungen in den Mitgliedstaaten den freien Güteraustausch potentiell behindern können. Die die Warenverkehrsfreiheit regelnden Art. 28 EGV enthalten aber keine Vorschrift, welche die Europäische Gemeinschaft zur Angleichung von Rechtsvorschriften berechtigt, so dass insoweit nur auf die allgemeine Regelung des Art. 95 EGV zurückgegriffen werden kann.

2. Niederlassungsfreiheit

Auf die Niederlassungsfreiheit hat die Kommission sich mehrfach berufen.[659] Hierbei wird insbesondere auf die gegenüber Art. 95 EGV speziellere Regelung des Art. 47 Abs. 2 EGV Bezug genommen, demzufolge zur Erleichterung der Aufnahme und Ausübung selbständiger Tätigkeiten Richtlinien zur Koordinierung der Rechts- und Verwaltungsvorschriften der Mitgliedstaaten erlassen werden können. Dagegen ist vorgebracht worden, dass sich diese Vorschrift nicht auf den Bereich des Urheberrechts anwenden ließe, da sich dieses nur mit dem zustande

---

[658] Grünbuch über Urheberrecht in der Informationsgesellschaft, KOM (95) 382 endg. vom 19.7.1995, S. 29.
[659] Grünbuch über Urheberrecht in der Informationsgesellschaft, KOM (95) 382 endg. vom 19.7.1995, S. 29; bis auf die Computerprogramm-Richtlinie und die Folgerecht-Richtlinie wurden bisher alle Richtlinien auf Art. 47 Abs. 2 gestützt.

gekommenen Werk und nicht mit dessen Zustandekommen befasse.[660] Dem ist insoweit zuzustimmen, als es in der Tat zu weit gegriffen scheint, vergleichbare Regelungen in Teilbereichen des materiellen Rechts als wichtiges Kriterium für die Niederlassungsentscheidung angesehen wird. Mittels dieser Argumentation ließe sich wohl jede Rechtsmaterie in den Regelungsbereich von Art. 47 Abs. 2 EGV fassen. Es darf aber nicht verkannt werden, dass aufgrund des diesen Bereich regelnden Schutzlandprinzips (vgl. dazu unten S. 302) die Modalitäten des Schutzes und der wirtschaftlichen Verwertung des Urheberrechts gerade bei industriell geprägten Gegenständen wie Computerprogrammen von Land zu Land potentiell sehr unterschiedlich sein können. Wenn dann noch wie bei Software die Ortsnähe für Zusatzdienstleistungen (technische Unterstützung, Schulung etc.) von wesentlicher Bedeutung ist, kann die Gewährung eines niedrigeren Schutzniveaus durchaus geeignet sein, Ansiedlungen von Rechtsinhabern zu vereiteln. Fragen der Niederlassungsfreiheit sind deshalb auch in der vernetzten Umgebung der Informationsgesellschaft von großer Bedeutung.

3. Dienstleistungsfreiheit

Oftmals spielte auch die Dienstleistungsfreiheit eine entscheidende Rolle.[661] Der Europäische Gerichtshof hat die Anwendbarkeit der Regelungen ausdrücklich für grenzüberschreitende Fernsehsendungen bejaht.[662] Bei den grenzüberschreitenden neuen Kommunikationsdiensten steht die Erbringung von Dienstleistungen im Vordergrund. Aufgrund der wesentlichen Rolle, die Inhalte in der neuen Umgebung spielen, enthalten diese Dienstleistungen oft urheberrechtlich geschützte Gegenstände. Unterschiedliche Regelungen können die Dienstleistungsfreiheit gerade im Bezug auf die sich entwickelnden Kommunikationsdienste behindern.[663]

4. Art. 95 EGV

Art. 95 EGV enthält im Zusammenhang mit Art. 14 EGV eine sehr weite allgemeine Kompetenzgrundlage, wonach die Europäische Gemeinschaft für die Angleichung der Rechts- und Verwaltungsvorschriften der Mitgliedstaaten zum Zwecke der Errichtung und des Funktionierens des Binnenmarktes sorgen kann.

---

[660] *Schneider-Brodtmann*, Folgerecht, S. 263.
[661] Grünbuch über Urheberrecht in der Informationsgesellschaft, KOM (95) 382 endg. vom 19.7.1995, S. 29; bis auf die Computerprogramm-Richtlinie und die Folgerecht-Richtlinie wurden bisher alle Richtlinien auf Art. 55 i.V.m. Art. 47 Abs. 2 gestützt.
[662] EuGH vom 5.10.1994, Rs. C-23/93 („*TV10 SA / Commissariaat voor de Media*"), Slg. 1994, S. I 4795-4835 (4830f.).
[663] *Rosenthal*, Kompetenz der EG, S. 64.

Die Vorschrift ist aber kein Ausfluss der implied powers-Lehre[664], da sie eine ausdrückliche Kompetenzzuweisungsklausel enthält. Die besondere Ausprägung erhält die Regelung dadurch, dass sie nicht auf einen Sachbereich beschränkt ist, sondern eine gemeinschaftliche Querschnittskompetenz begründet.

Die Klausel wurde durch die Einheitliche Europäische Akte eingeführt und ist als Binnenmarktklausel spezieller als Art. 94 EGV, der den Gemeinsamen Markt regelt.[665] Daraus folgt, dass zumindest im Bereich der Grundfreiheiten ein Rückgriff auf Art. 94 EGV nicht mehr nötig ist.[666] Ein solcher Rückgriff wäre aufgrund des Einstimmigkeitserfordernisses in Art. 94 EGV auch viel zu schwerfällig.[667]

Art. 95 EGV spielt für die Organe der Europäischen Gemeinschaft bei den Harmonisierungsmaßnahmen im Bereich des Urheberrechts eine wichtige Rolle.[668] Das zeigt sich schon daran, dass von den mehreren für urheberrechtlich relevante Fragen zuständigen Organisationsebenen innerhalb der EG-Kommission die Generaldirektion Binnenmarkt federführend ist. Diese Zuständigkeit beinhaltet, dass Regelungen im Hinblick auf ihre Binnenmarkttauglichkeit formuliert wurden und interpretiert werden.[669] Auch der Europäische Gerichtshof hat unter Betonung der wirtschaftlichen Komponente des Urheberrechts diese Vorschrift als einschlägig angesehen.[670] Aufgrund der Zielsetzung zur Verwirklichung der Grundfreiheiten und zur Beseitigung von Wettbewerbsverfälschungen[671] nimmt Art. 95 EGV die

---

[664] So aber *Schippan*, Harmonisierung, S. 28ff.
[665] *Hayder*, 53 RabelsZ 1989, S. 622-698 (659).
[666] So für den freien Warenverkehr: *Breulmann*, Normung und Rechtsangleichung, S. 112.
[667] Vgl. *Bardenhewer/Pipkorn*, in: *von der Groeben/Thiesing/Ehlermann*, EU-/EG-Vertrag, Rdz. 2 zu Art. 100a EGV (alt).
[668] So wurde die Computerprogramm-Richtlinie ausschließlich mit Art. 95 EGV begründet. Lediglich die Satellit- und Kabel-Richtlinie wurde nicht auf Art. 95 EGV, sondern nur auf Art. 47 Abs. 2 und 55 EGV gestützt. Diese Inkonsequenz überrascht, da Erwägungsgrund 2 vom „Gemeinsamen Markt" und vom „Raum ohne Binnengrenzen" spricht.
[669] *Peifer*, 8. Ringberg-Symposium, S. 87-123 (102).
[670] So schon für den Gemeinsamen Markt: EuGH vom 20.1.1981, verb. Rs. 55/80 und 57/80 („*Musik-Vertrieb membran und K-Tel International / GEMA*"; „*Gebührendifferenz-Urteil*"), Slg. 1981, S. 147-180 (165), vgl. *Schmittmann/de Vries*, AfP 1995, S. 470-478 (474); für Leistungsschutzrechte: EuGH vom 20.10.1993, verb. Rs. C-92/92 und C-326/92 („*Phil-Collins*", Nachweis unten Fn. 705), S. 5180; für geistiges Eigentum: EuGH Gutachten 1/94 vom 15.11.1994 (siehe oben Fn. 504).
[671] Letzteres ergibt sich zwar nicht aus Art. 14 Abs. 2 bzw. Art. 3 lit. c EGV, wohl aber aus der Nennung in Art. 3 lit. g EGV, vgl. *Schneider-Brodtmann*, Folgerecht, S. 266; nach *Benabou*, Droit d'auteur, S. 14 ist der Ausschließlichkeitscharakter des Urheberrechts schon potentiell wettbewerbsverfälschend.

Rolle einer die soeben genannten mit den Grundfreiheiten verbundenen Regelungen überdachenden Vorschrift ein.

Im Bereich des Urheberrechts kann es aufgrund unterschiedlicher Regelungen zu Wettbewerbsverzerrungen und dadurch letztlich zur Flucht in den Mitgliedstaat mit dem niedrigsten Schutzniveau kommen.[672] Dies gilt insbesondere für Werke der bildenden Kunst sowie weit gehend auch für Musikwerke, weniger aber für Werke der literarischen Kunst, bei denen zumindest bisher eine faktische Relativierung des Problems durch die sich zumeist an den Landesgrenzen orientierenden Sprachgrenzen zu beobachten war.[673] Durch die Möglichkeit der weder an Landes- noch an Sprachgrenzen gebundenen, unkörperlichen Online-Übertragung in das heimische Wohnzimmer von überall in der Welt hat dieses Problem aber an aktueller Bedeutung gewonnen. Je mehr sich diese Art der Werkverwertung durchsetzt, desto größer wird die Gefahr, dass die Anbieter dieser Leistung in Niedrigschutzzonen abwandern. Aufgrund der immer größeren Wichtigkeit der englischen Sprache hat sich auch außerhalb ihrer Sprachgrenze ein bedeutender Markt für englischsprachige Druckerzeugnisse gebildet, so dass insoweit auch in der „körperlichen Welt" die Gefahr einer Wettbewerbsverfälschung besteht.

In der Praxis hat der Anwendungsbereich von Art. 95 EGV eine immense Weite erfahren. Oftmals wird nur verlangt, dass eine Maßnahme irgendwie dem Binnenmarkt diene.[674] Dadurch besteht aber die Gefahr, dass die Binnenmarktklausel ähnlich weit ausufert, wie dies zwischenzeitlich bei der US-amerikanischen Interstate Commerce Clause der Fall war. Diese Regelung in Art. 1 § 8 S. 3 der US-Verfassung besagt, dass der Kongress als Organ des Zentralstaates über die Gewalt der Regulierung des zwischenstaatlichen Handels verfügt. Das hat bis in jüngster Zeit zu einer immer stärkeren Ausweitung der zentralstaatlichen Kompetenzen unter Berufung auf diese Vorschrift geführt, bei der aufgrund teilweise sehr konstruierter Argumentationen ein Bezug zum zwischenstaatlichen Geschäftsverkehr hergestellt wurde. Erst seit einiger Zeit scheint eine Entwicklung eingesetzt zu haben, die eine restriktivere Handhabung der Vorschrift mit sich bringt.[675] Ob diese Tendenz anhält, bleibt abzuwarten.

---

[672] *Beseler*, ZUM 1995, S. 437-441 (439).
[673] Vgl. *Sieger*, AfP 1986, S. 101-106 (102).
[674] So tendentiell z.B. *Ellins*, Copyright Law und Urheberrecht, S. 238.
[675] Zur Weite der Interstate Commerce Clause und der seit kurzem verstärkt in den Vordergrund tretenden einschränkenden Auslegung vgl. *Bermann*, 94 Colum. L. Rev. 1994, S. 331-456 (417 insbesondere Fn. 332).

Mit einer derartigen Ausuferung wäre der Kommission die Möglichkeit gegeben, unter dem Stichwort „Schaffung eines einheitlichen Binnenmarktes" nahezu jeden Politikbereich an sich zu ziehen,[676] so dass sie faktisch über eine Kompetenzkompetenz verfügte.[677] Für den Bereich des Urheberrechts brächte dies auch die Gefahr mit sich, dass es unter Verdrängung seiner kultur- und sozialpolitischen Dimensionen auf seine wirtschaftlichen Auswirkungen reduziert würde.[678] Dass die Kompetenz der Europäischen Gemeinschaft nicht soweit gehen kann, ergibt sich aus der einschränkenden Regelung des Art. 30 EGV, der über den Warenverkehr hinaus einen allgemeinen Rechtsgrundsatz des Gemeinschaftsrechts enthält.

Mit seiner Betonung auf den freien Verkehr von Waren und Dienstleistungen ist das Binnenmarktgebot stark wirtschaftlich ausgerichtet. Auch wenn *Gotzen*[679] durch die Gründung einer Europäischen Union im Maastrichter Unionsvertrag und die Umbenennung der „Europäischen Wirtschaftsgemeinschaft" in die „Europäische Gemeinschaft" eine Abkehr von der bloß wirtschaftlich motivierten Gemeinschaft sieht, kann dies nicht darüber hinwegtäuschen, dass sich die Kompetenzen im Bereich der Harmonisierung des Urheberrechts über bloße politische Absichtserklärungen hinaus nur geringfügig zugunsten einer kulturellen Gemeinschaft geändert haben.[680] Wegen der engen Verbindung von kultureller und wirtschaftlicher Komponente beim Urheberrecht ist gerade in Abgrenzung zum an Formalitäten gebundenen Schutz der gewerblichen Schutzrechte[681] angezweifelt worden, ob Art. 95 EGV eine ausreichende Kompetenzgrundlage in diesem Bereich sein

---

[676] *Renzsch*, Zeitschrift für Parlamentsfragen 1993, S. 104-116 (110); *Delp*, Recht des geistigen Schaffens, S. 266.
Vgl. auch die Kritik der Länder im Streit im Zusammenhang mit der Richtlinie „Fernsehen ohne Grenzen" vor dem Bundesverfassungsgericht, die eine ins Grenzenlose weisende Regelungskompetenz für die Europäische Gemeinschaft, die letztlich jede grenzüberschreitende entgeltliche Leistung zum Tatbestand des „freien Dienstleistungsverkehrs" zuordne und damit auch die Regelungsmaterie „Kultur" uneingeschränkt den Ermächtigungen der EU zuweise, befürchteten (Nachweis bei *Becker*, ZUM 1995, S. 732-734 (734).

[677] So sieht *Scholz*, Festschrift für *Helmrich*, S. 411-426 (418) die „Errichtung" und das „Funktionieren des Binnenmarkts" als weit gegriffene Generalatatbestände, die zwangsläufig zu einer Generalermächtigung und damit zu einer Kompetenzkompetenz führen; ähnlich *Brunner*, Subsidiaritätsprinzip, S. 9-22 (19).

[678] *Beier*, zitiert von *Dietz*, GRUR Int. 1986, S. 166-169 (167); *Dietz*, 18 IIC 1987, S. 324-331 (326).

[679] *Gotzen*, WIPO-Symposium, Paris, 1.-3.6.94, S. 239-257 (240).

[680] *Peifer*, 8. Ringberg-Symposium, S. 87-123 (102).

[681] Vgl. *Françon*, Le droit d'auteur, S. 104; vgl. auch *Schricker*, Festschrift für *Steindorff*, S. 1437-1453 (1446), der ein schwächer begründetes Harmonisierungsbedürfnis im klassischen Urheberrecht ausmacht.

kann.[682] Sogar das Technologie-Grünbuch sieht einen grundsätzlichen Widerspruch zwischen Urheberrechtsschutz und den wirtschaftlichen Aspekten des Binnenmarktes.[683] Das war wohl auch der Grund, warum das Grünbuch die wirtschaftliche Komponente stark betonte. Die Verbindung zum Kulturbereich der Mitgliedstaaten kann aber nicht dazu führen, diesen Bereich von vornherein der Harmonisierungskompetenz der Europäischen Gemeinschaft vollständig zu entziehen.[684] Mit einer solchen Argumentation könnten die Mitgliedstaaten unter Berufung auf Querverbindungen zu ihrer Kultur, die sich überall finden ließen, letztlich jeden Bereich der gemeinschaftlichen Handlungsbefugnis streitig machen. Die Regelung des Art. 151 EGV gibt der Europäischen Gemeinschaft vielmehr das Recht, auch Bereiche zu regeln, die kulturelle Implikationen haben. Der Handel mit Gütern und Dienstleistungen, die urheberrechtlich geschützt sind, nimmt einen großen Anteil am Wirtschaftsleben im Binnenmarkt ein. Deshalb kann die Europäische Gemeinschaft auch in diesem Bereich mit Blick auf das Binnenmarktgebot grundsätzlich bei Bedarf geeignete Harmonisierungsmaßnahmen ergreifen. Das Spannungsverhältnis von gemeinschaftlicher Zuständigkeit im Binnenmarkt mit der Kulturkompetenz der Mitgliedstaaten ist erst auf Ebene des Kompetenzumfangs aufzulösen.

Aus der Zwitterstellung[685] des Urheberrechts folgt, dass unter Hinweis auf das Binnenmarktgebot eine Harmonisierung je eher möglich ist, desto mehr die wirtschaftlichen Komponenten des Urheberrechts betroffen sind. Auch wenn sich kulturelle und wirtschaftliche Aspekte oftmals nicht genau trennen lassen, muss im Lichte des Binnenmarktgebots auf die wirtschaftlichen Auswirkungen des zu harmonisierenden Regelungsbereiches streng geachtet werden. Dabei muss die Europäische Gemeinschaft berücksichtigen, dass ihr die Regelung rein kultureller Fragestellungen ausdrücklich verwehrt ist. Ihre bloße Förderkompetenz in kulturellen Angelegenheiten darf nicht dazu führen, dass sie den Mitgliedstaaten ihre kulturellen Standards aufoktroyiert. Der mit dem Technologie-Grünbuch anfänglich verfolgte Weg der Regelung der wirtschaftlich wirklich bedeutenden Aspekte des Urheberrechts bei gleichzeitiger Zurückhaltung in kulturellen Fragen wurde aufgrund der harten Kritik aus Kreisen der Rechtsinhaber gegen die Grundvorgaben des EG-Vertrags, die durch die Kulturklausel des Vertrags von Maastricht

---

[682] *Benabou*, Droit d'auteur, S. 5, die die gemeinschaftliche Kompetenz im Übrigen anerkennt, siedelt das Urheberrecht im kulturellen Bereich an und sieht a priori „objectifs incompatibles" gegenüber dem wirtschaftlich verstandenen Binnenmarkt.
[683] Technologie-Grünbuch, KOM (88) 172 endg. vom 23.8.1988, S. 7.
[684] Siehe oben Fn. 625.
[685] Dazu *Strowel*, Droit d'auteur et copyright, S. 55; *Schricker*, GRUR Int. 1992, S. 242-247 (242ff.).

noch einmal ausdrücklich bestätigt wurden, aufgegeben. Dies hat dazu geführt, dass die Europäische Gemeinschaft sich tendenziell in ein Begründungsdilemma begeben hat: Zum einen steht sie unter dem ständigen Zwang, zur Kompetenzbegründung auf die starke wirtschaftliche Bedeutung des Urheberrechts abzustellen,[686] zum anderen wird aber dann bei der Ausgestaltung der Rechtsangleichung das hohe Schutzniveau oftmals gerade aus kulturellen Erwägungen in den Vordergrund gestellt. Dadurch besteht beim Urheberrecht wegen dessen Doppelnatur immer die Gefahr, dass sich die Europäische Gemeinschaft vom wirtschaftlichen Ausgangspunkt zu sehr entfernt und unzulässig in mitgliedstaatliche Kulturkompetenzen eingreift. Wegen der grundsätzlichen Untrennbarkeit der wirtschaftlichen und kulturellen Komponente beim Urheberrecht sind dabei die Grenzen zwischen zulässiger und kompetenzwidriger Harmonisierungsmaßnahme fließend. Gerade hier ist es wichtig, dass die Binnenmarktklausel nicht zu einer Generalklausel zugunsten der Europäischen Gemeinschaft umgedeutet wird. Dafür bedarf es fester Kriterien, die im Einzelfall eine Konkretisierung des Kompetenzumfanges der Gemeinschaft ermöglichen. Diese Funktion vermag vor allem der Verhältnismäßigkeitsgrundsatz zu erfüllen (dazu unten S. 174ff.).

Der Anwendungsbereich von Art. 95 EGV wird in Absatz 1 dadurch eingeschränkt, dass unbeschadet anderer Bestimmungen im EG-Vertrag nur Maßnahmen zur Angleichung der Rechts- und Verwaltungsvorschriften der Mitgliedstaaten, welche die Errichtung und das Funktionieren des Binnenmarktes zum Gegenstand haben, als zulässig angesehen werden. Durch den Begriff der „Angleichung" wird deutlich, dass nur die Anpassung und Annäherung bestehender Regelwerke und damit weder die Schaffung von Einheitsrecht noch die positive Gestaltung der Wirtschaftsordnung durch die Gemeinschaft[687] möglich sein soll. Aus dem Wortlaut ergibt sich der Auftrag an die Gemeinschaft, den Bestand der Rechtsordnungen der Mitgliedstaaten bei der Harmonisierung zu berücksichtigen und nicht deren Vereinheitlichung, sondern nur die Schaffung vergleichbarer Lösungen anzustreben. Ziel ist die Schaffung eines Binnenmarktes, nicht die Schaffung eines

---

[686] Das wird deutlich durch die Aussage des Binnenmarkt-Generaldirektors *Mogg*, Konferenz der Generaldirektion XV der Europäischen Kommission „Urheberrecht und verwandte Schutzrechte an der Schwelle zum 21. Jahrhundert" in Florenz (2.-4.6.96), Protokoll, S. 4-10 (4): „If culture has figured prominently in the evolution of our copyright laws so too have economic considerations. Economic considerations and the challenges of new technology are at the origin of any copyright legislation."
Vgl. auch den Kommissionsbediensteten *Gaster*, ZUM 1996, S. 261-274 (263), der bei der kommerziellen Nutzung des Urheberrechts dieselben (gemeinschaftsrechtlichen) Probleme wie bei Patenten oder Warenzeichen sieht.

[687] Vgl. *Steindorff*, Grenzen der EG-Kompetenzen, S. 98.

einzigen Rechtssystems.[688] Bei einer anderen Auslegung liefen die einschränkenden Vorschriften leer.[689]

V. Art. 308 EGV

Mit Art. 308 EGV stellt der EG-Vertrag ein Instrument zur Verfügung, mittels dessen die Europäische Gemeinschaft den bestehenden Kompetenzrahmen im Einzelfall auf Bereiche erweitern kann, bei denen ein Tätigwerden der Gemeinschaft erforderlich erscheint, um im Rahmen des Gemeinsamen Marktes eines ihrer Ziele zu verwirklichen. Aufgrund der weiten Formulierung „Ziele" geht die Vorschrift über eine reine „implied power"-Klausel, die auf den Gedanken der inhärenten Zuständigkeiten der Europäischen Gemeinschaft abstellt, hinaus[690] und erhielt in der Anwendung die Funktion der Vertragsauslegung im Sinne einer größtmöglichen praktischen Wirksamkeit der Gemeinschaftsbefugnisse („effet utile").[691] Dadurch besteht die dauernde Gefahr, dass über die zulässige Rechtsfortbildung innerhalb der Verträge eine deren Grenze sprengende, vom geltenden Vertragsrecht nicht gedeckte Rechtssetzung stattfindet.[692] *Scholz* und *Hofmann* merken an, dass mit Hilfe der Vorschrift zwar Vertragsziele nicht erweitert, neu begründet, geändert oder aufgehoben werden könnten; aufgrund der weiten Auslegung im Sinne einer „Vertragsabrundungskompetenz" sei aber eine „dynamische Erweiterung der bestehenden Verträge" zu beobachten.[693] Prinzipiell ist die Vorschrift auch im Bereich des geistigen Eigentums anwendbar,[694] jedoch wurde sie bisher noch nicht bei der urheberrechtlichen Rechtsangleichung herangezogen.[695]

Dies hat vor allem seinen Grund in der Tatsache, dass die Vorschrift des Art. 308 EGV zu schwerfällig ist.[696] Sie verlangt Einstimmigkeit der Mitgliedstaaten, so dass diese an sich bedenkliche Kompetenzerweiterungsmöglichkeit nicht gegen deren Willen erfolgen kann. Gleichwohl birgt die Vorschrift aufgrund einer möglichen unterschiedlichen Kompetenzverteilung innerhalb der einzelnen Mitgliedstaaten erheblichen innenpolitischen Sprengstoff. Mit Hilfe von Art. 308 EGV könnte die im Rat vertretene Exekutive nämlich das Parlament und

---

[688] *Slot*, 21 Eur.L.Rev. 1996, S. 378-397 (379).
[689] Vgl. *Rohe*, 61 RabelsZ 1997, S. 1-85 (31+36).
[690] *Schima*, Subsidiaritätsprinzip, S. 43.
[691] So *Scholz/Hofmann*, ZRP 1998, S. 295-302 (301).
[692] *Scholz/Hofmann*, ZRP 1998, S. 295-302 (301) unter Hinweis auf das Maastricht-Urteil des Bundesverfassungsgerichts, BVerfGE 89, S. 155-213 (209).
[693] *Scholz/Hofmann*, ZRP 1998, S. 295-302 (301).
[694] EuGH Gutachten 1/94 (siehe oben Fn. 504), S. I-5273.
[695] *Benabou*, Droit d'auteur, S. 83.
[696] *Von Lewinski*, Europäisches Urheberrecht, Allgemeiner Teil, Kap. 1, Rdz. 3.

möglicherweise auch die Vertretung der eigenen Gliedstaaten umgehen. Wegen dieses Einstimmigkeitserfordernisses bietet sie gegenüber der Binnenmarktklausel nur dann eine Alternative, wenn es um Probleme geht, zu deren Lösung eine binnenmarktgestützte Harmonisierung allein nicht ausreicht, wie etwa im Bereich der Piraterieprodukte.[697] Außerdem kann die Vorschrift keine Vertragsänderung in dem Sinne bewirken, dass bestehende eindeutige Kompetenzregelungen gegen den Wortlaut abgewandelt werden. So könnte eine gemeinschaftliche Rechtsangleichungsmaßnahme im reinen Kulturbereich wegen Art. 151 EGV nicht ersatzweise auf Art. 308 EGV gestützt werden.[698]

VI. Soziale Kompetenz

Im Bereich des Urheberrechts wird hin und wieder aufgrund einer sozialen Komponente ein Bedürfnis für inhaltliche Angleichung aufgrund der „Störung des sozialen Gleichgewichts" gesehen.[699] Genannt werden auch das Alimentationsprinzip oder der Schutz der schwächeren Vertragspartei.[700] Noch weiter geht *Sieger*, der eine Abkehr von der Idee des geistigen Eigentums als Legitimation des Urheberrechtsschutzes und die Verankerung des Urheberrechts im modernen sozialen Arbeitsrecht fordert.[701] Es ist aber nicht ganz einsichtig, warum aufgrund der Berufsausübung einzelner Urheber das gesamte Urheberrecht in diesen Bereich fallen soll. Eine sozialbezogene Kompetenznorm im EG-Vertrag, die den Bereich des Urheberrechts zwecks Harmonisierungsmaßnahmen umfassen könnte, ist nicht ersichtlich. Die Berufung auf eine soziale Kompetenz ist im Bereich des Urheberrechts demnach nicht möglich.[702]

VII. Kompetenz aufgrund des gemeinschaftlichen Besitzstandes?

Eine interessante Argumentationsweise findet sich mittlerweile immer häufiger bei der EG-Kommission. Die Regelungsbefugnis sei aufgrund der bisher erlassenen Richtlinien und sonstigen Maßnahmen „schlechterdings nicht mehr zu be-

---

[697] So das Technologie-Grünbuch, KOM (88) 172 endg. vom 23.8.1988, S. 13.
[698] *Blanke*, Kulturgemeinschaft, S. 102.
[699] *Dietz*, Urheberrecht in der EG, S. 307; *ders.*, Primäres Urhebervertragsrecht, S. 220 bezeichnet die Urheber als „travailleurs culturels" und verlangt eine „positive Zuwendung" etwa aus Art. 136 EGV (ebenda, S. 223).
[700] *Peifer*, 8. Ringberg-Symposium, S. 87-123 (102).
[701] *Sieger*, AfP 1986, S. 101-106 (105).
[702] *Goebel*, 4 Fordham Intellectual Property, Media & Entertainment Law Journal 1993/94, S. 125-130 (130).

streiten".[703] Diese Ansicht ist etwas verwunderlich, da der Eindruck erweckt wird, dass zur Vermeidung einer Diskussion über die rechtliche Verankerung der Kompetenzen auf vollendete Tatsachen hingewiesen werden soll. Mit den vertraglichen Kompetenzzuweisungen ist dies kaum zu vereinbaren. Von einem gemeinschaftlichen Besitzstand, der als Gesamtkonzept gegenüber den ohnehin schon vorhandenen Regelungen in den Mitgliedstaaten einen entscheidenden Mehrwert mit sich brächte, kann zudem nur ansatzweise gesprochen werden (vgl. oben S. 106).

VIII. Art. 10 EGV

Für die Regelung des Art. 10 EGV hat sich der Begriff „Grundsatz der Gemeinschaftstreue" eingebürgert. Der Europäische Gerichtshof hat auch vom „Grundsatz der loyalen Zusammenarbeit" gesprochen.[704] Diese Pflicht zur gegenseitigen Rücksichtnahme kann aber selbständig keine Kompetenz begründen. Die Vorschrift regelt lediglich eine allgemeine Verhaltenspflicht im Rahmen des vorhandenen Kompetenzsystems.

IX. Die Rolle des Nichtdiskriminierungsgebots (Art. 12 Abs. 1 EGV)

Der Europäische Gerichtshof hat in seinem viel beachteten *Phil Collins*-Urteil vom 20.10.1993[705] festgestellt, dass das Urheberrecht Gegenstand des Nichtdiskriminierungsgebots (Art. 12 Abs. 1 EGV) sei und auch insoweit wegen der Auswirkung auf den innergemeinschaftlichen Austausch von Gütern und Dienstleistungen ohne direkten Bezug zu Art. 28, 30 und 49 EGV unmittelbar unter den EG-Vertrag[706] falle. Aufgrund einer Schutzlücke im Rom-Abkommen wurde dem britischen Sänger *Phil Collins* in Deutschland kein Rechtsschutz bezüglich eines in den USA ohne seine Zustimmung aufgenommenen und in Deutschland vertriebenen Konzertmitschnitts zugestanden. In der verbundenen Rechtssache 326/92

---

[703] *Kreile/Becker*, ZUM 1992, S. 581-594 (*582*); *Vogel*, GRUR 1993, S. 513-531 (531); *Gaster*, ZUM 1995, 740-752 (750 Fn. 48); ders., ZUM 1996, S. 261-274 (263+270); ders., CR 1997, S. 669-676 (670); *Benabou*, Droit d'auteur, S. 78; *Maier*, Droit d'auteur, 1997, S. 19.
Dietz, Reischl-Kolloquium, S. 57-67 (62) sah gar allein in den kulturell ausgerichteten Mitteilungen der EG-Kommission den Grund, dass die Urheberrechtszuständigkeit der Europäischen Gemeinschaft nicht geleugnet werden könne. Diese Ansicht läuft aber auf eine nicht vorgesehene Kompetenzkompetenz hinaus.

[704] Entsprechende Nachweise bei *Rosenthal*, Kompetenz der EG, S. 107 Fn. 391.

[705] EuGH vom 20.10.1993, verb. Rs. C-92/92 und C-326/92 („*Phil Collins / Imtrat Handelsgesellschaft mbH*" und „*Patricia Im- und Export Verwaltungsgesellschaft mbH und Leif Emanuel Kraul / EMI Electrola GmbH*"), Slg. 1993, S. I 5145-5185.

[706] *Phil Collins*-Urteil, siehe oben Fn. 705, S. 5179f.; dazu *Flechsig/Klett*, ZUM 1994, S. 685-698 (687+691).

wurde dem britischen Sänger *Cliff Richard* ein Schutz versagt, weil die ihn betreffenden Aufnahmen vor Inkrafttreten des Rom-Abkommens hergestellt worden waren. Ein deutscher Interpret hätte dagegen entsprechende Rechte geltend machen können. Der Europäische Gerichtshof entschied nun, dass deshalb eine unzulässige Diskriminierung aufgrund der Staatsangehörigkeit eines Unionsbürgers im Bereich der gemeinschaftlichen Grundfreiheiten vorlag. Dieses Urteil hat viel Beachtung gefunden, da es in bestimmten Bereichen trotz fehlender Harmonisierung die Staatsangehörigen eines Mitgliedstaats in einem anderen Mitgliedstaat den dort vorhandenen Regelungen unterschiedslos unterwerfen kann.

Dem Urteil wurde vorgeworfen, dass gerade in der Nichteinräumung eines Vervielfältigungs- und Verbreitungsrechts der Vertrieb von Tonträgern in Deutschland nicht behindert, sondern vielmehr ermöglicht und gefördert würde. Es läge also gar keine Behinderung des Binnenmarktes vor.[707] Zudem sei bei der Differenzierung in Deutschland nicht auf die Staatsangehörigkeit, sondern sachlich gerechtfertigt auf die unterschiedlichen nationalen Rechtslagen abgestellt worden.[708] Aus gesamtwirtschaftlicher Sicht sind diese Argumente nicht leicht von der Hand zu weisen. Sie berücksichtigen aber nicht, dass das Nichtdiskriminierungsgebot dem einzelnen im Binnenmarkt ausdrücklich den Anspruch gibt, in wirtschaftlicher Hinsicht grundsätzlich mit den Staatsangehörigen des jeweiligen Mitgliedstaates gleichgestellt zu werden. Dies gilt nach dem Wortlaut der Vorschrift auch für die unter den Vertrag fallenden Bereiche, in denen eine Harmonisierung noch nicht stattgefunden hat.[709]

Auf die Kompetenzzuweisung im Bereich des Urheberrechts hat dieses Urteil aber keine unmittelbaren Auswirkungen. Der Grundsatz der Gleichbehandlung besagt nur, dass binnenmarktrelevante einzelstaatliche Vorschriften im Einzelfall unterschiedslos angewendet werden müssen. Er allein enthält aber keinen Auftrag an die Europäische Gemeinschaft, außerhalb bestehender Kompetenzzuweisungsnormen auf dem Wege der Rechtsangleichung diese Gleichbehandlung zu verwirklichen. Dies hat der Europäische Gerichtshof deutlich gemacht, indem er darauf hinwies, dass es bei Fehlen gemeinschaftsrechtlicher Harmonisierung Aufgabe

---

[707] *Loewenheim*, NJW 1994, S. 1046-1048 (1047); *Nirk/Hülsmann*, Festschrift für *Piper*, S. 725-746 (736); *Rohe*, 61 RabelsZ 1997, S. 1-85 (51).
[708] *Flechsig/Klett*, ZUM 1994, S. 685-698 (687).
[709] A.A. wohl *Rohe*, 61 RabelsZ 1997, S. 1-85 (54), der in Ermangelung einer Harmonisierung die tatsächlichen Voraussetzungen für eine Gleichbehandlung in Frage gestellt sieht.

der Mitgliedstaaten sei, Voraussetzungen und Modalitäten des Schutzes festzulegen[710].

Das Urteil hat den Angleichungsbemühungen auf gemeinschaftlicher Ebene aber dennoch neuen Schub gegeben. Es hat zwar zwischen den Mitgliedstaaten untereinander die unmittelbaren Auswirkungen des Prinzips der materiellen Gegenseitigkeit des Schutzes beseitigt, nicht aber die Rechtsunterschiede, die diesem Prinzip zugrunde liegen.[711] Durch die Anerkennung des Anspruchs auf Gleichbehandlung der Staatsangehörigen von Mitgliedstaaten mit einem niedrigeren Schutzniveau hat es dazu geführt, dass diese Staaten grundsätzlich kein Interesse mehr daran haben müssen, auf ihrem eigenen Staatsgebiet auch ein höheres Schutzniveau einzuführen, zumal ihre eigenen Staatsangehörigen in den anderen Mitgliedstaaten die Gleichbehandlung beanspruchen können[712]. Dies kann aber dem oftmals auf Gemeinschaftsebene betonten Ziel der Schaffung eines hochwertigen Urheberrechtsschutzes in der ganzen Gemeinschaft zuwiderlaufen, so dass sich dadurch faktisch ein Harmonisierungszwang nach oben ergeben kann.

X. Die Rolle von Subsidiaritätsprinzip und Verhältnismäßigkeitsgrundsatz auf der Ebene der Kompetenzzuweisung

Teilweise wird dem Subsidiaritätsprinzip und dem Verhältnismäßigkeitsgrundsatz eine Kompetenz begründende Wirkung zugeschrieben. Dies soll im Folgenden kurz untersucht werden.

1. Die Rolle des Subsidiaritätsprinzips auf der Ebene der Kompetenzzuweisung

Die Einordnung des Subsidiaritätsprinzips als Kompetenzzuweisungsregel oder Kompetenzausübungsschranke ist lebhaft umstritten. *Blanke*[713] sieht das Prinzip als Kompetenznorm für die Gemeinschaft, aufgrund Insuffizienz möglicher mitgliedstaatlicher Regelungen bei größerer Wirksamkeit der gemeinschaftlichen Aktion integrationsfördernde Maßnahmen zu beschließen. Demgemäß soll die Frage des „Ob" nach dem Subsidiaritätsprinzip entschieden werden, wohingegen

---

[710] So neben dem *Phil Collins*-Urteil z.B. auch in Ziff. 49 des *Magill*-Urteils (siehe oben Fn. 611), S. 823; vgl. *Cohen Jehoram/Mortelmans*, GRUR Int. 1997, S. 11-15 (15); *Nirk/Hülsmann*, Festschrift für *Piper*, S. 725-746 (736).

[711] *Katzenberger*, 8. Ringberg-Symposium, 2. Arbeitssitzung, S. 26-41 (28).

[712] Kritisch dazu am Beispiel des Privatgebrauchs: *Jean-Loup Tournier* in seinem Arbeitspapier „The Future of Collective Administration of Authors' Rights" bei der Sitzung des *Legal Advisory Board* der EG-Kommission (GD XIII) vom 26.4.1995.

[713] *Blanke*, ZG 1995, S. 193-223 (206).

die Frage des „Wie" nach dem Verhältnismäßigkeitsgrundsatz zu beantworten sei.[714]

Dem muss entgegengehalten werde, dass Art. 5 Abs. 2 EGV durch die Formulierung „in den Bereichen, die nicht in ihre ausschließliche Zuständigkeit fallen" das Vorliegen einer vertraglichen Kompetenznorm schon voraussetzt, also nur innerhalb der bestehenden Gemeinschaftskompetenzen anwendbar ist.[715] Deshalb ist die Vorschrift nach einer verbreiteten Ansicht keine Kompetenzzuweisungsklausel[716], hat keinen Einfluss auf die Kompetenzverteilung[717] und setzt systematisch das Vorliegen einer begrenzten Einzelermächtigung nach Art. 5 Abs. 1 EGV voraus[718]. Die Formulierung, wonach die Gemeinschaft „nur" tätig wird, lässt ausschließlich den Schluss zu, dass die Vorschrift allein bestehende Kompetenzen einschränken soll.[719]

Nach *Rosenthal*[720] nimmt das Prinzip eine Sonderstellung zwischen Kompetenzzuweisung und Kompetenzausübungsweite ein. Er sieht die Rolle des Prinzips allein in der Entscheidung, „ob die Gemeinschaft oder die Mitgliedstaaten ihre miteinander konkurrierenden Kompetenzen [, wie sie sich aus dem EG-Vertrag ergeben,] ausüben dürfen", und zwar im Sinne eines „Insuffienzkriteriums". Über die Weite der Kompetenz hingegen soll nur der Verhältnismäßigkeitsgrundsatz entscheiden. Dieser Ansicht ist im Grundsatz zuzustimmen. Das Subsidiaritätsprinzip setzt das Vorliegen von (konkurrierenden) Kompetenzen voraus. Ähnlich wie bei der Aufteilung im deutschen Bundesstaat, wo der Zentralstaat bei der Gesetzgebung durch die Erforderlichkeitsklausel des Art. 72 Abs. 2 GG[721] beschränkt wird, darf die Europäische Gemeinschaft im Bereich der konkurrierenden Zuständigkeiten nur dann tätig werden, wenn und soweit die Ziele der Maßnahme auf Ebene

---

[714] *Blanke*, ZG 1995, S. 193-223 (209 Fn. 71) führt diese Trennung erstmals auf *Dürig*, JZ 1953, S. 193-199 (199) zurück.
[715] *Bermann*, 94 Colum. L. Rev. 1994, S. 331-456 (366).
[716] *Calliess*, Subsidiaritäts- und Solidaritätsprinzip, S. 62f.; dto. *Rosenthal*, Kompetenz der EG, S. 83 mit zahlreichen Nachweisen zu beiden Ansichten in Fn. 285.
[717] So *Everling* bei der öffentlichen Anhörung der Europaausschüsse von Bundestag und Bundesrat vom 8.5.1996, Nachweis in wib 9/96 vom 15.5.1996, S. 542; *Strozzi*, 30 RTDEur 1994, S. 373-390 (381); *Kenntner*, NJW 1998, S. 2871-2875 (2872).
[718] *Kenntner*, NJW 1998, S. 2871-2875 (2874).
[719] *Kenntner*, NJW 1998, S. 2871-2875 (2874); ähnlich *Calliess*, Subsidiaritäts- und Solidaritätsprinzip, S. 62f., der zumindest keine Ausweitung der Kompetenzen zugunsten der Europäischen Gemeinschaft sieht.
[720] *Rosenthal*, Kompetenz der EG, S. 91f.; auf S. 82 spricht er von einer „Kompetenzausübungsvoraussetzung".
[721] Dazu *Schmehl*, DÖV 1996, S. 724-732 (724ff.).

der Mitgliedstaaten nicht ausreichend erreicht werden können und daher wegen ihres Umfangs oder ihrer Wirkungen besser auf Gemeinschaftsebene verwirklicht werden können. Das Subsidiaritätsprinzip übt demnach wie Art. 72 Abs. 2 GG die Funktion einer Kompetenzverteilungsregelung innerhalb der konkurrierenden Zuständigkeiten für den konkreten Einzelfall aus[722] und lässt somit bewusst Raum für Vielfalt.[723] Ähnlich wie eine Kompetenzzuweisungsregelung entscheidet das Subsidiaritätsprinzip, wer überhaupt tätig werden darf, was aus dem Begriff „sofern" deutlich wird. Durch das Voraussetzen einer bestehenden konkurrierenden Kompetenz und aufgrund der Formulierung „soweit" regelt das Prinzip aber auch Aspekte der Kompetenzweite. Das Subsidiaritätsprinzip hat demnach Elemente beider Handlungsebenen und lässt sich nicht herkömmlich kategorisieren.[724] Funktional steht aber eher die Frage der Weite der gemeinschaftlichen Kompetenz im konkreten Einzelfall im Vordergrund, so dass das Prinzip im Folgenden im Rahmen der Kompetenzweite besprochen wird.

2. Die Rolle der Verhältnismäßigkeit auf der Ebene der Kompetenzzuweisung

Müller-Graff[725] hat dem Verhältnismäßigkeitsgrundsatz neben einer Kompetenz beschränkenden Wirkung auch eine Kompetenz begründende zugeschrieben. Dies kann aber schon deshalb nicht überzeugen, da Art. 5 Abs. 3 EGV „Maßnahmen der Gemeinschaft" als vorhanden voraussetzt. Daraus folgt, dass diese Vorschrift nur innerhalb der bestehenden Gemeinschaftskompetenzen anwendbar ist. So hat auch die EG-Kommission in ihrer Mitteilung der Kommission zum Subsidiaritätsprinzip vom 27.10.1992 festgestellt, dass sich der Verhältnismäßigkeitsgrundsatz nicht auf das Problem der „Kompetenzzuordnung auswirken darf".[726] Für eine Prüfung der Verhältnismäßigkeit im Binnenmarktbereich schon auf Ebene der Kompetenzzuweisung im Rahmen eines ungeschriebenen Spürbarkeitskriteriums oder im Rahmen der Erforderlichkeitsklausel von Art. 14 EGV gibt es mangels

---

[722] *Kenntner*, NJW 1998, S. 2871-2875 (2874) spricht von einer strukturellen Ähnlichkeit zur Erforderlichkeitsklausel von Art. 72 Abs. 2 GG; es darf aber nicht verkannt werden, dass die beschränkende Wirkung von Art. 72 Abs. 2 GG insbesondere nach seiner Revision von 1994 im deutschen Bundesstaat eine besondere Wichtigkeit aufgrund der Tatsache erhält, dass die Bundesländer viel weniger Einfluss auf das nationale Gesetzgebungsverfahren haben, als die EG-Mitgliedstaaten als „Herren des Rechtssetzungsverfahrens" [so *Rohe*, 61 RabelsZ 1997, S. 1-85 (83)] das Gemeinschaftsrecht prägen können.
[723] Diese Funktion betont *Schmehl*, DÖV 1996, S. 724-732 (726) bei Art. 72 Abs. 2 GG.
[724] Zu dieser gemischten Natur vgl. auch *Blumenwitz*, Gedächtnisschrift für *Grabitz*, S. 1-15 (6).
[725] *Müller-Graff*, NJW 1993, S. 13-23 (17).
[726] Mitteilung der Kommission an den Rat und das Parlament zum Subsidiaritätsprinzip vom 27.10.1992, unten Fn. 768.

erkennbaren Mehrwerts bzw. aus praktischen Erwägungen der gerichtlichen Letztentscheidungskompetenz keinen Anlass.[727]

F. Folgerungen aus dem Fehlen einer ausdrücklichen Sachbereichskompetenz und aus dem Vorliegen einer Querschnittskompetenz

Für die Rechtsangleichung innerhalb der Europäischen Gemeinschaft folgen aus dem Fehlen einer ausdrücklichen Sachbereichskompetenz und aus dem Vorliegen einer Querschnittskompetenz im Bereich des Urheberrechts zwei Dinge: So steht die Europäische Gemeinschaft immer unter dem Zwang, Harmonisierungsmaßnahmen gesondert unter Heranziehung mindestens einer anderen Rechtsgrundlage rechtfertigen zu müssen und kann nicht einfach auf die einschlägige Sachbereichskompetenz verweisen. Außerdem dürfte es ihr aufgrund der gängigen Differenzierung zwischen Urheberrecht und allgemeiner Wirtschaftsklausel in den Kompetenzkatalogen vieler Bundesstaaten rechtlich nicht möglich sein, unter Heranziehung anderer Kompetenzgrundlagen letztlich sämtliche Aspekte der Urheberrechtsgesetzgebung ausschließlich an sich zu ziehen.

Das Fehlen einer ausdrücklichen Kompetenzzuweisung im Bereich des Urheberrechts wurde bisher fast kritiklos hingenommen.[728] Es wird gemeinhin akzeptiert, dass die Gemeinschaft insoweit auf eine oder mehrere Querschnittskompetenzen zurückgreift. Diese kompetenzrechtliche Lage ist aber nicht unproblematisch, wenn es aufgrund der vielen Querschnittskompetenzen bei Harmonisierungsinitiativen in einem vom EG-Vertrag nicht ausdrücklich geregelten Sachbereich zu Überschneidungen der Kompetenznormen kommt. Unterschiedliche Kompetenznormen können nämlich völlig verschiedene Regelungsverfahren nach sich ziehen, wie im Titandioxid-Richtlinien-Urteil des Europäischen Gerichtshofes deutlich wurde. Er entschied in diesem Urteil, dass die Europäische Gemeinschaft bei einer produktbezogenen Regelung im Bereich des Umweltschutzes (Art. 175 EGV) auf die an leichtere Voraussetzungen gebundene Binnenmarktklausel des Art. 95 EGV zurückgreifen könne, sofern der Binnenmarkt von der Regelung nicht nur nebenbei betroffen sei.[729] Der Europäische Gerichtshof

---

[727] Vgl. im einzelnen oben S. 137.
A.A. *Reich*, VuR 2001, S. 203-206 (204), der die Frage der Eignung einer Maßnahme als Kompetenz begründend ansieht.
[728] Zu den vereinzelt gebliebenen kritischen Stimmen vgl. oben S. 119.
[729] EuGH vom 11.6.1991, Rs. C-300/89 („*Kommission / Rat*"; „*Titandioxid-Richtlinie*"), Slg. 1991, S. I 2867-2902 (2900).
Der Europäische Gerichtshof prüft auch im Bereich der Kompetenzabgrenzung zwischen den EG-Organen Ziel und Inhalt des beabsichtigten Rechtsaktes und sieht Art. 95 als ausgeschlossen an, „wenn der zu erlassende Rechtsakt nur nebenbei eine Harmonisierung der Marktbe-

verschärfte diese vielfach als zu weit gehend kritisierte Rechtsprechung in der Abfallbeseitigung-Entscheidung[730], indem er feststellte, dass der Binnenmarktbezug den Schwerpunkt[731] der Maßnahme bilden müsse. Bei seinem Gutachten im Zuge des Abschlusses des TRIPs-Abkommens hat der Europäische Gerichtshof zur Bejahung der Zuständigkeit für den Bereich der Handelspolitik verlangt, dass diese der „Hauptzweck" ist.[732] Diese Beurteilung einer Querschnittskompetenz erscheint verallgemeinerungsfähig.[733]

Rosenthal sieht das Problem des Abstellens auf den Schwerpunkt einer Maßnahme darin, dass dieses Konzept dem Bundesstaat entstamme, der grundsätzlich Kompetenzen in Sachbereichen und nicht in Querschnittskompetenzen regelt.[734] Anstatt den für die schwächer organisierte Europäische Gemeinschaft nahe liegenden Erst-Recht-Schluss zu prüfen, versucht er dann die für die Informationsgesellschaft relevanten Teile des Binnenmarktes in einen Sachbereich „Wirtschaft" umzudefinieren, in dem die Frage des Schwerpunkts wieder statthaft sein soll.[735] Worin der Mehrwert dieser Vorgehensweise liegt und warum das Recht der Wirtschaft im Gegensatz zum Binnenmarkt keine Querschnittskompetenz sein soll, lässt *Rosenthal* offen. Gerade auf Ebene der Europäischen Gemeinschaft muss sich bei Vorliegen mehrerer einschlägiger Kompetenznormen auch im Bereich der Querschnittskompetenz die Frage der anwendbaren Regelung nach dem Schwerpunkt der Maßnahme beurteilen, da diese Vorgehensweise den besonderen Charakter der geplanten Regelung am ehesten berücksichtigen kann.

Des weiteren dürfen nach dem Urteil des Bundesverfassungsgerichts vom 22.3.1995 im Zusammenhang mit der Richtlinie „Fernsehen ohne Grenzen"[736] Querschnittskompetenzen auch nicht langfristig entgegen dem Prinzip der begrenzten Einzelermächtigung zu einer schrittweisen Beeinträchtigung der den Mitgliedstaaten verbliebenen Sachkompetenzen führen. Gerade Deutschland ver-

---

[730] dingungen innerhalb der Gemeinschaft bewirkt", so in EuGH vom 4.10.1991, Rs. C-70/88 („*Parlament / Rat*"), Slg. 1991, S. I 4529-4568 (4566f.); EuGH vom 13.3.1993, Rs. C-155/91 („*Kommission / Rat*"; „*Abfallrichtlinie*"), Slg. 1993, S. I 939-970 (968).
[731] Nachweis oben bei Fn. 729.
[732] Dazu *Rosenthal*, Kompetenz der EG, S. 80 m.w.N.
[733] EuGH Gutachten 1/94 vom 15.11.1994 (siehe oben Fn. 504), S. I-5315.
So auch *Rosenthal*, Kompetenz der EG, S. 81; *von Danwitz*, EuZW 1999, S. 622-626 (622); *Bardenhewer/Pipkorn*, in: *von der Groeben/Thiesing/Ehlermann*, EU-/EG-Vertrag, Rdz. 51 zu Art. 100a EGV (alt) sprechen vom „Hauptzweck".
[734] *Rosenthal*, Kompetenz der EG, S. 80.
[735] *Rosenthal*, Kompetenz der EG, S. 81.
[736] Bundesverfassungsgericht vom 22.3.1995, EuZW 1995, S. 277-284 (282f.) („*Fernsehen ohne Grenzen*").

tritt auf europäischer Ebene in letzter Zeit eine solche einschränkende Ansicht. Besonders deutlich wurde dies im Zusammenhang mit dem Streit über die Richtlinie zum Tabakwerbeverbot.[737] Nach Ansicht der Bundesrepublik war eine Gemeinschaftsinitiative kompetenzrechtlich nicht zulässig, da die Richtlinie nicht dem Binnenmarkt diente[738], sondern vielmehr Teil der nach Art. 152 EGV bei den Mitgliedstaaten verbliebenen Gesundheitspolitik gewesen sei.[739] Der Europäische Gerichtshof ist dieser Ansicht gefolgt und hat im Einklang mit dem Urteil des Bundesverfassungsgerichts vom 22.3.1995 festgestellt, dass ein auf der Grundlage von Art. 95 EGV erlassener Rechtsakt tatsächlich den Zweck haben muss, die Voraussetzungen für die Errichtung und das Funktionieren des Binnenmarkts zu verbessern. Andernfalls könnte der gerichtlichen Kontrolle der Wahl der Rechtsgrundlage jede Wirksamkeit genommen werden, was dem Prinzip der begrenzten Einzelermächtigung zuwiderliefe.[740] Der Gerichtshof prüft, ob Art. 95 EGV zu Recht als Rechtsgrundlage gewählt worden ist[741], was er letztlich verneint. Dadurch scheint er das Problem, ohne es ausdrücklich so zu sagen, schon auf Ebene der Kompetenzzuweisung zu lösen, obwohl das keineswegs zwingend ist. Bei seiner Beurteilung wendet er nämlich auch Kriterien an, die als Bestandteil des Verhältnismäßigkeitsgrundsatzes gesehen werden können, ohne diesen im Gegensatz zur klagenden Bundesrepublik und zum Plädoyer des Generalanwaltes *Fennelly*[742] ausdrücklich zu erwähnen. So kann ein auf der Grundlage von Art. 95 EGV „erlassener Rechtsakt auch Bestimmungen umfassen, die zur Beseitigung von Hemmnissen der Grundfreiheiten nichts beitragen, wenn sie erforderlich sind, um die Umgehung bestimmter diesem Ziel dienender Verbote zu verhindern."[743] Diese

---

[737] „Richtlinie 98/43/EG zur Angleichung der Rechts- und Verwaltungsvorschriften der Mitgliedstaaten über Werbung und Sponsoring von Tabakerzeugnissen", ABl. EG Nr. L 213 vom 30.7.1998, S. 9ff.

[738] Vgl. *BDI*, NvWR 1998, S. 83-84 (84).

[739] So der Vorsitzende des Verbandes der Cigarettenindustrie *Staby*, zitiert in der Frankfurter Allgemeinen Zeitung Nr. 94 vom 23.4.1998, S. 14; kritisch ebenfalls *Kreile/Rahn*, ZUM 1998, S. 820-833 (820ff.).

[740] EuGH vom 5.10.2000, Rs. C-376/98 („*Deutschland/Europäisches Parlament u. Rat"*), Rdz. 83f.
Zum Urteil siehe *Amtenbrink*, VuR 2001, S. 163-174 (163ff.); *Reich*, VuR 2001, S. 203-206 (203ff.); *Hilf/Frahm*, RIW 2001, S. 128-133 (128ff.); *Götz*, Urteilsanmerkung, JZ 2001, S. 34-36 (34ff.).

[741] EuGH vom 5.10.2000, Rs. C-376/98 („*Deutschland/Europäisches Parlament u. Rat"*), Rdz. 85.

[742] Dieser hatte in seinem Schlussplädoyer, Rdz. 133ff. den Verhältnismäßigkeitsgrundsatz als Kompetenzausübungsschranke behandelt, vgl. *Götz*, Urteilsanmerkung, JZ 2001, S. 34-36 (36).

[743] EuGH vom 5.10.2000, Rs. C-376/98 („*Deutschland/Europäisches Parlament u. Rat"*), Rdz. 100.

Aussage könnte zwar auch im Gegenschluss so ausgelegt werden, dass es auf die Erforderlichkeit einer Maßnahme gar nicht mehr ankäme, wenn ein Beitrag zur Beseitigung von Hemmnissen der Grundfreiheiten vorliegt; das würde aber der ausdrücklichen Regelung des Verhältnismäßigkeitsgrundsatzes zuwiderlaufen. Der Europäische Gerichtshof spricht zudem davon, dass die zu beseitigenden Wettbewerbsverzerrungen spürbar sein müssen.[744] Damit prüft er ein Kriterium, welches als Bestandteil des Verhältnismäßigkeitsgrundsatzes in Frage kommt, wie im Folgenden noch zu untersuchen ist[745].

Der Streit um das Tabakwerbeverbot hat noch einmal deutlich gemacht, dass gerade die sachgegenständlich nicht begrenzte Querschnittskompetenz des Binnenmarktgebots aufgrund ihrer definitorischen Weite ständig der Gefahr unterliegt, zu einer unbeschränkten Generalklausel auszuufern, wie sie bis in jüngster Zeit bei der Interstate Commerce Clause in den USA zu beobachten war.[746] Das Urteil des Europäischen Gerichtshofs hat zudem gezeigt, dass der Gerichtshof durchaus in der Lage ist, über die Abgrenzung der gemeinschaftlichen und mitgliedstaatlichen Kompetenzen zu urteilen, so dass der Forderung nach einem eigenständigen Kompetenzgericht derzeit nicht zugestimmt werden kann.[747]

Im Bereich des Urheberrechts besteht eine enge Verbindung zum Kulturbereich. Da sich das gemeinschaftliche Handeln aber vor allem auf Bereiche konzentrierte, die einen starken wirtschaftlichen Einschlag haben, ist das bisherige Ausbleiben einer Diskussion zumindest in Bezug auf die grundsätzliche Kompetenzzuweisung durchaus nachvollziehbar.

Das Zusammenspiel unterschiedlicher Regelungskompetenzen hat innerhalb der EG-Kommission in der entsprechenden Aufteilung der Zuständigkeiten zwischen den Generaldirektionen eine organisatorische Komponente.[748] Für den Bereich des Urheberrechts kommt es immer wieder zu Kompetenzkonflikten zwischen der federführenden Generaldirektion Binnenmarkt (vormals GD XV) und den Generaldirektionen Unternehmen (vormals Industrie, GD III), Wettbewerb (vormals GD IV), Bildung und Kultur (vormals Information, Kommunikation, Kultur und

---

[744] EuGH vom 5.10.2000, Rs. C-376/98 („*Deutschland/Europäisches Parlament u. Rat*"), Rdz. 106ff.
[745] Vgl. unten S. 183.
[746] Vgl. dazu oben Fn. 675 und dazugehöriger Text.
[747] Vgl. die von *Goll/Kenntner*, EuZW 2002, S. 101-106 (105f.) erhobene Forderung und die nachfolgenden kritischen Stimmen von *Reich*, EuZW 2002, S. 257, *Everling*, EuZW 2002, S. 357-364 (357ff.) sowie *Colneric*, EuZW 2002, S. 709-715 (709ff.).
[748] Vgl. *Ellins*, Copyright Law und Urheberrecht, S. 234.

audiovisuelle Medien, GD X), Informationsgesellschaft (vormals Telekommunikation, Informationsindustrie und Nutzung der Forschungsergebnisse, GD XIII) und Gesundheits- und Verbraucherschutz (vormals GD XXIV). Durch die Federführung der Generaldirektion Binnenmarkt wird der Akzent nicht so sehr auf den Rechtsinhaber, sondern auf das Werk als Wirtschaftsgut gelegt.[749] *Vinje* kritisiert die Zuordnung zu dieser Generaldirektion, da dort größtmöglicher Rechtsschutz für das geistige Eigentum ohne große Beachtung der wettbewerbsrechtlichen Implikationen, welche die Generaldirektionen Unternehmen, Wettbewerb und Informationsgesellschaft schützten, propagiert werde.[750]

G. Exkurs: Die politische Komponente als zusätzliches Hindernis

Auch nach grundsätzlicher Bejahung der Kompetenz steht sämtliche Rechtsangleichung auf Ebene der Europäischen Gemeinschaft aufgrund deren besonderen Charakters noch unter dem Vorbehalt politischer Opportunität und Machbarkeit.[751] Wie sonst nirgendwo in Europa treffen in der Europäischen Gemeinschaft eine Vielzahl nationaler Befindlichkeiten der Mitgliedstaaten und dort vorhandene Partikularinteressen aufeinander, die wiederholt an sich rechtlich zulässige, aber von irgendeiner Seite unerwünschte Projekte in der Praxis scheitern ließen.[752] Oftmals kommt es zwischen den Mitgliedstaaten auch zum Schnüren systemwidriger Kompromisspakete, um möglicherweise sogar auf anderer Ebene und in völlig anderen Bereichen eigene Forderungen durchsetzen zu können.[753]

Immer aktiver wird die große Zahl von Lobbyisten, die in Brüssel teilweise massiv den Rechtssetzungsprozess zu beeinflussen suchen. Insbesondere in den Bereichen, in denen unterschiedliche Ziele von Interessenvertretern aufeinander treffen, kann dies zu kaum mehr tragbaren Ergebnissen führen. So ist es nicht verwunderlich, dass gerade im Zuge der Verhandlungen über den Richtlinienvorschlag zum Urheberrecht in der Informationsgesellschaft ein bisher noch nicht gekanntes Ausmaß von organisierten Einflussversuchen zu Tage trat.[754] Die Einschätzung

---

[749] *Benabou*, Droit d'auteur, S. 46.
[750] *Vinje*, 13 J.L. & Com. 1994, S. 301-326 (302).
[751] Dazu *Ellins,* Copyright Law und Urheberrecht, S. 234ff; *Dreier/von Lewinski*, 39 J.Cop.Soc. USA 1991, S. 96-120 (99+101).
[752] Aktuelles Beispiel im Bereich des Urheberrechts ist unabhängig von der Frage der rechtlichen Zulässigkeit (dazu unten S. 320ff.) der Richtlinienvorschlag zum Folgerecht, der trotz komfortabler Stimmenmehrheit im Rat aus Rücksicht auf Großbritannien zeitweise auf Eis gelegt wurde (vgl. unten S. 325).
[753] *Ellins*, Copyright Law und Urheberrecht, S. 235f.
[754] *Reinbothe*, ZUM 1999, S. 429-437 (433); *Vinje*, 22 EIPR 2000, S. 551-562 (558) kritisiert den Einfluss der Interessengruppen und sieht die Qualität der Richtlinie entwertet.

vom „Lobbyismus in seiner aufdringlichsten Form"[755] ist angesichts der unzähligen Kontaktversuche und -aufnahmen, die Kommissions- und Parlamentsmitarbeiter über sich ergehen lassen mussten, nicht übertrieben. Es ist geradezu auffallend, wie viele Abgeordnete sich in der abschließenden Parlamentsaussprache vom 9.2.1999 über die neue Qualität des Lobbying beklagten.[756] Die Mischung von Kontaktaufnahmen über aggressive Öffentlichkeitsarbeit[757] bis hin zu kaum noch verdeckter Druckausübung führte sogar dazu, dass kurz vor Ende der kommissionsinternen Beratungen sämtliche mit dem Richtlinienvorschlag unmittelbar in Zusammenhang stehenden Arbeitsdokumente als vertrauliche Dokumente mit entsprechenden Einschränkungen behandelt wurden, was ein bisher unbekannter Vorgang im Rahmen der normalen Gemeinschaftspolitiken war.

Auch die Kompetenzkonflikte zwischen den beteiligten Generaldirektionen, denen oft nicht ganz zu Unrecht nachgesagt wird, dass sie die Interessengruppen in ihrem Tätigkeitsbereich fast schon als ihre Klientel betrachten, kann gerade im Urheberrecht zu schwierigen kommissionsinternen Konstellationen führen. Geradezu alarmierend ist die Tatsache, dass sehr bald nach Beginn der internen Beratungen zwischen den Kommissionsdienststellen der seinerzeit diskutierte vertrauliche Vorentwurf vom 2.12.1997 auf der Internetseite einer Lobbyistengruppe veröffentlicht wurde.[758] Es ist zu vermuten, dass dieser Entwurf zur Verfolgung politischer Ziele aus den Reihen der Kommission gezielt nach außen gegeben wurde. Ein Vergleich dieses Vorentwurfs mit der endgültig beschlossenen Fassung gibt interessante Einblicke über die Regelungen, die im Zuge der weiteren Beratungen noch geändert wurden. Dadurch werden die Bereiche deutlich, die Gegenstand kommissionsinterner Kontroversen gewesen sein mussten.

H. Zusammenfassung

Gemäß dem Grundsatz der begrenzten Einzelermächtigung (Art. 5 Abs. 1 EGV) darf die Gemeinschaft nur aufgrund einer ausdrücklichen Kompetenzzuweisung tätig werden. Im Gegensatz zur Rechtslage in einigen Bundesstaaten fehlt eine solche ausdrückliche Zuweisung im EG-Vertrag für den Sachbereich des Urheberrechts. Der Bereich des Urheberrechts wird aber ebenso wenig durch Art. 295 EGV, Art. 307 EGV, durch die mitgliedstaatliche Kompetenz in kultu-

---

[755] So *Jansen*, Der Tagesspiegel Nr. 16 187 vom 10.12.1997, S. 30.
[756] Vgl. Parlamentsprotokoll vom 9.2.1999, S. 46ff.
[757] Vgl. *Tucker*, Financial Times vom 9.12.1997.
[758] Der Text dieses Entwurfs war noch Ende 2000 unter http://www.bna.com/e-law/docs/ecdraft.html erhältlich, ist aber zwischenzeitlich nicht mehr verfügbar, obwohl noch an manchen Stellen im Internet darauf hingewiesen wird.

rellen Angelegenheiten oder durch das Gebot der Achtung der nationalen Identitäten der Mitgliedstaaten dem Anwendungsbereich des EG-Vertrags entzogen. Die Zuständigkeit der Europäischen Gemeinschaft zur Rechtsangleichung für Teilaspekte des Urheberrechts ergibt sich aus der sachbereichsübergreifenden Querschnittskompetenz des Binnenmarktgebots, und zwar aus den Regeln der Dienstleistungs- und Niederlassungsfreiheit sowie insbesondere aus der allgemeinen Vorschrift des Art. 14 EGV i.V.m. Art. 95 EGV. Zur Sicherung des reibungslosen Funktionierens des Binnenmarkts kann die Europäische Gemeinschaft auch urheberrechtliche Bestimmungen angleichen. Aufgrund der Unbestimmtheit des Begriffs des Binnenmarkts kommt der Bestimmung des Umfangs der gemeinschaftlichen Kompetenz eine entscheidende Bedeutung zu.

5. Kapitel : Der Umfang der gemeinschaftlichen Kompetenzen im Bereich des Urheberrechts

A. Einleitung

Wenn auch nach den obigen Ausführungen die grundsätzliche Zuständigkeit der Europäischen Gemeinschaft für Rechtsangleichungsmaßnahmen im Bereich des Urheberrechts gegeben ist, fragt sich dennoch, wie weit reichend diese ist.

Der Vertrag von Maastricht hat seinerzeit den viel beachteten Art. 5 EGV eingeführt, der in der Öffentlichkeit als das „Subsidiaritätsprinzip" bekannt wurde. Dabei geht aber oftmals unter, dass Art. 5 EGV drei verschiedene Grundprinzipien enthält, und zwar den oben auf S. 126 schon besprochenen Grundsatz der begrenzten Einzelermächtigung (Abs. 1), das eigentliche Subsidiaritätsprinzip (Abs. 2) und den Verhältnismäßigkeitsgrundsatz (Abs. 3). Dabei fällt auf, dass das Subsidiaritätsprinzip und noch mehr der Verhältnismäßigkeitsgrundsatz in den Abhandlungen zur gemeinschaftsrechtlichen Harmonisierung des Urheberrechts nur am Rande angesprochen werden.[759] Hin und wieder wird zumindest angedeutet, dass durch Art. 5 EGV gewisse Auswirkungen auf die Harmonisierung ausgehen[760]. Die nachfolgenden Ausführungen sollen zeigen, dass diese beiden Prinzipien wesentliche Kompetenzbeschränkungen für die Europäische Gemeinschaft in diesem Bereich mit sich bringen.

---

[759] *Ellins*, Copyright Law und Urheberrecht, S. 239f. widmet dem Problem gerade einmal drei Absätze; *Benabou*, Droit d'auteur, S. 84 führt lediglich zwei wenig erhellende Absätze an.

[760] So deutet *Dreier*, GRUR Int. 1996, S. 205-218 (207) einschränkende Auswirkungen auf das Urheberrecht an; vgl. auch *Best*, 52 Copyright World 1995, 18-26 (23): „It was to be expected that the application of the principle of subsidiarity would impact upon harmonisation."

B. Das Subsidiaritätsprinzip

I. Einleitung

Der Begriff der Subsidiarität hat sich gerade in der politischen Öffentlichkeit zu einem Schlagwort für die Stärkung der mitgliedstaatlichen Kompetenzen bei gleichzeitiger Einschränkung der gemeinschaftlichen eingebürgert. Oftmals zeigt sich aber, dass dieser Begriff in der Diskussion ohne richtiges Bewusstsein seiner eigentlichen Bedeutung benutzt wird. Die folgenden Ausführungen sollen Umfang, Natur und Bedeutung des Subsidiaritätsprinzips auf gemeinschaftlicher Ebene untersuchen.

II. Umfang und Natur des Subsidiaritätsprinzip

1. Geschichte des Subsidiaritätsprinzips

Das Subsidiaritätsprinzip entstammt der katholischen Soziallehre und wurde als allgemeines Prinzip erstmals in der Sozialenzyklika „Quadragesimo anno" aus dem Jahre 1931 von Papst Pius XI. aufgestellt.[761] Auf der europäischen Ebene wurde es zum ersten Mal im Jahre 1975 im Kommissionsbericht zur Europäischen Union[762] genannt. Darin wurde ausgeführt, dass die Gründung einer Europäischen Union nicht zur Schaffung eines zentralistischen Superstaats führen dürfe. In Übereinstimmung mit dem Subsidiaritätsprinzip seien der Union nur diejenigen Aufgaben zu übertragen, welche die Mitgliedstaaten nicht wirksam erfüllen können. Konkrete Gestalt nahm es erstmals im Entwurf eines Vertrags zur Gründung der Europäischen Union des Europäischen Parlaments vom 14.2.1984 an[763]. Dort heißt es in Ziffer 12.2: „Die Union wird nur tätig, um die Aufgaben zu verwirklichen, die gemeinsam wirkungsvoller wahrgenommen werden können, als von einzelnen Mitgliedstaaten allein, insbesondere Aufgaben, deren Bewältigung ein

---

[761] Die dortige Nr. 79 hat folgenden Wortlaut: „Wenn es nämlich zutrifft, was ja die Geschichte deutlich bestätigt, dass unter den veränderten Verhältnissen manche Aufgabe, die früher leicht von kleineren Gemeinwesen geleistet wurden, nunmehr von großen bewältigt werden können, so muss doch allzeit unverrückbar jener höchst gewichtige sozialphilosophische Grundsatz festgehalten werden, an dem nicht zu rütteln noch zu deuten ist: Wie dasjenige, was der Einzelmensch aus eigener Initiative und mit seinen eigenen Kräften leisten kann, ihm nicht entzogen und der Gesellschaftstätigkeit zugewiesen werden darf, so verstößt es gegen die Gerechtigkeit, das, was die kleineren und untergeordneten Gemeinwesen leisten und zum guten Ende führen können, für die weitere und übergeordnete Gemeinschaft in Anspruch zu nehmen; zugleich ist es überaus nachteilig und verwirrt die ganze Gesellschaftsordnung" (abgedruckt bei *Lecheler*, Subsidiaritätsprinzip, S. 30).
[762] Abgedruckt in Bull. EG Beil. 5, S. 11.
[763] Abgedruckt in Bull. EG 2/1984, S. 8-30.

Handeln der Union erfordert, weil ihre Ausmaße oder ihre Auswirkungen über die nationalen Grenzen hinausreichen." Gegenüber der Formulierung in der päpstlichen Enzyklika bemerkt *Kenntner* zu Recht eine „weit reichende Akzentverschiebung": der ursprünglich im Vordergrund stehende strenge Notwendigkeitsmaßstab wurde gegen ein von politischen Opportunitätserwägungen geprägtes Effektivitätskriterium ausgetauscht.[764] Schon zu diesem Zeitpunkt deutete sich auf Gemeinschaftsebene eine Auslegung des Subsidiaritätsprinzips an, die von den gemeinschaftlichen Organen sehr flexibel am Maßstab der politischen Machbarkeit gehandhabt werden konnte.

Eine ähnliche vom Gedanken der Effektivität geleitete Ausrichtung des Subsidiaritätsprinzips sah die EG-Kommission in den Vertragsentwürfen und Mitteilungen zu der Regierungskonferenz über die Politische Union vor.[765] Diese Ansicht ging sogar davon aus, dass das Subsidiaritätsprinzip keine substantielle Kompetenzschranke, sondern vielmehr sogar Legitimationsgrundlage für das Handeln der Gemeinschaft sein könne.[766]

Kenntner merkt an, dass trotz der vielen textlichen Änderungen, die das Prinzip während der Regierungskonferenz erfahren hat, die Kommission seither den Notwendigkeitsmaßstab des gemeinschaftsrechtlichen Subsidiaritätsprinzips ignoriert.[767] Geradezu exemplarisch ist die Mitteilung der Kommission an den Rat und das Europäische Parlament zum Subsidiaritätsprinzip vom 27.10.1992, die als wesentliches Kriterium das „Gebot der Vernunft" ansieht.[768] Ähnlich wird im Bericht über die Funktionsweise des Vertrags über die Europäische Union vom 10.5.1995[769] auf eine Kompetenz erweiternde Funktion des Subsidiaritätsprinzips abgestellt. Die alleinige Betonung der Kompetenz einschränkenden Wirkung würde nur aus „speziellen oder kurzsichtigen Gründen" geltend gemacht.

Die heutige Formulierung des Subsidiaritätsprinzips beruht im Wesentlichen auf dem Vorschlag der niederländischen Präsidentschaft für die Regierungskonferenz

---

[764] *Kenntner*, NJW 1998, S. 2871-2875 (2872).
[765] Abgedruckt in Bull. EG Beil. 2/1991, insbesondere S. 84.
[766] Dazu *Kenntner*, NJW 1998, S. 2871-2875 (2874).
[767] *Kenntner*, NJW 1998, S. 2871-2875 (2874).
[768] Dok. SEK (92) 1990 endg. vom 27.10.1992, abgedruckt in Bull. EG 10/1992, S. 118: „In der Praxis bedeutet dies, dass alle Organe der Gemeinschaft, besonders aber die Kommission, dem Gebot der Vernunft folgen müssen, d.h., dass die Gemeinschaft in Wahrnehmung ihrer Zuständigkeiten nur die Maßnahmen ergreifen sollte, die am besten auf Gemeinschaftsebene ergriffen werden."
[769] Abgedruckt bei *Große-Hüttmann*, Subsidiaritätsprinzip in der EU, S. 109f.

zur Politischen Union vom 24.9.1991[770]. Danach sei ein Tätigwerden der Gemeinschaft nur zulässig, „sofern und soweit diese Ziele wegen des Umfangs oder der Wirkung der in Betracht gezogenen Maßnahmen besser auf Gemeinschaftsebene erreicht werden können."

Diesem Vorschlag setzte der Freistaat Bayern in der innerdeutschen Diskussion einen enger gefassten Textentwurf entgegen, der auf die „unerlässliche Notwendigkeit" des gemeinschaftlichen Handelns abstellte.[771] Die Bundesrepublik präsentierte am 7.1.1991 letztlich einen Vorschlag, wonach die Union nur insofern tätig wird, „wie die Maßnahmen aufgrund ihrer Tragweite oder ihrer Auswirkungen die Grenzen eines Mitgliedstaates überschreitende Lösungen erfordern und wenn und soweit der verfolgte Zweck durch Maßnahmen auf der Ebene der einzelnen Mitgliedstaaten allein nicht ausreichend verwirklicht werden kann".[772] Dementsprechend befand auch der deutsche Bundesrat in seiner Entschließung zu den EG-Regierungskonferenzen[773], dass das Subsidiaritätsprinzip „als allgemeines Handlungsprinzip im Vertrag an zentraler Stelle klar und unzweideutig im Sinne einer Kompetenz regulierenden Schranke verankert werden" müsse. Die vom Präsidentschaftsentwurf vorgesehene Formulierung sei „unter keinen Umständen akzeptabel", da sie die Intention des deutschen Vorschlags ins Gegenteil verkehre.

2. Die Ausformung des Prinzips im EG-Vertrag

Entgegen der ursprünglichen Absicht, das Subsidiaritätsprinzip nur als allgemeinpolitischen Grundsatz in die Präambel des Vertrages aufzunehmen,[774] wurde in Art. 5 Abs. 2 EGV eine ausdrückliche Regelung vorgenommen.[775] Der genaue Regelungsgehalt des Prinzips ist heftig umstritten. So gilt das Subsidiaritätsprinzip nur im Bereich der konkurrierenden Zuständigkeit, wobei über deren Umfang keine Einigkeit besteht. Textlich gibt es ein Nebeneinander von Notwendigkeitskriterien im ersten Satzteil und Effektivitätsgesichtspunkten im zweiten Satzteil.

---

[770] Abgedruckt bei *Weidenfeld*, Maastricht in der Analyse, S. 305ff.
[771] „Die Gemeinschaft übt die nach diesem Vertrag zustehenden Befugnisse nur aus, soweit das Handeln der Gemeinschaft unerlässlich notwendig ist, um die in diesem Vertrag genannten Ziele wirksam zu erreichen und hierzu Maßnahmen der einzelnen Mitgliedstaaten oder der Länder, Regionen und autonomen Gemeinschaften nicht ausreichen"; dazu *Schelter*, EuZW 1990, S. 217-219 (218).
[772] Nachweis bei *Konow*, DÖV 1993, S. 405-412 (406).
[773] BR-Drucks. 680/91 vom 8.11.1991, S. 2f.
[774] *Kenntner*, NJW 1998, S. 2871-2875 (2874).
[775] Allgemein *Blanke*, ZG 1991, S. 133-148 (133ff.); *von Borries*, Festschrift für *Deringer*, S. 22-39 (22ff.); *Scholz*, Festschrift für *Helmrich*, S. 411-426 (411ff.); *Bermann*, 94 Colum. L. Rev. 1994, S. 331-456 (331ff.); *Kenntner*, NJW 1998, S. 2871-2875 (2871ff.).

Dadurch wird der besondere Charakter der Vorschrift als Kompromiss[776] zwischen der engen deutschen und britischen Ansicht auf der einen Seite und der weiten Ansicht der EG-Kommission auf der anderen deutlich. Die genaue Bedeutung der beiden Satzteile und ihr Verhältnis zueinander sind aber Gegenstand vieler Debatten. Einigkeit besteht nur insoweit, dass aufgrund der systematischen Stellung gemäß dem ersten Satzteil zuerst zu prüfen ist, ob eine geplante Maßnahme nicht ausreichend auf Ebene der Mitgliedstaaten verwirklicht werden kann. Bei den sich dann ergebenden Folgeproblemen gibt es zahlreiche Dissonanzen.

a. Anwendung nur im Bereich der konkurrierenden Zuständigkeit

Nach der ausdrücklichen Regelung in Art. 5 Abs. 2 EGV findet das Subsidiaritätsprinzip nur im Bereich der konkurrierenden Zuständigkeiten Anwendung. Diese Vorschrift ist einleuchtend, da nur in diesem Bereich die Frage der Handlungsermächtigung sich noch im Einzelfall stellen kann. Die genaue Einordnung der einzelnen Kompetenzen als konkurrierende ist aber heftig umstritten. Gerade in Deutschland fällt eine solche Differenzierung wegen des anderen grundgesetzlichen Verständnisses schwer.[777]

Nach Ansicht von *Stewing*[778] gibt es derzeit noch keinen einzigen Tätigkeitsbereich, der in die ausschließliche Zuständigkeit der Europäischen Gemeinschaft fällt. Die Integration sei noch nicht so weit fortgeschritten, dass komplette Rechtsmaterien der alleinigen Verfügungsbefugnis der Europäischen Gemeinschaft unterfallen könnten. Diese Meinung lässt sich durch die Feststellung von *Calliess* ergänzen, wonach auch durch Kompetenzwahrnehmung keine ausschließliche Kompetenz entstehen könne.[779] Nach einer so verstandenen Auslegung wären zumindest bis zu einer Vertragsänderung alle Kompetenzen der Europäischen Gemeinschaft nur konkurrierende.[780]

Das andere Extrem wird von der EG-Kommission wie auch von einzelnen Stimmen in der Literatur vertreten. Demnach seien im Bereich der Gemeinschaftsziele notwendigerweise alle Kompetenzen von ausschließlicher Natur.[781] Die EG-

---

[776] *Kenntner*, NJW 1998, S. 2871-2875 (2873); so auch *Blumenwitz*, Gedächtnisschrift für *Grabitz*, S. 1-15 (6): weiter als „notwendig", enger als reine Effizienz.
[777] Vgl. *Hilf*, VersR 46/1995, Sonderheft, S. 7-14 (10).
[778] *Stewing*, Subsidiarität und Föderalismus in der EU, S. 106; a.A.: *Ehlermann*, Rezension, EuR 1992, S. 453-455 (454) und *G. Schmidt*, Rezension, RIW 1993, S. 352.
[779] *Calliess*, Subsidiaritäts- und Solidaritätsprinzip, S. 94f.
[780] So auch *Ress*, DÖV 1992, S. 944-955 (948).
[781] *Toth*, 29 CMLRev 1992, S. 1079-1105 (1091).

Kommission zählt darunter namentlich die Politikfelder von Handel, Wettbewerb, Agrar- und Fischereiwesen, die Hauptaspekte der Verkehrspolitik sowie die Grundfreiheiten und Hindernisse im Binnenmarkt.[782] Zwischen diesen beiden Positionen haben sich viele vermittelnde Ansichten herausgebildet. So zählt die überwiegende Meinung nach *Forester* die Bereiche der Handels-, Zoll-, Fischerei- und Agrarpolitik sowie die Frage der inneren Organisation zum ausschließlichen Kompetenzbereich der Europäischen Gemeinschaft.[783] *Jung* merkt an, dass bisher nur beim Fischereiwesen und der Außenhandelspolitik eine ausschließliche Zuständigkeit anzunehmen ist.[784]

Die Annahme einer ausschließlichen Kompetenz für alle Fragen des Binnenmarktes würde wegen der oben geschilderten Weite des Binnenmarktgebots dazu führen, dass die Europäische Gemeinschaft sich bei der großen Mehrheit ihrer Aktionen auf eine Alleinzuständigkeit berufen könne und somit das Subsidiaritätsprinzip weit gehend leer liefe.[785] Der Europäischen Gemeinschaft wäre zwar durch eine strikte Anwendung des Verhältnismäßigkeitsgrundsatzes eine wichtige Grenze gesetzt, den Mitgliedstaaten bliebe aber trotzdem von vornherein irgendeine Regelung in diesem Bereich versagt. Das würde zu dem praktisch unsinnigen Ergebnis führen, dass die Europäische Gemeinschaft zur Vermeidung eines Rechtsvakuums jeden Aspekt des Binnenmarktes umgehend und umfassend regeln müsste. Durch eine Blockadesituation im Rat könnte somit auch die Entwicklung in den Mitgliedstaaten zu einem Stillstand gezwungen werden. Deshalb kann die Gesamtheit der mit dem Binnenmarkt verbundenen Fragen nicht in die ausschließliche Zuständigkeit der Gemeinschaft fallen.[786] Dies hat nun auch der Europäische Gerichtshof ausdrücklich festgestellt.[787]

---

[782] Siehe Mitteilung oben Fn. 768; dazu *Forester*, ÖJZ 1996, S. 281-291 (287). Für alle „Maßnahmen zur Verwirklichung des Binnenmarktes": Binnenmarkt-Generaldirektor *Mogg* in einem Interview in Der Markenartikel 1996, S. 266-268 (268); ähnlich *Brunner*, Subsidiaritätsprinzip, S. 9-22 (19). Für den Bereich der Grundfreiheiten: *Schmidt-Brodtmann*, Folgerecht, S. 269.
[783] *Forester*, ÖJZ 1996, S. 281-291 (286).
[784] *Jung*, Subsidiarität, S. 179.
[785] *Rosenthal*, Kompetenz der EG, S. 86 m.w.N. in Fn. 297.
[786] So auch *Schwartz*, Festschrift für *Everling*, S. 1331-1354 (1347), obwohl nach seiner Ansicht der Wortlaut, die Bestimmtheit, der zwingende Charakter und die Terminierung der Ermächtigungen zur Verwirklichung des Binnenmarktes für eine ausschließliche Gemeinschaftskompetenz sprächen (S. 1340).
[787] EuGH vom 10.12.2002, Rs. C-491/01 („*The Queen/Secretary of Health ex parte British American Tobacco (Investments) Ltd u.a.*"), Rdz. 179 (noch nicht veröffentlicht).

Die EG-Kommission ist sich dieses Problems bewusst und differenziert deshalb im Bereich des Binnenmarktes dahingehend, dass nur die Frage von dessen Errichtung, nicht aber das harmonische Funktionieren in die ausschließliche Gemeinschaftszuständigkeit falle.[788] Diese Unterscheidung krankt aber daran, dass sich diese beiden Bereiche in der Praxis gar nicht genau trennen lassen. Denn erst wenn der Binnenmarkt harmonisch funktioniert, kann seine Errichtung als abgeschlossen angesehen werden. Regelungen zur Funktionsweise des Binnenmarktes dienen daher auch immer seiner Errichtung. Unter diesen Umständen dürfte auch das Abstellen auf den Schwerpunkt einer Maßnahme in der Praxis wenig erhellend sein. In Ermangelung eines vollkommenen Binnenmarktes bestehen deshalb gewichtige Bedenken gegen die Ansicht der EG-Kommission. Solange und soweit noch keine vollständige Harmonisierung stattgefunden hat, verbleibt bei den Mitgliedstaaten zumindest eine Restkompetenz. Die Zuständigkeitsverteilung im Bereich des Binnenmarktes ist also eine konkurrierende.[789] Aufgrund der Pflicht zur Gemeinschaftstreue (Art. 10 EGV) und der damit verbundenen Sperrwirkung[790] gemeinschaftlicher Maßnahmen im Bereich der konkurrierenden Kompetenzen wird dadurch die Effektivität gemeinschaftlicher Rechtsangleichung nicht in Frage gestellt.

---

[788] So in der Mitteilung vom 27.10.1992, siehe oben Fn. 768; vgl. *Schwartz*, Festschrift für *Everling*, S. 1331-1354 (1332) sowie *Rosenthal*, Kompetenz der EG, S. 84f.; wie die Kommission: *Reich*, NJW 1998, S. 1537.

[789] *Calliess*, Subsidiaritäts- und Solidaritätsprinzip, S. 83-89; *Ress*, DÖV 1992, S. 944-955 (948); *Stein*, Subsidiarität als Rechtsprinzip, S. 23-40 (33f.); *Jickeli*, JZ 1995, S. 57-64 (63); Regierung der Bundesrepublik Deutschland, Memorandum zum Subsidiaritätsprinzip vom September 1992, abgedruckt in *Merten* (Hrsg.), Subsidiarität Europas, S. 130-135 (133), im Bericht über die Anwendung des Subsidiaritätsprinzips im Zeitraum vom 1.4.1997 bis 31.3.1998, vgl. *BDI*, NvWR 1998, S. 74 und im Tabakstreit, vgl. *BDI*, NvWR 1998, S. 84; *Rohe*, 61 RabelsZ 1997, S. 1-85 (31); *Benabou*, Droit d'auteur, S. 84. Davon scheint auch der Kommissionsbedienstete *Gaster*, CR 1997, S. 669-676 (670) auszugehen: „Selbstverständlich können die EG-Mitgliedstaaten, sofern das Binnenmarktmandat die Gemeinschaft nicht zum Handeln zwingt, ihre Gesetzgebungsbefugnisse im Bereich der Immaterialgüterrechte weiter ausüben, d.h. soweit die EG ihre nach dem EGV bestehende Zuständigkeit nicht geltend gemacht hat." Nicht so recht einleuchten kann aber die Feststellung, dass die Mitgliedstaaten schon wegen eines Handlungszwangs seitens der Europäischen Gemeinschaft nicht mehr tätig werden dürften. Die Folgen einer solchen Ansicht wären im Falle einer gemeinschaftlichen Untätigkeit fatal.

[790] Zur Sperrwirkung vgl. *Calliess*, Subsidiaritäts- und Solidaritätsprinzip, S. 89ff.; *Schwartz*, Festschrift für *Everling*, S. 1331-1354 (1347); *Vandersanden*, Festschrift für *Velu*, S. 193-210 (196), der deshalb das Subsidiaritätsprinzip nur in den noch nicht vollständig harmonisierten Bereichen als einschlägig ansieht.
Von dieser Sperrwirkung kann aber nicht auf das Vorliegen einer konkurrierenden Zuständigkeit geschlossen werden, wie es *Rosenthal*, Kompetenz der EG, S. 86 versucht.

Dass die Ansicht der EG-Kommission von vielen Unsicherheiten geprägt ist, zeigt sich insbesondere im Bereich des geistigen Eigentums. Das Verhalten der Kommission ist hier voller Widersprüche. Stellenweise wird die Anwendbarkeit des Subsidiaritätsprinzips betont, andernorts wird es im Sinne der gemeinschaftlichen Alleinzuständigkeit nicht einmal angesprochen. Ganz deutlich wird dies in der Formulierung der den neueren Richtlinienentwürfen angehängten Folgenabschätzung für kleinere und mittlere Unternehmen. Der Richtlinienvorschlag zum Urheberrecht in der Informationsgesellschaft stellt in Frage 1 ausdrücklich auf das Subsidiaritätsprinzip ab („Warum ist unter dem Gesichtspunkt der Subsidiarität ein Rechtsakt der Gemeinschaft in diesem Bereich erforderlich und welches sind seine wichtigsten Ziele?")[791], wogegen der fast zeitgleich vorgestellte Vorschlag einer Richtlinie zum Gebrauchsmusterschutz[792] eine neutrale Formulierung wählt („Wozu eine Regelung auf Gemeinschaftsebene?"). Auch sonst vermeidet der Richtlinienvorschlag zum Gebrauchsmusterschutz sehr genau jede Bezugnahme auf das Subsidiaritätsprinzip, erwähnt aber das Verhältnismäßigkeitsgrundsatz.[793]

Noch eindeutiger ist die offene Konzeptionslosigkeit im Vorschlag für eine Richtlinie des Europäischen Parlaments und des Rates über den Rechtsschutz von Mustern vom 3.12.1993.[794] Unter Punkt 1.5. wird das Subsidiaritätsprinzip im Zusammenhang mit dem Vorschlag ausführlich besprochen. Im unmittelbaren Anschluss an diese Ausführungen wird jedoch in Punkt 2 bei der Frage der Rechtsgrundlage lapidar festgestellt, dass „die Gemeinschaft die ausschließliche Befugnis zum Handeln" hat.

Ähnliche Unstimmigkeiten finden sich auch in anderen Bereichen des Binnenmarktes. So heißt es im Richtlinienvorschlag über gemeinsame Rahmenbedingun-

---

[791] Die Antwort erfolgt dann aber eher als Leerformel: „Gemäß dem Grundsatz der Subsidiarität wird lediglich eine Harmonisierung der für das reibungslose Funktionieren des Binnenmarktes und die Schaffung gleicher Bedingungen über die einzelstaatlichen Grenzen hinaus dringendsten Bereiche vorgeschlagen. Dieser Grundsatz liegt dem gesamten Vorschlag zugrunde, sowohl im Hinblick auf die Wahl der Bereiche, in denen eine Harmonisierung erforderlich scheint, als auch im Hinblick auf das Ausmaß der geplanten Harmonisierung." Kritisch dazu auch *Schippan*, Harmonisierung, S. 144.

[792] „Vorschlag für eine Richtlinie des Europäischen Parlaments und des Rates über die Angleichung der Rechtsvorschriften betreffend den Schutz von Erfindungen durch Gebrauchsmuster", KOM (97) 691 endg. vom 12.12.1997, S. 42.

[793] Siehe oben Fn. 792, S. 9+22 und Erwägungsgrund 8.

[794] KOM (93) 344 endg. vom 3.12.1993, S. 3.

gen für elektronische Signaturen vom 13.05.1998[795]: „Unter Maßgabe dieser Zielvorgaben fällt die geplante Maßnahme in den ausschließlichen Zuständigkeitsbereich der Kommission." Erwägungsgrund 15 lautet dann aber: „Entsprechend dem in Artikel 3b [jetzt Art. 5] EG-Vertrag niedergelegten Subsidiaritäts- und Verhältnismäßigkeitsprinzip kann das Ziel dieser Richtlinie, nämlich die Schaffung harmonisierter rechtlicher Rahmenbedingungen für die Bereitstellung elektronischer Signaturen auf der Ebene der Mitgliedstaaten nicht ausreichend erreicht werden und lässt sich daher besser auf Gemeinschaftsebene verwirklichen."

Auch im Europäischen Parlament wird von der Anwendbarkeit des Subsidiaritätsprinzips und damit von einer konkurrierenden Zuständigkeit ausgegangen. So heißt es im *Barzanti*-Bericht zum Richtlinienvorschlag zum Urheberrecht in der Informationsgesellschaft: „Es ist notwendig, einen Binnenmarkt (besser noch einen geeinten und kohärenten Wirtschaftsraum) für urheberrechtlich geschützte Güter und Dienstleistungen zu schaffen, wobei jedoch die Grundsätze der Subsidiarität und der Verhältnismäßigkeit beachtet werden müssen."[796] Das Problem wird in der Stellungnahme der Abgeordneten *Günter* zum Richtlinienvorschlag zum Urheberrecht in der Informationsgesellschaft umgangen, indem festgestellt wird, dass „Probleme hinsichtlich des Subsidiaritätsprinzips durch die Richtlinie nicht aufgeworfen" würden.[797]

Abschließend ist anzumerken, dass zwar bei der Annahme einer ausschließlichen Kompetenz im Bereich des Binnenmarktes das Subsidiaritätsprinzip nicht anwendbar wäre. Die nachfolgenden Ausführungen sollen aber zeigen, dass dies für die Weite der gemeinschaftlichen Regelungsbefugnis im Ergebnis keinen Unterschied macht, da das Subsidiaritätsprinzip im Bereich der Rechtsangleichung eine weitaus unbedeutendere Rolle spielt als der Verhältnismäßigkeitsgrundsatz, der als Hauptschranke für das gemeinschaftliche Handeln wirkt.

b. Textinterpretation

Das in Art. 5 Abs. 2 EGV ausdrücklich verankerte Subsidiaritätsprinzip bestimmt, dass die Gemeinschaft „nur tätig [wird], sofern und soweit die Ziele der in Betracht gezogenen Maßnahmen auf Ebene der Mitgliedstaaten nicht ausreichend erreicht werden können und daher wegen ihres Umfangs oder ihrer Wirkungen

---

[795] „Vorschlag für eine Richtlinie des Europäischen Parlaments und des Rates über gemeinsame Rahmenbedingungen für elektronische Signaturen", KOM (1998) 297 endg. vom 13.5.1998, S. 6.
[796] Siehe oben Fn. 151, Ziff. 4.
[797] Abgedruckt als Anhang des *Barzanti*-Berichts (oben Fn. 151), Ziff. 1.

besser auf Gemeinschaftsebene erreicht werden können". Über die Auslegung der beiden Satzteile und ihr Verhältnis zueinander bestehen viele kontroverse Ansichten.

aa. Das „nicht ausreichend"-Kriterium

Der erste Satzteil stellt darauf ab, dass die Ziele der geplanten Maßnahmen auf Ebene der Mitgliedstaaten nicht ausreichend erreicht werden können. Der Europäischen Gemeinschaft ist also jedes Tätigwerden versagt, wenn sich gleichwertige Ergebnisse dezentral erreichen lassen. Der Handlungsspielraum der Europäischen Gemeinschaft wird dadurch erheblich verringert. Zum einen folgt aus dem Gleichwertigkeitserfordernis, dass die nationalen Maßnahmen nicht einheitlich sein müssen.[798] Zum anderen muss die Zielverwirklichung auf Ebene der Mitgliedstaaten nur ausreichend und eben nicht optimal sein.

Nach einer die Kompetenzen der Gemeinschaft noch weiter einschränkenden Ansicht wird der erste Satzteil gar im Sinne eines Notwendigkeitstests verstanden.[799] Das gemeinschaftliche Handeln müsse erforderlich sein. Ein derartiges Kriterium lässt sich aber aus dem Text nicht ableiten. Aus der Tatsache, dass eine mitgliedstaatliche Maßnahme nicht ausreichend ist, folgt noch nicht, dass ein gemeinschaftliches Handeln auch erforderlich sein muss.[800] Die Prüfung der Notwendigkeit des gemeinschaftlichen Tätigwerdens schon im Rahmen des Subsidiaritätsprinzips ist im Hinblick auf die ausdrückliche Regelung des Verhältnismäßigkeitsgrundsatzes in Art. 5 Abs. 3 EGV auch überflüssig.[801]

Problematisch ist die Beurteilung, wenn nur ein einziger Mitgliedstaat eine ausreichende Regelung nicht treffen kann. Somit könnte nämlich das schwächste Mitglied die Kompetenz der Gemeinschaft begründen.[802] Eine derartige Konstellation ist aber in der Natur der Gemeinschaft als Integrationsverband unterschiedlicher Staaten begründet und kann die grundsätzliche Zuständigkeit der Europäischen Gemeinschaft nicht in Frage stellen. Die Europäische Gemeinschaft wurde gerade

---

[798] *Forester*, ÖJZ 1996, S. 281-291 (288).
[799] *Von Borries*, Festschrift für *Deringer*, S. 22-39 (28); der Bericht „Der Grundsatz der Subsidiarität", DRiZ 1996, S. 160-161 (160) sieht im Subsidiaritätsprinzip ein Erforderlichkeitskriterium.
[800] Nach *Vandersanden*, Festschrift für *Velu*, S. 193-210 (209) ist eine „nécessité absolue" nicht erforderlich, da die konkurrierende Kompetenzen an sich nicht ausgeübte EG-Kompetenzen sind.
[801] So auch *Rosenthal*, Kompetenz der EG, S. 90f., der von einem bloßen „Insuffizienzkriterium" ausgeht.
[802] Dazu kritisch *Renzsch*, Zeitschrift für Parlamentsfragen 1993, S. 104-116 (113).

gegründet, um unterschiedliche Regelungsniveaus in bestimmten Bereichen anzugleichen.

bb. Das „besser"-Kriterium

Nach dem zweiten Satzteil müssen die Ziele der geplanten Maßnahme wegen ihres Umfangs oder ihrer Wirkungen auf Gemeinschaftsebene besser erreicht werden können. Insoweit werden also die gemeinschaftlichen und die mitgliedstaatlichen Maßnahmen bezüglich ihrer Auswirkungen verglichen. Es kommt zu einem Effizienztest des erwarteten Umfangs und der voraussichtlichen Wirkungen der Maßnahmen, die auf eine gemeinschaftsweite Dimension hindeuten müssen.

Bermann meint, dass die gemeinschaftliche Maßnahme „erheblich besser" sein müsse.[803] Eine solche Ansicht kann sich aber nicht auf den Text der Vorschrift stützen. Ob eine derartige Einschränkung angebracht ist, muss sich auch hier nach dem Verhältnismäßigkeitsgrundsatz richten.

cc. Das Verhältnis der beiden Satzteile zueinander

Der wichtigste und strittigste Aspekt des Subsidiaritätsprinzips ist die Frage des Verhältnisses der beiden Satzteile zueinander. Weit gehende Einigkeit besteht darüber, dass eine kumulative Prüfung beider Kriterien stattzufinden hat.[804]

Die Kommission legt das Verhältnis der beiden Satzteile so aus, dass sich daraus ein vergleichsweise weiter Handlungsspielraum der Gemeinschaft ergibt. Entgegen dem eindeutigen Wortlaut „und daher" werden die beiden Elemente alternativ gesehen. Demnach bestehe eine Gemeinschaftskompetenz schon dann, wenn sich das Ziel einer Maßnahme entweder nicht auf Ebene der Mitgliedstaaten oder aber besser auf Gemeinschaftsebene verwirklichen ließe. Die Kommission befürwortet in diesem Sinne einen komparativen Effizienztest wie auch einen reinen Mehrwert-Test.[805] Nach dieser Ansicht kann das Subsidiaritätsprinzip nicht nur eine Kompetenz beschränkende sondern sogar eine die Zuständigkeit erweiternde Wirkung haben.[806] Diese Sichtweise hat durch die Aufnahme des „Protokolls über die

---

[803] *Bermann*, 94 Colum. L. Rev. 1994, S. 331-456 (370).
[804] *Blumenwitz*, Gedächtnisschrift für *Grabitz*, S. 1-15 (7); *Forester*, ÖJZ 1996, S. 281-291 (288); *Kenntner*, NJW 1998, S. 2871-2875 (2873).
[805] Mitteilung der Kommission (oben Fn. 768); vgl. *Armbrüster*, 60 RabelsZ 1996, S. 72-90 (83).
[806] Siehe oben S. 162.
Ganz anders aber wird *Gaster* von *Peifer*, 8 Ringberg-Symposium, S. 87-123 (102) zitiert: „Von Seiten der Kommission scheint die Skepsis zu überwiegen, ob die Maastricht-Verträge

Anwendung der Grundsätze der Subsidiarität und der Verhältnismäßigkeit" in den Amsterdamer Vertrag Unterstützung erhalten.[807]

Nach der engeren Ansicht ist der erste Satzteil Voraussetzung des zweiten Satzteiles.[808] Nur wenn positiv feststehe, dass mitgliedstaatliche Maßnahmen nicht ausreichen, dürfe die Frage der besseren Regelung geprüft werden. Der bloße „europäische Mehrwert" könne demnach nicht die gemeinschaftliche Handlungsbefugnis eröffnen.[809] Begründet wird dies mit dem Hinweis auf die Verbindung der beiden Satzteile durch die Begriffe „und daher".[810] In der Tat wird daraus deutlich, dass der zweite Satzteil auf den ersten aufbaut. Nur wenn die Insuffizienz der mitgliedstaatlichen Maßnahmen positiv festgestellt ist, kann beurteilt werden, ob gerade deshalb eine gemeinschaftliche Regelung nach Umfang und Wirkungen besser ist. Jede andere Auslegung verstieße gegen den insoweit eindeutigen Wortlaut der Vorschrift. Aus der Benutzung des Wortes „nur" wird zudem unmissverständlich ausgedrückt, dass das Subsidiaritätsprinzip rein Kompetenz beschränkende Wirkung hat.

Aus der Wahl der Begriffe „und daher" wird auch klargestellt, dass zwischen den beiden Kriterien ein unmittelbarer Begründungszusammenhang gegeben sein muss.[811] Es muss zudem festgestellt werden, dass gerade wegen der nicht ausreichenden mitgliedstaatlichen Maßnahmen ein gemeinschaftliches Handeln besser

---

[807] unter Berücksichtigung des durch sie ebenfalls eingeführten Subsidiaritätsprinzips in Art. 3b [jetzt Art. 5] des EG-Vertrags tatsächlich erweiterte Handlungskompetenzen der Europäischen Union beschert haben."
Die dortige Ziffer 3 lautet: „Nach dem Subsidiaritätsprinzip kann die Tätigkeit der Gemeinschaft im Rahmen der Befugnisse sowohl erweitert werden, wenn die Umstände dies erfordern, als auch eingeschränkt oder auch eingestellt werden, wenn sie nicht mehr gerechtfertigt sind."
Sehr kritisch dazu *Kenntner*, NJW 1998, S. 2871-2875 (2871ff.), der die im Vertrag von Maastricht nicht durchsetzbaren Ansichten der Kommission nun durch die Hintertür verwirklicht sieht, obwohl der neue Text mit Art. 5 EGV nicht in Einklang zu bringen ist. Das Protokoll kann aber nur als Auslegungsmaßstab dienen und findet seine Grenze im Wortlaut der Ausgestaltung des Subsidiaritätsprinzips im EG-Vertrag.
Unter Ziff. 5 sieht das Subsidiaritätsprotokoll aber auch vor, dass Maßnahmen der Gemeinschaft nur gerechtfertigt sind, „wenn beide Bedingungen des Subsidiaritätsprinzips erfüllt sind".

[808] *Scholz*, Festschrift für *Helmrich*, S. 411-426 (421).
[809] *Calliess*, Subsidiaritäts- und Solidaritätsprinzip, S. 64.
[810] *Kenntner*, NJW 1998, S. 2871-2875 (2873).
[811] *Von Borries*, Festschrift für *Deringer*, S. 22-39 (28).

wäre. Dadurch wird eine Grundvermutung zugunsten der Mitgliedstaaten deutlich.[812]

c. *Folgerungen für die Anwendung des Subsidiaritätsprinzips auf Ebene der Europäischen Gemeinschaft im Bereich der Verwirklichung des Binnenmarktes*

Das Subsidiaritätsprinzip verliert in der praktischen Anwendung viel von seiner einschränkenden Wirkung, da sich die Festlegung der genauen Zielsetzung einer Maßnahme wie auch die damit verbundenen Fragen, inwieweit eine mitgliedstaatliche Initiative zu einer ausreichenden Verwirklichung dieses Zieles geeignet und eine gemeinschaftliche Maßnahme besser ist, nur in engen Grenzen von vornherein nach rechtlichen Maßstäben bewerten lässt.[813] Insoweit ist das Subsidiaritätsprinzip vor allem ein politisches Prinzip.[814] Oft wird es in einem Zusammenhang mit dem Begriff des „Solidaritätsprinzips" genannt.[815] Zwar lässt sich aus der Aufnahme in den eigentlichen Vertragstext gegenüber der ursprünglichen Erwähnung in der Präambel schließen, dass es auch ein Rechtsprinzip sein soll.[816] Aus der Benutzung des Begriffs „Ziele" anstelle von „Befugnissen" wird aber deutlich, dass eher politische Vorgaben als konkret definierte Zuständigkeiten behandelt werden.[817] Dieser Widerspruch zu einer rein rechtlichen Dimension wird noch deutlicher aufgrund der Tatsache, dass der Vertrag von Maastricht in Art. 6 Abs. 4 EUV gleichzeitig statuiert, dass sich die Union mit den Mitteln ausstattet, die zum Erreichen ihrer Ziele und zur Durchführung ihrer Politik erforderlich sind.[818] So

---

[812] *Von Borries*, Festschrift für *Deringer*, S. 22-39 (28).

[813] Dazu *Schima*, Subsidiaritätsprinzip, S. 115f.

[814] So *Beseler*, ZUM 1995, S. 437-441 (441) für das Urheberrecht; *Renzsch*, Zeitschrift für Parlamentsfragen 1993, S. 104-116 (111+116) spricht von einer „politischen Frage" und einer politischen „rule of reason".

[815] So schon *Süsterhenn*, Festschrift für *Nawiasky*, S. 141-155 (148); *Calliess*, Subsidiaritäts- und Solidaritätsprinzip, 1996 (1. Aufl.) und 1999 (2. Aufl.); das Jahresgutachten des Sachverständigenrates („Fünf Weise") 1996 nennt im Rahmen des Sozialstaats beide Prinzipien, vgl. Frankfurter Allgemeine Zeitung Nr. 268 vom 16.11.1996, S. 17; *Sturm*, Rolle des Subsidiaritätsprinzips, S. 37-46 (38) sieht in diesem Zusammenhang die Gegenüberstellung von „Individual- und Gruppenprinzip".

[816] Dazu *Stein*, Subsidiarität als Rechtsprinzip, S. 23-40 (23ff.); *Strozzi*, 30 RTDEur 1994, S. 373-390 (380); *Rittner*, DB 1996, S. 25-27 (25); *Rohe*, 61 RabelsZ 1997, S. 1-85 (30); *Kenntner*, NJW 1998, S. 2871-2875 (2874).

[817] *Scholz*, Festschrift für *Helmrich*, S. 411-426 (418).

[818] *Barzel*, Frankfurter Allgemeine Zeitung Nr. 91 vom 20.4.1998, S. 14 sieht darin einen „Freifahrschein in den Zentralismus", wobei aber zu berücksichtigen ist, dass das Bundesverfassungsgericht im Maastricht-Urteil, BVerfGE 89, S. 155-213 (195), in Art. 6 Abs. 4 EUV keine gemeinschaftliche Kompetenzkompetenz gesehen hat. *Barzel* betont die Notwendigkeit eines „Staatsaufbaus von unten nach oben" wie in den USA („E pluribus unum").

sprechen *Scholz* und *Hofmann* von einem „rechtlich nur allzu unscharfen Abgrenzungskriterium, welches durch Opportunitäten, Beweisprobleme, Kompromisse und Definitionsstreitigkeiten kaum noch praktizierbar bleibt."[819] Exemplarisch ist der im Subsidiaritätsprotokoll des Amsterdamer Vertrags benutzte Begriff des „dynamischem Konzepts" und der vom Europäischen Rat in Edinburgh am 11. und 12.12.1992 gewählte Ausdruck der „Richtschnur".[820] In der Literatur wird vom „Opportunitätsprinzip"[821], vom „Prinzip des gegenseitigen Vertrauens"[822], vom „rechtspolitischen Grundsatz für den Einzelfall"[823] und vom „politischen Handlungsprinzip"[824] gesprochen.

Mangels der Möglichkeit der Aufstellung fester rechtlicher Kriterien hat die Gemeinschaft in der Praxis gerade bezüglich der Zielsetzung einen Beurteilungsspielraum, der sich einer strikten Rechtskontrolle durch die Gerichte entziehen muss.[825] Die Grenze dieses Beurteilungsspielraums wird erst im Falle eines offensichtlichen Irrtums überschritten.[826] Aufgrund der politisch motivierten Unbestimmtheit des Prinzips ist nicht zu erwarten, dass der Europäische Gerichtshof eine strenge Kontrolle ausüben wird.[827] Die Revision nur der rechtlichen Einschätzung dürfte aufgrund der Untrennbarkeit von der politischen Komponente kaum möglich sein.[828] An dieser grundsätzlichen Einschätzung kann auch die Tatsache nichts ändern, dass die Justitiabilität des Subsidiaritätsprinzips jetzt ausdrücklich durch Nr. 1 und Nr. 13 des Subsidiaritätsprotokolls des Amsterdamer Vertrags festgeschrieben worden ist.

Die wesentliche Wirkung des Subsidiaritätsprinzips liegt in der Animierung zu gemeinschaftlicher Selbstkontrolle. Nach dem Bericht der Bundesregierung über

---

[819] *Scholz/Hofmann*, ZRP 1998, S. 295-302 (302).
[820] Abgedruckt als Anhang 2 bei *Calliess*, Subsidiaritäts- und Solidaritätsprinzip, S. 391-396 (392); *von Borries*, EuR 1994, S. 263-300 (280) spricht von einer „politischen Leitlinie".
[821] *Palacio González*, 20 Eur. L. Rev. 1995, S. 355-370 (366).
[822] *Vandersanden*, Festschrift für *Velu*, S. 193-210 (197).
[823] *Gilsdorf*, Gedächtnisschrift für *Grabitz*, S. 78-102 (80).
[824] *Blumenwitz*, Gedächtnisschrift für *Grabitz*, S. 1-15 (9).
[825] *Schima*, Subsidiaritätsprinzip, S. 151; *Blanke*, ZG 1991, S. 133-148 (143); ders., ZG 1995, S. 193-223 (215+217); *Rosenthal*, Kompetenz der EG, S. 96; *Müller-Graff*, Festschrift für *Börner*, S. 303-343 (329) hält überzeugende Grenzen für kaum ableitbar; ähnlich *Scholz*, Festschrift für *Helmrich*, S. 411-426 (420).
A.A. offenbar *Blumenwitz*, Gedächtnisschrift für *Grabitz*, S. 1-15 (9), der keinen Beurteilungsspielraum wie bei Art. 72 Abs. 2 GG sieht.
[826] Entsprechende Nachweise bei *Blanke*, ZG 1991, S. 133-148 (144).
[827] So aber *Harrison*, International and comparative law quarterly 1996, S. 431-439 (439).
[828] So aber *Strozzi*, 30 RTDEur 1994, S. 373-390 (387f.).

die Anwendung des Subsidiaritätsprinzips im Zeitraum vom 1.4.1997 bis 31.3.1998[829] hat die Gesamtzahl der Kommissionsvorschläge wie auch die Zahl der problematischen Vorschläge weiter abgenommen. Von 117 geprüften Vorschlägen beanstandete die Bundesregierung acht, während der Bundesrat demgegenüber 14 von 34 Initiativen mit Blick auf das Subsidiaritätsprinzip bemängelte. Die rückläufige Zahl von Vorschlägen bei gleichzeitiger Zunahme von Rahmen- und Mindestregelungen, die bessere Konsultation durch Grün- und Weißbücher und die höhere Zahl von freiwilligen Vereinbarungen werden als Erfolg des zweistufigen Tests gewertet.

Daraus folgt, dass das Subsidiaritätsprinzip als justitiable Handlungsanweisung ohne rechtlich nennenswerte Bedeutung ist. Als eigentliches Korrektiv für die Handlungsbefugnisse der Europäischen Gemeinschaft kann nur der Verhältnismäßigkeitsgrundsatz wirken.[830]

C. Der Verhältnismäßigkeitsgrundsatz

I. Einleitung

Als dritter und letzter Unterabsatz wurde durch den Vertrag von Maastricht ein Verhältnismäßigkeitsgrundsatz in Art. 5 EGV aufgenommen. Die Maßnahmen der Gemeinschaft gehen demzufolge nicht über das für die Erreichung der Ziele des Vertrags erforderliche Maß hinaus. Die nachfolgenden Ausführungen sollen zeigen, dass der Verhältnismäßigkeitsgrundsatz bei zweckmäßiger Anwendung die wirksamste Kompetenzschranke für die Europäische Gemeinschaft darstellt.

II. Umfang und Natur des Verhältnismäßigkeitsgrundsatzes

1. Geschichte des Verhältnismäßigkeitsgrundsatzes

Die Idee der Verhältnismäßigkeit als allgemeines Rechtsprinzip spielt vor allem im die öffentliche Verwaltung bindenden Übermaßverbot des deutschen Verfassungs- und Verwaltungsrechts eine entscheidende Rolle. In der deutschen Rechtspraxis hat sich bei der Prüfung des Übermaßverbots ein dreistufiges Schema herausgebildet. In einem ersten Schritt ist zu prüfen, ob die geplante Maßnahme zur Zielerreichung überhaupt geeignet ist. Sodann ist zu untersuchen, ob die Maßnahme zur Zielerreichung erforderlich ist. Dabei wird vor allem unter-

---

[829] Vgl. *BDI*, NvWR 1998, S. 74.
[830] *Palacio González*, 20 Eur. L. Rev. 1995, S. 355-370 (368); *Armbrüster*, 60 RabelsZ 1996, S. 72-90 (83); *Schima*, Subsidiaritätsprinzip, S. 51.

sucht, ob ein milderes Mittel zur Verfügung steht. Das Erforderlichkeitskriterium hat sich in Deutschland zur zentralen Prüfungsstufe entwickelt. Hier findet eine umfangreiche Abwägung aller beteiligten Rechtspositionen statt. Schließlich wird noch im Rahmen einer Stimmigkeitskontrolle die Angemessenheit der Maßnahme untersucht. Durch diesen Prüfungsschritt sollen gegebenenfalls unerträgliche Ergebnisse in der Zweck-Mittel-Relation korrigiert werden.

Die Unterteilung in diese drei Schritte dient der Vereinfachung und Systematisierung der Prüfung, ist aber keineswegs zwingend. So ist das Kriterium der Geeignetheit streng genommen vollständig im Erforderlichkeitspostulat enthalten. Eine Maßnahme kann eben dann schon nicht erforderlich sein, wenn sie nicht einmal zur Zielerreichung geeignet ist. Das Kriterium der Angemessenheit hat in der deutschen Rechtspraxis nie eine nennenswerte Rolle gespielt, da durch eine genaue Interessenabwägung innerhalb des Erforderlichkeitskriteriums entsprechende Fälle sich zufrieden stellend lösen lassen. Eine Maßnahme, die ohne ein entsprechendes öffentliches Interesse übermäßig in die Rechte des einzelnen eingreift, kann nicht Ziel des staatlichen Gemeinwesens und deshalb auch nicht erforderlich sein. Die Frage der Angemessenheit dient also nur dazu, noch einmal zu überprüfen, ob die Abwägung im Rahmen der Erforderlichkeit zutreffend erfolgt ist.

2. Die Ausformung des Prinzips im EG-Vertrag

a. Entwicklung

Der Verhältnismäßigkeitsgrundsatz galt als allgemeines Prinzip im Gemeinschaftsrecht schon vor dem Inkrafttreten des Vertrags von Maastricht[831]. Schon in einem Urteil des Europäischen Gerichtshofes im Jahre 1955 wurde seine Anwendbarkeit innerhalb der Europäischen Gemeinschaft anerkannt.[832] Auch im Urteil vom 17.12.1970[833] wurde er angesprochen.

Den Gedanken der Verhältnismäßigkeit enthielten für bestimmte Harmonisierungsbereiche insbesondere im Rahmen von Querschnittskompetenzen schon einige Vorschriften des EWG-Vertrags. Für den Bereich der Rechtsangleichung im Gemeinsamen Markt enthielt Art. 100 EWGV[834] ein Unmittelbarkeitserfordernis bezüglich der Auswirkungen auf dessen Errichtung oder Funktionieren, im Be-

---

[831] *Bermann*, 94 Colum. L. Rev. 1994, S. 331-456 (369).
[832] Vgl. *Temple Lang*, Rezension, CML Rev. 1996, S. 1100-1104 (1100).
[833] EuGH vom 17.12.1970, Rs. 11/70 („*Internationale Handelsgesellschaft mbH / Einfuhr- und Vorratsstelle für Getreide und Futtermittel*"), Slg. 1970, S. 1125-1160 (1130f.).
[834] Jetzt Art. 94 EGV.

reich des Binnenmarktes verlangte Art. 8a EWGV die Erforderlichkeit der Maßnahmen bei dessen schrittweisen Verwirklichung. Letztere Klausel, die unverändert als Art. 14 EGV weitergilt, benutzt denselben Begriff wie Art. 5 Abs. 3 EGV. Sie hat funktionell dieselbe Wirkung als gemeinschaftliche Kompetenzschranke. Maßnahmen können nach Art. 14 EGV nur dann erforderlich sein, wenn auch das erforderliche Maß im Sinne von Art. 5 Abs. 3 EGV eingehalten wird. Insoweit haben beide Vorschriften einen identischen Regelungsgehalt. Nach Einführung der allgemeinen Regelung des Art. 5 Abs. 3 EGV ist das Attribut „erforderlich" in Art. 14 EGV eigentlich überflüssig geworden, seine Beibehaltung zeigt aber, wie wichtig den Vertragspartnern die Betonung der Einhaltung des Verhältnismäßigkeitsgrundsatzes gerade im Binnenmarktbereich erschien. Somit ergibt sich für den Bereich des Binnenmarktes das Erfordernis der Beachtung des Verhältnismäßigkeitsgrundsatzes schon aus der spezielleren Regelung von Art. 14 EGV, wobei aber wegen des gleichen Regelungsgehalts die Auslegungskriterien des allgemeinen Grundsatzes von Art. 5 Abs. 3 EGV unterschiedslos angewendet werden können.[835]

b. Anwendbarkeit und Natur

Das Prinzip gilt unterschiedslos bei sämtlichen Zuständigkeiten der Europäischen Gemeinschaft. Im Bereich der ausschließlichen Zuständigkeiten scheint die EG-Kommission dies offenbar anders zu sehen, da nach ihrer Ansicht dort der Beweis für die Notwendigkeit des Handelns nicht geführt zu werden braucht.[836] Dies mag aber nicht so recht einleuchten, da der Verhältnismäßigkeitsgrundsatz gerade auch überflüssige Maßnahmen verhindern will. Warum allein die Einordnung einer Initiative als Teil der ausschließlichen Handlungsbefugnis der Europäischen Gemeinschaft die Vermutung des Handlungsbedarfs nach sich ziehen soll, ist nicht ersichtlich. Gerade im Bereich der ausschließlichen Zuständigkeiten, in dem das Subsidiaritätsprinzip keine Anwendung findet, hat der Verhältnismäßigkeitsgrundsatz eine große Bedeutung.[837] Auch im Rahmen von Querschnittskompetenzen mit weitem Zuständigkeitsbereich spielt er eine entscheidende regulative Rolle.[838]

---

[835] So für die binnenmarktfinale Rechtsangleichung: *Marly*, Urheberrechtsschutz für Computersoftware in der EU, S. 32.
[836] Mitteilung der Kommission, oben Fn. 768.
[837] *Blanke*, ZG 1995, S. 193-223 (210); *Forester*, ÖJZ 1996, S. 281-291 (286).
[838] *Von Danwitz*, EuZW 1999, S. 622-626 (624).

Der Verhältnismäßigkeitsgrundsatz ist zwar ideengeschichtlich als Rechtsgrundsatz im Staat-Bürger-Verhältnis zu sehen,[839] muss aber auch im Verhältnis gegenüber den Mitgliedstaaten beachtet werden.[840] Dies folgt schon aus dem Wortlaut der Vorschrift, der keine Einschränkungen enthält. Zum anderen lässt sich dies aber aus der auch die Europäische Gemeinschaft bindenden Pflicht zur Gemeinschaftstreue ableiten. Aufgrund der Verpflichtung zur Achtung der nationalen Identitäten der Mitgliedstaaten (Art. 6 Abs. 3 EUV) darf die Gemeinschaft keine überflüssigen Angleichungsmaßnahmen ergreifen. Zwar sind die Mitgliedstaaten aufgrund von Art. 10 EGV ebenso zur Loyalität verpflichtet, dies kann aber nur für die Fälle gelten, in denen ein gemeinschaftliches Handeln wirklich erforderlich ist. Solange die Europäische Union noch nicht bundesstaatlich organisiert wird, kann auch nicht auf eine andere Situation innerhalb der Bundesrepublik Deutschland hingewiesen werden.[841]

Fraglich ist, ob der gemeinschaftliche Verhältnismäßigkeitsgrundsatz die Inkorporation des allgemeinen Verhältnismäßigkeitsgrundsatzes ist, wie er in Deutschland angewendet wird.[842] Dagegen lässt sich anführen, dass der Text von Art. 5 Abs. 3 EGV und Art. 14 EGV lediglich den Begriff „erforderlich" benutzt und damit ausdrücklich nur das wichtige zweite Element des deutschen Verhältnismäßigkeitsgrundsatzes nennt. Dafür spricht aber die Tatsache, dass wie oben dargelegt die deutsche Unterteilung in drei Prüfungsschritte nur der Systematisierung dient, während die Prüfung sich allein am Maßstab der Erforderlichkeit orientiert. So hat das Bundesverfassungsgericht im Maastricht-Urteil festgestellt, dass Art. 5 Abs. 3 EGV ein dem allgemeinen Verhältnismäßigkeitsgrundsatz entsprechendes „Übermaßverbot" enthält.[843] Auch der Europäische Gerichtshof nimmt inhaltlich die drei dem deutschen Recht entsprechenden Prüfungsschritte vor.[844]

---

[839] Diese Komponente spiegelt sich im vorletzten Satz von Erwägungsgrund 48 der Richtlinie zum Urheberrecht in der Informationsgesellschaft wider, der den Verhältnismäßigkeitsgrundsatz nun insoweit ausdrücklich erwähnt.
[840] *Schima*, Subsidiaritätsprinzip, S. 50.
[841] So aber *Ruffert*, Rezension, EuR 1996, S. 332-334 (333) unter Hinweis auf die Ablehnung der Anwendbarkeit des Verhältnismäßigkeitsgrundsatzes im Bund-Länder-Verhältnis durch BVerfGE 81, 310, 338.
[842] *Blanke*, ZG 1995, S. 193-223 (208) hält dies für „eher fragwürdig", sieht aber wohl nur im Verhältnis gegenüber dem Bürger keine Deckungsgleichheit.
[843] BVerfGE 89, S. 155-213 (212).
Ebenso *Kischel*, EuR 2000, S. 380-402 (390).
[844] EuGH vom 13.11.1990, Rs. 331/88 („*The Queen / The Minister of Agriculture, Fisheries and Food und The Secretary of State for Health, ex parte Fedesa u.a.*", „*Fedesa*"), Slg. 1990,

Der Verhältnismäßigkeitsgrundsatz hat in der öffentlichen Diskussion im Rahmen der Rechtssetzungskompetenz zu keinem Zeitpunkt die Rolle einnehmen können, die das Subsidiaritätsprinzip innehat.[845] Die unterschiedliche Bedeutung der beiden Prinzipien hat sich nie im Bewusstsein der Öffentlichkeit festsetzen können. Oftmals werden Aspekte des Verhältnismäßigkeitsgrundsatzes deshalb unter dem Oberbegriff der Subsidiarität diskutiert.[846] So hat sich - pars pro toto - als Überschrift für alle drei Regelungsbereiche des Art. 5 EGV der Begriff der Subsidiarität eingebürgert, was Missverständnisse geradezu herausfordert. Oftmals wird deshalb vom eigentlichen Subsidiaritätsprinzip klarstellend als „Subsidiarität im engen Sinne" gesprochen. Es darf aber nicht verkannt werden, dass der Verhältnismäßigkeitsgrundsatz neben dem Subsidiaritätsprinzip eine eigenständige Be-

---

[845] S. I 4023-4070 (4063); *Rosenthal*, Kompetenz der EG, S. 101; *Kischel*, EuR 2000, S. 380-402 (398ff.).
Armbrüster, 60 RabelsZ 1996, S. 72-90 (80).
Beseler, ZUM 1995, S. 437-441 (441) und *Kreile/Becker*, GRUR Int. 1994, S. 901-911 (902) erwähnen für das Urheberrecht nur das Subsidiaritätsprinzip; bei dieser Ungenauigkeit der Terminologie ist problematisch, dass *Kreile* in einem Diskussionsbeitrag, zitiert von *Donhauser*, Festschrift für *Thurow*, S. 81-87 (83) pauschal fordert, dass der „politische Begriff Subsidiarität [...] nicht dazu missbraucht werden [dürfe], eine europäische Harmonisierung zu verhindern".
Zum Verhältnis zur Subsidiarität: *Bermann*, 94 Colum. L. Rev. 1994, S. 331-456 (386ff.).

[846] Ein geradezu klassisches Beispiel sind die Ausführungen von *von Lewinski*, Europäisches Urheberrecht, Allgemeiner Teil, Kap. 1, Rdz. 10ff., die bei der Frage der Gemeinschaftskompetenz im Bereich des Urheberrechts ausdrücklich nur das Subsidiaritätsprinzip erwähnt und gar aus der Tatsache, dass die Ziele einer Maßnahme auf Ebene der Mitgliedstaaten „nicht ausreichend" erreicht werden können, eine Gemeinschaftsmaßnahme „erforderlich" sei. Ähnlich *dies.*; Recht im Internet, Kap. 4G-9.1.2.2; ähnlich auch *Schippan*; Harmonisierung, S. 39 und S. 42, der in Art. 5 Abs. 2 ein Erforderlichkeitskriterium verankert sieht. Er behandelt dann zwar auch den Verhältnismäßigkeitsgrundsatz, sieht in diesem aber lediglich den Mehrwert der Prüfung der Geeignetheit und Angemessenheit einer Maßnahme. Mit der deutschen Dogmatik, nach der die Erforderlichkeit das zweite, also das mittlere Prüfungskriterium des Verhältnismäßigkeitsgrundsatzes ist lässt sich diese Ansicht nur schwer vereinbaren.
In extremer Form: *Schack*, ZEuP 2000, S. 799-819 (818), der den Verhältnismäßigkeitsgrundsatz unter dem Namen der Subsidiarität propagiert, sich mit der Erforderlichkeit gemeinschaftlicher Maßnahmen im Detail dann gar nicht auseinandersetzt, sondern diese offenbar als gegeben hinnimmt. Stattdessen stellt er fest, dass derjenige kurzsichtig handelt, der „unter Berufung auf das Subsidiaritätsprinzip Rückzugsgefechte des nationalen Urheberrechts führen will".
So sagte auch *Hans Claudius Taschner* in seinem Diskussionsbeitrag, Beiheft VersR 46/1995, S. 31-32 (32): „Wer im Zusammenhang mit der Rechtsangleichung von Subsidiarität spricht, meint eigentlich etwas ganz anderes, nämlich die Erforderlichkeit."
Vgl. *Rohe*, 61 RabelsZ 1997, S. 1-85 (30 Fn. 165); *Katzenberger*, GRUR Int. 1997, S. 309-315 (313); *Walter*, Harmonisierung des Urheberrechts, S. 123-134 (129).

deutung hat.[847] Während das Subsidiaritätsprinzip regelt, wer im Bereich der konkurrierenden Zuständigkeiten in einer bestimmten Hinsicht tätig werden darf, begrenzt der Verhältnismäßigkeitsgrundsatz die Weite des gemeinschaftlichen Tätigwerdens.[848] Demnach ist der Verhältnismäßigkeitsgrundsatz mehr als nur eine „inhaltliche Ausformung des Subsidiaritätsprinzips im Hinblick auf das „Wie" einer Maßnahme"[849]. Anhand seiner starken objektiven Komponente[850] beschränkt er die Einschätzungsprärogative der Gemeinschaft auf Ebene der Kompetenzweite[851]. Gerade von politischer Seite wird der Verhältnismäßigkeitsgrundsatz wegen dieser strengen rechtlichen Kriterien kritisch beargwöhnt.[852]

c. Folgerungen für die Anwendung des Verhältnismäßigkeitsgrundsatzes auf Ebene der Europäischen Gemeinschaft im Bereich der Verwirklichung des Binnenmarktes

aa. Die generelle Wirkung: Vermutung der einschränkenden Auslegung

Die ausdrückliche Einführung des Verhältnismäßigkeitsgrundsatzes hat wesentliche Konsequenzen für die Weite der gemeinschaftlichen Kompetenzen. Jede Rechtsangleichungsmaßnahme im Binnenmarktbereich verlangt von den Mitgliedstaaten mehr oder weniger gravierende Änderungen ihrer Rechtssysteme und stellt insoweit einen Eingriff in die mitgliedstaatlichen Rechtsordnungen dar. Demnach besteht ein Spannungsverhältnis zwischen dem gemeinschaftlichen Binnenmarktgebot und den nationalen Interessen, das ausgeglichen werden muss.

Bei diesem Ausgleich ist die Wertung von Art. 6 Abs. 3 EUV zu berücksichtigen. Durch die Rücksichtnahme auf nationale Eigenheiten, wie sie sich vor allem im

---

[847] *Rosenthal*, Kompetenz der EG, S. 99.
Dreher, JZ 1999, S. 105-112 (108) dagegen sieht als Kompetenzgrenze im Bereich der Harmonisierung der Rechtsvorschriften im Binnenmarkt nur das Subsidiaritätsprinzip im engen Sinn und geht auf den Verhältnismäßigkeitsgrundsatz nicht ein. Dies ist umso bedenklicher, als er zur Eröffnung der Kompetenz ebenfalls keinen Spürbarkeitserfordernis, sondern lediglich den „gewissen Binnenmarktbezug" verlangt.
[848] *Lenaerts/Ypersele*, Cah. Dr. Eur. 1994, S. 3-83 (81).
[849] So aber *Blanke*, ZG 1995, S. 193-223 (209); ähnlich auch die EG-Kommission in ihrer Mitteilung zum Subsidiaritätsprinzip vom 27.10.1992 (oben Fn. 768), die von einem den Subsidiaritätsgrundsatz ausgestaltenden „Intensitätskriterium" spricht.
[850] *Calliess*, Subsidiaritäts- und Solidaritätsprinzip, S. 63f.
[851] *Stewing*, Subsidiarität und Föderalismus in der EU, S. 109 geht noch weiter: Die Gemeinschaft habe mit Art. 5 EGV sich von vornherein die Möglichkeit genommen, sich auf eine Einschätzungsprärogative zu berufen.
[852] In diesem Sinne sieht *Strozzi*, 30 RTDEur 1994, S. 373-390 (379) den Verhältnismäßigkeitsgrundsatz als rückwärtsgewandt, das Subsidiaritätsprinzip hingegen als vorausschauend an.

nicht vergemeinschafteten Kulturbereich äußert, streitet das Prinzip für äußerste Zurückhaltung in allen Angelegenheiten mit kulturellen Implikationen. Eine Harmonisierung nationaler Kreativität soll nicht stattfinden.[853] Es muss ein Ausgleich zwischen der Vielfalt der nationalen Rechtsordnungen und den Vorzügen einer Angleichung herbeigeführt werden.[854] Folgerichtig spricht *Bleckmann* von einer „strikten und deutlichen Grenze" für Art. 94ff. EGV.[855] Auch die Wertung des Art. 10 EGV spielt in seiner Ausprägung als „Grundsatz der loyalen Zusammenarbeit", der auch die Europäische Gemeinschaft bindet, in diesem Zusammenhang eine wichtige Rolle.[856] Zwar wirkt Art. 10 EGV nicht so intensiv wie der in der Bundesrepublik geltende ungeschriebene Grundsatz der Bundestreue, da die Gemeinschaft nicht föderal aufgebaut ist.[857] In Verbindung mit Art. 6 Abs. 3 EUV enthält er aber gegenüber der Europäischen Gemeinschaft zumindest das Postulat, den Mitgliedstaaten möglichst viel von ihren Eigenheiten zu belassen und bei Rechtsangleichungsmaßnahmen sehr behutsam vorzugehen. Im Bereich des Urheberrechts streitet wegen der starken kulturellen Bedeutung auch die Tatsache der nur rudimentären Kulturkompetenz der Europäischen Gemeinschaft für eine zurückhaltende Haltung.[858]

Die ausdrückliche Normierung des Verhältnismäßigkeitsgrundsatzes spricht für einen eher strengen Maßstab,[859] der an die Maßnahmen der Europäischen Gemeinschaft angelegt werden muss. Gerade die EG-Kommission geht deshalb auch verstärkt auf die Einhaltung des Verhältnismäßigkeitsgrundsatzes in ihren Vorschlägen ein. Auch wenn der Verhältnismäßigkeitsgrundsatz unmittelbar nicht auf der Ebene der Kompetenzzuweisung wirkt, streitet der hinter ihm liegende Gedanke doch für eine mindestens einschränkende Auslegung der Kompetenzen.[860] Dies spiegelt sich auch bei *Hoeren* wider, der im Bereich der Rechtsangleichung des Urheberrechts in der Informationsgesellschaft - wenn auch nicht unter ausdrücklicher Berufung auf dieses Prinzip - die „Entdeckung der Langsamkeit" verlangt und zudem betont, dass „gesetzgeberische Schnellschüsse" nicht helfen.[861] Die

---

[853] Der Intendant des *Bayerischen Rundfunks Albert Scharf* sprach sich am 3./4.5.1985 gegen eine Harmonisierung nationaler Kreativität aus [Nachweis bei *Sieger*, AfP 1986, S. 101-106 (103)].
[854] Aus allgemeiner Sicht für das ganze Privatrecht: *Scholz/Hofmann*, ZRP 1998, S. 295-302 (298).
[855] *Bleckmann*, JZ 1997, S. 265-269 (269).
[856] Dazu *Rosenthal*, Kompetenz der EG, S. 106ff.
[857] *Rosenthal*, Kompetenz der EG, S. 107.
[858] Vgl. *Rosenthal*, Kompetenz der EG, S. 105f.
[859] *Armbrüster*, 60 RabelsZ 1996, S. 72-90 (83).
[860] *Rittner*, DB 1996, S. 25-27 (25).
[861] *Hoeren*, GRUR 1997, S. 866-875 (874).

Europäische Gemeinschaft wird auch insoweit beschränkt, als sie bei einzelnen Regelungsbereichen den größeren Zusammenhang, in dem diese stehen, berücksichtigen muss. Das zu erreichende Gesamtbild muss bei den Einzelschritten klar sein.[862]

Bezüglich der inhaltlichen Ausgestaltung wird teilweise vertreten, dass „erforderlich" im Sinne von „unerlässlich" verstanden werden müsse.[863] Eine derart enge Auffassung erscheint aber vor dem Hintergrund der dynamischen Funktion des Binnenmarktgebots nicht realistisch. Ob eine Maßnahme wirklich unerlässlich ist, wird sich zumeist erst im Nachhinein zeigen. Bei einem Unerlässlichkeitserfordernis wäre die Gefahr sehr groß, dass die Europäische Gemeinschaft aus Angst vor der Möglichkeit einer in der Praxis leicht anders verlaufenden Entwicklung von vornherein sinnvolle Maßnahmen unterlässt und die Integration somit faktisch zu einem Stillstand kommen könnte. Der Europäischen Gemeinschaft ist also auch insoweit eine gewisse Einschätzungsprärogative einzuräumen, die aber wegen der streng rechtlichen Ausrichtung des Verhältnismäßigkeitsgrundsatzes nicht so weit gehen kann wie beim Subsidiaritätsprinzip. Die Gemeinschaft hat bei der Ausarbeitung ihrer Harmonisierungsmaßnahmen nicht allzu fern liegende alternative Maßnahmen zu berücksichtigen und auf ihre Wirksamkeit zu überprüfen. Je sorgfältiger sie dabei vorgeht, desto eher wird eine gemeinschaftliche Maßnahme einer späteren Überprüfung standhalten. Insoweit trifft die Europäische Gemeinschaft ein Darlegungs- und Begründungspflicht bezüglich der Erforderlichkeit einer Maßnahme.[864] Bloße pauschale Behauptungen der Binnenmarktrelevanz können nicht ausreichen, um den Anforderungen des Verhältnismäßigkeitsgrundsatzes gerecht zu werden. Wenn die Gemeinschaft dieser - durch den Europäischen Gerichtshof überprüfbaren[865] - Darlegungs- und Begründungspflicht nachkommt, wird eine Maßnahme nicht rückwirkend unzulässig, weil sich im Nachhinein ihre mangelnde Binnenmarktrelevanz herausstellt.

Der Begriff der „Erforderlichkeit" ist aber enger als der Begriff der „Unmittelbarkeit" in Art. 94 EGV, der lediglich das Vorliegen eines direkten Kausalzusammenhangs fordert und der Europäischen Gemeinschaft einen weiten Beurteilungs-

---

[862] *Dietz, Reischl*-Kolloquium, S. 57-67 (65); *ders.*, 16 IIC 1985, S. 379-410 (401); *Haertel*, zitiert von *Movsessian*, GRUR 1990, S. 980-983 (981).
[863] Dazu *Calliess*, Subsidiaritäts- und Solidaritätsprinzip, S. 64.
[864] *Armbrüster*, 60 RabelsZ 1996, S. 72-90 (88) spricht von einer „gesteigerten - auch formellen - Begründungslast".
Art. 253 EGV normiert diese Begründungspflicht für gemeinschaftliche Rechtsakte ausdrücklich.
[865] *Calliess*, Subsidiaritäts- und Solidaritätsprinzip, S. 339f.

spielraum belässt.⁸⁶⁶ Für eine Maßnahme auf Gemeinschaftsebene muss eine echte Notwendigkeit bestehen, die sich zum einen aus der Binnenmarktrelevanz der Regelungsgegenstände und zum anderen aus dem Fehlen von gleichwertigen, für die Mitgliedstaaten verträglicheren Handlungsmöglichkeiten ergibt. Die Beurteilung der Erforderlichkeit hat aufgrund der Unbestimmtheit des Begriffs anhand einer wertenden Betrachtung zu erfolgen, bei dem alle beteiligten Faktoren gewichtet werden. Daraus folgt zum einen zwar, dass der Europäischen Gemeinschaft eine gewisse Einschätzungsprärogative zuzugestehen ist,⁸⁶⁷ zum anderen aber auch, dass per se keine Vermutung zugunsten der Erforderlichkeit einer Maßnahme streitet.

bb. Geeignetheit der Maßnahme zur Sicherung des ordnungsgemäßen Funktionierens des Binnenmarktes

Wie im deutschen Recht kann eine Maßnahme dann nicht dem Verhältnismäßigkeitsgrundsatz entsprechen, wenn sie von vornherein zur Zielerreichung ungeeignet ist. So ist unter Hinweis auf die internationalen Dimension, die aufgrund der globalen Vernetzung heutzutage besteht, verschiedentlich bezweifelt worden, dass eine Harmonisierungsinitiative nur auf Ebene der Europäischen Gemeinschaft überhaupt ein taugliches Mittel sein könne, um die vielfältigen Probleme im Bereich der Informationsgesellschaft befriedigend zu bewältigen.⁸⁶⁸ Der Aufbau der

---

⁸⁶⁶ *Waldenberger*, Miturheberschaft im Rechtsvergleich, S. 270; *Langeheine*, in: *Grabitz/Hilf*, Archivband 1; Art. 100 [alt] Rdz. 36.

⁸⁶⁷ Sehr deutlich kommt dies beim nicht angenommenen Erwägungsgrund 12 des Vorschlags der Vermiet- und Verleihrecht-Richtlinie, KOM (90) 586 endg. vom 24.1.1991 zur Geltung: „Würde die Entwicklung des in den Mitgliedstaaten in diesen Bereichen bestehenden Rechtsschutzes nicht auf Gemeinschaftsebene koordiniert, so könnte dies auf den Handel lähmend wirken und sich nachteilig auf die weitere industrielle und kulturelle Entwicklung und auf die Vollendung des Binnenmarktes auswirken."
So zuletzt auch der Europäische Gerichtshof in seiner Entscheidung vom 10.12.2002, Rs. C-491/01 („*The Queen/Secretary of Health ex parte British American Tobacco (Investments) Ltd u.a.*"), Rdz. 123 (noch nicht veröffentlicht): „Was die gerichtliche Nachprüfbarkeit der in der vorstehenden Randnummer genannten Voraussetzungen [der Eignung und der Erforderlichkeit] betrifft, so verfügt der Gemeinschaftsgesetzgeber über ein weites Ermessen in einem Bereich wie dem hier betroffenen, in dem von ihm politische, wirtschaftliche und soziale Entscheidungen verlangt werden und in dem er komplexe Prüfungen durchführen muss."

⁸⁶⁸ In diese Richtung äußersten sich mehrere Interessierte Kreise bei der Anhörung vom 7.-8.7.1994 (siehe oben Fn. 13); vgl. *Siemens*, S. 406-409 (409); *International Group of Scientific, Technical & Medical Publishers (stm)*, S. 441-448 (447); *Federation of European Publishers (FEP)*, S. 199-202 (201); *Union of Industrial and Employers' Confederations of Europe (UNICE)*, S. 468-473 (472).

Informationsgesellschaft ist ein globales Problem, das durch internationale Vereinbarungen behandelt werden kann. Die Europäische Gemeinschaft hat die Wichtigkeit dieser Vorgehensweise in ihren Initiativen zur Globalisierung (vgl. oben S. 44) berücksichtigt. Die gestiegene Bedeutung der internationalen Zusammenarbeit führt aber nicht zwingend dazu, dass Maßnahmen auf Ebene der Europäischen Gemeinschaft ihre Berechtigung verlören. So betont der Vorschlag für eine Entscheidung des Rates über den Beitritt zur RBÜ und zum Rom-Abkommen vom 11.1.1991, dass „die Anwendung internationaler Übereinkommen selbst durch die zwölf Mitgliedstaaten [...] zur Verwirklichung diese Zieles [Binnenmarkt] unzureichend sein [kann], da sich in ihm gemeinschaftsspezifische Anliegen niederschlagen, die auf multilateraler Ebene nicht berücksichtigt werden."[869] Gerade weil aufgrund der verstärkten Interdependenz der Staaten eine weltweite Harmonisierung in vielen Bereichen wünschenswert sein wird, wird ein solcher Harmonisierungszwang oftmals zu einer faktischen Rechtsvereinheitlichung führen.[870] Bei diesem Prozess kann es für die Mitgliedstaaten der Europäischen Gemeinschaft wichtig sein, auf Grundlage der gemeinschaftlich schon harmonisierter Regeln dafür feste Modelle zu bieten.

cc. Spürbarkeit der Beeinträchtigung und Notwendigkeit der Maßnahme in Form des geringstmöglichen Eingriffs

i. Allgemeines

Im nächsten Schritt ist zu beurteilen, ob für die geplante Maßnahme überhaupt ein ausreichender Handlungsbedarf besteht. Aus Rücksicht auf die gewachsenen Rechtssysteme der Mitgliedstaaten kann eine Maßnahme nur dann erforderlich sein, wenn die Auswirkungen auf den Binnenmarkt von einer gewissen Erheblichkeit geprägt sind und weniger einschneidende Maßnahmen nicht in Betracht kommen.

ii. Beurteilung des Handlungsbedarfs anhand der Spürbarkeit der Beeinträchtigung auf den Binnenmarkt

Die Europäische Gemeinschaft hat bei der Untersuchung der Erforderlichkeit einer Maßnahme die rechtlichen und tatsächlichen Gegebenheiten in den Mitglied-

---

[869] KOM (90) 582 endg. vom 11.1.1991, S. 2.
[870] *Scholz/Hofmann*, ZRP 1998, S. 295-302 (298) meinen dies in Bezug auf das gesamte Privatrecht.

staaten zu berücksichtigen und im Wege der Auslegung[871] zu beurteilen, inwieweit die schon vorhandenen mitgliedstaatlichen Regelungen kongruent sind bzw. von ihnen keine marktrelevanten Störungen ausgehen.[872] Dabei muss sie insbesondere prüfen, ob nicht trotz unterschiedlicher Konzeptionen ein vergleichbares Schutzniveau gewährleistet ist. Unerhebliche Unterschiede sind im Sinne der den Verhältnismäßigkeitsgrundsatz ausgestaltenden de-minimis Regelung hinzunehmen. Das Interesse einzelner Mitgliedstaaten an einer Harmonisierung reicht nicht aus, um eine gemeinschaftliche Rechtsangleichung zu rechtfertigen.[873] Der Begriff der „Erforderlichkeit" verlangt mehr als nur die Tatsache, dass eine Regelung vernünftig erscheint. Die Europäische Gemeinschaft muss respektieren, wenn einzelne Staaten bestimmte Probleme anders angehen, als sie das selbst machen würde, solange dadurch der Binnenmarkt nicht erheblich behindert wird.[874] Dieses Problem wird in der Literatur oftmals schon auf Ebene der Kompetenzzuweisung unter dem Begriff der Spürbarkeit bzw. Binnenmarktrelevanz diskutiert (dazu oben S. 139). Ein derartiges separates Erfordernis hat aber gegenüber dem allgemeinen Verhältnismäßigkeitsgrundsatz keinen Mehrwert, sondern würde zu zusätzlichen Abgrenzungsschwierigkeiten schon auf Ebene der Kompetenzzuweisung führen. Die Frage der Spürbarkeit ist als ein Kriterium der Verhältnismäßigkeit zu beurteilen.[875] Dabei kommen mehrere Anknüpfungspunkte in Betracht.

Vor dem Hintergrund des Postulats der Grenzüberschreitung erfordern diejenigen Tatbestände innerhalb eines Mitgliedstaates, die nur entfernt auf andere Mitgliedstaaten wirken, keine gemeinschaftsweite Regelung. Nur auf das Gebiet eines Mitgliedstaates beschränkte Wirkungen reichen vor dem Hintergrund der Erforderlichkeit regelmäßig nicht aus, um eine gemeinschaftliche Regelungsinitiative zu rechtfertigen. Auch die Marktgröße kann ein Indiz für einen Handlungsbedarf sein. Je größer der Markt ist, desto eher bestehen erhebliche negative Auswirkungen auf den Binnenmarkt. Auch wenn eine Angabe der Größe der Urheberrechtsindustrie aufgrund der äußerst schwierigen Datenerhebung und Abgrenzung von anderen Industriezweigen[876] mit vielen Unwägbarkeiten verbunden ist, ist die

---

[871] *Marly*, Urheberrechtsschutz für Computersoftware in der EU, S. 34ff. spricht insoweit von „nicht-legislatorischer Rechtsangleichung".
[872] *Marly*, Urheberrechtsschutz für Computersoftware in der EU, S. 39.
[873] *Von Borries*, Festschrift für *Deringer*, S. 22-39 (37).
[874] Etwas anderes deutet *Walter*, Harmonisierung des Urheberrechts, S. 123-134 (127f.) an, der die Unterschiede oft nicht als grundlegende Eigenheiten der nationalen Rechtstradition ansieht und diese „mehr auf Zufälligkeiten der nationalen Rechtsentwicklung" zurückführt.
[875] So auch *Dreier*, 8. Ringberg-Symposium, S. 17-25 (25), der dies aber im Lichte der Subsidiarität sieht.
[876] Die klassische Einteilung innerhalb einer Volkswirtschaft kennt zum Beispiel die eigene Kategorie einer „Urheberrechtsindustrie" überhaupt nicht.

zunehmende wirtschaftliche Bedeutung gerade vor dem Hintergrund des gestiegenen Bedarfs von Software und sonstigen Werken im digitalen Format in der vernetzten Informationsgesellschaft unbestritten. Zwar haben unterschiedliche rechtliche Regelungen in den Mitgliedstaaten auf einen größeren Markt potentiell stärkere Auswirkungen als auf einen kleineren, dennoch muss für jeden einzelnen Regelungsgegenstand die Binnenmarktrelevanz separat geprüft werden. In diesem Zusammenhang muss allerdings berücksichtigt werden, dass die Betrachtung der Marktwichtigkeit nicht nur mit Blick auf die Gegenwart, sondern auch auf die Chancen der zukünftigen Entwicklung zu führen ist. Gerade in neuen zukunftsträchtigen Marktsegmenten wird deshalb oftmals die Berufung auf die derzeit geringe Marktgröße gegenüber gemeinschaftlichen Maßnahmen ohne Berechtigung sein, zumal bei der Prognose der zukünftigen Entwicklung der Gemeinschaft eine Einschätzungsprärogative einzuräumen ist.

Es ist auffallend, wie wenig die EG-Kommission dieser Begründungslast gerade im Hinblick auf das Spürbarkeitserfordernis nachkommt. So überrascht es, dass zur wirtschaftlichen Bedeutung des Urheberrechts in der EG zwar prozentuale, wenn auch volkswirtschaftlich schwer abgrenzbare Angaben gemacht werden, eine nachhaltige und umfangreiche Studie dazu hat es aber, soweit ersichtlich, bisher noch nicht gegeben. Stattdessen hat es immer wieder vergleichende Studien zum materiellen Urheberrecht gegeben, die durch einen stark dogmatischen Einschlag gekennzeichnet sind. In neuerer Zeit versucht die Kommission mit teilweise schwer verständlichen Schaubildern und nicht überprüfbaren Fußnotenverweisen unfundierten Zahlen den Hauch der Objektivität zu geben. Ein geradezu klassisches Beispiel sind die Ausführungen zu den Rechtskosten im Richtlinienvorschlag über den elektronischen Geschäftsverkehr[877], die eine Zusammenstellung nichts sagender und nur schwer nachvollziehbarer Werte angeben. Die Angaben entbehren jeder Vergleichbarkeit, da nichts über die zugrunde gelegten wissenschaftlichen Methoden, die betroffenen Wirtschaftszweige und die Größe der befragten Unternehmen gesagt wird. Die Zahlen scheinen das willkürliche Ergebnis einer halbherzigen Fragebogenaktion zu sein. Die Feststellung, dass 77% der Befragten das Urheberrecht im Rahmen des elektronischen Geschäftsverkehr als „Hauptthema", dessen „Anwendbarkeit bzw. Auslegung" einer „rechtlicher Beurteilung bedarf" ansehen,[878] ist zudem in seiner Unschärfe wenig hilfreich.

---

[877] KOM (98) 586 endg. vom 18.11.1998, S. 9.
[878] KOM (98) 586 endg. vom 18.11.1998, S. 10.

(1) Einheitliches Schutzniveau aufgrund schon vorhandener einheitlicher Regelungen

Eine Rechtsangleichung ist dann nicht mehr erforderlich, wenn in den Mitgliedstaaten schon einheitliche Rechtsvorschriften bestehen. So hat *auf der Maur* den gemeinschaftlichen Angleichungsmaßnahmen im Bereich des Urheberrechts die Notwendigkeit zur Sicherung des ordnungsgemäßen Funktionierens des Binnenmarktes abgesprochen, da wegen des durch die mittlerweile alle Mitgliedstaaten bindende RBÜ erreichten Mindestschutzes kein vordringlicher Handlungsbedarf bestehe.[879] Diese Ansicht ist aber nur schwer mit der besonderen Natur der Europäischen Gemeinschaft in Einklang zu bringen. Aufgrund des Zieles der umfassenden Integration der Mitgliedstaaten sind die Bedürfnisse im Binnenmarkt nicht deckungsgleich mit dem internationalvertraglich vereinbarten Mindestschutz, sondern gehen darüber deutlich hinaus. Auch Rechtsunterschiede jenseits dieses Mindestschutzes können das ordnungsgemäße Funktionieren des Binnenmarktes behindern. Die Beseitigung dieser Unterschiede kann durchaus geeignetes Mittel sein, dem Binnenmarktgebot gerecht zu werden. Aufgrund der Weite der unter den Binnenmarkt fallenden Gegenstände und der wichtigen wirtschaftlichen Komponente des Urheberrechts hat sich die Frage der Erforderlichkeit einer Angleichungsmaßnahme zur Verwirklichung des Binnenmarktes bisher in der Praxis nie wirklich gestellt.

Ähnlichen Bedenken begegnet die eher hypothetische Ansicht, dass ein Handeln der Europäischen Gemeinschaft dann nicht erforderlich sei, wenn alle Mitgliedstaaten einen Bereich zum Gegenstand einer völkerrechtlichen Vereinbarung zwischen ihnen machten[880]. Diese Ansicht scheint vor dem Hintergrund, dass die Mitgliedstaaten die „Herren der Gemeinschaftsverträge" sind, auf den ersten Blick nicht völlig ohne Berechtigung. Ein solches Vorgehen würde aber das Kompetenzgefüge innerhalb des gemeinschaftlichen Integrationsverbands aushöhlen.[881] Die Gemeinschaft könnte der ihr zugedachten Aufgabe, verlässliche Bedingungen im Binnenmarkt zu schaffen, nicht mehr nachkommen, wenn ihr die Mitgliedstaaten die ihr vertraglich zugewiesenen Kompetenzen ad hoc entziehen könnten. Das würde der der Gemeinschaft allgemein zuerkannten Supranationalität, die sie von normalen internationalen Organisationen unterscheidet, zuwiderlaufen. Aufgrund der Schwerfälligkeit internationaler Verträge und dem „Elend nicht ratifi-

---

[879] *Auf der Maur*, 118 UFITA 1992, S. 87-146 (127f.).
[880] Vgl. *Armbrüster*, 60 RabelsZ 1996, S. 72-90 (89).
[881] *Forester*, ÖJZ 1996, S. 281-291 (289); dto. *Schwartz*, Festschrift für *Everling*, S. 1331-1354 (1354).

zierter Übereinkommen"[882] ginge von einem solchen Vorgehen auch keine größere Effizienz aus.[883] Außerdem müsste noch immer aus Gemeinschaftssicht untersucht werden, inwieweit der Inhalt eines völkerrechtlichen Vertrags zwischen den Mitgliedstaaten dem Integrationsziel gerecht werden würde. Auch dadurch ließe sich keine gesteigerte Wirksamkeit erreichen. Nach alledem ist die Möglichkeit des Abschlusses von völkerrechtlichen Vereinbarungen zwischen den Mitgliedstaaten außerhalb des gemeinschaftlichen Kompetenzgefüges kein Grund, die Erforderlichkeit einer gemeinschaftlichen Harmonisierung in Frage zu stellen.

(2) Vergleichbares Schutzniveau aufgrund in den Mitgliedstaaten schon vorhandener, unterschiedlicher Konzeptionen

In den Rechtsordnungen der Mitgliedstaaten gibt es verschiedene Rechtsinstitute, die Bereiche regeln, die oftmals auch als dem Urheberrechtsschutz zugänglich angesehen werden. Teilweise existieren Schutzmöglichkeiten, die zwar in der derzeitigen Ausprägung keinen gleichwertigen Ersatz zumindest zu Teilbereichen des Urheberrechtsschutzes bieten können, die aber durchaus in der Lage sind, nach Vornahme entsprechender Änderungen ein angemessenes Schutzniveau zu gewährleisten. Oftmals wird überlegt, inwieweit solche Schutzmöglichkeiten eine Rechtsangleichung als nicht erforderlich erscheinen lassen.[884]

(a) Allgemeines Wettbewerbsrecht/Lauterkeitsrecht

Gerade im Bereich der Produkte der Informationsindustrie wird diskutiert, inwieweit sich ein angemessener Schutz auch über das Wettbewerbs- oder Lauterkeitsrecht erreichen ließe.

Das allgemeine Wettbewerbsrecht setzt in Deutschland ein Wettbewerbsverhältnis zwischen den Beteiligten voraus. Deshalb hat es eine andere Schutzrichtung als das Urheberrecht, das die berechtigten Interessen des Rechtsinhabers gegen jedermann schützt. Auch in der theoretischen Begründung unterscheiden sich die beiden Rechtsmaterien. Das allgemeine Wettbewerbsrecht schützt nur vor unlauterem Verhalten, wogegen das Urheberrecht eine bestimmte Leistung im weitesten Sinne schützt.[885] Gegenüber dem Urheberrecht ist das allgemeine Wettbewerbs-

---

[882] So *Hans Claudius Taschner* in seinem Diskussionsbeitrag, Beiheft VersR 46/1995, S. 31-32 (32).
[883] *Hilf*, VersR 46/1995, Sonderheft, S. 7-14 (10).
[884] Kategorisch dagegen aber *Appleton/Hart*, 10 EIPR 1988, S. 287-290 (288), die bei Alternativformen die Gefahr einer Verzerrung sehen.
[885] *Schulze*, ZUM 1989, S. 53-64 (57).

recht in Deutschland nur subsidiär.[886] Zudem ist das allgemeine Wettbewerbsrecht vor allem in Großbritannien kaum ausgeprägt,[887] wohingegen alle EG-Mitgliedstaaten über detaillierte Urheberrechtsgesetzgebungen verfügen. Auch ist dem Wettbewerbsrecht keine einheitlich zu berechnende Schutzdauer eigen. Das Wettbewerbsrecht bietet nur solange Schutz gegen unlauteres Verhalten, als ein Wettbewerbsverhältnis besteht.

Scheint aufgrund dieser Unterschiede ein wettbewerbsrechtlicher Schutz der künstlerisch-schöpferischen Werke schon vom Ansatz her nicht möglich, ergibt sich bei sonstigen Gegenständen aber ein anderes Bild. Dies gilt insbesondere dann, wenn nicht auf das Vorliegen eines Wettbewerbsverhältnisses, sondern auf allgemein lauterkeitsrechtliche Grundsätze abgestellt wird. So bestimmen in der Schweiz die Art. 4 URG und Art. 5c UWG einen lauterkeitsrechtlichen Schutz gegen jede Art der unerlaubten Leistungsübernahme.[888] Auch in den USA ist aufgrund § 43 [a] des Lanham Act ein solcher Schutz immer wieder bejaht worden. Schon das Vorhandensein dieser Vorschrift erklärt, warum die meisten in den letzten Jahren dort debattierten Gesetzentwürfe aus Gründen der Systematik allgemeinen Wettbewerbsrechtsschutz bei Datenbanken vorsahen.[889]

Zudem ist zu bedenken, dass das in Deutschland geforderte Wettbewerbsverhältnis auch bei immaterialgüterrechtlichen Sachverhalten oft vorliegt. So finden sich auch in Deutschland im Bereich der systematischen und umfangreichen Übernahme von investitionsintensiven Leistungen vor der Umsetzung der Datenbank-Richtlinie zahlreiche Gerichtsurteile, die einen Verstoß gegen die wettbewerbsrechtliche Generalklausel von § 1 UWG bejaht haben.[890] Zwar ist zuzugeben, dass diese Rechtsprechung nicht einheitlich war,[891] eine entsprechende gesetzliche Regelung im Rahmen des Wettbewerbsrechts - auch aufgrund einer gemeinschaftsrechtlichen Vorgabe - hätte hier aber für die notwendige Klarstellung gesorgt. Auch im Bereich der professionellen Piraterie, bei welcher der Rechtsverletzer die

---

[886] *Heker*, ZUM 1995, S. 97-103 (100); *Loewenheim*, GRUR 1996, S. 636-643 (642); *Ellins*, Copyright Law und Urheberrecht, S. 101.
[887] *Beckley*, New L.J. 1996, S. 185-186 (186).
[888] *B. Lehmann*, Neue Züricher Zeitung Nr. 150 vom 1.7.1996, S. 16.
[889] Dazu Bericht des *US Copyright Office* „Report on Legal Protection for Databases" vom August 1997, S. 89ff.
[890] Z.B. LG Hamburg, 12 O 462/93 vom 21.10.1993, Leitsatz abgedruckt in NJW-CoR 1994, S. 170.
[891] Vor allem bei der Übernahme von Daten aus Telefonverzeichnissen; vgl. OLG Frankfurt, 6 U 4/94 vom 26.5.94, Leitsatz abgedruckt in NJW-CoR 1994, S. 303, sowie 11 U 44/94 vom 29.10.1996, Nachweis in Frankfurter Allgemeine Zeitung Nr. 253 vom 30.10.1996, S. 27.

Gegenstände im großen Stile wirtschaftlich verwerten will, kann das Vorliegen eines Wettbewerbsverhältnisses ohne weiteres konstruiert werden. Das Wettbewerbsrecht in seiner derzeitigen Fassung ist nur nicht in der Lage, geringere Rechtsverletzungen zu ahnden. Diese fallen in der Praxis allerdings oftmals in den Bereich von Schrankenregelungen des Urheberrechts oder werden aufgrund der Geringfügigkeit gar nicht entdeckt oder sogar verfolgt. Demnach lässt sich sagen, dass die Intensität des Schutzes gradueller Natur ist, wobei der Umfang des urheberrechtlichen Schutzes weitergeht.

Die Tatsache, dass gerade von deutscher Seite immer wieder vorgebracht wird, dass das Wettbewerbsrecht unter Verzicht des Erfordernisses eines Wettbewerbsverhältnisses nicht in ein allgemeines Lauterkeitsrecht umgewandelt werden kann, ist unter Berücksichtigung andersartiger Lösungen in anderen Staaten verwunderlich. Dies gilt insbesondere deshalb, da die in ihren Auswirkungen kaum geringere Ausweitung des deutschen UrhG im Rahmen der Einführung des sui-generis-Rechts für Datenbanken ohne große Widerstände akzeptiert wurde.

Auch die andere Schutzrichtung erweist sich in ihren praktischen Auswirkungen eher als terminologisches Problem. Besonders deutlich wird dies beim sui-generis-Recht in der Datenbank-Richtlinie. Ob eher auf die erbrachte Leistung (Sammlung und nicht-originelle Strukturierung der Daten) oder auf die damit verbundenen unerwünschten Verhaltensweisen (Entnahme wesentlicher Teile) abgestellt wird, ist im Ergebnis völlig gleich, da die beiden Elemente untrennbar miteinander verbunden sind. Wie das Wettbewerbsrecht den geschützten Gegenstand kennzeichnen müsste, muss das Immaterialgüterrecht auch die unerlaubte Verhaltensweise nennen.

In einem allgemeinen Lauterkeitsrecht könnte im Falle von Datenbanken durchaus die Übertragbarkeit der Rechte wie auch eine begrenzte Schutzdauer festgeschrieben werden. Auch ist in der praktischen Anwendung der theoretische Unterschied eines a priori-Schutzes durch ein Immaterialgüterrecht und eines nur a posteriori wirkenden Wettbewerbsrechts[892] unbedeutend. Warum bei einer solchen Vorgehensweise eine materielle Reziprozität nicht zu erreichen sein soll, ist eine Frage, welche die Datenbank-Richtlinie und die dazu ergangenen Stellungnahmen der Gemeinschaft nicht beantworten können.

Das Fehlen von wettbewerbsrechtlichen Regelungen in Großbritannien kann nur als Argument dafür gelten, dass die Europäische Gemeinschaft den alleinigen

---

[892] Diese Differenzierung findet sich bei *Gaster*, CR 1999, S. 669-679 (674).

Schutz durch das Wettbewerbsrecht vorschreibt. Die Lage in Großbritannien kann aber nicht dazu führen, dass auch denjenigen Mitgliedstaaten mit detaillierter und flexibler wettbewerbsrechtlicher Gesetzgebung die Möglichkeit genommen wird, die unerlaubte Leistungsübernahme im Rahmen eines allgemeinen Lauterkeitsgesetzes zu regeln. Die Datenbank-Richtlinie hat diesen Weg leider ohne einleuchtende Begründung und ohne erkennbaren Zwang von vornherein verbaut. Der europäische Gesetzgeber hat sich dabei in einem Bereich, in dem aus systematischen Gründen der Schutz durch ein dem klassischen Urheberrecht ähnlichen Recht keineswegs zwingend ist, die Rolle des Hüters einer immaterialgüterrechtlichen Lehre angemaßt, die ihm nicht zusteht. Er hat den Mitgliedstaaten kein Wahlrecht überlassen, ob sie den Schutz der Datenbanken über das sui-generis-Recht, lauterkeitsrechtlich oder womöglich auf eine andere Art gleichwertig verwirklichen. Die zögerliche und von der EG-Kommission oftmals kritisierte Umsetzung in den Mitgliedstaaten ist fast schon die logische Konsequenz dieses zweifelhaften Ansatzes.

Aufgrund des stark gewerblichen Charakters von Produkten der Informationsgesellschaft, wird vor allem in den USA, aber auch in Europa, ein „drittes Paradigma" bzw. eine rechtliche Mischform („legal hybrid") als Schutzform zwischen Urheberrecht und Patent propagiert.[893] Dabei soll die klassische Unterscheidung

---

[893] Ausgeführt vor allem von *Samuelson/Davis/Kapor/Reichman*, 94 Colum. L. Rev. 1994, S. 2308-2431 (2308ff.); *Reichman/Samuelson*, 50 Vand. L. Rev. 1997, S. 51-166 (51ff.); *Reichman*, 94 Colum. L. Rev. 1994, S. 2432-2558 (2432ff.), der vor allem auf das Know-how-Recht abstellt, das einen zeitlich begrenzten Innovationsvorsprung gewähren soll (S. 2443ff.).
So hat *Samuelson*, Duke L.J. 1984, S. 663-769 (663ff.) schon 1984 den (mittlerweile internationalvertraglich vereinbarten) Urheberrechtsschutz für Software kritisiert und über Alternativen durch verstärkten wettbewerbsrechtlichen Schutz oder ein neues Schutzrecht nachgedacht; ähnlich *Gordon*, 20 EIPR 1998, S. 10-13 (10ff.), der Software als Aneinanderreihung von urheberrechtlich nicht schutzfähigen Ideen ansieht.
Samuelson, 21 EIPR 1999, S. 578-591 (589f.) spricht im Zusammenhang mit der Informationsgesellschaft nicht mehr vom „geistigen Eigentum", sondern vom „geistigen Kapital" („Intellectual Capital"), dessen Schutz kein Selbstzweck sei, sondern unter Berücksichtigung der Gemeinwohlbindung vielmehr die nachhaltige Förderung der Innovation bewirken solle.
Durch dieses dritte Paradigma ließe sich bei Software auch das Verhalten und das Design schützen, das durch geklonte Programme ohne Übernahme des Programmtexts nachgeahmt werden kann, *Samuelson/Davis/Kapor/Reichman*, 94 Colum. L. Rev. 1994, S. 2308-2431 (2308ff.); interessanterweise befürworten Teile der EG-Kommission nun auch den zusätzlichen Schutz der urheberrechtlich nicht geschützten Idee der Software, und zwar über das Patentrecht; teilweise wird bei Software anstelle der Originalitätsprüfung eine Bewertung des Inhalts anhand der patentrechtlichen Kriterien der Neuheit und der Erfindungshöhe gefordert; so *Kapnopoulou*, jur-pc 1995, S. 3223-3234 (3225); vgl. auch *Strömholm*, GRUR Int. 1996, S. 529-533 (533).

von Kunst und Erfindungen aufgegeben werden,[894] um dem Investor einen künstlichen Zeitvorsprung einzuräumen, damit sich seine Investition amortisieren kann.[895] Die dogmatische Diskussion um ein solches drittes Paradigma zeigt deutlich auf, dass die vorschnelle Einordnung industrieller Güter in den Urheberrechtsbereich nicht unproblematisch ist und letztlich auch zu einer Aufweichung des auf die Schöpfungshöhe gestützten Urheberrechtsschutzes führen muss. Interessant ist, dass *Lehmann* bei Informationssammlungen anstelle dieser dritten Schutzart einen verstärkten Schutz durch das allgemeine Wettbewerbsrecht fordert[896] und nicht für eine Einordnung im immaterialgüterrechtlichen Bereich plädiert. Dagegen hat die EG-Kommission mit dem sui-generis-Recht für Datenbanken genau eine solche rechtliche Mischform geschaffen. Registrierungs- und Formalitätenfreiheit erinnern an den Bereich des Urheberrechts. Schutzdauer, Erneuerbarkeit bei wesentlichen Überarbeitungen und der stark gewerbliche Einschlag deuten eher auf den Bereich des Patents hin.

(b) Musterschutz

Im Bereich des Rechtsschutzes von Computerprogrammen ist teilweise vertreten worden, dass die Darstellung eher dem Muster- als dem Urheberrechtsschutz zugänglich sei. So forderte *Christie* einen solchen Designschutz als neues sui-generis-Recht.[897] Art. 1 der Richtlinie 98/71/EG über den rechtlichen Schutz von Mustern und Modellen definiert ein Muster als die Erscheinungsform eines ganzen industriellen oder handwerklichen Gegenstandes oder eines Teiles davon, die sich insbesondere aus den Merkmalen der Linien, Konturen, Farben, der Gestalt, Oberflächenstruktur und/oder der Werkstoffe des Gegenstandes selbst und/oder seiner Verzierung ergibt.[898] Der Musterschutz eignet sich insbesondere zum Schutz von industriellen Erzeugnissen, bei denen die Funktionalität eine wichtige Rolle spielt. Insofern hat er wesentliche Gemeinsamkeiten mit dem Schutz der kleinen Münze

---

Cohen Jehoram, GRUR Int. 1991, S. 687-696 (687ff.) spricht in diesem Bereich von „rechtlichen Hybriden" und nennt folgende Beispiele: Design (S. 688-689), Rechte der Verleger (S. 690-692), Computerprogramme (S. 692-693), Halbleiterchips (S. 693-694), Computerkunst (S. 694-695) und Datenbanken (S. 695-696); vgl. auch *ders.*, 153 RIDA 1992, S. 75-145 (75ff.).

[894] *Reichman*, 24 IIC 1993, S. 446-475 (448).
[895] *Reichman*, 24 IIC 1993, S. 446-475 (458).
[896] *Lehmann*, 94 Colum. L. Rev. 1994, S. 2621-2629 (2629).
[897] *Christie*, 16 EIPR 1994, S. 486-493 (493).
[898] „Richtlinie 98/71/EG des Europäischen Parlaments und des Rates vom 13. Oktober 1998 über den rechtlichen Schutz von Mustern und Modellen", ABl. EG Nr. L 289 vom 28.10.1998, S. 28.
Computerprogramme werden ausdrücklich aus der Definition herausgenommen.

in Deutschland. Im Vereinigten Königreich spielt er eine wichtige Rolle, wo er im Copyright, Designs and Patents Act ausdrücklich geregelt wird.

Aufgrund der ähnlichen Schutzrichtung kann der Musterschutz grundsätzlich ein gleichwertiges Schutzniveau bieten wie der Urheberrechtsschutz für Gebrauchsgüter. Auch insoweit wäre es völlig ausreichend, wenn die Europäische Gemeinschaft in einem Anforderungskatalog abstrakt die Schutzkriterien, insbesondere Dauer, Übertragbarkeit und geschützte Handlungen, vorgeben und die Art des Schutzes den Mitgliedstaaten überlassen würde (dazu unten S. 212).

Problematisch ist dies nur in den Fällen, in denen internationalvertraglich ein Schutz durch das Urheberrecht vorgeschrieben wird. So ist nun in Art. 10 Abs. 1 des TRIPs-Abkommens und in Art. 4 WCT ausdrücklich geregelt, dass Computerprogramme als literarische Werke im Sinne von Art. 2 Abs. 1 RBÜ durch das Urheberrecht geschützt werden. Insoweit kann ein Musterschutz höchstens ergänzend wirken. Für den außerurheberrechtlichen Schutz von Datenbanken, bei denen nicht die äußere Gestaltung, sondern die Investitionsleistung im Vordergrund steht, ist der Musterschutz gänzlich ungeeignet.

(c) Geschäftsgeheimnis/Trade Secret

Im Bereich der Datenbanken ist auch schon über einen Schutz als Geschäftsgeheimnis nachgedacht worden.[899] Dass dieser Schutz nicht sehr effizient ist, zeigt sich insbesondere bei solchen Datenbanken, die der breiten Öffentlichkeit zur Verfügung gestellt werden. Eine Pflicht zur Geheimhaltung könnte nur durch eine vertragliche Abmachung auferlegt werden, so dass sich dieselben Probleme wie beim allgemeinen Vertragsrecht stellten. Nur im engen Bereich von Spezialdatenbanken, die im Geschäftsverkehr wenigen professionellen Nutzern zur Verfügung stehen, kann eine individualvertraglich vereinbarte Geheimhaltungspflicht eine wirksame Schutzstrategie sein. Dadurch wird aber die Wichtigkeit eines gesetzlichen Schutzes nicht in Frage gestellt. Im Vereinigten Königreich gibt es die ähnliche Klage des Breach of Confidence, welche auf das Law of Torts (Recht der unerlaubten Handlung), auf einen Vertrauensbruch oder auf die Verletzung der Geheimhaltungspflicht gestützt werden kann.[900]

---

[899] Angesprochen vom Bericht des *US Copyright Office* „Report on Legal Protection for Databases" vom August 1997, S. 76f.
[900] Dazu *Ellins*, Copyright Law und Urheberrecht, S. 98.

(d) Rechtsschutz des Urheberpersönlichkeitsrechts in Großbritannien

Wie oben S. 69ff. gezeigt wurde, werden die Aspekte des Urheberpersönlichkeitsrechts über verschiedene Rechtsinstitute auch in Großbritannien so geschützt, dass in der Praxis grundsätzlich keine tief greifenden Schutzunterschiede gegenüber den droit d'auteur-Staaten bestehen.

Wo der Schutz nicht ausreicht, gibt es oft schon Konzeptionen, die durchaus so weiterentwickelt werden könnten, dass ein angemessenes Schutzniveau erreicht werden kann. So können die Schutzdefizite der defamation-Klage beim Integritätsrecht ausgeglichen werden, indem die Schutzdauer über den Tod des Urhebers hinaus verlängert wird. Auch die hohen Verfahrenskosten ließen sich im Bedarfsfall im Wege der Gesetzesänderung so reduzieren, dass ein effektiver Rechtsschutz möglich wäre.

(e) Strafrecht

Im Zuge der Beratungen über den Richtlinienvorschlag zum Urheberrecht in der Informationsgesellschaft wurde von Interessierten Kreisen vorgetragen, dass auch das Strafrecht ein Rechtsgebiet sei, dass potentiell dem Urheberrecht unterfallende Gegenstände wirksam regeln könne.[901] Das Strafrecht kann jedoch nur ergänzend wirken, da zur Beurteilung der Rechtmäßigkeit einer Handlung immer auch ein urheberrechtlicher Anknüpfungspunkt gegeben sein muss.

(f) Weitere Schutzarten

Weitere in der Diskussion befindlichen Möglichkeiten des Schutzes außerhalb des Urheberrechts sind das Markenrecht[902], welches aber indirekt und nur dann wirken kann, wenn der Schutzgegenstand mit einer Marke verbunden ist, und das Knowhow-Recht[903], welches ähnlichen Einschränkungen unterliegt wie das Recht der Geschäftsgeheimnisse.

Sie können aber nur Teilbereiche des Urheberrechtsschutzes abdecken, so dass von einer vertieften Diskussion an dieser Stelle abgesehen wird. Das heißt aber nicht, dass sie ungeeignet wären, in diesen Teilbereichen - teilweise nach der Vornahme von Modifikationen - einen gleichwertigen Schutz zu garantieren.

---

[901] So *BT* bei der Anhörung vom 7.-8.7.1994 (siehe oben Fn. 13), S. 73-75 (74).
[902] Für Datenbanken angesprochen vom Bericht des *US Copyright Office* „Report on Legal Protection for Databases" vom August 1997, S. 77f.
[903] *Reichman*, 24 IIC 1993, S. 446-475 (473).

(g) Zusammenfassung

Die vorstehenden Betrachtungen haben gezeigt, dass vor allem im Bereich der Produkte der Informationsgesellschaft das Urheberrecht nicht das einzige adäquate Schutzmittel sein muss. Insbesondere ein aus dem allgemeinen Wettbewerbsrecht entwickeltes generelles Lauterkeitsrecht steht bei richtiger Anwendung beim Schutz von Investitionsleistungen dem Urheberrecht nicht nach. Auch der Musterschutz eignet sich in diesem Bereich grundsätzlich als Schutzmöglichkeit.

(3) Vergleichbares Schutzniveau aufgrund außerrechtlicher Gegebenheiten: Die Rolle der Privatautonomie

(a) Allgemeines

Seit einiger Zeit wird immer häufiger die Gefahr gesehen, dass die Entwicklung der Informationsgesellschaft aufgrund staatlicher Überregulierung zulasten der Privatinitiative gehemmt wird. Auch auf Ebene der Europäischen Gemeinschaft wird verstärkt die besondere Bedeutung des privaten Sektors betont.[904] Aufgrund der neuen technischen Möglichkeiten können Einzelpersonen potentiell viel effektiver als zuvor ihre Rechte verwalten. Oftmals wird die Antwort auf die Herausforderungen der Technik in der Technik selbst gesehen.[905] Vor dem Hintergrund der größeren Bedeutung der Privatinitiative und den gestiegenen Handlungsmöglichkeiten des Privatsektors stellt sich die Frage, in welchem Rahmen die gemeinschaftliche Intervention überhaupt noch erforderlich ist.

Die Möglichkeiten der Informationsgesellschaft haben zu einer steigenden Bedeutung von Verträgen geführt.[906] Aufgrund der automatisierten Kontrollmechanismen, welche die neue Technik bietet, wird es dem einzelnen zunehmend mög-

---

[904] Vgl. den Richtlinienvorschlag über den elektronischen Geschäftsverkehr, KOM (98) 586 endg. vom 18.11.1998, S. 16: „Des weiteren können die verschiedenen Beteiligten viele Fragen selbst wirkungsvoll regeln."

[905] Vgl. *Davies/von Rauscher auf Weeg*, Recht der Hersteller von Tonträgern, S. 175; *Dixon/Self*, 16 EIPR 1994, S. 465-472 (469); *Mallam*, Ent. L. Rev. 1995, S. 234-237 (236); *Dreier*, ZUM 1996, S. 69-72 (71); *Loewenheim*, 27 IIC 1996, S. 41-52 (46); vgl. *Nordemann/Goddar/Tönhardt/Czychowski*, CR 1996, S. 645-657 (655); *Vinje*, 18 EIPR 1996, S. 431-440 (431); *Wand*, in: Cyberlaw, S. 55 Fn. 78; *Strowel/Triaille*, Droit d'auteur, S. 457 Fn. 346; vgl. umfassend auch *Bechtold*, Vom Urheber- zum Informationsrecht, insb. S 367ff. Grünbuch über Urheberrecht in der Informationsgesellschaft, KOM (95) 382 endg. vom 19.7.1995, S. 28 + 75; Initiativen zum Grünbuch über Urheberrecht in der Informationsgesellschaft, KOM (96) 568 endg. vom 20.11.1996, S. 12+25.

[906] *Dreier*, Festschrift für *Françon*, S. 119-131 (126); *Dunne*, 35 Jurimetrics J. 1994, S. 1-15 (1ff.).

lich, die Überwachung der Nutzung seiner geschützten Gegenstände selbst in die Hand zu nehmen. Außerdem kann er die Schutzgegenstände mit Informationen für die Wahrnehmung der Rechte versehen, die den Lizenzierungsvorgang erleichtern. In der Praxis finden schon zahlreiche Systeme weite Anwendung.

Im Rahmen des elektronischen Geschäftsverkehrs, insbesondere im Bereich des Handels mit urheberrechtlich geschützten Gegenständen, ist die deutliche Tendenz erkennbar, dass der Privatsektor sich zur Erleichterung der Transaktionen diese technischen Möglichkeiten zu Eigen macht. Dabei zeigt sich, dass die Marktkräfte am ehesten in der Lage sind, geeignete Standards zu entwickeln, die den Anforderungen des weltweiten Austauschs von Waren und Dienstleistungen gerecht werden. Es herrscht fast allgemein die Ansicht, dass staatliche Instanzen keine verbindlichen technischen Standards vorschreiben sollen, sondern deren Ausarbeitung den freien Kräften im Markt überlassen sollen.[907] Staatliche Regulierung wird oftmals als Hemmschuh für die Entwicklung der Informationsgesellschaft angesehen.[908] So warnte schon der damalige Bundesjustizminister *Schmidt-Jortzig* davor, „den sich neu bildenden Markt tot zu regulieren".[909] Ähnlich argumentierte der Telekommunikationsministerrat auf seiner Sitzung am 24.-25. April 1996 in Bologna, der eine übertriebene Reaktion auf die Herausforderungen des Internets vermeiden wollte, da diese aufkommende Dienstleistungen ersticken und die Ent-

---

[907] So in Bezug auf Verträge vgl. *Dreier*, Perspektiven, S. 123-153 (151); *BT* bei der Anhörung vom 7.-8.7.1994 (siehe oben Fn. 13), S. 73-75 (74); *Mercury Communications Limited*, ebenda, S. 311-313 (312).
Bezüglich Informationen für die Wahrnehmung der Rechte äußerten sich in diesem Sinne zahlreiche Interessierte Kreise bei der Anhörung vom 7.-8.7.1994 (siehe oben Fn. 13) und die Mehrheit der Teilnehmer der Konferenz von Florenz, vgl. *Zourek*, Konferenz der Generaldirektion XV der Europäischen Kommission „Urheberrecht und verwandte Schutzrechte an der Schwelle zum 21. Jahrhundert" in Florenz (2.-4.6.96), Protokoll, S. 117-122 (122).
So für die Frage nach der individuellen oder kollektiven Verwertung: *Hoeren*, GRUR 1997, S. 866-875 (873); zahlreiche Interessierte Kreise bei der Anhörung vom 7.-8.7.1994 (siehe oben Fn. 13) und die Mehrheit der Teilnehmer der Konferenz von Florenz, vgl. *Zourek*, Konferenz der Generaldirektion XV der Europäischen Kommission „Urheberrecht und verwandte Schutzrechte an der Schwelle zum 21. Jahrhundert" in Florenz (2.-4.6.96), Protokoll, S. 117-122 (122).

[908] Sehr plastisch hat dies der Chefredakteur des Nachrichtenmagazins FOCUS *Markwort* beim Streitgespräch im Rahmen des Kongresses der F.D.P.-Bundestagsfraktion zur Informationsgesellschaft in Bonn, am 21./22.2.1996 formuliert: „Ich bin schon froh, dass die Frau Daimler in das berühmte erste Auto gestiegen ist, bevor es die Straßenverkehrsordnung gab" (siehe die Dokumentation der F.D.P.-Bundestagsfraktion vom Mai 1996, S. 28).
Auf europäischer Ebene betont vor allem Kommissar *Bangemann* die zurückhaltende Rolle staatlicher Regulierung bei der Entwicklung der Informationsgesellschaft, vgl. den *Bangemann*-Report, oben Fn. 93.

[909] Frankfurter Allgemeine Zeitung Nr. 77 vom 30.3.1996, S. 2.

wicklung der Informationsgesellschaft verlangsamen könnte. Die Minister räumten jedoch auch ein, dass bezüglich Themen wie Privatsphäre, geistige Eigentumsrechte und Schutz gegen kriminelle Tätigkeiten eine gewisse Form der Regulierung auch auf internationaler Ebene erforderlich sei. Auch die EG-Kommission hat in ihrer Mitteilung der EG-Kommission über die europäische Initiative für den elektronischen Geschäftsverkehr Zurückhaltung bei der Regulierung der Informationsgesellschaft gefordert. So wurde als erster von vier Grundsätzen festgestellt, dass es keine Vorschriften um jeden Preis geben dürfe, da in vielen Fällen der freie Verkehr von Diensten im Rahmen des elektronischen Geschäftsverkehrs durch die gegenseitige Anerkennung einzelstaatlicher Vorschriften und durch geeignete freiwillige Kodizes erreicht werden könnte.[910] Auch im Konvergenz-Grünbuch wird betont, dass „rechtliche Regelungen [...] keinen Selbstzweck [erfüllen], sondern [...] einfach Werkzeuge (neben der Anwendung von Marktkräften) zur Erreichung gewisser sozialer, wirtschaftlicher und allgemeiner Ziele sind [...]."[911]

Der staatlichen Regulierung im Internet haftet zudem das Stigma der Zensur an. Aufgrund der Rolle des Internets als wichtiges Kommunikationsmittel muss die große Bedeutung der Meinungsfreiheit immer berücksichtigt werden. Das heißt aber nicht, dass der Staat nicht regulierend eingreifen dürfte. Durch die sog. Netiquette haben sich für das Internet bestimmte Verhaltensregeln etabliert, deren Einhaltung von der Internetgemeinde streng überwacht wird.[912] Bei Verstößen drohen dem Nutzer öffentliche Anprangerungen wie auch eine Vielzahl von missbilligenden E-Mails („Flames"), die wegen ihrer Datenfülle den Internetzugang des Nutzers im Extremfall lahm legen und sogar eine Kündigung des Zugangs nach sich ziehen können. Demnach handelt es sich nicht um rechtlich verbindliche hoheitliche Regeln, sondern um aufgrund von Gruppenzwang moralisch verpflichtende Verhaltensanforderungen, denen im Hinblick auf ihre ethische Zwangswirkung teilweise eine größere Wirkungskraft als nationalen Gesetzen beigemessen wird.[913] Dazu ist aber zu sagen, dass es die viel beschworene Netiquette gar nicht gibt, sondern jeder etwas anderes darunter versteht.[914] Mag es

---

[910] KOM (97) 157 endg. vom 14.4.1997, Ziffer 39.
[911] KOM (97) 623 endg. vom 3.12.1997, S. 22.
[912] Dazu *Wenning*, jur-pc 1995, S. 3321-3330 (3330); *Graefe*, Markenartikel 1996, S. 100-103 (101) spricht von einem „Standesrecht".
[913] So *Esther Dyson* im Interview „Die Menschen vor Ort sollten selbst bestimmen" mit Der Spiegel Online 24/96; *Barlow*, Selling Wine Without Bottles; *Katsh*, 1995 J. Online L., Art. 1, Ziff. 10.
[914] USA Weißbuch, oben Fn. 182, S. 15; *Hoeren*, NJW 1998, S. 2849-2854 (2852).
Schon deshalb dürfte auch die Wahl der „collection of customs and accepted practices -codified or not- that have grown up with cyberspace", vgl. *Burnstein*, 29 Vand. J.

auch in den Anfängen der Internetnutzung einen gewissen speziellen Ethos gegeben haben, so ist dieser heute zumindest vor dem Hintergrund mannigfaltiger Rechtsverstöße allgemein nicht mehr zu beobachten. Auch das Internet kann das Gewaltmonopol des Staates und das Primat des Gesetzes nicht in Frage stellen.[915] Der internationale Trend geht dahin, dass die Rolle des Staates sich auf die Festschreibung von elementaren Rahmenregelungen, der Förderung der Entwicklung neuer Standards sowie auf die Wettbewerbsaufsicht, um den Missbrauch einer marktbeherrschenden Stellung aufgrund eines Monopols bezüglich eines Standards zu verhindern, beschränkt.

(b) Die Rolle des Vertragsrechts

Hin und wieder wird die Ansicht geäußert, dass neben dem auf der Privatautonomie fußenden Vertragsrecht eine gesetzliche Regelung des Urheberrechts stark an Bedeutung verlieren könnte.[916]

So haben sich schon jetzt neue Formen der urheberrechtlichen Vertragsgestaltung herausgebildet. Sehr häufig vollzieht sich der Vertrieb von Software als so genannte Free- oder Shareware.[917] Bei der Freeware muss der Nutzer keine Lizenzgebühren abführen. Dahinter können mehrere Erwägungen stehen. Zum einen kann es sich dabei um werbefinanzierte Programme („Adware") handeln. Zum anderen kann die Strategie hinter der Verteilung kostenloser Programme auch in der Hoffnung von finanzintensiven Anschlussgeschäften bestehen. Die kostenlose Software schafft dann einen Markt für entsprechende Expertise, die nicht kostenlos erbracht wird. Dies gilt insbesondere dann, wenn sich das Computerprogramm quasi zu einem Standard am Markt entwickelt und für die Arbeit vieler Menschen unverzichtbar wird. Häufig werden diese Personen bereit sein, für zusätzliche Nutzungsprivilegien (Handbuch, technische Unterstützung, neueste Version) Zahlungen zu erbringen. Schließlich können vor allem unbekannte Künstler durch die kostenlose Verbreitung ihrer Werke ihren Bekanntheitswert steigern. Je einfa-

---

[915] Transnat'l L. 1996, S. 75-116 (110), im Sinne eines Internetgewohnheitsrechts kein gangbarer Weg zur Lösung der Problematik sein.
Young, 35 Jurimetrics J. 1995, S. 257-261 (257ff.); *Lemley*, 35 Jurimetrics J. 1995, S. 311-323 (313f.); *Scherer*, AfP 1996, S. 213-219 (214); *Mankowski*, AfP 1999, S. 138-143 (138ff.).

[916] *Dunne*, 35 Jurimetrics J. 1994, S. 1-15 (1ff.), *Dreier*, Festgabe für *Schricker*, S. 192-224 (223), *Metalitz*, 13 Cardozo Arts & Ent. L.J. 1994/95, 465-473 (465ff.); *Jaccard*, 35 Colum. J. Transnat'l L. 1997, S. 619-662 (624); für Datenbanken besprochen vom Bericht des *US Copyright Office* „Report on Legal Protection for Databases" vom August 1997, S. 78ff.

[917] Dazu *Kelleher*, 20 EIPR 1998, S. 140-142 (140ff.).

cher eine Urheberrechtsverletzung wird, desto weniger können professionelle Raubkopierer davon profitieren. Jeder Fan wird nämlich dann die Kopien selbst anfertigen. Von diesen Fans erhoffen sich die Künstler dann wieder Anschlussgeschäfte in Form des Merchandising.

Diese Erwägungen können auch bei der Shareware eine Rolle spielen. Dabei wird dem Nutzer zu Testzwecken ein Probeexemplar mit zumeist zeitlich oder funktionell eingeschränktem Umfang zur Verfügung gestellt. Vor der Installation des Programms wird der Nutzer gewöhnlich automatisch darauf hingewiesen, dass eine Lizenz nur zu Testzwecken erteilt wird und dass nach Ablauf der Testphase eine Vollversion erworben werden muss. Der Nutzer muss dies dann erst bestätigen, bevor die Installation startet.

Vertragliche Regelungen könnten sich auch als Lösung des Haftungsproblems anbieten. So könnten Verstöße entweder durch eine Zugangssperrung durch den Zugangsanbieter[918] bzw. durch das privatrechtsakzessorische Strafrecht sanktioniert werden.[919] Dadurch würde vor allem für die so genannten Gelegenheitskriminellen ein negativer Anreiz geschaffen.[920] Über Freizeichnungs- und Freistellungsklausel könnten Vermittler zudem eine mögliche Haftung im Vertragsweg auf den Nutzer abwälzen. Außerdem hätten Verträge den Vorteil, dass sie grenzüberschreitend wirken.[921] Für den Bereich des Urheberrechts ist diese Ansicht aber abzulehnen, da an Verträge nur der jeweilige Vertragspartner gebunden werden kann. Urheberrechtsrelevante Tatbestände werden aber oft von Dritten geschaffen, gegenüber denen diese Klauseln nicht wirken können.[922] Die Verpflichtung an den Vertragspartner, bestimmte Haftungsklauseln in Verträgen mit Drittnutzern aufzunehmen, ist zudem aus wettbewerbsrechtlichen Gründen problematisch. Außerdem sucht das Urheberrecht einen Ausgleich zwischen den Interessen der Rechtsinhaber, der Nutzer und der Öffentlichkeit. Urheberrechtliche Verträge können gegenüber gesetzlichen Regelungen dann keinen Vorrang haben, wenn dadurch die berechtigten Interessen der Öffentlichkeit berührt werden oder wenn sonstige Bereiche berührt werden, die nicht durch Verträge modifiziert werden können.[923] Praktische Schwierigkeiten gäbe es zudem in den Bereichen, in denen eine Vielzahl von

---

[918] *Dunne*, 35 Jurimetrics J. 1994, S. 1-15 (12).
[919] Vgl. *Franzheim*, NJW-CoR 1994, S. 160-164 (161).
[920] *Dunne*, 35 Jurimetrics J. 1994, S. 1-15 (15), der aber selbst einräumt, dass dadurch kein Schutz gegen professionelle Raubkopierer gewährt wird.
[921] *Dunne*, 35 Jurimetrics J. 1994, S. 1-15 (12).
[922] *Peifer*, ZUM 1993, S. 325-352 (334); *Lemley*, 35 Jurimetrics J. 1995, S. 311-323 (323).
[923] Vgl. *Strömholm*, National and International Development. In: International Encyclopedia of Comparative Law, Vol. XIV, S. 27.

Miturhebern betroffen ist.[924] Zwar können aufgrund der Möglichkeiten der Technik sämtliche Schutzgegenstände in digitaler Form so programmiert werden, dass vor jeder oder zumindest der ersten Nutzung am Bildschirm ein Lizenzvertrag eingeblendet wird, den der Nutzer erst ausdrücklich akzeptieren muss, bevor er den Gegenstand nutzen kann.[925] Solche vorformulierten und vom Nutzer inhaltlich nicht beeinflussbaren Standardverträge stellen aber allgemeine Geschäftsbedingungen dar, deren Wirksamkeit je eher verneint werden muss, desto mehr ihre Klauseln von den gesetzlichen Regelungen abweichen.[926] Dies gilt insbesondere für das Urheberrecht, wo oftmals ein starker Konflikt zwischen den Interessen der Beteiligten vorliegt, der nicht einseitig zugunsten des Verwenders des Standardvertrags gelöst werden kann.[927] Außerdem würden diese allgemeinen Geschäftsbedingungen in den Fällen nicht weiterhelfen, in denen ein Raubkopierer vor der Weiterveräußerung diese entfernt hat, so dass die weiteren Nutzer gutgläubig sind.

(c) Die Rolle von technischen Schutzmechanismen und Informationen für die Wahrnehmung der Rechte

Die Entwicklung technischer Schutzmechanismen und von Informationen für die Wahrnehmung der Rechte hat dazu geführt, dass die Rechtsinhaber ihre Rechte mit den Mitteln der Technik effektiv schützen und verwalten können.[928] Deshalb wird teilweise die Ansicht vertreten, dass nach Marktdurchsetzung dieser Techniken ein Schutz durch das Urheberrecht nicht mehr erforderlich sei. Es bedürfe le-

---

[924] *Strömholm*, National and International Development. In: International Encyclopedia of Comparative Law, Vol. XIV, S. 27.
[925] International hat sich für solche Lizenzvereinbarungen der Name der „shrinkwrap licenses" (Verpackungslizenzen) eingebürgert, da gerade die Verpackung von Software oftmals so vorgenommen wird, dass der Nutzer bei der Öffnung ein Siegel aufbrechen muss, das ihn darauf hinweist, dass er durch das Öffnen der Verpackung die Lizenzbedingungen des Herstellers anerkennt. Im Falle seines Nichteinverständnisses hat er die ungeöffnete Verpackung gegen Erstattung wieder zurückzugeben. Die Wirksamkeit solcher Vereinbarungen ist sehr zweifelhaft und lässt sich dogmatisch deshalb kaum herleiten, da der Nutzer zumeist erst nach Abschluss des Erwerbsvorgangs mit einer solchen Verpackungslizenz konfrontiert wird. Warum diese den schon zuvor abgeschlossenen Vertrag modifizieren können soll, ist nicht ersichtlich. Zu den Verpackungslizenzen: *Lemley*, 35 Jurimetrics J. 1995, S. 311-323 (311ff.).
[926] Auch bei Einstufung als unwirksame allgemeine Geschäftsbedingung kann nicht einfach die freie Nutzbarkeit des Programms angenommen werden. Vielmehr muss nach der gesetzlichen Regelung davon ausgegangen werden, dass eine Nutzung mangels wirksamer Erlaubnis unzulässig ist.
[927] *Lemley*, 35 Jurimetrics J. 1995, S. 311-323 (319).
[928] Dazu im einzelnen unten S. 263ff. und S. 272ff.

diglich flankierender Regelungen zum Schutz der Integrität dieser technischen Schutzmechanismen und Informationen.[929]

Eine solche Ansicht verkennt aber die besondere Natur des Urheberrechts als Kompromiss der Interessen von Rechtsinhabern, Nutzern und der Öffentlichkeit. Diese Wertungen müssen zumindest bei der Beurteilung eine Rolle spielen, ob die Umgehung von technischen Schutzmechanismen und Informationen für die Rechtewahrnehmung im Einzelfall zulässig sein kann oder ob im Falle des Vorliegens eines Schrankentatbestands bzw. bei einem gemeinfreien Werk[930] sogar ein Anspruch des einzelnen auf Zugang zum Werk[931] besteht.

Die neuen technischen Möglichkeiten stellen den Bedarf an gesetzlichem Urheberrechtsschutz an sich aber nicht in Frage. Auch in Zukunft wird die Gefahr bestehen, dass mangels Einsatzes von technischen Schutzmaßnahmen und Informationen für die Rechtewahrnehmung wie auch durch Umgehung derselben Urheberrechte verletzt werden. Insoweit werden die gesetzlichen Schutz- und Sanktionsmöglichkeiten weiterhin eine wichtige Rolle spielen.

Gesetzliche Regelungen zum Schutz der Integrität von technischen Schutzmaßnahmen und Informationen für die Rechtewahrnehmung können die grundlegenden Wertungen des Urheberrechts nicht ersetzen, sondern können lediglich als Zusatzmaßnahmen dienen, zumal nach dem derzeitigen Stand der Technik eine Bekämpfung unzulässiger Handlungen allein auf technischer Ebene nicht Erfolg versprechend ist.[932] Der technische und der rechtliche Schutz liegen auf unterschiedlichen Handlungsebenen, die sich ergänzen können und müssen.[933] Dabei müssen

---

[929] Besprochen vom Bericht des *US Copyright Office* „Report on Legal Protection for Databases" vom August 1997, S. 85f.

[930] Zur Problematik vgl. *Maus*, Digitale Kopie von Audio- und Videoprodukten, S. 228.

[931] Das Bestehen eines solchen Rechts wurde in Änderungsantrag 4 der Stellungnahme zum Richtlinienvorschlag zum Urheberrecht in der Informationsgesellschaft durch den Umweltausschuss des Europäischen Parlaments (*Whitehead*-Stellungnahme) angesprochen, abgedruckt als Anhang des *Barzanti*-Berichts, siehe oben Fn. 151; diese Ansicht fand aber keinen Eingang in den endgültigen Parlamentsbericht, obwohl der Berichterstatter *Barzanti* im Rahmen der technischen Maßnahmen ein solches Zugangsrecht bei der Parlamentsdebatte ansprach (vgl. Parlamentsprotokoll vom 9.2.1999, S. 47).

[932] *Garnett*, WIPO Symposium, Harvard, 31.3.-2.4.1993, S. 101-117 (108f.); *Rüttgers*, CR 1996, S. 51-56 (54); *Fox*, DuD 1997, S. 69-74 (73).

[933] Vgl. *Bortloff*, Tonträgerpiraterieschutz, S. 219.

die urheberrechtlichen Regelungen das Fundament für die Beurteilung der technischen Schutzmaßnahmen bilden und insoweit einen Vorrang haben.[934]

Der verbreitete Einsatz dieser technischen Möglichkeiten führt aber im Bereich des Urheberrechts zu einer Akzentverschiebung in Bezug auf den Schutzschwerpunkt. Neben den Möglichkeiten des gesetzlichen Schutzes der Urheberrechte rückt nun auch der Schutz dieser Informationen für die Wahrnehmung der Rechte und technischen Maßnahmen vor Manipulation in den Vordergrund. Auch wird die Frage des Abschlusses elektronischer Verträge[935] immer bedeutender. Hier muss dann geprüft werden, ob ein Gesetzgebungsbedarf zum Schutz solcher Maßnahmen besteht.

Das Vorhandensein der technischen Schutzmöglichkeiten darf nicht dazu führen, dass der Gesetzgeber seine Schutzgewährung von deren Einsatz abhängig macht. Eine solche Regelung würde gegen Art. 5 Abs. 2 RBÜ verstoßen, wonach der gesetzliche Schutz frei von jedem Formalitätserfordernis gewährt werden muss.[936] Deshalb ist auch der in Änderungsantrag 9 der Stellungnahme des Wirtschaftsausschusses im Europäischen Parlament (*Cassidy*) für Erwägungsgrund 26 des Richtlinienvorschlags zum Urheberrecht in der Informationsgesellschaft vorgesehene Passus, wonach die Einführung von technischen Maßnahmen die Vergütung für private Kopien obsolet machte,[937] bedenklich. Dies könnte nur für den Fall der freiwilligen Nutzung solcher Maßnahmen in Erwägung zu ziehen sein.

---

[934] *Wand*, in: Cyberlaw, S. 35-56 (55) spricht in Bezug auf die technischen Maßnahmen von der zweiten und dritten Schutzebene.

[935] Vgl. Art. 9ff. der Richtlinie 2000/31/EG über den elektronischen Geschäftsverkehr, die auch die Fragen des Zeitpunktes des Vertragsschlusses genau regeln; das deutsche Gesetz zur digitalen Signatur (Signaturgesetz), welches als Art. 3 des IuKDG am 1.8.1997 in Kraft getreten ist; dazu auch Imprimatur-Bericht „Formation And Validity Of On-line Contracts", erstellt durch das Institute for Information Law, Amsterdam, Juni 1998.

[936] So die *Société des gens de lettres de France (SGDL)* und die *Société civile des auteurs multimédia (SCAM)* in der gemeinsamen Antwort in der Anhörung vom 7.-8.7.1994 (siehe oben Fn. 13), S. 385-391 (388).
Deshalb können die Ansichten einiger Interessierter Kreise bei der Anhörung vom 7.-8.7.1994 (siehe oben Fn. 13) nicht überzeugen, die einen Zwang der Angabe von standardisierten Urheberrechtsinformationen verlangen, vgl. vor allem die *European Association of Information Services (EUSIDIC)*, S. 181-183 (182): „Copyright should be sought and defended, not automatically conferred."

[937] Abgedruckt als Anhang des *Barzanti*-Berichts, siehe oben Fn. 151.

(d) Zusammenfassung

Die Entwicklung weltweit oder regional einheitlicher Standards kann aufgrund der besonderen Natur des Urheberrechts die Erforderlichkeit gesetzlicher Regelungen grundsätzlich nicht aufheben. Solche Standards können im Bereich des Vertragsrechts vor allem komplementär als Maßstab für die allgemein zu erwartenden Sorgfaltspflichten im Bereich der Haftung wirken. Auch in Bezug auf den Einsatz von technischen Schutzmaßnahmen und Informationen für die Wahrnehmung der Rechte kann nichts anderes gelten. Die Europäische Gemeinschaft hat aber die Entwicklungen im Privatsektor bei ihren Harmonisierungsbemühungen insbesondere bei der Beurteilung der Auswirkungen auf den Binnenmarkt angemessen zu berücksichtigen. Soweit das Funktionieren des Binnenmarktes durch den Einsatz entsprechender Modelle schon gewährleistet wird, ist eine über die Vorgabe von Rahmenbedingungen hinausgehende detaillierte Rechtsangleichung nicht mehr erforderlich.

iii. Beurteilung des Handlungsbedarfs am Maßstab des geringstmöglichen Eingriffs

(1) Beschränkung auf die Schaffung eines gleichwertigen Schutzniveaus

Aufgrund der Natur der Europäischen Gemeinschaft als Staatenverbund, bei dem die Mitgliedstaaten als Herren der Verträge gegenüber der Zentralgewalt in einer schützenswerten Rolle sind, verlangt der Verhältnismäßigkeitsgrundsatz darüber hinaus, dass die Europäische Gemeinschaft von mehreren geeigneten Maßnahmen diejenige mit den geringsten Auswirkungen auf die Mitgliedstaaten wählt. Der Verhältnismäßigkeitsgrundsatz statuiert also auch das Prinzip des geringstmöglichen Eingriffs in die mitgliedstaatlichen Restkompetenzen.[938] Den Mitgliedstaaten sind so viele Freiheiten wie möglich zu belassen. Als rechtstechnisch geeignetstes Instrument für eine Rechtsangleichung wird deshalb allgemein die Richtlinie angesehen, die den Mitgliedstaaten lediglich Zielvorgaben vorschreibt, ihnen bei deren Verwirklichung aber freie Hand lässt.[939] Die bloße Gefahr der mangelhaften, verspäteten Umsetzung durch die Mitgliedstaaten spricht schon deshalb nicht gegen die Richtlinie als Grundinstrument der Rechtsangleichung, da die Europäische

---

[938] *Lenaerts/Ypersele*, Cah. Dr. Eur. 1994, S. 3-83 (81).
[939] So schon *Dietz*, Urheberrecht in der EG, S. 306; *Armbrüster*, 60 RabelsZ 1996, S. 72-90 (84); so auch die Mitteilung der EG-Kommission (oben Fn. 768); *Ellins*, Copyright Law und Urheberrecht, S. 240.

Gemeinschaft mit Art. 226 EGV über ein wirkungsvolles Instrumentarium zur Sicherstellung der vollständigen Umsetzung verfügt.[940]

In letzter Zeit ist die Entwicklung zu beobachten, dass manche Richtlinien sehr genaue Detailregelungen enthalten, so dass die Wahlfreiheit der Mitgliedstaaten oftmals zum Gebot perfekter Umsetzung schrumpft.[941] Von der faktischen Wirkung her handelt es sich bei solchen Richtlinien eher um Verordnungen[942], die in Form der Richtlinie erlassen werden. Ein derartiges Vorgehen, welches häufig den Anschein des Formenmissbrauchs erweckt, lässt sich mit den gemeinschaftlichen Zwängen begründen, wonach eine Harmonisierungsmaßnahme in Form einer Richtlinie, die wenigstens auf dem Papier noch Umsetzungsspielraum belässt, gegenüber den Mitgliedstaaten eher politisch durchsetzbar ist als eine Verordnung, die nach Erlass die Mitgliedstaaten in jeder Hinsicht bindet. Dieser leichtfertige Umgang mit den Vorgaben des EG-Vertrags ist zwar äußerst bedauerlich und wirft nicht gerade das beste Licht auf so manche gemeinschaftliche Harmonisierungsbemühung. Aus Sicht des Verhältnismäßigkeitsgrundsatzes kann aber eine Rechtsangleichungsmaßnahme auch dann erforderlich sein, wenn sie wegen ihrer Detailregelungen eigentlich als Verordnung hätte ergehen müssen. Die Frage der Erforderlichkeit einer Maßnahme richtet sich nämlich nicht nach der Form des Rechtsaktes, sondern nach deren Inhalt.

Bei der Beurteilung des geringstmöglichen Eingriffs muss berücksichtigt werden, dass die Binnenmarktklausel des Art. 95 EGV nur von der Angleichung der mitgliedstaatlichen Vorschriften spricht. Diese Angleichung lässt sich durch die Sicherstellung eines vergleichbaren Schutzniveaus bewerkstelligen. Sofern die Mitgliedstaaten dazu in der Lage sind, obliegt die Entscheidung allein ihnen, mit Hilfe welcher Konzeptionen sie jeweils dieses Schutzniveau erreichen. Gerade im Bereich des Urheberrechts ist wegen des kulturpolitischen Hintergrunds und seiner wichtigen kulturellen Identifikationsfunktion in den Mitgliedstaaten jeder

---

[940] A.A. *Müller-Graff*, Festschrift für *Börner*, S. 303-343 (339ff.), der im Bereich des gesamten Gemeinschaftsprivatrechts für Verordnungen plädiert.
[941] Allgemein *Steindorff*, Grenzen der EG-Kompetenzen, S. 90; *Grabitz*, in: *Grabitz/Hilf*, Archivband 1, Art. 189 [alt] EGV, Rdz. 60.
So auch *Gaster*, Rechtsschutz von Datenbanken, S. 191 Rdz. 804.
[942] Verordnungen haben allgemeine Geltung, sind in allen Teilen verbindlich und gelten unmittelbar in jedem Mitgliedstaat. Der eher formale Unterschied zu detaillierten Richtlinien ist lediglich darin zu sehen, dass Richtlinien grundsätzlich erst ins innerstaatliche Recht umgesetzt werden müssen, wobei der Europäische Gerichtshof aber in Fällen nicht rechtzeitiger Umsetzung durch die Annahme der unmittelbaren Anwendbarkeit im Staat-Bürger-Verhältnis bzw. durch die Gewährung eines Schadensersatzanspruches in der Praxis teilweise ein gleichartiges Ergebnis erzielt.

Austausch der Systeme unzulässig.[943] Auch wegen der unterschiedlichen wirtschaftlichen und sozialen Systeme muss sich die Gemeinschaft einer vollständigen Rechtsvereinheitlichung enthalten[944], sofern eine Angleichung in den Rechtsfolgen ein gleichwertiges Schutzniveau ebenso erreichen kann.[945] Insoweit verbietet der Verhältnismäßigkeitsgrundsatz es der Europäischen Gemeinschaft schlichtweg, dogmatische Fragestellungen um ihrer selbst willen zugunsten eines bestimmten Rechtssystems zu behandeln. Das heißt auch, dass die Europäische Gemeinschaft sich davor hüten muss, einzelne Mitgliedstaaten bei ihrem Bemühen um Durchsetzung ihres Systems[946] zu unterstützen. Eine Rechtsangleichung bzw. Totalharmonisierung als Selbstzweck ist vor diesem Hintergrund nicht zulässig,[947] wie die EG-Kommission sowohl im Technologie-Grünbuch von 1988[948] als auch im Konvergenz-Grünbuch von 1997[949] richtigerweise festgestellt hat. So darf die Europäische Gemeinschaft nicht auf die Funktion eines innovativen Labors für das internationale Urheberrecht reduziert werden.[950] Die Frage der Erforderlichkeit einer Rechtsangleichung im Binnenmarkt muss sich an ökonomischen Kriterien und nicht etwa an vorgeblichen juristischen Notwendigkeiten[951] messen lassen.

---

[943] *Edelman*, Rec. Dalloz 1996, chronique, S. 119-125 (124); vgl. auch *Ellins*, Copyright Law und Urheberrecht, S. 234+257.

[944] So *Ulmer*, General Questions. In: International Encyclopedia of Comparative Law, Vol. XIV, S. 8 für die internationale Harmonisierung.

[945] *Davies*, 26 IIC 1995, S. 964-989 (988) für die internationale Harmonisierung.

[946] *Ellins*, Copyright Law und Urheberrecht, S. 232 spricht in diesem Zusammenhang nicht ganz zu Unrecht davon, dass „in der Europäischen Gemeinschaft [...] ein gewaltiges Tauziehen statt[findet], geprägt durch das eifrige Bemühen der beiden Lager, den Wettkampf zu gewinnen und möglichst mit der Trophäe eines 'europäischen Urheberrechts' nach eigenem Grundmodell belohnt zu werden".

[947] *Davies/von Rauscher auf Weeg*, Recht der Hersteller von Tonträgern, S. 170; *Posner*, *Reischl*-Kolloquium, S. 131-135 (133); für das gesamte Privatrecht: Hübner, Festschrift für *Großfeld*, S. 471-483 (474); vgl. aber *Gotzen*, WIPO-Symposium, Paris, 1.-3.6.94, S. 239-257 (253), der in Bezug auf die weitere Harmonisierung einen Mittelweg zwischen der Lösung wirtschaftlicher Implikationen und einer Reform um der Reform willen erwartet.

[948] Technologie-Grünbuch, KOM (88) 172 endg. vom 23.8.1988, S. 8 (Punkt 1.4.10.).

[949] Konvergenz-Grünbuch, KOM (97) 623 endg. vom 3.12.1997, S. 22.

[950] So aber *Geller*, 16 Colum.-VLA J.L. & the Arts 1991/92, S. 461-473 (473).
Den Vorwurf der Schaffung unnötiger neuer Konzepte um ihrer selbst willen hat in Bezug auf das sui-generis-Recht die *European Association of Information Services (EUSIDIC)* bei der Anhörung vom 7./8.7.1994 vorgebracht, siehe oben Fn. 13, S. 181-183 (183).

[951] Deshalb ist die Ansicht von *Maier*, Droit d'auteur, 1997, S.40 bedenklich, der bei der Datenbank-Richtlinie neben der ökonomischen Notwendigkeit auch eine juristische („nécessité juridique") ausmacht.

Auch der Europäische Gerichtshof hat festgestellt, dass eine Rechtsangleichung nicht die Gesetzgebungstechnik der Rechtsordnungen erfassen kann.[952] Eine Rechtsangleichung hat materiell die eine nationale Rechtsordnung durchgängig prägenden Wertungen intakt zu lassen.[953] In diesem Sinne ist für *Basedow* die Rechtskultur eine nationale Kategorie, die schwerer zu verändern ist als Gesetzesrecht.[954] Es sind Kompromisslösungen zu finden, die bewährte Rechtsgrundsätze unberührt lassen[955] und die von den Mitgliedstaaten ohne dogmatische Brüche in die jeweiligen Rechtsordnungen übernommen werden können.

Im Vorschlag der Vermiet- und Verleihrecht-Richtlinie hat die EG-Kommission diese Problematik bezüglich der Definition der Rechtsinhaber und der Schutzgegenstände erkannt, als sie ausführte:

„Auch würde der Versuch einer EG-weiten Definition im Rahmen dieses Richtlinienvorschlags im nationalen Recht der Mitgliedstaaten Widersprüche und Inkonsistenzen hervorrufen. Denn die Frage insbesondere der Rechtsinhaberschaft und der Schutzgegenstände betrifft das Urheber- bzw. Leistungsschutzrecht als Ganzes, kann also nicht für einzelne Rechte geregelt werden, ohne in rechtssystematischer wie auch in praktischer Hinsicht gravierende Nachteile zu erzeugen. [...] Dieser Richtlinienvorschlag versucht generell, die im nationalen Recht der Mitgliedstaaten vorhandenen urheberrechtlichen Konzepte so weit wie möglich unberührt zu lassen."[956]

Demgegenüber deutet aber die Stellungnahme des Kommissionsbediensteten *Verstrynge* bezüglich der ersten Angleichungsschritte darauf hin, dass die EG-Kommission trotz ähnlicher nationaler Lösungen eher geneigt ist, eine vollständige Harmonisierung vorzunehmen:

---

[952] EuGH vom 29.9.1987, Rs. 126/86 („*Fernando Roberto Giménez Zaera / Instituto Nacional de la Seguridad Social und Tesorería General de la Seguridad Social*"), Slg. 1987, S. 3697-3718 (3715).
[953] *Steindorff*, Grenzen der EG-Kompetenzen, S. 91.
[954] *Basedow*, ZEuP 1996, S. 379-381 (380).
[955] *Schricker*, zitiert von *Peifer*, 8. Ringberg-Symposium, S. 87-123 (87); *Loewenheim*, GRUR 1996, S. 830-836 (833) für das Problem der Urheberschaft; *Coleman*, 15 Colum.-VLA J.L. & the Arts 1990/91, S. 117-133 (131) will „eine Synthese, keine faulen Kompromisse".
[956] KOM (90) 586 endg. vom 24.1.1991, S. 23f.

„We thought that we could leave the rest less harmonized because the national regimes were to a certain extent similar. [...] This, as it turned out, was not possible."[957]

Aus derartigen Stellungnahmen wie auch aus der Detailliertheit bisheriger Harmonisierungsbemühungen geht deutlich hervor, dass vor allem die EG-Kommission einem gesetzgeberischen Perfektionismus sehr nahe kommt, der sie dazu verleitet, möglichst viele Regelungsmaterien für den gemeinschaftlichen Kompetenzbereich einzufordern. Die stiefmütterliche Behandlung des Subsidiaritätsprinzips und des Verhältnismäßigkeitsgrundsatzes (dazu unten S. 219) ergänzt diese zentristische Haltung.

(2) Die gegenseitige Anerkennung als Modellfall des gleichwertigen Schutzniveaus

Wesentliche Ausprägung der Angleichung des Schutzniveaus durch Harmonisierung der Schutzfolgen ist das Prinzip der gegenseitigen Anerkennung, welches von den Organen der Europäischen Gemeinschaft vor allem im Bereich der technischen Normen angeführt worden ist.[958] Dahinter verbirgt sich aber ein allgemeiner Grundsatz, welcher auch in allen anderen Harmonisierungsbereichen von großer Wichtigkeit ist.

Aufgrund des Grundsatzes der gegenseitigen Anerkennung können einzelstaatliche Normen mit vergleichbarem Regelungs- und Schutzgehalt als gleichwertig angesehen werden, und zwar in dem Sinne, dass vor allem den Warenverkehr betreffende Produkt- und Schutzstandards von grenzüberschreitender Dimension den Normen des Ausgangsstaates unterliegen.[959] Auf diese Weise wird vermieden, dass den Mitgliedstaaten harmonisierte Regelungen übergestülpt werden, obwohl diese mit ihrer Rechtsordnung systematisch nicht in Einklang zu bringen sind. Gleichwohl wird in allen Mitgliedstaaten ein gleichwertiges Schutzniveau erreicht, auf dessen Einhaltung der Unionsbürger vertrauen kann. Oftmals geht die gegenseitige Anerkennung einher mit der so genannten Minimalharmonisierung, bei der nur das Mindestmaß an einheitlichen Normen geschaffen wird und alle

---

[957] *Verstrynge*, 4 Fordham Intellectual Property, Media & Entertainment Law Journal 1993/94, S. 5-17 (7).
[958] Vgl. „Mitteilung der Kommission an den Rat und das Europäische Parlament über die stärkere Nutzung der Normung in der Gemeinschaftspolitik", KOM (95) 412 endg. vom 30.10.1995; vgl. auch die Stellungnahme des Wirtschafts- und Sozialausschusses zum Thema „Technische Normen und gegenseitige Anerkennung" (96/C212/02) vom 29.5.1996, ABl. EG Nr. C 212 vom 22.7.1996, S. 7.
[959] Vgl. im einzelnen *Hayder*, 53 RabelsZ 1989, S. 622-698 (632).

darüber hinausgehenden Regelungen im Wege der gegenseitigen Anerkennung im Zuständigkeitsbereich der Mitgliedstaaten belassen werden.[960] Vor dem Inkrafttreten der Einheitlichen Europäischen Akte im Jahr 1986 kannte das Gemeinschaftsrecht den Begriff der gegenseitigen Anerkennung nur bei Diplomen in Art. 57 EWGV.[961] Im Weißbuch zur Vollendung des Binnenmarktes vom 14.6.1985[962] wurde dann für den Bereich der technischen Schranken für den Wettbewerb im Binnenmarkt und der damit zusammenhängenden Frage der Normung aufgrund der „Neuen Strategie" die verstärkte Abkehr vom Erfordernis der Rechtsangleichung hin zur Anwendung des Prinzips der gegenseitigen Anerkennung propagiert.[963] Der neue Ansatz bestand aus dem Einsatz von Harmonisierungsrichtlinien, welche die Mindestanforderungen bzw. gesetzgeberischen Ziele festschreiben sollten. Darüber hinausgehend sollten nationale Normen verpflichtend als gleichwertig anerkannt werden und, wo dies nicht möglich war, durch von europäischen Normungsgremien entwickelte technische Normen ersetzt werden. Dabei sollte dann zur Normung geschritten werden, wenn Kompatibilität und Wettbewerb im Vordergrund standen, die Abstimmung politischer Ziele und Mittel sollte im Wege der Rechtsangleichung unter Berücksichtigung der „politischen Notwendigkeit", und zwar vor allem durch Richtlinien, erreicht werden.[964] Im Bereich der Informationstechnologie wurde ein Schwerpunkt gesehen.[965] Die Grundlage dieses Wandels ist in der *Cassis*-Rechtsprechung des Europäischen Gerichtshofes zu sehen,[966] der im Bereich der durch technische Schranken hervorgerufenen Hindernisse für den Binnenmarkt, durch die der Verkauf eines in einem anderen Mitgliedstaat rechtmäßig hergestellten und in Verkehr gebrachten Produkts vereitelt wurde, eine unzulässige Beschränkung des freien Warenverkehrs annahm.[967]

---

[960] *Grundmann*, JZ 1996, S. 274-287 (277); *Niehof*, Grundsatz der gegenseitigen Anerkennung, S. 53.
Nicolaysen, Gedächtnisschrift für *Grabitz*, S. 469-482 (476) sieht eine gegenseitige Anerkennung nur dort als möglich an, wo keine zu großen Differenzen im Regelungsniveau bestehen.
[961] Jetzt Art. 47 EGV.
[962] Vgl. *Niehof*, Grundsatz der gegenseitigen Anerkennung, S. 1.
KOM (85) 310 endg. vom 14.6.1985, S. 6 Ziff. 13.
[963] Dazu *Niehof*, Grundsatz der gegenseitigen Anerkennung, S. 2; *Hayder*, 53 RabelsZ 1989, S. 622-698 (632).
[964] *Schellberg*, Technische Harmonisierung in der EG, S. 281.
[965] Weißbuch, KOM (85) 310 endg. vom 14.6.1985, S. 20.
[966] *Niehof*, Grundsatz der gegenseitigen Anerkennung, S. 5.
[967] EuGH vom 20.2.1979, Rs. 120/78 („*Rewe-Zentral-AG / Bundesmonopolverwaltung für Branntwein*", „*Cassis de Dijon*"), Slg. 1979, S. 649-675; diese Rechtsprechung wurde in der Entscheidung vom 24.11.1993, verb. Rs. C-267/91 und C-268/91 („*Strafverfahren gegen Bernard Keck und Daniel Mithouard*"), Slg. 1993, S. I 6097-6132 dahingehend modifiziert, dass bloße Verkaufsmodalitäten, die für alle im Inland tätigen Wirtschaftsteilnehmer gleich-

Die Europäische Gemeinschaft hat nach der ausdrücklichen Einführung des Grundsatzes der gegenseitigen Anerkennung auf Gemeinschaftsebene durch das Weißbuch die Wichtigkeit dieses Prinzips immer wieder betont.[968]

Der Grundsatz fordert eine Gleichwertigkeit bezüglich der Zweckerreichung bei Sicherstellung eines sachgerechten und vernünftigen Schutzniveaus.[969] Durch die Beibehaltung der verwurzelten nationalen Systeme kann so unnötigen dogmatischen Streitigkeiten aus dem Weg gegangen werden.[970] Dadurch haben die gemeinschaftlichen Maßnahmen eine höhere Richtigkeitsgewähr und können von den Mitgliedstaaten effektiver umgesetzt werden.[971] Insoweit werden nicht nur die Interessen der Mitgliedstaaten berücksichtigt, vielmehr ist durch die verbesserte Zielverwirklichung auch der Europäischen Gemeinschaft gedient. Die Beibehaltung der nationalen Rechtstraditionen kann zudem zu einem „Standortwettbewerb" der Gesetzgeber[972] führen, welcher einen Angleichungsdruck zwischen den Mitgliedstaaten zugunsten der besten Regelung nach sich zieht. Zwar ist die Gefahr durchaus gegeben, dass es bei Vorliegen bloßer Mindestregelungen, wie sie sich beispielsweise in Art. 6 Abs. 1 und Art. 8 der Vermiet- und Verleihrecht-Richtlinie finden, eventuell zu Verlagerungen in Mitgliedstaaten mit vergleichsweise niedrigem Schutzniveau kommt. Solange diese Staaten aber das gemeinschaftsrechtlich vorgeschriebene Mindestniveau einhalten, ist dies aus Gemeinschaftssicht unerheblich.

Verschiedentlich ist der Grundsatz der gegenseitigen Anerkennung als Konkretisierung des Subsidiaritätsprinzips gewertet worden.[973] So sagt *Langer*, dass „den jeweils kleineren Einheiten (Mitgliedstaaten, Regionen) [...] die Zuständigkeit so-

---

[968] mäßig gelten und den Absatz inländischer und eingeführter Waren in gleicher Weise behandelten, keine unzulässigen Marktzugangsschranken im Sinne von Art. 28 EGV seien.
So z.B. im „Aktionsplan für den Binnenmarkt", CSE (97) 1 endg. vom 4.6.1997, S. 4; Mitteilung der Kommission an das Europäische Parlament, den Rat, den Wirtschafts- und Sozialausschuss und den Ausschuss der Regionen „Europäische Initiative für den elektronischen Geschäftsverkehr", KOM (97) 157 endg. vom 14.4.1997, Ziffer 39; Richtlinienvorschlag über den elektronischen Geschäftsverkehr, KOM (98) 586 endg. vom 18.11.1998, S. 16: „Der Neuregelungsbedarf wird durch das Prinzip der gegenseitigen Anerkennung und das bereits bestehende Gemeinschaftsrecht ohnehin verringert."
[969] *Matthies*, Festschrift für *Steindorff*, S. 1287-1301 (1293+1295).
[970] *Coleman*, 15 Colum.-VLA J.L. & the Arts 1990/91, S. 117-133 (131).
[971] *Langer*, ZG 1993, S. 193-211 (195).
[972] *Langer*, ZG 1993, S. 193-211 (199); ähnlich auch *Rohe*, 61 RabelsZ 1997, S. 1-85 (60); *Everling*, Festschrift für *Steindorff*, S. 1155-1173 (1172); *Grabitz*, Festschrift für *Steindorff*, S. 1229-1245 (1241) unter ausdrücklicher Betonung der Anwendbarkeit im Bereich des geistigen Eigentums.
[973] Z.B. *Ehlermann*, Projekt 1992, S. 3-25 (8f.).

lange und soweit zu belassen [ist], als sie auf dem europäischen 'Markt der Gesetzgeber' unter den Bedingungen einer gegenseitigen formalen Anerkennung die Fähigkeit und den Willen zu eigenständigen Lösungen beweisen."[974] *Langer* nennt dies die „verfahrensmäßige Subsidiarität", die insoweit an die Stelle der bisherigen durch materielle Kriterien geprägten Subsidiarität treten solle.[975]

Der Grundsatz der gegenseitigen Anerkennung ist aufgrund seiner Wirkung als Schranke für den Umfang gemeinschaftlicher Harmonisierungsmaßnahmen aber als Konkretisierung des allgemeinen Verhältnismäßigkeitsgrundsatzes zu sehen. Hinter dem Postulat der gegenseitigen Anerkennung gleichwertiger Regelungen verbirgt sich eine allgemeinere Idee, die weit über den Bereich der technischen Normen hinausgeht und auch in anderen Bereichen der Binnenmarktgesetzgebung Anwendung finden muss. Der Grundsatz der gegenseitigen Anerkennung lässt auch außerhalb der technischen Normung Rückschlüsse auf den Gedanken der Verhältnismäßigkeit bei der Binnenmarktgesetzgebung zu. Technische Normen im Binnenmarkt dienen dazu, den Marktteilnehmern auf der Anbieterseite vergleichbare Wettbewerbsbedingungen und den Marktteilnehmern auf der Abnehmerseite vergleichbare Qualitätsstandards zu gewährleisten. Sie sorgen also für Rechtssicherheit und erleichtern somit insbesondere den grenzüberschreitenden Verkehr von Waren und Dienstleistungen im Binnenmarkt. Die gegenseitige Anerkennung dieser Normen trägt den Besonderheiten der nationalen Systeme Rechnung und soll den Marktteilnehmern ermöglichen, mit den Standards ihrer eigenen Rechtsordnung auf allen anderen nationalen Märkten tätig zu werden. Aufgrund der Gleichwertigkeit der Normen kommt es dazu zu keinen Benachteiligungen der übrigen Marktteilnehmer.

Auch in denjenigen Regelungsbereichen des Binnenmarktrechts, die außerhalb der technischen Normung im Bereich der rechtlichen Schranken für den Wettbewerb vergleichbare Bedingungen für die Teilnahme am Binnenmarkt schaffen sollen, lassen sich die hinter der gegenseitigen Anerkennung im Bereich der technischen Normen stehenden Erwägungen nutzbar machen.[976] Oberstes Harmonisierungsziel im Binnenmarkt ist die Gewährleistung von verlässlichen Regeln für alle Marktteilnehmer, und zwar sowohl im Bereich der Normung als auch im Bereich des materiellen Binnenmarktrechts. Gerade im Richtlinienvorschlag zum Urheberrecht in der Informationsgesellschaft wird die Schaffung vergleichbarer Bedingungen

---

[974] *Langer*, ZG 1993, S. 193-211 (193).
[975] *Langer*, ZG 1993, S. 193-211 (195).
[976] Von einer gegenseitigen Anerkennung materieller Rechtsnormen gehen *Armbrüster*, 60 RabelsZ 1996, S. 72-90 (87) und *Basedow*, NJW 1996, S. 1921-1929 (1922) aus.

("level-playing field") an vielen Stellen betont.[977] Auch hier geht es darum, dass sich alle Beteiligten auf ein vergleichbares Schutzniveau verlassen können. Aus Sicht der Marktteilnehmer ließe sich dieses Ziel am einfachsten durch eine einheitliche gemeinschaftsweite Regelung der betreffenden Rechtsbereiche erreichen. Ein solches Vorgehen kollidiert aber auch und gerade im Bereich des materiellen Binnenmarktrechts nicht selten mit den gewachsenen Traditionen der mitgliedstaatlichen Rechtsordnungen. Die Schaffung von systematischen Fremdkörpern in den gewachsenen Ordnungen würde der einheitlichen Rechtsanwendung in allen Mitgliedstaaten eher schaden als nutzen. Mit der Festschreibung eines gemeinsamen Schutzniveaus bei gleichzeitiger gegenseitiger Anerkennung der nationalen Regelungen könnte somit der Ausgleich der Interessen aller Marktteilnehmer an Verlässlichkeit der Ausgangsbedingungen und Chancengleichheit mit der Problematik des Vorhandenseins unterschiedlicher Gesamtrechtsordnungen weit gehend glücken. Nicht die Einheitlichkeit der Rechtsordnungen, sondern ihre „Kompatibilität und Interoperabilität"[978] sollte im Vordergrund der Harmonisierungsbemühungen stehen. Dass ein derartiger Weg auch im Bereich der rechtlichen Schranken für den Binnenmarkt gangbar sein kann, zeigt die Schlussfolgerung 8 des *Cassidy*-Berichts zum Richtlinienvorschlag zum Urheberrecht in der Informationsgesellschaft, demzufolge „der Wirtschaftsausschuss [...] die Aufnahme des Themas Kompatibilität und wechselseitige Anerkennung von Rechten im Zusammenhang mit dem Urheberrecht in der Informationsgesellschaft in den 'Transatlantischen Dialog'" (Trans-Atlantic Business Dialogue, „TABD") begrüßt.[979]

Dabei ist nicht zu verkennen, dass der wesentliche Unterschied zwischen der gegenseitigen Anerkennung im Bereich der technischen Normen und einer möglichen gegenseitigen Anerkennung zum Abbau der rechtlichen Schranken im Binnenmarkt darin liegt, dass bei der Beurteilung der Einhaltung von technischen Normen das Recht des Ursprungslands einschlägig ist, wogegen sich in vielen anderen Bereichen die Rechtslage nach den Vorschriften des Mitgliedstaates richten müsste, in dem die relevanten Handlungen vorgenommen werden. Aufgrund seines besonderen Charakters als territorial begrenztes Recht gilt dies insbesondere im Bereich des Urheberrechts, bei dem das international vorherrschende Schutzlandprinzip zur Anwendung des Rechts desjenigen Staates führt, für dessen Gebiet der Urheberrechtsschutz eingefordert wird.

---

[977] Vgl. Richtlinienvorschlag zum Urheberrecht in der Informationsgesellschaft, KOM (97) 628 endg. vom 10.12.1997, S. 3, 9, 22, 25, 26 und 32.

[978] So der Erwägungsgrund 54 der Richtlinie zum Urheberrecht in der Informationsgesellschaft als Ziel im Bereich der technischen Maßnahmen; auch im Bereich des materiellen Urheberrechts sollte dies der Ansatzpunkt sein.

[979] Abgedruckt als Anhang des *Barzanti*-Berichts, siehe oben Fn. 151.

Dieser Unterschied führt aber nicht dazu, dass eine gegenseitige Anerkennung im Bereich der rechtlichen Schranken nicht möglich wäre. Vielmehr regelte der EG-Vertrag in seinem durch Art. 19 der Einheitlichen Europäischen Akte eingeführten und durch den Vertrag von Amsterdam aufgehobenen Art. 100b Abs. 1 UAbs. 2 die Möglichkeit, diejenigen binnenmarktrelevanten nationalen Rechtsvorschriften, die bis zum 31.12.1992[980] nicht angeglichen wurden, durch Ratsbeschluss als gleichwertig anzuerkennen[981]. Diese Vorschrift war nicht auf technische Normen beschränkt.[982] Auch wenn die Regelung bis zu ihrer Aufhebung in der Praxis kaum Bedeutung erlangen konnte und ihr Charakter als dauerhaftes Prinzip in Frage gestellt worden ist[983], zeigte ihr Vorhandensein doch, dass die Idee der gegenseitigen Anerkennung über den Bereich der technischen Normen hinausgeht.

Zwar ist die Europäische Gemeinschaft für den engen Bereich der grenzüberschreitenden Satellitenausstrahlungen durch Art. 1 Abs. 2b der Satellit- und Kabel-Richtlinie vom Schutzlandprinzip insoweit abgewichen, als der Ort der Sendung festgelegt wurde, so dass sich daraus faktisch die Anwendung des Rechts des Ursprungslands ergibt und damit genau der Weg der gegenseitigen Anerkennung wie bei technischen Normen beschritten wurde. Aufgrund der Besonderheiten der interaktiven Übertragungen hat sie diesen Weg für andere Dienste der Informationsgesellschaft nach anfänglichem Zögern[984] zu Recht aber nicht gewählt (vgl. unten S. 307).

Im Erwägungsgrund 32 der Datenbank-Richtlinie wurde insoweit auf ein solches Prinzip der gegenseitigen Anerkennung Bezug genommen, als die Mitgliedstaaten aufgefordert wurden, „zumindest die materielle Gleichwertigkeit ihrer einzelstaatlichen Bestimmungen in Bezug auf die in dieser Richtlinie vorgesehenen zustim-

---

[980] Dazu *Steindorff*, Grenzen der EG-Kompetenzen, S. 100.
[981] Die Fragen, ob ein gewisses Maß an gleichwertigem Schutzniveau erreicht sein muss [dafür *Steindorff*, Grenzen der EG-Kompetenzen, S. 100ff., dagegen *Grundmann*, JZ 1996, S. 274-287 (280)], ob ein vorheriger Angleichungsversuch fehlgeschlagen sein muss [angesprochen von *Happe*, Festschrift für *Bleckmann*, S. 119-139 (121)] und ob die Angleichungsbeschlüsse nur im fakultativen Bereich der „politisch-pragmatischen" Rechtsangleichung möglich sind [so *Happe*, Festschrift für *Bleckmann*, S. 119-139 (121)], spielen in Bezug auf die Geltung des Grundprinzips der gegenseitigen Anerkennung keine Rolle.
[982] Nach *Breulmann*, Normung und Rechtsangleichung, S. 95f.+102 betraf Art. 100b Abs. 1 UAbs. 2 EGV sogar nur solche Normen, die mindestens in einem Mitgliedstaat Rechtswirkung hatten und damit keine rein technischen Normen waren.
[983] So *Schellberg*, Technische Harmonisierung in der EG, S. 172.
[984] Vgl. das Grünbuch über Urheberrecht in der Informationsgesellschaft, KOM (95) 382 vom 19.7.1995, S. 41.

mungsbedürftigen Handlungen sicherzustellen."⁹⁸⁵ Diese Regelung wird aber durch die Aussage des Kommissionsbediensteten *Gaster* relativiert, der im Zusammenhang mit dem Gleichbehandlungsgrundsatz (Art. 12 EGV) zwar von der völligen Gleichstellung materieller Reziprozität spricht, diese aber nur als über die Rechtsangleichung auf hohem Niveau erreichbar sieht.⁹⁸⁶

(3) Folgerungen für die Praxis und Kritik an der bisherigen Harmonisierung

Die zu hohe gemeinschaftliche Regelungsdichte lässt sich weit gehend vermeiden, indem in einem abstrakten Anforderungskatalog festgesetzt wird, was geschützt werden soll und in welchem Umfang dieser Schutz stattzufinden hat. Wie dieser Schutz genau erreicht wird, unterliegt dann der alleinigen Entscheidung der Mitgliedstaaten. Gerade in Einzelbereichen des Urheberrechtsschutzes kommen dabei mehrere Möglichkeiten in Betracht.⁹⁸⁷ Auf diese Weise lässt sich ein vergleichbarer Schutz unter Beibehaltung der Eigenheiten der nationalen Rechtssysteme verwirklichen. Die generelle Durchführbarkeit dieses Weges hat der stellvertretende Generaldirektor der WIPO *Ficsor* bei der Konferenz der Generaldirektion Binnenmarkt in Florenz am 2. - 4.6.1996 in Florenz aufgezeigt.⁹⁸⁸ Er führte aus, dass es bei den Vorbereitungen der WIPO-Vertragskonferenz vom Dezember 1996 lediglich in Bezug auf die rechtliche Qualifizierung der geschützten Handlungen unterschiedliche Ansichten gegeben habe, über die Art der Handlungen, die durch ein exklusives Recht geschützt werden sollten, habe aber generelles Einverständnis bestanden. Dies hätte dazu geführt das im Wege einer „Schirmlösung" („umbrella solution", später: „interoperable solution") die betreffenden Handlungen und Schutzlücken genannt wurden, die genaue gesetzgeberische Umsetzung den Vertragspartnern aber anheim gestellt wurde. Solche Schirmlösungen bieten sich, solange ein textgleiches Einheitsrecht wegen der unterschiedlichen Rechtstraditionen der Mitgliedstaaten noch nicht möglich ist, gerade auf Ebene der Europäischen Gemeinschaft an. Dadurch wird ein gleiches Schutzniveau sichergestellt. Der Unionsbürger kann dann genau beurteilen, ob eine bestimmte Handlung zulässig ist oder nicht. Dass der Bürger dann möglicherweise nicht genau weiß, aufgrund welcher gesetzlichen Bestimmungen er gegen unzulässige

---

⁹⁸⁵ Trotzdem wird durch die Formulierung „sehen vor" in Art. 7 den Mitgliedstaaten jede Wahlmöglichkeit genommen.
⁹⁸⁶ *Gaster*, ZUM 1996, S. 261-274 (273).
⁹⁸⁷ Dazu oben S. 187
⁹⁸⁸ *Ficsor*, Konferenz der Generaldirektion XV der Europäischen Kommission „Urheberrecht und verwandte Schutzrechte an der Schwelle zum 21. Jahrhundert" in Florenz (2.-4.6.96), Protokoll, S. 47-62 (58) unter Berufung auf das „Goethe-Syndrom" (aus *Goethe's* Faust: „es erben sich Gesetze und Rechte wie eine ewige Krankheit fort"); vgl. insbesondere S. 59, wo *Ficsor* einen solchen abstrakten Anforderungskatalog aufstellt.

Handlungen in einem anderen Mitgliedstaat vorgehen muss, ist kein schlagkräftiges Argument gegen diese Vorgehensweise. Solange jeder Mitgliedstaat noch über einen eigenen Vollstreckungs- und Rechtsprechungsapparat verfügt, wird der Rechtssuchende im Zweifel sowieso professionelle Hilfe vor Ort in Anspruch nehmen müssen. Sollte er das nicht tun, wird auch eine unterschiedliche dogmatische Lösung des ihm bekannten Problems für ihn kein Hindernis darstellen.

Im Bereich des Urheberrechts hat sich die Europäische Gemeinschaft bei der Einführung des sui-generis-Rechts an Datenbanken in der Datenbank-Richtlinie ohne Not mit der rein dogmatischen Frage nach dessen Rechtsnatur befasst und damit den Mitgliedstaaten in diesem wichtigen Punkt die Möglichkeit der Umsetzung der Richtlinie unter Berücksichtigung der Besonderheiten der eigenen Rechtsordnung von vornherein genommen.[989] So wurde in Art. 2 Abs. 5 des ersten Vorschlags der Datenbank-Richtlinie noch von einem dogmatisch nicht genau einzuordnenden „Recht, unlautere Auszüge und die Weiterverwertung [einer] Datenbank oder ihres Inhalts für gewerbliche Zwecke zu verhindern" („right against unfair extraction") gesprochen, welches vom „Recht gegen unlauteren Wettbewerb oder dem Recht gegen parasitäres Verhalten abgeleitet" wurde.[990] Bezüglich des letztlich festgeschriebenen sui-generis-Rechts werden vom zuständigen Bearbeiter der EG-Kommission nun konkrete dogmatische Einordnungen vorgenommen,[991] was aufgrund der Offenheit des ersten Vorschlagstexts bedauerlich ist. So „empfiehlt" *Gaster* den Mitgliedstaaten, ein separates „Datenbankschutzrecht" in die nationale Rechtsordnung einzuführen.[992] Auffallend ist dabei, dass er bei der Beurteilung der möglichen Formen[993] des gemeinschaftsrechtlichen Datenbankschut-

---

[989] Entschieden gegen die unnötige Schaffung solcher sui-generis-Rechte äußerten sich dann auch mehrere Interessierte Kreise bei der Anhörung vom 7./8.7.1994 (siehe oben Fn. 13); vgl. *International Federation of Library Associations and Institutions (IFLA)*, S. 54-55 (55); *European Bureau of Library, Information and Documentation Associations (EBLIDA)*, S. 126-127(127); *Fédération internationale des associations de distributeurs de films (FIAD)*, S. 228-230 (230); *Siemens*, S. 406-409 (408).
Leistner, Festschrift für *Dietz*, S. 493-515 (502ff.) merkt an, dass durch die Bezeichnung und entsprechende Stellungnahmen seitens der Europäischen Gemeinschaft noch nicht gesagt ist, dass die Umsetzung nicht in der Form eines verwandten Schutzrechts erfolgen könne. Ähnlich argumentiert *von Lewinski*, Europäisches Urheberrecht, Datenbank-RL, Rdz. 11 vor Art. 7. Ob die Europäische Gemeinschaft dies aber akzeptieren wird, ist fraglich.

[990] KOM (92) 24 endg. vom 13.5.1992, S. 37 (Ziff. 5.3.6.); vgl. *Gaster*, Rechtsschutz von Datenbanken, S. 118 Rdz. 457.

[991] *Gaster*, 20 Fordham Int'l L.J. 1997, S. 1129-1150 (1142f.); ders., Rechtsschutz von Datenbanken, S. 118ff. Rdz. 457ff.

[992] *Gaster*, Rechtsschutz von Datenbanken, S. 120 Rdz. 470.

[993] *Gaster* nennt ein Sonderschutzrecht, ein Nachbarrecht, das allgemeine Wettbewerbsrecht und das Vertragsrecht.

zes immer nur die Schutzarten in ihrer Reinform gegenübergestellt und überhaupt nicht darauf eingeht, dass verschiedene Staaten aufgrund ihrer Rechtstradition ein gleichwertiges Schutzniveau auf unterschiedliche Weise und möglicherweise sogar durch Mischformen erreichen können. Diese dogmatische Festlegung seitens der EG-Kommission wird vor allem deutlich beim Umgang mit Drittstaaten, insbesondere den USA. Bei den Verhandlungen im Rahmen der WIPO über einen internationalen Vertrag zum Datenbankschutz scheint die EG-Kommission jeden Vorschlag, der vom sui-generis-Recht abweicht, per se schon als gegen den in Erwägungsgrund 56 der Datenbank-Richtlinie festgelegten Grundsatz der materiellen Reziprozität verstoßend anzusehen. Der in den USA vorherrschend propagierte lauterkeitsrechtliche Ansatz gilt in der Brüsseler Dogmatik als nicht akzeptabel.[994]

Wie aus den Stellungnahmen von *Gaster* hervorgeht, wäre die Europäische Gemeinschaft durchaus in der Lage gewesen, den Mitgliedstaaten keine dogmatischen Konzeptionen aufzuerlegen. Als wesentliche Vorteile des sui-generis-Rechts führt er nämlich die Möglichkeit der Übertragung, die Gültigkeit auch außerhalb eines Wettbewerbsverhältnisses und den zeitlich begrenzten Schutz an. Diese für die Europäische Gemeinschaft wichtigen Aspekte hätten in einem abstrakten Anforderungskatalog festgeschrieben werden können, der den Mitgliedstaaten die Freiheit gelassen hätte, wie sie diese Anforderungen in ihren innerstaatlichen Rechtssystemen ausgestaltet hätten. Dabei wäre es durchaus möglich gewesen, dass einzelne Mitgliedstaaten ihre allgemeinen Wettbewerbsgesetzgebungen so zu einem allgemeinen Lauterkeitsrecht ausgeweitet hätten, dass im Falle des Datenbankschutzes ein Wettbewerbsverhältnis zwischen den Beteiligten nicht vorliegen muss.[995] Im Hinblick auf die Regelungen zugunsten von Verlegern wäre genauso gut die Festschreibung eines Nachbarrechts denkbar gewesen. Auch

---

[994] Vgl. *Bühler*, Neue Züricher Zeitung vom 18.12.1997, S. 27.
Umso bemerkenswerter ist, dass *Gaster*, CR 1999, S. 669-679 (679) nunmehr eine Vielzahl mit der Datenbank-Richtlinie vergleichbarer Regelungen und oftmals ähnliche Ergebnisse in der Rechtspraxis bemerkt, obwohl er die grundsätzliche Kritik an der US-amerikanischen Vorgehensweise aufrechterhält.

[995] Von dieser Möglichkeit geht sogar der Erwägungsgrund 6 der Datenbank-Richtlinie aus, der diese dann aber aufgrund der noch nicht vorgenommenen Harmonisierung des Wettbewerbsrechts verwirft, was von *Pollaud-Dulian*, Dalloz Aff. 1996, S. 539-546 (545) scharf kritisiert wird.
Unverständlich ist die Ansicht von *Hoeren*, Rezension, NJW 1997, S. 1300, der Kritik am Vorgehen der EG-Kommission als „nationalistisch" abtut.
In den USA wird diskutiert, ob ein wettbewerbsrechtlicher Schutz oder ein Schutz durch Property Rights gewählt werden soll; vgl. den Bericht des *US Copyright Office* „Report on Legal Protection for Databases" vom August 1997, S. 89ff.

dadurch wäre das Datenbankschutzrecht nicht automatisch in den Anwendungsbereich des Rom-Abkommens gefallen. Ob diese wettbewerbsrechtlichen bzw. nachbarrechtlichen Sonderregelungen gegenüber der immaterialgüterrechtlichen Neuschöpfung für Datenbanken im Einzelfall dogmatisch sinnvoll sind, unterliegt nicht der Entscheidungsgewalt der Europäischen Gemeinschaft.[996] Dass das Modell der Europäischen Gemeinschaft der Systematisierung der geistigen Eigentumsrechte nicht gerade zuträglich ist, lässt sich schon an dem gesetzgeberischen Spagat des deutschen Gesetzgebers bei der Umsetzung in das UrhG erkennen, wo die nur minimal veränderten Regelungen im separaten Abschnitt 6 des Zweiten Teils wie ein Fremdkörper wirken.

Bezeichnend in diesem Fall ist, dass die EG-Kommission im Technologie-Grünbuch von 1988 die Problematik in diesem Zusammenhang völlig richtig erkannt hat, als sie in den Schlussfolgerungen zur Piraterie einen Vorschlag für einen Rechtsakt forderte, „der alle Mitgliedstaaten verpflichtet, durch die eine oder andere Rechtstechnik" die Piraterie zu bekämpfen.[997] Warum sie von dieser offenen Prämisse bei der Festschreibung des sui-generis-Rechts abgewichen ist, ist nicht ersichtlich. Darüber kann auch die ständige Wiederholung der Feststellung, dass nur dieses Recht einen vollständigen Schutz des Rechtsinhabers mit sich bringe, nicht hinwegtäuschen.

Der Verhältnismäßigkeitsgrundsatz verlangt auch, dass eher eine Rechtsangleichung als eine vollständige Rechtsvereinheitlichung vorgenommen wird.[998] Im Gegensatz zur Rechtsvereinheitlichung werden bei der Rechtsangleichung die mitgliedstaatlichen Gesetze nur bezüglich des zu erreichenden Schutzniveaus harmonisiert, sonst behalten sie aber ihre Eigenständigkeit. Dies ermöglicht es den Mitgliedstaaten, die gemeinschaftsrechtlichen Vorgaben in die innerstaatlich gewachsene Rechtsordnung zu übernehmen, ohne dass es zu Inkompatibilitäten mit der jeweils eigenen Rechtskultur kommt.

---

[996] Nach *Mallet-Poujol*, Droit de l'informatique et des télécoms 1996/1, S. 6-16 (13) hätte im Fall der Datenbankrichtlinie - allerdings in Anwendung des Subsidiaritätsprinzips - den Mitgliedstaaten offen stehen müssen, wie sie das Recht sui generis durchsetzen.
[997] Technologie-Grünbuch, KOM (88) 172 endg. vom 23.8.1988, S. 91 (Ziff. 2.11.).
[998] *Rohe*, 61 RabelsZ 1997, S. 1-85 (81); dies ergibt sich schon aus Art. 95 EGV, der ausdrücklich von der „Angleichung" spricht; trotzdem benutzt *Dreher*, JZ 1999, S. 105-112 (105ff.) den Begriff der „Rechtsvereinheitlichung".

Aufgrund der unterschiedlichen Rechtstraditionen in den Mitgliedstaaten ist auch der Vorteil der bloßen Textangleichung begrenzt.[999] Deshalb dürfte die Schaffung eines gemeinschaftlichen Modellgesetzes im Sinne der US-amerikanischen uniform codes[1000] keinen wesentlichen Gewinn bringen. Ein wortgleicher Gesetzestext kann in der Anwendung in den Mitgliedstaaten aufgrund eines unterschiedlichen Rechtsverständnisses zu deutlich voneinander abweichenden Ergebnissen führen.[1001] Die punktuelle Rolle, die der Europäische Gerichtshof als letzte Instanz bei der Sicherstellung einer einheitlichen Auslegung und Gesetzesanwendung spielen kann, sollte aufgrund des grundsätzlichen Charakters dieses Problems nicht überbewertet werden.

Besonders deutlich wurde diese Problematik bei der Umsetzung der Computerprogramm-Richtlinie. Der deutsche Gesetzgeber übernahm die Richtlinie im Wesentlichen wörtlich in einem neuen Abschnitt 8 im Ersten Teil des UrhG. Durch diese Trennung vom übrigen Gesetzestext hat die Einheitlichkeit des UrhG stark gelitten. So wurde bezüglich der Schöpfungshöhe der zu Beginn des Gesetzes in § 2 Abs. 2 UrhG statuierte uneingeschränkte traditionelle Grundsatz völlig unverändert gelassen. Dass diese allgemeine Regel für Software überhaupt nicht gilt, wird erst durch die versteckte Vorschrift des § 69a Abs. 3 S. 1 UrhG deutlich, der seinerseits keinen Bezug auf § 2 Abs. 2 UrhG nimmt. Erst durch systematische Argumente wird klar, dass für Software eine Sonderregelung getroffen wurde. Vermutlich aus Angst um Streitigkeiten über die korrekte Umsetzung wurde die Vorgabe wortwörtlich in das deutsche UrhG verpflanzt, ohne dabei auf die systemgerechte Einbettung in das Gesetz zu achten. Ein derartiges gesetzgeberisches Stückwerk dürfte dem juristisch nicht spezialisierten Normalbürger jeglichen Zugang zum Gesetzestext versperren.

Einen völlig anderen Weg ist Belgien gegangen, das den Softwareschutz in einem eigenen Gesetz regelt.[1002] Anstelle der eindeutigen gemeinschaftlichen Regelung, wonach Software „als" literarisches Werk zu schützen ist, soll nur ein gleichartiger Schutz gewährt werden. Diese Umformulierung zeigt sehr drastisch die Probleme auf, die ein Mitgliedstaat mit genauen textlichen Vorgaben im Hinblick auf die eigene Rechtssystematik haben kann. Durch die belgische Formulierung er-

---

[999] *Rittner*, DB 1996, S. 25-27 (26); *Sirinelli* beim Rigorosum von *Benabou*, Droit d'auteur, Rapport S. IV: „Les conséquences de cette attitude sont fâcheuses en Droit français. Il y a transformation de l'esprit de la législation sur le droit d'auteur."

[1000] Als Handlungsalternative im Bereich des Urheberrechts angesprochen bei *Dietz*, GRUR-Festschrift, S. 1445-1484 (1481 Rdz. 59).

[1001] So *Ellins*, Copyright Law und Urheberrecht, S. 261f. für den Originalitätsbegriff.

[1002] Vgl. oben Fn. 448 und zugehöriger Text.

scheint Software genauso wirksam geschützt zu werden wie durch den Wortlaut der Richtlinie. Es ist nicht unbedenklich, dass die Europäische Gemeinschaft ihren Mitgliedstaaten eine eigene Sprachregelung auferlegen will.[1003] Aus Schutzgesichtspunkten ist dies sicherlich nicht erforderlich.

Die Europäische Gemeinschaft kann den Mitgliedstaaten Entscheidungsspielräume durch die Festschreibung von Zielvorgaben in Rahmenregelungen einräumen.[1004] Dies kann mit der Gewährung eines Wahlrechts zwischen gleichwertigen alternativen Maßnahmen und der Festschreibung bloßer Mindestregelungen einhergehen.[1005]

dd. Angemessenheit der Maßnahme

Der Verhältnismäßigkeitsgrundsatz verlangt schließlich, dass Aufwand und Ertrag in einem angemessenen Verhältnis zueinander stehen. Auch hier geht es zum einen darum, dass die Belastung des einzelnen nicht außer Verhältnis zum erreichbaren Ziel einer Maßnahme steht. Während in diesem Zusammenhang in Deutschland vor allem auf das Staat-Bürger-Verhältnis abgestellt wird, ist in der Europäischen Gemeinschaft das Verhältnis der Gemeinschaft gegenüber den Mitgliedstaaten von großer Wichtigkeit. Aufgrund der besonderen Funktion der Gemeinschaft als Staatenverbund spielt hier zum anderen aber auch die Überlegung eine Rolle, dass die Harmonisierungsmaßnahmen auch (rechts-)ökonomisch sein müssen. Völlige Perfektion darf dann nicht angestrebt werden, wenn das letzte Maß an Angleichung nur unter unverhältnismäßig hohem Aufwand zu erreichen ist.

[1003] Zum Umgang mit der Umsetzung im Vereinigten Königreich vgl. *Vinje*, 13 J.L. & Com. 1994, S. 301-326 (305), der eine Unzufriedenheit der EG-Kommission in Bezug auf die geplante nicht wortgetreue Umsetzung ausmacht, dies aber auf einen schwaches rechtliches Fundament gestützt sieht.
Zwar sprechen die internationalvertraglichen Vorgaben ebenfalls vom Schutz „als" literarisches Werk. Warum das belgische Gesetz aus rein formalistischen Gründen diesem Schutz nicht gerecht werden soll, ist nicht ersichtlich.

[1004] So *Rosenthal*, Kompetenz der EG, S. 102ff.

[1005] *Rosenthal*, Kompetenz der EG, S. 104; *Rosenthal* sieht dabei jedoch faktisch den Entscheidungsspielraum oftmals auf Null reduziert, da aufgrund möglicher Divergenzen sonst Standortnachteile drohten. Dies vermag aber zumindest in den meisten Fällen nicht zu überzeugen, da die Entscheidung, ob strengere Regelungen vorgenommen werden, im freien Ermessen des einzelnen Mitgliedstaates ist. Sollten mit höheren Schutzanforderungen Wettbewerbsvorteile verbunden sein, lässt der „Wettbewerb der Systeme" erwarten, dass auch die anderen Mitgliedstaaten entsprechende Regelungen einführen.

ee. Zusammenfassung

Die vorliegenden Betrachtungen haben gezeigt, dass das eigentliche Korrektiv der gemeinschaftlichen Kompetenzen bei der Rechtsangleichung im Bereich des Urheberrechts der Verhältnismäßigkeitsgrundsatz (Art. 5 Abs. 3 EGV) ist. So stellt *Marly* in diesem Zusammenhang vor allem auf die Erforderlichkeit ab und erkennt in diesem Kriterium auch für die Angleichung der über die Software hinausgehenden Urheberrechtsbereiche eine starke Schranke, die oft eine Harmonisierung verhindern wird.[1006] *Schneider-Brodtmann* sieht sogar die Funktion einer „Leitlinie" für die Teilharmonisierung des Urheberrechts.[1007]

Das Prinzip entspricht im Wesentlichen seinem Pendant im deutschen Verfassungs- und Verwaltungsrecht. Unter den Begriff der „Erforderlichkeit" lassen sich systematisch auch die drei Prüfungsstufen der Geeignetheit, Notwendigkeit und Angemessenheit aus dem deutschen Recht fassen, wobei ebenfalls die Frage der Erforderlichkeit der wichtigste Prüfungsschritt ist. Seine Anwendung zieht allgemein eine einschränkende Auslegung der Gemeinschaftskompetenzen nach sich. Rechtsangleichungen im Rahmen des Binnenmarktmandats sind nur dann erforderlich, wenn die Regelungsgegenstände sich spürbar auf das Funktionieren des Binnenmarktes auswirken. Dabei hat die Gemeinschaft sowohl die vorhandenen gesetzlichen Regelungen in den Mitgliedstaaten als auch von den Marktteilnehmern entwickelte Regeln und Praktiken genau zu berücksichtigen. Bei der Wahl der Mittel muss sich die Europäische Gemeinschaft vom Postulat des geringstmöglichen Eingriffs leiten lassen. Hauptziel darf dabei nur die Schaffung vergleichbarer Bedingungen sein. Im Wege eines erweiterten Prinzips der gegenseitigen Anerkennung können gleichwertige nationale Regelungen nebeneinander bestehen. Gerade für den Bereich des Urheberrechts bietet es sich an, den Mitgliedstaaten im Wege eines abstrakten Anforderungskatalogs nur das erforderliche Schutzniveau vorzugeben und ihnen dadurch die konzeptionelle Umsetzung im Einklang mit ihren eigenen Rechtstraditionen zu ermöglichen. Der Entwicklung einer eigenen Rechtsdogmatik muss sich die Europäische Gemeinschaft grundsätzlich enthalten.

[1006] *Marly*, Urheberrechtsschutz für Computersoftware in der EU, S. 30+332.
[1007] *Schneider-Brodtmann*, Folgerecht, S. 270.

D. Die Anwendung des Subsidiaritätsprinzips und des Verhältnismäßigkeitsgrundsatzes auf der Ebene der Europäischen Gemeinschaft aus Sicht der EG-Kommission und Stellungnahme

Bei der Anwendung des Subsidiaritätsprinzips und des Verhältnismäßigkeitsgrundsatzes auf der Ebene der Europäischen Gemeinschaft im Bereich des Urheberrechts lässt sich eine interessante Entwicklung beobachten. Vor Festschreibung der beiden Grundsätze in den EG-Vertrag stellte gerade die EG-Kommission zur Rechtfertigung ihrer Maßnahmen im Binnenmarktbereich auf ein Spürbarkeitserfordernis und damit auf ein Kriterium des allgemeinen Verhältnismäßigkeitsgrundsatzes ab. Besonders deutlich geschah dies im Technologie-Grünbuch von 1988[1008]. Nach ausdrücklicher Erwähnung der beiden Prinzipien im EG-Vertrag rückte die Kommission immer mehr von der Betonung der Aspekte der Binnenmarktrelevanz ab und wandte sich ganz im Lichte der politischen Diskussion der Erwähnung des Subsidiaritätsprinzips zu. Die in diesem Bereich viel wichtigere Frage der Verhältnismäßigkeit wurde zuerst in den Hintergrund gerückt und fand sich ausdrücklich erstmals in Erwägungsgrund 11 des Folgerecht-Richtlinienvorschlags[1009], und zwar noch vor der Nennung des Subsidiaritätsprinzips. Diese Erwähnung wurde aber in eben diesem Vorschlag eklatant entwertet, da in der Begründung dem Subsidiaritätsprinzip offensichtlich anstelle des Verhältnismäßigkeitsgrundsatzes ein „Prinzip der politischen Zweckmäßigkeit" an die Seite gestellt wurde.[1010] Entgegen der Vorgaben des EG-Vertrags wurde der Verhältnismä-

---

[1008] Technologie-Grünbuch, KOM (88) 172 endg. vom 23.8.1988; vgl. insbesondere die Ausführungen zur Frage der Erforderlichkeit (S. 7f., Ziff. 1.4.9. und 1.4.10.) und die Passagen zur Privatkopie (S. 128, Ziff. 3.10.2.), zu den Abgabensystemen für analoge Produkte (S. 133f., Ziff. 3.10.22.), zum Verbreitungsrecht (S. 154, Ziff. 4.4.10.), zum Vermietrecht (S. 163, Ziff. 4.10.4.), zum Vertragsrecht (S. 181, Ziff. 5.5.3.) und zum Urheberpersönlichkeitsrecht (S. 197, Ziff. 5.6.27.).

[1009] „Vorschlag für eine Richtlinie des Europäischen Parlaments und des Rates über das Folgerecht des Urhebers des Originals eines Kunstwerkes", KOM (96) 97 endg. vom 13.3.1996. Die Regelung wurde in den Erwägungsgründen 15 und 16 der endgültigen Richtlinie übernommen.

[1010] „Vorschlag für eine Richtlinie des Europäischen Parlaments und des Rates über das Folgerecht des Urhebers des Originals eines Kunstwerkes", KOM (96) 97 endg. vom 13.3.1996, S. 19; aufgrund der Federführung durch einen deutschen Kommissionsbediensteten sowie der englischen Fassung („political desirability") kann von einem Übersetzungsfehler nicht ausgegangen werden.
Wahrscheinlich ist das der Grund, warum *Schack*, ZEuP 2000, S. 799-819 (800) die kompetenzrechtlich bedenkliche Aussage macht, dass das „viel beschworene Subsidiaritätsprinzip in Art. 3b (jetzt Art. 5) EGV [...] im Ernstfall kein Hindernis für eine EU-weite Vereinheitlichung des Urheberrechts" sei. Durch den Nichthinweis auf den Verhältnismäßigkeitsgrund-

ßigkeitsgrundsatz dadurch zu einem Prinzip der politischen Opportunität abgeschwächt.

Im Richtlinienvorschlag zum Urheberrecht in der Informationsgesellschaft vom 10.12.1997 wurde diese Tendenz weitergeführt. Subsidiaritätsprinzip und Verhältnismäßigkeitsgrundsatz wurden überhaupt an nur einer einzigen Stelle in der Erläuterung zu den Schrankenregelungen erwähnt.[1011] Der Vergleich mit dem an die Lobbyisten herausgegebenen Entwurf vom 2.12.1997[1012] zeigte den dramatischen Wandel, der sich offensichtlich während der Beratungen innerhalb der einzelnen Dienststellen der EG-Kommission noch kurz vor Verabschiedung des Textes durch das Kommissarskollegium vollzogen hatte. Im Entwurf vom 2.12.1997 wurden die beiden Grundsätze an mehreren Stellen erwähnt. In Kapitel 2 Abschnitt III der Begründung sind ihnen sogar zwei Absätze gewidmet. Dabei wurde genau zwischen dem „Wo" („where") und dem Grad („degree") der Harmonisierung differenziert.[1013] Außerdem fanden sich eine ausdrückliche Erwähnung des Subsidiaritätsprinzips und die Betonung der Notwendigkeit im Erwägungsgrund 5.[1014] Vor dem Hintergrund dieser weit reichenden Streichungen in letzter Minute ist davon auszugehen, dass die verbliebene Bezugnahme bei der Überarbeitung schlichtweg vergessen wurde.

Die Annahme, dass diese Streichungen in letzter Minute vorgenommen wurden, liegt auch deshalb nahe, da das die Veröffentlichung des Richtlinienvorschlags zum Urheberrecht in der Informationsgesellschaft begleitende englische Hintergrundpapier vom 10.12.1997 einen Verweis auf Art. 5 EGV enthielt.[1015] Offenbar

---

satz und die Nutzung des Begriffs „Rechtsvereinheitlichung" anstelle von „Rechtsangleichung" untermauert *Schack* offenbar unbewusst diese Aussage zusätzlich.

[1011] KOM (97) 628 endg. vom 10.12.1997, Erläuterung zu Art. 5, Ziff. 2 lautet: „Der Grad der Harmonisierung der Ausnahmen bestimmt sich nach ihrer Auswirkung auf das reibungslose Funktionieren des Binnenmarktes unter angemessener Berücksichtigung des Subsidiaritätsprinzips und der neuen WIPO-Verpflichtungen [...] Der in diesem Artikel vorgesehene Grad an Harmonisierung spiegelt daher ein ausgewogenes Verhältnis zwischen Binnenmarkterfordernissen einerseits und den Grundsätzen der Subsidiarität und der Verhältnismäßigkeit andererseits wider."

[1012] Vgl. dazu oben S. 159.

[1013] Die einschlägige Stelle lautet: „This criterion has been applied throughout this proposal both to the choice of issues where harmonisation appears necessary, and to the degree of harmonisation envisaged."

[1014] Der letzte Satz von Erwägungsgrund 5 des Entwurfs lautet: „whereas the proposed measure therefore does not go beyond what is necessary to achieve the above objectives, in accordance with the principle of subsidiarity as enshrined in article 3b [jetzt Art. 5] of the Treaty."

[1015] „Background to the Proposal for Directive on Copyright and Related Rights in the Information Society", MEMO/97/108 vom 10.12.1997, S. 4: „Some flexibility is needed: different le-

wurden dessen Überarbeitung und die Angleichung an die neuen Vorgaben innerhalb der EG-Kommission vergessen, was aufgrund des immensen Arbeitsaufwandes kurz vor Annahme des Vorschlagstextes durch die Kommissare nicht überrascht.

Die Tatsache, dass die EG-Kommission trotz der langen Vorarbeitsphase so kurzfristig und unbemerkt diese Streichungen vornahm, deutet darauf hin, dass dort bezüglich der Bedeutung von Subsidiaritätsprinzip und Verhältnismäßigkeitsgrundsatz ein Umdenkungsprozess eingesetzt hat. Dadurch ist der Eindruck entstanden, dass die EG-Kommission die beiden durch den Maastricht-Vertrag übernommenen, ihre Kompetenz beschränkenden Grundsätze als Bedrohung für ihre Arbeit ansieht und diese so gründlich wie möglich aus der öffentlichen Diskussion verbannt sehen will. Dies mag aus Sicht der EG-Kommission zu einem Zeitpunkt, in dem viele Mitgliedstaaten wieder verstärkt ihre eigenen Kompetenzen „gegen Brüssel" verteidigen,[1016] nachvollziehbar sein. Im Einklang mit den Regelungen des Art. 5 EGV steht dies jedoch nicht. Die EG-Kommission ist scheinbar dabei, die Festschreibung von Subsidiaritätsprinzip und Verhältnismäßigkeitsgrundsatz zu relativieren, um diese Rechtsgrundsätze entgegen der Ausprägung im EG-Vertrag gewissermaßen durch die Hintertür auf den Rang von politischen Opportunitätsprinzipien zurückzusetzen. Als erster Erfolg ist dabei das Subsidiaritätsprotokoll des Amsterdamer Vertrags zu sehen.[1017] Diese Entwicklung ist umso bedenklicher, als die Kommission auch das ursprünglich betonte Spürbarkeitserfordernis nicht mehr strikt beachtet, sondern ihre Binnenmarktzuständigkeit oftmals als so umfassend wie möglich darstellt.[1018] Es bleibt abzuwarten, inwieweit sich die Mitgliedstaaten als Herren der Verträge diesem Ansinnen widersetzen.

---

gal and cultural traditions in the Member States have to be accommodated, and the principles of subsidiarity and proportionality have to be respected."

[1016] Vgl. die Tendenzen in Deutschland und vor allem in den Bundesländern, aber auch in Frankreich, wo ein Strategiepapier „Orientations de la France pour la Conférence intergouvernementale de 1996", abgedruckt in Le Monde vom 20.2.1996, S. 6, eine bessere Anwendung des Subsidiaritätsprinzips fordert.
Auch die Unionsbürger scheinen gegenüber dem „Brüsseler Zentralismus" zunehmend kritisch eingestellt zu sein, vgl. dazu den Ausgang der Wahlen zum Europäischen Parlament am 13.6.1999, bei denen gemeinschaftskritische Parteien in vielen Mitgliedstaaten beträchtliche Gewinne verbuchen konnten.

[1017] Vgl. oben Fn. 807.

[1018] Ein deutliches Negativbeispiel im Bereich des Urheberrechts sind die Ausführungen des zuständigen Referatsleiters der EG-Kommission *Reinbothe*, in: *Prütting*, Entwicklung des Urheberrechts, S. 1-11 (9) zu den Regelungen der Schranken und Ausnahmen in Art. 5 des Richtlinienvorschlags zum Urheberrecht in der Informationsgesellschaft,

In der Richtlinie zum Urheberrecht in der Informationsgesellschaft gibt es freilich auch Bereiche, die einen Primat der mitgliedstaatlichen Vorschriften aufstellen. Am deutlichsten wird dies bei den Regelungen des Art. 5 bezüglich der Schranken und Ausnahmen der Rechte. Mit Ausnahme des obligatorischen ersten Absatzes dürfen die Mitgliedstaaten im Rahmen des internationalen Drei-Stufen-Tests (Abs. 5) entscheiden, inwieweit sie diese Regelungen anwenden. Es wird betont, dass die unterschiedlichen Rechtstraditionen in den Mitgliedstaaten berücksichtigt werden.[1019] Der Freiraum der Mitgliedstaaten wird aber durch die Tatsache, dass der Ausnahmekatalog abschließend ist[1020], wieder stark eingeschränkt.[1021]

Weiterhin heißt es in der im ursprünglichen Richtlinienvorschlag enthaltenen Begründung zu Art. 3, dass es Sache der nationalen Gesetze sei, den Begriff der „Öffentlichkeit" zu definieren (vgl. dazu unten S. 233).[1022] Bei den technischen Maßnahmen (Art. 6) und den Informationen für die Wahrnehmung der Rechte (Art. 7) soll den Mitgliedstaaten im Einklang mit den Regelungen der beiden WIPO-Verträge Flexibilität bei der Umsetzung gemäß ihrer Rechtstraditionen gewährt wer-

---

KOM (97) 628 endg. vom 10.12.1997: „Dem [Der Forderung nach einer möglichst offenen Schrankenregelung] ist entgegenzuhalten, dass im Grunde für die neuen Netze, für die neuen Dienstleistungen, jede auch noch so unwichtige Ausnahme einen blockierenden Effekt haben kann: Die Tatsache, dass es vielleicht in einem Mitgliedstaat eine solche Ausnahme gibt, in anderen aber nicht, kann den Binnenmarkt behindern und Wettbewerbsverzerrungen hervorrufen. Es geht im Rahmen des Richtlinienentwurfs nicht nur um Ausnahmen, die binnenmarktrelevant oder wirtschaftlich wichtig sind, es geht um alle Ausnahmen, die irgendwie eine Auswirkung haben könnten für das Funktionieren der neuen Dienste." Eine solche Festlegung auf „alle Ausnahmen, die irgendwie eine Auswirkung haben könnten" steht in sehr deutlichem Widerspruch zu dem an früherer Stelle (S. 8) von *Reinbothe* in Bezug auf den fakultativen Status der meisten Schrankenregelungen schlagwortartig benutzten Begriff der Subsidiarität.

[1019] Vgl. Erwägungsgrund 32.
[1020] Vgl. Erwägungsgrund 32.
[1021] Gegen diese Vorgehensweise wandte sich *Hugenholtz* im Arbeitspapier „Copyright Exemptions: Towards Extinction?", S. 16 bei der Imprimatur-Konferenz „Rights, Limitations and Exceptions: Striking a Proper Balance", Amsterdam, 30/31 October 1997.
Kritisch aus Gründen der Subsidiarität äußerte sich *Schippan*, Harmonisierung, S. 178 gegen die abschließende Regelung der Schranken. Die Bedenken sind nicht leicht von der Hand zu weisen, selbst wenn die Vielzahl der erlaubten Regelungen kaum noch eine Schranke ausschließen dürfte.
[1022] Richtlinienvorschlag zum Urheberrecht in der Informationsgesellschaft, KOM (97) 628 endg. vom 10.12.1997, S. 28.

den.[1023] Auch im Rahmen der Regelung über die Rechtsdurchsetzung (Art. 8) wird der Umsetzungsspielraum betont.[1024]

Auffallend ist, dass fast alle der vorgenannten Bereiche zu den in den Vorberatungen am kontroversesten diskutierten Problemen gehörten, bei denen eine politische Einigung zum damaligen Zeitpunkt nicht möglich erschien. Der Eindruck liegt nahe, dass gerade diejenigen Fragen, bei denen ein Konsens nicht ohne großen Aufwand zu finden war, aus politischen Opportunitätsgründen einer strengen Regelung entzogen und der Gesetzgebung der einzelnen Mitgliedstaaten überlassen wurden. Deutlich zu Tage trat dies bei der Frage der obligatorischen Vergütungsregelung im Falle von Reprographie und Privatgebrauch sowie bei der Frage der Sonderbehandlung der digitalen Kopie. Obwohl die Problematik von der EG-Kommission mehrfach angedacht wurde[1025], waren differenzierte Regelungen in diesem Bereich aufgrund zahlreicher Widerstände kommissionsintern nicht durchsetzbar. Als Begründung für die damalige Untätigkeit wird in Erwägungsgrund 38 festgestellt, dass die unterschiedlichen Vergütungssysteme im Bereich der analogen Kopie sich auf die Entwicklung der Informationsgesellschaft nicht nennenswert auswirken würden, wobei dies ursprünglich auch für diejenigen Mitgliedstaaten gelten sollte, in denen ein solches System überhaupt nicht bestand. Die EG-Kommission verzichtete zuerst auf eine Sonderbehandlung und begründete dies in Erwägungsgrund 26 des Richtlinienvorschlags damit, dass die digitale private Vervielfältigung noch nicht weit verbreitet sei und ihre wirtschaftliche Bedeutung noch nicht vollständig abzusehen sei.[1026] Eine derartige Begründung überraschte aber angesichts der schon vorhandenen Erfahrungen einer solchen Sonderbehandlung in Dänemark[1027] und der Tatsache der weit verbreiteten Internet- und Computernutzung auf dem Gebiet der Europäischen Gemeinschaft. In Anbetracht der allgemein zugänglichen Quellen und des auch bei der Kommission vorhandenen Erfahrungswissens in Bezug auf die Internetnutzung konnte diese wirklichkeitsfremde Aussage nur als Feigenblatt für die politischen Zwänge, denen die Kommission unterlag, angesehen werden. Dies galt umso mehr, als zumindest mit Blick auf die zukünftig zu erwartende Entwicklung eine Befassung mit der Pro-

---

[1023] Richtlinienvorschlag zum Urheberrecht in der Informationsgesellschaft, KOM (97) 628 endg. vom 10.12.1997, S. 37f.
[1024] Richtlinienvorschlag zum Urheberrecht in der Informationsgesellschaft, KOM (97) 628 endg. vom 10.12.1997, S. 39.
[1025] Für den Privatgebrauch siehe unten S. 248; für die Sonderbehandlung einer digitalen Kopie vgl. unten S. 250.
[1026] Nach Erwägungsgrund 26 wurde die weitere Behandlung des Problems der digitalen Privatkopie auf die Marktbeobachtung beschränkt, außerdem wurde eine Konsultation für das zweite Halbjahr 1998 in Aussicht gestellt, vgl. KOM (97) 628 endg. vom 10.12.97, S. 34.
[1027] *Schönning*, 27 IIC 1996, S. 470-476 (474).

blematik dringend angezeigt war. Es ist bezeichnend, dass gerade in dieser Frage der sonst so vorausschauende erste Richtlinienvorschlag auf einmal durch Zukunftsblindheit gekennzeichnet war. So waren es gerade die Herausforderungen der Digitaltechnik, welche die Europäische Gemeinschaft zu einem verstärkten Handeln im Bereich des Urheberrechts bewegt hatten. Warum dies nun für den Bereich des Privatgebrauchs auf einmal nicht mehr so offensichtlich sein sollte, war nicht nachvollziehbar.[1028] Auch hier musste der Eindruck entstehen, dass die EG-Kommission ein politisch heißes Eisen nicht anfassen wollte. Folglich wurde nur die weitere Beobachtung des Problems in der Zukunft zugesagt. Außerdem stellte Erwägungsgrund 27 des Vorschlags klar, dass „bei der Anwendung der Ausnahme für Privatkopien [...] die Mitgliedstaaten die technologische und wirtschaftliche Entwicklungen, insbesondere bezüglich der digitalen Privatkopie, angemessen berücksichtigen [sollen]."

Als aber das Europäische Parlament eine getrennte Behandlung von digitaler und analoger Kopie einforderte, zögerte die EG-Kommission nicht, um den Vorschlag dementsprechend anzupassen, wobei der wesentliche Unterschied zur Kopie auf einem analogen Träger nur darin bestand, dass ein Zusammenhang hergestellt wurde zwischen dieser Ausnahme und dem tatsächlichen Einsatz wirksamer, verlässlicher technischer Maßnahmen zum Schutz der Interessen der Rechtsinhaber.[1029] Offenbar war man zwischenzeitlich bei der EG-Kommission froh, dass ihr das Parlament eine brisante Entscheidung abgenommen hatte.

In der Richtlinie wurden die beiden Bestimmungen wieder in Art. 5 Abs. 2 lit. b zusammengezogen, wobei der Zusammenhang zwischen dieser Ausnahme und dem tatsächlichen Einsatz technischer Maßnahmen nun für beide Arten der Kopie gelten soll, wenn auch zumindest der Regelfall nach Erwägungsgrund 39 nur die digitale Kopie sein wird. Trotz der Gleichbehandlung nach dem Wortlaut von Art. 5 Abs. 2 lit. b betont Erwägungsgrund 38, dass in Ansehung der zu erwartenden weiteren Verbreitung und größeren wirtschaftlichen Bedeutung der digitalen Kopie den Unterschieden zwischen digitaler und analoger privater Vervielfältigung gebührend Rechnung getragen und hinsichtlich bestimmter Punkte zwischen ihnen unterschieden würde. Wo eine solche Unterscheidung aber über die rein

---

[1028] Dies gilt umso mehr, als schon in den Entschließungsanträgen 30-32 des *Barzanti*-Berichts zu den Initiativen zum Grünbuch über Urheberrecht in der Informationsgesellschaft, siehe oben Fn. 119, die wahrscheinliche Notwendigkeit der unterschiedlichen Behandlung deutlich angesprochen wurde.

[1029] Geänderter Richtlinienvorschlag zum Urheberrecht in der Informationsgesellschaft, KOM (1999) 250 endg. vom 21.5.1999, S. 2, Erwägungsgrund 26 und Art. 5 Abs. 2 lit. b und ba.

technisch zwangsläufig bedingten Gegebenheiten hinaus getroffen werden muss, ist nicht ersichtlich.[1030]

Insgesamt zeigt sich auf Ebene des europäischen Gesetzgebers keine einheitliche Linie in der Anwendung des Subsidiaritätsprinzips und des Verhältnismäßigkeitsprinzips im Bereich des geistigen Eigentums. Insoweit kann der Aussage von *Reinbothe*, wonach der „Gemeinschaftsgesetzgeber [...] dieses Binnenmarktmandat jeweils unter Berücksichtigung der Grundsätze der Subsidiarität und der Proportionalität wahrgenommen" hat,[1031] zumindest in dieser Absolutheit nicht zugestimmt werden. Ermutigend ist aber insoweit der Erwägungsgrund 29 im Vorschlag für eine Richtlinie über die Maßnahmen und Verfahren zum Schutz der Rechte an geistigem Eigentum vom Januar 2003, der beide Grundsätze in ihrer inhaltlichen Bedeutung erwähnt.[1032] Diese Formulierung könnte als Muster für die weiteren Harmonisierungsinitiativen dienen, wobei sie natürlich auch die entsprechende inhaltliche Wirkung haben muss und keine Leerformel sein darf.

[1030] Zum Geänderten Richtlinienvorschlag vgl. *Davies*, Festschrift für *Dietz*, S. 307-319 (313).

[1031] *Reinbothe*, Festschrift für *Dietz*, S. 517-531 (518), der auf seinen Beitrag in der Festschrift für *Fikentscher* verweist. Am angegebenen Ort lässt sich eine entsprechende Aussage aber nicht nachweisen. Warum *Reinbothe* als Beleg, dass die Gemeinschaft im Bereich des Urheberrechts die Grundsätze wahrgenommen hat, zudem pauschal auf das Urteil des Europäischen Gerichtshofes zur Richtlinie zum Tabakwerbeverbot, EuGH vom 5.10.2000, Rs. C-376/98 („*Deutschland/Europäisches Parlament u. Rat*"), und einen dieses besprechenden Aufsatz von *Hilf/Frahm*, RIW 2001, S. 128-133 (128ff.) verweist, ist nicht einmal in Ansätzen nachvollziehbar. Den Beleg für seine Aussage, bleibt *Reinbothe* schuldig. Ähnlich *Reinbothe*, ZUM 2002, 42-51 (45).

[1032] „Vorschlag für eine Richtlinie des Europäischen Parlaments und des Rates über die Maßnahmen und Verfahren zum Schutz der Rechte an geistigem Eigentum", KOM (2003) 46 endg. vom 30.1.2003.
Der Erwägungsgrund. 29 hat folgenden Text: „Da die Ziele der vorliegenden Richtlinie aus den genannten Gründen auf Ebene der Mitgliedstaaten nicht ausreichend erreicht werden können und daher besser auf Gemeinschaftsebene zu erreichen sind, kann die Gemeinschaft im Einklang mit dem in Artikel 5 EG-Vertrag niedergelegten Subsidiaritätsprinzip tätig werden. Entsprechend dem in demselben Artikel genannten Verhältnismäßigkeitsprinzip geht diese Richtlinie nicht über das für die Erreichung dieser Ziele erforderliche Maß hinaus."
Im Zusammenhang mit einer möglichen Harmonisierung im Bereich der Tätigkeit der Verwertungsgesellschaften betont *Reinbothe*, Festschrift für *Dietz*, S. 517-531 (531) nun, dass eine gemeinschaftsweite Regelung „mehr denn je den Grundsatz der Subsidiarität beachten" müsse.

E. Schlussfolgerung und Zusammenfassung

Die vorstehenden Betrachtungen geben Anlass zu dieser Schlussfolgerung:

Im Bereich des Urheberrechts verfügt die Europäische Gemeinschaft über eine grundsätzliche Zuständigkeit bei der Rechtsangleichung. Diese Zuständigkeit ist zumeist keine sachlich-gegenständliche, sondern eine Querschnittskompetenz, die vor allem auf das Binnenmarktgebot (Art. 95 EGV) gestützt werden kann. Des Weiteren können im Einzelfall noch die Art. 47 Abs. 2 und 66 EGV herangezogen werden.

Das viel besprochene Subsidiaritätsprinzip (Art. 5 Abs. 2 EGV) ist als stark politisch motivierter Grundsatz nur unzureichend in der Lage, eine regulative Wirkung auf die gemeinschaftliche Kompetenz auszuüben.

Wesentlich bedeutender ist in diesem Zusammenhang der Verhältnismäßigkeitsgrundsatz (Art. 5 Abs. 3 EGV), demzufolge die gemeinschaftliche Maßnahme erforderlich sein muss. Der gemeinschaftsrechtliche Verhältnismäßigkeitsgrundsatz entspricht im Wesentlichen seinem Pendant im deutschen Verfassungs- und Verwaltungsrecht. Unter den Begriff der „Erforderlichkeit" lassen sich systematisch auch die drei Prüfungsstufen der Geeignetheit, Notwendigkeit und Angemessenheit aus dem deutschen Recht fassen, wobei ebenfalls die Frage der Erforderlichkeit der wichtigste Prüfungsschritt ist. Seine Anwendung zieht allgemein eine einschränkende Auslegung der Gemeinschaftskompetenzen nach sich. Rechtsangleichungen im Rahmen des Binnenmarktmandats sind nur dann erforderlich, wenn die Regelungsgegenstände sich spürbar auf das Funktionieren des Binnenmarktes auswirken. Bei der Wahl der Mittel muss sich die Europäische Gemeinschaft vom Postulat des geringstmöglichen Eingriffs leiten lassen.

Aus dem Verhältnismäßigkeitsgrundsatz ergibt sich, dass die Europäische Gemeinschaft eher zur Angleichung der mitgliedstaatlichen Rechte als zur Schaffung von Einheitsrecht schreiten muss. Für eine europäische Urheberrechtskodifikation besteht unter der geltenden Rechtslage weder ein Bedürfnis noch ein Anlass. Der Traum einer einheitlichen Urheberrechtsordnung, wie er gerade aus der Wissenschaft immer wieder - zumeist ohne irgendeine Auseinandersetzung mit der kompetenzrechtlichen Situation - vorgebracht wird,[1033] ist bei der derzeitigen Ver-

---

[1033] Vgl. nur den Titel des Tagungsbandes zum 8. Ringberg-Symposium vom September 1994: „Konturen eines europäischen Urheberrechts".
Vom Ziel einer europäischen Urheberrechtsordnung gehen viele Stimmen in der Literatur aus: vgl. *Kreile/Becker*, ZUM 1992, S. 581-594 (583); *dies.*, GRUR Int. 1994, S. 901-911 (903);

tragslage nicht begründbar[1034]. Dies muss insbesondere deshalb gelten, da das Urheberrecht im Gesamtzusammenhang mit den bisher kaum harmonisierten und zumindest derzeit teilweise nicht harmonisierbaren Gebieten des öffentlichen, privaten, Verfassungs-, Verwaltungs-, Steuer-, Wirtschafts- und Sozialrechts zu sehen ist.[1035] Art. 95 EGV erlaubt nur die Rechtsangleichung, nicht aber die Schaffung eines Gemeinschaftssystems.

Gemäß dem Grundsatz des mildesten Mittels hat die Angleichung im Wege der Richtlinie zu erfolgen, die den Mitgliedstaaten so viel Umsetzungsspielraum wie möglich belassen muss. Insbesondere darf die Gemeinschaft keine dogmatischen Fragen um ihrer selbst Willen klären. Vielmehr muss sie sich darauf beschränken, ein gleichwertiges Schutzniveau und damit nur eine Angleichung in den Schutzfolgen anzustreben. Dabei können die dem Grundsatz der gegenseitigen Anerkennung zugrunde liegenden allgemeinen Prinzipien herangezogen werden. Die Gemeinschaft darf dabei nicht ihr Binnenmarktmandat aus den Augen verlieren und muss die Binnenmarktrelevanz einer geplanten Maßnahme genau prüfen. Auch wenn ihr dabei eine Einschätzungsprärogative zuzugestehen ist, hat sie doch die Vornahme dieser Prüfung darzulegen und die Erforderlichkeit der Maßnahme zu begründen. Gerade in Bezug auf letzteres gibt es in den Begründungen vieler Kommissionsentwürfe tief greifende Defizite.

[1034] *Hertin*, zitiert von *Lausen*, ZUM 1993, S. 359-362 (360); *Wandtke*, GRUR 1995, S. 385-392 (391); *Frost*, EWS 1996, S. 86-92 (92); *Gourdin-Lamblin*, RMCUE 1996, S. 40-50 (50); *Loewenheim*, GRUR Int. 1997, S. 285-292 (292); *Dietz*, ZUM 1998, S. 438-451 (439); *Fink-Hooijer*, Festschrift für *Nordemann*, S. 37-50 (40).
So auch *Röttinger*, UFITA 2001/I, S. p-94 (92).
[1035] *Sieger*, ZUM 1989, S. 172-175 (174) er spricht insoweit von „oberflächlicher Tünche".

4. Teil: Kritische Würdigung der Richtlinie zum Urheberrecht in der Informationsgesellschaft und weiterer beabsichtigter Regelungen

1. Kapitel : Richtlinie zum Urheberrecht in der Informationsgesellschaft

A. Einleitung

Nach Erlass von fünf urheberrechtlichen Richtlinien (dazu oben S. 97ff.) wurde am 10.12.1997 ein Vorschlag für eine Richtlinie zum Urheberrecht und verwandte Schutzrechte in der Informationsgesellschaft vorgestellt. Nach umfangreichen öffentlichen Diskussionen wurde dann am 22.05.2001 die Richtlinie zum Urheberrecht und verwandte Schutzrechte in der Informationsgesellschaft erlassen.[1036]

Nach der Begründung zum Vorschlag haben bei der Ausarbeitung zwei wesentliche Leitgedanken eine Rolle gespielt. Zum einen ging es um die Anpassung des gemeinschaftlichen Besitzstands an die Erfordernisse der Informationsgesellschaft, zum anderen sollte die gemeinschaftlich einheitliche Umsetzung der beiden WIPO-Verträge vom Dezember 1996 (dazu oben S. 110) vorbereitet wer-

---

[1036] Siehe oben Fn. 5.
Dazu allgemein: *von Lewinski/Walter*, Europäisches Urheberrecht, Info-RL (Gemeinsamer Standpunkt) m.w.N.; *Flechsig*, ZUM 2002, S. 1-21 (1ff.); *Dreier*, ZUM 2002, S. 28-42 (28ff.); *Reinbothe*, ZUM 2002, S. 43-51 (43ff.); *Hart*, 24 EIPR 2002, S. 58-64 (58ff.); *Reinbothe*, GRUR Int. 2001, S. 733-745 (733ff.; *Kröger*, CR 2001, S. 316-324 (316ff.); *Cohen Jehoram*, 32 IIC 2001, S. 532-545 (539ff.); *Schippan*, NJW 2001, S. 2682-2683 (2682f.); *Linnenborn*, K&R 2001, S. 394-402 (394ff.); *Bayreuther*, EuZW 2002, S. 422-431 (422ff.); *Mayer*; EuZW 2002, S. 325-329 (325ff.); *Hugenholtz*, 22 EIPR 2000, S. 499-505 (499ff.) und *Vinje*, 22 EIPR 2000, S. 551-562 (551ff.), die sich kritisch mit dem Gemeinsamen Standpunkt auseinandersetzen.
Der Geänderte Vorschlag wurde am 21.5.1999 vorgestellt, vgl. oben Fn. 5; der Gemeinsame Standpunkt folgte am 28.9.2000, siehe oben Fn. 5.
Allgemein zu den Vorentwürfen: *von Lewinski*, GRUR Int. 1998, S. 637-642 (637ff.); *dies.*, MMR 1998, S. 115-119 (115ff.); *dies.*, 20 EIPR 1998, S. 135-139 (135ff.); *Flechsig*, ZUM 1998, S. 139-154 (139ff.); *Dietz*, ZUM 1998, S. 438-451 (438ff.); *Holmes*, 77 Copyright World 1998, S. 11-12 (11f.); Diskussionsbericht von *Schippan*, ZUM 1998, S. 487-489 (489ff.); *Hart*, 20 EIPR 1998, S. 169-171 (169ff.); *Reinbothe*, ZUM 1999, S. 429-437 (429ff); *ders.*, in: Prütting, Entwicklung des Urheberrechts, S. 1-11 (1ff.); *ders.*, Festschrift für Fikentscher, S. 695-722 (695ff.); *Schöfisch*, in: Prütting, Entwicklung des Urheberrechts, S. 23-28 (23ff.); *Fink-Hooijer*, Festschrift für Nordemann, S. 37-50 (37ff.); *Linnenborn*, K&R 1999, S. 201-210 (201ff.); *Doherty/Griffiths*, 22 EIPR 2000, S. 17-21 (17ff.); *Hoeren*, MMR 2000, S. 515-521 (515ff.).

den.[1037] Nicht in allen Punkten hat die Kommission sich dabei an diese Vorgaben gehalten, sondern hat auch weitergehende Regelungen eingestreut.

B. Die einzelnen Regelungen

I. *Allgemeines zum Aufbau*

Die Richtlinie besteht aus einer Präambel mit 61 Erwägungsgründen und den eigentlichen 15 Artikeln.[1038]

Im Folgenden sollen vor allem die 15 Artikel genauer untersucht werden. In diesem Zusammenhang ist auch auf die sie erläuternden allgemeinen und besonderen Begründungen sowie auf die wichtigsten Erwägungsgründe einzugehen. Dabei ist zu untersuchen, ob die Europäische Gemeinschaft sich jeweils auf eine ausreichende Kompetenzgrundlage stützen kann. Vor dem Hintergrund des Verhältnismäßigkeitsgrundsatzes ist insbesondere zu fragen, inwieweit der Vorschlag aufgrund von schlüssigen Regelungen geeignet und erforderlich ist, um den Herausforderungen des Binnenmarktes gerecht zu werden.

II. *Art. 1: Anwendungsbereich*

Art. 1 regelt den Anwendungsbereich der Richtlinie. Im Absatz 1 wird neben dem Binnenmarkt als rechtlichem Rahmen auch der besondere Bezug zur Informationsgesellschaft betont. Schon die nach rechtlichen Kategorien wenig griffige Formulierung „insbesondere in Bezug auf die Informationsgesellschaft" offenbart die Schwierigkeiten, welche die EG-Kommission bei der Ausarbeitung der Richtlinie hatte. Waren es anfangs nur die Herausforderungen der Informationsgesellschaft, die geregelt werden sollten, kamen nach und nach allgemeinere urheberrechtliche Fragen hinzu, welche die Europäische Gemeinschaft in Angriff nehmen wollte. Ein Relikt der ursprünglichen Absicht, wie sie im Grünbuch von 1995 ihre Ausgestaltung fand, ist der Titel der Richtlinie, der lediglich von der „Harmonisierung bestimmter Aspekte des Urheberrechts und der verwandten Schutzrechte in der Informationsgesellschaft" spricht.[1039] Mit diesem den Anwendungsbereich viel

---

[1037] Diese Zweiteilung kritisiert *Hugenholtz*, 22 EIPR 2000, S. 499-505 (499f.) als unnötig ehrgeizig („disastrous mistake"); die bloße Übernahme der WIPO-Vorschriften wäre viel sinnvoller und effizienter gewesen.

[1038] Waren es im ursprünglichen Entwurf, KOM (97) 628 endg. vom 10.12.1997 noch 38 Erwägungsgründe und 13 Artikel, verfügte schon der Geänderte Richtlinienvorschlag, KOM (1999) 250 endg. vom 21.5.1999 über 50 Erwägungsgründe und 13 Artikel.

[1039] Vgl. dazu auch *Tritton*, Intellectual Property in Europe, Rdz. 4-112; *Cohen Jehoram*, 32 IIC 2001, S. 532-545 (540); *Reinbothe*, GRUR Int. 2001, S. 733-745 (735).

enger fassenden Titel ist Art. 1 Abs. 1 nicht in Einklang zu bringen. Der Transparenz der gemeinschaftlichen Angleichungsabsichten ist damit sicher nicht gedient.

Absatz 2 zählt die bisherigen fünf Richtlinien auf und regelt, dass deren Regelungen vorbehaltlich anders lautender Bestimmungen in Art. 11 „unberührt" bleiben. Diese Formulierung fand auf Betreiben des Europäischen Parlaments Eingang in den Geänderten Vorschlag. Im ursprünglichen Vorschlag fand sich noch die schon in Art. 2 der Datenbank-Richtlinie benutzte unsinnige Formulierung, wonach die Richtlinie „unbeschadet[1040] der bestehenden gemeinschaftsrechtlichen Bestimmungen" gelten solle. Mit Art. 13 der Satellit- und Kabel-Richtlinie und Art. 9 der Schutzdauer-Richtlinie hätten aber schon damals durchaus geeignete und bewährte Formulierungsmodelle zur Verfügung gestanden. Warum die EG-Kommission sich nicht an dieser Art des „gemeinschaftlichen Besitzstands" orientierte, ist nicht nachvollziehbar.

III. Art. 2: Vervielfältigungsrecht

Art. 2 soll das Vervielfältigungsrecht gemeinschaftsweit harmonisieren. Die Vorgaben der beiden WIPO-Verträge in diesem Bereich sind sehr dürftig. Für das klassische Urheberrecht gilt das traditionelle Vervielfältigungsrecht aus Art. 9 Abs. 1 RBÜ. Darbietungen und Tonträger werden nach Art. 7 und 11 WPPT nur gegen die „direkte und indirekte" Vervielfältigung geschützt. Die urheberrechtsrelevante Dauerhaftigkeit der Kopie wird von den WIPO-Verträgen als eigentliches Problem der Informationsgesellschaft überhaupt nicht geregelt. Lediglich die nicht im Konsens-Verfahren angenommenen Gemeinsamen Erklärungen betreffend Art. 1 Abs. 4 WCT und Art. 7, 11 und 16 WPPT bestimmen, dass die Speicherung in digitaler Form auf einem elektronischen Träger eine Vervielfältigung darstellt (dazu oben S. 111).

Den in Art. 2 im Einzelnen aufgeführten Berechtigten wird das ausschließliche Recht eingeräumt, „die unmittelbare oder mittelbare, vorübergehende oder dauerhafte Vervielfältigung auf jede Art und Weise und in jeder Form ganz oder teilweise zu erlauben oder zu verbieten". Mithin wird ein sich am technischen Vervielfältigungsbegriff orientierendes weites Vervielfältigungsrecht eingeräumt, das aber vor allem im Zusammenhang mit der Ausnahmeregelung in Art. 5 Abs. 1 gesehen werden muss.

[1040] Die Verwendung des Partizips Perfekt (Passivform) sagt sprachlogisch genau das Gegenteil von dem aus, was von der Bestimmung eigentlich gemeint wird.

Einzelne Formulierungen der Bestimmung erweisen sich als problematisch. So wird nicht deutlich, was mit einer „teilweisen" Vervielfältigung gemeint ist. Der Begriff wird in keiner Weise eingeschränkt, so dass nach dem Wortlaut auch noch so unwesentliche Werkteile dem urheberrechtlichen Schutz zugänglich sind.[1041] Dies würde im Extremfall auf die Schutzfähigkeit jedes Buchstabens, jeder Note und jedes Bildpunktes hinauslaufen, was aber dem in allen Rechtsordnungen vorhandenen Grundsatz, dass unwesentliche Werkteile nicht geschützt werden, zuwiderliefe. Eine derartige dogmatische Umgestaltung wäre sicherlich außerhalb des Kompetenzbereichs der Europäischen Gemeinschaft. Folglich bietet sich an, dass die Vorschrift ausdrücklich auf wesentliche, d.h. selbst schutzfähige Werkteile beschränkt wird, wobei mit Ausnahme der schon harmonisierten Schutzvoraussetzungen von Software, Photographien und Datenbanken die Frage der Schutzfähigkeit weiterhin von den Mitgliedstaaten in Einklang mit den internationalen Konventionen zu bestimmen ist.

Das Vervielfältigungsrecht wird auch den Herstellern der erstmaligen Aufzeichnungen von Filmen in Bezug auf das Filmwerk eingeräumt, ohne dass bisher allgemeingültig definiert worden ist, was unter den Begriff des „Films" fällt. Zwar gibt es in Art. 2 der Vermiet- und Verleihrecht-Richtlinie eine Filmwerke, audiovisuelle Werke und Laufbilder umfassende Definition, diese gilt aber ausdrücklich nur für die Zwecke jener Richtlinie. Dies ist deshalb problematisch, da in anderen Richtlinien die audiovisuellen Werke und die Filmwerke, nicht jedoch die Laufbilder gleich behandelt werden (z.B. beim Filmurheberbegriff und bei der Schutzdauer in Art. 2 der Schutzdauer-Richtlinie). Somit besteht in Bezug auf den Hersteller der erstmaligen Aufzeichnung von Laufbildern die Gefahr einer Schutzlücke, die möglicherweise nicht erwünscht ist. Da die Europäische Gemeinschaft im Rahmen der Urheberrechtsangleichung bei entsprechender Binnenmarktrelevanz den Schutzgegenstand so genau umschreiben muss, dass die Mitgliedstaaten beurteilen können, was geschützt werden muss, wäre eine Klarstellung zumindest in den Erwägungsgründen ratsam gewesen, dass der Filmbegriff von Art. 2 der Vermiet- und Verleihrecht-Richtlinie allgemeine Geltung beansprucht, also auch die Laufbilder umfasst.

IV. Art. 3: Recht der öffentlichen Wiedergabe von Werken und Recht der öffentlichen Zugänglichmachung sonstiger Schutzgegenstände

Mit Art. 3 soll Art. 8 WCT umgesetzt werden, der ein Recht auf Zugänglichmachung gegenüber der Öffentlichkeit enthält. Mit diesem Recht wird die besondere

---

[1041] So auch *Tritton*, Intellectual Property in Europe, Rdz. 4-112.

Natur der interaktiven Übermittlung in der Informationsgesellschaft berücksichtigt, bei der die Werknutzung aufgrund eines allgemeinen Angebots an die Öffentlichkeit erst nach Anforderung durch den Nutzer diesem individuell ermöglicht wird. So kann jeder Konsument zu einem von ihm bestimmten Zeitpunkt und an einem von ihm bestimmten Ort in den Genuss des Werks kommen. Diese Art der Werknutzung fiel nach der überwiegenden Ansicht mangels Gleichzeitigkeit der Nutzung durch die Mitglieder der Öffentlichkeit nicht unmittelbar unter das traditionelle Recht der öffentlichen Wiedergabe, so dass zumindest im Wege der Klarstellung nun das neue Recht gewährt wird.

Absatz 1 von Art. 3 gibt nun allen Urhebern das ausschließliche Recht der öffentlichen Wiedergabe einschließlich des Rechts der öffentlichen Zugänglichmachung[1042], während Absatz 2 Inhabern verwandter Schutzrechte lediglich das Recht der Zugänglichmachung gewährt.[1043] Absatz 3 statuiert, dass der Erschöpfungsgrundsatz insoweit keine Anwendung findet.

In Bezug auf die Definition des Öffentlichkeitsbegriffs widersetzte sich die EG-Kommission dem Änderungsantrag 14 des Europäischen Parlaments zum ursprünglichen Vorschlag, das in einem neuen Erwägungsgrund eine Teildefinition[1044] verankert haben wollte, weil es eine grundlegende Übereinstimmung für unbedingt erforderlich ansah[1045]. Wie EG-Kommissar *Monti* jedoch vor dem Parlament ausführte, seien die Mitgliedstaaten diesbezüglich in einer besseren Position.[1046] Im Hinblick auf die Vorgaben durch den Verhältnismäßigkeitsgrundsatz ist diese Stellungnahme zu begrüßen, da die Konzepte der öffentlichen Wieder-

---

[1042] Bisher kannten nur Art. 5 lit. d der Datenbank-Richtlinie und Art. 2 der Satellit- und Kabel-Richtlinie das Recht der öffentlichen Wiedergabe zugunsten des Inhabers des klassischen Urheberrechts sowie Art. 7 Abs. 1 i.V.m. Abs. 2 lit. b der Datenbank-Richtlinie ein sehr weites Recht der Zugänglichmachung auch bei der Online-Übermittlung zugunsten des Inhabers des sui-generis-Rechts.

[1043] Das Recht der öffentlichen Wiedergabe wurde für diesen Bereich schon durch Art. 8 der Schutzdauer-Richtlinie harmonisiert.

[1044] „Erfolgt eine Übertragung zwischen zwei Personen, so reicht dies nicht aus, um sie als private Wiedergabe zu betrachten, und vor allem kann eine Person, die ein Werk auf legalem Wege über Netz empfängt, dieses im Familienkreis und an einem bestimmten Ort sehen oder hören."

[1045] Vgl. *Barzanti*-Bericht, siehe oben Fn. 151, Begründung, Ziff. 15.

[1046] Parlamentsprotokoll vom 9.2.1999, S. 59.
Eine gemeinschaftsweite Definition hätte sich aufgrund des Widerstands aus den Mitgliedstaaten wohl auch nicht durchsetzen lassen.
Auch der EuGH vertrat in seiner Entscheidung vom 3.2.2000 in der Rs. C-293/98, abgedruckt in EuZW 2000, S. 223 die Ansicht, dass es einen gemeinschaftlichen Öffentlichkeitsbegriff nicht gibt.

gabe nicht so stark voneinander abweichen, dass dadurch Maßnahmen zur Sicherstellung des Binnenmarktes erforderlich würden. So können die Mitgliedstaaten weiterhin nationale Besonderheiten berücksichtigen, wobei die Grundrichtung durch die Gewährung des Rechts aus Art. 3 vorgegeben wird. Die Richtlinie geht zudem in den Erwägungsgründen 23 und 24 von einem weiten Öffentlichkeitsbegriff aus.

Auffallend ist, dass in Absatz 1 durch das Wort „einschließlich" festgelegt wird, dass das Recht der Zugänglichmachung Bestandteil des Rechts der öffentlichen Wiedergabe sein soll.[1047] Insoweit regelt die Richtlinie auch die dogmatische Einordnung des Rechts, obwohl dafür an sich aus Gemeinschaftssicht überhaupt keine Notwendigkeit besteht, solange nur das Recht ausreichend geschützt wird. Die Formulierung entspricht allerdings den Vorgaben von Art. 8 WCT, bei dem trotz eines australischen Alternativvorschlags („Right of Communication and Making Available to the Public") eben diese Einordnung vorgenommen wurde. In Art. 7 Abs. 1 lit. b wird diese Systematik aber wieder in Frage gestellt, da neben der öffentlichen Wiedergabe auch die Zugänglichmachung erwähnt wird, was dann doch auf eine unterschiedliche Kategorie hindeutet.[1048]

Der Wortlaut von Absatz 1 ist gegenüber Art. 8 WCT leicht abgeändert. Dem Erlaubnisrecht wird in Art. 3 ein Verbotsrecht zur Seite gestellt. Die Formulierung „ausschließliches Recht, [...] zu erlauben oder zu verbieten" ist aber im Bereich des klassischen Urheberrechts, von dem allein Absatz 1 handelt, nicht angebracht. Der Zusatz „oder zu verbieten" wird aus gutem Grund weder in einer internationalen Urheberrechtskonvention noch in den urheberrechtlichen Regelungen der bisherigen Richtlinien, sondern lediglich im Bereich der verwandten Schutzrechte benutzt. Die durch Art. 3 Abs. 1 vorgenommene zusätzliche Aufführung des Verbotscharakters des Rechts ist nicht nur völlig überflüssig, sondern vor dem Hintergrund, dass eine typisch leistungsschutzrechtliche Formulierung gewählt wird, sogar eher schädlich. Denn dadurch besteht die Gefahr zu dem Missverständnis, dass das Vervielfältigungsrecht im Bereich des klassischen Urheberrechts in die Nähe eines bloßen Verbotsrechts gerückt werden könnte. Ein solches Verbotsrecht käme aber der Verwirklichung des Grundsatzes „Wer schweigt, stimmt zu" gleich und liefe dem von der RBÜ festgeschriebenen automatischen Urheberrechtsschutz zuwider. Der vorherige ausdrückliche Ausspruch eines Verbots in Kenntnis der möglichen Nutzung darf keine Schutzvoraussetzung für das klassische Urheber-

---

[1047] Im Geänderten Vorschlag fand sich dieser Zusatz auch noch in der Überschrift zu Art. 3. Warum dort eine Änderung vorgenommen wurde, nicht aber in Abs. 1, ist nicht ersichtlich.
[1048] Im zweiten Unterabsatz des zweiten Absatzes von Art. 7 wird die Zugänglichmachung dann systematisch richtig wieder nicht erwähnt.

recht sein. Warum hier bei der bloßen Umsetzung der Verpflichtung durch die WCT von der eindeutigen und richtigen Vorgabe von Art. 8 WCT abgewichen wird, ist nicht nachvollziehbar.

Zwar ist die Erwähnung des Zusatzes in Absatz 2 vor dem Hintergrund der Erwähnung sowohl im Rom-Abkommen als auch in den bisherigen Richtlinien im Bereich der verwandten Schutzrechte nicht falsch, die Europäische Gemeinschaft muss sich aber insoweit fragen lassen, warum trotz der ständig vorgebrachten Betonung des Ziels einer Harmonisierung auf hohem Niveau entgegen der Nichterwähnung in Art. 10 und 13 WPPT dieser Zusatz hier beibehalten wurde.[1049]

Einer Forderung des Europäischen Parlaments entsprechend wurde zwischenzeitlich im Geänderten Vorschlag ein den damaligen Erwägungsgrund 17[1050] wiedergebender[1051] neuer Absatz 4 aufgenommen, demzufolge die Bereitstellung der materiellen Voraussetzungen, die eine Wiedergabe ermöglichen oder bewirken, für sich genommen keine Wiedergabe im Sinne dieses Artikels darstellt. Diese Regelung übernahm die gleich lautende Gemeinsame Erklärung zu Art. 8 WCT. Mit ihr sollten die Interessen der Zugangsanbieter und Telekommunikationsunternehmen berücksichtigt werden, die sich vor einer zu umfassenden Haftung fürchten. In Anbetracht der Tatsache, dass die Regelung sich im Entwurf vom 2.12.1997 noch nicht einmal in den Erwägungsgründen fand, stellte die Aufnahme in den Artikeltext einen Erfolg der Lobbyisten dieser Gruppen dar.[1052] In der Folgezeit wurde aber vor dem Hintergrund der zwischenzeitlich erlassenen Haftungsregelungen der Richtlinie über den elektronischen Geschäftsverkehr[1053] dieser Absatz wieder gestrichen. In der Richtlinie zum Urheberrecht in der Informationsgesellschaft findet sich nunmehr die Bezugnahme in Erwägungsgrund 27, wobei die die Wiedergabe ermöglichende Einrichtung nicht mehr „körperlich" sein muss.

[1049] Diese Kritik trifft auch auf Art. 2 zu; vgl. insoweit das Fehlen des Zusatzes in Art. 7 und 11 WPPT. Obwohl noch nicht einmal im Geänderten Vorschlag vorhanden, findet sich der Zusatz nun sogar in Art. 4 der Richtlinie. Was hierfür in der Schlussphase der Richtlinienerstellung letztlich ausschlaggebend war, ist nicht ersichtlich.

[1050] Jetzt Erwägungsgrund 27.

[1051] Leider wurde dieser in der deutschen Fassung trotz Wortgleichheit in der englischen Version anders übersetzt als in Erwägungsgrund 17.

[1052] Im Gemeinsamen Standpunkt (oben Fn. 5) findet sich dieser Abs. 4 nicht mehr. Dafür wurde aber im entsprechenden Erwägungsgrund durch die Streichung des Wortes „materiell" nun klargestellt, dass die Bereitstellung sämtlicher Voraussetzungen, die eine Wiedergabe ermöglichen oder bewirken, für sich genommen keine Wiedergabe im Sinne dieses Artikels darstellt.

[1053] Vgl. unten S. 299.

V. Art. 4: Verbreitungsrecht

Vor Erlass der Richtlinie zum Urheberrecht in der Informationsgesellschaft hat eine gemeinschaftsweite Harmonisierung des Verbreitungsrechts nur zugunsten der Urheber von Computerprogrammen und Datenbanken sowie für die Inhaber verwandter Schutzrechte stattgefunden. Mit dessen Einführung zugunsten aller Urheber durch Art. 4 Abs. 1 setzt die Europäische Gemeinschaft die Verpflichtung aus Art. 6 WCT um. Während die Vorgabe der WCT neben dem Verkauf von einer sonstigen Eigentumsübertragung spricht, ist die Richtlinie unpräziser, als sie auch die Verbreitung „auf sonstige Weise" in den Bereich des ausschließlichen Rechts einbezieht.[1054] Damit übernimmt die Richtlinie die Formulierungen aus früheren Richtlinien.[1055] Wegen der Spezialregelungen des Vermiet- und Verleihrechts ist kein Fall denkbar, bei dem eine Verbreitung ohne Eigentumsübergang stattfindet, die nach der WCT zulässig, nach der Richtlinie aber unzulässig sein könnte. Insoweit herrscht Deckungsgleichheit, wenn auch die von der Europäischen Gemeinschaft beibehaltene Formulierung nicht sonderlich elegant ist. Dies zeigt auch die konkreter gewählte Formulierung des Erschöpfungsgrundsatzes[1056] in Absatz 2, wonach sich das Recht durch den Erstverkauf sowie jede „andere Eigentumsübertragung" erschöpft.

Entgegen der Behauptung der EG-Kommission[1057] entsprach der Ausschluss der internationalen Erschöpfung im Gemeinschaftsrecht zumindest zum Zeitpunkt der Vorstellung des Richtlinienvorschlags nicht dem gemeinschaftsrechtlichen Besitzstand. Ein entsprechendes Urteil des Europäischen Gerichtshofes ist für das Urheberrecht nie ergangen; den Ausschluss der internationalen Erschöpfung bejahte der Europäische Gerichtshof erstmals für das Markenrecht in der *Silhouette*-Entscheidung vom 16.7.1998.[1058] Auch fast alle Erschöpfungsregelungen in den bishe-

---

[1054] Kritisch *Dietz*, ZUM 1999, S. 438-451 (444).
[1055] Vgl. Art. 9 Abs. 1 der Vermiet- und Verleihrecht-Richtlinie.
[1056] Allgemein zum Erschöpfungsgrundsatz im Gemeinschaftsrecht *Gaster*, GRUR Int. 2000, S. 571-583 (571ff.).
[1057] Initiativen zum Grünbuch über Urheberrecht in der Informationsgesellschaft, KOM (96) 568 endg. vom 20.11.1996, S. 18; Richtlinienvorschlag zum Urheberrecht in der Informationsgesellschaft, KOM (97) 628 endg. vom 10.12.1997, S. 24f.; *Reinbothe*, ZUM 1999, S. 429-437 (434).
[1058] EuGH vom 16.7.1998, Rs. C-355/96 („*Silhouette International Schmied GmbH & Co. KG/ Hartlauer Handelsgesellschaft mbH*"), Slg. 1998, S. I 4799-4836; bestätigt durch EuGH vom 1.7.1999, Rs. C-173/98 („*Sebago Inc. und Ancienne Maison Dubois et Fils / G-B Unic SA*"), EuZW 1999, S. 474f.

rigen Richtlinien[1059] stellen ausdrücklich allein auf die Verbreitung innerhalb der Gemeinschaft ab und konnten somit die Frage der internationalen Erschöpfung überhaupt nicht behandeln. Aufgrund der immer noch andauernden Widerstände der nordischen Mitgliedstaaten[1060] kann kaum angeführt werden, dass diese Frage in Kenntnis ihrer Umstrittenheit implizit geregelt wurde. Lediglich in Art. 9 Abs. 2 der Vermiet- und Verleihrecht-Richtlinie wird durch das Wort „nur" die Erschöpfung auf den Erstverkauf im Gebiet der Gemeinschaft beschränkt. Der sonstige Eigentumsübergang wird aber nicht geregelt.

Unter diesen Umständen überraschte, dass der ursprüngliche Vorschlag der Richtlinie nicht die eindeutige Formulierung aus Art. 9 Abs. 2 der Vermiet- und Verleihrecht-Richtlinie übernahm. Nach der Begründung zum ursprünglichen Vorschlag sollte zwar schon der damalige Absatz 2 die gemeinschaftsweite und nicht etwa die internationale Erschöpfung des Verbreitungsrechts regeln, der eigentliche Text von Art. 4 legte den Ausschluss der internationalen Erschöpfung aber nicht zwingend nahe. So könnte die Klausel auch so ausgelegt werden, dass sie lediglich den Fall der Eigentumsübertragung auf dem Gebiet der Gemeinschaft regelt und die Regelung internationaler Vorgänge den Mitgliedstaaten überließ. Die ausdrückliche Bestimmung, wonach die internationale Erschöpfung nicht zulässig sein soll, fand sich im Geänderten Vorschlag dagegen im letzten Satz von Erwägungsgrund 18.[1061] Mit der Herauslassung aus dem eigentlichen Text von Art. 4 nahm die Kommission offensichtlich Rücksicht auf die gegnerischen Stimmen der nordischen Mitgliedstaaten.

Der Gemeinsame Standpunkt hat diese Unstimmigkeiten beseitigt. In der Richtlinie findet sich nun in Art. 4 Abs. 2 erstmals der Ausschluss der internationalen Erschöpfung für alle Eigentumsübertragungen auf dem Gebiet der Europäischen Gemeinschaft.

Als positiv ist hervorzuheben, dass die Begründung den Mitgliedstaaten ausdrücklich die Freiheit belässt, wie sie das Verbreitungsrecht im Einklang mit ihren Traditionen in die innerstaatliche Rechtsordnung übernehmen. Damit wird insbe-

---

[1059] Art. 4 lit. c der Computerprogramm-Richtlinie und Art. 5 lit. c der Datenbank-Richtlinie. Letztere wurde zeitlich nach der Vermiet- und Verleihrecht-Richtlinie erlassen, die eine andere Formulierung enthält, so dass auch insoweit ein gemeinschaftsrechtlicher Besitzstand aufgrund der Richtlinien nicht bejaht werden kann.

[1060] So insbesondere bei den Beratungen im Rat über die Folgen der *Silhouette*-Entscheidung, vgl. *BDI*, NvWR 1998, S. 98.

[1061] Dieser Zusatz war im Entwurf vom 2.12.1997 noch nicht enthalten (vgl. dort Erwägungsgrund 15).

sondere den Interessen von Frankreich Folge geleistet, welches das Konzept des umfassenden „droit de destination" somit beibehalten kann.

VI. Art. 5: Ausnahmen und Beschränkungen

1. Allgemeines

Die Richtlinie zum Urheberrecht in der Informationsgesellschaft enthält umfassende Regelungen zu den Ausnahmen und Beschränkungen des Urheberrechts[1062], die im Folgenden im Einklang mit der in Deutschland üblichen Terminologie als „Schranken" bezeichnet werden. Vor der Veröffentlichung der Richtlinie fanden sich harmonisierte Schrankenregelungen schon in mehreren Richtlinien. So bestimmt Art. 5 der Computerprogramm-Richtlinie, dass die bestimmungsgemäße Benutzung einschließlich der Fehlerberichtigung durch den rechtmäßigen Erwerber zulässig sein soll, sofern nichts anderes vereinbart worden ist. Außerdem soll die Erstellung einer Sicherungskopie und die nicht durch Dekompilierung erfolgende Ermittlung der zugrunde liegenden Ideen und Grundsätze durch Beobachten, Untersuchen und Testen erlaubt sein. Nach Art. 6 der Computerprogramm-Richtlinie soll die Dekompilierung durch den Lizenznehmer oder einen sonstigen Berechtigten zulässig sein, sofern diese unerlässlich zur Herstellung von Interoperabilität ist, die benötigten Informationen nicht ohne weiteres zugänglich sind und die Dekompilierung sich nur auf die notwendigen Teile beschränkt. Art. 5 Abs. 1 der Vermiet- und Verleihrecht-Richtlinie sieht die Möglichkeit der Ausnahme beim öffentlichen Verleih vor, sofern eine angemessene Vergütung sichergestellt wird.[1063] Die umfassendste Regelung enthält Art. 10 der Vermiet- und Verleihrecht-Richtlinie, der den Mitgliedstaaten die Möglichkeit der Beschränkung der in Art. 6 - 9 der Richtlinie gewährten verwandten Schutzrechte zum Privatgebrauch, für kurze Bruchstücke über Tagesereignisse, für ephemere Aufzeichnungen, für Wissenschaft und Unterricht sowie wegen der für das Urheberrecht zulässigen Gründe gewährt. Nach der zwingenden[1064] Vorschrift von Art. 6 Abs. 1 der Datenbank-Richtlinie sind die in Art. 5 der Richtlinie aufgeführten Handlungen für den rechtmäßigen Nutzer nicht zustimmungsbedürftig, sofern diese für die normale Nutzung erforderlich sind. Art. 6 Abs. 2 der Datenbank-Richtlinie belässt den Mitgliedstaaten die Möglichkeit der Beschränkung zum Privatgebrauch bei nichtelektronischen Datenbanken, für Unterricht und wis-

---

[1062] Zu den Regelungen ausführlich: *Bayreuther*, ZUM 2001, S. 828-839 (828ff.).
[1063] Dazu ist wiederum eine Ausnahme für bestimmte Kategorien von Einrichtungen aufgrund Art. 5 Abs. 3 möglich.
[1064] Art. 15 der Datenbank-Richtlinie.

senschaftliche Forschung, für die öffentliche Sicherheit, Verwaltung und Justiz sowie in einer Generalklausel für die traditionellen Ausnahmen des Urheberrechts.

Während das Grünbuch von 1995 im Bereich der Schranken die Notwendigkeit der Angleichung andeutete und von einem „gewissen Maß an Harmonisierung" sprach,[1065] zeigten die nachfolgenden Diskussionen, dass diese Problematik sehr umstritten war. Das die Generaldirektion Informationsgesellschaft (vormals GD XIII) unterstützende rechtliche Beratungsgremium („*Legal Advisory Board*") stellte in der Reaktion zum Grünbuch fest, dass zwar den Mitgliedstaaten bei den Schrankenregelungen größtmögliche Handlungsfreiheit zuzugestehen sei, Harmonisierungsbedarf wurde aber für die Bereiche der Vervielfältigung für den Privatgebrauch, für erzieherische und wissenschaftliche Zwecke, zur Archivierung oder in Form der Erstellung einer Sicherheitskopie gesehen.[1066] Hierbei sollte den Mitgliedstaaten lediglich das Schutzniveau, nicht aber die Regelungsmethode vorgegeben werden. Interessanterweise stellen auch die Initiativen zum Grünbuch über Urheberrecht in der Informationsgesellschaft auf den offenen Begriff des „fair use" ab. Dies wird dann aber doch durch die Feststellung, dass die Fälle des „fair use" eng zu definieren und in ihrer Zahl zu begrenzen seien, also die eigentliche Generalklausel gar nicht angestrebt werde, relativiert.[1067]

Art. 5 legt die Schranken der zustimmungsbedürftigen Handlungen fest. Diese Vorschrift erwies sich schon in den Vorberatungen als eine der umstrittensten. Deshalb wurden aus politischen Gründen Kompromisse geschlossen, die der Schärfe der Regelungen nicht gerade zuträglich sind.[1068] Dabei schreibt Absatz 1 eine verpflichtende Ausnahme für bestimmte vorübergehende Vervielfältigungshandlungen vor, während Absatz 2 optionale Schranken nur für das Vervielfältigungsrecht und Absatz 3 weitere mögliche Schranken sowohl für das Vervielfältigungs- als auch für das Wiedergaberecht vorsehen. Im Geänderten Vorschlag wurde ein neuer Absatz 3a aufgenommen, der sich in leicht abgewandelter Form als Abs. 4 der Richtlinie wiederfindet und dessen schwer verständliche Regelung

---

[1065] Grünbuch über Urheberrecht in der Informationsgesellschaft, KOM (95) 382 endg. vom 19.7.1995, S. 52.
[1066] Commentaires du Legal Advisory Board sur la Communication de la Commission du 20 novembre 1996: Suivi du Livre vert „Le droit d'auteur et les droits voisins dans la société de l'information" sous l'éclairage des travaux de la Conférence diplomatique de l'OMPI (WIPO) de décembre 1996, Ziff. 9A.
[1067] Initiativen zum Grünbuch über Urheberrecht in der Informationsgesellschaft, KOM (96) 568 endg. vom 20.11.1996, S. 12; dadurch wäre ein dem britischen fair dealing ähnliches Ergebnis erzielt worden.
[1068] Selbst *Reinbothe* spricht in der Diskussion in *Prütting*, Entwicklung des Urheberrechts, S. 17 von „windelweichen Formulierungen", die aber besser als nichts seien.

die Möglichkeit der Ausnahme vom Verbreitungsrecht in den Fällen der nach Abs. 2 und 3 erlaubten Vervielfältigung vorsieht. Demnach dürfen erlaubtermaßen hergestellte Vervielfältigungsstücke weitervertrieben werden, sofern auch die Verbreitung vom Zweck der Schrankenregelung gedeckt ist. Absatz 5 legt schließlich fest, dass sämtliche Ausnahmen nur in bestimmten Sonderfällen angewandt werden [dürfen], in denen die normale Verwertung des Werks oder des sonstigen Schutzgegenstands nicht beeinträchtigt wird und die berechtigten Interessen des Rechtsinhabers[1069] nicht ungebührlich verletzt werden". Diese Formulierung entspricht dem Drei-Stufen-Test von Art. 9 Abs. 2 RBÜ und von Art. 10 WCT sowie Art. 16 WPPT.

2. Art. 5 Abs. 1

Art. 5 Abs. 1 statuierte als einzige verpflichtende Regelung in der ursprünglichen Fassung eine weite Ausnahme für „vorübergehende Vervielfältigungshandlungen, die als Teil eines technischen Verfahrens nur deshalb vorgenommen werden, um eine Nutzung eines Werks oder sonstigen Schutzgegenstands zu ermöglichen und die keine eigenständige wirtschaftliche Bedeutung haben". Im damaligen Erwägungsgrund 23 wurde sogar festgehalten, dass die Vervielfältigungshandlung zufällig zu erfolgen habe. Im Geänderten Vorschlag wurde das Merkmal des „Vorübergehenden" durch die Begriffe „vergänglich" und „begleitend" beispielhaft verdeutlicht, in der Richtlinie finden sich nun die Begriffe „flüchtig" und alternativ „begleitend" als Tatbestandsvoraussetzungen. Zudem wurde ergänzt, dass die Vervielfältigungshandlungen integraler und wesentlicher Teil des technischen Verfahrens sein müssen. Das Zufälligkeitserfordernis im ursprünglichen Erwägungsgrund 23 wurde hingegen gestrichen. Nun kommt es darauf an, dass der alleinige Zweck der Vervielfältigungshandlung ist, entweder eine Übertragung in einem Netz zwischen Dritten durch einen Vermittler oder eine rechtmäßige Nutzung zu ermöglichen. Zudem darf die Handlung keine eigenständige wirtschaftliche Bedeutung haben.

Die Regelung von Art. 5 Abs. 1 ist im engen Zusammenhang mit dem weiten Vervielfältigungsbegriff von Art. 2 zu sehen und schränkt diesen im Bereich der digitalen Vervielfältigung wieder erheblich ein. Nach dem Wortlaut ist die Vorschrift keine Schranke des Vervielfältigungsrechts, sondern vielmehr eine Ausnahme. Als solche schränkt sie das Urheberrecht nicht bei Vorliegen bestimmter Umstände ein, sondern schließt einen urheberrechtlichen Schutz in einem be-

---

[1069] Im Geänderten Vorschlag wurde die Regelung noch systemwidrig auf die Urheber beschränkt; dieses offensichtliche Redaktionsversehen ist nun in der Richtlinie behoben worden.

stimmten Bereich vollständig aus. Funktionell wirkt sie daher eher tatbestandlich als negative Definition des Vervielfältigungsrechts als als dessen Einschränkung für einzelne Fälle.[1070]

Gegen diese Vorschrift ist im Zuge der Ausarbeitung der Richtlinie gerade von den Interessierten Kreisen viel Kritik vorgebracht worden. So trugen vor allem die Rechtsinhaber vor, dass die Ausnahme nur bei einer erlaubten Nutzung einschlägig sein dürfe. Auch das Europäische Parlament verlangte in seinem Änderungsantrag 33 eine entsprechende Regelung,[1071] die so von der EG-Kommission nicht übernommen wurde. Ebenso wurde im Rat die Frage kontrovers diskutiert.[1072] Dabei verfolgte die EG-Kommission in den Vorberatungen aber keine einheitliche Linie, wie im Entwurf vom 2.12.1997 zu sehen war. Dort fand sich nämlich noch eine Bezugnahme auf die Erlaubtheit der Nutzung. Zwischenzeitlich setzten sich hier die Lobbyisten der Telekommunikationsunternehmen und der Vermittler durch, die fürchteten, dass sie im Falle einer unrechtmäßigen Nutzung über ihre Netze in eine Haftungsverantwortung genommen werden könnten. Diese Sorgen wurden aber überbewertet, da die Gesetze der Mitgliedstaaten im Gegensatz zur Situation in den USA keine umfassende verschuldensunabhängige Haftung („strict liability") kennen (vgl. unten S. 282). Bei der unsicheren Vorgehensweise der EG-Kommission in diesem Zusammenhang zeigt sich deutlich, dass die Regelung der Haftungsfrage erst in einer dem Vorschlag nachfolgenden horizontalen Richtlinie ungeschickt war. Im Hinblick auf den weithin als gerecht empfundenen Interessenausgleich durch die allgemeinen Haftungsregelungen in der Richtlinie über den elektronischen Geschäftsverkehr[1073], die von der Richtlinie zum Urheberrecht in der Informationsgesellschaft gemäß der ausdrücklichen Regelung in Erwägungsgrund 16 unberührt gelassen werden, ist diese Angst aber nicht mehr berechtigt.

Im alternativen Abstellen auf die Ermöglichung der Übertragung in einem Netz zwischen Dritten durch einen Vermittler oder der rechtmäßigen Nutzung führt die Richtlinie zu einem Ausgleich der Interessen der Beteiligten. Die bloße, mechani-

---

[1070] *Lehmann*, zitiert von *Schippan*, ZUM 1998, S. 487-489 (489), nimmt sogar unmittelbar eine Tatbestandsbegrenzung an; *Reinbothe*, zitiert von *Schippan*, ZUM 1998, S. 487-489 (489) sieht aufgrund dieser Einordnung eine Verwässerung des Vervielfältigungsbegriffs; neu wäre dieses Phänomen aber nicht, da zumindest bisher der technische und der urheberrechtliche Vervielfältigungsbegriff nicht deckungsgleich sind.
[1071] Diese Regelung sollte aber mit dem durch Änderungsantrag 30 vorgeschlagenem neuen Art. 2 Abs. 2 dahingehend abgeschwächt werden, dass im Zweifel eine stillschweigende Lizenz anzunehmen sei (der Berichterstatter *Barzanti* war persönlich gegen diesen Antrag, vgl. Parlamentsprotokoll vom 9.2.1999, S. 47).
[1072] Vgl. *BDI*, NvWR 1998, S. 78-79 (78).
[1073] Siehe unten S. 299

sche Übertragung von Inhalten kann demnach seitens der Vermittler nicht zu einer Haftung führen. Die Nutzer werden dadurch geschützt, dass sie grundsätzlich davon ausgehen können, dass der Rechtsinhaber damit einverstanden ist, dass im Internet allgemein zugängliche Daten vorübergehend auf dem Bildschirm des Nutzers dargestellt werden („Browsing"). Sollte dies nicht der Fall sein, ist der Nutzer insoweit geschützt, als ihm ein Verschulden bei der unrechtmäßigen Nutzung nachgewiesen werden muss, wovon ohne weitere Anzeichen nicht ausgegangen werden kann. Handelt der Nutzer im Bewusstsein der Unrechtmäßigkeit, ist er nicht schutzwürdig.

Schwierigkeiten wirft das Merkmal der fehlenden eigenständigen wirtschaftlichen Bedeutung auf, denn grundsätzlich ist jede auch nur flüchtige Kopie geeignet, Übernutzungen zu ermöglichen, und hat schon deshalb einen eigenen wirtschaftlichen Wert. Auch die EG-Kommission schien sich ihrer Sache nicht sicher, da sie im Entwurf vom 2.12.1997 noch von der „eigenen" („separate"), im Vorschlag vom 10.12.1997 dann aber von der „eigenständigen" („independent") Bedeutung sprach. Letztlich ist das unscharfe Kriterium dahingehend auszulegen, dass nur die voraussehbare, normale Nutzung auf einem Einzelplatz von Absatz 1 freigestellt werden soll. Schon aus Gründen des Binnenmarktbezugs kann die Beurteilung des wirtschaftlichen Werts nicht aus der subjektiven Sicht des Rechtsinhabers erfolgen, wie es das Europäische Parlament mit seinem Änderungsantrag 33 verfolgte.

Auch die Unbestimmtheit der Begriffe des „technischen Verfahrens" und von „vorübergehend"[1074] gibt Anlass zu Fragen. Sicherlich ist dadurch der zeitgleiche Übermittlungsvorgang gemeint, bei dem an vielen Übermittlungspunkten im Netz Kopien der Daten angelegt werden müssen, die aber direkt wieder gelöscht werden. Heftig umstritten war die Rolle des sog. Caching.[1075] Das Caching gibt es in mehreren Ausprägungen. So können beim Nutzer eine individuell definierbare Menge an schon abgerufenen Daten im Arbeitsspeicher seines Computers vorgehalten werden, die beim nächsten Aufruf nicht mehr aus dem Internet, sondern lokal aus dem Arbeitsspeicher abgerufen werden können. Dadurch spart der Nutzer sowohl Zeit als auch Übertragungskosten. Ähnlich verhält es sich beim Hard Disc Caching, bei dem die Daten bis zu einer vom Nutzer festgelegten Höchstmenge auf der Festplatte gespeichert werden und bei einem erneuten Aufruf von dort schnell eingelesen werden. Im Gegensatz zum Arbeitsspeicher-Caching gehen die Daten nach dem Abschalten des Computers aber nicht verloren und können

---

[1074] Die genaue Bedeutung dieses Begriffs ist auch im Rat umstritten, vgl. *BDI*, NvWR 1998. S. 78-79 (78).
[1075] Zum Caching siehe *Hugenholtz*, 22 EIPR 2000, S. 482-492 (482ff.).

jederzeit wieder individuell aufgerufen und weiterverarbeitet werden. Eine dritte Form des Caching ist die sog. Proxy Cache, bei der auf Seite der Netzwerkbetreiber häufig nachgefragte Daten auf einem Computer im Netzwerk für eine bestimmte Zeit abgelegt werden. Wenn nun ein Nutzer die Daten aufruft, werden sie ihm von diesem Computer übermittelt. Auch dadurch werden Bandbreiten und Zeit gespart. Problematisch beim Caching ist, dass die Daten von einer mit dem Rechtsinhaber nicht identischen Person für eine potentiell lange Zeit vorgehalten werden. Dadurch kann es passieren, dass Aktualisierungen, die der Rechtsinhaber bei seinem Netzangebot vornimmt, nicht berücksichtigt werden und die Cache eine überalterte Version der Daten übermittelt. Zudem kann ein Inhalteanbieter die Anzahl der Aufrufe seines Angebots nicht mehr messen, wenn diese von einem fremden Proxycomputer abgerufen werden. Diese Erhebungen sind aber gerade im Falle von nutzungsabhängigen Werbeeinnahmen für den Inhalteanbieter unabdingbar. Diese besondere Problematik des Caching wird nun in der Richtlinie über den elektronischen Geschäftsverkehr im Wege eines Interessenausgleichs behandelt.[1076] Aber auch in der Richtlinie zum Urheberrecht in der Informationsgesellschaft findet sich nun in Art. 5 Abs. 1 eine Regelung. In Zusammenschau mit der Regelung in Erwägungsgrund 33 ergibt sich damit, dass jede Art des Caching vorbehaltlich des Drei-Stufen-Tests in Art. 5 Abs. 5 zulässig sein soll, soweit die dadurch angelegten Kopien keiner weiteren Nutzung zugeführt werden, sondern nur eine wiederholte Übertragung vermeiden sollen.

3. Art. 5 Abs. 2 (Ausnahmen und Beschränkungen des Vervielfältigungsrechts) und Art. 5 Abs. 3 (Ausnahmen und Beschränkungen des Vervielfältigungs- und Wiedergaberechts)

a. Schwächen von beiden Absätzen

aa. Ausgestaltung als fakultative Schranken

Der Umfang der Schranken in Art. 5 ist heftig umstritten. So wird deren optionaler Charakter bemängelt, da sich dadurch keine Rechtssicherheit erreichen lasse. Diese Ansicht findet sich zwar in den Erläuterungen von *Barzanti*[1077], nicht aber in den Änderungsanträgen des Europäischen Parlaments wieder. Dagegen verfolgte

---

[1076] Art. 13 der Richtlinie 2000/31/EG über den elektronischen Geschäftsverkehr, vgl. unten S. 300.

[1077] So heißt es im *Barzanti*-Bericht, siehe oben Fn. 151, Begründung, Ziff. 14: „Die Liste der Ausnahmen sollte verpflichtend und vollständig sein, da es wenig Sinn hat, einen harten Kern von Ausnahmen vorzusehen, zu denen jeder Mitgliedstaat nach Belieben von Fall zu Fall weitere Ausnahmen hinzufügen kann."

der Abgeordnete *Whitehead* durch die Änderungsanträge 19 und 23 in seiner Stellungnahme ausdrücklich das Ziel, die Schranken verbindlich zu machen.[1078] Für derartig weit gehende Eingriffe in die mitgliedstaatlichen Systeme fehlt der Europäischen Gemeinschaft aber die Kompetenz. Die Schrankenregelungen sind oftmals von Erwägungen des öffentlichen Wohls und der nationalen Kulturpolitik geprägt und berühren häufig den Bereich der nationalen kulturellen Identität der Mitgliedstaaten. Durch den Drei-Stufen-Test von Art. 9 Abs. 2 RBÜ, der in Art. 5 Abs. 5 der Richtlinie Einzug gefunden hat, wird zudem sichergestellt, dass die Schranken nur auf bestimmte Sonderfälle angewendet werden und die berechtigten Interessen der Urheber nicht unzumutbar verletzen. Schon dadurch wird gewährleistet, dass es zu keinen grundlegenden Unterschieden im Binnenmarkt kommt. Die obligatorische Einführung punktuell genau definierter Schranken ist demnach nicht erforderlich. Offensichtlich standen hier zu sehr die Detailregelungen des droit d'auteur im Vordergrund.[1079]

Einen anderen Weg verfolgte der *Whitehead*-Bericht in seinem Änderungsantrag 28[1080]. Dort forderte er eine obligatorische Schranke „in Übereinstimmung mit anständigen Gepflogenheiten", die stark an die fair use-Schranke in den USA erinnerte. Als Kriterien wurden folgende fünf Elemente beispielhaft aufgezählt: Zweck und Art der Nutzung, einschließlich des Aspekts, ob eine solche Nutzung gewerblicher Art ist oder für eine öffentliche Einrichtung oder für private Zwecke erfolgt, und im Fall einer Vervielfältigung die Anzahl der anzufertigenden Kopien; die Art des urheberrechtlich geschützten Werkes; Umfang und Bedeutung des verwendeten Teils vor dem Hintergrund des gesamten urheberrechtlich geschützten Werkes; die Auswirkung der Nutzung auf den potentiellen Markt für das urheberrechtlich geschützte Werk oder auf den Wert dieses Werkes sowie die ausdrückliche Anerkennung des rechtlichen Eigentums des Rechtsinhabers an einem solchen urheberrechtlich geschützten Werk durch den von einer dieser Schranken Begünstigten.

Durch diese Generalklausel mit einem offenen Kriterienkatalog wäre es den Mitgliedstaaten möglich gewesen, diejenigen Schranken vorzusehen, die aufgrund der nationalen Eigenheiten fest mit der jeweiligen Rechtsordnung verbunden sind. Wegen des Drei-Stufen-Tests von Art. 9 Abs. 2 RBÜ hätte dieses Vorgehen auch nicht gegen internationale Verträge verstoßen. Durch diese Klausel wäre auch die

---

[1078] Abgedruckt als Anhang des *Barzanti*-Berichts, siehe oben Fn. 151; die Verbindlichkeit sollte aber durch die Einführung einer offenen fair use-Klausel in Änderungsantrag 28 (dazu sogleich) faktisch wieder aufgehobern werden.

[1079] *Holmes*, 77 Copyright World 1998, S. 11-12 (12).

[1080] Abgedruckt als Anhang des *Barzanti*-Berichts, siehe oben Fn. 151.

den Binnenmarkt beeinträchtigende Wirkung solcher Schranken gemildert worden, die in nicht allen Mitgliedstaaten vorgesehen worden wären. Eine weitere Abmilderung hätte durch die Festschreibung der Gewährung einer angemessenen Vergütung für die Rechtsinhaber im Falle von Schranken mit großer wirtschaftlicher Relevanz bewirkt werden können. Eine solche Vorgehensweise hätte den Binnenmarkt auch nicht mehr behindert. Die Richtlinie zum Urheberrecht in der Informationsgesellschaft ermöglicht allen Mitgliedstaaten aufgrund der umfassenden Regelungen in den Absätzen 2 und 3, im Wesentlichen alle gängigen Schrankenregelungen vorzunehmen. So wurde gegenüber dem ursprünglichen Vorschlag, der drei Schranken in Absatz 2 und fünf Schranken in Absatz 3 vorsah, die Zahl der Schranken auf fünf in Absatz 2 und 15 in Absatz 3 erhöht, so dass den Mitgliedstaaten nur noch in wenigen Teilbereichen eine übliche Schrankenregelung verwehrt sein dürfte. Die Detailliertheit der Vorschrift verleitet zur Annahme, dass auf europäischer Ebene die in den Mitgliedstaaten vorhandenen Schrankenregelungen größtenteils einfach übernommen wurden.[1081] Aufgrund des fakultativen Charakters der Vorschriften wird es in den Mitgliedstaaten zu potentiell erheblichen Unterschieden kommen. Dieser Umstand wurde erst im Geänderten Vorschlag auf intensiven Druck der Rechtsinhaber[1082] durch die obligatorische Festschreibung eines gerechten Ausgleichs für die Rechtsinhaber bei der Gewährung bestimmter Schranken berücksichtigt.[1083]

bb. Detailliertheit der Schranken

Die minutiöse Regelung der fakultativ zulässigen Schranken auf europäischer Ebene ist völlig verfehlt. Aufgrund der Verschiedenheit der Schrankenregelungen, die in den nationalen Systemen fest verwurzelt sind, hätte hier die Europäische Gemeinschaft die Vorgaben des Verhältnismäßigkeitsgrundsatzes berücksichtigen

---

[1081] Deutlich wird das bei der Ausnahme von der Schranke zugunsten photomechanischer Vervielfältigungen auf Papier von Musiknoten (Art. 5 Abs. 2 lit. a). Nach der entsprechenden Aufnahme in der Richtlinie kann die deutsche Sonderregelung in § 53 Abs. 4 lit. a UrhG fortgelten.

[1082] Vgl. *BDI*, NvWR 1998, S. 62-63 (63).

[1083] Und zwar bei der Vervielfältigung auf Papier mittels eines photomechanischen Verfahrens (Abs. 2 lit. a), bei Vervielfältigungen zum Privatgebrauch (Abs. 2 lit. b), und bei Vervielfältigungen von Sendungen, die von nicht kommerziellen sozialen Einrichtungen wie Krankenhäusern oder Haftanstalten angefertigt wurden (Abs. 2 lit. e). Der noch im Geänderten Entwurf vorgesehene Ausgleich bei der Vervielfältigung und öffentlichen Wiedergabe zur Veranschaulichung im Unterricht oder für Zwecke der wissenschaftlichen Forschung findet sich nicht mehr in der Richtlinie. Dafür werden in Erwägungsgrund 35 Kriterien für die Vergütung festgeschrieben, während Erwägungsgrund 36 die grundsätzliche Möglichkeit mitgliedstaatlicher Vergütungsregelungen bei allen Schrankenregelungen ausdrücklich einräumt.

sollen und die detaillierte Ausgestaltung den staatlichen Instanzen vor Ort überlassen müssen. Dies hätte auch eher dem Geist der WIPO-Verträge entsprochen, die den einzelnen nationalen Rechtsordnungen diese Aufgabe zugestehen. Lediglich den grundsätzlichen Rahmen der Schrankenregelungen, wie er von Art. 9 Abs. 2 RBÜ festgesetzt ist, hätte die Gemeinschaft vorgeben dürfen.[1084] Durch die sinngemäße Übernahme dieser Regelung in Art. 5 Abs. 5 der Richtlinie ist diese durch den Europäischen Gerichtshof überprüfbar geworden, so dass zumindest grundsätzlich eine einheitliche Anwendung in den Mitgliedstaaten zu erwarten ist. Auch hätte ein abstrakter Anforderungskatalog, für den der Änderungsantrag 28 des *Whitehead*-Berichts ein Modell hätte liefern können, dem gemeinschaftlichen Verkehr und den Marktteilnehmern sicherlich mehr genützt als das aus Brüssel verordnete Flickwerk.[1085] Spürbare Binnenmarkthindernisse hätten dann durch die Einführung einer Vergütungsregelung in den betroffenen Bereichen ausgeglichen werden können. Das Ziel von mehr Rechtssicherheit und Transparenz für die Marktteilnehmer hat die Europäische Gemeinschaft durch die Liste der sehr weit reichenden, fakultativen Schrankenregelungen jedenfalls nicht erreicht.

Interessant in diesem Zusammenhang ist aber, dass in der Richtlinie die Schrankenregelung des Art. 5 Abs. 3 lit. d für Zitate zu Zwecken wie Kritik oder Rezensionen Eingang gefunden hat, die unter anderem unter der Einschränkung steht, dass die Nutzung „den anständigen Gepflogenheiten" entspricht. Hier hat eine Teilregelung stattgefunden, die verallgemeinerungsfähig gewesen wäre.

cc. Abschließende Aufzählung der zulässigen Schranken

Auch ist die Tatsache problematisch, dass die Schranken in einer abschließenden Liste aufgeführt werden.[1086] Damit kommt es zu einer Zementierung der mitgliedstaatlichen Rechtsordnungen.[1087] Die Mitgliedstaaten können auf sie betreffende zukünftige kulturelle Entwicklungen und gesellschaftliche Anforderungen nicht mehr reagieren. Insbesondere im kulturellen Bereich kann dies fatale Folgen haben. Die Zusammenstellung der Schrankenregelung erscheint nicht immer ein-

---

[1084] Demgemäß trat die britische Seite in der Ratsgruppensitzung vom 1./2.9.1998 für die Streichung des gesamten Art. 5 bis auf dessen Absatz 5 ein [*BDI*, NvWR 1998, S. 78-79 (78)].

[1085] Dass auf diese Weise ein ebenso vergleichbares Schutzniveau hätte erreicht werden können, ergibt sich aus der Feststellung von *Freytag*, MMR 1999, S. 207-213 (213), der die offenen US-amerikanischen Regelungen des DMCA als mit dem damaligen Art. 5 des Richtlinienvorschlags weit gehend kompatibel ansieht.

[1086] Der *Cassidy*-Bericht wollte in Änderungsantrag 7 ausdrücklich den nicht erschöpfenden Charakter in Erwägungsgrund 22 festschreiben.

[1087] *Heide*, 21 EIPR 1999, S. 105-109 (108).

leuchtend, wie sich schon an den zahlreichen Änderungen sehen lässt, die seit der Veröffentlichung des Entwurfs vom 2.12.1997 im Internet bis zur Richtlinie vorgenommen wurden. Der verfolgte zentralistische Regelungsansatz verkennt die Dynamik der Schrankenregelungen. Vor dem Hintergrund, dass Art. 6 Abs. 2 lit. d der Datenbank-Richtlinie zugunsten der Mitgliedstaaten noch eine Auffangklausel für diejenigen Schranken vorsieht, die „traditionell von ihrem innerstaatlichen Recht geregelt werden", ist diese Entwicklung umso bedenklicher. Ein abstrakter Anforderungskatalog hätte den Prozess der Ausarbeitung der Richtlinie auch von den zahlreichen Diskussionen über einzelne Schrankenregelungen befreit. Immerhin finden sich aber in der Richtlinie gegenüber dem Geänderten Vorschlag neun zusätzliche Tatbestände und zudem eine begrenzte Auffangklausel für bestehende innerstaatliche Bestimmungen im analogen Bereich ohne Berührungspunkte zum innergemeinschaftlichen freien Waren- und Dienstleistungsverkehr (Art. 5 Abs. 3 lit. o).[1088] Am abschließenden Charakter der Regelungen wurde aber nichts geändert.[1089]

b. Art. 5 Abs. 2: Schranken des Vervielfältigungsrechts

aa. Reprographie

In der Richtlinie regelt Art. 5 Abs. 2 lit. a die Möglichkeit einer Schranke für die Vervielfältigung auf photomechanischem oder vergleichbarem Wege (Reprographie) mit Ausnahme von Notenblättern. Dem Rechtsinhaber wird der Anspruch auf einen gerechten Ausgleich gegeben. Spezielle kompetenzrechtliche Probleme ergeben sich hierbei vor allem im Bereich der Abgabepflicht für reprographische Geräte (dazu unten S. 261).

[1088] Gegen diese Vorschrift („Megaschranke", „Persil-Schein") wird eingebracht, dass sie mit dem Ziel der Harmonisierung nicht vereinbar sei; vgl. *Kröger*, CR 2001, S. 316-324 (321) sowie *Hoeren*, MMR 2000, S. 515-521 (519). Mangels Binnenmarktbezug darf der Gemeinschaftsgesetzgeber in diesem Bereich gar nicht harmonisieren. Viel schwerer wiegt der Vorwurf, dass eine derartige Schranke auf den analogen Bereich beschränkt ist; so *Hoeren*, MMR 2000, S. 515-521 (519); *Kröger*, CR 2001, S. 316-324 (321) sowie *Bayreuther*, ZUM 2001, S. 828-839 (837).

[1089] *Hugenholtz*, 22 EIPR 2000, S. 499-505 (500) sieht in der Vielzahl der Schrankenregelungen die Abkehr der ursprünglichen Absicht; der Schuss sei somit nach „hinten losgegangen".

bb. Privatgebrauch

Art. 5 Abs. 2 lit. b erlaubt Schranken zugunsten des privaten Gebrauchs. Wohl keine Schranke wurde in den letzten Jahren so intensiv diskutiert.[1090] Bisher hat die EG-Kommission zweimal versucht, eine Harmonisierung des Privatgebrauchs vorzuschlagen[1091], scheiterte aber jeweils an politischen Differenzen.

Der erste vertrauliche Entwurf datiert aus dem Jahre 1994 und wurde nie veröffentlicht.[1092] Interessant ist, dass der französische Titel „Proposition de directive du Conseil relative à la coordination de certaines règles relatives au droit d'auteur et aux droits voisins en matière de copie privée" lautet. Anstelle des Begriffs „harmonisation" wurde der schwächere Ausdruck der „coordination" gewählt. Das deutet darauf hin, dass es der EG-Kommission nach außen vor allem darum ging, die bestehenden nationalen Regeln zu koordinieren und nicht etwa anzugleichen oder gar zu vereinheitlichen. Trotzdem griffen einige Bestimmungen tief in die mitgliedstaatlichen Rechtsordnungen ein. Die Kommission war der Auffassung, dass unterschiedliche Regelungen Hindernisse für den Binnenmarkt darstellten und dass deshalb eine Harmonisierung erforderlich sei.[1093] Der Entwurf erklärte die Privatkopie ausdrücklich[1094] für zulässig, wobei aber den Rechtsinhabern ein Vergütungsanspruch zugestanden wurde. Die Vergütung war von den Herstellern bzw. Importeuren der Leermedien und Abspielgeräten zu entrichten.[1095] Die betroffenen Rechtsinhaber wurden genau definiert, was auf viele Widerstände stieß. So hätten nur natürliche Personen als Urheber angesehen werden dürfen. Auch die Definitionen der Hersteller von Tonträgern und Filmen wurden im zweiten Ent-

---

[1090] Grünbuch über Urheberrecht in der Informationsgesellschaft, KOM (95) 382 endg. vom 19.7.1995, S. 26+28; Initiativen zum Grünbuch über Urheberrecht in der Informationsgesellschaft, KOM (96) 568 endg. vom 20.11.1996, S. 11.
Zur Harmonisierung vgl. *Cornish*, GRUR Int. 1997, S. 305-308 (305ff.).

[1091] Dazu *Benabou*, Droit d'auteur, S. 401ff.; *Stasio*, 19 B.C. Int'l & Comp. L. Rev. 1996, S. 233-246 (233ff.); *Vinje*, 13 J.L. & Com. 1994, S. 301-326 (315f.); *Ellins*, Copyright Law und Urheberrecht, S. 331f.; *Peifer*, 8. Ringberg-Symposium, S. 87-123 (94); *Reinbothe*, spricht in der bei *Prütting,* Entwicklung des Urheberrechts, S. 19 abgedruckten Diskussion von „anderthalb" Versuchen, die aber schon bei den kommissionsinternen Beratungen „kläglich gescheitert" seien.

[1092] Vgl. *Benabou*, Droit d'auteur, S. 401.

[1093] *Benabou*, Droit d'auteur, S. 401f.

[1094] Dazu *Benabou*, Droit d'auteur, S. 403.

[1095] *Benabou*, Droit d'auteur, S. 404

wurf nicht übernommen.[1096] Dieser erste Entwurf scheiterte aufgrund der vielen Vorbehalte gegen ihn.[1097]

Der zweite ebenfalls vertrauliche und nicht veröffentlichte Entwurf stammt von 1995[1098]. Im Titel wurde der Begriff der „coordination" nun durch den stärkeren Begriff der „harmonisation" ausgetauscht. In der Begründung zum Entwurf wurde nun festgestellt, dass es aus Gemeinschaftssicht kein Recht zur Privatkopie geben müsse, sondern dass der Vergütungsanspruch dazu dienen solle, diejenigen Rechtsinhaber, die das wollten, für die mangelnde Kontrollierbarkeit des Privatgebrauchs zu entschädigen. Den Rechtsinhabern wurde aber freigestellt, auf diesen Anspruch zu verzichten und ihr ausschließliches Vervielfältigungsrecht auch im Privatbereich durchzusetzen. Die Kommission antizipierte offenbar nun die Schutzmöglichkeiten im digitalen Bereich und wollte sich die Option auf Abschaffung der Privatkopie in der Informationsgesellschaft offen halten. Nach Art. 1 musste es sich bei der Kopie um eine Festlegung auf einen Tonträger oder einen Film handelte. Wegen der Sonderregelungen der Computerprogramm-Richtlinie sollte dies nicht für Software gelten. Den Rechtsinhabern wurde ein Vergütungsanspruch zugestanden, der sich sowohl auf die Geräte als auch auf die Leermedien bezog. Art. 2 enthielt die Definition der Privatkopie als Kopie durch eine natürliche Person auf einem Leermedium zum persönlichen, nicht-kommerziellen Gebrauch.[1099] Der Vergütungsanspruch sollte auch für Außenseiter der Verwertungsgesellschaftspflicht unterliegen (Art. 3 Abs. 2) und war vom Erstkäufer in der Gemeinschaft zu entrichten. Die Vergütungshöhe war in einem Anhang geregelt und unterlag einer Überprüfung im Fünf-Jahres-Turnus. Nach Art. 4 wurde der Anspruch von Angehörigen aus Drittstaaten nicht mehr fast vollständig ausgeschlossen, sondern im Rahmen (zukünftiger) internationaler Abkommen gewährt. Art. 6 sah zulässige Ausnahmen zugunsten von behinderten Menschen, für den Export bestimmter Geräte und Leermedien sowie für den Import dieser Gegenstände durch eine natürliche Person für ihren persönlichen Gebrauch vor. Obwohl die Verteilungssätze nicht vorgegeben wurden, sollte jede Kategorie von Rechtsinhabern einen Anteil von mindestens 20% erhalten (Art. 8).

[1096] Vgl. im einzelnen *Benabou*, Droit d'auteur, S. 402 Fn. 2.
[1097] Vgl. *Benabou*, Droit d'auteur, S. 402.
[1098] Dazu im einzelnen *Benabou*, Droit d'auteur, S. 402ff.
[1099] „reproduction d'une oeuvre littéraire ou artistique, d'une prestation d'un artiste-interprète ou exécutant, d'un phonogramme, d'un film ou d'un émission de radiodiffusion, par une personne physique qui effectue une telle reproduction sur un support d'enregistrement vierge pour son usage personnel et à des fins non commerciales"

Bei den Vorberatungen zum Richtlinienvorschlag zum Urheberrecht in der Informationsgesellschaft war strittig, inwieweit eine Regelung getroffen werden sollte. Die EG-Kommission tendierte offenbar dazu, die Thematik unter Binnenmarktgesichtspunkten so genau wie möglich zu regeln, obwohl erkannt wurde, dass aufgrund von Art. 5 EGV eine Rahmenregelung eher zulässig war.[1100] Im Richtlinienvorschlag in der Fassung vom 10.12.1997 findet sich in Art. 5 Abs. 2 lit. b die Möglichkeit, eine Ausnahme des Vervielfältigungsrechts für den Privatgebrauch einzuführen. Zudem wurde eine Konsultation für 1998 angekündigt, die sich mit der Problematik befassen sollte. In Art. 5 Abs. 2 lit. b der Richtlinie wird nun das Recht auf einen gerechten Ausgleich vorgesehen, wobei die Durchsetzung dieses Anspruchs von den Mitgliedstaaten in eigener Verantwortung geregelt werden kann.

Die vom Parlament vorgeschlagene Einfügung eines neuen Erwägungsgrundes, wonach der „möglichst genaue und umfassende Harmonisierung der in allen Mitgliedstaaten einzuführenden Erhebung von Gebühren für die private Vervielfältigung dringend notwendig" sei, wurde mangels Übereinstimmung mit den Vorschlägen zu Art. 5 Abs. 2 lit. b[1101] nicht angenommen.

Bei Art. 5 Abs. 2 lit. b bestand zudem das Problem, ob der private oder aber der persönliche Gebrauch freigestellt werden soll. Der Begriff des persönlichen Gebrauchs ist dabei enger, da dadurch nur auf den Gebrauch durch die betreffende Person und nicht auf den Gebrauch in deren Privatbereich abgestellt wird. Der „persönliche Gebrauch" darf nicht mit dem „eigenen Gebrauch" verwechselt werden, der im deutschen Urheberrecht auch auf juristische Personen zutrifft. Ursprünglich hatte die EG-Kommission nur den persönlichen Gebrauch freigestellt, wobei der Begriff nicht definiert wurde, aber eng zu verstehen war. Im Vorschlag vom 10.12.1997 wurde dann auf den privaten Gebrauch abgestellt. Der Geänderte Vorschlag benutzte wenig konsequent schließlich beide Begriffe stufenlos nebeneinander,[1102] wohingegen die Richtlinie nur noch vom privaten Gebrauch spricht.

Auch die Frage, ob im Bereich der Schranke für den Privatgebrauch analoge und digitale Kopien gleichbehandelt werden sollen, war auf Gemeinschaftsebene um-

---

[1100] Vgl. die Stellungnahme eines ungenannten Kommissionsmitarbeiters bei *Chapman*, European Voice vom 2. - 8.10.1997, S. 3: „One likely scenario is that we provide for some framework, but inside it there is still some room for member state subsidiarity [...] This is not satisfactory from a single market point of view."
[1101] So *Monti* in der Parlamentsdebatte, Parlamentsprotokoll vom 9.2.1999, S. 59.
[1102] Interessanterweise enthält Änderungsantrag 36 des Europäischen Parlaments bei analogen Kopien dagegen keine Bezugnahme auch auf den persönlichen Gebrauch.

stritten. Durch die neuen technischen Möglichkeiten kann jeder Vervielfältigungs- und sonstiger Nutzungsvorgang grundsätzlich vom Rechtsinhaber kontrolliert werden. Aufgrund der Anonymisierbarkeit der Kontrollvorgänge können dadurch auch die Anforderungen des Schutzes der Privatsphäre[1103] berücksichtigt werden.[1104] Dadurch ist für die noch aus der Zeit der manuellen Kopie stammende[1105] Schrankenregelungen zugunsten des Privatgebrauchs, die sich aufgrund der praktischen und rechtlichen Gegebenheiten vor allem auf die mangelnde Kontrollierbarkeit der Werknutzungen stützen (vgl. oben S. 90), ein wesentlicher Rechtfertigungsgrund entfallen. Deshalb mehren sich in letzter Zeit die Stimmen, welche die Abschaffung von Schranken zugunsten des Privatgebrauches zumindest für die digitale Kopie fordern.[1106] Andere Kommentatoren erkennen jedoch für den Ge-

---

[1103] Allgemein zur Problematik von Anonymität und Datenschutz: *Wenning*, jur-pc 1995, S. 3321-3330 (3329); *Adler*, 105 Yale L.J. 1996, S. 1093-1120 (1093ff.); Initiativen zum Grünbuch über Urheberrecht in der Informationsgesellschaft, KOM (96) 568 endg. vom 20.11.1996, S. 12; *Loewenheim*, Festschrift für *Piper*, S. 709-724 (717).
Vgl. Proceedings of the First Imprimatur Consensus Forum, November 21st - 22nd 1996, S. 86ff.
Oftmals ist fraglich, warum ein Nutzer gegenüber dem Urheber ein Recht auf Anonymität haben soll; ein solches Recht auf Anonymität wird im sonstigen Geschäftsverkehr einem Kunden generell nicht zugestanden.

[1104] Vgl. den Imprimatur-Bericht „Privacy, Data Protection and Copyright: Their Interaction in the Context of Electronic Copyright Management Systems", erstellt durch das Institute for Information Law, Amsterdam, Juni 1998, S. 35f.

[1105] *Davies/von Rauscher auf Weeg*, Recht der Hersteller von Tonträgern, S. 171.

[1106] So viele Interessierte Kreise bei der Anhörung in Brüssel vom 7.-8.7.1994, z.B. *PolyGram*, abgedruckt in der Kommissionsveröffentlichung, siehe oben Fn. 13, S. 369-375 (374); *IBM Europe*, ebenda, S. 261-266 (263); *UK Periodical Publishers Association (PPA)*, ebenda, S. 376-378 (378); *Time Warner*, ebenda, S. 457-464 (464).
Differenzierend wird von *Eurocinema*, ebenda, S. 170-180 (179) die Beschränkung auf eine digitale Kopie vorgeschlagen; ähnliche Bestrebungen gibt es in den USA.
Für die Abschaffung ist *Schaefer*, Festschrift für *Nordemann*, S. 191-202 (202).
Tendentiell auch *Lucas*, Konferenz der Generaldirektion XV der Europäischen Kommission „Urheberrecht und verwandte Schutzrechte an der Schwelle zum 21. Jahrhundert" in Florenz (2.-4.6.96), Protokoll, S. 30-39 (33).
Für den gesamten Bereich des Fair Use in den USA wegen der vereinfachten Rechteverwaltung: *Fleischmann*, 8 Computer LJ 1987/88, S. 1-22 (11).
Ulmer-Eilfort, Festschrift für *Nordemann*, S. 285-294 (293) befürwortet eine Abschaffung für digitale Kopien, soweit sie dem Original qualitativ und funktional gleichwertig sind.
Das Ende der Privatkopie ist angedeutet bei *Hoeren*, Reichweite gesetzlicher Schranken, in: Cyberlaw, S. 95-109 (109), der bezüglich obligatorischer Abgaben zumindest höhere Beträge und den Einschluss weiterer Geräte fordert; in seiner für die Generaldirektion XIII im Jahre 1994 durchgeführten Studie „Long term solutions for copyright and multimedia products" wollte *Hoeren* zumindest für seh- und hörbehinderte Menschen eine Ausnahme machen; *Benabou*, Droit d'auteur, S. 406.

samtbereich der Schranken nur geringen Handlungsbedarf.[1107] Eine dritte Gruppe sieht eine gemeinschaftsweite Harmonisierung in diesem Bereich als absolut notwendig an.[1108] Die EG-Kommission verzichtete zuerst auf eine Sonderbehandlung, fügte diese dann aber in den Geänderten Richtlinienvorschlag ein, als das Europäische Parlament eine getrennte Behandlung von digitaler und analoger Kopie einforderte.[1109] Der wesentliche Unterschied zur Kopie auf einem analogen Träger bestand nur darin, dass ein Zusammenhang hergestellt wurde zwischen dieser Ausnahme und dem tatsächlichen[1110] Einsatz wirksamer, verlässlicher technischer Maßnahmen zum Schutz der Interessen der Rechtsinhaber. Der Gemeinsame Standpunkt hat die Regelungen von Art. 5 Abs. 2 lit. b und lit. ba des Geänderten Vorschlags unter Berücksichtigung des Vorhandenseins von technischen Maßnahmen wieder zu einer einheitlichen Bestimmung zusammengeführt, die sich auch in der Richtlinie findet. Trotzdem wurde die Regelung in Erwägungsgrund 38 beibehalten, wonach den Unterschieden zwischen digitaler und analoger privater Vervielfältigung gebührend Rechnung getragen und hinsichtlich bestimmter Punkte zwischen ihnen unterschieden werden soll.

cc. Sonstige Schranken in Art. 5 Abs. 2

Die übrigen Schrankenregelungen von Art. 5 Abs. 2 betreffen den Bereich der Bibliotheken, Bildungseinrichtungen, Museen und nicht kommerziellen Archiven, die nun öffentlich zugänglich sein müssen (lit. c), den Bereich der ephemeren Aufzeichnungen von Sendeunternehmen, die mit eigenen Mitteln und für eigene Sendungen vorgenommen worden sind (lit. d) und den sehr speziellen Bereich der Sendungen, die von nicht kommerziellen sozialen Einrichtungen wie Krankenhäusern oder Haftanstalten angefertigt wurden (lit. e). Bei den Sendeunternehmen

---

Das Grünbuch über Urheberrecht in der Informationsgesellschaft, KOM (95) 382 endg. vom 19.7.1995, S. 28 diskutiert die Abschaffung dieser Schranke und die Einführung von Vergütungssystemen, wenn das ausschließliche Recht nicht durchsetzbar ist. Dies wurde aber von den Initiativen zum Grünbuch über Urheberrecht in der Informationsgesellschaft, KOM (96) 568 endg. vom 20.11.1996, S. 11f. zurückgenommen, das den Privatgebrauch nur außerhalb des Drei-Stufen-Tests in Art. 9 Abs. 2 RBÜ abschaffen wollte.

[1107] *Schricker*, in: *Schricker*, Urheberrecht auf dem Weg zur Informationsgesellschaft, S. 178ff. für Deutschland.

[1108] So *Artis* bei der Anhörung in Brüssel vom 7.-8.7.1994, abgedruckt in der Kommissionsveröffentlichung, siehe oben Fn. 13, S. 42-49 (49); *BBC*, ebenda, S. 50-51 (51).

[1109] Zu dieser bedenklichen Vorgehensweise vgl. oben S. 223.

[1110] In Änderungsantrag 37 des *Barzanti*-Berichts, siehe oben Fn. 151, wurde die Schranke vom Umstand, dass „keine verlässlichen und wirksamen technischen Mittel zum Schutz der Interessen der Rechtsinhaber zur Verfügung stehen", abhängig gemacht. Dadurch hätte der Eindruck entstehen können, dass die bloße Verfügbarkeit und nicht etwa der tatsächliche Einsatz ausschlaggebend sein könne.

kann aufgrund des außergewöhnlichen Dokumentationscharakters die Aufbewahrung der Aufzeichnungen in amtlichen Archiven erlaubt werden, die Schranke nach lit. e zieht einen gerechten Ausgleich für den Rechtsinhaber nach sich.

c. *Art. 5 Abs. 3: Schranken des Vervielfältigungs- und des Wiedergaberechts*

aa. Allgemeines

Die Richtlinie enthält teils sehr spezielle fakultative Schranken des Vervielfältigungs- und Wiedergaberechts. Nachfolgend werden Besonderheiten dargestellt.

bb. Behinderte Menschen

Mit Unverständnis wurde die ursprüngliche Beschränkung von Art. 5 Abs. 3 lit. b auf Sehbehinderte und Gehörgeschädigte aufgenommen. Seit dem Geänderten Vorschlag wird nunmehr auf sämtliche Arten von Behinderung abgestellt. Die Richtlinie erweitert die Schranke noch dadurch, dass nun nicht mehr die Nutzung durch, sondern zugunsten behinderter Personen möglich sein soll.

cc. Verwendung von Auszügen in Verbindung mit der Berichterstattung über Tagesereignisse

Bei der Verwendung von Auszügen in Verbindung mit der Berichterstattung über Tagesereignisse (Art. 5 Abs. 3 lit. c) sprach der Entwurf vom 2.12.1997 noch von „kurzen" Auszügen, der Vorschlag vom 10.12.1997 hat dieses Attribut gestrichen. Das Europäische Parlament wollte eine solche Regelung mit Änderungsantrag 43 („beschränkter Umfang") wieder einführen, was von der Kommission aber dann nicht akzeptiert wurde. Insoweit dürfte der Drei-Stufen-Test aus Art. 5 Abs. 5 ausreichender Maßstab für die Beurteilung der Zulässigkeit sein.

Die Richtlinie lässt in diesem Zusammenhang auch unabhängig des Informationszwecks eine Nutzung durch die Presse zu, sofern eine solche nicht ausdrücklich vorbehalten ist. Dadurch würde der Urheber aber gezwungen, sein Urheberrecht für diesen Teilbereich a priori geltend zu machen, was nur schwer mit dem Formalitätenverbot der RBÜ in Einklang zu bringen ist.

dd. Namensnennungsrecht

Bisher ziemlich unbemerkt verlief die vorsichtige Einführung des Namensnennungsrechts durch den Geänderten Vorschlag in die Schranken für die Verwendung von Auszügen in Verbindung mit der Berichterstattung über Tagesereignisse

(Art. 5 Abs. 3 lit. c) und für zu Zwecken wie Kritik oder Rezensionen verwendete Zitate aus einem der Öffentlichkeit bereits rechtmäßig zugänglich gemachten Werk (Art. 5 Abs. 3 lit. d). Seit dem Gemeinsamen Standpunkt gibt es auch eine solche Regelung für die Nutzung ausschließlich zur Veranschaulichung im Unterricht oder für Zwecke der wissenschaftlichen Forschung (Art. 5 Abs. 3 lit. a) und für die Nutzung von politischen Reden oder von Auszügen aus öffentlichen Vorträgen (Art. 5 Abs. 3 lit. f). Die Richtlinie stellt dies jeweils unter den Vorbehalt, dass die Nennung nicht unmöglich ist. Damit findet zum ersten Mal eine Regelung des Teilaspektes des Urheberpersönlichkeitsrechts auf Gemeinschaftsebene statt. Kompetenzrechtlich ist gegen dieses Vorgehen zumindest deshalb nichts einzuwenden, da ein derartiges Recht in den Rechtsordnungen der Mitgliedstaaten ohnehin bekannt ist und da die Europäische Gemeinschaft nicht vorschreibt, dass dieses Recht als Urheberpersönlichkeitsrecht geschützt werden muss.

4. Art. 5 Abs. 5

Gerade vor dem Hintergrund der in den Begründungen zum Richtlinienvorschlag häufig erwähnten Wichtigkeit des Drei-Stufen-Tests von Art. 9 Abs. 2 RBÜ als Teil des gemeinschaftlichen Besitzstandes war nicht einleuchtend, warum dieser in Art. 5 Abs. 4 des Vorschlags nicht in engerer Anlehnung an den Originaltext übernommen wurde.[1111] Die Vertauschung der beiden Aufzählungselemente „berechtigten Interessen" und „normale Verwertung" machte wenig Sinn[1112]; ihre alternative Verknüpfung war aber entgegen einer in der Literatur geäußerten Ansicht[1113] wegen des geänderten Satzbaus sprachlogisch konsequent. Der Gebrauch des bestimmten Artikels vor „normale Verwertung" fand sich nur im Entwurf der WCT, nicht aber im endgültigen Art. 10 WCT.[1114] Im englischen Text wurde zudem das Wort „special" durch den engeren Begriff „specific" ersetzt, ohne dass dies im Richtlinienvorschlag näher begründet wurde.

[1111] *Dreier*, ZUM 2002, 28-42 (35); *Heide*, 21 EIPR 1999, S. 105-109 (107).
In der deutschen Übersetzung wurde „rightholders" zudem fälschlich mit „Urheber" übersetzt, obwohl im Folgenden dann auch auf die „sonstigen Schutzgegenstände" abgestellt wird. *Vinje*, 22 EIPR 2000, S. 551-562 (553) wendet sich hingegen völlig gegen die Aufnahme des Drei-Stufen-Tests, da er zum einen schon in den Rechtsordnungen der Mitgliedstaaten verankert sei und die Mitgliedstaaten nun gezwungen seien, eine textgleiche Vorschrift ohne Berücksichtigung der Besonderheiten ihrer Rechtssysteme zu übernehmen. Hiergegen lässt sich aber einwenden, dass die Mitgliedstaaten aus gemeinschaftlicher Sicht nur das entsprechende Schutzniveau zu erreichen haben; eine Verpflichtung zur wortgleichen Umsetzung gibt es deshalb nicht.
[1112] *Heide*, 21 EIPR 1999, S. 105-109 (107).
[1113] *Heide*, 21 EIPR 1999, S. 105-109 (107).
[1114] *Heide*, 21 EIPR 1999, S. 105-109 (107f.).

Auch wenn die ursprünglich stärker abweichende Formulierung mittlerweile in Art. 5 Abs. 5 der entsprechenden Regelung in der WCT angenähert wurde, wurde diese Änderung in Erwägungsgrund 44 aus nicht ersichtlichen Gründen versäumt. Da nicht davon auszugehen ist, dass der europäische Gesetzgeber zwei unterschiedliche Fassungen der Ausnahmen haben wollte, dürfte die Beibehaltung in Erwägungsgrund 44 ein Redaktionsversehen sein. Auch Art. 5 Abs. 5 ist mit Art. 10 WCT nicht genau wortgleich, sondern durch die Aufnahme des Wortes „nur" enger gefasst. Dieser Zusatz fand sich zwar im Entwurf der WCT, wurde von der Vertragskonferenz aber letztlich in Art. 10 WCT verworfen.

5. Nicht geregelte Bereiche

a. Vertragliche Abbedingung der Schranken

Der ursprüngliche Richtlinienvorschlag befasste sich nicht mit der Frage der Zulässigkeit der vertraglichen Abbedingung von Urheberrechtsschranken. Im Zuge der Betonung der besonderen Rolle des Vertragsrechts zur Regelung urheberrechtlicher Fragestellungen in der Informationsgesellschaft ist die Diskussion aktuell geworden, inwieweit die Urheberrechtsschranken vertraglich abdingbar sind. Eine besondere Ausprägung hat diese Frage durch Bestrebungen in den USA bekommen, durch einen neuen Art. 2B des Uniform Commercial Code („UCC") Verpackungsverträge („Shrinkwrap Agreements")[1115] als wirksam anzusehen.[1116] Auf gemeinschaftlicher Ebene wird die Frage der vertraglichen Abdingbarkeit von Urheberrechtsschranken intensiv im Rahmen des Esprit-Projekts diskutiert.[1117] Gerade die Bibliotheken haben sich im Zuge der Beratungen über den Richtlinienvorschlag zum Urheberrecht in der Informationsgesellschaft vehement gegen eine Abdingbarkeit der Schranken gewehrt. Auch der Änderungsantrag 30 in der Stellungnahme des Europa-Abgeordneten *Whitehead* zum Richtlinienvorschlag wollte

---

[1115] Vgl. oben Fn. 925
[1116] Dazu *Diedrich*, MMR 1998, S. 513-519 (513ff.); *Lejeune*, K&R 1999, S. 210-217 (210ff.). Mittlerweile wurde diese Regelung aus politischen Gründen aus dem Entwurf des UCC gestrichen und in den Entwurf eines Uniform Computer Information Transactions Act (UCITA) übernommen; die Uniform Laws dienen in den USA dazu, den Bundesstaaten unverbindliche Orientierungspunkte für die Gesetzgebung zu geben, haben in der Praxis aber eine große Bedeutung; zum UCITA vgl. *Lejeune*, CR 2000, S. 201-204 (201ff.).
[1117] Vgl. das Consensus Forum der Generaldirektion III „Rights, Limitations and Exceptions: Striking a Proper Balance" in Amsterdam vom 30.-31. Oktober 1997, den Imprimatur-Bericht „Contracts and Copyright Exemptions", erstellt durch das Institute for Information Law, Amsterdam, Dezember 1997 sowie das Consensus Forum der Generaldirektion III „Contracts & Copyright: The Legal Framework for Future Electronic Copyright Management - An International Forum on Contracts, Copyright and the Internet" in London vom 2.-3. Juli 1998.

derartige vertragliche Bestimmungen für nichtig erklären.[1118] Letztlich muss auch in diesem Bereich eine Abwägung der beteiligten Interessen vorgenommen werden. Auf der einen Seite dürfte die komplette Abbedingung im Rahmen allgemeiner Geschäftsbedingungen unwirksam sein, auf der anderen Seite sollte die Möglichkeit des individualvertraglichen Verzichts zumindest solange gegeben sein, als öffentliche Interessen nicht betroffen sind.[1119]

Der mit dem Geänderten Vorschlag eingefügte Erwägungsgrund 45 stellt fest, dass die Schranken aus Art. 5 Abs. 2 und 3 zumindest einer vertraglichen Regelung zur Sicherstellung eines gerechten Ausgleichs für die Rechtsinhaber unterworfen werden können. Von denselben Erwägungen geht der neue Art. 6 Abs. 4 aus (dazu auch unten S. 257). Nach den Erläuterungen der EG-Kommission sollte dadurch präzisiert werden, dass die Ausnahmen auf bestimmte Sonderfälle beschränkt und für umfassende Lösungen vertragliche Regelungen zwischen den Beteiligten gefunden werden sollten.[1120] Die Kommission stellt also offenbar nicht nur auf den Fall ab, dass vertragliche Regelungen zur Entgeltsicherung der Rechtsinhaber getroffen werden können, sondern auch sonstige Absprachen möglich sein sollen.

Die Zurückhaltung der EG-Kommission in diesem Bereich ist verständlich, da bisher nicht ersichtlich ist, dass sich die Frage der vertraglichen Abbedingung von Schrankenregelungen spürbar auf den Binnenmarkt auswirkt.

b. Recht auf Informationsfreiheit

Die vor allem in den USA befürwortete neue Schranke des Rechts auf freien Informationszugang, das auf die Grundsätze der Demokratie[1121] und der Informationsfreiheit (Art. 10 EMRK) gestützt wird,[1122] fand keinen Eingang in den ur-

---

[1118] Abgedruckt als Anhang des *Barzanti*-Berichts (oben Fn. 151).

[1119] Der Imprimatur-Bericht (oben Fn. 1117), S. 32 deutet die Zulässigkeit der Abbedingung derjenigen Schranken an, die aufgrund Marktversagens gewährt werden, nicht jedoch derjenigen Schranken, hinter denen Erwägungen des öffentlichen Interesses stehen.

[1120] Geänderter Richtlinienvorschlag zum Urheberrecht in der Informationsgesellschaft, KOM (1999) 250 endg. vom 21.5.1999, S. 6.

[1121] So *Dankert* in der öffentlichen Anhörung „Schutz von Urheberrecht und Copyright" der Enquete-Kommission des 13. Deutschen Bundestages „Zukunft der Medien in Wirtschaft und Gesellschaft - Deutschlands Weg in die Informationsgesellschaft" am 27.1.1997 (Protokoll Nr. 20).

[1122] Vgl. den Bericht über die zweite Sitzung des *Legal Advisory Board* (GD XIII) vom 26./27.6.1995 über den Informationszugang, CR 1995, S. 510f.; diese Idee wurde im Rahmen der Beratungen über den Richtlinienvorschlag zum Urheberrecht in der Informationsgesell-

sprünglichen Richtlinienvorschlag. Begründet wird die Forderung nach dieser Schranke durch die zunehmende Bedeutung der Informationen und die Möglichkeiten, die durch technische Maßnahmen zur Einschränkung einer Werknutzung vorgenommen werden können. In diesem Zusammenhang wird ein Informationsvorsprung als ökonomischer Wettbewerbsvorsprung und als politischer und wirtschaftlicher Machtvorteil angesehen[1123], der bei Überwiegen des Informationsinteresses der Gesellschaft aufgehoben werden müsse. Hierzu ist aber zu sagen, dass ein Recht auf freien Informationszugang schon aus Gründen des Eigentumsschutzes nicht zulasten der Urheber gewährt werden darf.[1124] Der Staat ist hier aufgerufen, das geeignetere Mittel des Wettbewerbsrechts gegen die Bildung von Informationsmonopolen anzuwenden. Dem Informationsinteresse der Öffentlichkeit hat er gegebenenfalls durch Bereitstellung der Informationen durch öffentliche Bibliotheken nachzukommen. Die Europäische Gemeinschaft hat im Bereich der öffentlichen Bibliotheken durch die Regelung des Rechts des öffentlichen Verleihs, das als unverzichtbares Vergütungsrecht ausgestaltet werden kann, in der Vermiet- und Verleihrecht-Richtlinie die Interessen der Rechtsinhaber berücksichtigt. In Fortführung hat die EG-Kommission im Richtlinienentwurf über Urheberrecht in der Informationsgesellschaft keine Ausnahme vom Wiedergaberecht zugunsten von Bibliotheken zugelassen. Auch wenn sie dafür wiederholt stark kritisiert worden ist[1125], war dieser Vorgehensweise grundsätzlich zuzustimmen. Der Staat darf das öffentliche Informationsinteresse nicht unter vollständiger Ausblendung der berechtigten Interessen der Rechtsinhaber sicherstellen. In der Richtlinie verfolgt die Europäische Gemeinschaft nun einen anderen Ansatz der Berücksichtigung der berechtigten Interessen der Rechtsinhaber, in dem eine Schranke zwar zulässig ist, dafür aber ein gerechter Ausgleich zu gewähren ist (Art. 5 Abs. 3 lit. c).

Die Richtlinie sieht nun im neuen Art. 6 Abs. 4 jedoch vor, dass die Mitgliedstaaten bei Nichtvorliegen entsprechender freiwilliger Maßnahmen der Rechtsinhaber für die Schrankenbegünstigten nach Art. 5 Abs. 2 sowie nach Art. 5 Abs. 3 lit. a, b

---

schaft vor allen aus Kreisen der Bibliotheken propagiert; vgl. auch *Dittrich/Öhlinger*, 135 UFITA 1997, S. 5-80 (5ff.).
In Europa ist die Frage des Zugangs zum Kulturgut in verschiedene Schrankenregelungen eingeflossen, vgl. *Dreier*, GRUR Int. 1993, S. 742-747 (744).
Kritisch zu den Schrankenregelungen der Richtlinie aus Gründen der Informationsfreiheit: *Kröger*, Informationsfreiheit und Urheberrecht, S. 246ff.

[1123] *Tinnefeld*, DuD 1995, S. 18-24 (19).
[1124] *Wiechmann*, ZUM 1989, S. 111-122 (118) ist der Ansicht, dass aus der detaillierten Regelung des § 53 UrhG kein absolutes Recht auf freien Zugang zu den Kulturgütern gefolgert werden könne.
[1125] *G. Cornish*, 20 EIPR 1998, S. 241-243 (242).

oder e durch geeignete Mittel die Werknutzung sicherstellen können, soweit der betreffende Begünstigte rechtmäßig Zugang zum geschützten Werk oder Schutzgegenstand hat. Da hier der rechtmäßige Informationszugang aber ohnehin Voraussetzung für die Sicherstellung der Schrankenregelungen ist, wird auch durch diese Regelung die Frage der Informationsfreiheit nicht tangiert.

Die Frage des Zugangsrechts aus Gründen der Informationsfreiheit erweist sich auch oftmals deshalb als Scheinproblem, da die bloße Information und einfache Daten gar nicht durch das Urheberrecht geschützt werden.[1126] Folgerichtig hat das Grünbuch von 1995 diese Problematik überhaupt nicht angesprochen.

c. Zwangslizenzen

Eng verbunden mit der Frage des Rechts auf Informationsfreiheit ist auch die aktuelle Diskussion, ob dem Rechtsinhaber bei Anwendung der Schrankenregelungen ein Vergütungsanspruch zustehen soll und ob der Rechtsinhaber im Wege einer Zwangslizenz[1127] oder einer gesetzlichen Lizenz[1128] dazu angehalten werden kann, die Nutzung seines Werks zu lizenzieren.[1129]

Hinter einer zentral verwalteten pauschalen Vergütung steht die pragmatische Idee, dass dadurch Transaktionskosten niedrig gehalten werden können.[1130] Dies kann aber nur in den Fällen gelten, in denen die Kosten der kollektiven Verwaltung nicht außer Verhältnis stehen.[1131] Gerade durch die Möglichkeit des Einsatzes von Informationen für die Wahrnehmung der Rechte können diese Kosten aber auch vom Rechtsinhaber selbst sehr gering gehalten werden.[1132]

[1126] *Lea*, Ent. L. Rev. 1996, S. 21-26 (26).
[1127] Bei der Zwangslizenz „wird ein Urheberrechtsverwertungsvertrag geschlossen, jedoch nicht im Zeichen der Vertragsfreiheit, sondern aufgrund einer - im Einzelfall durch gerichtliches Urteil konkretisierten - gesetzlichen Verpflichtung", *Schricker*, in: *Schricker*, Urheberrecht, vor §§ 28ff. Rdz. 114.
[1128] Bei der gesetzlichen Lizenz „wird der Bereich rechtsgeschäftlichen Handelns verlassen. Das Gesetz selbst erlaubt bestimmte Arten der Nutzung gegen Vergütung", *Schricker*, in: *Schricker*, Urheberrecht, vor §§ 28ff. Rdz. 115.
[1129] Dazu Grünbuch über Urheberrecht in der Informationsgesellschaft, KOM (95) 382 endg. vom 19.7.1995, S. 25f.
[1130] *Strowel*, Droit d'auteur et copyright, S. 645.
[1131] *Strowel*, Droit d'auteur et copyright, S. 646; *Strowel* sieht den Bereich der (analogen) Privatkopie als mögliches Anwendungsgebiet für solche Regeln (S. 654).
[1132] So das USA Weißbuch (Nachweis oben Fn. 182), S. 52.

Gegen die Einführung von Zwangslizenzen wird eingewendet, dass sie aus wirtschaftlichen Gründen bedeutungslos geworden seien.[1133] Außerdem sollten sie nur dort Anwendung finden, wo ein besonderer kultureller und sozialer Auftrag zugrunde liegt.[1134] In der Informationsgesellschaft ist zudem die Rechtsverwaltung grundsätzlich auch vom einzelnen durchführbar. Deshalb wird häufig die Nichteinführung neuer und die Überprüfung der vorhandenen Zwangslizenzen gefordert.[1135]

Gegen die Idee der Vergütung wird zugunsten der Rechtsinhaber vertreten, dass eine „angemessene Vergütung" in Wahrheit eben gerade nicht angemessen sei[1136], da sie sonst der Rechtsinhaber selbst so aushandeln würde.

Die Vermiet- und Verleihrecht-Richtlinie enthält einige Regelungen über einen Vergütungsanspruch des Rechtsinhabers im Falle der Ausnahme vom ausschließlichen Recht. So bestimmt Art. 5, dass Ausnahmen vom ausschließlichen öffentli-

---

[1133] *Uchtenhagen*, Festschrift für *Kreile*, S. 779-787 (786).
[1134] *Katzenberger*, Festgabe für *Beier*, S. 379-386 (387).
[1135] USA Weißbuch, oben Fn. 182, S. 52; Endbericht des kanadischen *Information Highway Advisory Council*, oben Fn. 185, Kap. 10.3; tendentiell *Françon*, 132 RIDA 1987, S. 3-27 (5ff.); *Pollaud-Dulian*, GRUR Int. 1995, S. 361-373 (368); *Becker* zitiert von *Wachter*, GRUR Int. 1995, S. 860-874 (870); *BT* bei der Anhörung in Brüssel vom 7.-8.7.1994, abgedruckt in der Kommissionsveröffentlichung, siehe oben Fn. 13, S. 73-75 (75); *Capital Cities*, ebenda, S. 89-91 (90); *Internationale Gesellschaft für Urheberrecht e.V. (INTERGU)*, ebenda, S. 296-303 (301); *Sieger*, AfP 1986, S. 101-106 (102) spricht bei gesetzlichen Lizenzen von einer „Teil-Expropriation"; für das Internet auch Bericht des *US Copyright Office* „A Review of the Copyright Licensing Regimes Covering Retransmission of Broadcast Signals" vom 1.8.1997, S. 135.
Sogar das Grünbuch über Urheberrecht in der Informationsgesellschaft, KOM (95) 382 endg. vom 19.7.1995, S. 72 ist sehr distanziert gegenüber weiteren Zwangslizenzen; die Initiativen zum Grünbuch über Urheberrecht in der Informationsgesellschaft, KOM (96) 568 endg. vom 20.11.1996, S.11 wollen sie nur dort beibehalten, wo das ausschließliche Recht des Rechtsinhabers nicht durchsetzbar ist; gegen neue Lizenzen wendet sich auch *Schricker*, in: *Schricker*, Urheberrecht auf dem Weg zur Informationsgesellschaft, S. 217.
Dagegen äußern sich aber die US-amerikanische Musikurheber, da mit Zwangslizenzen wenigstens etwas verdient werden könne, vgl. *Kreile*, ZUM 1995, S. 815-824 (818).
In den Zwangslizenzen wird ein Schutz vor dem Missbrauch des Vertragsrechts gesehen, vgl. *Wandtke*, GRUR 1995, S. 385-392 (386), der durch einen Anspruch auf angemessene Vergütung ergänzt werden sollte (S. 390).
Art. 6 des WCT-Entwurfs bezüglich des Verbots einer Zwangslizenz bei der Rundfunksendung eines Werks wurde nicht angenommen, obwohl die Mehrheit der WIPO-Teilnehmer zumindest in Bezug auf Erstsendungen gegen eine Zwangslizenz ist, vgl. *Kreile*, ZUM 1995, S. 307-315 (311); bei der Kabelweitersendung gehen die Ansichten aber auseinander, vgl. *Kreile*, ZUM 1995, S. 307-315 (311).
[1136] *Pollaud-Dulian*, GRUR Int. 1995, S. 361-373 (368); *Françon*, 132 RIDA 1987, S. 3-27 (7).

chen Verleihrecht zulässig sind, sofern zumindest der Urheber eine Vergütung für das Verleihen erhält. Auf die Angemessenheit der Vergütung wird aber nicht abgestellt. Außerdem können nach Art. 5 Abs. 3 bestimmte Kategorien von Einrichtungen von der Pflicht zur Zahlung der Vergütung ausgenommen werden. Art. 8 Abs. 2 sieht eine angemessene Vergütung bei der Nutzung eines zu Handelszwecken veröffentlichten Tonträgers für Rundfunksendungen und sonstige öffentliche Wiedergaben vor.

Die Europäische Gemeinschaft ist sehr zurückhaltend bei der Erwähnung von Zwangslizenzen. Diese werden in Art. 10 Abs. 2 S. 2 der Vermiet- und Verleihrecht-Richtlinie im Zusammenhang mit der Möglichkeit, für das klassische Urheberrecht geltende Schranken auch bei den verwandten Schutzrechten vorzusehen, nur insoweit ausdrücklich angesprochen, als ihr Anwendungsbereich auf die Vorgaben des Rom-Abkommens beschränkt wird. Entgegen der ursprünglichen Absichten[1137] soll es nach Art. 16 Abs. 3 der Datenbank-Richtlinie vorbehaltlich einer Überprüfung nach drei Jahren vorerst keine verbindlich vorgeschlagenen Zwangslizenzen bei Datenbanken geben.

Nach Erwägungsgrund 18 der Richtlinie werden die Regelungen der betroffenen Mitgliedstaaten für die Verwaltung von Rechten, beispielsweise der erweiterten kollektiven Lizenzen, durch die Richtlinie nicht berührt. Dies deutet darauf hin, dass die Gemeinschaft die generelle Möglichkeit von Zwangslizenzen von vornherein nicht für die Zukunft ausschließen will.

Aufgrund der neuen technischen Möglichkeiten der Rechteverwaltung sind keine Bereiche ersichtlich, in denen über die bestehenden Regelungen hinaus neue Zwangslizenzen oder gesetzliche Lizenzen erforderlich sind. Vielmehr könnte sich in Zukunft die Notwendigkeit ergeben, die derzeitigen Bestimmungen zumindest für den digitalen Bereich aufzuheben.

Auch Art. 6 Abs. 4 berücksichtigt den Vorrang der technischen Lösung, sofern die Rechtsinhaber freiwillige Maßnahmen ergreifen, damit wichtige Schrankenregelungen nicht leer laufen. Sollte dies aber nicht der Fall sein, treffen die Mitgliedstaaten geeignete Maßnahmen, um sicherzustellen, dass die Rechtsinhaber dem Begünstigten die Mittel zur Nutzung der betreffenden Schranke in dem für die Nutzung erforderlichen Maße zur Verfügung stellen. Hiermit scheint dann der Weg zu Zwangslizenzen eröffnet zu sein. Flankiert wie die Vorschrift von Art. 12 Abs. 1, wonach die Kommission auf deren Einhaltung besonders achten soll.

[1137] Vgl. den Bericht von *Goebel*, CR 1995, S. 318.

d. Geräte- und Leermedienabgaben

Unsicherheiten offenbaren sich bei der Kommission auch im Bereich der Geräte- und Leermedienabgaben. Dabei handelt es sich um die Frage, ob in bestimmten Fällen der Anwendung von Schranken der Urheber einen zentral verwalteten pauschalen Ausgleich in Form einer Beteiligung an einer allgemeinen Geräteabgabe oder Leermedienvergütung erhalten soll.[1138] Diese Lösung wird aufgrund der leichten Kopierbarkeit digitaler Daten vor allem für die digitale Kopie gefordert.[1139]

Solchen Abgaben wird vorgeworfen, dass sie wie indirekte Steuern für unterschiedliche Endpreise der betroffenen Geräte und Medien verantwortlich sind, die den freien Warenverkehr behindern. Die wirtschaftliche Bedeutung wurde insbesondere nach der Einführung einer Abgabe für Trägermedien in Kanada deutlich.[1140] Die Festsetzung der genauen Höhe war Anfang 1999 aufgrund erbitterter Widerstände seitens der Industrie, die eine Verdopplung der Preise von Leer-CD-ROMs befürchtete, nicht möglich.[1141]

Für den Bereich der Abgaben auf reprographische Geräte sieht *Cornish* einen Anwendungsfall der Subsidiarität.[1142] Aufgrund der Größe der Geräte, der Wartungsintensität und der natürlichen Sprachbarrieren hat sich aber im Bereich der photomechanischen Kopiergeräte noch kein ähnlicher Strom von grenzüberschreitenden Käufen entwickelt. Aus Sicht des Handels mit derartigen Geräten ist schon deshalb die Regelung einer Geräteabgabe im Hinblick auf die Vervielfältigungen auf photomechanischem Weg nicht erforderlich.

Zudem ist zu bedenken, dass durch die Abgabe auf Geräte und Leermedien alle Hersteller im selben Markt gleichbehandelt werden, so dass im Sinne der *Keck*-Rechtsprechung des Europäischen Gerichtshofes[1143] an sich keine gemeinschaftsrechtswidrige Marktzugangsschranke im Bereich des freien Warenverkehrs vorliegt. Die Situation ist mit der im Markt für Neuwagen vergleichbar, wo aufgrund

---

[1138] Grünbuch über Urheberrecht in der Informationsgesellschaft, KOM (95) 382 endg. vom 19.7.1995, S. 50.
[1139] So die *Internationale Gesellschaft für Urheberrecht e.V. (INTERGU)* bei der Anhörung in Brüssel vom 7.-8.7.1994, abgedruckt in der Kommissionsveröffentlichung, siehe oben Fn. 13, S. 296-303 (300); *Spada*, ebenda, S. 437-440 (439).
[1140] C-32, Sec. 82ff. vom 25.4.1997.
[1141] Vgl. *Matthew Friedman:* „Digital Storage Tax Deferred" in wired online vom 19.1.1999.
[1142] *Cornish*, GRUR Int. 1997, S. 305-308 (308).
[1143] Vgl. oben Fn. 967.

der jeweiligen steuerlichen Regelungen ein unterschiedliches Preisniveau in den Mitgliedstaaten vorherrscht.

Bei den Geräte- und Leermedienabgaben sind aber auch die Interessen der Rechtsinhaber zu berücksichtigen. Unterschiedliche nationale Regelungen können dazu führen, dass Urheber und sonstige Berechtigte in manchen Mitgliedstaaten ein Anspruch zusteht, wogegen sie andernorts leer ausgehen. Da aber sämtliche Rechtsinhaber jeweils gleichbehandelt werden, liegt eigentlich kein Hindernis für den Binnenmarkt vor. Selbst wenn man dies trotzdem bejahte, können pauschale Abgaberegelungen in den Bereichen, in denen die Werknutzung kontrolliert werden kann, nicht mehr als erforderlich angesehen werden. Eine derartige Kontrolle ist bei der Digitalkopie von Werken, die im digitalen Format vorliegen, möglich (vgl. unten S. 273). Demnach käme für eine Harmonisierung der Abgabensysteme auch bei großzügiger Auslegung nur der Bereich der Analogkopie und der Digitalisierung von Werken im analogen Format in Betracht.

Das Grünbuch von 1995[1144] und die Initiativen zum Grünbuch über Urheberrecht in der Informationsgesellschaft[1145] sehen die Einführung von Abgabensystemen als möglich an, soweit technische Schutzmittel nicht helfen. Auch im Entwurf vom 2.12.1997 in Kap. 3.1.a.4 hieß es noch, dass der gemeinschaftsweite Handel mit derartigen Aufnahmegeräten und -medien aufgrund der Produktion in nur wenigen Mitgliedstaaten sehr intensiv sei.[1146] Diese Aussage wurde im endgültigen Vorschlag gestrichen. Auch hier schien die Kommission die Lösung eines strittigen Problems nicht in Angriff nehmen zu wollen. Stattdessen sieht die Richtlinie nun in bestimmten Fällen den Anspruch auf einen „gerechten Ausgleich"[1147] vor. Im Bereich der digitalen Privatkopie wurde die Formulierung des *Barzanti*-Berichts, wonach dem Rechtsinhaber für „jede" digitale Kopie ein Ausgleich zustehe, nicht übernommen. Daraus lässt sich schließen, dass der Weg für eine von der tatsächlichen Kopie unabhängige Pauschalabgabe offen bleiben soll. Die deutsche Delegation beantragte in der Ratsarbeitsgruppe Ende 1998 die Einführung dieser Abgaben im Rahmen des Vorschlags.[1148] Während die südlichen und britischen Mit-

---

[1144] Grünbuch über Urheberrecht in der Informationsgesellschaft, KOM (95) 382 endg. vom 19.7.1995, S. 50.
[1145] Initiativen zum Grünbuch über Urheberrecht in der Informationsgesellschaft, KOM (96) 568 endg. vom 20.11.1996, S. 11.
[1146] „As blank tapes or recording machines are produced only in a few Member States, there is intensive intra-Community trade in these goods."
[1147] Der *Barzanti*-Bericht, siehe oben Fn. 151, forderte hingegen eine „angemessene Vergütung". Die britischen Labour-Abgeordneten waren entschieden gegen jegliche Vergütungsregelung; vgl. *Oddy* in der Parlamentsdebatte, Parlamentsprotokoll vom 9.2.1999, S. 54.
[1148] *BDI*, NvWR 1998, S. 62-63 (62); *BDI*, NvWR 1998, S. 78-79 (79).

gliedstaaten dieses Vorgehen begrüßten[1149], waren die übrigen Staaten strikt dagegen. Mithin erfolgte keine Aufnahme in die Richtlinie.

VII. Art. 6: Pflichten in Bezug auf technische Maßnahmen

Die hitzigsten Debatten bei der Ausarbeitung des Richtlinienvorschlags zum Urheberrecht in der Informationsgesellschaft gab es in Bezug auf Art. 6, der die technischen (im Vorschlag vom 10.12.1997 noch: „technologischen") Maßnahmen behandelt. Mit dieser Vorschrift sollen Art. 11 WCT und Art. 18 WPPT umgesetzt werden. Der Text des Artikels wurde im Geänderten Vorschlag völlig umgestellt, nur um in der Richtlinie wiederum eine neue Ausgestaltung zu erhalten.

Mit dem Schutz der technischen Maßnahmen in den beiden WIPO-Verträgen wurde berücksichtigt, dass Rechtsinhaber die technischen Möglichkeiten der Informationsgesellschaft zunehmend nutzen, um den Schutz ihrer Rechte auf technischem Wege selbst in die Hand zu nehmen.[1150] Im Gegensatz zu den in Art. 7 geregelten Informationen für die Wahrnehmung der Rechte geht es hierbei schon um die Prävention von Rechtsverletzungen.

Als technische Maßnahmen kommen dabei zahlreiche Schutzarten in Betracht, die gerade bei einer kombinierten Anwendung sehr effektiv sein können. So können die benutzten Geräte mit Technologien versehen werden, die einen technischen Schutz gegen unerlaubte Vervielfältigung und Nutzung gewährleisten.[1151] Dazu gehören insbesondere bei der Nutzung hochwertiger Software Steckaufsätze („Dongles"), ohne die das Computerprogramm nicht ausgeführt werden kann. Auch kann Software theoretisch so programmiert werden, dass sie nur auf einem bestimmten Computer abläuft. Weiterhin gibt es Chip-gestützte Kopiersperren in digitalen Aufnahmegeräten[1152] sowie Kopiersperren auf digitalen Aufnahmemedien. Bei diesen Kopiersperren werden Informationen bei den zu kopierenden digitalen Daten überprüft, die gegebenenfalls eine Vervielfältigung verbieten. Mit

---

[1149] *BDI*, NvWR 1998, S. 97-98 (97).
[1150] Allgemein dazu *Kitagawa*, 117 UFITA 1991, S. 57-69 (64ff.); *ders.*, 132 UFITA 1997, S. 77-91 (77ff.); *Wand*, in: Cyberlaw, S. 35-56 (35ff.); *Dusollier*, 21 EIPR 1999, S. 285-297 (285ff.); *Davies*, Festschrift für *Dietz*, S. 307-319 (307ff.).
[1151] Vgl. allgemein dazu Grünbuch über Urheberrecht in der Informationsgesellschaft, KOM (95) 382 endg. vom 19.7.1995, S. 80.
[1152] In den USA wurden diese „Serial Copy Management Systems" schon aufgrund des Audio Home Recording Act of 1992 eingeführt; zur Technik: *Maus*, Digitale Kopie von Audio- und Videoprodukten, S. 231; *Bortloff*, Tonträgerpiraterieschutz, S. 218; kritisch zur Wirksamkeit: *Gahrau*, Urheberrecht und Preisbindung, S. 121-137 (126).

einer analogen Kopie kann der Schutz zwar oft umgangen werden,[1153] dies aber nur unter Inkaufnahme von unerwünschten Qualitätsverlusten. Außerdem werden bei einer analogen Vervielfältigung vorhandene Informationen für die Rechtewahrnehmung nicht übertragen, so dass auch eine spätere Digitalisierung die Verkehrsfähigkeit der abgeleiteten Kopien nicht gewährleisten kann.

Technischer Schutz kann ebenfalls durch eine entsprechende Bearbeitung der Software erreicht werden. Wichtigstes Beispiel ist die Verschlüsselung der geschützten Daten, die nur der berechtigte Nutzer dann wieder entschlüsseln kann.[1154] Auch wenn aus sicherheitsrechtlichen Erwägungen die Zulässigkeit der Verschlüsselung sehr umstritten ist,[1155] hat sich diese Technik in ihren vielen verschiedenen Ausprägungen in der Praxis durchgesetzt. Gerade das Imprimatur-Programm befasst sich intensiv mit diesen Schutzmaßnahmen.[1156] Die Entschlüsselung kann entweder über spezielle Softwareschlüssel oder über Hardwaredecoder[1157] erfolgen.

Beim Zugang zu Inhalten geht damit oft die Nutzung individueller Passwörter einher. Da davon nicht nur der urheberrechtliche Bereich betroffen wird, sind derartige Dienste für einen Teilbereich auf Gemeinschaftsebene Gegenstand einer horizontalen Regelungsinitiative, auf welche Erwägungsgrund 35 des Geänderten

---

[1153] Dazu *Maus*, Digitale Kopie von Audio- und Videoprodukten, S. 230; *Wiechmann*, ZUM 1989, S. 111-122 (114).

[1154] Dazu *Roßnagel*, NJW-CoR 1994, S. 96-101 (96ff.); *Samuelson*, 13 Cardozo Arts & Ent. L.J. 1994/95, S. 55-68 (58ff.); *Wenning*, jur-pc 1995, S. 3321-3330 (3325); *Kuner*, NJW-CoR 1995, S. 413-420 (413f.); *ders.*, Int'l Bus. Law. 1996, S. 186-190 (186ff.); *Froomkin*, 143 U. Pa. L. Rev. 1995, S. 709-897 (709ff.); *Bizer*, DuD 1996, S. 5-14 (5ff.); *Huhn/Pfitzmann*, DuD 1996, S. 23-26 (23ff.); *Grimm*, DuD 1996, S. 27-36 (27ff.); *Hardy*, Project Looking Forward, S. 61ff.

[1155] Vgl. zu den bis heute andauernden Kontroversen in den USA, wo Verschlüsselungstechniken zu Beginn unter die Regelungen der Kriegswaffenkontrolle (International Traffic in Arms Regulations, „ITAR") fielen, anschließend in die Handeskontrollliste aufgenommen wurden und erst im September 1999 völlig freigegeben werden sollten: *Wenning*, jur-pc 1995, S. 3321-3330 (3327); *Kuner*, NJW-CoR 1995, S. 413-420 (415); *Reimer*, DuD 1997, S. 1; *Bold*, PC-Welt 11/99, S. 58.
In Deutschland sind nach dem Kabinettsbeschluss vom 2.6.1999 vorerst keine einschränkenden Regelungen geplant, vgl. die Mitteilung in MMR 7/1999, S. XVIIf.

[1156] Vgl. den Imprimatur-Bericht „Formation And Validity Of On-line Contracts", erstellt durch das Institute for Information Law, Amsterdam vom Mai 1998 mit einem ausführlichen Überblick über die Verschlüsselungsarten auf S. 7-16 und über die nationalen Rechtslagen auf S. 17-47.

[1157] Beispiele: Set-Top-Box bzw. Decoderkarte; dazu Rheinischer Merkur Nr. 50 vom 15.12.1995, S. 31.

Vorschlags noch ausdrücklich hinwies. In der Richtlinie zum Urheberrecht in der Informationsgesellschaft findet sich im neuen Art. 9 sowie in Erwägungsgrund 60 nur noch ein allgemeiner Hinweis, dass die Richtlinie nationale und gemeinschaftliche Rechtsvorschriften unter anderem im Bereich der Zugangskontrolle unberührt lässt. Die Richtlinie über den rechtlichen Schutz von zugangskontrollierten Diensten und von Zugangskontrolldiensten[1158] befasst sich mit Fernseh- und Radiosendungen sowie Diensten der Informationsgesellschaft, die gegen Zahlung an Mitglieder der Öffentlichkeit an einen anderen Ort übertragen werden. Diese sollen gegen jegliche geschäftsmäßige Handlungen in Bezug auf den unerlaubten Zugang zu den Diensten geschützt werden. Fragen der Verschlüsselung aus Gründen der Datensicherheit werden aber nicht behandelt. Aufgrund dieser Differenzierung spielte anders als in den USA[1159] in der Europäischen Gemeinschaft die Frage nie eine wesentliche Rolle, ob der Einsatz technischer Schutzmaßnahmen aus Sicht der Urheberrechtsgesetzgebung nur dann schützenswert ist, wenn die entsprechenden Inhalte im Einzelfall auch wirklich durch das Urheberrecht geschützt werden.

Diese Entwicklungen im Privatsektor werden von der Europäischen Gemeinschaft nachdrücklich befürwortet und gefördert.[1160] So befasste sich das von der EG-

---

[1158] Richtlinie 98/84/EG des Europäischen Parlaments und des Rates vom 20. November 1998 über den rechtlichen Schutz von zugangskontrollierten Diensten und von Zugangskontrolldiensten, ABl. EG Nr. L 320 vom 28.11.1998, S. 54ff.
Hervorgegangen aus dem „Vorschlag für eine Richtlinie des Europäischen Parlaments und des Rates zum Rechtsschutz von zugangskontrollierten Diensten und von Zugangskontrolldiensten", KOM (97) 356 endg. vom 9.7.1997.
Vgl. auch das Grünbuch „Der rechtliche Schutz verschlüsselter Dienste im Binnenmarkt" KOM (96) 76 endg. vom 6.3.1996 und den dazu ergangenen Bericht des Europäischen Parlaments A4-0119/97 von *Georgios Anastassopoulos* (Ausschuss für Recht und Bürgerrechte) vom 2.4.1997, in dessen Entschließungsanträgen die Auffassung vertreten wird, „dass der kurz- und langfristige Schutz der Urheberrechte und der verwandten Schutzrechte nur dann realisierbar wird - zumindest unter dem Gesichtspunkt der Möglichkeiten öffentlicher Übertragung geschützter Werke -, wenn Maßnahmen ergriffen werden, die auf den entsprechenden Schutz der Instrumente bzw. Systeme dieser Übertragung abzielen".

[1159] Gerade dort wird das Problem diskutiert, dass technische Schutzmittel auch den Zugang zu Werken, bei denen kein Urheberrechtsschutz (mehr) besteht, behindern können, vgl. *Stögmüller*, GRUR Int. 1995, S. 855-858 (857); *Vinje*, 18 EIPR 1996, S. 431-440 (433).

[1160] So wurde nach der Veröffentlichung des Grünbuchs, KOM (95) 382 endg. vom 19.7.1995, eine Anhörung Interessierter Kreise über technische Identifizierungs- und Schutzsysteme sowie Erwerb und Verwaltung von Rechten in Brüssel am 8./9.1.1996 durchgeführt; auch bei der Konferenz über Urheberrecht und verwandte Schutzrechte in Florenz vom 2.-4.6.1996 wurde unter anderem diese Problematik intensiv diskutiert.
Eine detaillierte Beschreibung aller Projekte im Bereich der technischen Schutz- und Verwaltungsmaßnahmen auf Gemeinschaftsebene findet sich in der zweiten Auflage des Berichts

Kommission gesponserte CITED-Programm („Copyright in Transmitted Electronic Document") auch mit den Fragen des technischen Schutzes der Urheberrechte. In Weiterführung dieses Programms untersucht das im Rahmen des Esprit-Programms initiierte COPICAT-Projekt („Copyright Ownership Protection In Computer Assisted Training") die Möglichkeiten des technischen Schutzes.

Im Vorschlag vom 10.12.1997 sah Absatz 1 vor, dass die Mitgliedstaaten „einen angemessenen Rechtsschutz in Bezug auf alle Handlungen einschließlich der Herstellung und Verbreitung technischer Vorrichtungen sowie der Erbringung von Dienstleistungen vor[sehen], die neben der Umgehung nur einen begrenzt wirtschaftlich bedeutsamen Zweck oder Nutzen haben und vorgenommen werden, obwohl bekannt ist oder den Umständen nach bekannt sein muss, dass diese Handlungen die unerlaubte Umgehung wirksamer technologischer Maßnahmen ermöglichen oder erleichtern, die zum Schutz von gesetzlich geschützten Urheberrechten oder verwandten Schutzrechten" oder dem Recht sui generis aus der Datenbank-Richtlinie bestimmt sind.

Gegenüber der Regelung in den beiden WIPO-Verträgen wurde mit dieser zweckgerichteten Formulierung ein anderer Ansatz verfolgt, der sich an den nicht konsensfähigen Formulierungsvorschlägen der EG-Kommission bei der Vertragskonferenz vom Dezember 1996 orientierte.[1161] Während die WIPO-Verträge allein auf

---

[1161] der Generaldirektion XIII „IPR and Electronic Copyright Management" von 1999, S. 176-193.
Der Formulierungsvorschlag, den die Vertreter der Europäischen Gemeinschaft bei der Vertragskonferenz im Dezember 1996 in die Diskussion einbrachten, lautete in der englischen Originalfassung:

Obligations concerning Technological Measures

(1) Contracting Parties shall make unlawful the importation, manufacture or distribution of protection-defeating devices, or the offer or performance of any service having the same effect, by any person knowing or having reasonable grounds to know that the device or service will be used for, or in the course of, the exercise of rights provided under this Treaty that is not authorized by the rightholder or the law.

(2) Contracting Parties shall provide for appropriate and effective remedies against the unlawful acts referred to in paragraph (1).

(3) As used in this Article, „protection-defeating device" means any device, product or component incorporated into a device or product, the primary purpose or primary effect of which is to circumvent any process, treatment, mechanism or system that prevents or inhibits any of the acts covered by the rights under this Treaty.

die Umgehungshandlung abstellen, umfasste der Richtlinienvorschlag zum Urheberrecht in der Informationsgesellschaft eine Vielzahl von auf eine Umgehung gerichtete Handlungen, mit Ausnahme aber des Angebots von Dienstleistungen, wie es sich noch in den WIPO-Entwürfen fand. Zudem verlangte die erste Fassung des Richtlinienvorschlags ein subjektives Element dahingehend, dass die potentielle Eignung der Handlung zur Ermöglichung oder Erleichterung[1162] einer Umgehung bekannt sein musste. Auch diese Regelung war damals in Genf verworfen worden. Aufgrund des anderen Regelungsansatzes wurde einschränkend hinzugefügt, dass die zur Umgehung benutzten Handlungen, Vorrichtungen und Dienstleistungen „neben der Umgehung nur einen begrenzt wirtschaftlich bedeutsamen Zweck oder Nutzen haben". Dadurch sollten vor allem diejenigen Geräte, die zwar auch zur Umgehung benutzt werden konnten, deren Hauptverwendungszweck aber ein anderer war, freigestellt werden. Andernfalls hätte die Illegalisierung jedes Computers gedroht, weil damit eben auch Schutzmechanismen umgangen werden können. Zudem sprechen die WIPO-Verträge von „adäquatem Rechtsschutz" und „wirksamen Rechtsbehelfen" („effective legal remedies"), wohingegen der Vorschlag nur den ersten Teil ausdrücklich übernahm.[1163]

Diese von den Vorgaben der WIPO-Verträge abweichende Vorgehensweise war sehr umstritten. Gerade von Seiten der Rechtsinhaber wurde vorgetragen, dass Art. 6 ohne subjektives Element ausgestaltet werden sollte. Auf diese Weise wäre eine Verantwortlichkeitsregelung erreicht worden, die derjenigen des US-amerikanischen Rechts („strict liability") weit gehend entsprochen hätte. Eine derart weite Haftung wäre aber mit den Grundprinzipien der Verantwortlichkeit in den mitgliedstaatlichen Rechtsordnungen nicht zu vereinbaren gewesen. Wie auch in den anderen Haftungsbereichen muss dem Schädiger grundsätzlich ein hinreichendes Verschulden nachgewiesen werden. Bei der aktiven Umgehung von technischen Schutzmaßnahmen dürfte der Nachweis, dass dem Schädiger nach den Umständen nach bekannt sein musste, dass er eine unerlaubte Handlung beging, in der Praxis ohnehin nicht allzu schwierig zu führen sein.

[1162] Dem Hinweis von *Marly*, K&R 1999, S. 106-112 (111), dass durch diesen Wortlaut nur entsprechende Vorbereitungshandlungen, nicht aber die eigentliche Vornahme der Umgehungshandlung umfasst würden, kann nur schwerlich entgegengetreten werden. Die Kommission hat diese Ungenauigkeit durch die Regelung im Geänderten Vorschlag, der auf die Umgehungshandlung abstellt, korrigiert.

[1163] Dass *Marly*, K&R 1999, S. 106-112 (110) die Formulierung „angemessener Rechtsschutz" als zu unbestimmt ansieht, ist abzulehnen. Durch diesen Ausdruck wird den Mitgliedstaaten unter Berücksichtigung der Vorgaben der WCT vielmehr der nötige Umsetzungsspielraum gelassen. Sollte es je zum Streit über die Angemessenheit des Rechtsschutzes kommen, kann der Europäische Gerichtshof für die nötige Klarstellung sorgen.

Bezüglich der typischen Vorbereitungshandlungen, wie sie die im ursprünglichen Art. 6 Abs. 1 genannten Handlungen der Herstellung und Verbreitung technischer Vorrichtungen sowie der Erbringung von Dienstleistungen darstellten, wollte gerade die Hardware-Industrie eine Beschränkung, dass die betreffenden Handlungen ihren Hauptzweck in der Umgehung hätten haben müssen oder wirtschaftlich nicht sinnvoll in anderer Weise einsetzbar gewesen seien. Diese Forderung konnte sich in der Tendenz auf Art. 7 Abs. 1 lit. c der Computerprogramm-Richtlinie berufen, wonach „das Inverkehrbringen oder der Erwerbszwecken dienende Besitz von Mitteln, die allein dazu bestimmt sind, die unerlaubte Beseitigung oder Umgehung technischer Programmschutzmechanismen zu erleichtern", unzulässig sein sollten. Nachdem anfangs wohl eine diesbezügliche Regelung von der EG-Kommission überhaupt nicht angestrebt wurde[1164], kam es letztlich zur eher unpräzisen Formulierung, dass „neben der Umgehung nur ein begrenzt wirtschaftlich bedeutsamer Zweck oder Nutzen" vorliegen dürfe.

In Bezug auf das Verhältnis von Art. 6 zu Art. 7 Abs. 1 lit. c der Computerprogramm-Richtlinie herrschte Unsicherheit. Das Problem wurde noch im Entwurf vom 2.12.1997 überhaupt nicht angesprochen, obwohl letztere Vorschrift mit ihrem Abstellen auf die alleinige Bestimmung zur Umgehung einen anderen Regelungsgehalt hatte als Art. 6 des Vorschlags, so dass eine Klarstellung des Verhältnisses angezeigt schien. Art. 7 Abs. 1 lit. c der Computerprogramm-Richtlinie war bei den Vorberatungen jener Richtlinie heftig umstritten und ließ sich letztlich nur im Wege eines Kompromisses als Teil eines Gesamtpakets durchsetzen. Im Gegenzug wurde nämlich ein weites Recht der Dekompilierung in Art. 6 der Computerprogramm-Richtlinie verankert. Durch die Aufhebung der Vorschrift wäre das damals gefundene Gleichgewicht innerhalb der Computerprogramm-Richtlinie empfindlich gestört worden. So wurde das Problem im Erwägungsgrund 31 des Vorschlags dahingehend gelöst, dass das Recht zur Dekompilierung von Art. 6 der Computerprogramm-Richtlinie weiterhin Bestand haben sollte. Was aber mit Art. 7 Abs. 1 lit. c geschehen sollte, war weniger deutlich. Die ungeschickte Regelung von Art. 1 Abs. 2 (vgl. oben S. 231) hätte wohl darauf hingedeutet, dass die Vorschrift weitergelten sollte; dann hätte es aber auch in Bezug auf Art. 6 der Computerprogramm-Richtlinie nicht des Hinweises in Erwägungsgrund 31 bedurft. Erst im Geänderten Vorschlag wurde die Beibehaltung der Vorschriften der Computerprogramm-Richtlinie im Erwägungsgrund ausdrücklich betont. Zudem wurde Art. 1 Abs. 2 deutlicher gefasst.

[1164] Vgl. das Fehlen einer entsprechenden Regelung im Entwurf vom 2.12.1997.

Der Geänderte Vorschlag hatte auch sonst viele Bedenken der Rechtsinhaber berücksichtigt und enthielt eine auf zwei Absätze verteilte völlig geänderte Regelung. Im ersten Absatz von Art. 6 wurde nur noch auf die eigentliche Umgehungshandlung abgestellt, die - wie schon im Vorschlag vom 10.12.1997 festgelegt - unerlaubt und mindestens grob fahrlässig sein musste. Die Richtlinie hat die Formulierungen in Absatz 1 noch einmal klarer gefasst, stellt nun aber nicht mehr auf Vorsatz oder grobe Fahrlässigkeit in Bezug auf die unerlaubte Umgehungshandlung, sondern in Bezug auf die Zielverfolgung einer Umgehung ab. In Zusammenschau mit der Definition der technischen Maßnahmen in Absatz 3 (dazu sogleich) wird dadurch deutlich, dass damit alle Fälle gemeint sind, in denen der Rechtsinhaber die Erlaubnis zur Nutzung der durch die Maßnahmen geschützten Gegenstände nicht erteilt hat. Mithin ist die Umgehung der Maßnahme auch dann unzulässig, wenn gemäß Art. 5 eine Schrankenregelung die Nutzung gesetzlich zulassen würde. Die bisherige Unklarheit, ob „unerlaubt" („without authority") auch voraussetzte, dass mangels Schrankenregelung eine gesetzliche Unzulässigkeit („not permitted by law") vorliegen musste[1165], ist damit nun beseitigt worden. Die Unerlaubtheit der Nutzung ist schon dann gegeben, wenn der Rechtsinhaber dieser nicht zustimmt. Die Gemeinschaft geht davon aus, dass Rechtsinhaber und Nutzer einen angemessenen Interessenausgleich im Wege der Privatautonomie erreichen werden. Sollte dies zukünftig nicht der Fall sein, besteht nach dem neuen Art. 6 Abs. 4 die Verpflichtung der Mitgliedstaaten, den Schrankenregelungen auch in Ansehung von technischen Maßnahmen zur Geltung zu verhelfen.[1166]

Der zweite Absatz konkretisiert die frühere Regelung in Bezug auf die Vorbereitungshandlungen dahingehend, dass die Handlung[1167] eines von drei Kriterien erfüllen muss. So werden als erster Fall die bloßen Vorbereitungshandlungen der

---

[1165] Erst im Geänderten Vorschlag wurde in Erwägungsgrund 30 eine entsprechende versteckte Klarstellung aufgenommen („unerlaubt, also ohne Erlaubnis der Rechtsinhaber oder aber gesetzlicher Erlaubnis"). Aufgrund der nun eindeutigen Formulierung in Art. 6 konnte diese Klarstellung wieder aufgegeben werden.

[1166] Dieses Gefüge von Vorrang der technischen Maßnahme bei gleichzeitiger Sicherstellung des privaten Gebrauchs wird von *Davies*, Festschrift für *Dietz*, S. 307-319 (315f.) als unpraktikabel kritisiert: „The upshot of these confused and confusing provisions appears to be that the use of technological measures to prevent private copying altogether is allowed in principle but not in practice"; noch schärfer: *Vinje*, 22 EIPR 2000, S. 551-562 (555ff.), der die Gefahr sieht, dass das Urheberrecht durch technologische Monopole und elektronische Verträge ersetzt wird; *Hugenholtz*, 22 EIPR 2000, S. 499-505 (500) hält die Vorschrift wegen ihrer Unbestimmtheit lediglich für geeignet, das bisherige gemeinschaftliche Lobbying auf die Ebene der Mitgliedstaaten zu verlegen; Rechtssicherheit würde dadurch nicht geschaffen werden; ähnlich *Hart*, 24 EIPR 2002, S. 58-64 (63).

[1167] Auf die Erlaubtheit der Handlung kommt es im Gegensatz zur Formulierung im Geänderten Vorschlag nicht mehr an.

Verkaufsförderung, Werbung oder Vermarktung mit dem Ziel der Umgehung des Schutzes wirksamer technischer Maßnahmen einbezogen. Zweitens ist Schutz gegen Handlungen zu gewähren, die, abgesehen von der Umgehung wirksamer technischer Maßnahmen, nur einen begrenzten wirtschaftlichen Zweck oder Nutzen haben[1168]. Drittens muss es einen Schutz gegen Handlungen geben, die hauptsächlich dazu entworfen, hergestellt, angepasst oder erbracht werden, um die Umgehung des Schutzes zu ermöglichen oder zu erleichtern. Absatz 2 wird durch die Regelung in Erwägungsgrund 48 ergänzt, wonach der „normale Betrieb elektronischer Geräte und deren technische Entwicklung" nicht behindert werden sollen. Niemand soll verpflichtet werden, „Vorrichtungen, Produkte, Komponenten oder Dienstleistungen zu entwerfen, die den technischen Maßnahmen entsprechen". Dies gilt insbesondere für den Bereich der Verschlüsselungstechniken.

Die Verpflichtung zur Gewährung wirksamer Rechtsbehelfe in Ergänzung zum angemessenen Rechtsschutz ist in der Richtlinie aber nicht aufgenommen worden. Wahrscheinlich geht die Europäische Gemeinschaft davon aus, dass zum einen die Gewährung eines angemessenen Rechtsschutzes im Sinn von Art. 6 Abs. 1 wirksame Rechtsbehelfe mit einschließt, zum anderen die Regelung in Art. 8 Abs. 1 ausreichend sei, die von Rechtsbehelfen „bei Zuwiderhandlungen gegen die in dieser Richtlinie festgelegten Rechte und Pflichten" spricht. Das zeigt sich auch in der Erwähnung der Maßnahmen in Art. 8 Abs. 2, der im Geänderten Vorschlag noch nicht enthalten war. Der Schutz der technischen Maßnahmen ist aber kein Recht, gegen das zuwidergehandelt werden kann. Vielmehr wird in Art. 6 eine Pflicht der Mitgliedstaaten statuiert. Insoweit werden die Vorgaben der WIPO-Verträge nicht umgesetzt. In Art. 7 Abs. 1 der Computerprogramm-Richtlinie dagegen werden auch die angemessenen Rechtsbehelfe erwähnt. Das Problem wird aber dadurch entschärft, dass die Umgehung einer technischen Maßnahme oftmals mit einer Verletzung des Urheberrechts verbunden ist.

In Absatz 2 des Vorschlags vom 10.12.1997 und in Absatz 3 des Geänderten Vorschlags und der Richtlinie findet sich jeweils eine Definition dieser technischen Maßnahmen. Die ursprüngliche Fassung bezeichnete „Vorrichtungen, Produkte

---

[1168] Die Richtlinie nähert sich dadurch wieder dem Änderungsantrag 52 des Europäischen Parlaments an, der vom „einzigen oder wichtigsten wirtschaftlich bedeutsamen Zweck oder Nutzen" sprach. Im Geänderten Vorschlag hingegen wurde noch betont, dass der einzige wirtschaftliche Zweck die Umgehung des Schutzes sein musste und dass die Handlung darüber hinaus nur von begrenztem Nutzen sein durfte. Durch die Aufspaltung in „einzigen wirtschaftlichen Zweck" und darüber hinausgehenden allgemeinen „Nutzen" kam die Kommission der Hardware-Industrie gerade bei nicht-kommerziellen Einsatzmöglichkeiten noch weiter entgegen.

oder Komponenten, die mit Verfahrensabläufen, Vorrichtungen oder Produkten verbunden sind, die dazu bestimmt sind, eine Verletzung von gesetzlichen in Absatz 1 genannten Rechten zu verhindern oder zu unterbinden". Diese sollten dann als wirksam anzusehen werden, „wenn das Werk oder der sonstige Schutzgegenstand nur durch Anwendung eines Zugangscodes oder -verfahrens, einschließlich durch Entschlüsselung, Entzerrung oder durch eine andere Umwandlung des Werks oder des sonstigen Schutzgegenstands, mit Erlaubnis der Rechtsinhaber für den Nutzer verfügbar ist."

Diese Regelung litt darunter, dass sie sich beim Begriff der „technischen Maßnahmen" an der Formulierung des Absatzes 3 des ursprünglichen WIPO-Entwurfes[1169] orientierte, wobei jener aber genau das Gegenteil, nämlich nur die körperlichen Umgehungsvorrichtungen („protection-defeating devices") regelte. Aus der Definition des Absatzes 3 der WIPO-Entwürfe ging jedoch auch hervor, dass eine „technische Maßnahme" „jedes Verfahren, jede Behandlung, jeder Mechanismus oder jedes System" sein sollte, welches durch den Vertrag verbotenen Handlungen verhindert oder erschwert hätte. Warum trotz der Nähe zum Wortlaut des Entwurfs der WCT diese Definition nicht übernommen wurde, ist nicht verständlich. Die vier genannten Ausdrücke hätten in ihrer Gesamtheit deutlich gemacht, dass auch Software-gestützte Schutzvorkehrungen umfasst werden. Aus der schließlich gewählten Formulierung ließ sich das höchstens indirekt ableiten. Zwar kann der englische Begriff „device" in einer übertragenen Bedeutung auch etwas Abstraktes und Immaterielles meinen, generell wird aber mit diesem Wort ein materielles Objekt in Verbindung gebracht. Auch das Wort „Produkt" konnte nur in der unscharfen Bedeutung des „Ergebnisses" und in dem hier eher unpassenden Sinngehalt der „Handelsware" Software-gestützte Schutzmechanismen umfassen.

Diese schon im Ansatz völlig verfehlte Regelung wurde in Absatz 3 des Geänderten Vorschlags korrigiert, indem auf den weiten Begriff der „Technologien" sowie auf „Vorrichtungen" und „Komponenten" abgestellt wurde. Eingeschränkt wurde der Begriff zudem durch die Feststellung, dass die Maßnahmen bei normalem Funktionieren einer Rechtsverletzung vorbeugen oder diese verhindern sollten. In der Richtlinie wird in Einklang mit der Änderung von Absatz 1 nicht mehr auf eine Rechtsverletzung abgestellt; es kommt nunmehr nur noch darauf an, dass die Maßnahmen im normalen Betrieb dazu bestimmt sind, Schutzgegenstände betreffende Handlungen zu verhindern oder einzuschränken, die nicht vom Rechtsinhaber genehmigt worden sind (zur zugrunde liegenden Ratio vgl. oben S. 269).

[1169] Vgl. Wortlaut oben in Fn. 1161.

Äußerst umstritten war auch die Definition der Wirksamkeit einer technischen Maßnahme. Der Entwurf vom 2.12.1997 sah überhaupt keine Definition vor, sondern wollte diese den Mitgliedstaaten im Einklang mit ihren kulturellen Traditionen überlassen. Nach dem Vorschlag vom 10.12.1997 sollte dann Wirksamkeit vorliegen, wenn der Schutzgegenstand „nur durch Anwendung eines Zugangscodes oder -verfahrens, einschließlich durch Entschlüsselung, Entzerrung oder durch eine andere Umwandlung des [...] Schutzgegenstands, mit Erlaubnis der Rechtsinhaber für den Nutzer verfügbar ist."

Die Definition wurde von vielen Interessierten Kreisen als zu zaghaft angesehen. Mit jedem noch so simplen Zugangsverfahren hätte sich der Rechtsinhaber auf das Vorliegen einer effektiven Maßnahme berufen können. Deshalb wurde als Maßstab ein Zusatz angemahnt, der auf die besondere Schwierigkeit der Umgehung unter Hinzuziehung professioneller Ausrüstung und Kenntnisse, die über die Möglichkeiten des durchschnittlichen Nutzers hinausgingen, abstellte.

Das Abstellen auf überlegene Kenntnisse und leistungsstarke Ausrüstung war für die Europäische Gemeinschaft offenbar zu unbestimmt und damit nicht konsensfähig. So wurde im Geänderten Vorschlag die Definition im zweiten Satz von Absatz 3 dahingehend modifiziert, dass Wirksamkeit nur dann vorliege, wenn der Zugang oder auch die Nutzung „durch einen Code oder einen anderen Schutzmechanismus, der die Erreichung des Schutzziels in operationeller und verlässlicher Weise mit Zustimmung der Rechtsinhaber sicherstellt, kontrolliert" werden. Da die Kriterien „operationell" und „verlässlich" gegenüber dem Begriff „wirksam" keine entscheidende Konkretisierung brachten, sieht die Richtlinie nun vor, dass technische Maßnahmen als wirksam anzusehen sind, soweit die Nutzung eines Schutzgegenstands von den Rechtsinhabern durch eine Zugangskontrolle oder einen Schutzmechanismus wie Verschlüsselung, Verzerrung oder sonstige Umwandlung des Schutzgegenstands oder einen Mechanismus zur Kontrolle der Vervielfältigung, welche die Erreichung des Schutzziels sicherstellen, unter Kontrolle gehalten wird.

VIII. Art. 7: Pflichten in Bezug auf Informationen für die Rechtewahrnehmung

Die Informationsgesellschaft bietet in einem ganz neuen Umfang zahlreiche Möglichkeiten, die Rechteverwaltung zu automatisieren und dadurch wesentlich effizienter zu gestalten. Mit Hilfe so genannter Informationen für die Rechtewahrnehmung („Copyright Management Information", „Information Headers") kann jedes Werk mit Informationen zur Rechtsinhaberschaft, Nutzung und Lizenzierung versehen werden, die jedem potentiellen Nutzer die Prüfung ermöglichen, ob er unter den genannten Konditionen zu einer Werknutzung bereit ist.[1170] Derartige Informationen können auch ohne feste Verbindung zum Werk im Laufe einer öffentlichen Wiedergabe übertragen werden. Im Wege eines elektronischen Vertrags kann dann zwischen den Parteien ohne Zwischenschaltung einer Verwertungsgesellschaft ein entsprechendes Lizenzrecht vereinbart werden.[1171] Sogar die Zahlung kann auf elektronischem Weg erfolgen. Aufgrund der Standardisierung der Informationen können diese Vorgänge vollständig automatisiert werden. Derartige Transaktionen werden schon heute über das Internet erfolgreich vorgenommen. Mit Hilfe von Überwachungstechnologien lässt sich die Einhaltung dieser Bedingungen kontrollieren[1172], ohne dass in die Privatsphäre des Nutzers eingegriffen werden muss.

Diese Informationen für die Rechtewahrnehmung [1173] will Art. 7 schützen und damit die Vorgaben aus Art. 12 WCT und Art. 19 WPPT umsetzen. Die Vorschrift orientiert sich stark an den WIPO-Verträgen und ist weit gehend unumstritten.

Einen Sonderstatus bei den Informationen für die Rechtewahrnehmung nehmen die so genannten digitalen Wasserzeichen ein. Bei dieser Technologie werden winzige Teile des Programmcodes verändert und mit Informationen über den Urheber und sein Werk codiert[1174], die für die menschlichen Sinne nicht wahrnehmbar sind. Die versteckte Änderung des Werks soll dazu dienen, Verletzungshandlungen aufzuspüren und nachzuweisen. Diese Wasserzeichen sollen auch die Umwandlung in das analoge Format überstehen können.

[1170] Dazu *Kitagawa*, 117 UFITA 1991, S. 57-69 (66ff.); *ders.*, 132 UFITA 1997, S. 77-91 (77ff.); *Samuelson*, 13 Cardozo Arts & Ent. L.J. 1994/95, S. 55-68 (60f.); *Bitan*, GazPal 26-27/1996, S. 10-17 (14).

[1171] Ein Beispiel für mögliche Vertragspunkte hat die *Publishers Association UK* bei der Anhörung vom 7.-8.7.1994 (siehe oben Fn. 13), S. 216-223 (222) mitgeteilt.

[1172] Dazu *Hamilton*, 29 Vand. J. Transnat'l L. 1996, S. 613-634 (630 Fn. 40); dagegen weist *Christie*, 17 EIPR 1995, S. 522-530 (526) darauf hin, dass Gegentechniken immer vorhanden sein werden.

[1173] Auch wenn die Artikelüberschrift diese Einschränkung nicht enthält, geht es dabei nur um Informationen in elektronischer Form.

[1174] Dazu *Hardy*, Project Looking Forward, S. 78ff.; Imprimatur-Dokument „Watermarking Interoperability and State of the Art" IMP/I4062/A vom 4.3.1998; Imprimatur-Dokument „Watermarking Technology for Copyright Protection: General Requirements and Interoperability", IMP/I4062/A vom 18.5.1998; *Thierbach*, Beilage der Süddeutschen Zeitung Nr. 64 vom 18.3.1998, S. VI; *Burgess*, The Washington Post vom 29.9.1997, S. F15; *Lai*, 21 EIPR 1999, S. 171-175 (171ff.).

Auch bei der Entwicklung geeigneter Systeme zur Rechtewahrnehmung hat die Europäische Gemeinschaft eine aktive Rolle übernommen. Am deutlichsten tritt diese in dem von der Europäischen Gemeinschaft im Rahmen des Esprit-Programms getragenen Imprimatur-Forschungsprojekt[1175] zu Tage, welches durch die Untersuchung der im Prozess der Erstellung und Verbreitung von Multimediaprodukten beteiligten Instanzen ein Geschäftsmodell zur Entwicklung eines elektronischen Systems zur Verwaltung der Urheberrechte (Electronic Copyright Management System, „ECMS") schaffen soll.[1176] Das Modell wirkt nicht präventiv, sondern soll neben der eigentlichen Rechteverwaltung auch die Identifikation einer Handlung als Rechtsverletzung erleichtern.[1177]

Art. 7 Abs. 1 regelt den Schutz vor der unbefugten Entfernung oder Änderung der Informationen (lit. a) und der unbefugten Verbreitung, Einfuhr zur Verbreitung, Sendung, öffentlichen Wiedergabe oder öffentlichen Zugänglichmachung von Schutzgegenständen, bei denen die Informationen unbefugt entfernt oder geändert wurden. Dies gilt nur dann, wenn dem Handelnden bekannt ist oder es ihm den Umständen nach bekannt sein muss, dass er dadurch eine Rechtsverletzung veranlasst, ermöglicht, erleichtert oder verschleiert[1178].

Art. 7 Abs. 2 enthält eine Begriffsdefinition. Demnach sind „Informationen für die Wahrnehmung der Rechte die von Rechtsinhabern stammenden Informationen, die die [...] Schutzgegenstände" oder „den [...] Rechtsinhaber identifizieren, oder Informationen über die Modalitäten und Bedingungen für die Nutzung der [...] Schutzgegenstände sowie die Zahlen oder Codes, durch die derartige Informationen ausgedrückt werden." Im Gegensatz zu den WIPO-Verträgen wird ausdrücklich geregelt, dass die Informationen über die Schutzgegenstände oder den Rechtsinhaber vom Rechtsinhaber stammen[1179] müssen. Diese Einschränkung ist nicht plausibel. Zum einen ist fraglich, warum sie sich nicht auch auf die Informationen über die entsprechenden Nutzungsbedingungen beziehen. Zum anderen wären Informationen aufgrund von Klassifizierungsstandards, die sich vor allem im

---

[1175] Zu den weiteren gemeinschaftlich geförderten Projekten gehören COPEARMS („Co-ordinating Project for Electronic Author's Rights Management Systems"), CopySmart, AMIDE („Advanced Multimedia Information Dissemination Environment") und TALISMAN („Tracing Authors Rights by Labelling Image Services and Monitoring Access Network").
[1176] Vgl. Imprimatur Business Model, Version 2.0 vom 21.11.1997 (IMP/4039-A).
[1177] Imprimatur Business Model Version 2.0 vom 21.11.1997 (IMP/4039-A), S. 6.
[1178] Der in den WIPO-Verträgen vorgesehene Fall des Verbergens wurde erst im Gemeinsamen Standpunkt übernommen. Zur WIPO-widrigen Nichtberücksichtigung in den früheren Entwürfen vgl. *Dietz*, ZUM 1999, S. 438-451 (448).
[1179] Noch im Geänderten Entwurf wurde geregelt, dass die Informationen sogar vom Rechtsinhaber mitgeteilt werden mussten.

Bereich der Bibliotheken und Bildungseinrichtungen bilden könnten, nur dann zugunsten des Rechtsinhabers schutzwürdig, wenn die Informationen von ihm stammen. Es ist fraglich, ob ein bloßes Zueigenmachen der Informationen durch den Rechtsinhaber für einen Schutz ausreichend ist. Der Urheber wäre also gezwungen, bei der Erstveröffentlichung sein Werk mit den entsprechenden Informationen zu verbinden oder doch zumindest durch einen Dritten verbinden zu lassen, und dürfte sich nicht auf die standardmäßige Klassifizierung von anderen Institutionen verlassen. Durch die vermeintliche Klarstellung ist somit eine Schutzlücke entstanden, die mit dem gemeinschaftlichen Ziel der Gewährung eines hohen Schutzniveaus nicht in Einklang zu bringen ist.

IX. Art. 8: Sanktionen und Rechtsbehelfe

Mit Art. 8 Abs. 1 kommt die Europäische Gemeinschaft den Verpflichtungen aus Art. 14 WCT nach. Die Formulierung ist aus kompetenzrechtlicher Sicht sehr gelungen. Durch die Formulierungen „angemessene Sanktionen und Rechtsbehelfe" sowie „alle notwendigen Maßnahmen, um deren Anwendung sicherzustellen" belässt die Gemeinschaft den Mitgliedstaaten den nötigen Umsetzungsspielraum. Auch durch die Vorschrift, dass die Sanktionen wirksam und verhältnismäßig sein sowie als Abschreckung gegen weitere Zuwiderhandlungen wirken müssen, wird den Mitgliedstaaten nur der erforderliche Rahmen vorgegeben.

Absatz 2 benennt im Einklang mit Art. 44, 45 und 46 des TRIPs-Abkommens die üblichen zivilrechtlichen Sanktionsmöglichkeiten.

Der durch den Gemeinsamen Standpunkt in die Richtlinie eingeführte Absatz 3 sieht vor, dass auch die Beantragung gerichtlicher Anordnungen gegen Vermittler möglich sein soll, deren Dienste von einem Dritten zur Verletzung eines Urheberrechts oder verwandter Schutzrechte genutzt werden. Dies gilt auch dann, wenn der Vermittler für die Verletzung eines Dritten nicht haften muss, wie Erwägungsgrund 59 klarstellt. Dadurch wird den Rechtsinhabern auch dann ein effektiver Schutz eingeräumt, wenn sie sich aus tatsächlichen oder rechtlichen Gründen nicht an den Verletzer wenden können.

X. Art. 9: Weitere Anwendung anderer Rechtsvorschriften

Art. 9 enthält eine deklaratorische, nicht abschließende Aufzählung der von der Richtlinie unberührten Rechtsvorschriften.

XI. Art. 10: Zeitliche Anwendbarkeit

Art. 10 regelt, dass die Richtlinie auf sämtliche zum Umsetzungszeitpunkt (22.12.2002) in den Mitgliedstaaten tatsächlich geschützten oder durch die Richtlinie und die anderen urheberrechtlichen Richtlinien zu schützenden Gegenstände Anwendung findet. Vor dem 22.12.2002 vorgenommene Handlungen sowie erworbene Rechte bleiben von der Richtlinie unberührt (Absatz 2).

Die in Absatz 4 des Geänderten Vorschlags in Bezug auf Nutzungsverträge vorgesehene Übergangsregelung für fünf Jahre nach Inkrafttreten wurde ersatzlos gestrichen. Demnach bleibt es bei der allgemeinen absoluten Regelung von Absatz 2.

XII. Art. 11: Technische Anpassungen

In Art. 11 werden technischen Anpassungen der bisherigen Richtlinien geregelt, die aufgrund des neuen Vorschlags notwendig erschienen.

Absatz 1 hebt Art. 7 der Vermiet- und Verleihrecht-Richtlinie auf und ändert den Wortlaut von Art. 10 Abs. 3 der Vermiet- und Verleihrecht-Richtlinie, der die Möglichkeit für gesetzliche Abgaben im Bereich des Privatgebrauchs unberührt lässt, in den Drei-Stufen-Test von Art. 9 Abs. 2 RBÜ. Fraglich ist aber, ob Absatz 2 von Art. 7 der Vermiet- und Verleihrecht-Richtlinie wirklich aufgehoben werden muss. Die Begründung des Vorschlags behandelt nämlich nur die Streichung von Absatz 1, der nun durch die bezüglich des Umfangs genauere Regelung des Vervielfältigungsrechts in Art. 2 des Richtlinienvorschlags ersetzt wird.[1180] Die Regelung von Art. 7 Abs. 2 der Vermiet- und Verleihrecht-Richtlinie, wonach das Vervielfältigungsrecht übertragen, abgetreten oder Gegenstand vertraglicher Lizenzen sein kann, findet sich jetzt nur noch in allgemeinerer Form in Erwägungsgrund 30.[1181] Offensichtlich wurde aufgrund politischer Schwierigkeiten der bisher vorgezeichnete Weg zugunsten der schwächeren Regelung in einem Erwägungsgrund verlassen. Durch diese Vorgehensweise wird die Betonung der besonderen Bedeutung des gemeinschaftlichen Besitzstands weiter entwertet.

[1180] KOM (97) 628 endg. vom 10.12.1997, S. 40.
[1181] Interessant ist, dass das Europäische Parlament mit Änderungsantrag 56 eine angemessene Vergütung für den Fall der Übertragung und der Abtretung der ausschließlichen Rechte vorschlug. EG-Kommissar *Monti* kündigte zwar daraufhin in der Parlamentsdebatte eine Stellungnahme an (Parlamentsprotokoll vom 9.2.1999, S. 59), sagte aber im Folgenden nichts zu dieser Thematik.

Absatz 2 ändert wegen Art. 17 Abs. 2 WPPT Art. 3 Abs. 2 der Schutzdauer-Richtlinie insofern, als zur Berechnung der Schutzdauer zugunsten der Tonträgerhersteller grundsätzlich nicht mehr auf das Datum der ersten öffentlichen Wiedergabe, sondern nur noch auf die rechtmäßige Erstveröffentlichung oder die Aufzeichnung abgestellt werden kann. Auf die rechtmäßige erste öffentliche Wiedergabe kommt es nur an, wenn innerhalb von 50 Jahren seit Aufzeichnung keine rechtmäßige Erstveröffentlichung stattgefunden hat. Die Richtlinie führt aber zu keinem Neuaufleben schon vor dem 22.12.2002 erloschener Rechte.

XIII. Art. 12: Schlussbestimmungen

Art. 12 Abs. 1 enthält die üblicherweise vorgesehene Verpflichtung der EG-Kommission, alle drei Jahre, erstmals am 22.12.2002, einen Bericht über die Anwendung der Richtlinie gegenüber dem Europäischen Parlament, dem Rat und dem Wirtschafts- und Sozialausschuss vorzulegen.

Der durch den Geänderten Vorschlag eingeführte Art. 12 Abs. 2 stellt den allgemeinen Grundsatz ausdrücklich klar, dass der Schutz der dem Urheberrecht verwandten Schutzrechte den Schutz des Urheberrechts unberührt lässt und ihn in keiner Weise beeinträchtigt.

Absatz 3 richtet nach dem Vorbild von Art. 23 a der Richtlinie „Fernsehen ohne Grenzen" in der Fassung vom 30. Juni 1997[1182] einen Kontaktausschuss ein.

XIV. Art. 13: Umsetzung

Art. 13 Abs. 1 sieht in einer Standardklausel als spätestes Umsetzungsdatum den 22.12.2002 vor. Nach Art. 13 Abs. 2 sind die Mitgliedstaaten verpflichtet, der Kommission den Wortlaut der innerstaatlichen Rechtsvorschriften mitzuteilen, die sie auf dem unter die Richtlinie fallenden Gebiet erlassen.

XV. Art. 14: Inkrafttreten und Art. 15: Adressaten

Die beiden letzten Bestimmungen sind Standardklauseln.

[1182] Richtlinie 97/36/EG des Europäischen Parlaments und des Rates vom 30. Juni 1997 zur Änderung der Richtlinie 89/552/EWG des Rates vom 3. Oktober 1989 zur Koordinierung bestimmter Rechts- und Verwaltungsvorschriften der Mitgliedstaaten über die Ausübung der Fernseh-Rundfunktätigkeit, ABl. EG Nr. L 202 vom 30.7.1997, S. 60.

XVI. Zusammenfassung

Der Richtlinienvorschlag zum Urheberrecht in der Informationsgesellschaft weist in Anbetracht der Weite der gemeinschaftlichen Regelungskompetenz erhebliche Mängel in verschiedenen Bereichen auf. Oftmals bleibt die Europäische Gemeinschaft den Nachweis schuldig, dass einzelne Bestimmungen der Erforderlichkeitsprüfung am Maßstab des Verhältnismäßigkeitsgrundsatzes standhalten.

So ist die Betonung, dass der Vorschlag auf dem Fundament des gemeinschaftlichen Besitzstandes und der Vorgaben der beiden WIPO-Verträge steht, sehr zweifelhaft. Die Betrachtungen haben gezeigt, dass mit wenigen Ausnahmen ein solcher gemeinschaftlicher Besitzstand gar nicht besteht (oben S. 106). Vielmehr sind die bisherigen Angleichungsbemühungen durch eine Vielzahl verschiedener Regelungsansätze, bei denen teilweise ausdrücklich der Ausnahmecharakter hervorgehoben wurde, geprägt. Von einem geschlossenen Konzept der gemeinschaftlichen Harmonisierung kann aus heutiger Sicht kaum gesprochen werden. Die Betonung, dass sich der Ausschluss der internationalen Erschöpfung aus den ersten fünf urheberrechtlichen Richtlinien ableiten lasse, ist unzutreffend. Umso bedenklicher ist es, dass ursprünglich der Ausschluss nicht im Artikeltext, sondern nur in einem Erwägungsgrund ausdrücklich festgelegt wurde (oben S. 237). Erst der Gemeinsame Standpunkt hat hier für die nötige Klarstellung gesorgt.

Die Vorgaben der WIPO-Verträge werden teils unzureichend umgesetzt, teilweise wird darüber weit hinausgegangen.[1183] So finden sich geänderte Formulierungen im Bereich des Rechts der Zugänglichmachung an die Öffentlichkeit (oben S. 234), des Verbreitungsrechts (oben S. 236), im Drei-Stufen-Test (oben S. 254), beim Rechtsschutz der technischen Maßnahmen (oben S. 270) und der Informationen für die Rechteverwaltung (oben S. 274), deren Mehrwert zumindest zweifelhaft ist.

Aufgrund handwerklicher Mängel sind einige Vorschriften zur Lösung der von der Richtlinie identifizierten urheberrechtlichen Probleme nicht unbedingt geeignet. Bestimmte Regelungen scheinen gerade mit Blick der mitgliedstaatlichen Regelungsmöglichkeiten als nicht erforderlich:

- So stimmt der auf die Informationsgesellschaft beschränkte Titel nicht mit dem darüber hinausgehenden Regelungsansatz überein (oben S. 230).

[1183] Dies verleitet den *BDI*, NvWR 1999, S. 126 zu der Annahme, dass die Mitgliedstaaten nur diejenigen Regelungen, welche die WIPO-Vorgaben unmittelbar umsetzen, vorerst akzeptieren werden.

- Das Vervielfältigungsrecht wird nach der einschränkungslosen Formulierung auch für allerkleinste Werkteile gewährt (oben S. 232).

- Eine dringend angezeigte gemeinschaftsweite Definition des Filmbegriffs ist noch immer nicht erfolgt (oben S. 232).

- Das Recht der Zugänglichmachung an die Öffentlichkeit wird in Art. 7 Abs. 1 lit. b entgegen der sonstigen Systematik als eigenständiges Recht neben dem Recht der öffentlichen Wiedergabe aufgeführt (oben S. 234).

- Beim Vervielfältigungs-, Wiedergabe- und Verbreitungsrecht wird auch im Bereich des klassischen Urheberrechts aufgrund einer unsinnigen Formulierung der Verbotscharakter an die Seite der Erlaubnispflichtigkeit gestellt (oben S. 234).

- Die minutiöse, abschließende Regelung der Schranken ist viel zu schwerfällig, da dadurch die Besonderheiten des nationalen Kultursektors nicht berücksichtigt werden können. Dies gilt insbesondere im Hinblick auf die Tatsache, dass der einschränkende Drei-Stufen-Test auch in den Vorschlagstext eingearbeitet worden ist (oben S. 245).

- Geräte- und Leermedienabgabe im Bereich der digitalen Kopie eines digitalen Werks sind aus Binnenmarktgesichtspunkten nicht erforderlich (oben S. 262).

- Die Ersetzung von Art. 7 Abs. 2 der Vermiet- und Verleihrecht-Richtlinie durch einen schwächeren Erwägungsgrund ist bedauerlich (oben S. 276).

Diesen Mängeln stehen aber auch aus kompetenzrechtlicher Sicht positive Regelungen gegenüber. So steht den Mitgliedstaaten die Definition des Öffentlichkeitsbegriffs frei (oben S. 233). Das Verbreitungsrecht kann im Einklang mit den nationalen Traditionen geregelt werden (oben S. 237).

2. Kapitel : Auswirkungen auf die von der Richtlinie zum Urheberrecht in der Informationsgesellschaft nicht geregelten Bereiche

A. Einleitung

Abschließend soll nun im Folgenden untersucht werden, wie weit die Kompetenz der Europäischen Gemeinschaft bei der Harmonisierung weiterer seitens der Gemeinschaft angesprochener Bereiche reicht und welche Konsequenzen sich daraus für mögliche Harmonisierungsprojekte ergeben können.

B. Verantwortlichkeit

I. Allgemeines

1. Einführung

Wohl kaum ein anderes Thema bewegt die öffentliche Diskussion über die rechtlichen Aspekte der Informationsgesellschaft mehr als die Frage der Verantwortlichkeit der Beteiligten für Rechtsverletzungen.[1184] Aufgrund der globalen Vernetzung und des oftmals schwierigen Nachweises ist die Verfolgung des eigentlichen Schädigers häufig nicht Erfolg versprechend. Dann stellt sich die Frage, inwieweit leichter erreichbare Beteiligte bei der Rechtsverletzung einen Verursachungsbeitrag geleistet haben, der ein zivilrechtliches Vorgehen gegen sie ermöglicht. Die Frage der Verantwortlichkeit hat auch deshalb eine große Bedeutung, da davon neben dem Urheberrecht bedeutende Rechtsbereiche wie der Datenschutz, der Jugendschutz, der Persönlichkeitsschutz, das Markenrecht und die irreführende Werbung betroffen sind.

Für den hier interessierenden Bereich des Urheberrechts ist dabei die zivilrechtliche Verantwortlichkeit von der strafrechtlichen Haftung zu unterscheiden. Für die gemeinschaftsweite Harmonisierung aufgrund der Binnenmarktklausel ist nur der zivilrechtliche Aspekt relevant. Die besondere Problematik der strafrechtlichen Haftung soll im Folgenden nicht behandelt werden.

Durch die weltweite Vernetzung können gesetzwidrige oder urheberrechtlich geschützte Inhalte überall bereitgehalten und von überall her abgerufen werden. Dabei spielen die Ländergrenzen grundsätzlich keine Rolle mehr. So kann ein Internetnutzer problemlos auf illegale Angebote in entfernten Ländern zugreifen (wobei er oftmals gar nicht weiß, an welchem physikalischen Ort die Inhalte bereitgehalten werden) und diese am heimischen Computer abrufen. Die entsprechenden Internetadressen von solchen Angeboten lassen sich durch automatisierte Suchma-

---

[1184] So forderte die Bonner Erklärung der Ministerkonferenz über Globale Informationsnetzwerke (6.-8.7.1997) in ihren Ziffern 41 - 43 klare Haftungsregelungen, welche die Beteiligten nicht überforderten und private und öffentliche Interessen ausreichend berücksichtigten (Nachweis im Imprimatur-Bericht, unten Fn. 1189, S. 55f.). Zu den Teilnehmern der Konferenz gehörten Minister aus den Mitgliedstaaten der Europäischen Union, der Europäischen Freihandelszone sowie aus den mittel- und osteuropäischen Ländern und Zypern, hochrangige Gäste aus den Vereinigten Staaten von Amerika, Kanada, Japan und Russland, ferner Vertreter der Industrie, der Benutzer und europäischer und internationaler Organisationen.
Allgemein zu Fragen der Haftung auf europäischer Ebene: *Julià-Barceló*, 20 EIPR 1998, S. 453-463 (453ff.).

schinen oder aber auch durch Weiterverweise auf einschlägigen Webseiten aufspüren. Sie finden sich gewöhnlich in Form von „Hyperlink"-Verweisen, die vom Nutzer lediglich angeklickt werden müssen, um dann automatisch zum gewünschten Angebot zu gelangen.

Aufgrund dieser Situation werden bei der Frage der Verantwortlichkeit in der Informationsgesellschaft gewöhnlich drei große Themenbereiche diskutiert, die allerdings nicht genau voneinander abgegrenzt werden können. Erstens geht es dabei um die Frage, welche Beteiligte für eine Rechtsverletzung haftbar gemacht werden können. Zweitens ist problematisch, inwieweit der direkte oder indirekte Verweis auf Angebote auf fremden Webseiten in Form des Hyperlink zu einer Haftung führen kann. Drittens wird diskutiert, inwieweit auch ohne Schuldzurechnung eine Verpflichtung besteht, von Dritten verursachte rechtswidrige Zustände zu beseitigen oder diese von vornherein zu verhindern.

2. Mögliche Verantwortliche

Zu einer typischen Übertragung im Internet sind mehrere Voraussetzungen notwendig. Der Nutzer muss zuerst einmal Zugang zum Internet haben, der ihm gewöhnlich durch einen Dritten, dem Zugangsanbieter gewährt wird. Die Verbindung zum Zugangsanbieter findet derzeit noch in der Regel über das Telefonnetz statt, in das sich der Nutzer mit Hilfe eines Modems einwählt. Der Nutzer nimmt dann mittels seines Computers über das internationale Netzwerk, das durch die weltweite Verbindung der Leitungen der so genannten Netzwerkbetreiber gebildet wird, Kontakt mit dem Computer auf, auf dem sich die gewünschten Inhalte befinden. Dieser erstellt dann eine Kopie, die - vereinfacht gesagt[1185] - dann an den Nutzer übermittelt wird. An diesem Vorgang sind demnach mehrere Personen beteiligt, nämlich der Nutzer, der Inhalteanbieter, der Zugangsanbieter des Nutzers, Telekommunikationsunternehmen und Netzwerkbetreiber sowie der Betreiber des Computers, auf dem die Inhalte vorgehalten werden. Alle kommen für eine Haftung im Falle von Rechtsverletzungen in Betracht.

[1185] Tatsächlich wird die Kopie nicht in ihrer körperlichen Form an den Nutzer übertragen, vielmehr wird zwischen den Übermittlungspunkten im Netz nur der Aufbau der Daten mitgeteilt, so dass an jeder Übermittlungsstelle eine neue Kopie erstellt wird, die aber gewöhnlich sofort wieder gelöscht wird. Letztlich kann dann vom Computer des Nutzers eine Kopie gewissermaßen „nachgebaut" werden. An vielen Netzknoten werden sogar nur „Richtungsweiser" („Pointer") auf den den Inhalt vorhaltenden Computer übertragen, so dass die Übertragung der Daten zum Nutzer auch ohne Zwischenkopie direkt erfolgen kann.

Selbst wenn eine Pönalisierung des Nutzers für einige Kommentatoren nicht wünschenswert scheint[1186], darf nicht übersehen werden, dass der Nutzer den automatisierten Übermittlungsvorgang willentlich steuert und somit als Hersteller der Vervielfältigung in seinem Computer anzusehen ist. Er setzt die Kausalkette in Gang, die zur von ihm gewünschten Übermittlung eines Vervielfältigungsstückes führt. Am Ende der Übermittlung ist es der Computer des Nutzers, der diese Kopie im eigenen Arbeitsspeicher lokal herstellt. Auch im Bereich der Push-Technologien, bei denen dem Nutzer aufgrund eines Abonnements automatisch immer wieder neue Inhalte übermittelt werden, kann nichts anderes gelten, sofern sich die Inhalte im Rahmen des zuvor vom Nutzer festgelegten Abonnements bewegen. Lediglich bei der unaufgeforderten Übertragung von Inhalten, wie sie etwa beim eMail-Versand vorliegt, bestehen andere Voraussetzungen. Ob der Nutzer als Hersteller der Kopie sich einer Urheberverletzung verantworten muss, richtet sich dann aber nach der Frage, ob er durch die Kopie im Arbeitsspeicher oder durch eine weitere Nutzung auch eine Vervielfältigung im urheberrechtlichen Sinne angefertigt hat. Nach der weiten Regelung von Art. 5 Abs. 1 und der Bezugnahme auf das Browsing durch Erwägungsgrund 33 ist zwar auch die flüchtige Kopie im Arbeitsspeicher grundsätzlich urheberrechtsrelevant. Eine Erlaubnispflichtigkeit liegt aber unabhängig von der Zulässigkeit der Nutzung nur vor, sofern die Vervielfältigung eine eigenständige wirtschaftliche Bedeutung hat (dazu oben S. 242).

Wenn dies der Fall ist, ist auch im Bereich des Urheberrechts immer noch nach seinem Verschulden zu fragen. Hier unterscheidet sich das Recht der Mitgliedstaaten in einem ganz wesentlichen Punkt vom Recht der USA, das auch bei der Frage der Schadensersatzhaftung auf das Verschulden nicht mehr abstellt[1187]. Zwar fordern im Vereinigten Königreich die Sec. 16-21 CDPA auch kein Verschulden, um eine Haftung zu begründen, die Leistung von Schadensersatz wird aber in Sec. 97 (1) CDPA von dessen Vorliegen abhängig gemacht. Lediglich in Frankreich gibt es eine verschuldensunabhängige Haftung, gegenüber der Rechtslage in den USA ist sie aber viel enger, da die Kriterien für das Vorliegen einer Verletzungshandlung und damit die Zurechnung eines Urheberrechtsverstoßes dort er-

---

[1186] *Wenning*, jur-pc 1995, S. 3321-3330 (3324).
[1187] „Strict liability", § 504 USCA; die Art des Verschuldens beeinflusst lediglich Höhe des Schadensersatzes; Milderungen gibt es nur in ganz eng begrenzten Fällen des unschuldigen Rechtsverletzers ("innocent infringer").
In vielen EG-Mitgliedstaaten wird allerdings grundsätzlich die Möglichkeit von einstweiligem Rechtsschutz auch ohne Verschulden gewährt, lediglich die Verpflichtung zur Leistung von Schadensersatz ist verschuldensabhängig.

heblich stärker eingeschränkt werden.[1188] Deshalb und wegen der viel umfassenderen Möglichkeit der Teilnehmerhaftung[1189] ist die Lösung des Problems der Verantwortlichkeit im Bereich des Urheberrechts in den USA weitaus dringlicher als in der Europäischen Gemeinschaft, da in den USA jedem noch so geringfügig an einer Übermittlung Beteiligten eine Haftung droht.[1190] Die in Brüssel immer wieder geäußerte teilweise harsche Kritik der Telekommunikationsunternehmen, die sich vor einer übertriebenen Verantwortlichkeit fürchten, ist vor dem Hintergrund dieses wesentlichen Unterschieds nur schwer nachvollziehbar.

Der Vorteil des Vorgehens gegen den Nutzer[1191] liegt darin, dass so im Einklang mit dem Schutzlandprinzip theoretisch gegen jeden relevanten Verstoß vorgegangen werden könnte. Selbst wenn gegenüber dem Inhalteanbieter die Ahndung des Verstoßes gegen das Zugänglichmachungsrecht nicht möglich sein sollte, kann vorbehaltlich des Vorliegens einer Vervielfältigung gegen die Verletzung des Vervielfältigungsrechts vorgegangen werden. Zuzugestehen ist aber, dass ein Vor-

---

[1188] Unabhängig vom Verschulden kommt auch in den übrigen Mitgliedstaaten ein Anspruch aus ungerechtfertigter Bereicherung in Betracht; dieser Anspruch richtet sich aber im Falle fehlenden Verschuldens generell nur auf Herausgabe des noch vorhandenen Vorteils.

[1189] Nämlich die der Beihilfe ähnliche Contributory Liability, die eine entsprechende Kenntnis voraussetzt, vgl. *Melone*, 49 Fed. Com. L.J. 1997, S. 491-507 (495), und die Vicarious Liability, vgl. den Imprimatur-Bericht „Liability For On-line Intermediaries", erstellt durch das Institute for Information Law, Amsterdam, August 1997, S. 40 und *Melone*, 49 Fed. Com. L.J. 1997, S. 491-507 (494f.), die etwa einer Garantenstellung aufgrund einer Kontrollmöglichkeit und eines mit der Rechtsverletzung direkt verbundenen finanziellen Vorteils entspricht. Gerade die Vicarious Liability erweist sich aufgrund der schnellen Annahme eines direkten finanziellen Vorteils als für die Vermittler sehr gefährlich (so nimmt *Cook*, 60 Copyright World 1996, S. 18-21 (19) einen solchen Vorteil schon dann an, wenn ein Dienstevermittler aufgrund des Bekanntwerdens seiner laschen Haltung in Bezug auf Urheberrechtsverletzungen Kunden gewinnt).

[1190] Dazu *Rieder*, wrp 1996, S. 859-866 (863f.); *Melone*, 49 Fed. Com. L.J. 1997, S. 491-507 (491ff.); *Cahoy*, 38 IDEA 1998, S. 335-360 (335ff.).
Entgegen der im US-Weißbuch, oben Fn. 182, zitierten beiden Urteile *Playboy Enterprises, Inc. v. Frena*, 839 F. Supp. 1552 (M.D. Fla. 1993) und *Sega Enterprises Ltd. v. MAPHIA*, 857 F. Supp. 679 (N.D. Cal 1994), mittlerweile aufgehoben durch *Sega Enterprises Ltd. v. MAPHIA*, 948 F. Supp. 923 (N.D. Cal. 1996) scheint sich nun auch bei US-amerikanischen Gerichten die Ansicht durchzusetzen, dass ein Inhaltsvermittler bei fremden Inhalten selbst keinen direkten Urheberrechtsverstoß begeht, sondern höchstens als Teilnehmer haftbar gemacht werden kann (*Religious Technology Center v. Netcom On-Line Communication Services, Inc.*, 907 F. Supp. 1361 (N.D. Cal. November 21, 1995) vom 21.11.1995 sowie *Marobie-FL, Inc. v. National Association of Fire Equipment Distributors*, 1997 WL 709747 (N.D. Ill. Nov.13, 1997); zur Selektivität des Weißbuchs sehr kritisch *Smirnoff*, 44 Clev. St. L. Rev. 1996, S. 197-230 (223ff.).

[1191] *Horns* sieht in seinem Leserbrief „Internet ist nicht verantwortlich" in der Frankfurter Allgemeinen Zeitung Nr. 11 vom 13.1.1996, S. 8 den Nutzer als einzigen Verantwortlichen an.

gehen gegen den Nutzer als eigentlichem Verursacher aufgrund der Möglichkeit von gefälschter Absenderidentifizierung und der Schwierigkeit des Zugriffs auf im Ausland befindliche Rechtsverletzer oft recht schwierig ist.[1192] Darüber hinaus sind kommerzielle Anbieter, die dem Nutzer den Zugang zum Internet verschaffen oder Inhalte auf ihren Netzcomputern vorhalten, potentiell zahlungskräftiger[1193], auch bei unbekannten Rechtsverletzern leicht ermittelbar[1194] und in ihrem Sitzstaat einfach zu verfolgen[1195]. In den meisten Fällen wird ein Nutzer nicht in großem Umfang handeln. Zudem können die Anbieter ihr wirtschaftliches und rechtliches Risiko zumindest teilweise auf dem Vertragsweg an Nutzer weitergeben und sich bei Versicherungen gegen Ausfälle absichern.[1196]

Deshalb wird von Seiten der Rechtsinhaber verlangt, dass auch die übrigen an der Übermittlung Beteiligten zumindest subsidiär im Wege einer „Kaskadenhaftung"[1197] haftbar gemacht werden können. Für diese Beteiligten soll im Folgenden in Anlehnung an die häufige Praxis auf europäischer Ebene der Begriff des „Vermittlers" („Intermediary")[1198] benutzt werden.

[1192] *Horns* im Leserbrief „Internet ist nicht verantwortlich" in der Frankfurter Allgemeinen Zeitung Nr. 11 vom 13.1.1996, S. 8.

[1193] Hier klingt die in den USA verbreitete deep pocket theory an; dazu *Braithwaite*, 145 New L.J. 1995, S. 1216-1219 (1216); *Pink*, 43 UCLA L. Rev. 1995, S. 587-634 (628).

[1194] *Braithwaite*, 145 New L.J. 1995, S. 1216-1219 (1216); in diese Richtung geht auch der Vorschlag der Multimedia-Arbeitsgruppe des UK Department of Trade and Industry, wo eine Haftung befürwortet wird, wenn die Quelle der Verletzung nicht mehr ermittelt werden kann [Nachweis bei *Pearson*, CLSR 1996, S. 90-94 (93)].

[1195] Vgl. Neue Züricher Zeitung Nr. 144 vom 24.6.1996, S. 11.

[1196] Diese Argumentation verfolgt das USA Weißbuch, oben Fn. 182, S. 117ff.; dto. *Post*, 1995 J. Online L., Art. 3, Ziff. 29.
Nach dem Bericht der interdepartementalen Arbeitsgruppe in der Schweiz, oben Fn. 167, sollte ein Vermittler den Nutzer auf die besondere Problematik des Urheberrechts hinweisen und sich das Recht zur einseitigen Vertragsauflösung vorbehalten (Empfehlung 11). Dies soll durch eine vertragliche Hinweispflicht des Nutzers gegenüber dem Vermittler ergänzt werden, schädliche Inhalte zu melden (Empfehlung 5).
Auch in Deutschland wurde über eine Haftung des Zugangsvermittlers wegen dessen Möglichkeit der Kontrolle im Vertragsweg angedacht, vgl. das Positionspapier „Neue Medien und Urheberrecht" von *Wernhard Möschel* und *Ludwig Stiegler* im Vorfeld der Anhörung der Enquete-Kommission des 13. Deutschen Bundestages „Zukunft der Medien in Wirtschaft und Gesellschaft - Deutschlands Weg in die Informationsgesellschaft" am 27.1.1997, Ziff. IV.6.b.

[1197] So *Olivier/Barbry*, JCP 1996, doctrine, S. 171-175 und 179-186 (185).

[1198] Imprimatur, oben Fn. 1189; dieser Begriff deckt sich im Wesentlichen mit dem des „Providers" („Anbieter").
Der im Richtlinienvorschlag über den elektronischen Geschäftsverkehr, KOM (1998) 586 endg. vom 18.11.1998, S. 30 benutzte Begriff umfasst jedoch nur die Personen, die

Einer Urheberrechtsverletzung am nächsten ist der Dienstevermittler, der eigene Inhalte anbietet. Aufgrund des in den WIPO-Verträgen verankerten und in Art. 3 der Richtlinie zum Urheberrecht in der Informationsgesellschaft geregelten Rechts auf Zugänglichmachung darf ein Anbieter solche Inhalte nur mit Erlaubnis des Rechtsinhabers oder im Falle der gesetzlichen Zulässigkeit verfügbar machen. Andernfalls begeht er einen Urheberrechtsverstoß.

Bei der Bereithaltung und Vermittlung fremder Inhalte ist die Lage nicht so eindeutig. Von Seiten der Rechtsinhaber wird vorgetragen, dass die Dienstevermittler durch die Bereitstellung von Speicherplatz eine Gefahrenquelle eröffnen, die sie durch Kontrollen beherrschen können.[1199] Sollten diese Kontrollen nicht wirksam sein, dürfe die Gefahrenquelle eben nicht eröffnet werden.[1200] Teilweise wird eine Analogie zu den Garantenpflichten eines Wohnungseigentümers angeführt, die diesen zur Einhaltung rechtmäßiger Zustände in seiner Wohnung verpflichtet, oder es wird auf die Sorgfaltspflichten des Verlegers abgestellt, der eine Inhaltsverwantortung für die von ihm verlegten Werke trägt[1201].

Eine solche Kontrolle kann einerseits durch die vertragliche Verpflichtung der Nutzer zu rechtmäßigem Verhalten als auch andererseits durch Filterung[1202] und

---

(i) Informationen von Nutzern des Dienstes liefern und (ii) die Informationen auf Wunsch der Nutzer übermitteln oder speichern; im Geänderten Vorschlag, KOM (1999) 427 endg. vom 1.9.1999 wird deshalb klarstellend der Begriff „Anbieter von vermittelnden Diensten" („Intermediary Service Providers") benutzt, nachdem das Europäische Parlament die Benutzung von „zwischengeschalteten Anbietern" befürwortet hat. Die endgültige Richtlinie 2000/31/EG verzichtet dann aber wieder auf den klarstellenden Zusatz.
Auch die Bonner Erklärung der Ministerkonferenz über Globale Informationsnetzwerke (6.-8.7.1997) (zitiert im Imprimatur-Bericht, oben Fn. 1189, S. 55f.) fordert eine Differenzierung zwischen Inhalteanbietern und „Intermediaries" (Ziffer 41).

[1199] *Pink*, 43 UCLA L. Rev. 1995, S. 587-634 *(634); Cook*, 60 Copyright World 1996, S. 18-21 (19) spricht von „Torwächtern" („Gatekeepers").
Das AG Nagold, Urteil vom 31.10.1995 - Ds 25 Js 1348/94, DuD 1996, S. 753-754 (754) wertet als schuldhaften Verstoß gegen § 106 UrhG, wenn ein Betreiber einer Mailbox (zum Begriff vgl. unten Fn. 1219) keine technischen Schutzmaßnahmen gegen unbefugtes Herunterladen von Dateien ergreift; Besprechung: *Bortloff*, ZUM 1997, S. 167-175 (168ff.).
Zu den Kontrollmöglichkeiten: *Sieber*, CR 1997, S. 581-598 und 653-668 (653ff.).

[1200] Diese Ansicht klingt bei *Spindler*, ZUM 1996, S. 533-563 (536) an, da der Dienstevermittler als „Herr der Mailbox" (zum Begriff vgl. unten Fn. 1219) für das Risiko einer Rechtsgutsverletzung eine Multiplikatorwirkung haben soll.

[1201] So *Flechsig*, zitiert von *Detjen*, AfP 1996, S. 44-46 (45); *Gerling*, DuD 1996, S. 218-223 (221).

[1202] *Sieber*, CR 1997, S. 581-598 und 653-668 (654f.).

Sperrung illegaler Inhalte sowie durch Zugangskontrollen[1203] ausgeübt werden. Die Effektivität solcher Kontrollen ist aber zweifelhaft. Gerade die Sperrungen bestimmter Internetadressen haben sich in der Vergangenheit als wenig erfolgreich erwiesen.[1204] So führten national beschränkte Sperrungen bestimmter Adressen dazu, dass deren Inhalt unter einer Vielzahl anderer Adressen abrufbar war. Eine Filterung aller Inhalte ist wegen der enormen Datenfülle und der häufig in Echtzeit sich vollziehenden Übertragungen praktisch nicht möglich.[1205] Auch automatisierte Filterungen sind wegen der Möglichkeit der Verschlüsselungstechnik[1206] und der Anonymität nicht sehr Erfolg versprechend.[1207] Ebenso stehen derartigen Kontrollen in vielen Ländern die Grundsätze des Schutzes der Privatsphäre und der Meinungs- und Informationsfreiheit entgegen.[1208] *Elkin-Koren* sieht in der Verankerung derartiger weit reichender Sorgfaltspflichten aus US-amerikanischer Sicht gar einen Verstoß gegen Dezentralismus und Demokratie.[1209]

Gegen die Annahme einer Gefahrenquelle ist vorgebracht worden, dass die Gefahr nicht unmittelbar von der Quelle ausgeht, sondern durch das selbständige Handeln

---

[1203] Dazu und zur Abschottung geschlossener Netze durch „Firewalls" und Proxy-Cache Server: *Sieber*, CR 1997, S. 581-598 und 653-668 (589).

[1204] *Sieber*, CR 1997, S. 581-598 und 653-668 (662f.); *Schneider*, MMR 1999, S. 571-577 (571ff.); vgl. die Sperrung von 200 Newsgroups durch Compuserve Deutschland im Dezember 1995 (Frankfurter Allgemeine Zeitung Nr. 303 vom 30.12.1995, S. 14) und die Sperrung der in den USA vorgehaltenen Seiten des deutschen Extremisten *Zündel* durch T-Online (vgl. „Angst vor der Anarchie", Der Spiegel 13/1996).
Zur Problematik solcher Sperrungen hat *Negroponte* plastisch festgestellt, dass das Netz so konzipiert sei, dass es einen atomaren Erstschlag überstehen könne - wer versuchen wolle, zu verhindern, dass eine Botschaft unliebsamen Inhalts von einem Ort zum anderen geschickt werde, müsse schon große Teile der USA und andere Länder lahm legen. (Nachweis bei *Martin*, Süddeutsche Zeitung Nr. 61 vom 13.3.1996, Beilage S. II).

[1205] *Sieber*, CR 1997, S. 581-598 und 653-668 (655f.).

[1206] Zumal bei verschlüsselten Daten nicht erkennbar ist, ob es sich um Text-, Ton- oder Bilddateien handelt; vgl. *Wenning*, jur-pc 1995, S. 3321-3330 (3327).

[1207] *Sieber*, CR 1997, S. 581-598 und 653-668 (655f.).

[1208] *Strowel/Triaille*, Droit d'auteur, S. 410.
Dies wird ausdrücklich betont in der Ziffer 43 der Bonner Erklärung der Ministerkonferenz über Globale Informationsnetzwerke (6.-8.7.1997), vgl. den Imprimatur-Bericht, oben Fn. 1189, S. 55f.
In Frankreich sah das Amendement No. 200 zum Telekommunikationsgesetz („*Amendement Fillon*") vom 7.6.1996 die Verpflichtung der Internet-Diensteanbieter vor, den Zugang zu einem gemäß einer offiziellen Publikation missbilligtem Dienst zu sperren (Art. 43-3); mit Entscheidung vom 24.7.1996 wurde dies durch den Conseil Constitutionnel als verfassungswidrig verworfen (vgl. *Herberger*, jur-pc 1996, S. 295).

[1209] *Elkin-Koren*, 13 Cardozo Arts & Ent. L.J. 1994/95, S. 345-411 (410).

dritter Personen hervorgerufen wird.[1210] Die Beziehung, die der Dienstevermittler zu den Daten hat sei auch nicht so eng wie bei einem Wohnungseigentümer in Bezug auf seine Wohnung.[1211] Auch ist die Bereitstellung von Speicherplatz nicht mit der Interessenlage eines Verlegers zu vergleichen, der vom Verkauf der von ihm verlegten Werke direkt profitiert und damit unmittelbar identifiziert wird.

So zeichnet sich bei der Vermittlung fremder Inhalte ein differenziertes Bild ab: auf der einen Seite steht der Vermittler nicht beziehungslos zu den von ihm vermittelten Inhalten, auf der anderen Seite würde eine verschuldensunabhängige Haftung die zumutbaren Einwirkungsmöglichkeiten des Vermittlers überbewerten.

Deutlicher ist die Rolle der entfernter stehenden Beteiligten. So verstoßen die Netzwerkbetreiber, die lediglich zur Erleichterung der Übertragung kurzlebige Kopien im Wege der Zwischenspeicherung anlegen, nach Art. 5 Abs. 1 lit. a der Richtlinie zum Urheberrecht in der Informationsgesellschaft grundsätzlich nicht gegen das Vervielfältigungsrecht.[1212] Das gilt erst recht für die Telekommunikationsunternehmen.[1213]

Strittig ist die Behandlung der Zugangsanbieter, die dem Endanwender die Möglichkeit der Internetnutzung vermitteln. Aufgrund dieser Funktion wurden sie als „Schleusenwärter des Cyberspace"[1214] bezeichnet, die durch die Zugangsvermittlung eine Gefahrenquelle eröffnen, die sie ähnlich wie die Dienstevermittler im Wege der Kontrolle tatsächlich beherrschen können.

Dieser Ansicht begegnen erst recht die Bedenken, die gegen eine Garantenpflicht des Dienstevermittlers vorgebracht werden. Während ein Dienstevermittler sich bei seiner Tätigkeit mit der Übermittlung von eigenen und fremden Inhalten befasst und sich dadurch nicht selten mit deren Rechtmäßigkeit auseinandersetzen muss, stellt der Zugangsanbieter lediglich die technischen Voraussetzungen zur Internetnutzung ohne Bezug zu den zu übertragenden Inhalten bereit. So hat das Bezirksgericht Den Haag in seinem Urteil vom 12.3.1996 in Abkehr von früheren

---

[1210] *Sieber*, JZ 1996, S. 429-442 und 494-507 (502); *ders.*, DuD 1996, S. 550-553 (552).
[1211] *Sieber*, JZ 1996, S. 429-442 und 494-507 (502).
[1212] Für die Erleichterung der Übertragung an weitere Nutzer im Wege des Caching regelt dies auch Art. 13 der Richtlinie 2000/31/EG über den elektronischen Geschäftsverkehr (vgl. unten S. 300).
[1213] So nun auch Art. 12 der Richtlinie 2000/31/EG über den elektronischen Geschäftsverkehr unter dem Begriff „Reine Durchleitung".
[1214] Neue Züricher Zeitung, oben Fn. 1195, S. 11.

niederländischen Gerichtsentscheidungen[1215] festgestellt, dass eine Zurechnung der Kopiertätigkeit des Nutzers höchstens dann in Erwägung gezogen werden könne, wenn die Rechtsverletzung offensichtlich ist.[1216] Die Stellungnahme des Europa-Abgeordneten *Cassidy* zum Richtlinienvorschlag zum Urheberrecht in der Informationsgesellschaft fordert die Haftungsfreistellung der Zugangsvermittler in der Richtlinie über den elektronischen Geschäftsverkehr.[1217]

In Bezug auf die Sorgfaltspflichten der Vermittler haben sich in ersten gesetzlichen Regelungen einige Grundsätze herausgebildet, die mit der Richtlinie über den elektronischen Geschäftsverkehr auch auf europäischer Ebene Eingang gefunden haben.

In Deutschland wurde die Problematik erstmals durch ein Urteil des Landgerichts Stuttgart im Jahre 1987[1218] im Zusammenhang mit den Kontrollpflichten des Betreibers einer privaten Mailbox[1219] im Bereich ehrverletzender Mitteilungen durch Dritte relevant. Im Verfahren des einstweiligen Rechtsschutzes entschied das Gericht, dass einem Mailboxbetreiber zur Begründung der zivilrechtlichen Haftung in Bezug auf ehrschädigende Äußerungen Dritter zumindest grobe Fahrlässigkeit zur Last gelegt werden müsse, da eine generelle Kontrollpflicht unzumutbar wäre. Dabei wurden dieselben Grundsätze angelegt wie bei einem Zeitungsverleger für den Anzeigenteil seiner Zeitung.

Eine gesetzliche Regelung über die zivil- und strafrechtliche Haftung[1220] von Vermittlern, die für die Richtlinie über den elektronischen Geschäftsverkehr Modell[1221] war, wurde erstmals in Deutschland mit dem damaligen

---

[1215] Und zwar in Bezug auf die Haftung eines Kabelbetreibers bei der Weitersendung (Oberster Gerichtshof vom 14.1.1983, NJ 1984, S. 696; Oberster Gerichtshof vom 27.6.1958, NJ 1958, S. 405; Nachweise im Imprimatur-Bericht, oben Fn. 1189, S. 28+29).

[1216] Präsident des Distriktgerichts von Den Haag vom 12.3.1996, Mediaforum 1996/4, S. B-59 (englische Fassung: CR 1996, S. 596-598 mit Anm. *Ehmann*); Besprechung bei *Bortloff*, ZUM 1997, S. 167-175 (170f.).

[1217] Abgedruckt als Anhang des *Barzanti*-Berichts (oben Fn. 151), Schlussfolgerung, Ziff. 3.

[1218] LG Stuttgart vom, 17 O 478/87, jur-pc 1992, S. 1714.

[1219] Eine Mailbox bezeichnet einen Computer, der ein Diensteangebot vorhält, auf welches von Dritten zugegriffen werden kann. Dabei können sich die Dienste auf die Gewährung von Speicherplatz beschränken.

[1220] BT-Drucks. 13/7385 vom 9.4.1997, S. 19.

[1221] Es ist wohl kein Zufall, dass einer der für die Ausarbeitung von § 5 TDG a.F. zuständigen Beamten aus der Ministerialbürokratie zum Zeitpunkt der Erstellung des Richtlinienvorschlags über den elektronischen Geschäftsverkehr als Bediensteter in die zuständige Kommissionsdienststelle gewechselt hatte.

§ 5 Teledienstegesetz („TDG", mittlerweile §§ 8-11 TDG) und für den Bereich der Länderkompetenzen mit dem gleichlautenden § 5 (jetzt §§ 8-11) Mediendienstestaatsvertrag[1222] als Teil des IuKDG am 1.8.1997 in Kraft gesetzt.[1223] Auch wenn mangels irgendeiner Aussage in den Gesetzesmaterialien die direkte Anwendbarkeit der Haftungsvorschriften des TDG im Bereich des Urheberrechts fraglich ist[1224], enthält die Regelung doch einige Grundsätze, die auch in diesem Bereich Geltung beanspruchen können.

Die Haftung wird in drei Bereiche unterschieden. § 8 TDG sieht für das Bereithalten eigener Inhalte die Anwendbarkeit der allgemeinen Haftungsregeln vor. Nach § 9 TDG scheidet bei der reinen Zugangsvermittlung zu fremden Inhalten, zu der auch die automatische und kurzzeitige Vorhaltung fremder Inhalte aufgrund einer Nutzerabfrage gehört, eine Verantwortlichkeit aus. § 10 TDG regelt detailliert die Haftungsfreistellung bei automatischen, zeitlich begrenzten Zwischenspeicherungen, die allein dem Zweck dienen, die Übermittlung der fremden Information an andere Nutzer auf deren Anfrage effizienter zu gestalten. Nach § 11 TDG findet im Falle des Bereithaltens fremder Inhalte eine Haftung nur bei positiver Kenntnis und nicht unverzüglicher Entfernung der rechtswidrigen Information oder Sperrung des Zugangs zu ihr statt.[1225] Von diesen Vorschriften unbe-

---

[1222] Zu dieser Vorgehensweise vgl. *Engel-Flechsig/Maennel/Tettenborn*, NJW 1997, S. 2981-2992 (2982).
Zu beachten ist in diesem Zusammenhang aber, dass der Mediendienstestaatsvertrag keine dem Bund ausschließlich zugewiesenen Kompetenzbereiche wie das Urheberrecht regeln kann und demnach hier nicht von Interesse ist; vgl. *Spindler*, NJW 1997, S. 3193-3199 (3194).

[1223] Vgl. oben Fn. 487.
Allgemein dazu *Spindler*, NJW 1997, S. 3193-3199 (3193ff.); *Sieber*, CR 1997, S. 581-598 und 653-668 (581ff.); *Engel-Flechsig/Maennel/Tettenborn*, NJW 1997, S. 2981-2992 (2982ff.).

[1224] Für eine Anwendbarkeit plädieren der Imprimatur-Bericht, oben Fn. 1189, S. 21; *Spindler*, in: *Roßnagel*, Recht der Multimedia-Dienste, Rdz. 32 zu § 5 TDG a.F.; *ders.*, CR 2001, S. 324-333 (324ff.) und *Decker*, MMR 1999, S. 7-14 (7ff.), die besseren Argumente sprechen aber dagegen: so begründete der Gesetzgeber die Regelung vor allem mit der Bekämpfung von Pornographie, Gewaltverherrlichung und Extremismus, während das Urheberrecht keine Erwähnung fand; außerdem muss in den drei genannten Bereichen wegen der öffentlichen Interessen eine schwierige Inhaltsbewertung vorgenommen werden, die beim Urheberrecht nicht erforderlich ist; in diesem Sinne auch *Schaefer/Rasch/Braun*, ZUM 1999, S. 451-488 (451ff.) und *Waldenberger*, MMR 1998, S. 124-129 (127f.); OLG München, CR 2001, S. 333-338 (333ff.).

[1225] Damit entspricht die Regelung der Forderung von Ziffer 42 der Bonner Erklärung der Ministerkonferenz über Globale Informationsnetzwerke (6.-8.7.1997), vgl. den Imprimatur-Bericht, oben Fn. 1189, S. 55f., wonach Netzwerkbetreiber und Zugangsvermittler grundsätzlich von der Haftung befreit sein sollten. Sie sollten von „unreasonable, disproportionate or dis-

rührt sollen aber nach § 8 Abs. 3 TDG Verpflichtungen zur Sperrung der Nutzung rechtswidriger Inhalte nach den allgemeinen Gesetzen sein, wenn der Diensteanbieter unter Beachtung des Fernmeldegeheimnisses von diesen Inhalten Kenntnis erlangt und eine Sperrung technisch möglich und zumutbar ist.

Die im TDG getroffene Differenzierung entspricht einer auch auf internationaler Ebene stark vertretenen Ansicht.[1226] Eine erste konkrete Stellungnahme zur generellen Haftungsproblematik seitens der EG-Kommission findet sich in der Mitteilung über die Verbreitung gesetzwidriger und schädigender Inhalte über das Internet vom 16.10.1996[1227]. Demnach sollte eine Haftung des Vermittlers bei der zumutbaren Möglichkeit von Kontrollen und Zugangsblockierungen bejaht werden können. Die EG-Kommission betont in diesem Zusammenhang ausdrücklich die besondere Rolle privater Verhaltenskodizes und der privaten Familienzensur[1228].

Mit diesen Regelungen verlagert sich die Problematik auf die Frage der Zumutbarkeit von Kontrollen und Vorrichtungen zur Vermeidung von Rechtsverletzungen[1229]. Problematisch wird dies insbesondere dann, wenn ein Vermittler von einem Dritten auf einen möglichen Urheberrechtsverstoß hingewiesen wird. Dann könnte er vor dem Zwang stehen, die Unzulässigkeit des Materials beurteilen zu müssen und sich bei einer Fehleinschätzung möglicherweise schadensersatzpflichtig zu machen. Hier könnte ein ergänzendes Selbstregulierungssystem sowie die Haftungsverlagerung auf den Dritten im Falle einer falschen Information für eine größere Rechtssicherheit innerhalb der Branche sorgen.[1230] Letztlich wird ein

---

crimanatory rules" verschont werden und keinen Kontrollpflichten unterliegen, wenn keine Anhaltspunkte für Gesetzesverstöße vorlägen.

[1226] So viele Stellungnahmen beim Consensus Forum 1998 von Imprimatur (unten Fn. 1261); Endbericht des kanadischen *Information Highway Advisory Council* vom September 1995, oben Fn. 169, Empfehlung 6.16; Bericht der interdepartementalen Arbeitsgruppe in der Schweiz, oben Fn. 167, Empfehlung 10; *Morano*, 20 Fordham Int'l L.J. 1997, S. 1374-1426 (1418ff.); *Köhler/Burmeister*, 21 EIPR 1999, S. 485-499 (499).

[1227] Mitteilung „Verbreitung gesetzwidriger und schädigender Inhalte über das Internet", KOM (96) 487 endg. vom 16.10.1996.

[1228] Insbesondere PICS (Platform for Internet Content Selection), bei der Inhalte anhand der Kriterien des Jugendschutzes bewertet werden; dazu *Haneke*, Rheinischer Merkur Nr. 21 vom 24.5.1996, S. 30.
Köhntopp/Köhntopp/Seeger, K&R 1998, S. 25-32 (31f.) sehen derartige Bewertungssysteme im Vergleich zu Sperrungen von Inhalten als effektivere Maßnahmen an.

[1229] Vgl. hierzu *Gerling*, DuD 1996, S. 218-223 (220), der schon bei verdächtigen Newsgroups eine Zurechenbarkeit annehmen will.

[1230] So der Bericht der interdepartementalen Arbeitsgruppe in der Schweiz, oben Fn. 167, Empfehlung 2; vgl. auch die Stellungnahmen beim Consensus Forum 1998 von Imprimatur (unten Fn. 1261).

Einschreiten bei einem Vermittler grundsätzlich nur aufgrund konkreter Hinweise möglich und zumutbar sein.[1231]

3. Die Haftung für Hyperlinks

Bei den im Internet allgegenwärtigen Hyperlinks[1232] handelt es sich um Verweise auf andere Internetangebote, Dokumente oder sonstige Dateien. Durch das Anklicken kann der Nutzer auf die verwiesenen Daten direkt zugreifen. Auf diese Art und Weise erspart er sich das oft mühsame Herausfinden und Eingeben der Internetadressen, unter denen er die entsprechenden Daten abrufen kann. Aufgrund der komfortablen Nutzbarkeit und der einfachen Einbettung finden sich auf einem Großteil der Internetseiten solche Links, die auf andere Angebote von Interesse verweisen. Überall im Internet finden sich zu bestimmten Themenbereichen ganze Linksammlungen. Auch Suchmaschinen geben von den gefundenen Dokumenten lediglich die Hyperlinks an. Rechtlich problematisch sind diese Links dann, wenn sie auf gesetzwidrige Inhalte verweisen.

Die rechtliche Einordnung solcher Links ist umstritten. Bei entsprechendem Vorsatz wird sicherlich eine Haftung wegen Beihilfe bejaht werden können.[1233] Im Gegensatz zur Richtlinie über den elektronischen Geschäftsverkehr wurde die weitere Problematik bei der Ausarbeitung des TDG aber nicht gesehen.[1234] Diskutiert wird deshalb die analoge Anwendung von §§ 8-11 TDG, wobei strittig ist, ob der Link-Anbieter eigene oder fremde Inhalte zur Verfügung stellt oder nur den

---

[1231] *Sieber*, CR 1997, S. 581-598 und 653-668 (658); Neue Züricher Zeitung Nr. 144 vom 24.6.1996, S. 11.

[1232] Dazu *Wenning*, jur-pc 1995, S. 3321-3330 (3330), der eine Haftung ablehnt.

[1233] So *Ernst*, BB 1997, S. 1057-1062 (1059); *Spindler*, in: Roßnagel, Recht der Multimedia-Dienste, Rdz. 121 zu § 5 TDG a.F.

[1234] Vgl. *Hoeren*, Urteilsanmerkung, EWiR § 823 BGB 7/98, S. 735-736 (736).
Statt aber eine Lösung des Problems anzustreben, haben die Kommission genauso wie der deutsche Gesetzgeber bei der Überarbeitung des TDG im Rahmen der Umsetzung der Richtlinie zum elektronischen Geschäftsverkehr letztlich vorgezogen, die Frage der Hyperlinks und der Suchmaschinen nicht in Angriff zu nehmen, vgl. dazu kritisch *Waldenberger*, EuZW 1999, S. 296-303 (302) und *Spindler*, MMR 1999, S. 199-207 (204); von solcher Kritik hat sich die Kommission nun beeindruckt gezeigt und im Geänderten Richtlinienvorschlag über den elektronischen Geschäftsverkehr einen Abs. 2 von Art. 24 neu eingefügt, der bestimmt, dass im Rahmen des Kommissionsberichts über die Anwendung der Richtlinie insbesondere untersucht werden soll, „ob Vorschläge hinsichtlich der Verantwortlichkeit der Anbieter von Hyperlinks und von Instrumenten zur Lokalisierung von Informationen, der Mitteilungsregelungen sowie der Bestimmung der Verantwortlichkeit bei Entfernung bzw. Unzugänglichmachung von Inhalten notwendig sind"; ähnlich nun auch Art. 24 Abs. 2 der Richtlinie 2000/31/EG über den elektronischen Geschäftsverkehr.

Zugang dazu vermittelt.[1235] Teilweise wird darin das Bereithalten von Inhalten gesehen.[1236] Dies kann aber in dieser Allgemeinheit nicht bejaht werden. Dem gewöhnlichen Internetnutzer ist schon optisch durch Verlassen der alten und durch den Aufruf einer neuen Internetseite in vielen Fällen klar, dass er durch Betätigen eines Link auf das Angebot einer anderen Person gelangt. Nur in den Fällen, wo dieses Angebot im Wege der Fenstertechnik (dazu sogleich unten) oder auf eine sonstige Art so in die ursprüngliche Seite eingebettet wird, dass einem objektiven Betrachter die Verschiedenheit der Quellen nicht auffallen muss, kann etwas anderes gelten. Teilweise werden Links aufgrund ihres Charakters als „Abkürzung" grundsätzlich unter §§ 9,10 TDG und im Falle des Zueigenmachens unter § 8 TDG subsumiert.[1237] Ein Zueigenmachen setzt aber zumindest eine bewusste Verhaltensweise voraus, Fahrlässigkeit des Verweisenden begründet keine Haftung. Deshalb wendet eine weitere Auffassung § 11 TDG analog auf den Link an.[1238] Demnach käme eine Haftung erst bei positiver Kenntnis in Betracht.

Zentrale Abgrenzung bei der Bejahung der Verantwortlichkeit für das Setzen eines Link ist die Frage, ob sich der Urheber des Link den verwiesenen Inhalt im Wege der qualifizierten Hervorhebung[1239] zu Eigen macht.[1240] Dies ist sicherlich der Fall bei einer ausdrücklichen Befürwortung des Inhalts in Kenntnis seiner Unzulässigkeit. Auch bei einem konkreten wirtschaftlichen oder sonstigen Interesse seitens

---

[1235] Vgl. *Hoeren*, Urteilsanmerkung, EWiR § 823 BGB 7/98, S. 735-736 (736).
Marwitz, K&R 1998, S. 369-374 (373) sieht in den Hyperlinks gar die öffentliche Zugänglichmachung im Sinne von Art. 3 des Richtlinienvorschlags zum Urheberrecht in der Informationsgesellschaft, wobei aber grundsätzlich von einem stillschweigenden Einverständnis des Inhaltsanbieters auszugehen sei. Begründet wird dies damit, dass ein Hyperlink wie eine „Schnellstraße" einen bequemeren Zugang verschaffe. Dieser Ansicht ist aber nicht zuzustimmen, da aus urheberrechtlicher Sicht die besondere Problematik der Hyperlinks nicht im verkürzten Zugang, sondern im eigentlichen Verweis auf die geschützten Inhalte begründet ist.
Nach *Spindler*, in: *Roßnagel*, Recht der Multimedia-Dienste, Rdz. 50 zu § 5 TDG a.F. ist die Vorschrift als Ausnahmeregelung gar nicht analogiefähig und muss zudem im Wege der „teleologischen Reduzierung" (so in Rdz. 120) eng ausgelegt werden. Demnach soll es zumindest bei den Hyperlinks, bei denen sich der Verweisende die Inhalte zueigenmacht, bei der Haftung nach den allgemeinen Regeln bleiben.
[1236] *Bettinger/Freytag*, CR 1998, S. 545-556 (550); *Flechsig/Gabel*, CR 1998, S. 351-358 (354) nehmen für eine strafrechtliche Verantwortlichkeit sogar regelmäßig wegen eines entsprechenden Bewusstseins ein Zueigenmachen an.
[1237] *Engel-Flechsig/Maennel/Tettenborn*, NJW 1997, S. 2981-2992 (2985).
[1238] *Waldenberger*, MMR 1998, S. 124-129 (129).
[1239] So *Spindler*, ZUM 1996, S. 533-563 (554).
[1240] LG Hamburg vom 12.5.1998, 312 O 85/98, NJW-CoR 1998, S. 302-303 (302) mit Anm. *Hoeren*, oben Fn. 1234.

des Urhebers an der Verbreitung des ursprünglich fremden Inhalts in gerade der vorliegenden Form liegt die Annahme der Verantwortlichkeit nahe.[1241]

Bei der Fenstertechnik („Framing")[1242], die im World Wide Web sehr häufig anzutreffen ist, werden Webseiten in verschiedene Teile (Fenster) getrennt und jedem Fenster eigene Eigenschaften zugewiesen. In jedem einzelnen Fenster können völlig beliebige - eigene oder fremde - Inhalte dargestellt werden. Die Fenstertechnik erlaubt es nun, automatisch oder auf Anforderung des Nutzers fremde Inhalte von einer anderen Internetadresse in einem Fenster so einzubetten, dass dieser Inhalt als Teil des eigenen Angebots erscheint, ohne dass der Nutzer merkt, dass diese Inhalte von einer anderen Internetadresse stammen. Zudem können bei diesen Inhalten mögliche Werbeeinblendungen unterdrückt werden, für deren Aufruf der eigentliche Anbieter bezahlt wird. Dadurch entgehen ihm wichtige Werbeeinnahmen.

Die Zulässigkeit der Fenstertechnik ist umstritten.[1243] Einerseits wird unter Berufung auf die Meinungsfreiheit[1244] und die Möglichkeit seitens des Anbieters, dessen Inhalte in den Fenstern dargestellt werden sollen, die Technik softwaregestützt durch so genannte Javaskripte auszuschalten, das Framing für erlaubt erachtet. Andererseits wird wegen der Unterdrückung der Werbung, der Nichtnennung der Urheberschaft und der Einbettung in die eigene Seite, durch die ein abgeleitetes Werk entstehen soll, die Zulässigkeit verneint. Grundsätzlich wird der Nutzer der Fenstertechnik mangels gegenteiliger Anzeichen aber davon ausgehen können, dass ein Anbieter von allgemein zugänglichen Inhalten auch mit der Darstellung in einem Fenster dann einverstanden ist, wenn für den Betrachter eindeutig ist, dass im Fenster ein fremder Inhalt dargestellt wird, wenn der Ruf des Anbieters dadurch nicht geschädigt wird und wenn die Seite nicht verändert wird.

In Bezug auf die Haftung für die dargestellten Inhalte muss bedacht werden, dass durch die Einbettung eines Fensters in das eigene Angebot die Annahme des Zueigenmachens des Inhalts oftmals sehr nahe liegt.

[1241] *Bettinger/Freytag*, CR 1998, S. 545-556 (550).
[1242] Dazu *Hardy*, Project Looking Forward, S. 171ff.
[1243] Großes Aufsehen erregte der am 20.2.1997 diesbezüglich seitens *The Washington Post, Cable News Network, Times Mirror, Dow Jones* und *Reuters New Media* gegen *Totalnews* angestrengte Rechtsstreit [dazu *Hardy*, Project Looking Forward, S. 173ff., *O'Rourke*, 82 Minn. L. Rev. 1998, S. 609-704 (637ff.)], der am 6.6.1997 durch gerichtlichen Vergleich [Settlement; Stipulation and Order of Settlement and Dismissal, 97 Civ. 1190 (PKL) (SDNY, 6.6.1997)] beendet wurde.
[1244] *O'Rourke*, 82 Minn. L. Rev. 1998, S. 609-704 (640ff.).

Ein ähnlich gelagertes Sonderproblem ist das so genannte „deep-linking", bei dem nicht auf die Hauptseite des Anbieters, sondern auf eine Unterseite verwiesen wird, die der normale Nutzer in Unkenntnis der genauen Internetadresse sonst nur über Verweise auf der Hauptseite erreichen würde. Oftmals hat der Anbieter ein Interesse daran, dass sämtliche Nutzer erst einmal die Hauptseite aufrufen, vor allem wenn sich dort Werbung befindet. Der Anbieter wird gewöhnlich vom Werbenden für jeden Aufruf der Hauptseite oder für die Weitervermittlung des Nutzers, der die Werbung anklickt und dann durch einen Hyperlink zum Angebot des Werbenden gelangt, bezahlt. Deshalb wehren sich viele Anbieter gegen das deep-linking, da ihnen dadurch die Verdienstchance durch die Werbung sowie die Möglichkeit, Warnhinweise oder sonstige für das gesamte Angebot relevante Mitteilungen gegenüber dem Nutzer zu äußern, entgeht.[1245] Deshalb wird ein „deep-link" bei hierarchisch strukturierten Seiten nur dann zulässig sein, wenn zur Hauptseite erkennbar kein Zusammenhang besteht.

Das Haftungsrisiko bei dieser Verweisungstechnik ist sehr hoch, da aufgrund des gezielten Verweises auf ein konkretes Angebot in einem Unterverzeichnis ein Zueigenmachen von dessen Inhalt sehr wahrscheinlich ist.

4. Beseitigung und Verhinderung rechtswidriger Zustände, die von Dritten verursacht werden

Unabhängig von einer Schadensersatzpflicht stellt sich die Frage, inwieweit ein Vermittler auch ohne Verschulden zur Löschung von illegalen Inhalten und zur Verhinderung der Übertragung solcher Inhalte verantwortlich gemacht werden kann. Gerade im Umfeld der Informationsgesellschaft kommt es oft zu Situationen, in denen ein gesetzwidriger Inhalt ins Netz gestellt wurde und nun auf einem oder mehreren Servern zum Abruf bereitliegt. Grundsätzlich ist anerkannt, dass der Betreiber eines solchen Server zur Löschung der gesetzwidrigen Daten angehalten werden kann.[1246] Über die genauen Modalitäten dieser Pflicht herrschen jedoch Differenzen. Nach der Ansicht von *Spindler* muss ein Vermittler, der im Netz Speicherplatz zur Verfügung stellt, Moderationen und Zugangskontrollen

---

[1245] Vgl. *Groves*, Stud. L. Rev. 1997, S. 39-43 (42).
International hat es zwei viel beachtete Fälle über das deep-linking gegeben, und zwar den schottischen Shetland-Times-Fall [*The Shetland Times Ltd. vs. Dr. Jonathan Wills and Zetnews Ltd.* (24.10.1996) Court of Session; Besprechung bei *Groves*, Stud. L. Rev. 1997, S. 39-43 (41f.)] und den US-amerikanischen *Ticketmaster v. Microsoft*-Fall vor dem U.S. District Court in Los Angeles [Klageerhebung am 28.4.1997; Besprechung bei *O'Rourke*, 82 Minn. L. Rev. 1998, S. 609-704 (631ff.)], beide Rechtsstreite wurden jedoch nicht gerichtlich entschieden, sondern durch Vergleich beendet.
[1246] *Schwarz*, Markenartikel 1996, S. 215-219 (215).

einrichten, damit ein rechtswidriges Verhalten unterbunden werden kann.[1247] Eine so weite Verpflichtung liefe aber auf ein faktisches Verbot des Betreibens allgemein zugänglicher Server hinaus[1248] und ist realistischerweise gar nicht erfüllbar. Vom Betreiber kann lediglich verlangt werden, dass er rechtswidrige Inhalt, die auf seinem Server liegen und die er als solche erkennt, unverzüglich löscht.[1249] Gerade in den Fällen, in denen er von Dritten auf die Speicherung von illegalen Inhalten hingewiesen wird („notice and take down") trifft ihn auch hierbei das Risiko einer Fehlbeurteilung der Sach- und Rechtslage, die eine Regresspflicht nach sich ziehen könnte.[1250] Um dies zu vermeiden, wurde in den USA im Bereich des Urheberrechts mit dem Digital Millenium Copyright Act von 1998 eine neue Sec. 512 in den US Copyright Act eingefügt, wonach der Vermittler bei einem entsprechenden Hinweis zwar den in Rede stehenden Inhalt vorläufig entfernen muss, die Frage der Rechtmäßigkeit des Inhalts dann aber zwischen den beiden Urheberrechtsprätendenten geklärt werden muss.[1251] Neben diesen Lösungen bietet es sich an, zur Absicherung den die Entfernung verlangenden Beteiligten zu verpflichten, eine Sicherheitsleistung zur Abdeckung späterer Schadensersatzansprüche zu erbringen. Nach einem anderen Vorschlag sollte der Vermittler nur verpflichtet sein, nach einem entsprechenden Hinweis die Behörden zu informieren, die dann weitere Maßnahmen treffen könnten. Diese Lösungen berücksichtigen die Interessen der Beteiligten und bilden eine gute Basis für weitere Maßnahmen.

II. Verantwortlichkeit im Bereich des Urheberrechts und die Regelung in der Richtlinie zum Urheberrecht in der Informationsgesellschaft

Die Frage der Verantwortlichkeit im Bereich des Urheberrechts wird intensiv diskutiert.[1252] So antworteten 67% der bei einer *Gemini*-Studie von Anfang 1998 be-

---

[1247] *Spindler*, ZUM 1996, S. 533-563 (544).
[1248] *Waldenberger*, ZUM 1997, S. 176-188 (185).
[1249] Dazu *Sieber*, CR 1997, S. 581-598 und 653-668 (655f.).
[1250] So will *Decker*, MMR 1999, S. 7-14 (11) aufgrund der Regelungen des § 5 TDG a.F. bei Irrtümern über die Berechtigung des Vertragspartners und reinen Rechtsirrtümern einen Fahrlässigkeitsvorwurf gegenüber dem Vermittler annehmen. Eine eng begrenzte Ausnahme will sie nur bei Rechtsirrtümern bei unklarer Rechtslage zulassen.
[1251] § 512 (g) USCA.
Zu den Haftungsregelungen des DMCA vgl. *Otto*, K&R 1998, S. 487-489 (487ff.); *Freytag*, MMR 1999, S. 207-213 (210ff.); *von Rosenberg*, K&R 1999, S. 399-412 (399ff.).
[1252] Dazu Imprimatur-Bericht, oben Fn. 1189; *Hardy*, Project Looking Forward, S. 133ff.; *Bortloff*, GRUR Int. 1997, S. 387-401 (387ff.); *ders.*, ZUM 1997, S. 167-175 (167ff.).

fragten Unternehmensvertreter, dass sie in Bezug auf den Umgang mit Haftung und Urheberrecht noch zu viele ungeklärte rechtliche Fragen sehen.[1253]

Bei den WIPO-Verhandlungen erwies sich die Materie trotz entsprechender Anträge der Delegationen aus Singapur[1254] und Algerien[1255] als so kontrovers, dass diese Vorschläge schließlich nur in Form der ursprünglich in Art. 3 Abs. 4 des Geänderten Richtlinienvorschlags zum Urheberrecht in der Informationsgesellschaft und nunmehr in leicht erweiterter Form nur noch in Erwägungsgrund 27 der Richtlinie[1256] übernommenen Gemeinsamen Erklärungen angenommen wurde, die lediglich für das Wiedergaberecht und nicht für das Vervielfältigungsrecht gelten[1257]. Die Schwierigkeit einer Einigung zeichnete sich schon durch Punkt 11 der Erläuterung zum Vorschlag des späteren Art. 10 WPPT ab, der die Frage der Haftung als Sache der nationalen Gesetzgeber ansah.[1258]

Auf europäischer Ebene hat sich mit der Haftung für Urheberrechtsverletzungen insbesondere das Imprimatur-Programm[1259] befasst. Schon auf dem Ersten Imprimatur Konsensforum spielte die Problematik eine wichtige Rolle.[1260] Beim Imprimatur Konsensforum von 1998[1261] bildete die Frage der Verantwortlichkeit den ersten Themenbereich. Im Grünbuch von 1995 sprach die EG-Kommission die Frage der Verantwortlichkeit im Bereich des Urheberrechts jedoch nur versteckt in Frage 3 zum anwendbaren Recht an.[1262] Als Reaktion auf das Grünbuch teilten viele Interessierte Kreise mit, dass sie die Thematik als harmonisierungsbe-

---

[1253] Vgl. *Strauß*, Frankfurter Allgemeine Zeitung Nr. 64 vom 17.3.1998, S. B5.
[1254] WIPO Dok. CRNR/DC/12.
[1255] WIPO Dok. CRNR/DC/57.
[1256] Vgl. oben S. 235.
[1257] Dazu Imprimatur-Bericht, oben Fn. 1189, S. 53.
[1258] Vgl. WIPO Dok. CRNR/DC/5 vom 30.8.1996, Punkt 11.11.
[1259] Vgl. oben S. 274.
[1260] Vgl. Proceedings of the First Imprimatur Consensus Forum, November 21st - 22nd 1996, S. 74ff.
[1261] Vgl. den Tagungsbericht „European Commission DG III Esprit Project, Consensus Forum 1998, Contracts & Copyright: The Legal Framework for Future Electronic Copyright Management - An International Forum on Contracts, Copyright and the Internet, London, Thursday 2 - Friday 3 July 1998.
[1262] KOM (95) 382 endg. vom 19.7.1995, S. 42: „Halten Sie es im Hinblick auf die Ermittlung der Kette der Verantwortlichen für möglich, die in den verschiedenen Phasen der an der Übermittlung Beteiligten zu bestimmen?" (sprachlich gelungener ist die englische Fassung: „In order to determine all parties which might be liable, do you think that it would be possible to identify each possible participant along the transmission chain?").

dürftig ansahen.[1263] Daraufhin kündigte die EG-Kommission eine Untersuchung an, ob ein Regelungsbedarf bestand.[1264] In der Folgezeit zeigte sich, dass es einen solchen Regelungsbedarf durchaus gab, die Frage aber strittig war, ob eine auf das Urheberrecht beschränkte oder eine mehrere Rechtsbereiche umfassende horizontale Regelung erlassen werden sollte.

Für eine unterschiedliche Behandlung sprechen mehrere Gründe. Das Urheberrecht muss als Teil des Privatrechts vom Rechtsinhaber selbst verteidigt werden, während die meisten anderen Rechtsbereiche, bei denen die Frage der Verantwortlichkeit diskutiert wird, dem öffentlichen Recht angehören und Rechtsverletzungen von den Vertretern des öffentlichen Interesses verfolgt werden. Folglich geht es in diesen Bereichen um straf- und verwaltungsrechtliche Sanktionen, während beim Urheberrecht Schadensersatz-, Bereicherungs- und Unterlassungsansprüche im Vordergrund stehen. In den Bereichen des öffentlichen Interesses bleibt auch kein so großer Raum für die Entwicklung von Selbstregulierungssystemen. Die Frage des Vorliegens einer Rechtsverletzung kann beim Urheberrecht anhand des objektiven Kriteriums der Rechtsinhaberschaft relativ eindeutig beantwortet werden, während im Bereich der öffentlichen Interessen viel schwierigere Wertungen vorzunehmen sind[1265]. Trotzdem sind Urheberrechtsverstöße wegen des häufigen Anscheins der Rechtmäßigkeit und der Schwierigkeit der Beurteilung, ob eine Handlung unter eine Urheberrechtsschranke fällt, oftmals nicht so leicht zu entdecken wie andere Rechtsverletzungen. Dies gilt auch im Bereich der automatischen Filtertechniken, die von Vermittlern eingesetzt werden können und die zwar im Bereich der öffentlichen Interessen aufgrund von Musterabgleichen verdächtige Wörter und Bilder, Raubkopien aber kaum aufspüren können. Hier sind jedoch gerade dem Rechtsinhaber durch Identifizierungstechniken effektive Möglichkeiten gegeben, seine Rechte effizient zu verwalten und Rechtsverletzungen gezielt aufzuspüren. Deshalb wird in Zukunft die Frage der vertraglichen Haftung eine noch bedeutendere Rolle spielen. Gegenüber der Haftung bei den Verleumdungsdelikten unterscheidet sich das Urheberrecht auch zum einen durch die andersartige Schadensberechnung, zum anderen spielt die Meinungsfreiheit beim Urheberrecht keine so wesentliche Rolle.

[1263] Initiativen zum Grünbuch über Urheberrecht in der Informationsgesellschaft, KOM (96) 568 vom 20.11.1996, S. 24.

[1264] Initiativen zum Grünbuch über Urheberrecht in der Informationsgesellschaft, KOM (96) 568 vom 20.11.1996, S. 24.

[1265] Etwa die Beurteilung der Frage, was jugendgefährdende Inhalte sind. Auch in einigen Bereichen des Privatrechts (z.B. bei einer möglichen Verleumdung) ist das Vorliegen einer Rechtsverletzung nicht ohne weiteres zu beurteilen.

Die Gesamtheit dieser Gründe hätte eine separate Regelung der Haftung beim Urheberrecht wie in den USA durchaus gerechtfertigt. Stattdessen hat die EG-Kommission im Einklang mit der Erklärung der Bonner Ministerkonferenz „Globale Informationsnetze: Die Chancen nutzen" vom 6.-8. Juli 1997[1266] den Weg einer horizontalen Regelung in der Richtlinie über den elektronischen Geschäftsverkehr gewählt, was auch wegen der vielen textlichen Änderungen bei der Ausarbeitung der Richtlinie zum Urheberrecht in der Informationsgesellschaft zu vielen unnötigen Irritationen geführt hat. So wurde dieses Problem im Entwurf vom 2.12.1997 lediglich in der Begründung[1267] dahingehend angesprochen, dass eine horizontale Maßnahme für das erste Halbjahr 1998 geplant sei, welche die Frage der Verantwortlichkeit bereichsübergreifend regeln sollte. Der Richtlinienvorschlag zum Urheberrecht in der Informationsgesellschaft vom 10.12.1997 konkretisierte diese Angabe dahingehend, dass diese Maßnahme schon für die ersten Monate 1998 in Aussicht gestellt wurde.[1268] Besonderheiten der Verantwortlichkeit im Bereich des Urheberrechts sollten gegebenenfalls berücksichtigt werden.[1269] Außerdem enthielt der Vorschlag eine ausdrückliche Regelung in Erwägungsgrund 12, wonach diese horizontale Initiative, soweit möglich, in einem ähnlichen Zeitrahmen wie die Urheberrechtsrichtlinie in Kraft treten sollte. Diese Formulierung wurde trotz des Widerstands des Europäischen Parlaments, das in Änderungsantrag 9 ein strenges Junktim forderte, auch im Geänderten Vorschlag beibehalten. Dagegen wurde aber ein neuer Erwägungsgrund 16a in den Geänderten Richtlinienvorschlag über den elektronischen Geschäftsverkehr[1270] aufgenommen, wonach ein Inkrafttreten „innerhalb des gleichen Zeitrahmens" wichtig sei. Diese Regelung findet sich nun unverändert in Erwägungsgrund 50 der Richtlinie über den elektronischen Geschäftsverkehr. Trotzdem spricht die endgültige Richtlinie zum Urheberrecht in der Informationsgesellschaft in Erwägungsgrund 18 weiterhin von einem „ähnlichen Zeitrahmen".

Gerade das Verfahren der Entfernung von potentiell das Urheberrecht verletzenden Inhalten hätte aufgrund der oben beschriebenen Besonderheiten eine eigene Regelung erfordert, die den Mitgliedstaaten gewisse Eckpunkte des damit verbundenen Verfahrens vorgeschrieben hätte. Mit der horizontalen Regelung hat es die EG-Kommission versäumt, ihrem eigenen Ziel der Harmonisierung des Urheberrechts auf hohem Niveau gerecht zu werden. Lediglich im erst durch den Ge-

---

[1266] Bonner Erklärung der Ministerkonferenz über Globale Informationsnetzwerke vom 6.-8.7.1997, Ziffern 41-43 (Nachweis im Imprimatur-Bericht, oben Fn. 1189, S. 55f.).
[1267] Kap. 2.II.6.
[1268] KOM (97) 628 endg. vom 10.12.1997, S. 10.
[1269] KOM (97) 628 endg. vom 10.12.1997, S. 10.
[1270] KOM (1999) 427 endg. vom 1.9.1999.

meinsamen Standpunkt in die Richtlinie zum Urheberrecht in der Informationsgesellschaft eingeführten Art. 8 Abs. 3 ist nun wenigstens klargestellt, dass die Rechtsinhaber gerichtliche Anordnungen gegen Vermittler beantragen können, deren Dienste von einem Dritten zur Verletzung eines Urheberrechts oder verwandter Schutzrechte genutzt werden. Durch die den Mitgliedstaaten darüber hinaus wenig Raum lassende Konvergenz der Haftung für Urheberrechts- und Ehrverletzungen[1271] ist dieses Ziel verfehlt worden.

III. Richtlinie über den elektronischen Geschäftsverkehr

Die Richtlinie über den elektronischen Geschäftsverkehr[1272] sieht in ihren Art. 12 - 15 eine abgestufte Haftungsregelung nach dem Vorbild von § 5 TDG in der alten Fassung vor, die in einigen Punkten noch verfeinert wurde.[1273] Bei den Regelungen geht es darum, die Verantwortlichkeit für bestimmte Fälle zu begrenzen. Liegen die Voraussetzungen nicht vor, richten sich Art und Umfang der Haftung nach den geltenden innerstaatlichen Rechtsvorschriften.[1274] Die Freiheit von Verantwortlichkeit gilt jedoch ausdrücklich nicht für Unterlassungsklagen.

Art. 12 regelt die reine Durchleitung. Nach Absatz 1 fallen darunter diejenigen Inhalte, die vom Nutzer versandt werden und deren Empfänger der Anbieter nicht ausgewählt hat. Der Anbieter trifft hier keine Auswahl oder Veränderung. Darunter können auch die Beiträge einer automatischen Mailingliste fallen.[1275] Absatz 2 stellt die für eine bestimmte Übertragung notwendige und nur dafür gebrauchte Zwischenspeicherung unabhängig von der Frage der Erlaubtheit der Nutzung frei

---

[1271] Dazu Imprimatur-Bericht, oben Fn. 1189, S. 62.

[1272] „Richtlinie 2000/31/EG des Europäischen Parlaments und des Rates vom 8. Juni 2000 über bestimmte rechtliche Aspekte der Dienste der Informationsgesellschaft, insbesondere des elektronischen Geschäftsverkehrs im Binnenmarkt", ABl. EG Nr. L 178 vom 17.7.2000, S. 1ff.
Allgemein: *Tettenborn/Bender/Lübben/Karenfort*, K&R, Beilage 1 zu Heft 12/2001, S. 1-40 (1ff.); *Lopez-Tarruella*, 38 CMLRev 2001, S. 1337-1384 (1337ff.); *Arndt/Köhler*, EWS 2001, S. 102-112.
Speziell zu den fast gleichlautenden Regelungen der Haftung im Richtlinienvorschlag: *Spindler*, MMR 1999, S. 199-207 (199ff.); *Holznagel/Holznagel*, K&R 1999, S. 103-106 (103ff.).

[1273] allgemein: *Walter*, Europäisches Urheberrecht, Info-RL, Rdz. 140ff.
Waldenberger, EuZW 1999, S. 296-303 (302) kritisiert in diesem Zusammenhang die Unübersichtlichkeit der Bestimmungen gegenüber der deutschen Regelung.

[1274] Richtlinienvorschlag über den elektronischen Geschäftsverkehr, KOM (98) 586 endg. vom 18.11.1998, S. 30.

[1275] Richtlinienvorschlag über den elektronischen Geschäftsverkehr, KOM (98) 586 endg. vom 18.11.1998, S. 31.

und bildet damit ein Pendant zu Art. 5 Abs. 1 des Richtlinienvorschlags zum Urheberrecht in der Informationsgesellschaft.

Art. 13 befasst sich mit dem Caching, das er als „automatische, zeitlich begrenzte Speicherung [...], die dem alleinigen Zweck dient, die Übermittlung der Information an andere Nutzer aufgrund deren Anfrage effizienter zu gestalten", definiert. Wegen der Beschränkung auf „andere Nutzer" wird nur das Caching durch Proxy Server umfasst. Als Voraussetzungen für die Zulässigkeit nennt Art. 13 die folgenden: es darf keine Veränderung vorgenommen werden, Zugangsbedingungen und den Industriestandards entsprechende Aktualisierungsregeln müssen beachtet werden, die Wirkungsweise der erlaubten Anwendung von Technologien zur in Übereinstimmung mit den Industriestandards stehenden Datensammlung über die Informationsnutzung darf nicht beeinträchtigt werden und bei Kenntnis bestimmter Tatsachen, die gegen die weitere Zulässigkeit sprechen, muss zügig gehandelt werden.

Art. 14 behandelt das Hosting, also die Speicherung und Bereithaltung fremder Inhalte. Nach Absatz 1 darf der Vermittler die Rechtswidrigkeit der Inhalte nicht kennen. Er darf auch nicht grob fahrlässig in Bezug auf die Schadensersatz begründende Rechtswidrigkeit sein, sofern diese offensichtlich ist. Entsprechende Inhalte muss er sofort löschen. Diese Regelung ist für den Vermittler gefährlich, da er trotz des Nichtvorhandenseins einer Überwachungspflicht (Art. 15) wohl das Risiko in Bezug auf eine Haftung gegenüber dem Nutzer bei unrechtmäßiger Löschung trägt. Insoweit empfehlen sich Sicherheitsmechanismen, die den Vermittler vor einer unzumutbaren Haftung bewahren. Ob die von der EG-Kommission befürworteten Selbstregulierungssysteme der Diensteanbieter, darunter die Einführung von Verhaltenskodizes und Hotline-Systemen[1276], dafür ausreichen, ist fraglich.

Die EG-Kommission sieht Art. 12-15 als Gesamtpaket an, das nur aufgrund einer Vielzahl von Kompromissen zwischen den Beteiligten erreicht werden konnte. Folglich wehrte sie sich auch strikt gegen sämtliche darauf bezogene Änderungs-

---

[1276] Richtlinienvorschlag über den elektronischen Geschäftsverkehr, KOM (98) 586 endg. vom 18.11.1998, S. 32.
Vgl. auch den Erwägungsgrund 16, der sich noch im Richtlinienvorschlag findet: „In dieser Hinsicht sollten die Vorgaben dieser Richtlinie eine geeignete Grundlage für die Entwicklung rasch und zuverlässig wirkender Verfahren zur Entfernung unerlaubter Informationen und zur Sperrung des Zugangs zu ihnen bilden. Entsprechende Mechanismen sollten auf der Grundlage freiwilliger Vereinbarungen zwischen allen Beteiligten entwickelt werden."

anträge des Europäischen Parlaments, die sie pauschal ablehnte.[1277] In der Richtlinie werden die polizeirechtliche Störerhaftung und die Frage der Verantwortlichkeit für Hyperlinks nicht geregelt,[1278] wobei der Geänderte Entwurf vom 1.9.1999 diesbezüglich aber zumindest einen Untersuchungsbedarf feststellt[1279].

C. Die in den Initiativen zum Grünbuch über Urheberrecht in der Informationsgesellschaft zusätzlich behandelten möglichen Harmonisierungsbereiche

In der Begründung des Richtlinienvorschlags zum Urheberrecht in der Informationsgesellschaft werden mit dem digitalen Rundfunk, dem anwendbaren Recht, der Rechteverwertung und dem Urheberpersönlichkeitsrecht wichtige Bereiche aufgeführt, die zwar von den Initiativen zum Grünbuch über Urheberrecht in der Informationsgesellschaft behandelt wurden, im Rahmen des Richtlinienvorschlags und der nachfolgenden Richtlinie aber nicht geregelt werden.

Diese Themen wurden neben der Harmonisierung des Folgerechts und der privaten Vervielfältigung in der digitalen Welt auf der von der Generaldirektion Binnenmarkt veranstalteten Konferenz „Kreativität & geistige Eigentumsrechte: Szenarien und Perspektiven der Entwicklung" in Wien, 12. - 14.7.1998 besprochen.

I. Der digitale Rundfunk

Im Grünbuch von 1995 heißt es, dass aufgrund der Qualität digitaler Kopien der digitale Rundfunk nunmehr zu einer vorrangigen Verwertungsform werden könnte und dass deshalb „eingehend geprüft werden sollte, ob es erforderlich ist, das gegenwärtige Gleichgewicht der Rechte auf diesem Gebiet zu revidieren".[1280] In der Folgezeit hat sich aber immer mehr gezeigt, dass der digitale Rundfunk gegenüber den anderen Diensten der Informationsgesellschaft keine andersartigen Probleme aufwirft. Unterschiede sind eher gradueller Natur. Bisher hat sich deshalb noch kein Bedarf gezeigt, für den digitalen Rundfunk separate urheberrechtliche Regeln festzusetzen.

[1277] Geänderter Richtlinienvorschlag über den elektronischen Geschäftsverkehr, KOM (1999) 427 endg. vom 1.9.1999, S. 8.
[1278] *Spindler*, MMR 1999, S. 199-207 (204); *Holznagel/Holznagel*, MMR 1999, S. 103-106 (106).
[1279] Siehe oben Fn. 1234.
[1280] KOM (95) 382 endg. vom 19.7.1995, S. 61ff.

II. Anwendbares Recht und Gerichtszuständigkeit

Das anwendbare Recht wurde sowohl im Grünbuch von 1995[1281] als auch in den Initiativen zum Grünbuch über Urheberrecht in der Informationsgesellschaft[1282] behandelt. Auch in der internationalen Diskussion spielt die Thematik eine wichtige Rolle.[1283]

Unter dem Begriff des anwendbaren Rechts finden sich in der Diskussion zwei verschiedene Aspekte, die häufig nicht klar voneinander abgegrenzt werden. Neben der eigentlichen Frage, welches nationale Recht auf einen Sachverhalt anwendbar ist, geht es oft auch um das Problem, welches nationale Gericht für die Aburteilung eines Falles zuständig ist. Diese beiden Aspekte sollen im Folgenden getrennt behandelt werden.

Beiden Fragen ist gemeinsam, dass sie grundsätzlich auf den Ort einer Handlung, des Aufenthalts oder des Sitzes abstellen. Bei grenzüberschreitenden Handlungen, wie sie gerade im Internet millionenfach vorkommen, ist die Bestimmung des relevanten Orts aber schwierig (dazu sogleich).

1. Anwendbares Recht

Die Frage, welches nationale Recht auf einen urheberrechtlichen Sachverhalt vertrags- oder deliktsrechtlicher Natur[1284] Anwendung findet, beantwortet sich grundsätzlich[1285] nach dem international anerkannten Territorialitätsprinzip und diesem folgend nach dem international-privatrechtlichen Schutzlandprinzip.[1286] Das Schutzlandprinzip bestimmt die Anwendbarkeit des Rechts desjenigen Staats, für - und nicht etwa: in - dessen Gebiet urheberrechtlicher Schutz nachgesucht wird.[1287] Dabei wird genau zwischen urheberrechtlichem und sonstigem Schutz

---

[1281] KOM (95) 382 endg. vom 19.7.1995, S. 38ff.
[1282] KOM (96) 568 endg. vom 20.11.1996, S. 22.
[1283] Vgl. *Ginsburg*, Private International Law Aspects, S. 1ff.; *Wiederhold*, JurPC Web-Dok. 29/1999, Abs. 1-65 (12ff.); *Schønning*, ZUM 1997, S. 34-39 (34ff.); *ders.*, 170 RIDA 1996, S. 21-53 (21ff.); *ders.*, 21 EIPR 1999, S. 45-52 (45ff.).
[1284] Zur Differenzierung vgl. *Strowel/Triaille*, Droit d'auteur, S. 377ff. (Delikt) und S. 389ff. (Vertrag).
[1285] Zu den Ausnahmen im Bereich des Deliktsrechts in Frankreich, Belgien und den USA, die zur Anwendung des Rechts des Ursprungslandes führen, vgl. *Strowel/Triaille*, Droit d'auteur, S. 378.
[1286] *Katzenberger*, Festgabe für *Schricker*, S. 225-259 (240); BGH vom 2.10.1997, I ZR 88/95 („*Spielbankaffäre*"), RIW 1998, S. 556 für die „Schutzwirkungen des Urheberrechts".
[1287] *Strowel/Triaille*, Droit d'auteur, S. 379.

differenziert. Nur im Bereich des Urheberrechts findet das Schutzlandprinzip Anwendung. Dies führt zu schwierigen, teilweise strittigen Abgrenzungen. So unterliegt nach herrschender Lehre in Deutschland das Vertragsrecht zwar nicht diesem Prinzip, wohl aber die daraus resultierenden Rechtsfolgen.[1288] Die Frage der ersten Inhaberschaft beurteilt sich aufgrund der untrennbaren Verbindung mit der Frage des Rechtserwerbs nach dieser Ansicht nach dem Recht des Schutzlands[1289]. Noch umstrittener ist die Frage nach dem anwendbaren Recht bei der Übertragung der Rechte. Nach der urheberrechtlichen Einheitstheorie gilt das Vertragsstatut, allerdings unter dem Vorbehalt, für bestimmte den Vertragsgegenstand selbst berührende Fragen auf das Recht des Schutzlands zurückgreifen zu können.[1290] Nach der international-privatrechtlichen Spaltungstheorie findet im Sinne der deutschen Dogmatik eine getrennte Beurteilung von Verpflichtungs- und Verfügungsgeschäft statt.[1291]

Das Schutzlandprinzip kann im Deliktsfall nicht beurteilen, wo eine schädigende Handlung stattgefunden hat und ob deshalb auch die Urheberrechte im Forumsstaat verletzt wurden. Gerade in der delokalisierten Welt des Internets sind Anknüpfungspunkte nur schwer zu finden. So will *Ginsburg*[1292] eine Regelung die vom Schaden ausgeht. Nach ihrer Ansicht kann deshalb zum einen der Empfangsstaat, zum anderen das Ursprungsland einschlägig sein. *Ginsburg* schlägt als Anknüpfungspunkt den das Material enthaltenden Serverstandort vor, solange der Staat im Einklang mit der RBÜ und der WCT ist. Sonst soll das Recht des Sitzstaates des Betreibers des Internetangebots gelten, solange dieser Staat die beiden

---

[1288] *Ulmer-Eilfort*, US-Filmproduzenten und deutsche Vergütungsansprüche, S. 32. *Strowel/Triaille*, Droit d'auteur, S. 380 verweisen auf die in Deutschland vorherrschende Ansicht, wonach das Schutzlandprinzip für die Rechtsinhaberschaft, die Werkdefinition, den Schutzinhalt, die Weite und die Dauer des Schutzes gilt; ähnlich Initiativen zum Grünbuch über Urheberrecht in der Informationsgesellschaft, KOM (96) 568 endg. vom 20.11.1996, S. 23.

[1289] So die überwiegende Meinung in Deutschland, vgl. *Ulmer-Eilfort*, US-Filmproduzenten und deutsche Vergütungsansprüche, S. 79; *Katzenberger*, Festgabe für *Schricker*, S. 225-259 (258); BGH vom 2.10.1997, I ZR 88/95 („*Spielbankaffäre*"), RIW 1998, S. 556.

[1290] Vgl. *Ulmer-Eilfort*, US-Filmproduzenten und deutsche Vergütungsansprüche, S. 82; *Katzenberger*, Festgabe für *Schricker*, S. 225-259 (249f.), der vom „schuldvertragsakzessorischen" Charakter dieser Theorie spricht (S. 259); so auch *Ginsburg*, Private International Law Aspects, S. 32f., die Ausnahmen zugunsten des Urhebers aus Gründen des öffentlichen Interesses zulassen will.

[1291] *Mäger*, Schutz des Urhebers im internationalen Vertragsrecht, S. 306; *Ulmer-Eilfort*, US-Filmproduzenten und deutsche Vergütungsansprüche, S. 82, die so die work-made-for-hire-Problematik mit der Zuweisung der Rechte zum Arbeitgeber lösen will (S. 89); *Katzenberger*, Festgabe für *Schricker*, S. 225-259 (248f.).

[1292] *Ginsburg*, Private International Law Aspects, S. 44f.

internationalen Verträge beachtet. Andernfalls soll das Recht am Gerichtsort gelten, wobei die Parteien die Möglichkeit haben sollen, das Recht eines anderen Landes, in dem die Verletzung passierte, vorzuschlagen. *Dessemontet*[1293] hingegen stellt auf den Wohnsitz des Verletzten ab, sofern dies für den Schädiger voraussehbar war. Hilfsweise soll das Recht am Ort des Schadenseintritts gelten, sofern dieser vorhersehbar war, andernfalls der Begehungsort und subsidiär dazu der gewöhnliche Aufenthalt des Verletzers. Demgegenüber äußert sich *Hoeren* gegen sämtliche Regeln, die auf den Sitz eines Betroffenen abstellen.[1294] In einer gemeinsamen Abhandlung gehen *Dessemontet* und *Ginsburg*[1295] vorrangig vom Schadensort, der beim gewöhnlichen Aufenthalt des Geschädigten vermutet wird, bzw. vom Begehungsort, wenn an mehreren Orten ein Schadenseintritt vorhanden ist, und hilfsweise vom Aufenthaltsort des Beklagten aus. Nach einer anderen Ansicht ist vom Begehungsort, der wegen des Schutzlandprinzips bei einer Vervielfältigung im Internet grundsätzlich mit dem Ursprungsland identisch sein soll, auszugehen.[1296]

Geller[1297] sieht in der durch das Schutzlandprinzip bedingten Aufsplittung in nationale Urheberrechte eine drohende „Balkanisierung" des internationalen Urheberrechts. Aufgrund der weltweiten Verfügbarkeit von Inhalten in der Informationsgesellschaft hält er die Anwendung des Prinzips für obsolet[1298]; vielmehr sei ein non-territoriales, universelles Urheberrechtssystem unter Beibehaltung der Inländerbehandlung erforderlich.[1299] So verlockend ein solches Einheitssystem auch sein mag, muss aber berücksichtigt werden, dass nicht nur wegen der natürlichen Sprachgrenzen[1300] die Verwertung von Urheberrechten zumindest in naher Zukunft

---

[1293] *Dessemontet*, SJZ 1996, S. 285-294 (292).
[1294] *Hoeren*, NJW 1998, S. 2849-2854 (2851).
[1295] *Dessemontet/Ginsburg*, SJZ 1996, S. 294.
[1296] *Nordemann/Goddar/Tönhardt/Czychowski*, CR 1996, S. 645-657 (651).
[1297] *Geller*, 16 Colum.-VLA J.L. & the Arts 1991/92, S. 461-473 (471).
In Deutschland hat sich vor allem *Schack*, Zur Anknüpfung des Urheberrechts im internationalen Privatrecht, 1971, *ders.*, 108 UFITA 1988, S. 51-72 (57) und *ders.*, Urheber- und Urhebervertragsrecht, Rdz. 808ff. gegen die absolute Geltung des Schutzlandprinzips gewandt, in 108 UFITA 1988, S. 51-72 (56) sieht er im Schutzlandprinzip die „schönfärbende Bezeichnung für das Deliktsstatut".
[1298] *Geller*, 5 Cah. Prop. Int. 1992/93, S. 391-405 (405).
Ähnlich auch *Walter*, MuR 1995, S. 125-126 (125), der „das klassische Kollisionsrecht in einem Global Village an die Grenzen seiner Leistungsfähigkeit gelangt" sieht und deshalb „eine befriedigende Lösung nur auf internationaler Ebene im Weg der Rechtsangleichung und durch besondere Maßnahmen der (internationalen) Rechtsdurchsetzung" für erreichbar hält.
[1299] *Geller*, 16 Colum.-VLA J.L. & the Arts 1991/92, S. 461-473 (473).
[1300] Vgl. *Sieger*, AfP 1986, S. 101-106 (102).

weiterhin territorialer Natur sein wird.¹³⁰¹ Solange eine materielle Urheberrechtsvereinheitlichung oder gar ein einheitliches Internetrecht in Form einer „lex mediatica"¹³⁰² nicht vereinbart werden, wird das Schutzlandprinzip weiterhin Anwendung finden.

Vereinzelt ist vorgetragen worden, dass die nationalstaatlichen Gesetze sich nicht auf den virtuellen Raum des weltweiten Internets anwenden lassen.¹³⁰³ Stattdessen soll das Internet ein eigener Rechtsraum mit eigenen Regeln, der sog. Netiquette, sein.¹³⁰⁴ Selbst wenn das Bestehen eines solchen Internetgewohnheitsrechts bejaht werden sollte, könnte sich dieses aber nicht über staatliche Normen hinwegsetzen.¹³⁰⁵ Abzulehnen ist auch der Vorschlag, dass sämtliche Zugangsvermittler sich untereinander über die Anwendung eines einzigen Rechts einigen und diese Vereinbarung in den Zugangsverträgen an die Nutzer als „Bürger der Zugangsvermittler" weitergeben sollten.¹³⁰⁶ Gerade in Deutschland würden diesem kaum realisierbaren Vorgehen schon AGB-rechtliche Gründe entgegenstehen, außerdem bliebe das Problem der Außenseiter, die daran nicht teilnehmen wollen.¹³⁰⁷ Zudem bestünde bis zum Aufbau eines solchen Systems weiterhin ein staatlicher Regelungsbedarf.

Die Aufspaltung in territorial begrenzte Urheberrechte hat die Abschottung nationaler Märkte begünstigt.¹³⁰⁸ Durch unterschiedliche Schutzhöhen könnte es zu Verlagerungen des innergemeinschaftlichen Handels zugunsten von denjenigen

---

¹³⁰¹ Eine andere Situation zeichnet sich aber zunehmend für englischsprachige Werke ab: durch den Buchvertrieb über das Internet gelangen immer mehr amerikanische Ausgaben nach Großbritannien, so dass die dortigen Verleger über Verdienstausfälle klagen, die sie bisher wegen der nationalen Aufspaltung der urheberrechtsrelevanten Märkte in diesem Umfang nicht zu fürchten hatten. Dieses Problem lässt sich aber durch eine EG-weite Harmonisierung nicht lösen.
Waterschoot, Konferenz der Generaldirektion XV der Europäischen Kommission „Urheberrecht und verwandte Schutzrechte an der Schwelle zum 21. Jahrhundert" in Florenz (2.-4.6.96), Protokoll, S. 11-22 (12).
¹³⁰² In Anlehnung an die lex mercatoria; vgl. *Strowel/Triaille*, Droit d'auteur, S. 393.
¹³⁰³ *Hoeren*, NJW 1998, S. 2849-2854 (2851), der - ohne dies selbst zu befürworten - als Problemlösung die „Schaffung eines virtuellen Raums" aufzeichnet.
¹³⁰⁴ *Kahin/Nesson*, Kap. 1.
¹³⁰⁵ Siehe oben S. 196.
¹³⁰⁶ „The unified Approach to Choice of Law in Cyberspace", vgl. *Burnstein*, 29 Vand. J. Transnat'l L. 1996, S. 75-116 (96ff.).
¹³⁰⁷ Das gesteht auch *Burnstein*, 29 Vand. J. Transnat'l L. 1996, S. 75-116 (115) zu.
¹³⁰⁸ Grünbuch über Urheberrecht in der Informationsgesellschaft, KOM (1995) 382 endg. vom 19.7.1995.

Mitgliedstaaten mit den flexibelsten Regelungen kommen.[1309] Dadurch wird gemeinschaftsweit insbesondere der freie Warenverkehr[1310] gerade bei denjenigen Werken, bei denen das (mutter-)sprachliche Verstehen nicht im Vordergrund steht, potentiell eingeschränkt. Fraglich sind aber die Konsequenzen, die sich aus dieser Situation aus der Sicht des Gemeinschaftsrechts ergeben.

Im Bereich des Urheberrechts gibt es bisher erst eine besondere Regelung mit Bezügen zum anwendbaren Recht. In Art. 1 Abs. 2b der Satellit- und Kabel-Richtlinie wird für Satellitenausstrahlungen innerhalb der Europäischen Gemeinschaft die Sendelandtheorie festgeschrieben. Demnach wird als Ort der Sendung[1311] einzig der Ort des „Up-link" angesehen, von dem aus die Sendung ohne spätere Unterbrechung zum Satelliten gesendet wird. Aus dieser Regelung folgt, dass sich sie Frage des Verstoßes gegen das Senderecht ausschließlich nach der Rechtslage im Gebiet des Sendestaates richtet. Auf diese Art führt dies regelmäßig nur zur Anwendung eines einzigen nationalen Rechts, nämlich dem Recht des Sendestaates.[1312] Damit wurde der „*Bogsch*-Theorie"[1313] eine Absage erteilt, wonach die Sendung auch in jedem gewollten und zufälligen Empfangsstaat stattfinden sollte. Gerade im weltweit überall zugänglichen Internet würde dies zur Betroffenheit

---

[1309] Allgemein zum Problem von „Rechtsoasen im Internet": *Hoeren*, MMR 1998, S. 297-298 (297f.); aus rein urheberrechtlicher Sicht besteht aber kein Anlass zur Sorge, dass sich San Marino zu einer solchen Oase entwickeln könnte.

[1310] *Benabou*, Droit d'auteur, S. 13.

[1311] In diesem Zusammenhang ist darauf hinzuweisen, dass dem bloßen Empfang ohne Mitwirkungsakt keine urheberrechtliche Relevanz beigemessen wird, vgl. *Reinert*, Grenzüberschreitender Rundfunk, S. 221.

[1312] Die grundsätzliche Anwendung der Ausstrahlungstheorie bei grenzüberschreitenden Rundfunksendungen forderte schon *von Ungern-Sternberg*, Rechte der Urheber an Rundfunk- und Drahtfunksendungen, S. 108.

[1313] Benannt nach dem ehemaligen Generaldirektor der WIPO, *Arpad Bogsch*.
So vor allem in Österreich: OGH vom 28.5.1991, ÖBl 1991, 181 („*TELEUNO III*") und OGH vom 16.6.1992, ÖBl 1992, 185 („*Direktsatelliten*"); jetzt wurde die Rechtslage aber durch die Novelle 1996 in § 17a ÖsterrUrhG dem europäischen Recht angeglichen, vgl. *Dillenz*, ecolex 1996, S. 275-278 (275).
Trotz der irrigen Wiedergabe der *Bogsch*-Theorie vertreten *Nordemann/Goddar/Tönhardt/Czychowski*, CR 1996, S. 645-657 (652) nichts anderes, da sie auf die Einwirkung abzustellen; *Schønning*, ZUM 1997, S. 34-39 (38) befürwortet die Empfangslandstheorie bei Direktsatelliten und in 170 RIDA 1996, S. 21-53 (47) für das Internet.
Dillenz, Direktsatellit, S. 61 führt als Argument gegen die Sendelandtheorie an, dass der Begriff der Öffentlichkeit der RBÜ sich auf die Öffentlichkeit der Empfangsländer beziehen muss; deshalb muss aber nicht zwingend gefolgert werden, dass auch das Recht des Empfangslands angewendet werden müsse.

aller Rechtsordnungen führen.[1314] Auch die Theorie des intendierten Sendegebiets[1315] wurde somit verworfen.

Eine derartige Lösung war vor allem deshalb möglich, da das Recht im Bereich der Satellitensendung durch die Richtlinie weit gehend angeglichen wurde.[1316] Dadurch wurden mögliche Anreize genommen, von Ländern mit niedrigem Schutzniveau zu senden. Die Regelung wurde zudem dadurch begünstigt, dass ein einzelner Satellit aufgrund der technischen Möglichkeiten nur in ein territorial begrenztes Gebiet (dem „Foot Print") aussenden kann, so dass schon deshalb auch in Europa nur eine entsprechende kleine Anzahl von Staaten von der Sendung betroffen werden kann. Außerdem wird das Einsatzgebiet von Satellitenübertragungen auch aufgrund der noch bestehenden Sprachgrenzen in der Praxis begrenzt.

Diese Besonderheiten treffen auf das weltumspannende Internet nicht zu, so dass die Mehrheit der Beteiligten Kreise sich gegen eine Ausweitung der Sendelandtheorie auf dieses Medium aussprach.[1317] Auch die Europäische Gemein-

---

[1314] So fordert *Ernst*, BB 1997, S. 1057-1062 (1059) immer die Anwendung von deutschem Recht, da ein Internetangebot überall abrufbar ist; dto. *Bachmann*, in: Cyberlaw, S. 169-183 (182).
Ähnlich LG Berlin vom 21.5.1996 - 16 O 171/96, AfP 1996, S. 405-406 (405), das überall dort einen Wettbewerbsverstoß bejaht, wo ein entsprechendes Angebot in T-Online abgerufen werden kann.

[1315] *Castendyk/von Albrecht*, GRUR Int. 1992, S. 734-739 (738f.), die im Gegensatz zur *Bogsch*-Theorie die über das eigentliche Sendegebiet ungewollt hinausgehenden Empfangsorte („overspill") herausnehmen, da so ein gerechter Interessenausgleich erreicht werden soll, kleine Sender geschützt würden und außerdem die internationale Vertragspraxis berücksichtigt würde.

[1316] Vgl. Grünbuch über Urheberrecht in der Informationsgesellschaft, KOM (95) 382 endg. vom 19.7.1995, S. 42; *Strowel/Triaille*, Droit d'auteur, S. 383.

[1317] Initiativen zum Grünbuch über Urheberrecht in der Informationsgesellschaft, KOM (96) 568 endg. vom 20.11.1996 S. 23; ebenso *Schønning*, 170 RIDA 1996, S. 21-53 (45); *ders.*, 21 EIPR 1999, S. 45-52 (49).
So auch *Schwarz*, GRUR 1996, S. 836-842 (841) allerdings mit der irrigen Begründung, dass bei elektronischer Übertragung eine urheberrechtsrelevante Kopie im Empfangsland beim Nutzer entsteht; dieser Vervielfältigungsvorgang hat aber mit der eigentlichen Übertragung nichts mehr zu tun.
Das Grünbuch über Urheberrecht in der Informationsgesellschaft, KOM (95) 382 endg. vom 19.7.1995, S.42 deutete als Lösung noch die Sendelandtheorie an mit Ausnahmen bzw. Schutzklauseln bei Drittländern; dagegen wendeten sich der Entwurf eines Entschließungsantrags 14 des *Barzanti*-Berichts zum Grünbuch, oben Fn. 133, und der wortgleiche Punkt 15 der endgültigen Entschließung, vgl. oben Fn. 134, welche die zusätzliche Berücksichtigung der Regelungen im Empfangsstaat forderten.
Für das Herkunftslandsprinzip aber: *Hoeren*, MMR 1999, S. 192-199 (196).

schaft misst der Regelung der Satellit- und Kabel-Richtlinie keine Präzedenzwirkung bei, wie sich aus deren Erwägungsgrund 34 ergibt. So überrascht es nicht, dass die EG-Kommission in einem Grundsatzpapier Anfang der neunziger Jahre den Ort der tatsächlichen Niederlassung als Kriterium für den Handlungsort festschreiben wollte.[1318] Gerade im Internet dürfte der Einspeisungsort als Ort der Übermittlung oftmals nur schwer feststellbar sein.[1319] Zudem besteht hier viel stärker die Problematik, wie Übertragungen aus Drittstaaten zu beurteilen sind.[1320] Einigkeit besteht lediglich insoweit, als das Recht des Durchgangslands wegen der Unvorhersehbarkeit des Übertragungswegs nicht einschlägig sein kann.[1321]

Als Lösungsmöglichkeit schlägt *Hoeren* die Anwendung des aus dem Wettbewerbsrecht bekannten Marktortprinzips vor.[1322] Demnach soll nur das Recht derjenigen Länder anwendbar sein, auf die das jeweilige Angebot erkennbar abzielt. Dieser Ansicht ist für die Bereiche des elektronischen Geschäftsverkehrs uneingeschränkt zuzustimmen, bei denen die eigentliche Transaktion nicht über das Netz, sondern auf konventionellem Wege abgewickelt wird. Wenn das Geschäft oder eine Rechtsverletzung allerdings auf unkörperlichem Wege direkt über das Internet vorgenommen werden können, muss der Inhaltsanbieter immer davon ausgehen, dass ein rechtserheblicher Zugriff auf sein Angebot auch von außerhalb des intendierten Marktes vorgenommen werden kann. In diesen Fällen ist ein Abstellen allein auf den Marktort nicht sachgerecht. Aus diesem Grunde rät *Schønning* den Diensteanbietern, ihr Angebot durch eine entsprechend enge Zielgerichtetheit, durch Zugangssperren sowie über das Vertragsrecht möglichst gegen unerwünschte Zugriffe von außen zu schützen, um auf diesem Wege der Anwendung eines fremden Rechts möglichst aus dem Weg zu gehen.[1323]

Aus gemeinschaftsrechtlicher Sicht stellt sich die Frage, ob eine Harmonisierung des Kollisionsrechts zur Lösung der Problematik des anwendbaren Rechts wirk-

---

[1318] Vgl. *Dreier*, GRUR Int. 1991, S. 13-19 (17).
[1319] Vgl. Initiativen zum Grünbuch über Urheberrecht in der Informationsgesellschaft, KOM (96) 568 endg. vom 20.11.1996, S. 23; *Strowel*/Traille, Droit d'auteur, S. 383. Nicht zuletzt deshalb wurde das Recht auf Zugänglichmachung in Art. 3 der Richtlinie zum Urheberrecht in der Informationsgesellschaft festgeschrieben.
[1320] Initiativen zum Grünbuch über Urheberrecht in der Informationsgesellschaft, KOM (96) 568 endg. vom 20.11.1996, S. 23.
[1321] *Schwarz*, Markenartikel 1996, S. 215-219 (219).
[1322] *Hoeren*, NJW 1998, S. 2849-2854 (2851); ähnlich *Nordemann/Goddar/Tönhardt/ Czychowski*, CR 1996, S. 645-657 (652), die auf die Einwirkung abstellen; *Rüßmann*, K&R 1998, S. 422-427 (425ff.) betont beim Marktortprinzip die auf die Erwerbschancen ausgerichtete Finalität des Handelns.
[1323] *Schønning*, 21 EIPR 1999, S. 45-52 (52).

lich geeignet ist. Dadurch würden zwar einheitliche Anknüpfungstatbestände geschaffen, die Verschiedenheit der Rechtsordnungen würde aber dem Unionsbürger den Überblick über seine Möglichkeiten im Binnenmarkt nicht gerade erleichtern und kein taugliches Mittel zur Gewährleistung gleicher Ausgangsbedingungen sein. Den Marktteilnehmern wäre eher mit vergleichbaren materiellrechtlichen Regelungen gedient. Gerade hier böte sich die konsequente Anwendung des erweiterten Prinzips der gegenseitigen Anerkennung an, um transparente Wettbewerbsbedingungen zu schaffen.

Aufgrund der Diskussion um das anwendbare Recht und die geforderte Kollisionsrechtsangleichung gerät auf Gemeinschaftsebene das ungleich tauglichere Mittel der Angleichung der materiellen Rechtsfolgen in den Hintergrund. Durch diese Angleichung des materiellen Rechts könnte auch den Anforderungen des Verhältnismäßigkeitsgrundsatzes weitaus besser Folge geleistet werden als durch das sehr zweifelhafte Mittel der Angleichung des internationalen Privatrechts. Die Frage, welches Recht letztlich anzuwenden sei, wäre dann nur noch von untergeordneter Bedeutung.

2. Gerichtszuständigkeit

Ähnliche Probleme wirft die Frage auf, welches nationale Gericht für die Beurteilung eines urheberrechtlichen Sachverhalts in der Informationsgesellschaft zuständig sein kann. Dabei gibt es unterschiedliche Lösungsmöglichkeiten. In Betracht kommen das Sendestaatsprinzip, nach dem das Gericht am Ort der Übermittlung zuständig ist, das wettbewerbsrechtliche Marktortprinzip, wonach der Ort der Markts, an den sich die Übertragung richtet, ausschlaggebend ist, oder das Ubiquitätsprinzip[1324], das aufgrund der weltweiten Abrufbarkeit von Inhalten jedes Gericht als zuständig ansieht.[1325]

Gerade in den Einzelstaaten der USA nahmen in der Vergangenheit einzelne Gerichte, aber auch Behörden eine weite Zuständigkeit für Handlungen im Internet an.[1326] So beanspruchte der Justizminister des Landes Minnesota in einer Erklä-

---

[1324] *Ernst*, BB 1997, S. 1057-1062 (1059); *Lehmann*, Digitalisierung und Urheberrecht, in: Cyberlaw, S. 25-34 (32).
[1325] Zur Differenzierung vgl. *L. Weber*, Neue Züricher Zeitung Nr. 150 vom 1.7.1996, S. 15.
[1326] *Maritz, Inc. v. Cyber Gold, Inc.* (No. 4:96CV01340 ERW, DC for the Eastern D of Missouri, 19.8.1996): Zuständigkeit, da die Webseite in Missouri abrufbar war.
Playboy Enterprises v. Chuckleberry Publishing, Inc. (939 F. Supp 1032 und 1041, SDNY, 19.6.1996 und 12.7.1996): Zuständigkeit, da Webseite des beklagten Italieners in New York abrufbar war.

rung vom 18.7.1995 die zivil- und strafrechtliche Zuständigkeit für illegale Aktivitäten.[1327]

Andere Gerichte und Behörden in den USA verlangen aber einen Minimalkontakt mit dem Forum.[1328] Ein zufälliger Kontakt soll nicht ausreichen, vielmehr bedarf es eines gezielten Vorgehens.[1329] So nahm ein Gutachten des Justizministers von Florida keine Zuständigkeit für Wetten im Internet an.[1330]

Die weite Annahme einer Zuständigkeit im Sinne des Ubiquitätsprinzips ist in mancherlei Hinsicht problematisch. Zum einen droht in der Praxis eine Überlastung der Rechtspflege, die sich mit einer kaum überschaubaren Anzahl von Sachverhalten selbst dann zu befassen hätte, wenn der Bezug zum Forumsstaat

---

CompuServe, Inc. v. Patterson (89 F.3d 1257, 6th Cir., 22.7.1996): entgegen der Vorinstanz wurde eine Zuständigkeit angenommen, wenn ein Texaner 32 Softwaredateien über *Compu-Serve*-Server in Ohio abruft.
Vgl. im Einzelnen: *Elsing/McDonald*, K&R 1999, S. 167-170 (167ff.).
In Deutschland hat das Landgericht München I in der Entscheidung vom 17.10.1996 - 4 HKO 12190/96, CR 1997, S. 155ff. im Falle der Schmähkritik eine Zuständigkeit aufgrund des Ubiquitätsprinzips angenommen.

[1327] Vgl. den Bericht von *Kuner* in NJW-CoR 1996, S. 16.
Dto. *Minnesota v. Granite Gate Resorts, Inc.* (C6-97-89, Minn. Ct. App., 5.9.1997, wodurch die Entscheidung 1996 WL 767431, Minn. Dist. Ct., 11.12.1996 bestätigt wird): „We hold that appellants are subject to personal jurisdiction in Minnesota because, through their Internet activities, they purposefully availed themselves of the privilege of doing business in Minnesota". Die Entscheidung spiegelt das wettbewerbsrechtliche Marktortprinzip wider.

[1328] *Pres-Kap, Inc. v. System One Direct Access, Inc.* (Fla. Dist. Ct. App. 1994, 636 So. 2d 1351, 21.6.1994).
Für das Internet auch: *Bensusan Restaurant Corp. v. King* (937 F. Supp. 295, SDNY, 9.9.1996, bestätigt durch 126 F.3d 25, 2d Cir., 10.9.1997) und *Cybersell v. Cybersell* (130 F.3d 414, 9th Cir., 2.12.1997).
Dabei wird sich auf das grundlegende Urteil des Obersten Gerichtshofes in der Rechtssache *International Shoe v. Washington* [326 U.S. 310 (1945)] berufen, wonach ein Beklagter einen „gewissen Minimalkontakt mit dem Forum haben müsse, so dass die Aufrechterhaltung der Klage nicht das traditionelle Verständnis des fairen Verfahrens" verletzt, vgl. *Aiken*, 48 Mercer L. Rev. 1997, S. 1331-1350 (1336); diese Rechtsprechung wurde durch den Obersten Gerichtshof in *Asahi Metal Industry v. Superior Court* [480 U.S. 102 (1987)] bestätigt und anhand von Kriterien im Rahmen einer Interessenabwägung präzisiert, vgl. im einzelnen *Aiken*, 48 Mercer L. Rev. 1997, S. 1331-1350 (1337f.) m.w.N.

[1329] *Ginsburg*, 95 Colum. L. Rev. 1995, S. 1466-1499 (1497); *Engel*, AfP 1996, S. 220-227 (226) stellt dies bezüglich des anwendbaren Rechts fest, insoweit gelten dieselben Kriterien.
Ginsburg, Private International Law Aspects, S. 21 spricht von einem „close nexus", der im Idealfall in der bedeutendsten Beziehung zum Werk („most significant relationship" to the work") bestehen soll.

[1330] Dazu *Kuner*, CR 1996, S. 453-458 (457).

über die bloße Abrufbarkeit des rechtswidrigen Inhalts nicht hinausgeht. Zum anderen kann die vorschnelle Annahme einer Universalzuständigkeit auch zu Kompetenzkonflikten mit den Gerichten derjenigen Staaten, bei denen der Minimalkontakt besteht, führen. Eine Zuständigkeitsanmaßung fremdstaatlicher Sachverhalte ist als unzulässige Einmischung in die Angelegenheiten des betroffenen Staats völkerrechtswidrig.[1331]

Als weiteres Korrektiv wird von *Kuner* die international verbreitete Theorie des Forum non conveniens genannt, die aber in der Rechtspraxis in Deutschland bisher fast keine Rolle spielt.[1332]

Aufgrund der häufig grenzüberschreitenden Sachverhalte im Internet ist die Frage des zuständigen Gerichts grundsätzlich wichtig für das reibungslose Funktionieren des Binnenmarkts. Im Hinblick auf die verschiedenen Verfahrensrechte besteht auch im Falle der Gleichwertigkeit der materiellen Rechte ein Handlungsbedarf. Das Problem betrifft aber nicht nur den Bereich des Urheberrechts, sondern sämtliche Aspekte des Zivilrechts. Derzeit wird es im Rahmen der Überarbeitung des Brüsseler Übereinkommens über die gerichtliche Zuständigkeit und die Vollstreckung gerichtlicher Entscheidungen in Zivil- und Handelssachen von 1968 behandelt.[1333] Zu erwarten ist, dass das Erfordernis eines Minimalkontakts zum Forumsstaat festgeschrieben wird.

III. Kollektive Verwaltung

Zumindest die Ausübung der wirtschaftlichen Aspekte des Urheberrechts kann vom Rechtsinhaber auf einen Dritten übertragen werden. Deshalb haben sich in fast allen[1334] Mitgliedstaaten der Europäischen Gemeinschaft zentrale Verwertungsgesellschaften gebildet, welche die Rechtsinhaber in unterschiedlicher Form bei der Rechteverwaltung unterstützen. Teilweise sind diese Zusammenschlüsse freiwilliger Natur, teilweise ist die Verwaltung der Rechte durch Verwertungsgesellschaften aber auch gesetzlich verpflichtend. Der Vorteil der Verwertungsgesellschaften ist, dass sie sowohl gegenüber den Rechtsinhabern als auch gegenüber den Nutzern als zentrale Anlaufstelle auftreten können und oftmals als einzige in der Lage sind, die Nutzung eines Werkes zu überwachen und für den Rechtsinhaber dafür eine Vergütung zu realisieren. Dadurch können die Transaktionskosten

---

[1331] *Engel*, AfP 1996, S. 220-227 (227).
[1332] *Kuner*, CR 1996, S. 453-458 (457).
[1333] Vgl. KOM (98) 586 endg. vom 18.11.1998, S. 24.
[1334] Etwas Vergleichbares gibt es lediglich nicht in Großbritannien und Luxemburg, vgl. das Arbeitspapier von *Tournier*, oben Fn. 712.

niedrig gehalten werden. Aufgrund der stärkeren Verhandlungsmacht wird außerdem das strukturelle Ungleichgewicht zwischen der Vielzahl einzelner Urheber und den Großunternehmen der Kulturindustrie zugunsten des einzelnen Rechtsinhabers abgemildert. Zudem belässt die kollektive Verwertung im Gegensatz zu gesetzlichen Zwangslizenzen das ausschließliche Recht beim Rechtsinhaber.[1335] Der Nutzer profitiert schließlich auch von der Rechtssicherheit, da er bei der Lizenzierung von einer Verwertungsgesellschaft mit hoher Wahrscheinlichkeit von der Rechtmäßigkeit ausgehen kann.[1336] Demnach dienen Verwertungsgesellschaften grundsätzlich sowohl den Rechtsinhabern als auch den Nutzern.

Bisher hat es auf europäischer Ebene noch keine umfangreiche Harmonisierung im Bereich der Verwertungsgesellschaften gegeben.[1337] Eine Definition der Verwertungsgesellschaft findet sich in Art. 1 Abs. 4 der Satellit- und Kabel-Richtlinie, wonach darunter jede Organisation fällt, die Urheber- oder verwandte Schutzrechte als einziges Ziel oder als eines ihrer Hauptziele wahrnimmt oder verwertet. Lediglich Art. 9 Abs. 1 der Satellit- und Kabel-Richtlinie sieht eine Verwertungsgesellschaftspflicht der Ausübung des Rechts der Kabelweiterverbreitung vor. Diese Regelung wurde ausdrücklich als Ausnahme getroffen.[1338] An anderen Stellen wird die Rechteverwaltung durch Verwertungsgesellschaften für zulässig erklärt.[1339] Auch wenn die Generaldirektion Wettbewerb hin und wieder einen Prüfungsbedarf bejaht[1340], sieht die Kommission bisher das System der Verwertungsgesellschaften auch vor dem Hintergrund der Art. 81ff. EGV als wettbewerbsrechtlich grundsätzlich zulässig an.[1341]

Durch die technischen Möglichkeiten der Informationsgesellschaft kann die Rechteverwaltung nun viel effizienter gestaltet werden. Jedermann kann mittler-

---

[1335] *Pollaud-Dulian*, GRUR Int. 1995, S. 361-373 (370).
[1336] Vgl. Neue Züricher Zeitung Nr. 164 vom 18.7.1995, S. 23.
[1337] Zur Harmonisierung vgl. *Dillenz*, GRUR Int. 1997, S. 315-329 (315); ders., Europäisches Urheberrecht, Allgemeiner Teil, Kap. 4, Rdz. 1ff.; *Reinbothe*, Festschrift für *Dietz*, S. 517-531 (523ff.); Grünbuch über Urheberrecht in der Informationsgesellschaft, KOM (95) 382 endg. vom 19.7.1995, S. 69ff.
[1338] Grünbuch über Urheberrecht in der Informationsgesellschaft, KOM (95) 382 endg. vom 19.7.1995, S. 74.
[1339] Z.B. Art. 4 Abs. 3 der Vermiet- und Verleihrecht-Richtlinie.
[1340] Vgl. die Initiativen zum Grünbuch über Urheberrecht in der Informationsgesellschaft, KOM (96) 568 endg. vom 20.11.1996, S. 26f.
[1341] Vgl. Initiativen zum Grünbuch über Urheberrecht in der Informationsgesellschaft, KOM (96) 568 endg. vom 20.11.1996, S. 25; *Pollaud-Dulian*, GRUR Int. 1995, S. 361-373 (370) spricht von der „Notwendigkeit und Zwangsläufigkeit" dieser Zusammenschlüsse, die vor dem Wettbewerbsrecht bestehen müssen.

weile ohne großen technischen Aufwand Inhalte im Internet der Allgemeinheit anbieten. Die neue Technik ermöglicht auch die Automatisierung der Lizenzierung, die Kontrolle der Nutzung und den Schutz gegen Missbrauch. Ebenso kann die Bezahlung für Inhalte über das Internet vorgenommen werden. Scheiterte früher die individuelle Rechteverwaltung oftmals an den faktischen Gegebenheiten, ist es nun jedem Rechtsinhaber grundsätzlich möglich, seine Rechte auch ohne Zwischenschaltung einer Verwertungsgesellschaft zu verwalten. Mithin stellt sich die Frage, ob nicht deshalb zumindest das System der Verwertungsgesellschaftspflicht noch zu rechtfertigen ist.

Die Verwertungsgesellschaften können in der Informationsgesellschaft aber auch eine abgewandelte Funktion erhalten.[1342] Aufgrund der Möglichkeit der Verbindung digitaler Werke mit Informationen für die Wahrnehmung der Rechte, können die Urheber individuell bestimmte Lizenzierungsbedingungen anbieten. Die Verwertungsgesellschaften können nun gegenüber den Nutzern als zentrale Anlaufs- und Abwicklungsstellen fungieren, die für die Rechtsinhaber aufgrund von Mandatsverträgen[1343] den gesamten Lizenzierungsprozess gemäß den Angaben in den Informationen für die Wahrnehmung der Rechte übernehmen. Für solche „One-Stop-Shops"[1344] eignen sich die Verwertungsgesellschaften wegen ihres Knowhow besonders gut. Die Teilnahme an solchen Systemen, die wegen der Zentralität der Anlaufstelle auch weiterhin für die Rechtsinhaber von Nutzen ist, könnte dann auf freiwilliger Basis geschehen.[1345]

[1342] Allgemein zu den Verwertungsgesellschaften in der Informationsgesellschaft: *Kreile*, Festschrift für *Thurow*, S. 41-51 (41ff.).
[1343] *Leutheusser-Schnarrenberger*, ZUM 1996, S. 631-636 (636).
[1344] Dazu Grünbuch über Urheberrecht in der Informationsgesellschaft, KOM (95) 382 endg. vom 19.7.1995, S. 71ff.; Neue Züricher Zeitung Nr. 164 vom 18.7.1995, S. 23; *Becker*, ZUM 1995, S. 231-249 (248); *Hoeren*, Schutz vorbestehender Werke, in: Cyberlaw, S 81-94 (92ff.); *Melichar*, in: Cyberlaw, S. 205-218 (215ff.); *Möschel/Bechtold*, MMR 1998, S. 571-576 (571ff.).
[1345] So zahlreiche Interessierte Kreise, vgl. Initiativen zum Grünbuch über Urheberrecht in der Informationsgesellschaft, KOM (96) 568 endg. vom 20.11.1996, S. 26; Grünbuch über Urheberrecht in der Informationsgesellschaft, KOM (95) 382 endg. vom 19.7.1995, S. 77; *Loewenheim*, GRUR 1996, S. 830-836 (836); *ders.*, 27 IIC 1996, S. 41-52 (52); *ders.*, Festschrift für *Piper*, S. 709-724 (724); *Leutheusser-Schnarrenberger*, ZUM 1996, S. 631-636 (636) spricht vom „Selbstorganisationsrecht der Urheber". Grundsätzlich auch *Schricker*, in: Schricker, Urheberrecht auf dem Weg zur Informationsgesellschaft, S. 217, der aber weiterhin eine Verwertungsgesellschaftspflicht fordert „in Bezug auf die ausschließlichen Rechte zur elektronischen, vollinhaltlichen und unter dem Titel der Originalprintausgaben erfolgenden elektronischen Nutzung von Beiträgen zu Zeitungen, Zeit-

Weltweit gibt es viele Pilotprojekte zur Schaffung solcher One-Stop-Shops. So wurde in Deutschland die *Clearingstelle Multimedia ("CMMV")* gegründet[1346], die in einer ersten Phase nur als Informationsvermittler dient, in der zweiten Phase auch Lizenzvergabestelle im Namen Dritter sein wird und eventuell sogar in der dritten Phase eine eigene Lizenzvergabe vornehmen wird.[1347] Sie ist im Rahmen des europäischen VERDI-Projekts mit weiteren Clearingstellen aus fünf EU-Mitgliedstaaten zu einem gemeinsamen Rechtsinformations- und Lizenzierungsdienst zusammengefügt worden.[1348] Ein System mit standardisierten Urheberrechtsinformationen mit angeschlossener virtueller Datenbank wird von der *Confédération internationale des sociétés d'auteurs et compositeurs / International Confederation of Societies of Authors and Composers (CISAC)* unter dem Namen „Common Information System" (CIS) entwickelt. Einstweilen haben die Verwertungsgesellschaften ihr Tätigkeitsgebiet auch auf die digitale Nutzung ausgeweitet.[1349]

Demgegenüber deutet *Cornish* an, dass möglicherweise ein Ende der individuellen Lizenzierung bevorsteht.[1350] Aufgrund der Gefahr durch Raubkopien im Internet wird in diesem Sinne teilweise diskutiert, ob nicht die Online-Anbieter und die Soft- und Hardwareproduzenten in einen Fonds einzahlen sollten, aus dem die Rechtsinhaber für die Nutzung der Werke entschädigt werden könnten.[1351] Dieser Vorschlag geht aber sehr weit, da er zur Entkoppelung von Urheberrecht und Schutzobjekt führen würde.[1352] Aufgrund der zunehmend leistungsstarken Schutzmechanismen und deren gesetzlichen Schutz ist zu erwarten, dass in Zukunft die kommerzielle Raubkopiererei schon wegen der großen Entdeckungsgefahr immer weniger Bedeutung haben dürfte.

---

schriften und anderen Sammelwerken, soweit es sich um Publikationen handelt, die vor Bekanntwerden dieser Nutzung erschienen sind".

[1346] Vgl. dazu die Darstellung der *VG Wort* in CR 1996, S. 448-449 (448f.); *Kreile/Becker*, GRUR Int. 1996, S. 677-692 (691f.); *Wiederhold*, JurPC Web-Dok. 29/1999, Abs. 1-65 (55ff.).

[1347] *Kreile/Becker*, GRUR Int. 1996, S. 677-692 (691).

[1348] Zum VERDI-Projekt vgl. *Schippan*, Recht im Internet, Kap. 4A-2.6.; *ders.*, 22 EIPR 2000, S. 24-29 (24ff.).

[1349] So vor allem die *SESAM* in Frankreich für multimediale Werke, vgl. *Kreile/Becker*, GRUR Int. 1996, S. 677-692 (691); Grünbuch über Urheberrecht in der Informationsgesellschaft, KOM (95) 382 endg. vom 19.7.1995, S. 76.

[1350] *Cornish*, 58 Mod. L. Rev. 1995, S. 1-16 (15).
Dagegen wendet sich *Eberle*, GRUR 1995, S. 790-798 (798) mit Hinweis auf den Subsidiaritätsgedanken der Verwertungsgesellschaften.

[1351] *Mayer*, NJW 1996, S. 1782-1791 (1787).

[1352] Diese Entkoppelung sieht auch *Mayer*, NJW 1996, S. 1782-1791 (1787).

Zurzeit ist kein gesetzlicher Handlungsbedarf auszumachen. Folgerichtig stellte die die EG-Kommission in den Initiativen zum Grünbuch fest, dass sie vorerst abwarten und die Entwicklung dem Markt überlassen wolle.[1353] Mittlerweile erkennt *Reinbothe* aber einen erneuten Anlass zur Entscheidung, ob ein gemeinschaftlicher Handlungsbedarf vorliegt. [1354] Dabei könne es aber aus seiner Sicht nur um die „Harmonisierung einiger Parameter der Tätigkeit von Verwertungsgesellschaften" gehen. [1355]

Im Richtlinienvorschlag zum Urheberrecht in der Informationsgesellschaft enthielt der legislative Text in der Fassung vom 10.12.1997 keine Bezugnahme auf die Verwertungsgesellschaften. Auf Betreiben des Europäischen Parlaments wurde im Geänderten Vorschlag ein neuer Erwägungsgrund 12a eingefügt, der in der Richtlinie als Erwägungsgrund 17 enthalten ist und die besondere Bedeutung der Verwertungsgesellschaften im digitalen Umfeld voraussetzt. Gleichsam werden die Gesellschaften zu mehr Transparenz aufgerufen.

IV. Urheberpersönlichkeitsrecht

Obwohl die Problematik des Urheberpersönlichkeitsrechts auf gemeinschaftlicher Ebene immer wieder Gegenstand von Betrachtungen war[1356], hat bisher noch nicht einmal eine Harmonisierung von Teilaspekten stattgefunden. Vielmehr wurde in einigen Regelungen der Bereich ausdrücklich ausgenommen.[1357] Zuvor wurde ein entsprechender Vorstoß in Art. 4bis des Geänderten Vorschlags der Vermiet- und Verleihrecht-Richtlinie[1358] in der endgültigen Richtlinie verworfen. Mit dem Geänderten Richtlinienvorschlag zum Urheberrecht in der Informationsgesellschaft

---

[1353] Initiativen zum Grünbuch über Urheberrecht in der Informationsgesellschaft, KOM (96) 568 endg. vom 20.11.1996, S. 26.
Vgl. auch den Erwägungsgrund 18 der Richtlinie: „Diese Richtlinie berührt nicht die Regelungen der betroffenen Mitgliedstaaten für die Verwaltung von Rechten, beispielsweise der erweiterten kollektiven Lizenzen."
[1354] *Reinbothe*, Festschrift für *Dietz*, S. 517-531 (529).
[1355] *Reinbothe*, Festschrift für *Dietz*, S. 517-531 (529).
[1356] Zur Harmonisierung vgl. *Doutrelepont*, GRUR Int. 1997, S. 293-304 (293ff.); Grünbuch über Urheberrecht in der Informationsgesellschaft, KOM (95) 382 endg. vom 19.7.1995, S. 65ff.; Initiativen zum Grünbuch über Urheberrecht in der Informationsgesellschaft, KOM (96) 568 endg. vom 20.11.1996, S. 27f.
[1357] Art. 2 Abs. 3 der Computerprogramm-Richtlinie, Art. 9 und Erwägungsgrund 21 der Schutzdauer-Richtlinie; Erwägungsgrund 28 der Datenbank-Richtlinie.
[1358] KOM (92) 159 endg. vom 30.4.1992; Art. 4bis sollte folgenden Wortlaut haben:
„Urheberpersönlichkeitsrechte - Ein Werk darf vom Vermieter, Verleiher, Mieter oder Ausleiher ohne besondere Erlaubnis des Urhebers in keiner Weise verändert, gekürzt oder ergänzt werden."

hat eine Teilregelung des Namensnennungsrechts stattgefunden, der sich auch in der Richtlinie in mehreren Schrankenregelungen wiederfindet.[1359] Dessen ungeachtet statuiert Erwägungsgrund 19 der Richtlinie, dass die Urheberpersönlichkeitsrechte außerhalb ihres Anwendungsbereiches sein sollen.

Die Kompetenz der Europäischen Gemeinschaft zur Rechtsangleichung in diesem Bereich ist verschiedentlich angezweifelt worden.[1360] So meint *Hoeren*, dass das Urheberpersönlichkeitsrecht ein Anwendungsfall von Art. 295 EGV sei, so dass die Europäische Gemeinschaft überhaupt keine Harmonisierungskompetenz habe.[1361] Dem widerspricht *Schardt*, da Art. 295 eben gerade nicht für Persönlichkeitsrechte, sondern nur für wirtschaftliche Rechte gelten solle.[1362] Dem wird dann wieder von *Herrmann* entgegengehalten, dass vor dem Hintergrund der ausdrücklichen Regelung für wirtschaftliche Rechte in dieser Vorschrift das Urheberpersönlichkeitsrecht erst recht aus dem Anwendungsbereich des EG-Vertrags fallen müsse.[1363] Hierzu ist zu sagen, dass Art. 295 EGV mit dem Begriff der „Eigentumsordnungen" in der Tat nur die wirtschaftlichen Rechte umfassen kann. Die Gemeinschaftsverträge haben aber an anderer Stelle dafür gesorgt, dass auch andere Rechtsarten sich gegebenenfalls der Regelungskompetenz der Europäischen Gemeinschaft entziehen. Für den Bereich des Urheberpersönlichkeitsrechts kommen hierbei vor allem die Verpflichtung aus Art. 6 Abs. 3 EUV sowie der Verhältnismäßigkeitsgrundsatz in Betracht (dazu sogleich).

Befürworter einer Kompetenz berufen sich oft auf ein obiter dictum des Europäischen Gerichtshofes in der *Phil Collins*-Entscheidung[1364], wonach auch das Urheberpersönlichkeitsrecht als Teil des spezifischen Gegenstands des Urheberrechts dem Gemeinschaftsrecht unterfällt.[1365] Der Wert dieser Stellungnahme ist aber sehr zweifelhaft, da die Frage nicht entscheidungserheblich war und außerdem der Europäische Gerichtshof die Herleitung dieser Annahme überhaupt nicht ausgeführt hat.

[1359] Art. 5 Abs. 3 lit. a, c, d und f; außerdem findet sich eine Bezugnahme auf das Urheberpersönlichkeitsrecht in der Begründung des Vorschlags vom 10.12.1997, S. 9, welche im Entwurf vom 2.12.1997 noch nicht vorhanden war.
[1360] Vgl. *Peifer*, 8. Ringberg-Symposium, S. 87-123 (122); vgl. *Benabou*, Droit d'auteur, S. 397.
[1361] *Hoeren*, 17 EIPR 1995, S. 511-514 (514).
[1362] *Schardt*, zitiert von *Lausen*, ZUM 1993, S. 359-362 (361).
[1363] *Herrmann*, zitiert von *Lausen*, ZUM 1993, S. 359-362 (362).
[1364] EuGH vom 20.10.1993, verb. Rs. C-92/92 und C-326/92 („*Phil Collins / Imtrat Handelsgesellschaft mbH und Patricia Im- und Export Verwaltungsgesellschaft mbH / EMI Electrola GmbH*"), Slg. 1993, S. I-5145, Begründungspunkte Nr. 20 und 22.
[1365] *Gaster*, ZUM 1995, S. 740-752 (750) spricht von einer „vorsichtigen Andeutung".

Die negativen Auswirkungen unterschiedlicher Regelungen im Bereich des Urheberpersönlichkeitsrechts auf den Binnenmarkt sind strittig.[1366] Wegen der Nichtlizenzierbarkeit des persönlichkeitsrechtlichen Aspekts des Urheberrechts kann es in Deutschland theoretisch zu Situationen kommen, in denen der Urheber oder seine Erben auch nach Lizenzierung der wirtschaftlichen Rechte gegenüber dem Lizenznehmer die Verwertung der Rechte unter Berufung auf das Urheberpersönlichkeitsrecht verhindern. In Anbetracht der sich auch in Deutschland immer mehr durchsetzenden Ansicht von der punktuellen Verzichtbarkeit auf die Ausübung gewisser Elemente des Urheberpersönlichkeitsrechts kommt es in der Praxis aber nicht zu erheblichen Problemen. Dementsprechend sind Klagen aus dem Urheberpersönlichkeitsrecht nicht sehr häufig.[1367]

Im Hinblick auf die unterschiedlichen Ansichten über die wirtschaftliche Bedeutung divergierender Urheberpersönlichkeitsrechtssysteme überrascht es, dass die EG-Kommission erst Ende 1998 eine Studie über das Urheberpersönlichkeitsrecht unter besonderer Berücksichtigung der digitalen Werkverwertung ausgeschrieben

---

[1366] Dagegen *Goebel*, 4 Fordham Intellectual Property, Media & Entertainment Law Journal 1993/94, S. 125-130 (130); die Vertreter im EU-Rat, vgl. *Röttinger*, zitiert von *Lausen*, ZUM 1993, S. 359-362 (360); *Netanel*, 12 Cardozo Arts & Ent. L.J. 1993/94, S. 1-78 (78); *Strömholm*, GRUR Int. 1996, S. 529-533 (533); so sieht *Schardt*, ZUM 1993, S. 318-324 (324) nur einen geringen ökonomischen Gegenwert einer Verletzung des Urheberpersönlichkeitsrechts und erwartet keine Urheberpersönlichkeitsrechtsoase; das TRIPs-Abkommen umfasst mangels Handelsbezogenheit nicht die Urheberpersönlichkeitsrechte, vgl. *Strowel*, Droit d'auteur et copyright, S. 161.
Vgl. auch die Stellungnahme der Europa-Abgeordneten *Nana Mouskouri* als Berichterstatterin des Kulturausschusses zum Grünbuch (Ziff. III.5, abgedruckt als Anhang des *Barzanti*-Berichts über das Grünbuch): „Jede Annäherung an die Frage auf dem Wege der Harmonisierung müsste dem Grundsatz der Subsidiarität Rechnung tragen, zumal die Urheberpersönlichkeitsrechte keine konkreten Hindernisse für das Funktionieren des Binnenmarktes aufwerfen."

[1367] Grünbuch über Urheberrecht in der Informationsgesellschaft, KOM (95) 382 endg. vom 19.7.1995, S. 67.
Es ist bezeichnend, dass die Problematik unterschiedlicher nationaler Systeme des Urheberpersönlichkeitsrechts gewöhnlich an nur einem einzigen Rechtsfall festgemacht wird. In der Affäre um den Kinofilm „The Asphalt Jungle" von *John Huston* verneinte ein französisches Gericht die Zulässigkeit der Nachkolorisierung des ursprünglich in Schwarzweiß gedrehten Films unter Berufung auf das Urheberpersönlichkeitsrecht, wohingegen ein US-amerikanisches Gericht die Handlung erlaubte. Somit durfte der nachkolorisierte Film zwar in den USA, nicht aber in Frankreich vorgeführt werden.
Ein neueres Beispiel aus dem Bereich des Künstlerpersönlichkeitsrechts ist die Klage des Dirigenten *Abbado* gegen seine Plattenfirma *Polygram* vor einem französischem Gericht, da seine Einspielungen „ausgeschlachtet" wurden, um eine CD mit „sanfter Seelenmusik von Adagios für den Massenmarkt zu produzieren", vgl. Welt vom 22.3.1996, S. 10.

hat.[1368] Diese zögerliche Haltung hängt sicherlich auch damit zusammen, dass die EG-Kommission selbst derzeit keinen Handlungsbedarf unter Binnenmarktgesichtspunkten ausmachen kann.[1369]

In der Informationsgesellschaft ist durch die leichte Manipulierbarkeit von Inhalten das Integritätsinteresse des Urhebers potentiell stärker gefährdet als bisher.[1370] Neuartig sind diese Gefährdungen aber nicht.[1371] Zudem ist zu erwarten, dass aufgrund des verbreiteten Einsatzes der technischen Schutzmaßnahmen derartige Manipulationen erschwert und leichter nachweisbar werden,[1372] so dass aus heutiger Sicht keine stärkeren Auswirkungen auf das Funktionieren des Binnenmarktes vorherzusehen sind.

Wegen der nicht erheblichen Auswirkungen auf den Binnenmarkt ist eine Harmonisierung im Bereich des Urheberpersönlichkeitsrechts derzeit nicht erforderlich. Auch mit Blick auf die Zukunft ist ein Handlungsbedarf nicht auszumachen, so dass selbst bei Zugestehen einer Einschätzungsprärogative der Verhältnismäßigkeitsgrundsatz[1373] eine Zurückhaltung der Europäischen Gemeinschaft in diesem

---

[1368] ABl. EG Nr. S 196 vom 9.10.1998, S. 37.
[1369] Schon das Technologie-Grünbuch, KOM (88) 172 endg. vom 23.8.1988, S. 197 Ziff. 5.6.27. sah keine wesentlichen praktischen Probleme; die Ausführungen erschienen zwar im Kapitel zu den Computerprogrammen, wurden aber betont allgemeingültig formuliert.
So auch das Ergebnis einer Anhörung mit Interessierten Kreisen vom 30.11.-1.12.1992, vgl. Grünbuch über Urheberrecht in der Informationsgesellschaft, KOM (95) 382 endg. vom 19.7.1995, S. 67 und Initiativen zum Grünbuch über Urheberrecht in der Informationsgesellschaft, KOM (96) 568 endg. vom 20.11.1996, S. 28.
Schricker, in: *Schricker*, Urheberrecht auf dem Weg zur Informationsgesellschaft, S. 86, der aber selbst einen Handlungsbedarf bejaht; *Beseler*, ZUM 1995, S. 437-441 (441).
[1370] *Hoeren*, GRUR 1997, S. 866-875 (868) sieht aufgrund der Interaktivität eine neue Bedeutung des Entstellungsverbots; *Schricker*, in: *Schricker*, Urheberrecht auf dem Weg zur Informationsgesellschaft, S. 86.
[1371] *Rehbinder*, ZUM 1995, S. 684-687 (687) sieht eine qualitativ und quantitativ vergleichbare Lage wie bei der Verfilmung.
[1372] *Gendreau*, Ent. L. Rev. 1995, S. 214-220 (219); *Strowel/Triaille*, Droit d'auteur, S. 447.
[1373] So ein Teil der Interessierten Kreise, allerdings unter Berufung auf das Subsidiaritätsprinzip; vgl. die Initiativen zum Grünbuch über Urheberrecht in der Informationsgesellschaft, KOM (96) 568 endg. vom 20.11.1996, S. 28.
Trotzdem versucht die Rechtslehre eine einheitliche Dogmatik durchzusetzen, vgl. *Benabou*, Droit d'auteur, S. 489; *Schricker*, in: *Schricker*, Urheberrecht auf dem Weg zur Informationsgesellschaft, S. 86; vgl. auch *Altenburg*, Entwicklung des Urheberpersönlichkeitsrechts, S. 204, die die Stärkung der Rechtsposition des Urhebers ohne kompetenzrechtliche Herleitung fordert; verfehlt ist ihre Ansicht, dass eine Harmonisierung im Wege des Monismus zu erfolgen habe, da ein ewiges Urheberpersönlichkeitsrecht den kulturpolitischen Bereich unzulässigerweise berühre (S. 205).

Bereich nach sich ziehen muss. Dies gilt umso mehr, als der persönlichkeitsrechtliche Bezug der Rechte den Bereich der nationalen kulturellen Identität weit mehr berührt als die wirtschaftlichen Rechte, so dass insoweit auch die Vorschrift von Art. 6 Abs. 3 EUV regulative Wirkung entfaltet.

Sollte sich in Zukunft aufgrund geänderter Verhältnisse ein Harmonisierungsbedarf im Binnenmarkt ergeben, muss bezüglich des Umfangs der Verhältnismäßigkeitsgrundsatz streng berücksichtigt werden. Demnach dürfte eine vollständige Streichung der Urheberpersönlichkeitsrechte, wie sie in den USA und Japan für den digitalen Bereich vorgeschlagen wurde[1374], schon wegen des hohen Schutzniveaus, das die Europäische Gemeinschaft verfolgt, nicht möglich sein. Vielmehr zeichnet sich in den EG-Mitgliedstaaten eine gestufte Beibehaltung des Schutzes dahingehend aus, dass aufgrund einer Abwägung der beteiligten Interessen[1375] der Schutz je schwächer ist, desto mehr der industrielle Charakter des Schutzgegenstandes im Vordergrund steht. Im Bereich von Software, kommerziellen Datenbanken und angewandter Kunst kann das für das Integritätsrecht durchaus die Reduzierung auf die Frage der Rufschädigung bedeuten.[1376] Letztlich ist zu erwarten, dass die Urheberpersönlichkeitsrechte in vollem Grade nur noch bei Werken der Literatur und Kunst, bei denen eine ästhetische Wertung erforderlich ist, beibehalten werden.[1377] Auch geht die Tendenz in den Mitgliedstaaten zumindest zu ei-

---

[1374] Diese Stellungnahmen mögen aus der Sicht des Dogmatikers verständlich sein, gehen aber an den rechtlichen Vorgaben durch den EG-Vertrag vorbei.
Dazu Neue Züricher Zeitung Nr. 164 vom 18.7.1995, S. 23; *Franzosi/de Sanctis*, 17 EIPR 1995, S. 63-66 (65) für die durch die neuen Technologien hergestellten Schutzgegenstände.
In Deutschland wurde diese Forderung nach Abschaffung des Urheberpersönlichkeitsrechts *Hoeren* von *Wachter*, GRUR Int. 1995, S. 860-874 (873) zugeschrieben; *Hoeren*, GRUR 1997, S. 866-875 (867f.) hat dies aber inzwischen als unzutreffendes Zitat richtig gestellt.

[1375] *Dietz*, ZUM 1993, S. 309-318 (315).
Bei der Herstellung einer solchen praktischen Konkordanz können die Kriterien des Fair Use eine bedeutende Rolle spielen, vgl. *Strowel/Triaille*, Droit d'auteur, S. 451.

[1376] Diese Entwicklung ist in Japan zu beobachten, vgl. den Bericht der *Agency of Cultural Affairs (Japan)*: A Report on Discussions by the Working Group of the Subcommittee on Multimedia of the Copyright Council, February 1995, 130 UFITA 1996, S. 223-281 und dazu *Masson*, GazPal 26-27/1996, S. 18-21 (19).
Befürwortend *Gendreau*, Ent. L. Rev. 1995, S. 214-220 (220).
Entschieden dagegen aber *Schricker*, in: *Schricker*, Urheberrecht auf dem Weg zur Informationsgesellschaft, S. 100+247, der vielmehr die Aufhebung von § 93 UrhG und eine Angleichung von § 83 Abs. 1 UrhG an § 14 UrhG fordert.

[1377] *Dietz*, ZUM 1993, S. 309-318 (315).

ner punktuellen Verzichtbarkeit auf bestimmte Bestandteile des Urheberpersönlichkeitsrechts oder von dessen Ausübung.[1378]

An diesen Tendenzen wird sich auch eine eventuelle gemeinschaftliche Harmonisierung wegen des Grundsatzes des geringstmöglichen Eingriffs zu orientieren haben.[1379]

V. Folgerecht

Die EG-Kommission hat am 13.3.1996 einen ersten Richtlinienvorschlag zur Rechtsangleichung des Folgerechts vorgelegt.[1380] Die Geänderte Fassung des Vorschlags wurde am 12.3.1998[1381], der Gemeinsame Standpunkt des Rates am

---

[1378] *Fakes*, 5 Software L.J. 1992, S. 531-633 (613); *Leutheusser-Schnarrenberger*, ZUM 1996, S. 631-636 (634); *Schricker*, Festschrift für *Hubmann*, Urheberrecht, S. 409-419 (411ff.); *ders.*, in: *Schricker*, Urheberrecht auf dem Weg zur Informationsgesellschaft, S. 100; Empfehlung 17 der Feststellungen und Empfehlungen des *Rates für Forschung, Technologie und Innovation* beim Bundeskanzler - „Informationsgesellschaft - Chancen, Innovationen und Herausforderungen", oben Fn. 155; *Newman*, 13 CLSR 1997, S. 22-28 (27); *Doutrelepont*, GRUR Int. 1997, S. 293-304 (304).
Diese Lösung hat auch das Technologie-Grünbuch, KOM (88) 172 endg. vom 23.8.1988, S. 197 Ziff. 5.6.27. langfristig befürwortet.
Dass bei der ausdrücklichen Festschreibung der Verzichtbarkeit in der Praxis zumindest im Bereich des Künstlerpersönlichkeitsrechts in 99% der Fälle verzichtet werden würde - so *Kreile*, ZUM 1995, S. 815-824 (824) -, ist zweifelhaft. Dies widerspricht den bisherigen Erfahrungen, welche die punktuelle Verzichtbarkeit ja schon zulassen. Außerdem dürfte der Verzicht im Regelfall durch eine entsprechende Vergütung abgegolten werden, so dass sich viele Rechtsinhaber dadurch sogar besser gestellt sehen dürften.

[1379] *Dietz*, ZUM 1993, S. 309-318 (317) spricht bei der Abstufung des Schutzes nach Werktyp von einer „gesamteuropäischen Kompromissformel".

[1380] „Vorschlag für eine Richtlinie des Europäischen Parlaments und des Rates über das Folgerecht des Urhebers des Originals eines Kunstwerkes", KOM (96) 97 endg. vom 13.3.1996. Dazu *Pfennig*, ZUM 1996, S. 777-778 (777f.); *Arnaud*, GazPal 122-126/1997, S. 3-5 (3ff.).
Zur Rechtsangleichung in der EG: *Schneider-Brodtmann*, Folgerecht, S. 231ff.; *Katzenberger*, GRUR Int. 1997, S. 309-315 (309ff.); zu den bisherigen EG-Maßnahmen: *Ellins*, Copyright Law und Urheberrecht, S. 320ff.

[1381] „Geänderter Vorschlag für eine Richtlinie des Europäischen Parlaments und des Rates über das Folgerecht des Urhebers des Originals eines Kunstwerkes", KOM (98) 78 endg. vom 12.3.1998.
Als wesentliche Neuerung werden Originalhandschriften vom Schutzbereich ausgenommen. Außerdem werden Abtretung und Vorausverzicht für unzulässig erklärt. Das Auskunftsrecht des Rechtsinhabers wird von einem auf drei Jahre verlängert.

15.9.2000[1382] veröffentlicht. Die Richtlinie über das Folgerecht des Urhebers des Originals eines Kunstwerks wurde am 27.9.2001 erlassen.[1383]

Die Kompetenz der Europäischen Gemeinschaft zur Rechtsangleichung ist in diesem Bereich äußerst umstritten und wird hin und wieder ohne genauere Auseinandersetzung mit der Problematik einfach zugunsten der Künstler bejaht.[1384] Die Europäische Gemeinschaft kann sich nicht allein auf die gerechte Alimentation der Künstler berufen, da sie dadurch in den Bereich der Sozial- und Kulturpolitik vordringt, in dem sie keine Regelungskompetenz hat. In einem nicht veröffentlichten Bericht aus dem Jahre 1991 sah *von Lewinski* Art. 95, 3 lit. f und 47 Abs. 2 EGV als Kompetenznormen für eine mögliche Rechtsangleichung an,[1385] während die Kommission die Richtlinie allein auf Art. 95 EGV stützt. Gerade das Ausmaß der Auswirkungen auf den Binnenmarkt ist aber zweifelhaft. *Beseler* sieht beim Folgerecht ein stärkeres Binnenmarktargument als bei der privaten Vervielfältigung.[1386] Dies vermag aber wegen der großen wirtschaftlichen Bedeutung, welche die private Vervielfältigung in den Mitgliedstaaten hat, nicht so recht zu überzeugen.

[1382] „Gemeinsamer Standpunkt des Rates im Hinblick auf den Erlass der Richtlinie des Europäischen Parlaments und des Rates über das Folgerecht des Urhebers des Originals eines Kunstwerks", Ratsdokument 7484/00 vom 22.5.2000.
Vgl. dazu die Kommissionsmitteilung an das Europäische Parlament betreffend den vom Rat angenommenen gemeinsamen Standpunkt im Hinblick auf den Erlass der Richtlinie des Europäischen Parlaments und des Rates über das Folgerecht des Urhebers des Originals eines Kunstwerks, SEK (2000) 1516 endg. vom 15.9.2000.

[1383] „Richtlinie 2001/84/EG des Europäischen Parlaments und des Rates vom 27. September 2001 über das Folgerecht des Urhebers des Originals eines Kunstwerks", ABl. EG Nr. L 272 vom 13.10.2001, S. 32.
Allgemein dazu: *Walter*, Europäisches Urheberrecht, Folgerecht-RL (Gemeinsamer Standpunkt) m.w.N.; *Zimmerling/Felsmann*, EuZW 2002, S. 267-271 (267ff.); *Schmidtchen/Kirstein*, EU-Richtlinie zum Folgerecht, 2001.

[1384] So meint *Möller*, ZUM 1990, S. 65-70 (68) ohne Auseinandersetzung mit der Kompetenzlage: „Wenn ein Bereich der Harmonisierung bedurft hätte, so ist es das Folgerecht"; ähnlich *Walter*, Europäisches Urheberrecht, Folgerecht-RL (Gemeinsamer Standpunkt), Rdz. 1 vor Art. 1, der neben einer „empfindlichen" Störung des Funktionierens des Binnenmarktes auch den Umstand anführt, dass die meisten Mitgliedstaaten das Recht als „sachgerecht" ansehen. Deshalb sei die Kompetenz „unzweifelhaft" gegeben.
Nach Ansicht von *Beseler*, ZUM 1995, S. 437-441 (441) macht die soziale Komponente das Problem attraktiv.
Schneider-Brodtmann, Folgerecht, S. 281 sprach trotz des Fehlens folgerechtlicher Regelungen in damals fünf Mitgliedstaaten sogar von einem gemeinschaftlichen Besitzstand („acquis communautaire").

[1385] Nachweis bei *Benabou*, Droit d'auteur, S. 398f.

[1386] *Beseler*, ZUM 1995, S. 437-441 (441).

Die Richtlinie wird durch eine personalistische Grundhaltung geprägt.[1387] Sie betont in Erwägungsgrund 4, dass das Folgerecht Bestandteil des Urheberrechts ist und ein wesentliches Vorrecht der Urheber darstellt. Im Hinblick auf die völlig uneinheitlichen Regelungen in den Mitgliedstaaten überrascht die Absolutheit der Aussage. Aus dieser Prämisse wird im selben Erwägungsgrund gefolgert, dass die Einführung des Folgerechts in allen Mitgliedstaaten notwendig sei, um den Urhebern ein angemessenes und einheitliches Schutzniveau zu gewährleisten. Die Binnenmarktrelevanz wird mit Erwägungsgrund 9 und den dort genannten „erheblichen Auswirkungen auf die Wettbewerbsbedingungen im Binnenmarkt" festgestellt[1388]. Dass die EG-Kommission von dieser Aussage selbst nicht so richtig überzeugt war, kam noch in dem im Geänderten Vorschlag systematisch völlig verfehlt im zweiten Teil von Erwägungsgrund 12 versteckten Hinweis zum Ausdruck, dass der Anteil von zeitgenössischen und modernen Kunstwerken und damit der Anwendungsbereich des Folgerechts auf Auktionen nur „relativ bescheiden" ist.[1389] Diese Regelung wurde dann folgerichtig auch nicht in die Richtlinie aufgenommen. Unter Hinweis auf das Subsidiaritätsprinzip soll nach Erwägungsgrund 27 immerhin die Bestimmung der Berechtigten den Mitgliedstaaten überlassen werden.

Die materiellen Regelungen befassen sich mit der genauen Eingrenzung der vom Folgerecht betroffenen Werke (Art. 2), der Festsetzung eines Mindestbetrags für den Verkaufspreis (Art. 3 Abs. 1)[1390], der Angabe einheitlicher Sätze (Art. 4) und der Festlegung des Verkaufspreises ohne Steuern als Bemessungsgrundlage

---

[1387] *Benabou*, Droit d'auteur, S. 400 (zum Richtlinienvorschlag).
Die Richtlinie hat diese personalistische Grundtendenz nicht aufgegeben und betont nun zusätzlich in Art. 1 Abs. 1, dass weder eine Abtretung noch ein Vorausverzicht möglich sind. Um das Binnenmarktargument zu verstärken, wird nun aber im neuen Erwägungsgrund 2 geregelt, dass das Folgerecht ein vermögenswertes Recht am materiellen Gegenstand ist.

[1388] In der Begründung, KOM (96) 97 endg. vom 13.3.1996, S. 18 wird dann Folgendes festgestellt: „In einigen Fällen trägt das Folgerecht ganz sicher zur Verzerrung des Wettbewerbs und zur Verlagerung des Handels innerhalb der Europäischen Union bei."

[1389] Im Einzelfall kann es aber durchaus zu unbefriedigenden Ergebnissen kommen; vgl. den *Beuys*-Fall vor dem Bundesgerichtshof vom 16.6.1994, GRUR 1994, S. 798ff., Besprechung bei *Ellins*, Copyright Law und Urheberrecht, S. 318; dieser spektakuläre Fall steht aber relativ allein da.

[1390] Nach dem mittlerweile aufgehobenen Art. 3 Abs. 2 des ursprünglichen Vorschlags hätten die Mitgliedstaaten in bestimmten Fällen diese Beträge unterschreiten können, und zwar z.B. „zum Schutz junger Künstler", was sich im Geänderten Vorschlag noch in Erwägungsgrund 16 fand. Die Begründung, KOM (96) 97 endg. vom 13.3.1996, S. 21 nannte zudem sozialpolitische Komponenten. Zwar enthält die Richtlinie diese Regelung nicht mehr, betont aber noch deutlicher die Möglichkeit der Unterschreitung des gemeinschaftlichen Mindestbetrags, und zwar zur Förderung unbekannter Künstler (Erwägungsgrund 22).

(Art. 5). Dass nach Ansicht der EG-Kommission die Festlegung der Differenz von Verkaufs- und Einkaufspreis als Bemessungsgrundlage ein Verstoß gegen die RBÜ sein soll, ist unverständlich. Gerade aus dieser Regelung wird deutlich, dass es der EG-Kommission gar nicht um die Beteiligung des Künstlers an der durch ihn möglicherweise verursachten Wertsteigerung geht, sondern um die Eröffnung einer neuen Quelle der Künstlerversorgung. Unter Binnenmarktgesichtspunkten lässt sich dieses Vorgehen nicht rechtfertigen.

Nach *Schmidtchen*, *Koboldt* und *Kirstein* ist die gemeinschaftsweite Einführung eines Folgerechts unter Gesichtspunkten der Erlössicherung für den Urheber eher kontraproduktiv.[1391] Gerade der kommerziell tätige Wiederverkäufer wird beim Ersterwerb die später mögliche Folgerechtszahlung bei der Ermittlung seiner maximalen Zahlungsbereitschaft aufgrund seiner Erwartungen aber auch aufgrund seiner Erfahrungen einfließen lassen.[1392] Beim für den Künstler aus Gesichtspunkten des Folgerechts wichtigen Verkauf an den Kunsthandel wird sich die Einführung des Folgerechts in einem niedrigeren Erstverkaufspreis niederschlagen. Sollte die Prämisse der EG-Kommission stimmen, wonach sich der Kunstmarkt innerhalb der Europäischen Gemeinschaft in die folgerechtsfreien Mitgliedstaaten verlagert, so ist zu erwarten, dass diese Abwanderungen sich nun zulasten des englischen Kunstmarkts in folgerechtsfreie Drittstaaten wie die USA und die Schweiz vollziehen werden.[1393] Ein geeignetes Mittel zur Verhinderung solcher Abwanderungen könnte nur die Erstreckung der Abgabepflicht auf die Ausfuhr in folgerechtsfreie Staaten sein.[1394]

Gegen den Richtlinie und die sie betreffenden Vorschläge ist vorgebracht worden, dass die darunter fallenden Kunstwerke nicht so ausführlich auf Gemeinschaftsebene definiert werden sollten und dass der weit gehende Ausschluss von Werken

---

[1391] *Schmidtchen/Koboldt/Kirstein*, Festschrift für *Fikentscher*, S. 774-799 (779).
Schmidtchen/Kirstein, EU-Richtlinie zum Folgerecht, 2001, S. 1 sprechen gar davon, dass die Richtlinie „von einem Streben nach Rechtsharmonisierung um jeden Preis getrieben zu sein" scheint. Ähnlich: *Tritton*; Intellectual Property in Europe, Rdz. 4-129: „if harmonisation was necessary in this area, perhaps it should have been by way of abolition of the resale right throughout the E.U."
[1392] Die Inbezugnahme bei der Preiskalkulation erkennt auch der Richtlinienvorschlag in seiner Begründung, KOM (96) 97 endg. vom 13.3.1996, S. 18.
[1393] So drohte das britische Auktionshaus *Sotheby's* mit der Abwanderung nach New York oder Genf, vgl. *BDI*, NvWR 1998, S. 126; Frankfurter Allgemeine Zeitung Nr. 47 vom 25.2.1999, S. 18.
[1394] *Katzenberger*, GRUR Int. 1997, S. 309-315 (314).
Die eine solche Abgabepflicht auslösenden Tatbestände dürften in der Praxis nur schwer festlegbar und überwachbar sein.

der angewandten Kunst nicht sachgerecht sei.[1395] Viel schwerer wiegt aber die Tatsache, dass es der EG-Kommission bisher nicht gelungen ist, die angeblich erheblichen Auswirkungen auf den Binnenmarkt mit fundierten Zahlen zu untermauern. Vor dem Hintergrund der strengen Anforderungen des Verhältnismäßigkeitsgrundsatzes ist die Erforderlichkeit einer Gemeinschaftsinitiative nie überzeugend dargelegt worden. Stattdessen belässt es die EG-Kommission bei Allgemeinplätzen und widerlegte anfangs sogar ihre formelhaften Begründungen durch das Zugeständnis des bescheidenen Anteils zeitgenössischer und moderner Kunst auf Auktionen in Erwägungsgrund 12 des Vorschlags. Selbst wenn ein Handlungsbedarf zu bejahen wäre, versäumt die EG-Kommission den Nachweis, dass gleiche Wettbewerbsbedingungen und die Verwirklichung des Binnenmarktes für Kunstgegenstände nicht wesentlich effektiver durch die Abschaffung sämtlicher folgerechtlichen Regelungen erreicht werden könnten.[1396] Die Alimentation von mittlerweile renommierten Künstlern ließe sich durch andere Maßnahmen als Teil der Kultur- und Sozialpolitik auf mitgliedstaatlicher Ebene kompetenzrechtlich überzeugender erreichen. Stattdessen wird ganz in der Tradition der deutschen Urheberrechtsdogmatik ein personalistisch detailliert ausgestaltetes Folgerecht entworfen, das zumindest in Großbritannien als gesetzgeberischer Fremdkörper mehr Schaden als Nutzen bringen kann. Statt auf die tatsächliche Werknutzung im Wege einer Ausstellungsvergütung abzustellen, wird auf den wegen des Erschöpfungsgrundsatzes sonst urheberrechtlich indifferenten Vorgang der Veräußerung eines Werkstücks abgestellt.

In Erwägungsgrund 10 wird nun ausdrücklich betont, dass sich nicht nur die Unterschiede hinsichtlich der Anwendung des Folgerechts in den Mitgliedstaaten unmittelbar negativ auf das Funktionieren des Binnenmarktes auswirken sollen, sondern auch schon die Unterschiede hinsichtlich des Bestehens binnenmarktrelevant sind. Die Europäische Gemeinschaft scheint zunehmend Abschied von der vom Europäischen Gerichtshof getroffenen Differenzierung von Bestand und Ausübung eines Rechts[1397] nehmen zu wollen. Auf diese Weise kann sie ihren Zuständigkeitsbereich immer stärker ausweiten. Diese Tendenz ist umso bedenklicher, als die Kommission den Nachweis der Binnenmarktrelevanz schuldig bleibt und die Möglichkeit alternativer Konzepte, wie z.B. einer Ausstellungsvergütung,

---

[1395] *Pfennig*, ZUM 1996, S. 777-778 (777).
[1396] Vgl. *Schmidtchen/Koboldt/Kirstein*, Festschrift für *Fikentscher*, S. 774-799 (799): Die Abschaffung „wäre ein Schritt, der nicht nur im Einklang mit der ökonomischen Vernunft stünde, sondern auch dem Wohl der Künstler diente".
Vgl. auch *Edelson*, 7 Cardozo Arts & Ent. L.J. 1988/89, S. 260-267 (267), der im Folgerecht den Sieg der Ideologie über den gesunden wirtschaftlichen Menschenverstand sieht.
[1397] Dazu oben S. 130.

gar nicht in Erwägung zieht. Hier wird deutlich, dass die Europäische Gemeinschaft durch die bloße Behauptung der Binnenmarktrelevanz aufgrund des Bestehens oder Nichtbestehens eines Rechts versucht, eine eigene dogmatische Konzeption durchzusetzen. Mit dem Verhältnismäßigkeitsgrundsatz ist dieses Vorgehen nicht zu vereinbaren.

Mithin überrascht es kaum, dass der Vorschlag im Ministerrat stark umstritten war. Am 25.2.1999 verzichtete der Binnenmarktrat aus Rücksicht vor allem gegenüber dem Vereinigten Königreich auf einen Gemeinsamen Standpunkt, obwohl wegen der wenigen Gegenstimmen[1398] und zudem wegen der schwankenden Haltung von Irland und Luxemburg[1399] eine Mehrheitsentscheidung möglich gewesen wäre.[1400] Auch bei der Sitzung des Binnenmarktrats vom 7.12.1999 wandte sich das Vereinigte Königreich entschieden gegen eine Regelung.[1401] Am 22.5.2000 kam es dann doch zum Gemeinsamen Standpunkt,[1402] der aber gegenüber dem ursprünglichen Kommissionsvorschlag erhebliche Abweichungen enthielt. So sollte ein Mitgliedstaat Übertragungen von unter 4.000 Euro freistellen können, der Höchstbetrag einer Folgerechtszahlung wurde auf 12.500 Euro festgelegt. Die Richtlinie sieht nun in Art. 3 Abs. 2 einen Mindestverkaufspreis von 3.000 Euro vor, was gegenüber den im Vorschlag vorgesehen 1.000 ECU (=Euro) immer noch der dreifache Betrag ist. Der Höchstbetrag einer Folgerechtszahlung ist mit 12.500 Euro beibehalten worden. Die Richtlinie hat eine ungewöhnlich lange Umsetzungsfrist von gut vier Jahren. Zudem können die Mitgliedstaaten, die das Folgerecht noch nicht anwenden, bis Anfang 2010 vorsehen, dass das Recht nur lebenden Künstlern zusteht. Gerade gegen diese Regelung hatte sich die Kommission deutlich gewehrt,[1403] musste sich aber beugen, um die Richtlinie überhaupt konsensfähig zu machen

---

[1398] *BDI*, NvWR 1998, S. 126.

[1399] Frankfurter Allgemeine Zeitung Nr. 47 vom 25.2.1999, S. 18.

[1400] Vgl. *BDI*, NvWR 1999, S. 32; Frankfurter Allgemeine Zeitung Nr. 47 vom 25.2.1999, S. 18, wonach die Überstimmung „schlechter Stil" wäre; Frankfurter Allgemeine Zeitung Nr. 48 vom 26.2.1999, S. 13.

[1401] Handelsblatt Nr. 238 vom 8.12.1999, S. 10.

[1402] „Gemeinsamer Standpunkt des Rates im Hinblick auf den Erlass der Richtlinie des Europäischen Parlaments und des Rates über das Folgerecht des Urhebers des Originals eines Kunstwerks", Ratsdokument 7484/00 vom 22.5.2000.

[1403] Kommissionsmitteilung an das Europäische Parlament betreffend den vom Rat angenommenen gemeinsamen Standpunkt im Hinblick auf den Erlass der Richtlinie des Europäischen Parlaments und des Rates über das Folgerecht des Urhebers des Originals eines Kunstwerks, SEK (2000) 1516 endg. vom 15.9.2000, S. 3.

D. Weitere mögliche Harmonisierungsbereiche

I. *Person des Urhebers und Rechtsinhaberschaft*

Das Problem der Person des Urhebers ist immer wieder Gegenstand gemeinschaftlicher Harmonisierungsbemühungen.[1404] Es finden sich zahlreiche Regelungen in den bisherigen Richtlinien.

In Art. 2 Abs. 2 der Vermiet- und Verleihrecht-Richtlinie wird für den Geltungsbereich der Richtlinie festgelegt, dass zumindest der Hauptregisseur Urheber eines Filmwerks ist. Durch diese Vorschrift hat insoweit eine Abkehr vom Copyright-System stattgefunden, als dort nur der Produzent als Urheber galt.[1405] Ähnliche Regelungen finden sich in Art. 1 Abs. 5 der Satellit- und Kabel-Richtlinie und Art. 2 Abs. 1 der Schutzdauer-Richtlinie[1406]. Letztere Bestimmung schreibt die Berechtigung des Hauptregisseurs sogar als allgemeines Prinzip fest. Aus wirtschaftlicher Sicht hätte die Einräumung der Position des ersten Rechtsinhabers aber zu einem vergleichbaren Schutzniveau geführt. Lediglich im Bereich des Urheberpersönlichkeitsrechts wäre es zu Schutzunterschieden gekommen. Dieser Bereich ist aber derzeit ohne Binnenmarktrelevanz (oben S. 318). Aus Gründen der Verhältnismäßigkeit hätte es ausgereicht, den Mitgliedstaaten ein Wahlrecht zwischen der Anerkennung der Urheberschaft und der ersten Rechtsinhaberschaft zu geben. Die Beschränkung auf die Urheberschaft war nicht erforderlich.

Art. 2 Abs. 5 der Vermiet- und Verleihrecht-Richtlinie gewährt dem Filmproduzenten das Vermietrecht des ausübenden Künstlers, nach Art. 2 Abs. 6 der Vermiet- und Verleihrecht-Richtlinie können die Mitgliedstaaten die Vermutung der Abtretung des Vermietrechts des Urhebers an den Filmproduzenten festlegen.[1407]

[1404] Allgemein zur Harmonisierung: *Walter*, Europäisches Urheberrecht, Stand der Harmonisierung, Rdz. 10ff.
Zum Urheberbegriff vgl. Grünbuch über Urheberrecht in der Informationsgesellschaft, KOM (95) 382 endg. vom 19.7.1995, S. 25.

[1405] *Ellins*, Copyright Law und Urheberrecht, S. 278.
Der Produzent gilt nun als Miturheber, vgl. *Ellins*, ebenda.

[1406] In deren Geändertem Vorschlag, KOM (92) 602 endg. vom 7.1.1993 war der neu eingefügte Art. 1a Abs. 1 noch viel weiter: „Als Urheber eines Filmwerkes oder eines audiovisuellen Werkes gelten die natürliche Person bzw. die natürlichen Personen, die die geistige Schöpfung des Werkes bewirkt bzw. bewirken." Diese Regelung wurde nicht in die Richtlinie übernommen.

[1407] Die Wahl des Begriffs der „Abtretung" ist unglücklich, da eine solche in Deutschland rechtstechnisch gar nicht möglich ist (vgl. oben S. 79). Warum in diesem Zusammenhang nicht ebenso wie in Abs. 7 der korrekte Terminus der „Ermächtigung" gewählt wurde, ist nicht einsichtig.

Art. 2 Abs. 7 der Vermiet- und Verleihrecht-Richtlinie ermöglicht zugunsten des Produzenten die unwiderlegliche Vermutung der Ermächtigung zur Vermietung seitens des ausübenden Künstlers, sofern eine angemessene Vergütung entrichtet wird. Demgegenüber legt Art. 2 Abs. 3 der Computerprogramm-Richtlinie nur die Vermutung der Ausübung der Rechte durch den Arbeitgeber fest.[1408]

Die Möglichkeit, dass eine juristische Person nicht nur erster Rechtsinhaber sondern auch Urheber sein kann, lassen Art. 2 Abs. 1 S. 1 der Computerprogramm-Richtlinie und Art. 4 Abs. 1 der Datenbank-Richtlinie zu. Die obligatorische automatische Rechtsinhaberschaft des Arbeitgebers war in Art. 3 Abs. 4 des ursprünglichen sowie des Geänderten Vorschlags für die Datenbank-Richtlinie vorgesehen, jetzt sagt Erwägungsgrund 29 aber nur noch, dass den Mitgliedstaaten diesbezüglich eine entsprechende Regelung freisteht.

Im Zuge der Diskussion über den Richtlinienvorschlag zum Urheberrecht in der Informationsgesellschaft wollten einige Parlamentsberichte Fragen der Urheberschaft teilweise regeln. So schlug der Änderungsantrag 10 des *Günther*-Berichts einen neuen Art. 1 Abs. 2 lit. a vor, wonach „alle natürlichen Personen, die zur geistigen Schöpfung eines Werkes beigetragen haben, [...] als Urheber oder Mit-Urheber des Werkes betrachtet [werden]. Automatisch, d.h. vorbehaltlich des Beweises des Gegenteils, wurden als Urheber bzw. Mit-Urheber eines Kinofilmes oder eines audiovisuellen Werkes oder eines Multimediawerks betrachtet: der Regisseur, der Drehbuchautor, der Dialogautor und der Komponist eines Musikstücks, das eigens für die Verwendung in einem Kinofilm oder einem audiovisuellen Werk geschaffen wurde."[1409]

Einen Handlungsbedarf sah auch der *Barzanti*-Bericht, der mit Änderungsantrag 15 in einem neuen Erwägungsgrund 19a die Koordination der Bestimmungen für die Anerkennung der Rechtsinhaber, was die Nutzung ihrer Werke angeht, durch die Mitgliedstaaten forderte.[1410] Eine gemeinschaftliche Harmonisierung wurde aber nicht verlangt.

Einige Autoren messen der unterschiedlichen Beantwortung der Frage der Urheberschaft und Rechtsinhaberschaft durch die nationalen Urheberrechtsordnungen im Hinblick auf Handelshemmnisse innerhalb der Europäischen Gemeinschaft

---

[1408] *Ellins*, Copyright Law und Urheberrecht, S. 284 sieht darin „nicht notwendigerweise eine allgemeine Tendenz".
[1409] Abgedruckt als Anhang des *Barzanti*-Berichts (oben Fn. 151).
[1410] Siehe oben Fn. 151; fast wortgleich ist der Änderungsantrag 3 von *Whitehead*, abgedruckt als Anhang des *Barzanti*-Berichts.

erhebliche Binnenmarktrelevanz bei.[1411] Aufgrund der immer größeren Bedeutung von multimedial zusammengesetzten Werken und sonstigen komplexen Werken in der Informationsgesellschaft spielt die Miturheberschaft eine zunehmend wichtige Rolle.[1412] Dabei ist es oft schwierig die Beiträge der einzelnen Miturheber voneinander zu trennen. Deshalb tritt das Bedürfnis in den Vordergrund, dem die Erstellung überwachenden Unternehmer zumindest die Rechtsausübung zu überlassen.[1413]

Auf deutscher Ebene sieht *Schricker* auch in der Informationsgesellschaft keinen Handlungsbedarf, insbesondere sollten die §§ 88, 89 UrhG auf Filmwerke beschränkt bleiben.[1414]

Für die Berechtigung im Rechtsschutz sieht nun der Vorschlag für eine Richtlinie über die Maßnahmen und Verfahren zum Schutz der Rechte an geistigem Eigentum[1415] eine Vermutungsregelung vor, wonach als „Urheber eines Werkes [...] bis zum Beweis des Gegenteils die Person [gilt], deren Name auf Vervielfältigungsstücken des Werkes als Urheber des Werkes aufgeführt ist oder die Person, die durch schriftlichen Vermerk, Etikett oder ein sonstiges Kennzeichen auf einem Vervielfältigungsstück des Werkes als Urheber ausgewiesen ist."

Insgesamt ist aber zu sagen, dass in den Rechtsordnungen bzgl. der Berechtigung zur Ausübung der Rechte gerade in den wirtschaftlich bedeutsamen Bereichen ähnliche Ergebnisse erzielt werden, so dass aus Binnenmarktgesichtspunkten kein Handlungsbedarf besteht.

[1411] *Katzenberger*, 8. Ringberg-Symposium, 3. Arbeitssitzung, S. 42-48 (42f.); *Schricker*, in: Schricker, Urheberrecht auf dem Weg zur Informationsgesellschaft, S. 58, der allerdings für die „überschaubare Zukunft" nicht mit einer weitergehenden Harmonisierung rechnet (S. 60); *Ellins*, Copyright Law und Urheberrecht, S. 273.

[1412] Grünbuch über Urheberrecht in der Informationsgesellschaft, KOM (95) 382 endg. vom 19.7.1995, S. 25.

[1413] Grünbuch über Urheberrecht in der Informationsgesellschaft, KOM (95) 382 endg. vom 19.7.1995, S. 25; so einige Interessierte Kreise bei der Anhörung in Brüssel vom 7.-8.7.1994, vgl. beispielhaft *European Publishers Council*, abgedruckt in der Kommissionsveröffentlichung, siehe oben Fn. 13, S. 152-160 (158).

[1414] *Schricker*, in: Schricker, Urheberrecht auf dem Weg zur Informationsgesellschaft, S. 78+218.

[1415] „Vorschlag für eine Richtlinie des Europäischen Parlaments und des Rates über die Maßnahmen und Verfahren zum Schutz der Rechte an geistigem Eigentum", KOM (2003) 46 endg. vom 30.1.2003.

II. Zusammenführung von Urheberrechten und Leistungsschutzrechten

Während das droit d'auteur-System zwischen klassischem Urheberrecht und den verwandten und sonstigen Schutzrechten differenziert, kennt das Copyright-System lediglich den einheitlichen Terminus des Copyright (vgl. oben S. 80). Dabei finden sich bezüglich der Schutzweite bei den einzelnen Schutzgegenständen auch in den Copyright-Staaten abgestufte Regelungen, so dass der wesentliche Unterschied zum droit d'auteur in der Terminologie liegt. Der Verhältnismäßigkeitsgrundsatz gebietet es, dass derlei terminologische Differenzen solange nicht angeglichen werden, als sich dadurch kein wesentlich unterschiedliches Schutzniveau ergibt. Die verwandten Schutzrechte wurden bisher in Art. 6 - 9 der Vermiet- und Verleihrecht-Richtlinie harmonisiert. Um den dogmatischen Streit zwischen den unterschiedlichen Begriffen nicht zu lösen, hat der Gemeinschaftsgesetzgeber regelmäßig den Begriff der verwandten Schutzrechte („rights related to copyright") anstelle des Begriffs der Leistungsschutzrechte oder der Nachbarrechte („neighbouring rights") gebraucht.[1416]

Von dieser terminologisch richtigen Behandlung des Problems ist aber möglicherweise in Art. 12 Abs. 2 der Richtlinie zum Urheberrecht in der Informationsgesellschaft ohne ersichtliche Notwendigkeit abgewichen worden. Dort heißt es nämlich, dass „der Schutz der dem Urheberrecht verwandten Schutzrechte im Sinne dieser Richtlinie [...] den Schutz des Urheberrechts unberührt [lässt] und [...] ihn in keiner Weise [beeinträchtigt]." Sollte hinter dieser Begrifflichkeit die Absicht stehen, die Trennung von Urheberrechten und verwandten Schutzrechten festzuschreiben, so ist dieser Eingriff in die Regelungsfreiheit der Mitgliedstaaten gerade in einer Zeit, in der wegen des verstärkten Schutzes von Gegenständen der Informationsindustrie vielerorts die Aufhebung dieser Trennung gefordert wird[1417], wenig konstruktiv.

[1416] *Ellins*, Copyright Law und Urheberrecht, S. 262.
[1417] So die USA bei den WIPO-Verhandlungen [vgl. *Kreile*, ZUM 1995, S. 307-315 (308); *ders.*, ZUM 1995, S. 815-824 (816)]; dto. im USA Weißbuch, oben Fn. 182, S. 149; *Bertelsmann* bei der Anhörung in Brüssel vom 7.-8.7.1994, abgedruckt in der Kommissionsveröffentlichung, siehe oben Fn. 13, S. 52-53 (53); *Agnew*, 13 Loy. L.A. Ent. L.J. 1993, S. 219-240 (240); *Geller*, WIPO Symposium, Harvard, 31.3.-2.4.1993, S. 213-226 (221).
Die EG-Kommission ist aber dagegen, vgl. *Kreile*, ZUM 1995, S. 307-315 (308).
Vgl. auch *Corbet*, 148 RIDA 1991, S. 59-101 (91); *Kreile/Becker*, GRUR Int. 1994, S. 901-911 (905); *Cornish*, WIPO Symposium, Paris, 1.-3.6.1994, S. 81-87 (87); *Becker*, Die digitale Verwertung von Musikwerken, S. 45-76 (53); *Ginsburg*, 90 Colum. L. Rev. 1990, S. 1865-1936 (1928ff.), die eine eigene Behandlung für Werke von geringerer Schöpfungshöhe fordert.

Ein gerade im elektronischen Bereich wieder aktuelles Thema ist die Frage, ob auch die Tätigkeit eines Verlegers geschützt werden soll, sei es durch das klassische Urheberrecht, sei es durch ein verwandtes Schutzrecht.[1418] Aus Sicht des Binnenmarktes ist aber dazu zu sagen, dass derzeit keine Hindernisse ersichtlich sind, da den Verlegern überall durch andere Rechtsinstitute ein angemessenes Schutzniveau zur Verfügung steht.[1419] Folglich hat sich die Europäische Gemeinschaft mit der Problematik auch nie ernsthaft befasst.

III. Werkbegriff und Schöpfungshöhe/Originalität

Durch die Informationsgesellschaft sind bisher keine neuen Werkarten aufgetreten (vgl. oben S. 26). Auch die so genannten computergenerierten Werke eröffnen keine neuen Probleme, da der Vorgang ihrer Schaffung von einer Person, und zwar entweder vom Nutzer oder vom Programmierer, vorgegeben ist.[1420] Der Werkbegriff wird auch im durch die Interaktivität geprägten Multimedia-Zeitalter Anknüpfungstatsache für den urheberrechtlichen Schutz bleiben.[1421]

Die Ausweitung des urheberrechtlichen Schutzes auf Werke der Informationsindustrie hat dazu geführt, dass die Frage der Originalität[1422] verstärkt in den Vordergrund gerückt ist. Aufgrund der traditionell hohen Anforderungen in Deutschland[1423] und den relativ geringen Schutzvoraussetzungen in Großbritannien wurde auf Gemeinschaftsebene für Software (Art. 1 Abs. 3 der Computerprogramm-Richtlinie), Datenbanken (Art. 3 Abs. 1 der Datenbank-Richtlinie) und Photographien (Art. 6 S. 1 der Schutzdauer-Richtlinie) die Kompromissformel der „eigenen geistigen Schöpfung" gefunden. Darin sind sowohl das subjektive Element

---

[1418] *Van Krevelen*, SGRUM Bd. 15, S. 97-109 (103); *Heker*, ZUM 1995, S. 97-103 (103); *Federation of European Publishers (FEP)* bei der Anhörung in Brüssel vom 7.-8.7.1994, abgedruckt in der Kommissionsveröffentlichung, siehe oben Fn. 13, S. 199-202 (201); *Charles Clark* im bei der Anhörung in Brüssel vom 7.-8.7.1994 vorgelegten Arbeitspapier „Legal Implications of the Creative Role of the Publisher", ebenda, S. 208-215 (208ff.). Allgemein dazu *Hunter*, SGRUM Bd. 15, S. 162-175 (172); *Sieger*, ZUM 1989, S. 172-175 (172ff.); *Schulze*, 6 Copyright World 1989, S. 12-13 (12f.); *ders.*, ZUM 1990, S. 47-54 (47ff.); *Dietz*, ZUM 1990, S. 54-58 (54ff.); *Schack*, ZUM 1990, S. 59-62 (59ff.); *Mauhs*, ZUM 1990, S. 62-64 (62ff.); *Agnew*, 13 Loy. L.A. Ent. L.J. 1993, S. 219-240 (219ff.).

[1419] Und zwar vor allem über das Wettbewerbsrecht, vgl. *Sieger*, ZUM 1989, S. 172-175 (173), *Dietz*, ZUM 1990, S. 54-58 (58), und über das Vertragsrecht.

[1420] Vgl. *Schricker*, in: *Schricker*, Urheberrecht auf dem Weg zur Informationsgesellschaft, S. 50, der keinen Handlungsbedarf sieht.

[1421] *Schricker*, in: *Schricker*, Urheberrecht auf dem Weg zur Informationsgesellschaft, S. 49.

[1422] Zum Begriff der Originalität vgl. Grünbuch über Urheberrecht in der Informationsgesellschaft; KOM (95) 382 endg. vom 19.7.1995, S. 25.

[1423] Vgl. die Inkassoprogramm-Entscheidung des Bundesgerichtshofes, oben Fn. 390.

des Schaffens durch den Urheber als auch das objektive Element der geistigen Arbeit enthalten.[1424]

Zuzugeben ist, dass jede unterschiedliche Qualifizierung eines möglichen Schutzgegenstandes in den einzelnen Mitgliedstaaten in Bezug auf die Originalität als urheberschutzfähiges bzw. nicht urheberschutzfähiges Werk zu Behinderungen des freien Waren- und Dienstleistungsverkehrs sowie zu Wettbewerbsverzerrungen führen kann.[1425] So hat *Dreier* die Harmonisierung der Schutzvoraussetzungen als „Kernstück eines europäischen Urheberrechts" bezeichnet.[1426] Zu bedenken ist aber, dass gerade im Bereich der schöpferisch-künstlerischen Tätigkeiten Unterschiede bei den Regelungen der Schöpfungshöhe geringere Auswirkungen auf den Binnenmarkt haben können wie im Bereich der Handelsgüter der Informationsindustrie. Mit *Dreier* könnte sich daher eine europäische Harmonisierung damit begnügen sicherzustellen, dass die wirtschaftlich für die Gemeinschaft bedeutendsten Gegenstände in allen Mitgliedstaaten tatsächlich geschützt werden und dass Voraussetzungen und Inhalt dieses Schutzes in wesentlichen Zügen gleich ausgestaltet sind.[1427]

Durch die Digitaltechnik ist der Schutz auch kleinster Werkteile in den Vordergrund gerückt. Hierbei geht es vor allem um das „Sampling", bei dem kurze Sequenzen aus Musikstücken entnommen werden und in ein neues Musikstück eingearbeitet werden. Ähnlich ist die Problematik aber auch im Bereich der Übernahme und Verfremdung von kleinen Versatzstücken aus Bildern und Filmen. Wirklich neuartig sind diese Probleme aus Sicht der Urheber aber nicht. Die Entnahme von Werken und deren Teilen und die Einarbeitung in ein neues Werk wird schon lange intensiv praktiziert. Ob im Einzelnen ein Recht des Urhebers dadurch verletzt wird, bestimmt sich auch heute schon nach der Frage, ob der entnommene Teil als solcher schutzfähig ist und dem Originalitätserfordernis entspricht. Je deutlicher dieser Teil im neuen Kunstwerk in den Vordergrund tritt, desto eher wird von der Schutzfähigkeit ausgegangen werden können.

Folglich sieht *Schricker* als Reaktion auf das Sampling für das deutsche Recht auch nur zum Schutze der ausübenden Künstler einen Handlungsbedarf, der sich in der Klarstellung erschöpft, dass auch das Leistungsschutzrecht an Darbietungen

---

[1424] *Strowel/Triaille*, Droit d'auteur, S. 18.
[1425] Allgemein zur Harmonisierung: *Walter*, Europäisches Urheberrecht, Stand der Harmonisierung, Rdz. 6ff.
Dreier, 8. Ringberg-Symposium, S. 17-25 (20).
[1426] *Dreier*, 8. Ringberg-Symposium, S. 17-25 (25).
[1427] *Dreier*, 8. Ringberg-Symposium, S. 17-25 (20f.).

von nicht durch das klassische Urheberrecht schutzfähigen Werkelementen von den §§ 73ff. UrhG gewährt wird.[1428]

Der Art. 2 der Richtlinie zum Urheberrecht in der Informationsgesellschaft ist vor diesem Hintergrund insoweit als verfehlt zu bezeichnen, dass er neben dem Werk auch jeden Werkteil als dem Vervielfältigungsrecht unterfallend ansieht, ohne dies in Bezug auf die Schutzfähigkeit des einzelnen Teils einzuschränken. Dadurch wird der Eindruck erweckt, dass die Richtlinie selbst minimale Werkrudimente bis hin zum einzelnen Buchstaben, Bildpunkt oder zu jeder Note unbeschränkt schützen will. Ein solches Ergebnis wäre völlig unsinnig und von keiner Kompetenz gegenüber den Mitgliedstaaten zu rechtfertigen (vgl. oben S. 232).

In seinem Gutachten empfiehlt *Schricker* für Deutschland generell die Einführung der „Individualität im Sinne der eigenen geistigen Schöpfung des Urhebers ohne Anwendung anderer Kriterien, wodurch insbesondere das Erfordernis einer besonderen Schöpfungshöhe ausgeschlossen würde."[1429] Dieses Vorgehen würde zwar zu gleichen Schutzvoraussetzungen bei allen urheberrechtlich geschützten Werken führen, es wäre aber zu erwarten, dass dann die Differenzierung anhand derselben ästhetischen Kriterien allein auf der Ebene des Schutzumfangs in den Mitgliedstaaten weiterhin stattfinden wird.[1430] Deutlich wird dies in der Regelung der kürzeren Schutzdauer für nicht-originelle Photographien. Differenzierungen finden sich in den Mitgliedstaaten auch bei der nur beschränkten Anerkennung von Urheberpersönlichkeitsrechten bei industriell geprägten Produkten. Demnach wäre mit der vereinheitlichten Originalitätsdefinition auf Ebene der Schutzvoraussetzungen wenig gewonnen, wenn auf Ebene des Schutzumfangs weiterhin anhand derselben wertenden Kriterien differenziert wird.

Vielmehr würde gerade das Künstlerische im traditionellen schöpferischen Bereich wegen der auf industrielle Produkte zugeschnittenen Definition an Stellen-

---

[1428] *Schricker*, in: *Schricker*, Urheberrecht auf dem Weg zur Informationsgesellschaft, S. 231; ähnlich *Thom*, 8 Loy. L.A. Ent. L.J. 1988, S. 297-336 (335), wonach die Annahme, dass die Übernahme von Einzelsequenzen keine Rechtsverletzung sein soll, eine vor dem Hintergrund der Gefährdung durch digitales Sampling „unbegründete quantitative Annahme" („baseless quantitative assumption with no place in an industry threatened by digital sampling") ist.

[1429] *Schricker*, in: *Schricker*, Urheberrecht auf dem Weg zur Informationsgesellschaft, S. 50.

[1430] Dem immer wieder geäußerten Vorwurf, mit dem Originalitätskriterium werde Kunstzensur betrieben, vgl. *Dessemontet*, Droit de l'informatique et des télécoms 3/1996, S. 7-15 (13), kann durch diese Verlagerung nicht begegnet werden.

wert verlieren.[1431] Dies gilt auch deshalb, weil durch die Schaffung eines neuen immaterialgüterrechtlichen Schutzrechts für nicht originelle Datenbanken der Schutz des Investitionsaufwandes noch mehr in den Vordergrund gerückt ist. Alles, was dem künstlerisch-schöpferischen Bereich zuzurechnen ist, wird regelmäßig auch das Kriterium der persönlich geistigen Schöpfung erfüllen, so dass Schutzunterschiede in den Mitgliedstaaten gar nicht zu erwarten sind. Aus kulturpolitischer Sicht wäre es demnach wünschenswert, wenn Deutschland im Bereich der angewandten Kunst[1432] ein besonderes Originalitätskriterium beibehalten könnte und nur bei den industriell geprägten Produkten auf den niedrigeren Standard verwiesen wird, wie das bisher geschehen ist. Die Mitgliedstaaten könnten dann gemäß ihrer eigenen Dogmatik die Spaltung[1433] des Urheberrechts in ein künstlerisch-personalistisches und ein industriell-unternehmerisches schon auf der Ebene der Schutzvoraussetzungen nachvollziehen.[1434] Binnenmarktrelevante Schutzunterschiede wären bei diesem Vorgehen aufgrund des überall gleichen Schutzstandards nicht zu erwarten. Außerhalb der Vorgaben durch internationale Konventionen könnten den Mitgliedstaaten im Bereich der industriell geprägten Werke sogar gänzlich freigestellt werden, ob sie den aufgrund der Binnenmarkterfordernisse vorgegebenen Schutz über das Urheberrecht oder durch ein sonstiges Rechtsinstitut erreichen, solange nur ein gleichartiges Schutzniveau gewährleistet ist.

Der Vorteil einer solchen Vorgehensweise würde die kompetenzrechtliche Problematik des Widerstreits von Binnenmarkt und Kulturpolitik abmildern. Durch die deutlich voneinander getrennte Behandlung dieser beiden Bereiche könnte die Europäische Gemeinschaft auch terminologisch das nachvollziehen, was sie durch unterschiedliche Regelungen des Schutzumfangs ohnehin schon praktiziert. Da-

---

[1431] *Dreier*, Festgabe für *Schricker*, S. 193-224 (217) spricht von einer „Akzentverschiebung im Sinne eines verstärkten Schutzes des bloßen Investitionsaufwandes", beim 8. Ringberg-Symposium, S. 17-25 (24) sah er eine „Verschiebung urheberrechtlicher Seinsgründe".

[1432] Bezüglich der Beschränkung auf den Bereich der angewandten Kunst vgl. *Katzenberger*, GRUR 1990, S. 94-100 (100); *ders.*, 21 IIC 1990, S. 310-326 (326); *Schricker*, 26 IIC 1995, S. 41-48 (47); *Kapnopoulou*, jur-pc 1995, S. 3223-3234 (3226).
Strowel/Triaille, Droit d'auteur, S. 18f. trennen zwischen dem vom subjektiven Originalitätsbegriff geprägten „oeuvres artistiques" und den utilitarischen „oeuvres de nature objective". Letztere sollen in den der Informationsindustrie zuzurechnenden „oeuvres factuelles", bei denen ein Urheberrechtsschutz fraglich ist, und den der angewandten Kunst zuzurechnenden „oeuvres fonctionelles", bei denen ein objektiver Originalitätsbegriff der Trennbarkeit der künstlerischen Elemente von der Funktion gelten soll, zu unterteilen sein.

[1433] Vgl. dazu *Patterson*, Copyright and new technology, S. 93-141 (140).

[1434] Dagegen zitiert *Peifer*, 8. Ringberg-Symposium, S. 87-123 (89) Stimmen, die einen abgestuften Schutz erst auf Ebene des Schutzumfangs zulassen wollen.

durch würde sie auch den nationalen Urheberrechtsordnungen die nötige dogmatische Flexibilität wiedergeben und die von einigen beschworene Krise des Urheberrechts wäre für den traditionellen Bereich mit einem Mal beendet.[1435] So könnte in Deutschland gegebenenfalls der mit dem klassischen Urheberrecht nur schwer in Einklang zu bringende urheberrechtliche Schutz der kleinen Münze (vgl. oben S. 55) neu und dogmatisch stringenter gefasst werden.[1436] Auch bliebe den Mitgliedstaaten aus Gründen der Beibehaltung ihrer Gesetzsystematik der Weg offen, für industrielle Werke eine dritte Art („Drittes Paradigma"") des Schutzes zwischen Urheberrecht und gewerblichem Rechtsschutz zu schaffen.[1437] Die verstärkte Anwendung des Musterschutzes wäre ebenfalls dadurch möglich.[1438] Ob dies ein dogmatisch sinnvoller Weg ist, unterliegt nicht der Entscheidungsbefugnis der Europäischen Gemeinschaft. Umso schwerer wiegt es, dass dieser Weg mit dem sui-generis-Recht für nicht-originelle Datenbanken entgegen der gemeinschaftlichen Kompetenzordnung schon einmal beschritten wurde.

IV. Überblick über weitere Probleme

1. Begriff der Erstveröffentlichung

Die Erstveröffentlichung[1439] ist wichtig für die Bestimmung des Schutzbeginns. Fraglich ist, wann im elektronischen Umfeld eine solche Erstveröffentlichung stattfindet. *Clark* sieht dies in der Zugänglichmachung einer elektronischen Kopie an die Öffentlichkeit, wenn diese auch eine vernünftige Zugriffsmöglichkeit hat.[1440] So dürfte die Vorhaltung im von der Öffentlichkeit zugänglichen Teil des

---

[1435] So tendentiell *Reichman*, 94 Colum. L. Rev. 1994, S. 2432-2558 (2444f.).

[1436] *Rehbinder*, Urheberrecht, § 6 I 1.b schlägt für die Zukunft das Wettbewerbsrecht bzw. ein neues Leistungsschutzrecht vor.
Pierson, Schutz der Programme für die Datenverarbeitung, S. 336ff. befürwortet ein Sonderrecht sui generis für Programme der Datenverarbeitung.
Damit wäre auch der Ansicht von *Hoeren*, GRUR 1997, S. 866-875 (869f.) Genüge getan, der ein urheberrechtliches Ausschließlichkeitsrecht wegen seines Ausnahmecharakters gegenüber dem Grundsatz der allgemeinen Informationsfreiheit nur beim Vorliegen einer entsprechenden Schöpfungshöhe rechtfertigen will.

[1437] Siehe oben S. 190.

[1438] Vgl. *Dietz*, Festgabe für *Beier*, S. 355-364 (357), der sich gegen die „unité de l'art-Länder" wendet, die alles über das Urheberrecht schützen wollen.

[1439] Dazu Grünbuch über Urheberrecht in der Informationsgesellschaft, KOM (95) 382 endg. vom 19.7.1995, S. 25.

[1440] Siehe oben Fn. 1418, S. 211.

World Wide Web oder in einem öffentlichem Diskussionsforum für die Annahme einer Veröffentlichung ausreichen.[1441]

Eine Alternative zum Begriff der Erstveröffentlichung in der Informationsgesellschaft zeigt *Kreiss* auf.[1442] Nach seiner Ansicht könnte auf die erste wirtschaftliche Nutzbarmachung („Commercialization") abgestellt werden, die in den durch das Urheberrecht geschützten Handlungen liegen könnte. Gegenüber der Erstveröffentlichung scheint dies aber nicht den Vorteil griffigerer Abgrenzungskriterien mit sich zu bringen, zumal es *Kreiss* vor allem darum geht, ein Zugangsrecht für den nicht gewerblichen Gebrauch zu gewähren.[1443]

Die Frage des Orts der Erstveröffentlichung[1444] muss sich nach den gleichen Regeln beantworten wie die generelle Frage nach dem Ort von Handlungen innerhalb der Informationsgesellschaft (dazu oben S. 302).

2. Urhebervertragsrecht

Es herrscht Einigkeit, dass das Urhebervertragsrecht[1445] an sich nicht in den Kompetenzbereich der Gemeinschaft fällt.[1446] Deshalb ist eine Gesamtharmonisierung

---

[1441] *Ginsburg*, 169 RIDA 1996, S. 5-49 (19ff.) sieht für Frankreich die Veröffentlichung durch das erste Zurverfügungstellen als erfüllt an; zum Problem vgl. *Hardy*, Project Looking Forward, S. 122.
Sec. 175 (1)(b) des UK Copyright Designs and Patents Act 1988 regelt, dass eine Veröffentlichung auch durch die Zugänglichmachung an die Öffentlichkeit in einem elektronischen Abrufsystem („electronic retrieval system") stattfindet. Diese Regelung dürfte auf das Internet zu übertragen sein, vgl. *Lucas*, Konferenz der Generaldirektion XV der Europäischen Kommission „Urheberrecht und verwandte Schutzrechte an der Schwelle zum 21. Jahrhundert" in Florenz (2.-4.6.96), Protokoll, S. 30-39 (35).
Nach dem USA Weißbuch, oben Fn. 182, S. 219 ist in jeder Online-Übertragung an die Öffentlichkeit auch eine Veröffentlichung zu sehen.
Art. 3 des WCT-Entwurfs und Art. 2 (e) (ii) des WPPT-Entwurfs, die auf die Verfügbarkeit abgestellt hatten, wurden bei der diplomatischen Konferenz aber nicht angenommen.
[1442] *Kreiss*, 43 UCLA L. Rev. 1995, S. 1-76 (1ff.).
[1443] Siehe *Kreiss*, 43 UCLA L. Rev. 1995, S. 1-76 (32ff.).
[1444] Art. 3 Abs. 2 des WCT-Entwurfs, der auf den Ort der notwendigen Vorkehrungen („necessary arrangements") abgestellt hat, wurde nicht angenommen.
[1445] Allgemein: *von Lewinski*, Europäisches Urheberrecht, Stand der Harmonisierung, Rdz. 75ff.
Vgl. zum Urhebervertragsrecht in der Informationsgesellschaft: *Schricker*, in: *Schricker*, Urheberrecht auf dem Weg zur Informationsgesellschaft, S. 181ff.; *von Lewinski*, 8. Ringberg-Symposium, S. 49-57 (49ff.); *Pöppelmann*, K&R 1999, S. 1-6 (1ff.), der genauere gesetzliche Regelungen zum Schutz der Urheber fordert.
[1446] *Von Lewinski*, 8. Ringberg-Symposium, S. 49-57 (49).

dieses Bereichs kompetenzrechtlich nicht möglich.[1447] Teilbereiche, die den Binnenmarkt spürbar beeinträchtigen, können aber insoweit einer Regelung durchaus zugänglich sein. Dabei kommen unterschiedliche Regelungsziele in Betracht.

Beispielsweise können bestimmte Vertragsklauseln als wirkungslos angesehen werden. Art. 15 der Datenbank-Richtlinie erklärt gegen Art. 6 Abs. 1[1448] und Art. 8[1449] der Datenbank-Richtlinie verstoßende vertragliche Vereinbarungen für nichtig. Ähnlich wirkt Art. 5 Abs. 2 der Computerprogramm-Richtlinie, der auch bei entgegenstehenden Abreden das erforderliche Erstellen einer Sicherungskopie erlaubt.

Auch kann vertraglichen Absprachen eine besondere Bedeutung beigemessen werden. So bestimmt Art. 2 Abs. 4 der Vermiet- und Verleihrecht-Richtlinie, dass die Übertragung, Abtretung bzw. Lizenzierung des ausschließlichen Vermiet- und Verleihrechts möglich sind.[1450] Art. 2 Abs. 5 der Vermiet- und Verleihrecht-Richtlinie enthält Übertragungsvermutungen bei einem ausübenden Künstler, der einen Vertrag über eine Filmproduktion mit einem Filmproduzenten abschließt.[1451] Im Gegenzug erhält er aber ein unverzichtbares Recht auf angemessene Vergütung nach Art. 4 der Vermiet- und Verleihrecht-Richtlinie.

Ebenso können Formerfordernisse im weitesten Sinne aufgestellt werden, welche die Autonomie der am Wirtschaftsleben teilnehmenden Personen beschränken. Nach Art. 3 Abs. 1 und Art. 8 der Satellit- und Kabel-Richtlinie müssen Rechte vertraglich erworben werden. Art. 9 der Satellit- und Kabel-Richtlinie sieht die Verwertungsgesellschaftspflicht beim Kabelweiterverbreitungsrecht vor.

Aufgrund der Vielschichtigkeit der Handlungsmöglichkeiten lässt sich aber im Bereich des Urhebervertragsrechts keine einheitliche Vorgehensweise für die Harmonisierung ableiten. Bei einem entsprechenden Binnenmarktbezug kann die Europäische Gemeinschaft auch vertragsrechtliche Aspekte regeln, sofern dabei der Verhältnismäßigkeitsgrundsatz, insbesondere das Prinzip des geringsten Eingriffs in die Rechtsordnungen, berücksichtigt wird.

[1447] *Von Lewinski*, 8. Ringberg-Symposium, S. 49-57 (57).
[1448] Berechtigung zur normalen Nutzung.
[1449] Rechte und Pflichten des rechtmäßigen Benutzers in Bezug auf das sui-generis-Recht.
[1450] Dto. Art. 7 Abs. 2 und Art. 9 Abs. 4 der Vermiet- und Verleihrecht-Richtlinie für die verwandten Schutzrechte.
[1451] Ähnlich Art. 2 Abs. 7 der Vermiet- und Verleihrecht-Richtlinie für das Vervielfältigungs- und das Verbreitungsrecht bei verwandten Schutzrechten.

3. Urheberrechtsschutz für Werke der öffentlichen Hand („Crown Copyright")

Vereinzelt wurde das Urheberrecht der öffentlichen Hand in Großbritannien als Hindernis für den Binnenmarkt gesehen.[1452] Hierzu ist aber zu sagen, dass die wirtschaftliche Bedeutung des Handels mit Werken der öffentlichen Hand nicht sehr groß ist und das staatliche Urheberrecht gerade in Großbritannien nicht sonderlich kritisiert wird. Eine nennenswerte Diskussion hat demnach noch nicht stattgefunden.

[1452] Nach der von *Hugenholtz* im Rahmen der Sitzung des *Legal Advisory Board* der Generaldirektion XIII vom 27./28.10.1994 in Lissabon geäußerten Ansicht soll der Harmonisierung dieses Problems sogar absolute Priorität zukommen, vgl. das Protokoll der Sitzung.

5. Teil: Ergebnisse

Es lassen sich folgende Ergebnisse zusammenfassen:

1. Die wesentlichen Elemente der Informationsgesellschaft sind die Digitalisierung von Informationen, die immer leistungsstärkeren Computersysteme, die weltweite Vernetzung von Computern und die Interaktivität.

2. Die damit einhergehenden Herausforderungen für das Recht sind ihrer Art nach nicht neu. Der Wandel ist nur gradueller Natur. Insbesondere sind die urheberrechtlichen Instrumentarien grundsätzlich weiterhin zur Problembewältigung geeignet, bedürfen aber in Teilbereichen der Anpassung.

3. Auf der Ebene der Europäischen Gemeinschaft, ihrer Mitgliedstaaten, von Drittstaaten und internationalen Organisationen hat es schon zahlreiche allgemeine und urheberrechtsspezifische Regelungsaktivitäten im Rahmen der Informationsgesellschaft gegeben.

4. Die oftmals beschworene Dichotomie von zwei großen Urheberrechtssystemen in der Europäischen Gemeinschaft ist in ihren Auswirkungen weit geringer, als vielfach angenommen wird. Kontinental-europäisches droit d'auteur und britisches Copyright kommen gerade in den wirtschaftlich relevanten Bereichen in der Praxis zu sehr ähnlichen Ergebnissen. Zwischen den Systemen gibt es neben dem gemeinsamen Ursprung zahlreiche Überschneidungen.

5. In fünf Richtlinien hat die Europäische Gemeinschaft in den neunziger Jahren Teilbereiche des Urheberrechts angeglichen. Von einem einheitlichen Harmonisierungskonzept oder einem gemeinschaftlichen Besitzstand konnte entgegen der Ansicht der EG-Kommission nur in Ansätzen gesprochen werden.

6. Nachdem in den siebziger Jahren die gemeinschaftliche Kompetenz im Bereich der Rechtsangleichung des Urheberrechts vereinzelt aus Erwägungen der Kulturpolitik der Mitgliedstaaten in Zweifel gezogen worden war, ist die Diskussion trotz wesentlicher Änderungen der EG-vertraglichen Grundlagen bis heute nie wieder richtig aufgelebt.

7. Die Europäische Gemeinschaft kann sich im Bereich der Rechtsangleichung des Urheberrechts auf keine sachgegenständlich beschränkte Kompetenz berufen. Lediglich im Rahmen des als Querschnittskompetenz ausgestalteten Binnenmarktgebots kann sie Harmonisierungsmaßnahmen in Angriff nehmen.

8. Auf Ebene der Kompetenzzuweisung unterliegt die Europäische Gemeinschaft bei Vorliegen eines Binnenmarktbezugs keinen Einschränkungen. Insbesondere stellen Art. 295 EGV, Art. 307 EGV, die Kulturkompetenz der Mitgliedstaaten sowie das Gebot der Achtung der nationalen Identitäten der Mitgliedstaaten keine Kompetenzausschlussgründe dar.

9. Hinsichtlich des Umfangs der Kompetenz muss die Europäische Gemeinschaft aber wesentliche Beschränkungen beachten.

10. Dabei erweist sich das durch den Vertrag von Maastricht ausdrücklich festgelegte Subsidiaritätsprinzip nur in Ansätzen als geeignet, die gemeinschaftliche Kompetenzweite im Rahmen des Rechtsangleichungsprozesses im Binnenmarkt zu beschränken. Die besondere Funktion des eher auf den Verwaltungsvollzug zugeschnittenen Prinzips liegt lediglich in seiner politischen Wirkung.

11. Als wesentliche Schranke wirkt aber der ebenfalls durch den Vertrag von Maastricht nun ausdrücklich ins Gemeinschaftsrecht übernommene Verhältnismäßigkeitsgrundsatz, der strengen rechtlichen Kriterien unterliegt. Er entspricht dem gleichnamigen Prinzip des deutschen Verfassungs- und Verwaltungsrechts. Er gilt aufgrund der besonderen Natur der Europäischen Gemeinschaft auch im Verhältnis von dieser zu ihren Mitgliedstaaten.

12. Vom Verhältnismäßigkeitsgrundsatz geht die generelle Vermutung der einschränkenden Auslegung der Kompetenzen der Europäischen Gemeinschaft aus.

13. Eine gemeinschaftliche Maßnahme muss im Binnenmarktbereich geeignet zur Sicherung des ordnungsgemäßen Funktionierens des Binnenmarktes sein.

14. Der Verhältnismäßigkeitsgrundsatz enthält das Postulat der Spürbarkeit einer Beeinträchtigung auf den Binnenmarkt und verpflichtet die Gemeinschaft zur Vornahme des geringsten Eingriffs.

15. Die Gemeinschaft hat bei der Überprüfung der Auswirkungen auf den Binnenmarkt und bei der Wahl der Mittel vorhandene Regelungen in den Mitgliedstaaten sowie die Entwicklungen im geschäftlichen Verkehr zwischen den Marktteilnehmern gebührend zu berücksichtigen.

16. Sofern ein vergleichbares Schutzniveau auf verschiedene Weise erreicht werden kann, darf die Europäische Gemeinschaft lediglich das zu erreichende Niveau und nicht auch die dogmatische und rechtssystematische Art der Umsetzung in die einzelnen Rechtsordnungen vorgeben. Rechtsangleichung muss vor Rechtsvereinheitlichung gehen. Die Schaffung des sui-generis-Rechts zum Schutz von Investitionsleistungen bei Datenbanken muss in diesem Zusammenhang als Sündenfall angesehen werden.

17. Bei der Erreichung eines vergleichbaren Schutzniveaus kann der bei technischen Normen hinter dem Grundsatz der gegenseitigen Anerkennung stehende Gedanke nutzbar gemacht werden. Die Europäische Gemeinschaft kann den Mitgliedstaaten das Schutzziel in einem abstrakten Anforderungskatalog vorgeben.

18. Die bisherigen Angleichungsmaßnahmen im Rahmen des Binnenmarktes sind teilweise von einer stiefmütterlichen Behandlung der Kompetenzfrage, insbesondere der Rolle von Subsidiarität und Verhältnismäßigkeit, geprägt.

19. Die Richtlinie zum Urheberrecht in der Informationsgesellschaft offenbart aus kompetenzrechtlicher Sicht einige schwere Mängel. Die Betonung des gemeinschaftlichen Besitzstandes greift oft ins Leere. Die Vorgaben der beiden im Rahmen der WIPO im Dezember 1996 abgeschlossenen Verträge werden teilweise unzureichend oder falsch umgesetzt, teilweise werden darüber hinausgehende Regelungen vorgeschlagen. Aufgrund handwerklicher Mängel sind einige Vorschriften zur Problembewältigung nur in Ansätzen geeignet, während andere Vorschriften vor dem Hintergrund der mitgliedstaatlichen Regelungsmöglichkeiten nicht erforderlich sind.

20. Die Regelung der Haftungsfrage in einer horizontalen Initiative ist nicht zwingend. Auch wenn die schwierige Interessenabwägung als gelungen betrachtet werden kann, ist das Ausbleiben der Regelungen zur Haftung bei Hyperlinks und bei Suchmaschinen bedauerlich.

21. Die konsequente Sicherstellung eines vergleichbaren Schutzniveaus unter Berücksichtigung des Verhältnismäßigkeitsgrundsatzes wird dazu führen, dass das Problem des anwendbaren Rechts in der Informationsgesellschaft an Bedeutung verliert. Die Frage der Gerichtszuständigkeit sollte aber in Ansehung unterschiedlicher prozessualer Regelungen in einer horizontalen Initiative geregelt werden.

22. Der digitale Rundfunk, Fragen der kollektiven Verwertung und das Urheberpersönlichkeitsrecht sind derzeit ohne Binnenmarktrelevanz.

23. Die gemeinschaftsweite Einführung des Folgerechts lässt sich aus Gründen der Verhältnismäßigkeit nicht rechtfertigen. Sogar die Begründung des entsprechenden Richtlinienentwurfs stellt die Berechtigung der Maßnahme in Frage. Hier liegt der zweite große Sündenfall vor.

24. Für Regelungen zur Person des Urhebers, zur Zusammenführung von Urheber- und Leistungsschutzrechten, zur Schöpfungshöhe außerhalb des Bereichs der Güter der Informationsindustrie, zum Begriff der Erstveröffentlichung, im Bereich des Urhebervertragsrechts und zum Urheberrechtsschutz für Werke der öffentlichen Hand besteht mit Blick auf die Erfordernisse des Binnenmarktes derzeit kein Bedarf.

Literaturverzeichnis

Abbott, Frederick M.: Commentary: The International Intellectual Property Order Enters the 21st Century, 29 Vand. J. Transnat'l L. 1996, S. 471-479

Adler, Michael: Cyberspace, General Searches, and Digital Contraband: The Fourth Amendment and the Net-Wide Searches, 105 Yale L.J. 1996, S. 1093-1120

Agnew, David Edward: Reform in the international protection of sound recordings: upsetting the delicate balance between authors, performers and producers or pragmatism in the age of digital piracy?, 13 Loy. L.A. Ent. L.J. 1993, S. 219-240

Aiken, James H.: The Jurisdiction of Trademark and Copyright Infringement on the Internet, 48 Mercer L. Rev. 1997, S. 1331-1350

Altenburg, Dorothee: Die neuere Entwicklung des Urheberpersönlichkeitsrechts in Deutschland und Frankreich. - München: VVF, 1994 (Rechtswissenschaftliche Forschung und Entwicklung, Bd. 426). Zugl.: München, Univ., Diss., 1993 (zit.: *Altenburg*, Entwicklung des Urheberpersönlichkeitsrechts)

Amtenbrink, Fabian: Harmonisierungsmaßnahmen im Binnenmarkt im Lichte der Entscheidung des Europäischen Gerichtshofs zur Tabakwerberichtlinie, VuR 2001, S. 163-174

Appleton, John E.; *Hart*, Robert J.: Comments on the EC Green Paper "Copyright and the Challenge of Technology", 10 EIPR 1988, S. 287-290

Armbrüster, Christian: Ein Schuldvertragsrecht für Europa? - Bemerkungen zur Privatrechtsangleichung in der Europäischen Union nach „Maastricht" und „Keck", 60 RabelsZ 1996, S. 72-90

Arnaud, Emmanuel: Le droit de suite, toujours en quête d'identité, GazPal 122-126/1997, S. 3-5

Arndt, Hans-Wolfgang; *Köhler*, Markus: Elektronischer Handel nach der E-Commerce-Richtlinie, EWS 2001, S. 102-112

Bachmann, Birgit: Internet und IPR. In: *Lehmann*, Michael (Hrsg.): Internet- und Multimediarecht (Cyberlaw). - Stuttgart: Schäffer-Poeschel, 1997 (Handelsblatt-Reihe), S. 169-183 (zit.: *Bachmann*, in: Cyberlaw)

Back-Hock, Andrea; *Wagner,* Jörg: Internet und World Wide Web, DSWR 1996, S. 78-81

Band, Jonathan: The Digital Millenium Copyright Act: A Balanced Result, 21 EIPR 1999, S. 92-94

Barlow, John Perry: The Economy of Ideas. A framework for rethinking patents and copyrights in the Digital Age, Wired 2.03, März 1994, S. 85 (überarbeitete online-Version: Selling Wine Without Bottles. The Economy of Mind on the Global Net, erhältlich unter http://www.eff.org/pub/Publications/ John_Perry_Barlow/HTML/idea_economy_article.html)

Bartosch, Andreas: Bericht aus Brüssel - Wer ist König im globalen Dorf?, NJW-CoR 1998, S. 252

- Das Grünbuch zur Konvergenz - Ein Beitrag zur Diskussion auf dem Weg in die Informationsgesellschaft, ZUM 1998, S. 209-220

Barzel, Rainer: Wider den Einheitswahn, Frankfurter Allgemeine Zeitung Nr. 91 vom 20.4.1998, S. 14

Basedow, Jürgen: Europäisches Internationales Privatrecht, NJW 1996, S. 1921-1929

- Rechtskultur - zwischen nationalem Mythos und europäischem Ideal, ZEuP 1996, S. 379-381

Bayreuther, Frank: Beschränkungen des Urheberrechts nach der neueren EU-Urheberrechtsrichtlinie, ZUM 2001, S. 828-839

- Europa auf dem Weg zu einem einheitlichen Urheberrecht. - Die Richtlinie der EU über die Harmonisierung bestimmter Aspekte des Urheberrechts und der verwandten Schutzrechte in der Informationsgesellschaft, EWS 2001, S. 422-431

Bechtold, Stefan: Vom Urheber- zum Informationsrecht. Implikationen des Digital Rights Management. - München: Beck, 2002

Becker, Jürgen: Aktivitäten der Europäischen Union auf dem Gebiet der Medien und ihre Auswirkungen auf die Film- und Fernsehwirtschaft, ZUM 1995, S. 732-734

- Die digitale Verwertung von Musikwerken aus der Sicht der Musikurheber. In: *Becker*, Jürgen; *Dreier*, Thomas (Hrsg.): Urheberrecht und digitale Technologie - Arbeitssitzung des Instituts für Urheber- und Medienrecht am 22. April 1994. - Baden-Baden: Nomos Verlagsgesellschaft, 1994 (Schriftenreihe des Archivs für Urheber-, Film-, Funk- und Theaterrechts (UFITA); Bd. 121); S. 45-76 (zit.: *Becker*, Die digitale Verwertung von Musikwerken)

- Neue Übertragungstechniken und Urheberrechtsschutz, ZUM 1995, S. 231-249

Beckley, Alan: Copyright law: monopoly or monstrosity, New L.J. 1996, S. 185-186

Benabou, Valérie-Laure: Droit d'auteur, droits voisins et droit communautaire - Pour le doctorat en Droit (Arrêté du 30 mars 1992) présentée et soutenu publiquement par Valérie-Laure Benabou. Paris: Université Panthéon-Assas (Paris II), Droit-Economie-Sciences sociales, 1996 (zit.: *Benabou*, Droit d'auteur)

Bercovitz, Alberto: Vermögensrechte in den Informationsautobahnen, GRUR Int. 1996, S. 1010-1017

Bergé, Jean-Sylvestre: L'intégration en amont des directives (à propos de la directive 96/9/CE du 11 mars 1996 concernant la protection juridique des bases de données), Révue mensuelle 7/96, S. 1-4

Berger, Christian: Der Schutz elektronischer Datenbanken nach der EG-Richtlinie vom 11.3.1996, GRUR 1997, S. 169-179

Bermann, George A.: Taking Subsidiarity Seriously: Federalism in the European Community and the United States, 94 Colum L. Rev. 1994, S. 331-456

Beseler, Hans-Friedrich: Die Harmonisierung des Urheberrechts aus europäischer Sicht, ZUM 1995, S. 437-441

Best, Hubert: Variations on a Harmonisation Theme, or, EU-phony or dissonance, 52 Copyright World 1995, S. 18-26

Bettinger, Torsten; *Freytag*, Stefan: Privatrechtliche Verantwortlichkeit für Links, CR 1998, S. 545-556

Bitan, Hubert: Les rapports de force entre la technologie du multimédia et le droit, GazPal 26-27/1996, S. 10-17

Bizer, Johann: Kryptokontroverse - Der Schutz der Vertraulichkeit in der Telekommunikation, DuD 1996, S. 5-14

Blanke, Hermann-Josef: Das Subsidiaritätsprinzip als Schranke des Europäischen Gemeinschaftsrechts?, ZG 1991, S. 133-148

- Europa auf dem Weg zu einer Bildungs- und Kulturgemeinschaft. - Köln; Berlin; Bonn; München: Heymanns, 1994 (Kölner Schriften zum Europarecht, Bd. 41) (zit.: *Blanke*, Kulturgemeinschaft)

- Normativität und Justitiabilität des gemeinschaftsrechtlichen Subsidiaritätsprinzips, ZG 1995, S. 193-223

Bleckmann, Albert: Die Wahrung der "nationalen Identität" im Unions-Vertrag, JZ 1997, S. 265-269

Blumenwitz, Dieter: Das Subsidiaritätsprinzip und die Stellung der Länder und Regionen in der Europäischen Union. In: *Randelzhofer*, Albrecht; *Scholz*, Rupert; *Wilke*, Rainer (Hrsg.): Gedächtnisschrift für Eberhard Grabitz. - München: Beck, 1995; S. 1-15 (zit.: *Blumenwitz*, Gedächtnisschrift für *Grabitz*)

Bois, Rob du: The legal aspects of sound sampling, UNESCO Copyright Bull. 2/92, S. 3-6

Bold, Roman: 128 Bit für alle, PC-WELT 11/99, S. 58

Borries, Reimer von: Das Subsidiaritätsprinzip im Recht der Europäischen Union - Deutscher Landesbericht für den XVI. FIDE-Kongreß 1994 in Rom, EuR 1994, S. 263-300

- Gedanken zur Tragweite des Subsidiaritätsprinzips im Europäischen Gemeinschaftsrecht. In: *Everling*, Ulrich; *Narjis*, Karl-Heinz; *Sedemund*, Joachim (Hrsg.): Europarecht, Kartellrecht, Wirtschaftsrecht. Festschrift für Arved Deringer. - Baden-Baden: Nomos Verlagsgesellschaft, 1993; S. 22-39 (zit.: *von Borries*, Festschrift für *Deringer*)

Bortloff, Nils: Der Tonträgerpiraterieschutz im Immaterialgüterrecht. - Baden-Baden: Nomos Verlagsgesellschaft, 1995 (Schriftenreihe des Archivs für Urheber-, Film-, Funk- und Theaterrechts (UFITA); Bd. 132) (zit.: *Bortloff*, Tonträgerpiraterieschutz)

- Die Verantwortlichkeit von online-Diensten - Ein Überblick über den internationalen Diskussionsstand in den USA, Kanada, Australien, Großbritannien, Frankreich, der Schweiz und in Deutschland, GRUR Int. 1997, S. 387-401
- Neue Urteile in Europa betreffend die Frage der Verantwortlichkeit von Online-Diensten, ZUM 1997, S. 167-175

Boytha, György: Fragen der Unveräußerlichkeit des Urheberrechts. In: *Becker,* Jürgen; *Lerche,* Peter; *Mestmäcker,* Ernst-Joachim (Hrsg.): Wanderer zwischen Musik, Politik und Recht: Festschrift für Reinhold Kreile zu seinem 65. Geburtstag. - 1. Aufl. - Baden-Baden: Nomos Verlagsgesellschaft, 1994; S. 109-126 (zit.: *Boytha,* Festschrift für *Kreile*)

Bradley, Clive: Opening Remarks. In: *International Publishers Association; Börsenverein des Deutschen Buchhandels e.V.*: Internationales Urheberrecht-Symposium: Heidelberg, 24.-25. April 1986. - München: Schweitzer, 1986 (Schriften zum gewerblichen Rechtsschutz, Urheberrecht und Medienrecht (SGRUM); Bd. 15), S. 159-161 (zit.: *Bradley,* SGRUM 15)

Braithwaite, Nick: The Internet and bulletin board defamations, 145 New L.J. 1995, S. 1216-1219

Braun, Thorsten: Der Schutz ausübender Künstler durch TRIPS, GRUR Int. 1997, S. 427-432

Breulmann, Günter: Normung und Rechtsangleichung in der Europäischen Wirtschaftsgemeinschaft. Berlin: Duncker und Humblot, 1993 (Münsterische Beiträge zur Rechtswissenschaft; Bd. 75). Zugl.: Münster (Westfalen), Univ., Diss., 1992/93 (zit.: *Breulmann,* Normung und Rechtsangleichung)

Brisch, Klaus M.: EU-Richtlinienvorschlag zum elektronischen Geschäftsverkehr, CR 1999, S. 235-244

Brunner, Manfred: Das Subsidiaritätsprinzip als europäisches Prinzip, in: *Merten,* Detlef (Hrsg.): Die Subsidiarität Europas. - 2. durchges. Aufl. - Berlin: Duncker und Humblot, 1994 (Schriften zum europäischen Recht; Bd. 16); S. 9-22 (zit.: *Brunner,* Subsidiaritätsprinzip)

Bühler, Gregor: Ringen um den Schutz von Datenbanken in den USA - Anlehnung an die EG-Richtlinie oder lauterkeitsrechtliche Lösung?, Neue Züricher Zeitung vom 18.12.1997, S. 27

Bullinger, Martin: Kommunikationsfreiheit im Strukturwandel der Telekommunikation. - Baden-Baden: Nomos Verlagsgesellschaft, 1980 (zit.: *Bullinger,* Kommunikationsfreiheit)

Burgess, John: Making Their Watermark On The World - Digital IDs Put Stamp Of Authorship on Works, The Washington Post vom 29.9.1997, S. F15

Burnstein, Matthew R.: Conflicts on the Net: Choice of Law in Transnational Cyberspace, 29 Vand. J. Transnat'l L. 1996, S. 75-116

Cahoy, Daniel R.: New Legislation Regarding On-line Service Provider Liability For Copyright Infringement: A Solution in Search Of A Problem?, 38 IDEA 1998, S. 335-360

Calliess, Christian: Subsidiaritäts- und Solidaritätsprinzip in der Europäischen Union - Vorgaben für die Anwendung von Art. 5 (ex-Art. 3b) nach dem Vertrag von Amsterdam. - 2. aktualisierte und ergänzte Aufl. - Baden-Baden: Nomos Verlagsgesellschaft, 1999 (Schriften des Europa-Instituts der Universität des Saarlandes - Rechtswissenschaft; Bd. 10). Zugl.: Saarbrücken, Univ., Diss., 1995 (zit.: *Calliess,* Subsidiaritäts- und Solidaritätsprinzip)

Carleton, William A., III.: Copyright Royalties for visual artists: a display-based alternative to the droit de suite, 76 Cornell L. Rev. 1991, S. 510-548

Castendyk, Oliver; *Albrecht,* Martin von: Der Richtlinienvorschlag der EG-Kommission zum Satellitenfernsehen - Eine Stellungnahme aus der Sicht der Praxis, GRUR Int. 1992, S. 734-739

Chapman, Peter: Commission backtracks on tape duties, European Voice vom 2. - 8.10.1997, S. 3

Christie, Andrew: Designing appropriate Protection for Computer Programs, 16 EIPR 1994, S. 486-493

- Reconceptualising Copyright in the Digital Era, 17 EIPR 1995, S. 522-530

Cohen Jehoram, Herman: Critical Reflections on the Economic Importance of Copyright, 20 IIC 1989, S. 485-497

- European Copyright Law - Ever More Horizontal, 32 IIC 2001, S. 532-545

- Hybriden auf dem Grenzgebiet zwischen Urheberrecht und gewerblichen Rechtsschutz, GRUR Int. 1991, S. 687-696

- Hybrids on the borderline between copyright and industrial property law, 153 RIDA 1992, S. 75-145
- The Relationship Between Copyright and Neighboring Rights, 144 RIDA 1990, S. 81-133

Cohen Jehoram, Herman; *Mortelmans,* Kamiel: Zur „Magill"-Entscheidung des Europäischen Gerichtshofs, GRUR Int. 1997, S. 11-15

Coleman, Robert J.: The 1991 Horace S. Manges Lecture - Intellectual Property and the European Community After 1992, 15 Colum.-VLA J.L. & the Arts 1990/91, 117-133

Collie, Ian: The Too Hard Basket: Moral Rights and Multimedia in Australia, Ent. L. Rev. 1996, S. 76-79

Colneric, Ninon: Der Gerichtshof der Europäischen Gemeinschaften als Kompetenzgericht, EuZW 2002, S. 709-715

Cook, Trevor M.: The final version of the EC Database Directive - a model for the rest of the world? 61 Copyright World 1996, S. 24-30

Cook, William J.: Why Internet service providers should be copyright guardians, 60 Copyright World 1996, S. 18-21

Corbet, Jan: Le Developpement technique conduit-il à un changement de la notion d'auteur?, 148 RIDA 1991, S. 59-101

- Symposium on U.S.-E.C. Legal Relations: The Law of the EEC and Intellectual Property, 13 J.L. & Com. 1994, S. 327-369

Cornish, Graham P.: Libraries and the Harmonisation of Copyright, 20 EIPR 1998, S. 241-243

Cornish, William R.: Authors in law, 58 Mod. L. Rev. 1995, S. 1-16

- Copyright Across the Quarter-Century, 26 IIC 1995, S. 801-812
- Der Schutz des Urheberpersönlichkeitsrechts nach dem neuen britischen Urheberrechtsgesetz von 1988, GRUR Int. 1990, S. 500-505
- Harmonisierung des Rechts der privaten Vervielfältigung in Europa, GRUR Int. 1997, S. 305-308
- Moral Rights Under the 1988 Act, 11 EIPR 1989, S. 449-452

- The Notions of Work, Originality and Neighboring Rights from the Viewpoint of Common Law Traditions. In: WIPO: Kongreßbericht "WIPO Worldwide Symposium on the Future of Copyright and Neighboring Rights, Paris, 1.-3.6.94. - Genf: WIPO 1994 (WIPO Publication Nr. 731 (E)); S. 81-87 (zit.: *Cornish*, WIPO Symposium, Paris, 1.-3.6.1994)

Corral, Milagros del: New Technology - New Copyright? In: *International Publishers Association; Börsenverein des Deutschen Buchhandels e.V.*: Internationales Urheberrecht-Symposium: Heidelberg, 24.-25. April 1986. - München: Schweitzer, 1986 (Schriften zum gewerblichen Rechtsschutz, Urheberrecht und Medienrecht (SGRUM); Bd. 15), S. 195-215 (zit.: *del Corral*, SGRUM 15)

Croella, Carole: Le livre vert sur le droit d'auteur et les droits voisins dans la société de l'information, RMUE 2/1996, S. 181-208

Damich, Edward J.: Moral Rights Protection and Resale Royalties for Visual Art in the United States: Development and Current Status, 12 Cardozo Arts & Ent. L.J. 1993/94, S. 387-407

- The Right of Personality: A Common-Law Basis for the Protection of the Moral Rights of Authors, 23 Ga. L. Rev. 1988, S. 1-96

Danwitz, Thomas von: Zur Reichweite der Gemeinschaftskompetenz nach Art. 100a I und III EGV a.F. (Art. 95 I und III EGV n.F.), EuZW 1999, S. 622-626

Dauses, Manfred A. (Hrsg.): Handbuch des EU-Wirtschaftsrechts. - München: Beck, 1999 (Stand: März 2002) (zit.: *Bearbeiter*, in: *Dauses*, Handbuch des EU-Wirtschaftsrechts)

Davies, Gillian: Copyright in the Information Society. Technical Devices to Control Private Copying. In: *Ganea*, Peter; *Heath*, Christopher; *Schricker*, Gerhard (Hrsg.): Urheberrecht gestern - heute - morgen: Festschrift für Adolf Dietz zum 65. Geburtstag. München: Beck, 2001; S. 307-319 (zit.: *Davies*, Festschrift für *Dietz*)

- Harmonisation of copyright legislations in the European Communities, 3 EIPR 1981, S. 67-72

- The Convergence of Copyright and Authors' Rights - Reality or Chimera?, 26 IIC 1995, S. 964-989

Davies, Gillian; *Rauscher auf Weeg*, Hans Hugo von: Das Recht der Hersteller von Tonträgern: zum Urheber- und Leistungsschutzrecht in der Europäischen Gemeinschaft. - München: Beck, 1983 (Urheberrechtliche Abhandlungen des Max-Planck-Institutes für ausländisches und internationales Patent-, Urheber- und Wettbewerbsrecht, München; Heft 21) (zit.: *Davies/von Rauscher auf Weeg*, Recht der Hersteller von Tonträgern)

Decker, Ute: Haftung für Urheberrechtsverletzungen im Internet - Anforderungen an die Kenntnis des Host Providers, MMR 1999, S. 7-14

Delaval, Danièle: La directive du 11 mars 1996 relative à la protection juridique des bases de données, GazPal 299-300/1996, S. 5-10

Delp, Ludwig: Das Recht des geistigen Schaffens: Entstehung, Bestand, Tendenzen der autonomen und antinomen Grundrechte, des Urheberrechts und des Urhebervertragsrechts. - München: Beck, 1993 (zit.: *Delp*, Recht des geistigen Schaffens)

Dessemontet, François: Internet, le droit d'auteur et le droit international privé, SJZ 1996, S. 285-294

- Les droits des acteurs face à la digitalisation, Droit de l'informatique et des télécoms 3/1996, S. 7-15

Detjen, Stephan: Rechtsprobleme internationaler Datennetze - Bericht von der Arbeitstagung des Instituts für Urheber- und Medienrecht am 17.11.1995 in München, AfP 1996, S. 44-46

Diedrich, Frank: Geistiges Eigentum und Vertragsrecht im neuen Entwurf des Article 2B UCC, MMR 1998, S. 513-519

Dieselhorst, Jochen: Was bringt das Urheberpersönlichkeitsrecht? : Urheberpersönlichkeitsrechtsschutz im Vergleich Deutschland - USA. - Frankfurt (Main); Berlin; Bern; New York; Paris; Wien: Lang, 1995 (Europäische Hochschulschriften: Reihe 2, Rechtswissenschaft; Bd. 1751). Zugl.: Hamburg, Univ., Diss., 1994 (zit.: *Dieselhorst*, Urheberpersönlichkeitsrecht)

Dietz, Adolf: A common European copyright - is it an illusion?, 7 EIPR 1985, S. 215-217

- A modern concept for the right of the community of authors (domaine public payant), UNESCO Copyright Bull. 4/1990, S. 13-24

- Copyright and the EEC-Harmonisation of National Laws, 2 EIPR 1980, S. 189-193
- Copyright in the Modern Technology World: A Mere Industrial Property Right?, 10 Copyright Reporter (Australien) 1992, 11-19 sowie 39 JCopSocUSA 1991/92, S. 83-95
- Copyright Protection for Computer Programs: Trojan Horse or Stimulus for the Future Copyright System?, 110 UFITA 1989, S. 57-77
- Das primäre Urhebervertragsrecht in den Mitgliedstaaten der Europäischen Gemeinschaft - Legislatorischer Befund und Reformüberlegungen - Studie erstellt im Auftrag der Kommission der Europäischen Gemeinschaften. - Bruxelles 1981, München 1984 (zit.: *Dietz*, Primäres Urhebervertragsrecht)
- Das Urheberpersönlichkeitsrecht vor dem Hintergrund der Harmonisierungspläne der EG-Kommission - Einführungsreferat zur Arbeitssitzung des Instituts für Urheber- und Medienrecht am 23. April 1993, ZUM 1993, S. 309-318
- Das Urheberrecht in der Europäischen Gemeinschaft. In: *Beier*, Friedrich-Karl; *Kraft*, Alfons; *Schricker*, Gerhard; *Wadle*, Elmar (Hrsg.): Gewerblicher Rechtsschutz und Urheberrecht in Deutschland: Festschrift zum 100jährigen Bestehen der Deutschen Vereinigung für Gewerblichen Rechtsschutz und Urheberrecht und ihrer Zeitschrift. - Weinheim: VCH, Bd. II, 1991; S. 1445-1484 (zit.: *Dietz*, GRUR-Festschrift)
- Das Urheberrecht in der Europäischen Gemeinschaft: Studie im Auftrag der Generaldirektion „Forschung, Wissenschaft und Bildung" der Kommission der Europäischen Gemeinschaften. - 1. Aufl. - Baden-Baden: Nomos Verlagsgesellschaft, 1978 (Schriftenreihe Europäische Wirtschaft; Bd. 91) (zit.: *Dietz*, Urheberrecht in der EG)
- Der „design approach" als Entlastung des Urheberrechts. In: *Straus*, Joseph (Hrsg.): Aktuelle Herausforderungen des geistigen Eigentums - Festgabe von Freunden und Mitarbeitern für Friedrich-Karl Beier zum 70. Geburtstag. - Köln; Berlin; Bonn; München: Heymanns, 1996; S. 355-364 (zit.: *Dietz*, Festgabe für *Beier*)
- Die EU-Richtlinie zum Urheberrecht und zu den Leistungsrechten in der Informationsgesellschaft - Vorstoß in den Kernbereich des Urheberrechts- und Leistungsschutzes und seine Folgen, ZUM 1999, S. 438-451

- Einführung - Das Urhebervertragsrecht in seiner rechtspolitischen Bedeutung. In: *Beier*, Friedrich-Karl; *Götting*, Horst-Peter; *Lehmann*, Michael; *Moufang*, Rainer (Hrsg.): Urhebervertragsrecht. Festgabe für Gerhard Schricker zum 60. Geburtstag. - München: Beck, 1995, S. 1-50 (zit.: *Dietz*, Festgabe für *Schricker*)

- Harmonisierung des europäischen Urheberrechts. In: *Ress*, Georg (Hrsg.): Entwicklung des Europäischen Urheberrechts = Intellectual Property Rights and EC law / Wissenschaftliches Kolloquium anlässlich des 70. Geburtstags von Gerhard Reischl. - 1. Aufl. - Baden-Baden: Nomos Verlagsgesellschaft, 1989; S. 57-67 (zit.: *Dietz, Reischl*-Kolloquium)

- Ist die Einführung eines besonderen Leistungsschutzrechts (eines verwandten Schutzrechts) für Verleger zu empfehlen?, ZUM 1990, S. 54-58

- Möglichkeiten der Harmonisierung des Urheberrechts in Europa, GRUR Int. 1978, S. 101-109

- Mutation du droit d'auteur: changement de paradigme en matière de droit d'auteur?, 138 RIDA 1988, S. 23-75

- Sechste Arbeitssitzung: „Schutzfristen". In: *Schricker*, Gerhard; *Bastian*, Eva-Marina; *Dietz*, Adolf (Hrsg.): Konturen eines europäischen Urheberrechts - 8. Ringberg-Symposium des Max-Planck-Instituts für ausländisches und internationales Patent-, Urheber- und Wettbewerbsrecht - 25. bis 30. September 1994 Schloß Ringberg, Tegernsee - 1. Aufl. - Baden-Baden: Nomos Verlagsgesellschaft, 1996; S. 64-78 (zit.: *Dietz*, 8. Ringberg-Symposium)

- The Harmonization of Copyright in the European Community, 16 IIC 1985, S. 379-410

- Urheberrecht im Wandel. Paradigmenwechsel im Urheberrecht?. In: *Dittrich*, Robert (Hrsg.): Woher kommt das Urheberrecht und wohin geht es? Wurzeln, geschichtlicher Ursprung, geistesgeschichtlicher Hintergrund und Zukunft des Urheberrechts. - Wien: Manz, 1988 (Österreichische Schriftenreihe zum gewerblichen Rechtsschutz, Urheber- und Medienrecht (ÖSGRUM); Bd. 7), S. 200-213 (zit.: *Dietz*, ÖSGRUM 7)

Dillenz, Walter: Die österreichische Urheberrechtsgesetz-Novelle 1996, GRUR Int. 1996, S. 799-805

- Die Urheberrechtsgesetznovelle 1996, ecolex 1996, S. 275-278

- Direktsatellit und die Grenzen des klassischen Senderechtsbegriffs. - Baden-Baden: Nomos Verlagsgesellschaft, 1990 (zit.: *Dillenz*, Direktsatellit)
- Harmonisierung des Rechts der Verwertungsgesellschaften in Europa, GRUR Int. 1997, S. 315-329

Dittrich, Robert: Der Werkbegriff - sinnvolle Ausdehnung oder Denaturierung? In: *Dittrich*, Robert (Hrsg.): Woher kommt das Urheberrecht und wohin geht es? Wurzeln, geschichtlicher Ursprung, geistesgeschichtlicher Hintergrund und Zukunft des Urheberrechts. - Wien: Manz, 1988 (Österreichische Schriftenreihe zum gewerblichen Rechtsschutz, Urheber- und Medienrecht (ÖSGRUM); Bd. 7), S. 214-237 (zit.: *Dittrich*, ÖSGRUM 7)

Dittrich, Robert; *Öhlinger*, Theo: Verfassungsrechtlicher Schutz von geistigem Eigentum und passiver Informationsfreiheit, 135 UFITA 1997, S. 5-80

Dixon, Allen N.; *Self*, Laurie: Copyright Protection for the Information Superhighway, 16 EIPR 1994, S. 465-472

Doherty, Michael; *Griffiths*, Ivor: The Harmonisation of European Union Copyright Law for the Digital Age, 22 EIPR 2000, S. 17-21

Donati, Alberto: Natural Law and Intellectual Property, 137 UFITA 1998, S. 65-75

Donhauser, Daniela: Aktuelle Probleme des Urheber- und Leistungsschutzes sowie der Rechtewahrnehmung - Diskussionsbericht über das gleichlautende Symposion des Instituts für Urheber- und Medienrechts am 30.4.98. In: *Rehbinder*, Manfred; *Schaefer*, Martin; *Zombik*, Peter (Hrsg.): Aktuelle Rechtsprobleme des Urheber- und Leistungsschutzes sowie der Rechtewahrnehmung - Festschrift für Norbert Thurow. - 1. Aufl. - Baden-Baden: Nomos Verlagsgesellschaft, 1999 (Schriftenreihe des Archivs für Urheber-, Film-, Funk- und Theaterrechts (UFITA); Bd. 163); S. 81-87 (zit.: *Donhauser*, Festschrift für *Thurow*)

Dörr, Dieter: Möglichkeiten und Grenzen europäischer Medienpolitik: Konvergenz und Kompetenz, K&R 1999, S. 97-103

Dörr, Oliver: Die Entwicklung der ungeschriebenen Außenkompetenzen der EG, EuZW 1996, S. 39-43

Doutrelepont, Carine: Das droit moral in der Europäischen Union, GRUR Int. 1997, S. 293-304

Doutrelepont, Carine (Hrsg.): La transposition de la directive européenne sur la protection des bases de données en droit belge et européen - Enjeux nationaux et internationaux pour la société de l'information. - Brüssel: Bruylant, 1998 (zit.: *Doutrelepont* (Hrsg.), Transposition de la directive)

Dreher, Meinrad: Wettbewerb oder Vereinheitlichung der Rechtsordnungen in Europa, JZ 1999, S. 105-112

Dreier, Thomas: Aufeinander bezogene Urheberrechtsverträge - Zur Weiterentwicklung des Urhebervertragsrechts im Zeitalter elektronischer Werkverwertung. In: *Beier,* Friedrich-Karl; *Götting,* Horst-Peter; *Lehmann,* Michael; *Moufang,* Rainer (Hrsg.): Urhebervertragsrecht. Festgabe für Gerhard Schricker zum 60. Geburtstag. - München: Beck, 1995; S. 192-224 (zit.: *Dreier,* Festgabe für *Schricker*)

- Authorship and new technologies from the viewpoint of civil law traditions, 26 IIC 1995, S. 989-999

- Der französische „Rapport Sirinelli" zum Urheberrecht und den neuen Technologien, GRUR Int. 1995, S. 840-843

- Die Umsetzung der Richtlinie zum Satellitenrundfunk und zur Kabelweiterleitung, ZUM 1995, S. 458-463

- Die Umsetzung der Urheberrechtsrichtlinie 2001/29/EG in deutsches Recht, ZUM 2002, S. 28-43

- Erste Arbeitssitzung: „Geschützte Werke". In: *Schricker,* Gerhard; *Bastian,* Eva-Marina; *Dietz,* Adolf (Hrsg.): Konturen eines europäischen Urheberrechts - 8. Ringberg-Symposium des Max-Planck-Instituts für ausländisches und internationales Patent-, Urheber- und Wettbewerbsrecht - 25. bis 30. September 1994 Schloß Ringberg, Tegernsee - 1. Aufl. - Baden-Baden: Nomos Verlagsgesellschaft, 1996; S. 17-25 (zit.: *Dreier,* 8. Ringberg-Symposium)

- Harmonisierung des Urheberrechts in der Informationsgesellschaft - Zum WIPO World Forum on the Protection of Intellectual Creation in the Information Society, Neapel, 18.-20. Oktober 1995 -, ZUM 1996, S. 69-72

- „Highways to Change" - Der Bericht der australischen Copyright Convergence Group zum Urheberrecht im neuen Kommunikationsumfeld, GRUR Int. 1995, S. 837-839

- L'analogue, le digital et le droit d'auteur. In: *Françon*, André: Propriétés intellectuelles - Mélanges en l'honneur de André Françon. - Paris: Dalloz, 1995; S. 119-131 (zit.: *Dreier*, Festschrift für *Françon*)

- Perspektiven einer Entwicklung des Urheberrechts. In: *Becker*, Jürgen; *Dreier*, Thomas (Hrsg.): Urheberrecht und digitale Technologie. Arbeitssitzung des Instituts für Urheber- und Medienrecht am 22. April 1994. - Baden-Baden: Nomos Verlagsgesellschaft, 1994 (Schriftenreihe des Archivs für Urheber-, Film-, Funk- und Theaterrechts (UFITA); Bd. 121); S. 123-153 (zit.: *Dreier*, Perspektiven)

- Rundfunk und Urheberrechte im Binnenmarkt: Das Grundsatzpapier der EG-Kommission zu den urheberrechtlichen Fragen im Bereich der Satellitensendungen und Kabelweiterverbreitungen, GRUR Int. 1991, S. 13-19

- TRIPS und die Durchsetzung von Rechten des geistigen Eigentums, GRUR Int. 1996, S. 205-218

- Urheberrecht an der Schwelle des 3. Jahrtausends, CR 2000, S. 45-49

- Urheberrecht im Zeitalter digitaler Technologie - Bericht über ein WIPO-Symposium an der Harvard University, GRUR Int. 1993, S. 742-747

Dreier, Thomas; *Lewinski*, Silke von: The European Commission's Activities in the field of Copyright, 39 J.Cop.Soc. USA 1991, S. 96-120

Duggal, Raoul: TRIPs-Übereinkommen und internationales Urheberrecht. Neue Entwicklungen im internationalen Urheberrecht unter dem Einfluß multilateraler Übereinkünfte. - Köln; Berlin; Bonn; München: Heymanns, 2001 (Schriftenreihe Internationales Wirtschaftsrecht Bd. 19) (zit.: *Duggal*, TRIPs-Übereinkommen und internationales Urheberrecht)

Dunne, Robert L.: Deterring Unauthorized Access to Computers: Controlling Behavior in Cyberspace Through Contract Law Paradigm, 35 Jurimetrics J. 1994, S. 1-15

Dürig, Günter: Verfassung und Verwaltung im Wohlfahrtsstaat, JZ 1953, S. 193-199

Dusollier, Séverine: Electrifying the Fence: The Legal Protection of Technological Measures for Protecting Copyright, 21 EIPR 1999, S. 285-297

Dworkin, Gerald: Authorship of Films and the European Commission Proposals for Harmonizing the Term of Copyright, 15 EIPR 1993, S. 151-155

Eberle, Carl-Eugen: Medien und Medienrecht im Umbruch, GRUR 1995, S. 790-798

EC Legal Advisory Board: Reply to the Green Paper on Copyright and Related Rights in the Information Society, 12 CS&LR 1996, S. 143-149

Edelman, Bernard: Entre Copyright et droit d'auteur: l'intégrité de l'oeuvre de l'esprit, Recueil Dalloz Sirey 1990, chronique, S. 295-300

- La propriété littéraire et artistique. - Paris: P.U.F., 1989 (zit.: *Edelman,* propriété littéraire et artistique)

 L'arrêt Magill: une révolution? (à propos de l'arrêt de la CJCE du 6 avril 1995)., Rec. Dalloz 1996, chronique, S. 119-125

- Le droit d'auteur, produit commercial comme les autres, Le Monde diplomatique 7/1990, S. 32

- L'oeuvre multimédia, un essai de qualification, Recueil Dalloz Sirey 1995, chronique, S. 109-115

Edelson, Gilbert S.: The Case Against An American Droit De Suite, 7 Cardozo Arts & Ent. L.J. 1988/89, S. 260-267

Eggersberger, Michael: Die Übertragbarkeit des Urheberrechts in historischer und rechtsvergleichender Sicht. - München: VVF, 1992 (Rechtswissenschaftliche Forschung und Entwicklung; Bd. 328). Zugl.: München, Univ., Diss., 1991 (zit.: *Eggersberger,* Übertragbarkeit des Urheberrechts)

Ehlermann, Claus-Dieter: Competition Constraints on Copyright and Related Rights. In: European Commission (DG XV) in cooperation with the Italian Authorities: Copyright and Related Rights on the Threshold of the 21st Century. International Conference. Proceedings; Firenze, Italy - June 2, 3, 4, 1996; S. 100-110 (zit.: *Ehlermann,* Konferenz der Generaldirektion XV der Europäischen Kommission „Urheberrecht und verwandte Schutzrechte an der Schwelle zum 21. Jahrhundert" in Florenz (2.-4.6.96), Protokoll)

- Das Projekt 1992. In: *Koppensteiner,* Hans-Georg (Hrsg.): Der Weg in den Binnenmarkt. Wien: Wirtschaftsverl. Orac, 1991 (Schriften zum gesamten Recht der Wirtschaft; Bd. 23); S. 3-25 (zit.: *Ehlermann,* Projekt 1992)

Elkin-Koren, Niva: Copyright Law and Social Dialogue on the Information Superhighway: the Case Against Copyright Liability of Bulletin Board Operators, 13 Cardozo Arts & Ent. L.J. 1994/95, S. 345-411

Ellins, Julia: Copyright Law, Urheberrecht und ihre Harmonisierung in der Europäischen Gemeinschaft - Von den Anfängen bis ins Informationszeitalter. - Berlin: Duncker und Humblot, 1997 (Schriften zum europäischen Recht; Bd. 34). Zugl.: München, Univ., Diss., 1996 (zit.: *Ellins,* Copyright Law und Urheberrecht)

Elsing, Siegfried H.; *McDonald,* Kevin M.: Webseitenanbieter aufgepasst! - Personal Jurisdiction der US Courts, K&R 1999, S. 167-170

Elster, Alexander: Zur Frage eines vereinheitlichten europäischen Urheberrechts, 15 UFITA 1942, S. 21-36

Engel, Christoph: Inhaltskontrolle im Internet, AfP 1996, S. 220-227

Engel-Flechsig, Stefan; *Maennel,* Frithjof A.; *Tettenborn,* Alexander: Das neue Informations- und Kommunikationsdienste-Gesetz, NJW 1997, S. 2981-2992

Ernst, Stefan: Wirtschaftsrecht im Internet, BB 1997, S. 1057-1062

Everling, Ulrich: Probleme der Rechtsangleichung zur Verwirklichung des europäischen Binnenmarktes. In: *Baur,* Jürgen F.; *Hopt,* Klaus J.; *Mailänder,* K. Peter (Hrsg.): Festschrift für Ernst Steindorff zum 70. Geburtstag am 13. März 1990. - Berlin: de Gruyter, 1990; S. 1155-1173 (zit.: *Everling,* Festschrift für *Steindorff)*

- Quis custodiet custodes ipsos? - Zur Diskussion über die Kompetenzordnung der Europäischen Union und ein europäisches Kompetenzgericht, EuZW 2002, S. 357-364

Fakes, Arthur: The EEC's Directive on Software Protection and Its Moral Rights Loophole, 5 Software L.J. 1992, S. 531-633

Fehr, Benedikt: Die Digitale Video Disc (DVD) im Mittelpunkt der HiFi-Messe in Las Vegas. Die Speicherkapazität von maximal 17 Gigabyte beeindruckt - Ungeahnte Möglichkeiten der Bearbeitung, Frankfurter Allgemeine Zeitung Nr. 13 vom 16.1.1996, S. T5

Ferid, Hildegard: Zur Anwendung von Art. 36 EWG-Vertrag auf nationales Urheberrecht und verwandte Schutzrechte. In: *Kunz*, Hans Peter; *Mühlendahl*, Alexander von; *Stauder*, Dieter; *Ullrich*, Hanns: Gewerblicher Rechtsschutz - Urheberrecht - Wirtschaftsrecht. Mitarbeiterfestschrift zum 70. Geburtstag von Eugen Ulmer mit Beiträgen aus dem deutschen, ausländischen und internationalen Recht. - Köln; Berlin; Bonn; München: Heymanns, 1973; S. 75-82 (zit.: *Ferid*, Mitarbeiterfestschrift für *Ulmer*)

Ficsor, Mihály: International Harmonization of Copyright in Preparation for the Digital Age. In: European Commission (DG XV) in cooperation with the Italian Authorities: Copyright and Related Rights on the Threshold of the 21st Century. International Conference. Proceedings; Firenze, Italy - June 2, 3, 4, 1996; S. 47-62 (zit.: *Ficsor*, Konferenz der Generaldirektion XV der Europäischen Kommission „Urheberrecht und verwandte Schutzrechte an der Schwelle zum 21. Jahrhundert" in Florenz (2.-4.6.96), Protokoll)

- New Technologies and Copyright: Need for Change, Need for Continuity. In: WIPO: Kongreßbericht "WIPO Worldwide Symposium on the Future of Copyright and Neighboring Rights, Paris, 1.-3.6.94. - Genf: WIPO 1994 (WIPO Publication Nr. 731 (E)); S. 209-220 (zit.: *Ficsor*, WIPO Symposium, Paris, 1.-3.6.1994)

Fink-Hooijer, Florika: Schutz des Urheberrechts und der verwandten Schutzrechte in der Informationsgesellschaft: Ein Zwischenstandsbericht über jüngere Entwicklungen auf europäischer Ebene. In: *Zollner*, Bernward; *Fitzner*, Uwe (Hrsg.): Festschrift für Wilhelm Nordemann. - 1. Aufl. - Baden-Baden: Nomos Verlagsgesellschaft, 1999; S. 37-50 (zit.: *Fink-Hooijer*, Festschrift für *Nordemann*)

Flechsig, Norbert P.: EU-Harmonisierung des Urheberrechts und der verwandten Schutzrechte in der Informationsgesellschaft - Der Richtlinienvorschlag der EG-Kommission zur Harmonisierung bestimmter Aspekte des Urheberrechts und verwandter Schutzrechte in der Informationsgesellschaft vom 10.12.1997, ZUM 1998, S. 139-154

- Grundlagen des Europäischen Urheberrechts. Die Richtlinie zur Harmonisierung des Urheberrechtsschutzes in Europa und die Anforderungen an ihre Umsetzung in deutsches Recht, ZUM 2002, S. 1-21

Flechsig, Norbert P.; *Gabel*, Detlev: Strafrechtliche Verantwortlichkeit im Netz durch Einrichten und Vorhalten von Hyperlinks, CR 1998, S. 351-358

Flechsig, Norbert P.; *Klett,* Alexander: Europäische Union und europäischer Urheberschutz - Ende der internationalen Urheberschutzregeln und der nationalen Ausländerschutzregeln in Europa?, ZUM 1994, S. 685-698

Fleischmann, Eric: The Impact of Digital Technology on Copyright Law, 8 Computer LJ 1987/88, S. 1-22

Forester, Stefan: Art. 235 EGV und das Subsidiaritätsprinzip des Art. 3b Abs. 2 EGV, ÖJZ 1996, S. 281-291

Fox, Dirk: Fälschungssicherheit digitaler Signaturen, DuD 1997, S. 69-74

Françon, André: L'avenir du droit d'auteur, 132 RIDA 1987, S. 3-27

- Le droit d'auteur. Aspects internationaux et comparatifs. - Cowansville: Yvon Blais, 1993 (zit.: *Françon,* Le droit d'auteur)

- Le droit d'auteur au-delà des frontières: une comparaison des conceptions civiliste et de common law, 149 RIDA 1991, S. 3-33

- Le droit d'auteur et le Traité de Rome instituant la C.E.E., 100 RIDA 1979, S. 129-197

Franzheim, Horst: Strafrechtliche Konsequenzen der Urheberrechtsnovelle, NJW-CoR 1994, S. 160-164

Franzosi, Mario; *Sanctis, Giustino de:* Moral Rights and New Technology: Are Copyright and Patents Converging?, 17 EIPR 1995, S. 63-66

Freed, Roy N.: Comments on the Green Paper Entitled "Intellectual Property and the National Information Infrastructure", 11 CS&LR 1995, S. 234-243

Freitag, Andreas: Neue Kommunikationsformen im Urheberrecht, Markenartikel 1995, S. 514-517

Freytag, Stefan: Digital Millenium Copyright Act und europäisches Urheberrecht für die Informationsgesellschaft, MMR 1999, S. 207-213

Fromm, Friedrich Karl; *Nordemann,* Wilhelm: Urheberrecht - Kommentar zum Urheberrechtsgesetz und zum Urheberrechtswahrnehmungsgesetz; mit den Texten der Urheberrechtsgesetze Österreichs und der Schweiz. - 9., überarb. und erg. Auflage. - Stuttgart: Kohlhammer, 1998 (zit.: *Bearbeiter,* in: *Fromm/Nordemann,* Urheberrecht)

Froomkin, A. Michael: The Metaphor is the Key: Cryptography, the Clipper Chip, and the Constitution, 143 U. Pa. L. Rev. 1995, S. 709-897

Frost, Ina: Auf dem Weg zu einem europäischen Urheberrecht, EWS 1996, S. 86-92

Gahrau, Erich: Urheberrecht und Preisbindung im Binnenmarkt. In: *Hilf,* Meinhard; *Oehler,* Wolfgang (Hrsg.): Der Schutz des geistigen Eigentums in Europa - Referate und Diskussionsberichte der Tagung des Arbeitskreises Europäische Integration e.V. und des Instituts für deutsches, europäisches und internationales Wirtschaftsrecht der Universität Bielefeld in der Universität Bielefeld am 17. und 18. Mai 1990. - 1. Aufl. - Baden-Baden: Nomos Verlagsgesellschaft, 1991 (Schriftenreihe des Arbeitskreises Europäische Integration e.V.; Bd. 29); S. 121-137 (zit.: *Gahrau,* Urheberrecht und Preisbindung)

Gallot Le Lorier, Marie-Anne: Banques de données et droit d'auteur, GazPal 168-170/1996, S. 2-6

Gamm, Otto-Friedrich Frhr. von: Rechtsfragen bei Datenbanken - Zum Richtlinienvorschlag der EG-Kommission, GRUR 1993, S. 203-205

Ganea, Peter: Der Stellenwert des Urheberrechts in den Wirtschaftswissenschaften. In: *Ganea,* Peter; *Heath,* Christopher; *Schricker,* Gerhard (Hrsg.): Urheberrecht gestern - heute - morgen: Festschrift für Adolf Dietz zum 65. Geburtstag. München: Beck, 2001; S. 43-56 (zit.: *Ganea,* Festschrift für *Dietz*)

Garnett, Nicholas: The Music Industry, Electronic Delivery and Copyright. In: WIPO: Kongreßbericht "WIPO Worldwide Symposium on the impact of digital technology on Copyright and Neighboring Rights. Harvard University, Cambridge, Massachusetts, United States of America, March 31 to April 2, 1993. - Genf 1993 (WIPO Publication No. 723 (E)), S. 101-117 (zit.: *Garnett,* WIPO Symposium, Harvard, 31.3.-2.4.1993)

Gaster, Jens-L.: Anmerkungen zum Arbeitsdokument der Kommissionsdienststellen über die Folgen des Phil-Collins-Urteils des EuGH für den Bereich des Urheberrechts und der Leistungsschutzrechte, ZUM 1996, S. 261-274

- Bemerkungen zum gemeinsamen Standpunkt des EU-Ministerrates bezüglich der künftigen Richtlinie zum Rechtsschutz von Datenbanken, WBl 1996, S. 51-56

- Der Rechtsschutz von Datenbanken: Kommentar zur Richtlinie 96/9/EG mit Erläuterungen zur Umsetzung in das deutsche und österreichische Recht. - Köln; Berlin; Bonn; München: Heymanns, 1999 (zit.: *Gaster*, Rechtsschutz von Datenbanken)
- Die draft U.S. database legislation und die EU-Datenbank-Richtlinie - ein Vergleich, CR 1999, S. 669-679
- Die Erschöpfungsproblematik aus Sicht des Gemeinschaftsrechts, GRUR Int. 2000, S. 571-583
- The Harmonisation of Copyright and Related Rights. In: European Communication Council Report 1997: Exploring the Limits - Europe's Changing Communication Environment. - Berlin; Heidelberg; New York; Barcelona; Budapest; Hongkong; Mailand; Paris; Santa Clara; Singapur; Tokio: Springer, 1997; S. 203-218 (zit.: *Gaster*, Harmonisation of Copyright)
- The New EU Directive Concerning The Legal Protection Of Databases, 20 Fordham Int'l L.J. 1997, S. 1129-1150
- Urheberrecht und verwandte Schutzrechte in der Informationsgesellschaft - Anmerkungen zum Grünbuch der Europäischen Kommission, ZUM 1995, S. 740-752
- Zur anstehenden Umsetzung der EG-Datenbankrichtlinie, CR 1997, S. 669-676 (Teil I) und S. 717-722 (Teil II)

Geller, Paul Edward: Dynamiques nouvelles en droit d'auteur international, 5 Cah. Prop. Int. 1992/93, S. 391-405

- New Dynamics in International Copyright, 16 Colum.-VLA J.L. & the Arts 1991/92, S. 461-473
- The Universal Electronic Archive. Issues in International Copyright, 25 IIC 1994, S. 54-69
- The Universal Electronic Archive: Issues in International Copyright. In: WIPO: Kongreßbericht "WIPO Worldwide Symposium on the impact of digital technology on Copyright and Neighboring Rights. Harvard University, Cambridge, Massachusetts, United States of America, March 31 to April 2, 1993. - Genf 1993 (WIPO Publication No. 723 (E)), S. 213-226 (zit.: *Geller*, WIPO Symposium, Harvard, 31.3.-2.4.1993)

Gendreau, Ysolde: Copyright Harmonisation in the European Union and in North America, 17 EIPR 1995, S. 488-496

- Digital Technology and Copyright: Can Moral Rights Survive the Disappearance of the Hard Copy?, Ent. L. Rev. 1995, S. 214-220

- Ein neues Gesicht für das kanadische Urheberrechtsgesetz, GRUR Int. 1998, S. 643-647

Genton, Frédérique: Multimedia im französischen Urheberrecht: der zweite Sirinelli-Bericht, GRUR Int. 1996, S. 693-697

Gerling, Rainer W.: Internet: juristische Probleme und kein Ende?, DuD 1996, S. 218-223

Gersdorf, Hubertus: Multi-Media: Der Rundfunkbegriff im Umbruch? - Insbesondere zur verfassungsrechtlichen Einordnung der Zugriffs- und Abrufdienste, AfP 1995, S. 565-574

Gilsdorf, Peter: Der Grundsatz der Subsidiarität und die Gemeinsame Agrarpolitik. In: *Randelzhofer*, Albrecht; *Scholz*, Rupert; *Wilke*, Rainer (Hrsg.): Gedächtnisschrift für Eberhard Grabitz. - München: Beck, 1995; S. 469-482 (zit.: *Gilsdorf*, Gedächtnisschrift für *Grabitz*)

Ginsburg, Jane C.: A Tale of Two Copyrights: Literal Property in Revolutionary France and America, 147 RIDA 1991, S. 125-289

- Creation And Commercial Value: Copyright Protection Of Works Of Information, 90 Colum. L. Rev. 1990, S. 1865-1936

- Digital Libraries and some of the copyright issues they raise, 169 RIDA 1996, S. 5-49

- Moral Rights in a Common Law System, 4 Ent. L. Rev. 1990, S. 121-130

- Private International Law Aspects of the Protection of Works and Objects of Related Rights Transmitted Through Digital Networks. In: WIPO: Group of Consultants on the Private International Law Aspects of the Protection of Works and Objects of Related Rights Transmitted Through Digital Networks. - Geneva, December 16 to 18, 1998, GCPIC/2 vom 30.11.1998 (zit.: *Ginsburg*, Private International Law Aspects)

- Putting Cars on the "Information Superhighway". Authors, Exploiters, and Copyright in Cyberspace, 95 Colum. L. Rev. 1995, S. 1466-1499

- Surveying the Borders of Copyright. In: WIPO: Kongreßbericht "WIPO Worldwide Symposium on the Future of Copyright and Neighboring Rights, Paris, 1.-3.6.94. - Genf: WIPO 1994 (WIPO Publication Nr. 731 (E)); S. 221-232 (zit.: *Ginsburg*, WIPO Symposium, Paris, 1.-3.6.1994)

- Urheberpersönlichkeitsrechte im Rechtssystem des Common Law, GRUR Int. 1991, S. 593-605

Ginsburg, Jane C.; *Sirinelli,* Pierre: Les difficultés rencontrées lors de l'élaboration d'une oeuvre multimédia. Analyse des droits français et américain, JCP 1996, doctrine, S. 65-70

Goebel, Roger J.: The Interplay Between Intellectual Property Rights and Free Movement of Goods in the European Community, 4 Fordham Intellectual Property, Media & Entertainment Law Journal 1993/94, S. 125-130

Goldstein, Paul: Copyright in the New Information Age, 121 UFITA 1993, S. 5-13

- Was ist Copyright?, GRUR Int. 1991, S. 767-774

Goll, Ulrich; *Kenntner,* Markus: Brauchen wir in Europäisches Kompetenzgericht? - Vorschläge zur Sicherung der mitgliedstaatlichen Zuständigkeiten, EuZW 2002, S. 101-106

Gordon, Sean E.: The Very Idea! Why Copyright Law is an Inappropriate Way to Protect Computer Programs, 20 EIPR 1998, S. 10-13

Götting, Horst-Peter: Persönlichkeitsrechte als Vermögensrechte. - Tübingen: Mohr, 1995 (Jus Privatum; Bd. 7). Zugl.: München, Univ., Habil-Schr., 1993

Gotzen, Frank: Artistieke eigendom en mededingsregels van de Europese Economische Gemeenschap. - Leuven, Diss., 1971 (zit.: *Gotzen,* Artistieke eigendom)

- Harmonisation of Copyright in the European Union. In: WIPO: Kongreßbericht "WIPO Worldwide Symposium on the Future of Copyright and Neighboring Rights, Paris, 1.-3.6.94. - Genf: WIPO 1994 (WIPO Publication Nr. 731 (E)); S. 239-257 (zit.: *Gotzen,* WIPO-Symposium, Paris, 1.-3.6.94)

- Het bestemmingsrecht van de auteur. - Brüssel: Larcier, 1975 (zit.: *Gotzen,* Bestemmingsrecht)

Gourdin-Lamblin, Anne-Sophie: La lutte contre la contrefaçon en droit communautaire, RMCUE 1996, S. 40-50

Grabitz, Eberhard: Über die Verfassung des Binnenmarktes. In: *Baur*, Jürgen F.; *Hopt*, Klaus J.; *Mailänder*, K. Peter (Hrsg.): Festschrift für Ernst Steindorff zum 70. Geburtstag am 13. März 1990. - Berlin: de Gruyter, 1990; S. 1229-1245 (zit.: *Grabitz*, Festschrift für *Steindorff*)

Grabitz, Eberhard; *Hilf,* Meinhard (Hrsg.): Das Recht der Europäischen Union. - München: Beck, Stand: August 2002 (zit.: *Bearbeiter*, in: *Grabitz/Hilf*)

Graefe, Thomas: Marken und Internet, Markenartikel 1996, S. 100-103

Grimm, Rüdiger: Kryptoverfahren und Zertifizierungsinstanzen, DuD 1996, S. 27-36

Groeben, Hans von der; *Thiesing*, Jochen; *Ehlermann*, Claus-Dieter (Hrsg.): Kommentar zum EU-/EG-Vertrag. - 5. neu bearb. Aufl. - Baden-Baden: Nomos Verlagsgesellschaft, 1999 (zit.: *Bearbeiter*, in: *von der Groeben/Thiesing/Ehlermann*, EU-/EG-Vertrag)

Große-Hüttmann, Martin: Das Subsidiaritätsprinzip in der EU - eine Dokumentation mit einer Einführung zum Bedeutungsgehalt und zur Rezeption dieses Prinzips. Tübingen: Europäisches Zentrum für Föderalismus-Forschung, 1996 (zit.: *Große-Hüttmann*, Subsidiaritätsprinzip in der EU)

Groves, Peter J.: Diplomatic conference considers changes to international copyright law, Stud. L. Rev. 1997, S. 39-43

- Protection of databases: the proposed EC directive, Stud. L. Rev. 1996, S. 43-45

Grundmann, Stefan: EG-Richtlinie und nationales Privatrecht, JZ 1996, S. 274-287

Günther, Andreas: Europäische Entwicklungen, CR 1995, S. 253-254

- „Look and feel" in den USA - Ein „Update" zu Apple v. Microsoft und Lotus v. Borland, CR 1995, S. 641-645

Haas, Marie-Emmanuelle: Die Klage wegen Verletzung des Urheberrechts an Computerprogrammen nach französischem Recht: Streitgegenstand und Beweislast, GRUR Int. 1996, S. 20-31

Haberstumpf, Helmut: Urheberrechtlich geschützte Werke und verwandte Schutzrechte. In: *Beier,* Friedrich-Karl; *Kraft,* Alfons; *Schricker,* Gerhard; *Wadle,* Elmar (Hrsg.): Gewerblicher Rechtsschutz und Urheberrecht in Deutschland: Festschrift zum 100jährigen Bestehen der Deutschen Vereinigung für Gewerblichen Rechtsschutz und Urheberrecht und ihrer Zeitschrift. - Weinheim: VCH, Bd. II, 1991; S. 1125-1174 (zit.: *Haberstumpf,* GRUR-Festschrift)

Haedicke, Maximilian: Urheberrecht als Investitionsschutz? Das Urheberrecht im geplanten multilateralen Investitionsabkommen (MAI-Abkommen), GRUR Int. 1998, S. 631-636

Hahn, Norbert: Urheberrecht soll im Internet gelten. Für Industrie und Verlage geht es um 60 Milliarden DM - Erste Reform seit 35 Jahren, Berliner Morgenpost vom 3.12.96, S. 25

Halbert, Martin: Copyright, Digital Media, and Libraries, The Public-Access Computer Systems Review 2, no. 1/1991, S. 164-170

Hamilton, Marci A.: The TRIPS Agreement: Imperialistic, Outdated, and Overprotective, 29 Vand. J. Transnat'l L. 1996, S. 613-634

Handa, Sunny; *Buchan,* James: Copyright as It Applies to the Protection of Computer Programs in Canada, 26 IIC 1995, 48-75 und 26 IIC 1995, S. 527-534

Haneke, Burkhard: Mit Pics gegen Porno, Rheinischer Merkur Nr. 21 vom 24.5.1996, S. 30

Hansen, Hugh C.: International Copyright: An Unorthodox Analysis, 29 Vand. J. Transnat'l L. 1996, S. 579-593

Happe, Claus-Michael: Überlegungen zur Rolle von Art. 100b EWGV im System der Warenverkehrsfreiheit des EWGV. In: *Coen,* Martin; *Hölscheidt,* Sven; *Pieper,* Stefan Ulrich: Europa '93 - Auf dem Weg zur Europäischen Union - Festschrift für Prof. Dr. Dr. Alfred Bleckmann zum 60. Geburtstag. - Herne, Berlin: Verlag Neue Wirtschafts-Briefe, 1993; S. 119-139 (zit.: *Happe,* Festschrift für *Bleckmann*)

Hardy, I. Trotter: Project Looking Forward. Sketching the Future of Copyright in a Networked World. Final Report Prepared for the U.S. Copyright Office, May 1998 (zit.: *Hardy,* Project Looking Forward)

Harrison, Virginia: Subsidiarity in Article 3b of the EC-Treaty - gobble-degook or justiciable principle?, International and comparative law quarterly 1996, S. 431-439

Hart, Michael: The Copyright in the Information Society Directive: An Overview, 24 EIPR 2002, S. 58-64

- The Proposed Directive for Copyright in the Information Society: Nice Rights, Shame about the Exceptions, 20 EIPR 1998, S. 169-171

Hayder, Roberto: Neue Wege der europäischen Rechtsangleichung? Die Auswirkungen der Einheitlichen Europäischen Akte von 1986, 53 RabelsZ 1989, S. 622-698

Heath, Christopher: Multimedia und Urheberrecht in Japan, GRUR Int. 1995, S. 843-852

Heath, Christopher; *Stögmüller,* Thomas: ATRIP-Tagung vom 19. bis 21. Juli 1995 in Seattle, GRUR Int. 1995, S. 962-965

Heide, Thomas: The Berne Three-step Test and the Proposed Copyright Directive, 21 EIPR 1999, S. 105-109

Heinrich, Michael: Der rechtliche Schutz von Datenbanken, WRP 1997, S. 275-283

Heinz, Karl Eckhart: Die europäische Richtlinie über den rechtlichen Schutz von Datenbanken in verfassungsrechtlicher und rechtstheoretischer Sicht, GRUR 1996, S. 455-460

Heker, Harald G.: Im Spannungsfeld von Urheberrecht und Wettbewerbsrecht - Der Verleger im elektronischen Zeitalter, ZUM 1995, S. 97-103

- Rechtsfragen der elektronischen Textkommunikation, ZUM 1993, S. 400-407

Helle, Jürgen: Wirtschaftliche Aspekte zivilrechtlichen Persönlichkeitsschutzes, 60 RabelsZ 1996, S. 448-474

Henry, Michael: Multimedia - Mythology, Metaphor and Reality, Ent. L. Rev. 1995, S. 79-82

Herberger, Maximilian: Internet-Kontrolle - à la française, jur-pc 1996, S. 295

Herter, Stefan: Geistiges Eigentum und gesetzliche Lizenz - eine gesetzliche Lizenz für die Kabelweitersendung ausländischer Fernsehprogramme aus zivilrechtlicher, eigentumsrechtlicher und europarechtlicher Sicht. - Bad Homburg, 1990. Zugl.: Mainz, Univ., Diss., 1990 (zit.: *Herter,* Geistiges Eigentum und gesetzliche Lizenz)

Hilf, Meinhard: Europäische Union und nationale Identität der Mitgliedstaaten. In: *Randelzhofer,* Albrecht; *Scholz,* Rupert; *Wilke,* Rainer (Hrsg.): Gedächtnisschrift für Eberhard Grabitz. - München: Beck, 1995; S. 157-170 (zit.: *Hilf,* Gedächtnisschrift für *Grabitz*)

- Subsidiarität als Verfassungsgrundsatz der Europäischen Union. In: Subsidiarität als Verfassungsgrundsatz der Europäischen Union, 1995=VersR 46, Sonderheft, S. 7-14

Hilf, Meinhard; *Frahm,* Katharina: Nichtigerklärung der Richtlinie zum Tabakwerbeverbot: Das letzte Wort? - Besprechung des EuGH-Urteils vom 5.10.2000 - Rs. C-376/98, RIW 2000, 951 -, RIW 2001, S. 128-133

Hilf, Meinhard; *Pache,* Eckhard: Der Vertrag von Amsterdam, NJW 1998, S. 705-713

Hillig, Hans-Peter: Das Vierte Gesetz zur Änderung des Urheberrechtsgesetzes, 138 UFITA 1999, S. 5-28

Hirsch Ballin, Ernst D.: Verwandte Schutzrechte, 18 UFITA 1954, S. 310-328

Hodik, Kurt H.: Leistungsschutzrechte zwischen geistigem und gewerblichem Eigentum, ZUM 1989, S. 65

Hoeren, Thomas: Das Problem des Multimediaentwicklers: der Schutz vorbestehender Werke. In: *Lehmann,* Michael (Hrsg.): Internet- und Multimediarecht (Cyberlaw). - Stuttgart: Schäffer-Poeschel, 1997 (Handelsblatt-Reihe); S. 81-94 (zit.: *Hoeren,* Schutz vorbestehender Werke, in: Cyberlaw)

- Die Reichweite gesetzlicher Schranken und Lizenzen. In: *Lehmann,* Michael (Hrsg.): Internet- und Multimediarecht (Cyberlaw). - Stuttgart: Schäffer-Poeschel, 1997 (Handelsblatt-Reihe); S. 95-109 (zit.: *Hoeren,* Reichweite gesetzlicher Schranken, in: Cyberlaw)

- Entwurf einer EU-Richtlinie zum Urheberrecht in der Informationsgesellschaft - Überlegungen zum Zwischenstand der Diskussion, MMR 2000, S. 515-521

- Internet und Recht - Neue Paradigmen des Informationsrechts, NJW 1998, S. 2849-2854

- Multimedia = Multilegia. Die immaterialgüterrechtliche Stellung des Multimediaherstellers, CR 1994, S. 390-395

- Multimedia - Eine Herausforderung für das Urheber- und Wettbewerbsrecht. In: *Heymann*, Thomas (Hrsg.): Informationsmarkt und Informationsschutz in Europa - Rechtliche Fragen - Europäische Harmonisierung.- Köln: O. Schmidt Verlag, 1995 (Schriftenreihe "Informatik und Recht" der Deutschen Gesellschaft für Recht und Informatik; Bd. 4); S. 17-58 (zit.: *Hoeren*, Herausforderung für das Urheber- und Wettbewerbsrecht)

- Rechtsoasen im Internet - Eine erste Einführung, MMR 1998, S. 297-298

- The Green Paper on Copyright and Related Rights in the Information Society, 17 EIPR 1995, S. 511-514

- Urheberrecht in der Informationsgesellschaft - Überlegungen zu einem Rechtsgutachten von Gerhard Schricker et al., GRUR 1997, S. 866-875

- Vorschlag für eine EU-Richtlinie über E-Commerce - Eine erste kritische Analyse, MMR 1999, S. 192-199

Holmes, Stephen: In-Depth Comment - Europe: The New Draft Directive on Copyright and related rights in the Information Society, 77 Copyright World 1998, S. 11-12

Holznagel, Bernd; *Holznagel*, Ina: Zukunft der Verhaltensregeln für Internet-Provider - Zugleich: Eine Kritik des Electronic-Commerce-Richtlinienentwurfs vom 18.11.1998, K&R 1999, S. 103-106

Hübner, Ulrich: „Europäisierung des Privatrechts". In: *Hübner*, Ulrich; *Ebke*, Werner F. (Hrsg.): Festschrift für Bernhard Großfeld zum 65. Geburtstag. - Heidelberg: Verlag Recht und Wirtschaft, 1999; S. 471-483 (zit.: *Hübner*, Festschrift für *Großfeld*)

Hugenholtz, P. Bernt: Caching and Copyright: The Right of Temporary Copying, 22 EIPR 2000, S. 482-492

- De Datenbankrichtlijn eindelijk aanvaard: een zeer kritisch commentaar, computerrecht 1996, S. 131-138

- Why the Copyright Directive is Unimportant, and Possibly Invalid, 22 EIPR 2000, S. 499-505

Huhn, Michaele; *Pfitzmann*, Andreas: Technische Randbedingungen jeder Kryptoregulierung, DuD 1996, S. 23-26

Hummel, Marlies: Das Folgerecht der bildenden Künstler. - ifo studien zu kultur und wirtschaft 14, München, 1995 (zit.: *Hummel*, Folgerecht)

- The economic importance of copyright, UNESCO Copyright Bull. 3/1990, 14-22

Hunter, Karen A.: Software, Electronic Databases and Copyright: An American Perspective. In: *International Publishers Association; Börsenverein des Deutschen Buchhandels e.V.:* Internationales Urheberrecht-Symposium: Heidelberg, 24.-25. April 1986. - München: Schweitzer, 1986 (Schriften zum gewerblichen Rechtsschutz, Urheberrecht und Medienrecht (SGRUM); Bd. 15); S. 162-174 (zit.: *Hunter*, SGRUM Bd. 15)

Ipsen, Hans Peter: Der „Kulturbereich" im Zugriff der Europäischen Gemeinschaft. In: *Fiedler*, Wilfried; *Ress*, Georg: Verfassungsrecht und Völkerrecht - Gedächtnisschrift für Wilhelm Karl Geck. - Köln; Berlin; Bonn; München: Heymanns, 1989; S. 339-354 (zit.: *Ipsen*, Gedächtnisschrift für *Geck*)

- „Schlechthin konstituierend für die freiheitlich-demokratische Grundordnung" - Zum Gedächtnis an Ernst-Werner Fuß † 13. April 1982, EuR 1982, S. 205-212

Jaccard, Michel A.: Securing Copyright In Transnational Cyberspace: The Case For Contracting With Potential Infringers, 35 Colum. J. Transnat'l L. 1997, S. 619-662

Jacobs, Rainer: Der neue urheberrechtliche Vermietbegriff, GRUR 1998, S. 246-251

Jaeger, Andrea: Neue Entwicklungen im Kommunikationsrecht - Juristische Probleme der Datenautobahn, NJW 1995, S. 3273-3278

Jansen, Maria: Wer bezahlt digitale Kopien? - Gegen die geplante EU-Richtlinie laufen Lobbyisten Sturm, Der Tagesspiegel Nr. 16 187 vom 10.12.1997, S. 30

Jaszi, Peter: Authorship and New Technology from the Viewpoint of Common Law Traditions. In: WIPO: Kongreßbericht "WIPO Worldwide Symposium on the Future of Copyright and Neighboring Rights, Paris, 1.-3.6.94. - Genf: WIPO 1994 (WIPO Publication Nr. 731 (E)); S. 61-68 (zit.: *Jaszi*, WIPO-Symposium, Paris, 1.-3.6.94)

Jickeli, Joachim: Der Binnenmarkt im Schatten des Subsidiaritätsprinzips - Erste Weichenstellungen in der Rechtsprechung, JZ 1995, S. 57-64

Johannes, Hartmut: Gewerblicher Rechtsschutz und Urheberrecht im Europäischen Gemeinschaftsrecht. - Heidelberg: Verlagsgesellschaft Recht und Wirtschaft, 1973 (Schriftenreihe Recht der internationalen Wirtschaft; Heft 9) (zit.: *Johannes*, Gewerblicher Rechtsschutz und Urheberrecht)

Julià-Barceló, Rosa: Liability For On-line Intermediaries - A European Perspective, 20 EIPR 1998, S. 453-463

Jung, Christian H. A.: Subsidiarität im Recht der Wettbewerbsbeschränkungen. - Die Aktionsmöglichkeiten nationaler Kartellbehörden in der Europäischen Union. Heidelberg: C.F. Müller Verlag, 1995 (Augsburger Rechtsstudien; Bd. 23). Zugl.: Augsburg, Univ., Diss., 1994 (zit.: *Jung*, Subsidiarität)

Kapnopoulou, Elizabeth N.: Die Originalität von Computerprogrammen im europäischen und griechischen Urheberrecht: Die Richtlinie 91/250/EWG und das Gesetz Nr. 2121/1993, jur-pc 1995, S. 3223-3234

Kasten, Jürgen: Das Werk verdampft im Daten-Dschungel. Autorschaft und Urheberrecht im digitalen Zeitalter, Neue Züricher Zeitung Nr. 126 vom 2.6.1995, S. 39

Katsh, M. Ethan: Cybertime, Cyberspace and Cyberlaw, 1995 J. ONLINE L., art. 1

Katzenberger, Paul: Copyright Law and Data Banks, 21 IIC 1990, S. 310-326

- Dritte Arbeitssitzung: „Inhaber des Urheberrechts". In: *Schricker*, Gerhard; *Bastian*, Eva-Marina; *Dietz*, Adolf (Hrsg.): Konturen eines europäischen Urheberrechts - 8. Ringberg-Symposium des Max-Planck-Instituts für ausländisches und internationales Patent-, Urheber- und Wettbewerbsrecht - 25. bis 30. September 1994 Schloß Ringberg, Tegernsee - 1. Aufl. - Baden-Baden: Nomos Verlagsgesellschaft, 1996; S. 42-48 (zit.: *Katzenberger*, 8. Ringberg-Symposium, 3. Arbeitssitzung)

- Harmonisierung des Folgerechts in Europa, GRUR Int. 1997, S. 309-315

- TRIPS und das Urheberrecht, GRUR Int. 1995, S. 447-468

- Urheberrechtsverträge im Internationalen Privatrecht und Konventionsrecht. In: *Beier*, Friedrich-Karl; *Götting*, Horst-Peter; *Lehmann*, Michael; *Moufang*, Rainer (Hrsg.): Urhebervertragsrecht. Festgabe für Gerhard Schricker zum 60. Geburtstag. - München: Beck, 1995; S. 225-259 (zit.: *Katzenberger*, Festgabe für *Schricker*)

- Urheberrecht und Datenbanken, GRUR 1990, S. 94-100
- Urheberrecht und UFO-Technik - Bewährung des Urheberrechts im Zeichen der digitalen Revolution. In: *Straus*, Joseph (Hrsg.): Aktuelle Herausforderungen des geistigen Eigentums. Festgabe von Freunden und Mitarbeitern für Friedrich-Karl Beier zum 70. Geburtstag. - Köln; Berlin; Bonn; München: Heymanns, 1996; S. 379-386 (zit.: *Katzenberger*, Festgabe für *Beier*)
- Zweite Arbeitssitzung: „Rechte des Urhebers". In: *Schricker*, Gerhard; *Bastian*, Eva-Marina; *Dietz*, Adolf (Hrsg.): Konturen eines europäischen Urheberrechts - 8. Ringberg-Symposium des Max-Planck-Instituts für ausländisches und internationales Patent-, Urheber- und Wettbewerbsrecht - 25. bis 30. September 1994 Schloß Ringberg, Tegernsee - 1. Aufl. - Baden-Baden: Nomos Verlagsgesellschaft, 1996; S. 26-41 (zit.: *Katzenberger*, 8. Ringberg-Symposium, 2. Arbeitssitzung)

Kelleher, Denis: Shareware Licences for Software, 20 EIPR 1998, S. 140-142

Kellerhals, Miriam: Die europäischen Wurzeln des Droit Moral, GRUR Int. 2001, S. 438-446

Kenntner, Markus: Das Subsidiaritätsprotokoll des Amsterdamer Vertrags, NJW 1998, S. 2871-2875

King, Rufus C.: The „Moral Right" of Creators of Intellectual Property, 9 Cardozo Arts & Ent. L.J. 1990/91, S. 267-301

Kischel, Uwe: Die Kontrolle der Verhältnismäßigkeit durch den Europäischen Gerichtshof, EuR 2000, S. 380-402

Kitagawa, Zentaro: Copymart: A Proposal for a Copyright Market Based on Contract, 132 UFITA 1997, S. 77-91

- Copyright Clearance or Copy Sale? A Thought on the Problem of "Mass Right", 117 UFITA 1991, S. 57-69

Knothe, Matthias: Konvergenz und Medien aus nationaler Sicht, K&R 1998, S. 95-99

Koch, Frank A.: Software-Urheberrechtsschutz für Multimedia-Anwendungen, GRUR 1995, S. 459-469

Köhler, Claus; *Burmeister,* Kai: Copyright Liability on the Internet Today in Europe (Germany, France, Italy and the E.U.), 21 EIPR 1999, S. 485-499

Köhntopp, Kristian; *Köhntopp*, Marit; *Seeger*, Martin: Sperrungen im Internet - Eine systematische Aufarbeitung der Zensurdiskussion: technische Hintergründe, K&R 1998, S. 25-32

Konow, Gerhard: Zum Subsidiaritätsprinzip des Vertrags von Maastricht, DÖV 1993, S. 405-412

Köster, Oliver; *Nitschke*, Hartmut: EU-Grünbuch zur Konvergenz: OFTEL-Stellungnahme, MMR 1998, S. 400-403

Kreile, Johannes; *Rahn*, Stephanie G.: Das Ende der Tabakwerbung in Deutschland und Europa? - Zum Inhalt und zur Rechtmäßigkeit der neuen EG-Richtlinie betreffend das Verbot der Werbung für und des Sponsoring von Tabakerzeugnissen, ZUM 1998, S. 820-833

Kreile, Johannes; *Westphal*, Dietrich: Multimedia und das Filmbearbeitungsrecht, GRUR 1996, S. 254-259

Kreile, Reinhold: Bericht über die WIPO-Sitzungen zum möglichen Protokoll zur Berner Konvention und zum „Neuen Instrument" im Dezember 1994, ZUM 1995, S. 307-315

- Bericht über die WIPO-Sitzungen zum möglichen Protokoll zur Berner Konvention und zum „Neuen Instrument" im September 1995, ZUM 1995, S. 815-824

- Der Stand der Harmonisierung des Urheberrechts in der Europäischen Union. In: *Adrian*, Johann; *Nordemann*, Wilhelm; *Wandtke*, Artur-Axel (Hrsg.): Josef Kohler und der Schutz des geistigen Eigentums in Europa. - Berlin: Berlin Verl. Spitz, 1996 (Berliner Hochschulschriften zum gewerblichen Rechtsschutz und Urheberrecht; Bd. 24); S. 87-99 (zit.: *Kreile*, Harmonisierung des Urheberrechts in der EU)

- Die Lizenzierung musikalischer Urheberrechte für den Satellitenrundfunk vor dem Hintergrund der Harmonisierungspläne der EG-Kommission auf dem Gebiet des Urheberrechtsschutzes. In: *Everling*, Ulrich (Hrsg.): Europarecht, Kartellrecht, Wirtschaftsrecht: Festschrift für Arved Deringer. - 1. Aufl. - Baden-Baden: Nomos Verlagsgesellschaft, 1993; S. 536-565 (zit.: *Kreile*, Festschrift für *Deringer*)

- Rechtedurchsetzung und Rechteverwaltung durch Verwertungsgesellschaften in der Informationsgesellschaft. In: *Rehbinder,* Manfred; *Schaefer,* Martin; *Zombik,* Peter (Hrsg.): Aktuelle Rechtsprobleme des Urheber- und Leistungsschutzes sowie der Rechtewahrnehmung - Festschrift für Norbert Thurow. - 1. Aufl. - Baden-Baden: Nomos Verlagsgesellschaft, 1999 (Schriftenreihe des Archivs für Urheber-, Film-, Funk- und Theaterrechts (UFITA); Bd. 163); S. 41-51 (zit.: *Kreile,* Festschrift für *Thurow*)

Kreile, Reinhold; *Becker,* Jürgen: Multimedia und die Praxis der Lizenzierung von Urheberrechten, GRUR Int. 1996, S. 677-692

- Neuordnung des Urheberrechts in der Europäischen Union, GRUR Int. 1994, S. 901-911

- Stand der Harmonisierungsbemühungen der EG auf dem Gebiet des Urheberrechts am Vorabend des Europäischen Binnenmarkts, ZUM 1992, S. 581-594

Kreiss, Robert A.: Accessibility and Commercialization in Copyright Theory, 43 U.C.L.A. L. Rev. 1995, S. 1-76

Kretschmer, Friedrich: EG-Grünbuch: Urheberrecht und verwandte Schutzrechte in der Informationsgesellschaft, GRUR 1995, S. 661-662

- Neues EG-Grünbuch zum Urheberrecht in der Informationsgesellschaft, GRUR 1997, S. 199-200

Krevelen, Laurens van: The Information Society and the Right of the Publisher. In: *International Publishers Association; Börsenverein des Deutschen Buchhandels e.V.:* Internationales Urheberrecht-Symposium: Heidelberg, 24.- 25. April 1986. - München: Schweitzer, 1986 (Schriften zum gewerblichen Rechtsschutz, Urheberrecht und Medienrecht (SGRUM); Bd. 15); S. 97-109 (zit.: *van Krevelen,* SGRUM Bd. 15)

Kröger, Detlef: Die Urheberrechtsrichtlinie für die Informationsgesellschaft - Bestandsaufnahme und kritische Bewertung, CR 2001, S. 316-324

- Informationsfreiheit und Urheberrecht. - München: Beck, 2002 (Schriftenreihe Information und Recht Bd. 26)

Kuner, Christopher: Internationale Zuständigkeitskonflikte im Internet, CR 1996, S. 453-458

- Legal Aspects of Encryption in the Internet, Int'l Bus. Law. 1996, S. 186-190

- Rechtliche Aspekte der Datenverschlüsselung im Internet, NJW-CoR 1995, S. 413-420

Kurtz, Leslie A.: Copyright and the National Information Infrastructure in the United States, 18 EIPR 1996, S. 120-126

Laddie, The Hon. Justice: Copyright: Over-strength, Over-regulated, Over-rated?, 18 EIPR 1996, S. 253-260

Lai, Stanley: Digital Copyright and Watermarking, 21 EIPR 1999, S. 171-175

Landfermann, Hans-Georg: Der Richtlinienvorschlag „Elektronischer Geschäftsverkehr" - Ziele und Probleme, ZUM 1999, S. 795-814

Lange, David: At Play in the Fields of the Word: Copyright and the Construction of Authorship in the Post-Literate Millennium, 55.2 L. & Contemp. Probs 1992, S. 139-147

Langer, Stefan: Subsidiarität und Anerkennungsprinzip - Zur Operationalisierung des Subsidiaritätsprinzips im europäischen Gemeinschaftsrecht, ZG 1993, S. 193-211

Lausen, Matthias: Das Urheberpersönlichkeitsrecht vor dem Hintergrund der Harmonisierungspläne der EG-Kommission. Diskussionsbericht der gleichlautenden Arbeitssitzung des Instituts für Urheber- und Medienrecht am 23. April 1993, ZUM 1993, S. 359-362

Lea, Gary: In Defence of Originality, Ent. L. Rev. 1996, S. 21-26

Lecheler, Helmut: Das Subsidiaritätsprinzip - Strukturprinzip einer europäischen Union. - Berlin: Duncker & Humblot, 1993 (Soziale Orientierung; Bd. 8) (zit.: *Lecheler*, Subsidiaritätsprinzip)

Lehmann, Beat: Schutz und Nutzung von Datenbanken, Neue Züricher Zeitung Nr. 150 vom 1.7.1996, S. 16

Lehmann, Michael: Die neue Datenbankrichtlinie und Multimedia, NJW-CoR 1996, S. 249-251

- Digitalisierung und Urheberrecht. In: *Lehmann*, Michael (Hrsg.): Internet- und Multimediarecht (Cyberlaw). - Stuttgart: Schäffer-Poeschel, 1997 (Handelsblatt-Reihe), S. 25-34 (zit.: *Lehmann*, Digitalisierung und Urheberrecht, in: Cyberlaw)

- Digitalisierung und Urhebervertragsrecht. In: *Lehmann*, Michael (Hrsg.): Internet- und Multimediarecht (Cyberlaw). - Stuttgart: Schäffer-Poeschel, 1997 (Handelsblatt-Reihe); S. 57-65 (zit.: *Lehmann*, Digitalisierung und Urhebervertragsrecht, in: Cyberlaw)

- Property and Intellectual Property - Property Rights as Restrictions on Competition in Furtherance of Competition, 20 IIC 1989, S. 1-15

- Rechtsgeschäfte und Verantwortlichkeit im Netz - Der Richtlinienvorschlag der EU-Kommission, ZUM 1999, S. 180-184

- Theory of Property Rights and Copyright Protection of Computer Programs in Europe, 2 Int'l J of L+InfoTech 1994, S. 86-97

- The Theory of Property Rights and the Protection of Intellectual and Industrial Property, 16 IIC 1985, S. 525-540

- TRIPs, The Berne Convention and Legal Hybrids, 94 Colum L. Rev. 1994, S. 2621-2629

Leistner, Matthias: Der neue Rechtsschutz des Datenbankherstellers - Überlegungen zu Anwendungsbereich, Schutzvoraussetzungen, Schutzumfang sowie zur zeitlichen Dauer des Datenbankherstellerrechts gemäß §§ 87a ff. UrhG, GRUR Int. 1999, S. 819-839

- Verwandte Schutzrechte im europäischen Urheberrecht: Eine Untersuchung am Beispiel des Datenbankherstellerschutzes. In: *Ganea*, Peter; *Heath*, Christopher; *Schricker*, Gerhard (Hrsg.): Urheberrecht gestern - heute - morgen: Festschrift für Adolf Dietz zum 65. Geburtstag. München: Beck, 2001; S. 493-515 (zit.: *Leistner*, Festschrift für *Dietz*)

Lejeune, Mathias: UCITA - Vertragsrecht für „geistiges Eigentum" im E-Commerce-Zeitalter, CR 2000, S. 201-204

- US-amerikanisches Vertragsrecht zur Lizenzierung „geistigen Eigentums" - Anmerkungen zum Entwurf des Art. 2B Uniform Commercial Code (UCC), K&R 1999, S. 210-217

Lemley, Mark A.: Shrinkwraps in Cyberspace, 35 Jurimetrics J. 1995, S. 311-323

Lenaerts, Koen; *Ypersele,* Patrick van: Le principe de subsidiarité et son contexte: étude de l'article 3B du traité CE, Cah. Dr. Eur. 1994, S. 3-83

Leutheusser-Schnarrenberger, Sabine: Die Bundesregierung setzt sich dafür ein, „dass die ausschließlichen Verwertungsrechte der Urheber im Zeitalter der digitalen Technologie klargestellt und bekräftigt werden", ZUM 1995, S. 115-117

- Urheberrecht am Scheideweg? Von der politischen Verantwortung für Urheber, ZUM 1996, S. 631-636

Lewinski, Silke von: A Successful Step towards Copyright and Related Rights in the Information Age: The E.C. Proposal for a Harmonisation Directive, 20 EIPR 1998, S. 135-139

- Das europäische Grünbuch über das Urheberrecht und neue Technologien, GRUR Int. 1995, S. 831-837

- Das Weißbuch der USA zum geistigen Eigentum und zur „National Information Infrastructure", GRUR Int. 1995, S. 858-860

- Der EG-Richtlinienvorschlag zum Urheberrecht und zu verwandten Schutzrechten in der Informationsgesellschaft, GRUR Int. 1998, S. 637-642

- Der kanadische Bericht des „Copyright Subcommittee" über Urheberrecht und die Datenautobahn, GRUR Int. 1995, S. 851-854

- Die Diplomatische Konferenz der WIPO 2000 zum Schutz der audiovisuellen Darbietungen, GRUR Int. 2001, S. 529-541

- Die Multimedia-Richtlinie - Der EG-Richtlinienvorschlag zum Urheberrecht in der Informationsgesellschaft, MMR 1998, S. 115-119

- Die Umsetzung der Richtlinie zum Vermiet- und Verleihrecht, ZUM 1995, S. 442-450

- Vierte Arbeitssitzung: „Vertragsrecht". In: *Schricker,* Gerhard; *Bastian,* Eva-Marina; *Dietz,* Adolf (Hrsg.): Konturen eines europäischen Urheberrechts - 8. Ringberg-Symposium des Max-Planck-Instituts für ausländisches und internationales Patent-, Urheber- und Wettbewerbsrecht - 25. bis 30. September 1994 Schloß Ringberg, Tegernsee. - 1. Aufl. - Baden-Baden: Nomos Verlagsgesellschaft, 1996; S. 49-57 (zit.: *von Lewinski,* 8. Ringberg-Symposium)

- WIPO Diplomatic Conference Results in Two New Treaties, 28 IIC 1997, S. 203-208

Lewinski, Silke von; *Gaster,* Jens-L.: Die Diplomatische Konferenz der WIPO 1996 zum Urheberrecht und zu verwandten Schutzrechten, ZUM 1997, S. 607-625

Linnenborn, Oliver: Urheberrecht goes Europe! - Der EU-Richtlinienvorschlag zum Urheberrecht und den verwandten Schutzrechten im Lichte digitaler Technologien und des E-Commerce, K&R 1999, S. 201-210

- Europäisches Urheberrecht in der Informationsgesellschaft, K&R 2001, S. 394-402

Litman, Jessica: The exclusive right to read, 13 Cardozo Arts & Ent. L.J. 1994/95, S. 29-54

Loewenheim, Ulrich: Der Schutz der kleinen Münze im Urheberrecht, GRUR 1987, S. 761-769

- Die urheber- und wettbewerbsrechtliche Beurteilung der Herstellung und Verbreitung kommerzieller elektronischer Pressespiegel, GRUR 1996, S. 636-643

- Gemeinschaftsrechtliches Diskriminierungsverbot und nationales Urheberrecht, NJW 1994, S. 1046-1048

- Harmonisierung des Urheberrechts in Europa, GRUR Int. 1997, S. 285-292

- Multimedia and the European Copyright Law, 27 IIC 1996, S. 41-52

- Urheberrechtliche Probleme bei Multimediaanwendungen, GRUR 1996, S. 830-836

- Urheberrechtliche Probleme bei Multimedia-Anwendungen. In: *Erdmann,* Willi; *Gloy,* Wolfgang; *Herber,* Rolf: Festschrift für Henning Piper zum 65. Geburtstag. - München: Beck, 1996; S. 709-724 (zit.: *Loewenheim,* Festschrift für *Piper*)

Lopez-Tarruella, Aurelio: A European Community Regulatory Framework For Electronic Commerce, 38 CMLRev 2001, S. 1337-1384

Lucas, André: Copyright and Related Rights in the Information Society: a Need for Continuity, a Need for Change?. In: European Commission (DG XV) in cooperation with the Italian Authorities: Copyright and Related Rights on the Threshold of the 21st Century. International Conference. Proceedings; Firenze, Italy - June 2, 3, 4, 1996; S. 30-39 (zit.: *Lucas,* Konferenz der Generaldirektion XV der Europäischen Kommission „Urheberrecht und verwandte Schutzrechte an der Schwelle zum 21. Jahrhundert" in Florenz (2.-4.6.96), Protokoll)

- Droit d'auteur et multimédia. In: *Françon,* André: Propriétés intellectuelles. Mélanges en l'honneur de André Françon. - Paris: Dalloz, 1995; S. 325-335 (zit.: *Lucas,* Festschrift für *Françon*)

Lucas-Schloetter, Agnès: Pour un exercice équilibré du droit moral ou le droit moral et la balance des intérêts. In: *Ganea,* Peter; *Heath,* Christopher; *Schricker,* Gerhard (Hrsg.): Urheberrecht gestern - heute - morgen: Festschrift für Adolf Dietz zum 65. Geburtstag. München: Beck, 2001; S. 128-142 (zit.: *Lucas-Schloetter,* Festschrift für *Dietz*)

Lutz, Martin: Das Vierte Gesetz zur Änderung des Urheberrechtsgesetzes, ZUM 1998, S. 622-627

Macfarlane, Nicholas; *Wardle,* Clare; *Wilkinson,* John: The Tension Between National Intellectual Property Rights and Certain Provisions of EC Law, 16 EIPR 1994, S. 525-530

Maennel, Frithjof A.: Elektronischer Geschäftsverkehr ohne Grenzen - der Richtlinienvorschlag der Europäischen Kommission, MMR 1999, S. 187-192

Mäger, Stefan: Der Schutz des Urhebers im internationalen Vertragsrecht - Zur Anknüpfung zwingenden deutschen Urheberrechts. - Berlin: Berlin Verl. A. Spitz, 1995 (Berliner Hochschulschriften zum gewerblichen Rechtsschutz und Urheberrecht; Bd. 25). Zugl.: Berlin, Humboldt-Univ., Diss., 1995 (zit.: *Mäger,* Schutz des Urhebers im internationalen Vertragsrecht)

Maier, Paul-Alexandre: Droit d'auteur et droits voisins. JOLY COMMUNAUTAIRE 1997-3, Oktober 1997 (zit.: *Maier,* Droit d'auteur, 1997)

Mallam, Paul: Copyright and the Information Superhighway: Some Future Challenges, Ent. L. Rev. 1995, S. 234-237

Mallet-Poujol, Nathalie: La directive concernant la protection juridique des bases de données, la gageure de la protection privative, Droit de l'informatique et des télécoms 1996/1, S. 6-16

Mankowski, Peter: Wider ein transatlantisches Cyberlaw - Oder: Von der fortbestehenden Bedeutung des Internationalen Privatrechts bei Internet-Sachverhalten, AfP 1999, S. 138-143

Marly, Jochen: Rechtsschutz für technische Schutzmechanismen geistiger Leistungen, K&R 1999, S. 106-112

- Urheberrechtsschutz für Computersoftware in der Europäischen Union - Abschied vom überkommenen Urheberrechtsverständnis. - München: Beck, 1995. Zugl.: Frankfurt (Main), Univ., Habil.-Schr., 1993/94 (zit.: *Marly,* Urheberrechtsschutz für Computersoftware in der EU)

Martin, Julius: Das Auge des großen Bruders - Politische Kontrollen auf der Datenautobahn werden auch im Westen angestrebt, Süddeutsche Zeitung Nr. 61 vom 13.3.1996, Beilage S. II

Marwitz, Petra: Haftung für Hyperlinks, K&R 1998, S. 369-374

Masi, Mauro: Conference Opening. In: European Commission (DG XV) in cooperation with the Italian Authorities: Copyright and Related Rights on the Threshold of the 21st Century. International Conference. Proceedings; Firenze, Italy - June 2, 3, 4, 1996; S. 23-29 (zit.: *Masi,* „Konferenz der Generaldirektion XV der Europäischen Kommission „Urheberrecht und verwandte Schutzrechte an der Schwelle zum 21. Jahrhundert" in Florenz (2.-4.6.96), Protokoll")

Masson, Laurent: Le multimédia et le droit au Japon, GazPal 26-27/1996, S. 18-21

Matthies, Heinrich: Zur Anerkennung gleichwertiger Regelungen im Binnenmarkt der EG (Art. 100b EWG-Vertrag). In: *Baur,* Jürgen F.; *Hopt,* Klaus J.; *Mailänder,* K. Peter (Hrsg.): Festschrift für Ernst Steindorff zum 70. Geburtstag am 13. März 1990. - Berlin: de Gruyter, 1990; S. 1287-1301 (zit.: *Matthies,* Festschrift für *Steindorff*)

Mauhs, Angela: Copyright des Produzenten - Diskussionsbericht von der gleichlautenden Tagung des Instituts für Urheber- und Medienrecht am 27. Oktober 1989 in München, ZUM 1990, S. 62-64

Maur, Rolf auf der: Die Rechtsstellung des Produzenten im Urheberrecht - Ein Problem der europäischen Rechtsharmonisierung, 118 UFITA 1992, S. 87-146

Maus, Joachim: Die digitale Kopie von Audio- und Videoprodukten: die Nutzung von Film und Musik im privaten Bereich und deren Behandlung im deutschen und im internationalen Urheberrecht. - 1. Aufl. - Baden-Baden: Nomos Verlagsgesellschaft, 1991 (Nomos Universitätsschriften: Medien; Bd. 3). Zugl.: Konstanz, Univ., Diss., 1990 (zit.: *Maus*, Digitale Kopie von Audio- und Videoprodukten)

Mayer, Franz C.: Recht und Cyberspace, NJW 1996, S. 1782-1791

Mayer, Hans-Peter: Richtlinie 2001/29/EG zur Harmonisierung bestimmter Aspekt des Urheberrechts und der verwandten Schutzrechte in der Informationsgesellschaft, EuZW 2002, S. 325-329

McGue, Joan A.: Software Protection Under U.S. Membership in the Berne Convention: Transplanting a New Moral Right into U.S. Soil, 2 Software L.J. 1988, S. 339-371

Melichar, Ferdinand: Verwertungsgesellschaften und Multimedia. In: *Lehmann*, Michael (Hrsg.): Internet- und Multimediarecht (Cyberlaw). - Stuttgart: Schäffer-Poeschel, 1997 (Handelsblatt-Reihe), S. 205-218 (zit.: *Melichar*, in: Cyberlaw)

Melone, Wendy M.: Contributory Liability for Access Providers: Solving the Conundrum Digitalization Has Placed on Copyright Laws, 49 Fed. Com. L.J. 1997, S. 491-507

Mestmäcker, Ernst-Joachim: Rechtsstellung und Marktstellung der Inhaber gewerblichen und kommerziellen Eigentums im europäischen Gemeinschaftsrecht - Zum Verhältnis von Art. 36 und Art. 86 EGV. In: *Becker*, Jürgen; *Lerche*, Peter; *Mestmäcker*, Ernst-Joachim (Hrsg.): Wanderer zwischen Musik, Politik und Recht: Festschrift für Reinhold Kreile zu seinem 65. Geburtstag. - 1. Aufl. - Baden-Baden: Nomos Verlagsgesellschaft, 1994; S. 419-428 (zit.: *Mestmäcker*, Festschrift für *Kreile*)

Metalitz, Steven: The National Information Infrastructure, 13 Cardozo Arts & Ent. L.J. 1994/95, S. 465-473

Metaxas-Marangidis, George: EC Law and the Future of Copyright Management Societies, 11 Copyright World 1990, S. 15-20

Metzger, Axel: Rechtsgeschäfte über das Droit moral im deutschen und französischen Urheberrecht. - München: Beck 2002 (Urheberrechtliche Abhandlungen des Max-Planck-Institutes für ausländisches und internationales Patent-, Urheber- und Wettbewerbsrecht, München; Heft 41) (zit.: *Metzger*, Rechtsgeschäfte über das Droit moral)

Minister of Supply and Services Canada: Connection - Community - Content. The Challenge of the Information Highway. Final Report of the Information Highway Advisory Council. - Ottawa, September 1995

Mogg, John F.: Conference Opening. In: European Commission (DG XV) in cooperation with the Italian Authorities: Copyright and Related Rights on the Threshold of the 21st Century. International Conference. Proceedings; Firenze, Italy - June 2, 3, 4, 1996; S. 4-10 (zit.: *Mogg*, Konferenz der Generaldirektion XV der Europäischen Kommission „Urheberrecht und verwandte Schutzrechte an der Schwelle zum 21. Jahrhundert" in Florenz (2.-4.6.96), Protokoll)

Möller, Margret: Urheberrecht oder Copyright?, ZUM 1990, S. 65-70

Morano, Michael F.: Legislating In The Face Of New Technology: Copyright Laws For the Digital Age, 20 Fordham Int'l L.J. 1997, S. 1374-1426

Morgan; Owen: The Problem of the International Protection of Audiovisual Performances, 33 IIC 2002, S. 810-827

Morley, Tim: Copyright Term Extension in the EC: Harmonization or Headache?, 24 Copyright World 1992, S. 10-17

Morschheuser, Stefan; *Raufer*, Heinz: Internet und World Wide Web, DSWR 1995, S. 328-329

Möschel, Wernhard; *Bechtold*, Stefan: Copyright-Management im Netz, MMR 1998, S. 571-576

Movsessian, Vera: Bericht über das urheberrechtliche Kolloquium auf der Jahrestagung der Deutschen Vereinigung für Gewerblichen Rechtsschutz und Urheberrecht e.V. am 14. Juni 1990, GRUR 1990, S. 980-983

Müller-Graff, Peter-Christian: Die Rechtsangleichung zur Verwirklichung des Binnenmarktes, EuR 1989, S. 107-151

- Europäisches Gemeinschaftsrecht und Privatrecht - Das Privatrecht in der europäischen Integration, NJW 1993, S. 13-23

- Gemeinsames Privatrecht in der Europäischen Gemeinschaft: Ebenen und gemeinschaftsprivatrechtliche Grundfragen. In: *Baur*, Jürgen F.; *Müller-Graff*, Peter-Christian; *Zuleeg*, Manfred (Hrsg.): Europarecht - Energierecht - Wirtschaftsrecht: Festschrift für Bodo Börner. - Köln; Berlin; Bonn; München: Heymanns, 1992; S. 303-343 (zit.: *Müller-Graff*, Festschrift für *Börner*)

Negroponte, Nicholas: Being Digital. - New York: Knopf, 1995 (zit.: *Negroponte*, Being Digital)

Netanel, Neil: Alienability Restrictions and the Enhancement of Author Autonomy in US and Continental Copyright Law, 12 Cardozo Arts & Ent. L.J. 1993/94, S. 1-78

Newman, Simon: Rights, Freedoms and Phonograms - Moral Rights and Adaptation Rights in Music and Other Copyright Works, 13 CLSR 1997, S. 22-28

Nicolaysen, Gert: Notwendige Rechtssetzung - Auch ein Beitrag zum Thema Subsidiarität. In: *Randelzhofer*, Albrecht; *Scholz*, Rupert; *Wilke*, Rainer (Hrsg.): Gedächtnisschrift für Eberhard Grabitz. - München: Beck, 1995; S. 469-482 (zit.: *Nicolaysen*, Gedächtnisschrift für Grabitz)

Niehof, Roland: Der Grundsatz der gegenseitigen Anerkennung im Gemeinschaftsrecht. - Berlin, Freie Univ., Diss., 1994 (zit.: *Niehof*, Grundsatz der gegenseitigen Anerkennung)

Nirk, Rudolf; *Hülsmann*, Christoph: Urheberrechtlicher Inlandsschutz aufgrund des gemeinschaftsrechtlichen Diskriminierungsverbotes? - Eine kritische Retrospektive auf die "Phil Collins"-Entscheidung des EuGH sowie auf das "Rolling Stones"- und das "Cliff Richard II"-Urteil des BGH. In: *Erdmann*, Willi; *Gloy*, Wolfgang; *Herber*, Rolf: Festschrift für Henning Piper zum 65. Geburtstag. - München: Beck, 1996; S. 725-746 (zit.: *Nirk/Hülsmann*, Festschrift für *Piper*)

Nitsch, Peter: Die Infobahn, NJW-CoR 1995, S. 102-110

Nordemann, Axel; *Goddar*, Heinz; *Tönhardt*, Marion; *Czychowski*, Christian: Gewerblicher Rechtsschutz und Urheberrecht im Internet, CR 1996, S. 645-657

O'Connell, Shaun P.: Television Without Frontiers: The European Union's Continuing Struggle for Cultural Survival, 28 Case W. Res. J. Int'l L. 1996, S. 501-530

Olivier, Frédérique; *Barbry,* Eric: Des réseaux aux autoroutes de l'information: Révolution technique? Révolution juridique?, JCP 1996, doctrine, S. 171-175 und S. 179-186

Ophir, Michael: The Patentability of Computer Software in Israel, GRUR Int. 1996, S. 357-366

O'Regan, Matthew: The Protection of Intellectual Property, International Trade and the European Community: the Impact of the TRIPS Agreement of the Uruguay Round of Multilateral Trade Negotiations, LIEI 1995, S. 1-50

O'Rourke, Maureen A.: Fencing Cyberspace: Drawing Borders in a Virtual World, 82 Minn. L. Rev. 1998, S. 609-704

Otto, Jan T.: Urheberrechtliche Verantwortlichkeit von Internet-Service-Providern in den USA - Im Blickpunkt: Der Weg von der Frena-Entscheidung zum Digital Millenium Copyright Act, K&R 1998, S. 487-489

Palacio González, José: The principle of subsidiarity (A guide for lawyers with a particular community orientation), 20 Eur. L. Rev. 1995, S. 355-370

Parant, Virginie L.: Copyright Enforcement in a Digital Environment: Tolls on the Superhighway?, 14/2 Entertainment and Sports Lawyer 1996, S. 3-8

Paschke, Marian; *Kerfack,* Ralf: Wie klein ist die „kleine Münze"?, ZUM 1996, S. 498-502

Patterson, L. Ray: Copyright and new technology: the impact on the law of privacy, antitrust and freespeech. In: US Congress - Office of Technology Assessment: Intellectual Property Rights in an Age of Electronics and Information. - Washington, 1986; S. 93-141 (zit.: *Patterson,* Copyright and new technology)

Pearson, Hilary E.: Information in a digital age - the challenge to copyright, CLSR 1996, S. 90-94

Peifer, Karl-Nikolaus: Moral Rights in den USA, ZUM 1993, S. 325-352

- Tagungsbericht. In: *Schricker,* Gerhard; *Bastian,* Eva-Marina; *Dietz,* Adolf (Hrsg.): Konturen eines europäischen Urheberrechts - 8. Ringberg-Symposium des Max-Planck-Instituts für ausländisches und internationales Patent-, Urheber- und Wettbewerbsrecht - 25. bis 30. September 1994 Schloß Ringberg, Tegernsee - 1. Aufl. - Baden-Baden: Nomos Verlagsgesellschaft, 1996; S. 87-123 (zit.: *Peifer,* 8. Ringberg-Symposium)

Pfennig, Gerhard: Die Umsetzung der Satelliten-Richtlinie und das Urhebervertragsrecht, ZUM 1996, S. 134-137

- Stellungnahme zum Vorschlag für eine Richtlinie des Europäischen Parlaments und des Rates zur Harmonisierung des Folgerechts der Mitgliedstaaten, ZUM 1996, S. 777-778

Pichler, Marie Helen: Copyright Problems of Satellite and Cable Television in Europe. - London; Dordrecht; Boston: Graham & Trotman/Martinus Nijhoff, 1987 (Utrecht studies in air and space law) (zit.: *Pichler,* Copyright Problems of Satellite and Cable Television)

Pieper, Antje Karin: Medienrecht im Spannungsfeld von „Broadcasting und Multimedia", ZUM 1995, S. 552-558

Pierson, Matthias: Der Schutz der Programme für die Datenverarbeitung im System des Immaterialgüterrechts: ein Beitrag zu den immaterialgüterrechtlichen Kategorien geistiger Schaffensergebnisse. - Pfaffenweiler: Centaurs-Verl.-Ges., 1991 (Reihe Rechtswissenschaft; Bd. 129). Zugl.: Marburg, Univ., Diss., 1991 (zit.: *Pierson,* Schutz der Programme für die Datenverarbeitung)

Pitta, Laura A.: Economic and Moral Rights under U.S. Copyright Law - Protecting Authors and Producers in the Motion Picture Industry, 12/4 Entertainment and Sports Lawyer 1995, S. 3-8 und S. 19-23

Pollaud-Dulian, Frédéric: Abus de droit et droit moral, Recueil Dalloz Sirey 1993, chronique, S. 97-102

- Brèves remarques sur la directive du 11 mars 1996 concernant la protection juridique des bases de données, Dalloz Aff. 1996, S. 539-546

- Die neuere Entwicklung des Urheberrechts in Frankreich, GRUR Int. 1995, S. 361-373

Pöppelmann, Benno H.: Notwendigkeit und Inhalt eines Urhebervertragsrechts, K&R 1999, S. 1-6

Posner, Bernhard: Copyright Law and the Completion of the Internal Market. In: *Ress,* Georg (Hrsg.): Entwicklung des Europäischen Urheberrechts = Intellectual Property Rights and EC law/Wissenschaftliches Kolloquium anlässlich des 70. Geburtstags von Gerhard Reischl. - 1. Aufl. - Baden-Baden: Nomos Verlagsgesellschaft, 1989; S. 131-135 (zit.: *Posner, Reischl*-Kolloquium)

Post, David G.: Anarchy, State, and the Internet: An Essay on Law-Making in Cyberspace, 1995 J. ONLINE L., art. 3

Poulin, Daniel: Un point de vue nord-américain sur Internet et ses enjeux, GazPal 255-256/1996, S. 19-29

Prebut, David: Broadcasting The 1994 World Cup Under The New European Directive, 4 Seton Hall J. Sport L. 1994, S. 701-719

Prescott, Peter: The Origins of Copyright: A Debunking View, 11 EIPR 1989, S. 453-455

Prütting, Hans (Hrsg.): Die Entwicklung des Urheberrechts im europäischen Rahmen - Expertentagung vom 2. und 3. Oktober 1998 in Köln. - München: Beck, 1999 (Schriftenreihe des Instituts für Rundfunkrecht an der Universität zu Köln; Bd. 75) (zit.: *Prütting,* Entwicklung des Urheberrechts)

Pullen, Mike: The Green Paper on Copyright and Related Rights in the Information Society (Is it all a Question of Binary Numbers?), Ent. L. Rev. 1996, S. 80-82

Raue, Peter; *Bensinger,* Viola: Umsetzung des sui-generis-Rechts an Datenbanken in den §§ 87a ff. UrhG, MMR 1998, S. 507-512

Rehbinder, Manfred: Multimedia und das Urheberpersönlichkeitsrecht, ZUM 1995, S. 684-687

- Urheberrecht - ein Studienbuch. - 11. neu bearb. Aufl. -München: Beck, 2001 (Juristische Kurzlehrbücher) (zit.: *Rehbinder,* Urheberrecht)

Reich, Norbert: Brauchen wir eine Diskussion um ein Europäisches Kompetenzgericht?, EuZW 2002, S. 257

- Rechtsangleichung im Binnenmarkt - Marktöffnung oder Sozialschutz? - Ergänzende Bemerkungen zum Aufsatz von *Amtenbrink*; VuR 2001, 163ff. aus Anlass des Tabakurteils des EuGH vom 5.10.2000, S. 203-206

- Tollhaus Europa oder Narrenschiff Staatsrecht?, NJW 1998, S. 1537

Reichman, Jerome H.: Electronic Information Tools - The Outer Edge of World Intellectual Property Law, 24 IIC 1993, S. 446-475

- Toward A Third Intellectual Property Paradigm. Legal Hybrids Between The Patent And Copyright Paradigms, 94 Colum L. Rev. 1994, S. 2432-2558

Reichman, Jerome H.; *Samuelson,* Pamela: Intellectual Property Rights in Data?, 50 Vand. L. Rev. 1997, S. 51-166

Reinbothe, Jörg: Der EU-Richtlinienentwurf zum Urheberrecht und zu den Leistungsschutzrechten in der Informationsgesellschaft, ZUM 1999, S. 429-437

- Die EG-Richtlinie zum Urheberrecht in der Informationsgesellschaft, GRUR Int. 2001, S. 733-745

- Die Entwicklung des EU-Richtlinienentwurfs zum Urheberrecht im Kontext mit den internationalen Konventionen. In: *Prütting,* Hans (Hrsg.): Die Entwicklung des Urheberrechts im europäischen Rahmen - Expertentagung vom 2. und 3. Oktober 1998 in Köln. - München: Beck, 1999 (Schriftenreihe des Instituts für Rundfunkrecht an der Universität zu Köln; Bd. 75); S. 1-11 (zit.: *Reinbothe,* in: *Prütting,* Entwicklung des Urheberrechts)

- Die kollektive Wahrnehmung von Rechten in der Europäischen Gemeinschaft. In: *Ganea,* Peter; *Heath,* Christopher; *Schricker,* Gerhard (Hrsg.): Urheberrecht gestern - heute - morgen: Festschrift für Adolf Dietz zum 65. Geburtstag. München: Beck, 2001; S. 517-531 (zit.: *Reinbothe,* Festschrift für *Dietz*)

- Die Umsetzung der EU-Urheberrechtsrichtlinie in deutsches Recht, ZUM 2002, S. 43-51

- Entwicklungen auf dem Gebiet des Urheberrechts in der Europäischen Union. In: *Großfeld,* Bernhard; *Sack,* Rolf; *Möllers,* Thomas M. J.; *Drexl,* Josef; *Heinemann,* Andreas: Festschrift für Wolfgang Fikentscher zum 70. Geburtstag. - Tübingen: J.C.B. Mohr, 1998; S. 695-722 (zit.: *Reinbothe,* Festschrift für *Fikentscher*)

- Geistiges Eigentum und die Europäische Gemeinschaft, ZEuP 2000, S. 5-28

- Perspektiven für den Schutz des geistigen Eigentums in der Europäischen Gemeinschaft. In: *Rehbinder,* Manfred; *Schaefer,* Martin; *Zombik,* Peter (Hrsg.): Aktuelle Rechtsprobleme des Urheber- und Leistungsschutzes sowie der Rechtewahrnehmung - Festschrift für Norbert Thurow. - 1. Aufl. - Baden-Baden: Nomos Verlagsgesellschaft, 1999 (Schriftenreihe des Archivs für Urheber-, Film-, Funk- und Theaterrechts (UFITA); Bd. 163); S. 13-26 (zit.: *Reinbothe,* Festschrift für *Thurow*)

Reinbothe, Jörg; *Lewinski,* Silke von: The WIPO Treaties 1996: Ready to Come into Force, 24 EIPR 2002, S. 199-208

Reinbothe, Jörg; *Martin-Prat*, Maria; *Lewinski*, Silke von: The New WIPO Treaties: A First Résumé, 19 EIPR 1997, S. 171-184

Reinert, Patrick: Grenzüberschreitender Rundfunk im Spannungsfeld von staatlicher Souveränität und transnationaler Rundfunkfreiheit: eine völker-, europa- und verfassungsrechtliche Betrachtung des Mediums Rundfunk, insbesondere über Satellit und Kabel. - Frankfurt (Main); Bern; New York; Paris: Lang, 1990 (Europäische Hochschulschriften: Reihe 2, Rechtswissenschaft; Bd. 891). Zugl.: Trier, Univ., Diss., 1989 (zit.: *Reinert*, Grenzüberschreitender Rundfunk)

Reischl, Gerhard: Die Rechtsprechung des Gerichtshofes der Europäischen Gemeinschaften zum Urheberrecht im Gemeinsamen Markt. In: *Ress*, Georg (Hrsg.): Entwicklung des Europäischen Urheberrechts = Intellectual Property Rights and EC law - Wissenschaftliches Kolloquium anlässlich des 70. Geburtstags von Gerhard Reischl. - 1. Aufl. - Baden-Baden: Nomos Verlagsgesellschaft, 1989; S. 45-55 (zit.: *Reischl*, *Reischl*-Kolloquium)

Renzsch, Wolfgang: Die Subsidiaritätsklausel des Maastrichter Vertrages: Keine Grundlage für die Kompetenzabgrenzung in einer Europäischen Politischen Union, Zeitschrift für Parlamentsfragen 1993, S. 104-116

Ress, Georg: Die neue Kulturkompetenz der EG, DÖV 1992, S. 944-955

Rieder, Christian M.: Copyrights im Cyberspace - Copyright Probleme im Internet aus U.S.-amerikanischer Sicht, wrp 1996, S. 859-866

Risher, Carol A.: Copyright and new technology: a challenge for book publishers, Copyright Bull. 3/1993, S. 4-12

Rittner, Fritz: Das Projekt eines Europäischen Privatrechtsgesetzbuches und die wirtschaftliche Praxis, DB 1996, S. 25-27

Rohe, Mathias: Binnenmarkt oder Interessenverband? Zum Verhältnis von Binnenmarktziel und Subsidiaritätsprinzip nach dem Maastricht-Vertrag, 61 RabelsZ 1997, S. 1-85

Rosenberg, Oliver von: Liability of Internet providers in the framework of the U.S. Digital Millenium Copyright Act, K&R 1999, S. 399-412

Rosenthal, Michael: Die Kompetenz der Europäischen Gemeinschaft für den rechtlichen Rahmen der Informationsgesellschaft. - Berlin: Duncker und Humblot, 1998 (Schriften zum europäischen Recht; Bd. 52). Zugl.: Mainz, Univ., Diss., 1997 (zit.: *Rosenthal*, Kompetenz der EG)

Rosenzweig, Sidney A.: Don't put my article online!: Extending copyright's new-use doctrine to the electronic publishing media and beyond, 143 U. Pa. L. Rev. 1995, S. 899-932

Roßnagel, Alexander: Digitale Signaturen im Rechtsverkehr, NJW-CoR 1994, S. 96-101

- Recht der Multimedia-Dienste - Kommentar zum IuKDG und zum MDStV. - München: Beck, 1999, Stand: November 2000 (zit.: *Bearbeiter*, in: *Roßnagel,* Recht der Multimedia-Dienste)

Röttinger, Moritz: Das Urheberrecht in der Rechtspolitik und Rechtsetzung der Europäischen Gemeinschaft - vom Handelshemmnis zum «Espace européen de la créativité», UFITA 2001/I, S. 9-94

Rozenfeld, Sylvie: Non à la Creation d'un Droit Nouveau - Rapport Sirinelli sur le multimédia, Expertises No. 175 (Sept. 1994), S. 292

Ruping, Karl: Copyright and an Integrated European Market: Conflicts With Free Movement Of Goods, Competition Law, and National Discrimination, 11 Temp. Int'l & Comp. L.J. 1997, S. 1-30

Rupp, Hans Heinrich: Maastricht - eine neue Verfassung?, ZRP 1993, S. 211-213

Rüßmann, Helmut: Wettbewerbshandlungen im Internet - Internationale Zuständigkeit und anwendbares Recht, K&R 1998, S. 422-427

Rüttgers, Jürgen: Telekommunikation und Datenvernetzung - eine Herausforderung für Gesellschaft und Recht, CR 1996, S. 51-56

Samuelson, Pamela: Challenges for the World Intellectual Property Organisation and the Trade-related Aspects of Intellectual Property Rights Council in Regulating Intellectual Property Rights in the Information Age, 21 EIPR 1999, S. 578-591

- CONTU Revisited: The Case Against Copyright Protection For Computer Programs In Machine Readable Form, Duke L.J. 1984, S. 663-769

- Will the Copyright Office Be Obsolete in the Twenty-first Century?, 13 Cardozo Arts & Ent. L.J. 1994/95, S. 55-68

Samuelson, Pamela; *Davis,* Randall; *Kapor,* Mitchell D.; *Reichman,* Jerome H.: A Manifesto Concerning the Legal Protection of Computer Programs, 94 Colum L. Rev. 1994, S. 2308-2431

Schack, Haimo: Die grenzüberschreitende Verletzung allgemeiner und Urheberpersönlichkeitsrechte, 108 UFITA 1988, S. 51-72
- Europäisches Urheberrecht im Werden, ZEuP 2000, S. 799-819
- Urheber- und Urhebervertragsrecht. - Tübingen: Mohr Siebeck, 1997
- Wem gebührt das Urheberrecht, dem Schöpfer oder dem Produzenten?, ZUM 1990, S. 59-62
- Zur Anknüpfung des Urheberrechts im internationalen Privatrecht. - Berlin: Duncker & Humblot, 1979. Zugl.: Köln, Univ., Diss., 1978

Schaefer, Martin: Welche Rolle spielt das Vervielfältigungsrecht auf der Bühne der Informationsgesellschaft? - Neue Herausforderungen an eine bewährte Rechtsfigur. In: *Zollner*, Bernward; *Fitzner*, Uwe (Hrsg.): Festschrift für Wilhelm Nordemann. - 1. Aufl. - Baden-Baden: Nomos Verlagsgesellschaft, 1999; S. 191-202 (zit.: *Schaefer*, Festschrift für *Nordemann*)

Schaefer, Martin; *Rasch*, Clemens; *Braun*, Thorsten: Zur Verantwortlichkeit von Online-Diensten und Zugangsvermittlers für fremde urheberrechtsverletzende Inhalte, ZUM 1999, S. 451-488

Schanda, Reinhard: Urheberrecht in der Informationsgesellschaft, ecolex 1996, S. 104-109

Schardt, Andreas: Das Urheberpersönlichkeitsrecht vor dem Hintergrund der Harmonisierungspläne der EG-Kommission - Referat gehalten auf der Arbeitssitzung des Instituts für Urheber- und Medienrecht am 23. April 1993 in München, ZUM 1993, S. 318-324

Schellberg, Klaus U.: Technische Harmonisierung in der EG - Ökonomie und Politik der gegenseitigen Anerkennung, Rechtsangleichung und Normung. Frankfurt (Main): Lang, 1992 (Europäische Hochschulschriften, Reihe 5: Volks- und Betriebswirtschaft; Bd. 1232). Zugl.: Erlangen, Univ., Diss., 1991 (zit.: *Schellberg*, Technische Harmonisierung in der EG)

Schelter, Kurt: Subsidiarität - Handlungsprinzip für das Europa der Zukunft, EuZW 1990, S. 217-219

Scherer, Joachim: "Online" zwischen Telekommunikations- und Medienrecht - Regulierungsprobleme von Online-Systemen im Internet und außerhalb -, AfP 1996, S. 213-219

Schilcher, Theresia: Der Schutz des Urhebers gegen Werkänderungen. - München: VVF, 1989 (Rechtswissenschaftliche Forschung und Entwicklung; Bd. 197). Zugl.: München, Univ., Diss., 1988 (zit.: *Schilcher,* Schutz des Urhebers gegen Werkänderungen)

Schima, Bernhard: Das Subsidiaritätsprinzip im Europäischen Gemeinschaftsrecht. - Wien: Manz, 1994 (Reihe Österreichische Rechtswissenschaftliche Studien ÖRSt); Bd. 22). Zugl.: Wien, Univ., Diss., 1993 (zit.: *Schima,* Subsidiaritätsprinzip)

Schippan, Martin: Die EU-Richtlinie zum Urheberrecht und den Leistungsschutzrechten in der Informationsgesellschaft - Diskussionsbericht der gleichlautenden Arbeitssitzung des Instituts für Urheber- und Medienrecht am 27.2.98, ZUM 1998, S. 487-489

- Die Harmonisierung des Urheberrechts in Europa im Zeitalter von Internet und digitaler Technologie: Eine Betrachtung aus deutscher Sicht. - 1. Aufl. - Baden-Baden: Nomos Verlagsgesellschaft, 1999 (Schriftenreihe des Archivs für Urheber-, Film-, Funk- und Theaterrechts (UFITA); Bd. 170). Zugl.: Freiburg (Breisgau), Univ., Diss., 1999 (zit.: *Schippan,* Harmonisierung)

- Purchasing and Licensing of Digital Rights: The VERDI Project and the Clearing of Multimedia Rights in Europe, 22 EIPR 2000, S. 24-29

- Urheberrecht goes digital - Die Verabschiedung der "Multimedia-Richtlinie 2001/29/EG", NJW 2001, S. 2682-2683

Schlachter, Eric: The Intellectual Property Renaissance in Cyberspace. Why Copyright Law Could Be Unimportant on the Internet, 12 Berkeley Technology Law Journal 1997, S. 15-52

Schmehl, Arndt: Die erneuerte Erforderlichkeitsklausel in Art. 72 Abs. 2 GG, DÖV 1996, S. 724-732

Schmidtchen, Dieter: Funktionen und Schutz von „property rights" - Eine ökonomische Analyse. Discussion Paper 9804. - Saarbrücken: Center for the Study of Law and Economics, 1998 (zit.: *Schmidtchen,* Property Rights, 1998)

Schmidtchen, Dieter; *Kirstein,* Roland: Die EU-Richtlinie zum Folgerecht. - Eine ökonomische Gesetzesfolgenanalyse. Discussion Paper 2001-05. –Saarbrücken: Center for the Study of Law and Economics, 2001 (zit.: *Schmidtchen/Kirstein,* EU-Richtlinie zum Folgerecht, 2001)

Schmidtchen, Dieter; *Koboldt*, Christian; *Kirstein*, Roland: Rechtsvereinheitlichung beim „droit de suite". - Ökonomische Analyse des Richtlinienentwurfs der Europäischen Kommission. Diskussionspapier 9702. - Saarbrücken: Center for the Study of Law and Economics, 1998; abgedruckt in: *Großfeld*, Bernhard; *Sack*, Rolf; *Möllers*, Thomas M. J.; *Drexl*, Josef; *Heinemann*, Andreas (Hrsg.): Festschrift für Wolfgang Fikentscher zum 70. Geburtstag. - Tübingen: J.C.B. Mohr, 1998; S. 774-799 (zit.: *Schmidtchen/Koboldt/ Kirstein*, Festschrift für *Fikentscher*)

Schmittmann, Michael; *Vries*, Inge de: Blick nach Brüssel, AfP 1995, S. 470-478

Schneider, Gerhard: Die Wirksamkeit der Sperrung von Internet- Zugriffen, MMR 1999, S. 571-577

Schneider-Brodtmann, Jörg: Das Folgerecht des bildenden Künstlers im europäischen und internationalen Urheberrecht. - Heidelberg: Winter, 1996 (Heidelberger rechtsvergleichende Studien; Bd. 25) (zit.: *Schneider-Brodtmann*, Folgerecht)

Schöfisch, Volker: Konsequenzen aus der EU-Richtlinie zum Urheberrecht für die innerstaatliche Umsetzung. In: *Prütting*, Hans (Hrsg.): Die Entwicklung des Urheberrechts im europäischen Rahmen - Expertentagung vom 2. und 3. Oktober 1998 in Köln. - München: Beck, 1999 (Schriftenreihe des Instituts für Rundfunkrecht an der Universität zu Köln; Bd. 75); S. 23-28 (zit.: *Schöfisch*, in: *Prütting*, Entwicklung des Urheberrechts)

Scholz, Rupert: Das Subsidiaritätsprinzip im europäischen Gemeinschaftsrecht - ein tragfähiger Maßstab zur Kompetenzabgrenzung? In: *Letzgus*, Klaus; *Hill*, Hermann; *Klein*, Hans Hugo; *Kleinert*, Detlef; *Oschatz*, Georg-Berndt; *With*, Hans de (Hrsg.): Für Recht und Staat. Festschrift für Herbert Helmrich zum 60. Geburtstag. - München: Beck, 1994; S. 411-426 (zit.: *Scholz*, Festschrift für *Helmrich*)

Scholz, Rupert; *Hofmann*, Hans: Perspektiven der europäischen Rechtsordnung - Zur bisherigen Entwicklung und Zukunft aus deutscher Sicht, ZRP 1998, S. 295-302

Schønning, Peter: Anwendbares Recht bei grenzüberschreitenden Direktübertragungen, ZUM 1997, S. 34-39

- Applicable Law in Transfrontier On-line Transmissions, 170 RIDA 1996, 21-53

- Internet and the Applicable Copyright Law: A Scandinavian Perspective, 21 EIPR 1999, S. 45-52

- The New Copyright Act in Denmark, 27 IIC 1996, S. 470-476

Schricker, Gerhard: Einwilligung des Urhebers in entstellende Änderungen des Werks. In: *Forkel*, Hans; *Kraft*, Alfons (Hrsg.): Beiträge zum Schutz der Persönlichkeit und ihrer schöpferischen Leistung. - Festschrift für Heinrich Hubmann zum 70. Geburtstag. - Frankfurt (Main): Metzner, 1985; S. 409-419 (zit.: *Schricker*, Festschrift für *Hubmann*)

- Farewell to the „Level of Creativity" (Schöpfungshöhe) in German Copyright Law?, 26 IIC 1995, S. 41-48

- Harmonization of Copyright in the European Economic Community, 20 IIC 1989, S. 466-484

- Neue Technologie - Neues Urheberrecht? In: *International Publishers Association; Börsenverein des Deutschen Buchhandels e.V.*: Internationales Urheberrecht-Symposium: Heidelberg, 24.-25. April 1986. - München: Schweitzer, 1986 (Schriften zum gewerblichen Rechtsschutz, Urheberrecht und Medienrecht (SGRUM); Bd. 15); S. 216-227 (zit.: *Schricker*, SGRUM Bd. 15)

- Urheberrecht zwischen Industrie- und Kulturpolitik, GRUR Int. 1992, S. 242-247

- Verlagsrecht - Kommentar. Zum Gesetz über das Verlagsrecht vom 19.6.1901. - 3., neu bearb. Aufl. - München: Beck, 2001 (zit.: *Schricker*, Verlagsrecht)

- Zur Harmonisierung des Urheberrechts in der Europäischen Wirtschaftsgemeinschaft. In: *Baur*, Jürgen F.; *Hopt*, Klaus J.; *Mailänder*, K. Peter (Hrsg.): Festschrift für Ernst Steindorff zum 70. Geburtstag am 13. März 1990. - Berlin: de Gruyter, 1990; S. 1437-1453 (zit.: *Schricker*, Festschrift für *Steindorff*)

Schricker, Gerhard (Hrsg.): Urheberrecht auf dem Weg zur Informationsgesellschaft. - 1. Aufl. - Baden-Baden: Nomos Verlagsgesellschaft, 1997 (zit.: *Bearbeiter*, in: *Schricker*, Urheberrecht auf dem Weg zur Informationsgesellschaft)

- Urheberrecht - Kommentar. - 2., neubearb. Aufl. - München: Beck, 1999 (zit.: *Bearbeiter*, in: *Schricker*, Urheberrecht)

Schulze, Erich: Authors' Rights for Publishers?, 6 Copyright World 1989, S. 12-13

- Copyright des Produzenten?, ZUM 1990, S. 47-54

Schulze, Gernot: Der Schutz der kleinen Münze im Urheberrecht, GRUR 1987, S. 769-778

- Die kleine Münze und ihre Abgrenzungsproblematik bei den Werkarten des Urheberrechts. - Freiburg (Breisgau): Hochschulverlag, 1983 (Schriftenreihe des Archivs für Urheber-, Film-, Funk- und Theaterrechts (UFITA); Bd. 66) (zit.: *Schulze*, Kleine Münze)

- Sind neue Leistungsschutzrechte erforderlich?, ZUM 1989, S. 53-64

- Urheberrecht und neue Musiktechnologien, ZUM 1994, S. 15-24

Schütz, Raimund; *Attendorn*, Thorsten: Das neue Kommunikationsrecht der Europäischen Union - Was muss Deutschland ändern?, MMR Beilage 4/2002, S. 1- 54

Schwab, Michael: Urheberrechte und verwandte Schutzrechte in der modernen Informationsgesellschaft, EuZW 1995, S. 685

Schwartz, Ivo E.: EG-Kompetenzen für den Binnenmarkt: Exklusiv oder konkurrierend/subsidiär?, in: *Due*, Ole; *Lutter*, Marcus; *Schwarze*, Jürgen (Hrsg.): Festschrift für Ulrich Everling. - Baden-Baden: Nomos Verlagsgesellschaft, 1995; S. 1331-1354 (zit.: *Schwartz*, Festschrift für *Everling*)

Schwarz, Mathias: Der Referentenentwurf eines Vierten Gesetzes zur Änderung des Urheberrechtsgesetzes, ZUM 1995, S. 687-693

- Urheberrecht im Internet, Markenartikel 1996, S. 120-125 (Teil 1) und S. 215-219 (Teil 2)

- Urheberrecht und unkörperliche Verbreitung multimedialer Werke, GRUR 1996, S. 836-842

Schwarz, Mathias; *Peschel-Mehner*; Andreas (Hrsg.): Recht im Internet - Der große Rechtsberater für die Online-Praxis. - Augsburg: Kognos Verlag Braun GmbH, 2002 (zit.: *Bearb.*, Recht im Internet)

Schwenzer, Oliver: Urheberrechtliche Fragen der „kleinen Münze" in der Popmusikproduktion, ZUM 1996, S. 584-590

Sieber, Ulrich: Kontrollmöglichkeiten zur Verhinderung rechtswidriger Inhalte in Computernetzen, CR 1997, S. 581-598 (Teil I) und S. 653-668 (Teil II)

- Strafrechtliche Verantwortlichkeit für den Datenverkehr in internationalen Computernetzen, JZ 1996, S. 429-442 (Teil I) und S. 494-507 (Teil II)
- Strafrechtliche Verantwortung für den Datenverkehr in internationalen Computernetzen, DuD 1996, S. 550-553

Sieger, Ferdinand: Gegen ein eigenständiges originäres Verlegerrecht, ZUM 1989, S. 172-175

- Harmonisierung oder Angleichung des Urheber- und Urhebervertragsrechts in der Europäischen Gemeinschaft - kritisch betrachtet, AfP 1986, S. 101-106
- Kunst ohne Grenzen? - Kulturelle Identität und Freizügigkeit in Europa, ZUM 1988, S. 483-488
- Vor EG-Urheberrecht wird gewarnt - Drohende Gefahren einer Fehlentwicklung für Urheberrecht und Leistungsschutz, FuR 1977, S. 283-290

Sirinelli, Pierre: The Adaptation of Copyright in the Face of New Technologies. In: WIPO: Kongreßbericht "WIPO Worldwide Symposium on the Future of Copyright and Neighboring Rights, Paris, 1.-3.6.94. - Genf: WIPO 1994; S. 31-47 (zit.: *Sirinelli,* WIPO Symposium, Paris, 1.-3.6.1994)

Slot, Piet Jan: Harmonisation, 21 Eur.L.Rev. 1996, S. 378-397

Smirnoff, George III: Copyright On The Internet: A Critique Of The White Paper's Recommendation For Updating The Copyright Act And How The Courts Are Already Filling In ist Most Important Shortcoming, On-line Service Provider Liability, 44 Clev. St. L. Rev. 1996, S. 197-230

Smith, Eric H.: Worldwide Copyright Protection Under the TRIPS Agreement, 29 Vand. J. Transnat'l L. 1996, S. 559-578

Smith, Lesley Jane: Die Auswirkungen des sekundären EG-Rechts auf die Rechtsprechung des EuGH zum gewerblichen Rechtsschutz und Urheberrecht, EWS 1996, S. 120-126

Spence, Michael: Passing Off and the Misappropriation of Valuable Intangibles, 112 L.Q.R. 1996, S. 472-498

Spindler, Gerald: Deliktsrechtliche Haftung im Internet - nationale und internationale Rechtsprobleme -, ZUM 1996, S. 533-563

- Der neue Vorschlag eine E-Commerce-Richtlinie, ZUM 1999, S. 775-794
- E-Commerce in Europa, MMR-Beilage 7/2000, S. 4-21

- Haftungsrechtliche Grundprobleme der neuen Medien, NJW 1997, S. 3193-3199
- Urheberrecht und Haftung der Provider - ein Drama ohne Ende. Zugleich Anmerkung zu OLG München v. 8.3.20001 - 29 U 3282/00, CR 2001, S. 324-333
- Verantwortlichkeit von Diensteanbietern nach dem Vorschlag einer E-Commerce-Richtlinie, MMR 1999, S. 199-207

Stasio, Renee L.: Remuneration for Home Copying: A Controversial Directive Remains Elusive, 19 B.C. Int'l & Comp. L. Rev. 1996, S. 233-246

Stein, Torsten: Subsidiarität als Rechtsprinzip?, in: Merten, Detlef (Hrsg.): Die Subsidiarität Europas. - 2. durchges. Aufl. - Berlin: Duncker und Humblot, 1994 (Schriften zum europäischen Recht; Bd. 16); S. 23-40 (zit.: *Stein,* Subsidiarität als Rechtsprinzip)

Steindorff, Ernst: Grenzen der EG-Kompetenzen. - Heidelberg: Verlag Recht und Wirtschaft, 1990 (Abhandlungen aus dem gesamten bürgerlichen Recht, Handelsrecht und Wirtschaftsrecht; H. 65) (zit.: *Steindorff,* Grenzen der EG-Kompetenzen)

Sterling, J. A. L.: Copyright and Author's Rights in Europe: New Developments, 10 Copyright Reporter 1992, S. 5-23

- Harmonisation of Usage of Terms „Copyright", „Author's Right" and „Neighboring Rights", 11 EIPR 1989, S. 14-18

Stewing, Clemens: Subsidiarität und Föderalismus in der Europäischen Union. - Köln; Berlin; Bonn; München: Heymanns, 1992 (Schriften zum Wirtschafts-, Handels-, Industrierecht; Bd. 33) (zit.: *Stewing,* Subsidiarität und Föderalismus in der EU)

Stögmüller, Thomas: Grünbuch über die Auswirkungen des geistigen Eigentums auf die von der amerikanischen Regierung angestrebte „National Information Infrastructure", GRUR Int. 1995, S. 855-858

Strauß, Ralf E.: Geschäfte im Netz - Neue Studie zum Electronic Commerce. Frankfurter Allgemeine Zeitung Nr. 64 vom 17.3.1998, S. B5

Strauss, William: The Moral Right of the Author, 4 Am. J. Comp. L. 1955, S. 506-538

Streinz, Rudolf: Der Vertrag von Amsterdam. Einführung in die Reform des Unionsvertrages von Maastricht und erste Bewertung der Ergebnisse, EuZW 1998, S. 137-149

Strömholm, Stig: Copyright - Comparison of Laws. In: International Encyclopedia of Comparative Law, Vol. XIV: Copyright and Industrial Property, Chapter 3. - Tübingen: Mohr, 1990 (zit.: Strömholm, Comparison of Laws. In: International Encyclopedia of Comparative Law, Vol. XIV)

- Copyright - National and International Development. In: International Encyclopedia of Comparative Law, Vol. XIV: Copyright and Industrial Property, Chapter 2. - Tübingen: Mohr, 1990 (zit.: *Strömholm*, National and International Development. In: International Encyclopedia of Comparative Law, Vol. XIV)

- Spielraum, Originalität oder Persönlichkeit? - Das Urheberrecht vor einer Wegwahl, GRUR Int. 1996, S. 529-533

Strowel, Alain: Das belgische Gesetz vom 30. Juni 1994 über die Computerprogramme: Entwicklung zu einem Urheberrecht sui generis?, GRUR Int. 1995, S. 374-382

- Droit d'auteur et copyright - Divergences et convergences - Etude de droit comparé. - Brüssel, Bruylant; Paris: Librairie Générale de Droit et de Jurisprudence, 1993 (Bibliothèque de la Faculté de Droit de l'Université Catholique de Louvain; Bd. 24) (zit.: *Strowel*, Droit d'auteur et copyright)

Strowel, Alain; *Triaille*, Jean-Paul: Le droit d'auteur, du logiciel au multimédia. Droit belge, droit européen, droit comparé. - Brüssel: Bruylant, 1997 (zit.: *Strowel/Triaille*, Droit d'auteur)

Strozzi, Girolamo: Le principe de subsidiarité dans la perspective de l'intégration européenne: une énigme et beaucoup d'attentes, 30 RTDEur 1994, S. 373-390

Sturm, Roland: Die Rolle des Subsidiaritätsprinzips in der Forschungs- und Technologiepolitik. In: *Sturm*, Roland (Hrsg.): Europäische Forschungs- und Technologiepolitik und die Anforderungen des Subsidiaritätsprinzips. - Baden-Baden: Nomos Verlagsgesellschaft, 1996 (Schriftenreihe des Europäischen Zentrums für Föderalismus-Forschung; Bd. 5); S. 37-46 (zit.: *Sturm*, Rolle des Subsidiaritätsprinzips)

Süsterhenn, Adolf: Das Subsidiaritätsprinzip als Grundlage der vertikalen Gewaltenteilung. In: *Maunz,* Theodor (Hrsg.): Vom Bonner Grundgesetz zur gesamtdeutschen Verfassung. - Festschrift zum 75. Geburtstag von Hans Nawiasky. - München: Isar Verlag, 1956; S. 141-155 (zit.: *Süsterhenn,* Festschrift für *Nawiasky*)

Tellier-Loniewski, Laurence: Brevetabilité des logiciels: l'Europe dans le sillage des Etats-Unis et du Japon, GazPal 213-214/1996, S. 12-15

Tettenborn, Alexander: Auf dem Weg zu einem einheitlichen Rechtsrahmen für den elektronischen Rechtsverkehr - der 2. Versuch..., K&R 1999, S. 442-444

- Europäischer Rechtsrahmen für den elektronischen Geschäftsverkehr, K&R 1999, S. 252-258

- Europäische Union: Rechtsrahmen für die Informationsgesellschaft, MMR 1998, S. 18-23

- Zwischennotiz zum Grünbuch Konvergenz, K&R 1998, S. 296-300

Tettenborn, Alexander; *Bender,* Gunnar; *Lübben,* Natalie; *Karenfort,* Jörg: Rechtsrahmen für den elektronischen Geschäftsverkehr - Kommentierung zur EG-Richtlinie über den elektronischen Geschäftsverkehr und zum Elektronischen Geschäftsverkehr-Gesetz-EGG: Inhalt - Auswirkungen - Umsetzung, K&R 2001, Beilage 1 zu Heft 12, S. 1-40

Thierbach, Dieter: Der multimediale Nutzer kann ein Räuber sein - Die Verletzung des Urheberrechts ist kein Kavaliersdelikt, Beilage der Süddeutschen Zeitung Nr. 64 vom 18.3.1998, S. VI

Thom, J. C.: Digital Sampling: Old-Fashioned Piracy Dressed Up in Sleek New Technology, 8 Loy. L.A. Ent. L.J. 1988, S. 297-336

Thoms, Frank: Der urheberrechtliche Schutz der kleinen Münze: historische Entwicklung, Rechtsvergleichung, rechtspolitische Wertung. - München: Florentz, 1980 (Schriftenreihe rechtswissenschaftliche Forschung und Entwicklung; Bd. 11) (zit.: *Thoms,* Kleine Münze)

Thorne, Clive: Copyright and multimedia products - fitting a roundpeg in a square hole?, 49 Copyright World 1995, S. 18-23

- EC Green Paper on Copyright and Related Rights in the Information Society, 54 Copyright World 1995, S. 14-23

Thum, Dorothee: Harmonisierung des Urheberrechts in Europa - Diskussionsbericht über die Arbeitssitzung der Fachgruppe für gewerblichen Rechtsschutz und Urheberrecht der Gesellschaft für Rechtsvergleichung auf der Tagung für Rechtsvergleichung am 22. März 1996 in Jena, GRUR Int. 1997, S. 330-334

Tinnefeld, Marie-Theres: Die Europäische Union - Entstehung, Tendenzen, Probleme, Fragen des Datenschutzes, DuD 1995, S. 18-24

Toth, A. G.: The Principle of Subsidiarity in the Maastricht Treaty, 29 CMLRev 1992, S. 1079-1105

Tritton, Guy: Articles 30 to 36 and Intellectual Property. Is the Jurisprudence of the ECJ now of an Ideal Standard? 16 EIPR 1994, S. 422-428

- Intellectual Property in Europe. - 2nd ed. - London: Sweet & Maxwell, 2002

Tucker, Emma: Industry attacks copyright draft, Financial Times vom 9.12.1997

Turkewitz, Neil: Authors' Rights Are Dead, 38 J. Copyright Soc'y U.S.A. 1990/91, S. 41-45

Uchtenhagen, Ulrich: Die Urheberrechts-Systeme der Welt und ihre Verwurzelung in den geistigen Grundlagen des Urheberrechts. In: *Dittrich,* Robert (Hrsg.): Woher kommt das Urheberrecht und wohin geht es? Wurzeln, geschichtlicher Ursprung, geistesgeschichtlicher Hintergrund und Zukunft des Urheberrechts. - Wien: Manz 1988 (Österreichische Schriftenreihe zum gewerblichen Rechtsschutz, Urheber- und Medienrecht (ÖSGRUM); Bd. 7), S. 29-42 (zit.: *Uchtenhagen,* ÖSGRUM 7)

- Haben die Zwangslizenzen im Urheberrecht ausgedient? In: *Becker,* Jürgen; *Lerche,* Peter; *Mestmäcker,* Ernst-Joachim (Hrsg.): Wanderer zwischen Musik, Politik und Recht: Festschrift für Reinhold Kreile zu seinem 65. Geburtstag. - 1. Aufl. - Baden-Baden: Nomos Verlagsgesellschaft, 1994; S. 779-787 (zit.: *Uchtenhagen,* Festschrift für *Kreile*)

Ulbrich, Martin: Konvergenz der Medien auf europäischer Ebene - Das Grünbuch der Europäischen Kommission, K&R 1998, S. 100-105

Ullmann, Eike: Persönlichkeitsrechte in Lizenz?, AfP 1999, S. 209-214

Ulmer, Eugen: General Questions - The International Conventions. In: International Encyclopedia of Comparative Law, Vol. XIV: Copyright and Industrial Property, Chapter 1. - Tübingen: Mohr, 1987 (zit.: *Ulmer,* General Questions. In: International Encyclopedia of Comparative Law, Vol. XIV)

- Urheber- und Verlagsrecht. - 3., neu bearb. Auflage. - Berlin; Heidelberg; New York: Springer-Verlag, 1980 (Enzyklopädie der Rechts- und Staatswissenschaft: Abteilung Rechtswissenschaft) (zit.: *Ulmer,* Urheber- und Verlagsrecht)

Ulmer-Eilfort, Constanze: US-Filmproduzenten und deutsche Vergütungsansprüche. - 1. Aufl. - Baden-Baden: Nomos Verlagsgesellschaft, 1993 (Schriftenreihe des Archivs für Urheber-, Film-, Funk- und Theaterrechts (UFITA); Bd. 110). Zugl.: Berlin, Freie Univ., Diss., 1991 (zit.: *Ulmer-Eilfort,* US-Filmproduzenten und deutsche Vergütungsansprüche)

- Zur Zukunft der Vervielfältigungsfreiheit nach § 53 UrhG im digitalen Zeitalter. In: *Zollner,* Bernward; *Fitzner,* Uwe (Hrsg.): Festschrift für Wilhelm Nordemann. - 1. Aufl. - Baden-Baden: Nomos Verlagsgesellschaft, 1999; S. 285-294 (zit.: *Ulmer-Eilfort,* Festschrift für *Nordemann*)

Ungern-Sternberg, Joachim von: Die Rechte der Urheber an Rundfunk- und Drahtfunksendungen nach internationalem und deutschem Urheberrecht unter besonderer Berücksichtigung der grenzüberschreitenden Sendungen und der Satellitensendungen. - München: Beck, 1973 (Urheberrechtliche Abhandlungen des Max-Planck-Institutes für ausländisches und internationales Patent-, Urheber- und Wettbewerbsrecht, München; Heft 13) (zit.: *von Ungern-Sternberg,* Rechte der Urheber an Rundfunk- und Drahtfunksendungen)

Vandersanden, Georges: Considérations sur le principe de subsidiarité. In: Présence du droit public et des droits de l'homme. Mélanges offerts à Jacques Velu. Brüssel: Bruylant, 1992; S. 193-210 (zit.: *Vandersanden,* Festschrift für *Velu*)

Vaver, David: Some Agnostic Observations on Intellectual Property, 6 I.P.J. 1990/91, S. 125-153

Verstrynge, Jean-François: Copyright in the European Economic Community, 4 Fordham Intellectual Property, Media & Entertainment Law Journal 1993/94, S. 5-17

- Renforcer la protection du droit d'auteur et des droits voisins au niveau communautaire ou l'émergence d'un espace européen de la créativité, Rev. Aff. Eur. 3/1991, S. 66-72

- Schutz des geistigen Eigentums in der EG. In: Verwertungsgesellschaft Wort: Geist und Recht. Eine Tagung über Urheberschutz im technischen Zeitalter, 14.-15. Oktober 1992 in Bonn. - München, 1992, S. 83-94 (zit.: *Verstrynge*, Geist und Recht, 1992)

Vidon, Patrice: Software-Patente: Bäume und Wald, CR 1996, S. 512-514

Vinje, Thomas C.: A Brave New World of Technological Protection Systems: Will There Still Be Room For Copyright?, 18 EIPR 1996, S. 431-440

- Magill: Its impact on the Information Technology Industry, 14 EIPR 1992, S. 397-402

- Recent Developments In European Intellectual Property Law: How Will They Affect You And When?, 13 J.L. & Com. 1994, S. 301-326

- Should We Begin Digging Copyright's Grave?, 22 EIPR 2000, S. 551-562

- The Final Word on Magill - The Judgement of the ECJ, 17 EIPR 1995, S. 297-303

Vivant, Michel: L'incidence de l'harmonisation communautaire en matière des droits d'auteur sur le multimedia: droits d'auteur sur les services de fourniture électronique et sur les produits multimédias. - Luxemburg: Office des publications des Communautés européennes, 1995 (zit.: *Vivant*, L'incidence de l'harmonisation)

- Recueils, bases, banques de données, compilations, collections...: l'introuvable notion?. A propos et au delà de la proposition de directive européenne, Recueil Dalloz Sirey 1995, chronique, S. 197-200

- The Notions of Work, Originality and Neighboring Rights from the Viewpoint of Civil Law Traditions. In: WIPO: Kongreßbericht "WIPO Worldwide Symposium on the Future of Copyright and Neighboring Rights, Paris, 1.-3.6.94. - Genf: WIPO 1994 (WIPO Publication Nr. 731 (E)); S. 69-79 (zit.: *Vivant*, WIPO-Symposium, Paris, 1.-3.6.94)

Vivant, Michel; *Le Stanc*, Christian: Droit de l'informatique, JCP Ed. E 1996, S. 217-224

Vogel, Martin: Die Umsetzung der Richtlinie zur Harmonisierung der Schutzdauer des Urheberrechts und bestimmter verwandter Schutzrechte, ZUM 1995, S. 451-458

- Wahrnehmungsrecht und Verwertungsgesellschaften in der Bundesrepublik Deutschland - Eine Bestandsaufnahme im Hinblick auf die Harmonisierung des Urheberrechts in der Europäischen Gemeinschaft -, GRUR 1993, S. 513-531

Wachter, Thomas: Das neue belgische Urheberrecht - eine Jahrhundertreform?, 96 ZVglRWiss 1997, S. 32-73

- Multimedia und Recht, GRUR Int. 1995, S. 860-874

- Schutz von Computerprogrammen im neuen belgischen Urheberrecht, CR 1995, S. 133-142

Waldenberger, Arthur: Die Miturheberschaft im Rechtsvergleich - zugleich ein Beitrag zur Lehre von der Miturheberschaft nach deutschem Recht. - München: VVF, 1991 (Rechtswissenschaftliche Forschung und Entwicklung; Bd. 316). Zugl.: München, Univ., Diss., 1990 (zit.: *Waldenberger,* Miturheberschaft im Rechtsvergleich)

- Electronic Commerce: der Richtlinienvorschlag der EG-Kommission, EuZW 1999, S. 296-303

- Teledienste, Mediendienste und die „Verantwortlichkeit" ihrer Anbieter, MMR 1998, S. 124-129

- Zur zivilrechtlichen Verantwortlichkeit für Urheberrechtsverletzungen im Internet, ZUM 1997, S. 176-188

Walter, Michel M.: Die europäische Harmonisierung des Urheberrechts - Rechtsangleichung und Weiterentwicklung des Urheberrechts in Europa. In: *Tomuschat,* Christian; *Kötz,* Hein; *Maydell,* Bernd von (Hrsg.): Europäische Integration und nationale Rechtskulturen - Referate vom 19. bis 23. September 1993 in Bamberg. - Köln; Berlin; Bonn; München: Heymanns, 1995 (Referate des Symposiums der Alexander-von-Humboldt-Stiftung; Bd. 13); S. 123-134 (zit.: *Walter,* Harmonisierung des Urheberrechts)

Walter, Michel M. (Hrsg.): Europäisches Urheberrecht - Kommentar. Insbesondere Software- Vermiet- und Verleih-, Satelliten- und Kabel-, Schutzdauer-, Datenbank-, Folgerecht-, Informationsgesellschaft-Richtlinie, Produktpiraterie-Verordnung. Verfasst von: Silke *von Lewinski,* Michel M. *Walter,* Walter *Blocher,* Thomas *Dreier,* Felix *Daum,* Walter *Dillenz.* - Wien, New York: Springer, 2001 (zit.: *Bearb.,* Europäisches Urheberrecht)

Wand, Peter: Technische Identifizierungs- und Schutzsysteme - Urheber- und Wettbewerbsrecht. In: *Lehmann,* Michael (Hrsg.): Internet- und Multimediarecht (Cyberlaw). - Stuttgart: Schäffer-Poeschel, 1997 (Handelsblatt-Reihe), S. 35-56 (zit.: *Wand,* in: Cyberlaw)

Wandtke, Artur: Die Kommerzialisierung der Kunst und die Entwicklung des Urheberrechts im Lichte der Immaterialgüterrechtslehre von Josef Kohler, GRUR 1995, S. 385-392

Waterschoot, Paul: Conference Opening. In: European Commission (DG XV) in cooperation with the Italian Authorities: Copyright and Related Rights on the Threshold of the 21st Century. International Conference. Proceedings; Firenze, Italy - June 2, 3, 4, 1996; S. 11-22 (zit.: *Waterschoot,* Konferenz der Generaldirektion XV der Europäischen Kommission „Urheberrecht und verwandte Schutzrechte an der Schwelle zum 21. Jahrhundert" in Florenz (2.-4.6.96), Protokoll)

Weber, Rolf H.: Schutz von Datenbanken - Ein neues Immaterialgüterrecht?, 132 UFITA 1997, S. 5-30

- Vollzugsdefizite des Rechts in den Informationstechnologien? - Problematischer Umgang des Gesetzgebers mit der Technik, Neue Züricher Zeitung Nr. 150 vom 1.7.1996, S. 15

Weber-Steinhaus, Ulrich: Computerprogramme im deutschen Urheberrechtssystem. - Köln; Berlin; Bonn; München: Heymanns, 1993 (Recht-Technik-Wirtschaft; Bd. 67). Zugl.: Münster (Westfalen), Univ., Diss., 1993 (zit.: *Weber-Steinhaus,* Computerprogramme im deutschen Urheberrechtssystem)

Weidenfeld, Werner: Maastricht in der Analyse - Materialien zur Europäischen Union. Gütersloh: Verl. Bertelsmann-Stiftung, 1994 (zit.: *Weidenfeld,* Maastricht in der Analyse)

Wenning, Rigo: Das INTERNET: ein rechtsfreier Raum?, jur-pc 1995, S. 3321-3330

Werra, Jacques de: Le multimédia en droit d'auteur, SMI 1995, S. 237-247

Wickel, Horst Peter: Tönerndes Ärgernis. Wächst im Netz die Konkurrenz zu Radio und CD heran?, Rheinischer Merkur Nr. 19 vom 7.5.99, S. 10

Wiebe, Andreas: Information als Naturkraft - Immaterialgüterrecht in der Informationsgesellschaft -, GRUR 1994, S. 233-246

- Rechtsschutz von Datenbanken und europäische Harmonisierung, CR 1996, S. 198-204

- Rechtsschutz von Informationssammlungen in den USA, RIW 1998, S. 849-854

Wiebe, Andreas; *Funkat,* Dörte: Multimedia-Anwendungen als urheberrechtlicher Schutzgegenstand, MMR 1998, S. 69-75

Wiechmann, Peter: Urheber- und gewährleistungsrechtliche Probleme der Kopiersperre bei digitalen Audio-Kassetten-Recordern, ZUM 1989, S. 111-122

Wiederhold, Steffen: Urhebervertragsrechtliche Grenzen der Verwertung geschützter Werke im Internet, JurPC Web-Dok. 29/1999, Abs. 1-65

Winter, Gerd: Subsidiarität und Deregulierung im Gemeinschaftsrecht, Europarecht 1996, S. 247-269

Wuermeling, Ulrich: Neuer Rechtsschutz für Datenbanken, NJW-CoR 1996, S. 183-185

Young, Lawrence F.: Combatting Unauthorized Internet Access, 35 Jurimetrics J. 1995, S. 257-261

Zimmerling, Jürgen; *Felsmann,* Lutz: Die Rechtsfolgen des Folgerechts, EuZW 2002, S. 267-271

Zourek, Heinz: Conclusions. In: European Commission (DG XV) in cooperation with the Italian Authorities: Copyright and Related Rights on the Threshold of the 21st Century. International Conference. Proceedings; Firenze, Italy - June 2, 3, 4, 1996; S. 117-122 (zit.: *Zourek,* Konferenz der Generaldirektion XV der Europäischen Kommission „Urheberrecht und verwandte Schutzrechte an der Schwelle zum 21. Jahrhundert" in Florenz (2.-4.6.96), Protokoll)

Abkürzungsverzeichnis

ABl. EG Nr. C	Amtsblatt der Europäischen Gemeinschaften, Serie C, Mitteilungen und Bekanntmachungen
ABl. EG Nr. L	Amtsblatt der Europäischen Gemeinschaften, Serie L, Rechtsvorschriften
ABl. EG Nr. S	Supplement zum Amtsblatt der Europäischen Gemeinschaften
AETR	Accord européen relatif au travail des équipages des véhicules effectuant des transport internationaux par route (Europäisches Übereinkommen über die Arbeit des im internationalen Straßenverkehr beschäftigten Fahrpersonals)
a.F.	alter Fassung
AfP	Archiv für Presserecht
All ER	The All England Law Reports
Am. J. Comp L	American Journal of Comparative Law
AMIDE	Advanced Multimedia Information Dissemination Environment
ARPAnet	Netz der Advanced Research Project Agency
BB	Betriebs-Berater
B.C. Int'l & Comp. L. Rev.	Boston College International and Comparative Law Review
BDI	Bundesverband der Deutschen Industrie
BGBl.	Bundesgesetzblatt
BGHZ	Entscheidungen des Bundesgerichtshofes in Zivilsachen
BR-Drucks.	Bundesrats-Drucksache
BT-Drucks.	Bundestags-Drucksache
Bull.	Bulletin
Burr.	Burrow's King's Bench: Reports of cases argued and adjudged in the court of King's bench, during the time of Lord Mansfield. London, 1790

BVerfGE	Entscheidungen des Bundesverfassungsgerichtes
Cah. Dr. Eur.	Cahiers de Droit Européen
Cah. Prop. Int.	Les Cahiers de propriété intellectuelle
Cardozo Arts & Ent. L.J.	Cardozo Arts & Entertainment Law Journal
Case W. Res. J. Int'l L.	Case Western Reserve Journal of International Law
CDPA	Copyright, Designs and Patents Act of 1988 (UK)
CES	Veröffentlichung des Wirtschafts- und Sozialausschuss
CISAC	Confédération internationale des sociétés d'auteurs et compositeurs
CITED	Copyright in Transmitted Electronic Document
CL&P	Computer Law and Practice
Clev. St. L. Rev.	Cleveland State Law Review
CMLRev	Common Market Law Review
CMMV	Clearingstelle Multimedia für Verwertungsgesellschaften von Urheber- und Leistungsschutzrechten GmbH
Colum. J. Transnat'l L.	Columbia Journal of Transnational Law
Colum. L. Rev.	Columbia Law Review
Colum.-VLA J.L. & the Arts	Columbia-VLA Journal of Law & the Arts
COPEARMS	Co-ordinating Project for Electronic Author's Rights Management Systems
COPICAT	Copyright Ownership Protection In Computer Assisted Training
Cornell L. Rev.	Cornell Law Review
CR	Computer und Recht
CS&LR	The Computer Law and Security Report
CSE	Dokument der Europäischen Kommission von eher strategischer Natur
Dalloz Aff.	Dalloz Affaires
DB	Der Betrieb

DIHT	Deutscher Industrie- und Handelstag
DMCA	Digital Millenium Copyright Act of 1999 (USA)
DÖV	Die Öffentliche Verwaltung
DRiZ	Deutsche Richterzeitung
DSL	Digital Subscriber Line
DSWR	Datenverarbeitung in Steuer, Wirtschaft und Recht
DuD	Datenschutz und Datensicherung
Duke L.J.	Duke Law Journal
ECMS	Electronic Copyright Management System
EGV	Vertrag zur Gründung der Europäischen Gemeinschaft
EIPR	European Intellectual Property Review
EMRK	Europäische Menschenrechtskonvention
Ent. L. Rev.	Entertainment Law Review
EPÜ	Europäisches Patentübereinkommen
EuGH	Europäischer Gerichtshof
EuR	Europarecht
Eur.L.Rev.	European Law Review
EUV	Vertrag über die Europäische Union
EuZW	Europäische Zeitschrift für Wirtschaftsrecht
EWGV	Vertrag zur Gründung der Europäischen Wirtschaftsgemeinschaft
EWiR	Entscheidungen zum Wirtschaftsrecht
EWR	Europäischer Wirtschaftsraum
EWS	Europäisches Wirtschafts- und Steuerrecht
Fed. Com. L.J.	Federal Communications Law Journal
Fordham Int'l L.J.	Fordham International Law Journal
F.S.R.	Fleet Street Reports
F. Supp.	Federal Supplement
FTP	File Transfer Protocol

FuR	Film und Recht
Ga. L. Rev.	Georgia Law Review
GATT	General Agreement on Trade and Tariffs
GazPal	Gazette du Palais
GD	Generaldirektion
GRUR	Gewerblicher Rechtsschutz und Urheberrecht
GRUR Int.	Gewerblicher Rechtsschutz und Urheberrecht, Internationaler Teil
Harv. L. Rev.	Harvard Law Review
H.R.	House of Representatives (Gesetzesvorlage)
IDEA	IDEA. Journal of Law and Technology
IIC	International Review of Industrial Property and Copyright Law
IITF	Information Infrastructure Task Force (USA)
Int'l. Bus. Law.	International Business Lawyer
Int'l J of L+InfoTech	International Journal of Law and Information Technology
I.P.J.	Intellectual Property Review (Kanada)
IRPI	Institut de Recherche en Propriété Intellectuelle Henri-Desbois
ITAR	International Traffic in Arms Regulations
IuKDG	Informations- und Kommunikationsdienste-Gesetz
J. Copyright Soc'y U.S.A.	Journal of the Copyright Society of the U.S.A.
JCP	Juris Classeur Périodique - La Semaine Juridique, édition Générale
JCP Ed. E	Juris Classeur Périodique - La Semaine Juridique, édition Entreprise
J.L. & Com.	Journal of Law & Commerce
J.O	Journal Officiel
J. Online L.	Journal of Online Law
Jurimetrics J.	Jurimetrics Journal

JZ	Juristenzeitung
KOM	Dokument der Europäischen Kommission
K&R	Kommunikation und Recht
L & Contemp. Probs.	Law and Contemporary Problems
LIEI	Legal Issues of European Integration
lit.	Buchstabe
Loy. L.A. Ent. L.J.	Loyola of Los Angeles Entertainment Law Journal
L.Q.R.	The Law Quarterly Review
MAI	Multilateral Agreement on Investments
Minn. L. Rev.	Minnesota Law Review
MMR	MultiMedia und Recht
Mod. L. Rev.	Modern Law Review
MuR	Medien und Recht
m.w.N.	mit weiteren Nachweisen
New L.J.	New Law Journal
NJW	Neue Juristische Wochenschrift
NJW-CoR	Neue Juristische Wochenschrift - Computerreport
NvWR	Neues vom EU-Wirtschaftsrecht
ÖBl	Österreichische Blätter für gewerblichen Rechtsschutz und Urheberrecht
OECD	Organization for Economic Cooperation and Development
OGH	Oberster Gerichtshof
ÖJZ	Österreichische Juristenzeitung
ÖSGRUM	Österreichische Schriftenreihe zum gewerblichen Rechtsschutz, Urheber- und Medienrecht
Pub. L.	Public Law
RabelsZ	Rabels Zeitschrift für ausländisches und internationales Privatrecht
RBÜ	Revidierte Berner Übereinkunft

RDV	Recht der Datenverarbeitung
Rec. Dalloz	Recueil Dalloz
Rev. Aff. Eur.	Revue des Affaires Européennes
RIDA	Revue internationale du droit d'auteur
RIW	Recht der Internationalen Wirtschaft
RMCUE	Revue du marché commun et de l'union européenne
RMUE	Revue du Marché unique européenne
Rs.	Rechtssache
RTDEur	Revue trimestrielle de droit européen
Sec(s).	Section(s)
SEK	Arbeitsdokument der Dienststellen der Europäischen Kommission
Seton Hall J. Sport L.	Seton Hall Journal of Sport Law
SGRUM	Schriften zum gewerblichen Rechtsschutz, Urheberrecht und Medienrecht
SJZ	Schweizerische Juristenzeitung
Slg.	Sammlung der Rechtsprechung des Europäischen Gerichtshofes
SMI	Schweizerische Mitteilungen über Immaterialgüterrecht
Software L.J.	Software Law Journal
Stud. L. Rev.	Student Law Review
TABD	Transatlantic Business Dialogue
TALISMAN	Tracing Authors Rights by Labelling Image Services and Monitoring Access Network
TDG	Teledienstegesetz
Temp. Int'l & Comp. L.J.	Temple International and Comparative Law Journal
TRIPs	Trade-related Aspects of Intellectual Property Rights, Including Trade in Counterfeit Goods
UAbs.	Unterabsatz
UCC	Uniform Commercial Code

UCITA	Uniform Computer Information Transactions Act
UCLA L. Rev.	UCLA Law Review
UFITA	Archiv für Urheber-, Film-, Funk- und Theaterrecht
UMTS	Universal Mobile Telecommunication System
UNCITRAL	United Nations Commission on International Trade Law
UNCTAD	United Nations Conference on Trade and Development
UNESCO	United Nations Educational, Scientific and Cultural Organization
U. Pa. L. Rev.	University of Pennsylvania Law Review
URG	Urheberrechtsgesetz (Schweiz)
UrhG	Urheberrechtsgesetz
U.S.	United States Supreme Court decisions, official reports
USCA	US Copyright Act
UWG	Gesetz gegen den unlauteren Wettbewerb
Vand. J. Transnat'l L.	Vanderbilt Journal of Transnational Law
Vand. L. Rev.	Vanderbilt Law Review
VersR	Versicherungsrecht
VuR	Verbraucher und Recht
WAP	wireless application protocol
WBl	Wirtschaftsrechtliche Blätter
WCT	WIPO Copyright Treaty (WIPO Urheberrechtsvertrag)
wib	Woche im Bundestag
WIPO	World Intellectual Property Organisation (Weltorganisation für Geistiges Eigentum)
WPPT	WIPO Performances ans Phonograms Treaty (WIPO Vertrag über Darbietungen und Tonträger)
WRP	Wettbewerb in Recht und Praxis

WTO	World Trade Organisation
Yale L.J.	Yale Law Journal
ZEuP	Zeitschrift für Europäisches Privatrecht
ZG	Zeitschrift für Gesetzgebung
ZRP	Zeitschrift für Rechtspolitik
ZUM	Zeitschrift für Urheber- und Medienrecht
ZVglRWiss	Zeitschrift für Vergleichende Rechtswissenschaft

Stichwortverzeichnis

A

Achtung der nationalen Identitäten der
   Mitgliedstaaten 132, 177, 179
acquis communautaire 97, 148, 229, 236
Adware 197
AETR-Rechtsprechung des EuGH 115
analoges Werk 24
angewandte Kunst 55, 84
anwendbares Recht
   EG-Harmonisierung 302–9
audiovisuelles Werk 28, 113
ausschließliche Zuständigkeiten 164
Ausstellungsrecht 95
ausübender Künstler 81

B

Bearbeitung
   Digitalisierung 29
Bestand und Ausübung des Urheberrechts 130
Binnenmarkt 123, 137–47, 156, 244, 245, 248,
   309, 317, 321, 328, 330, 333, 336, 337
   konkurrierende Zuständigkeit 165
Bogsch-Theorie 306
Browsing 242, 282

C

Caching 242, 300
Cassis-Rechtsprechung des EuGH 207
Crown Copyright 337

D

Datenbank-Richtlinie
   Lösung dogmatischer Fragen 213
   wettbewerbsrechtliche Alternative 214
deep-linking 294
Dekompilierung 238, 268
Dematerialisierung 23
Designrecht 55, 87, 191
Dienstleistungsfreiheit 141
digitaler Rundfunk
   EG-Harmonisierung 301
digitales Werk 24
Digitalisierung 22–31
   Bearbeitung 29
   Begriff 22
   Dateikomprimierung 23

Dateiübermittlung 23
Gefahren für das Urheberrecht 30
Herausforderungen an das Recht 22–31
Speichermedien 22
Unterschiedliche Behandlung von analogen
   und digitalen Werken? 24–26
Vervielfältigung 29
Doppelnatur des Urheberrechts 145, 146
Drei-Stufen-Test 109, 111, 222, 240, 243, 244,
   246, 253, 254, 276
drittes Paradigma neben Urheber- und
   Wettbewerbsrecht 190, 334
DSL 32
Dualismus 64

E

effet utile 147
Eigentumsordnungen der Mitgliedstaaten 130
Einheitliche Europäische Akte 123
elektronischer Geschäftsverkehr
   EG-Regelungsaktivitäten 43
   EG-Richtlinie 43
   EG-Richtlinie, Caching 243
   Internationale Regelungsaktivitäten 53
   Rolle der staatlichen Regulierung 195
   wirtschaftliche Bedeutung 35
e-Mail
   Begriff 34
Erschöpfung des Verbreitungsrechts
   Umfang 111
Erstveröffentlichung 334–35

F

fair dealing, fair use 91, 239, 244
Filmbegriff
   fehlende gemeinschaftliche Definition 232
Folgerecht 93
   EG- Richtlinie 321
   EG-Harmonisierung 320–25
Formalitätenverbot 96, 201, 234, 253
Forum non conveniens 311
Framing 293
Freeware 197

G

gegenseitige Anerkennung 206–12
Generaldirektion Binnenmarkt 142, 157

Gerichtszuständigkeit	
EG-Harmonisierung	309–11
Geschäftsgeheimnis	192
Globalisierung	
EG-Regelungsaktivitäten	44
Grundsatz der begrenzten Einzelermächtigung	126–28, 155, 159, 160
Grundsatz der Gemeinschaftstreue	177, 180

H

Hauptregisseur eines Films als Urheber	100, 102, 108
Hosting	300
Hyperlinks	33, 281
Begriff	291
Verantwortlichkeit	281–91

I

implied powers-Lehre	141, 147
Informationen für die Rechtewahrnehmung	111, 113, 199, 272–75
Begriff	272
digitale Wasserzeichen	273
Informationsgesellschaft	
Begriff	21
EG	
Bangemann-Bericht	42
eEurope-Aktionspläne	42
Herausforderungen	21–57
Internationale Regelungsaktivitäten	50–57
Internationale Regelungsaktivitäten, Deutschland	50
Internationale Regelungsaktivitäten, Europarat	52
Internationale Regelungsaktivitäten, Frankreich	51
Internationale Regelungsaktivitäten, Kanada	52
Internationale Regelungsaktivitäten, USA	52
Regelungsaktivitäten der EG	41–50
Rolle des Rechts	40–57
intendiertes Sendegebiet	307
Interaktivität	
Begriff	36
Internet	
Begriff	33
Interstate Commerce Clause	129, 143, 157
ISDN	32

K

Katalogrecht	87
kleine Münze	86
Know-how-Recht	193
kollektive Verwaltung	107, 118, 136, 258, 260, 273, 336
EG-Harmonisierung	311–15
One-Stop-Shops	313
Kompetenz der EG	115–227
Kompetenznormen	134–54
Kompetenz der EG	
acquis communautaire	148
Binnenmarkt	137–47
gemeinsamen Handelspolitik	135
Gemeinsamer Markt	142
Grundsatz der Gemeinschaftstreue	149
Kompetenzausschlussnormen	129–34
Kultur	135
Nichtdiskriminierungsgebot	149
soziale Kompetenz	148
transeuropäische Netze	137
Kompetenzkompetenz	
der Gemeinschaft	127, 133, 144
des EuGH	138
Kompetenzumfang zugunsten der EG	160–227
Kompetenzzuweisung zugunsten der EG	126–60
politische Komponente	158–59
Subsidiaritätsprinzip	151–53
Verhältnismäßigkeitsgrundsatz	153–54
Konvergenz	
EG-Regelungsaktivitäten	44
Konvergenz-Grünbuch	45
Kulturkompetenz der Mitgliedstaaten	132, 145

L

Leermedien- und Geräteabgabe	91, 92
Lobbyismus	158, 241

M

Mailing-Liste	
Begriff	34
Markenrecht	193
Marktortprinzip	308, 309
Monismus	64
MP3-Format	23, 36
multilaterales Investitionsabkommen	114, 117
Multimediawerk	26–29
Definition	26
Schutzmöglichkeiten	27
Musterschutz	191

N

Netiquette	196, 305
Netzwerke	32–36
Herausforderungen an das Recht	35
News Groups	
Begriff	34
Niederlassungsfreiheit	140

Ö

öffentliche Wiedergabe	23, 111, 232–35
öffentliche Zugänglichmachung	232–35
Öffentliche Zugänglichmachung	
Verhältnis zur öffentlichen Wiedergabe	234
Öffentlichkeitsbegriff	233
Originalität	83, 330

P

Person des Urhebers	
EG-Harmonisierung	326–28
Phil Collins-Entscheidung des EuGH	149, 316
Piraterie	30
Privatgebrauch	91, 92, 224, 248
Property Rights	80, 105
Push-Technologien	282

Q

Querschnittskompetenz	128, 134, 142, 154, 160, 175
Querschnittskompetenz vs. Sachberecihskompetenz	154–58

R

Rechtsbehelfe	275
Rechtsinhaberschaft	326–28
Reprographie	247
Revidierte Berner Übereinkunft	27, 61, 70, 93, 108–9, 110, 132, 183, 186, 192, 201, 231, 303, 323
Richtlinie „Fernsehen ohne Grenzen"	123, 125, 155
Richtlinie zum Urheberrecht in der Informationsgesellschaft	228–79
Anwendungsbereich	230–31
Aufbau	230
Informationen für die Rechtewahrnehmung	272–75
Informationen für die Rechtewahrnehmung, Begriff	274
öffentliche Wiedergabe	232–35
optionale Schranken des Urheberrechts	243–54
Sanktionen und Rechtsbehelfe	275
Schranken des Urheberrechts	238–63
Schranken des Urheberrechts für vorübergehende Vervielfältigungshandlungen	240–43
Schranken des Urheberrechts, abschließende Liste	246–47
Schranken des Urheberrechts, Detailliertheit	245–46
Schranken des Urheberrechts, Geräte- und Leermedienabgaben	261–63
Schranken des Urheberrechts, Recht auf Informationsfreiheit	256–58
Schranken des Urheberrechts, vertragliche Abbedingung	255–56
Schranken des Urheberrechts, Zwangslizenzen	258–60
Schranken des Vervielfältigungsrechts, Bibliotheken	252
Schranken des Vervielfältigungsrechts, ephemere Aufzeichnungen	252
Schranken des Vervielfältigungsrechts, Privatgebrauch	248–52
Schranken des Vervielfältigungsrechts, Reprographie	247
Schranken des Vervielfältigungsrechts, soziale Einrichtungen	252
Schranken des Wiedergaberechts, behinderte Menschen	253
Schranken des Wiedergaberechts, Berichterstattung über Tagesereignisse	253
Schranken des Wiedergaberechts, Namensnennungsrecht	253
technische Anpassungen	276–77
technische Maßnahmen	263–72
technische Maßnahmen, Begriff	270
technische Maßnahmen, Vorbereitungshandlungen	267, 269
technische Maßnahmen, wirksame Rechtsbehelfe	270
technische Maßnahmen, Wirksamkeit	271
Umsetzungsdatum	277
Verbreitungsrecht	236–38
Vervielfältigungsrecht	231
Zeitliche Anwendbarkeit	276
Rom-Abkommen	109, 235

S

Sampling	331
Schöpfungshöhe	83, 106, 108
EG-Harmonisierung	330–34
Software	98
Schranken des Urheberrechts	238–63
Begriff	238
Geräte- und Leermedienabgaben	261–63
gerechter Ausgleich	91, 238, 245, 247, 250, 253, 256, 257, 259, 260, 262, 327, 336
Privatgebrauch und persönlicher Gebrauch	250
Recht auf Informationsfreiheit	256–58
unterschiedliche Behandlung der digitalen und analogen Kopien	223
unterschiedliche Regelung für die Digitalkopie	250
vertragliche Abbedingung	255–56
Zwangslizenzen	258–60
Schutzlandprinzip	211, 283, 302
Sendelandtheorie	306, 307, 309
Shareware	197
shrink-wrap Lizenzverträge	199, 255
Sicherungskopie	238
Silhouette-Entscheidung des EuGH	236
skill, labour and efforts	83
Software-Patent	88
Software-Piraterie	
Schäden	30
Sperrung von Internetseiten	36, 286
spezifischer Gegenstand des Urheberrechts	122
Spürbarkeitskriterium	139, 183, 219
Strafrecht	193
Subsidiaritätsprinzip	151–53, 160, 161–74, 176, 178, 181, 208
Anwendung durch EG	219–25
Ausformung im EG-Vertrag	163–74
Beurteilungsspielraum	173
Geschichte	161–63
Justitiabilität	173
konkurrierende Zuständigkeit	164
Textinterpretation	168–72
Verhältnis der beiden Satzteile	170
Subsidiaritätsprinzip:	169, 170
Subsidiaritätsprotokoll des Amsterdamer Vertrags	173, 221
sui-generis-Recht	17, 82, 104, 105, 106, 189, 190, 191, 204, 213, 214, 215, 233, 266, 334, 336
Rechtsnatur	104

T

Tabakwerbeverbot-Richtlinie	156
technische Maßnahmen	111, 113, 199, 263–72
Begriff	263
Passwortschutz	264
Verschlüsselung	264
Territorialitätsprinzip	302
Titandioxid-Richtlinien-Urteil des EuGH	154
Tonträger-Piraterie	
Schäden	31
TRIPs-Abkommen	109–10
TRIPs-Gutachten 1/94 des EuGH	117, 155

U

Ubiquitätsprinzip	309, 310
Uniform Commercial Code	255
Urheberpersönlichkeitsrecht	69, 109, 110, 121, 193, 326
Allgemeines	69
Arten	70
EG-Harmonisierung	315–20
Recht auf Anerkennung der Urheberschaft	70
Recht auf Namensnennung	70
Recht auf Schutz vor Entstellungen	72
Rückrufsrecht	74
Übertragbarkeit	75
Veröffentlichungsrecht	74
Verzichtbarkeit	75
Zugangsrecht	75
Urheberrecht	
Begriff	17
Doppelnatur	157
EG-Regelungsaktivitäten	46
Ende des Urheberrechts?	37–40
Industrierecht	39
Urheberrecht (EG)	
acquis communautaire	106–8
Computerprogramm-Richtlinie	68, 83, 84, 86, 87, 98–99, 98, 104, 105, 140, 141, 142, 216, 237, 238, 249, 268, 270, 315, 327, 330, 336
Copyright, Entstehung	64
Datenbank-Richtlinie	82, 84, 103–6, 107, 136, 188, 189, 190, 204, 211, 213, 214, 231, 233, 237, 238, 247, 260, 266, 315, 327, 330, 336
die ersten fünf Richtlinien	97–108
Droit d'auteur und Copyright	60–97
Droit d'auteur und Copyright, Folgerecht	93–95

Droit d'auteur und Copyright, Formalitäten 96
Droit d'auteur und Copyright, Leermedien- und Geräteabgabe 90–92
Droit d'auteur und Copyright, Person des Urhebers 67–68
Droit d'auteur und Copyright, Regelungsdichte 96
Droit d'auteur und Copyright, Schöpfungshöhe 83–90
Droit d'auteur und Copyright, Schranken 90–92
Droit d'auteur und Copyright, Trennung von Urheberrecht und verwandten Schutzrechten 80–83
Droit d'auteur und Copyright, Übertragbarkeit 79–80
Droit d'auteur und Copyright, Urheberpersönlichkeitsrecht 69–78
Droit d'auteur, Entstehung 62–64
Grünbuch zum Urheberrecht in der Informationsgesellschaft 46, 47
Initiativen zum Grünbuch über Urheberrecht in der Informationsgesellschaft 46, 47
Richtlinie zum Urheberrecht in der Informationsgesellschaft 49
Richtlinie zum Urheberrecht in der Informationsgesellschaft, Vorschlag 49
Richtlinien 46
Satellit- und Kabel-Richtlinie 100, 101–2, 101, 107, 125, 135, 139, 142, 211, 231, 233, 306, 308, 312, 326, 336
Schutzdauer-Richtlinie 81, 84, 102–3, 102, 125, 135, 231, 232, 233, 277, 315, 326, 330
Technologie-Grünbuch 46
Urheberpersönlichkeitsrecht 101
Urheberrechtssysteme 58–114
Vermiet- und Verleihrecht-Richtlinie 99–101, 99, 102, 106, 125, 135, 182, 205, 232, 236, 237, 238, 257, 259, 260, 276, 279, 312, 315, 326, 327, 329, 336
Urheberrecht (international)
Regelungsaktivitäten 54–57
Regelungsaktivitäten, Australien 56
Regelungsaktivitäten, Deutschland 54
Regelungsaktivitäten, Europarat 57
Regelungsaktivitäten, Frankreich 54
Regelungsaktivitäten, Kanada 55
Regelungsaktivitäten, USA 54
Regelungsaktivitäten, WIPO 57
Urheberrecht ohne Urheber 124
Urheberrecht und EG-Vertrag 119, 128

Urheberrecht und verwandte Schutzrechte, Zusammenführung von EG-Harmonisierung 329–30
Urhebervertragsrecht 335–36
Ursprungslandsprinzip 211

V

Verantwortlichkeit 280–301
Beseitigung von Rechtsverletzungen Dritter 294–95
EG-Richtlinie über den elektronischen Geschäftsverkehr 298, 299–301
Hyperlinks 291–94
Kaskadenhaftung 284
nach dem deutschen Teledienstegesetz 289
Person des Verantwortlichen 281–91
Vermittler 284
verschuldensunabhängig 241, 282
Verbotsrecht 234
Verbreitungsrecht 236–38
Umfang der Erschöpfung 236
Verhältnismäßigkeitsgrundsatz 139, 146, 152, 153–54, 156, 160, 169, 174–218, 309, 318, 324, 326, 329, 336
Alternativer Schutz durch Geschäftsgeheimnis 192
Alternativer Schutz durch Informationen zur Rechtewahrnehmung 199
Alternativer Schutz durch Musterschutz 191
Alternativer Schutz durch Strafrecht 193
Alternativer Schutz durch technscihe Maßnahmen 199
Alternativer Schutz durch Vertragsrecht 197–99
Alternativer Schutz durch Wettbewerbs- recht 187
Alternativer Schutz für Urheberpersönlichkeitsrecht 193
Alternativer Schutz im Rahmen der Privatautonomie 194–202
Angemessenheit 217
Anwendbarkeit 176
Anwendung durch EG 219–25
Ausformung im EG-Vertrag 175
Berücksichtigung schon vorhandener Einheitlichkeit 186
Beurteilungsspielraum 181
Erforderlichkeit 181, 183–217
Geeignetheit 182
gegenseitige Anerkennung als geringstmöglicher Eingriff 206–12
geringstmöglicher Eingriff 202–17

Geschichte 174
keine Lösung dogmatischer Fragen 205, 213, 215, 218, 232, 234, 325, 334
keine Totalharmonisierung als Selbstzweck 204
Natur 176
Rechtsangleichung vs. Rechtsvereinheitlichung 215
Schaffung eines gleichwertigen Schutzniveaus 202–6
und Subsidiaritätsprinzip 178
Vermutung der einschränkenden Auslegung 179–82
Vertrag von Maastricht 18, 126, 132, 135, 136, 139, 144, 145, 160, 172, 174, 175, 221
Vertragsrecht 197
Vervielfältigung
  Digitalisierung 29, 231
  Umfang 232
Vervielfältigungsrecht 231

W

Warenverkehrsfreiheit 140
Welturheberrechtsabkommen 109
Werke der öffentlichen Hand 337
Wettbewerbsrecht 89, 104, 118, 187
Wettbewerbsverzerrung 143
WIPO Datenbankenvertrag 113
WIPO Urheberrechtsvertrag 88, 111–12, 111, 112, 113, 192, 231, 232, 234, 235, 236, 240, 254, 255, 259, 263, 267, 271, 273, 275, 303, 335
WIPO Vertrag über Darbietungen und Tonträger 70, 112–13, 231, 235, 240, 263, 273, 277, 296, 335
WIPO Vertrag über den Schutz der audiovisuellen Werke 113
WIPO Vertrag über den Schutz der Rundfunkanstalten 113
WIPO-Verträge 52, 53, 54, 55, 110–14, 116, 222, 229, 231, 246, 263, 266, 267, 270, 273, 274, 278, 285, 296
work-made-for-hire 67, 68, 71, 73
World Wide Web
  Begriff 33

Claudia Boßmanns

Urheberrechtsverletzungen im Online-Bereich und strafrechtliche Verantwortlichkeit der Internet-Provider

Frankfurt/M., Berlin, Bern, Bruxelles, New York, Oxford, Wien, 2003.
LIV, 233 S.
Europäische Hochschulschriften: Reihe 2, Rechtswissenschaft. Bd. 3749
ISBN 3-631-51437-9 · br. € 51.50*

Diese Arbeit befaßt sich mit der Thematik der Urheberrechtsverletzungen im Online-Bereich, wobei der Schwerpunkt der Ausführungen auf der Frage der strafrechtlichen Verantwortlichkeit von Providern liegt. Um das Verständnis der in diesem Zusammenhang auftretenden rechtlichen Problemkreise zu erleichtern, wurde den zwei vielfältige Rechtsfragen betreffenden Hauptabschnitten eine Darstellung der technischen Möglichkeiten multimedialer Kommunikation vorangestellt. Hierauf folgt eine Untersuchung der im Internet üblichen Kommunikations- und Datenübermittlungsformen auf ihre urheberrechtliche Relevanz, die schließlich in eine Untersuchung der Provider-Verantwortlichkeit für diese Vorgänge, insbesondere auf der Grundlage der novellierten Verantwortlichkeitsregelungen des TDG, mündet.

Aus dem Inhalt: Multimediale Kommunikation · Aufgaben- und Funktionsteilung im Internet · Inhalt des Urheberrechtsschutzes · Schranken des Urheberrechts · Verwandte Schutzrechte · Verantwortlichkeit nach allgemeinem Strafrecht · Modifikationen durch TDG und MDStV · Zusammenfassung · Abschließende Bewertung und Ausblick

Frankfurt/M · Berlin · Bern · Bruxelles · New York · Oxford · Wien
Auslieferung: Verlag Peter Lang AG
Moosstr. 1, CH-2542 Pieterlen
Telefax 00 41 (0) 32 / 376 17 27

*inklusive der in Deutschland gültigen Mehrwertsteuer
Preisänderungen vorbehalten

Homepage http://www.peterlang.de